Der Kreis Offenbach
und
Das Dritte Reich

Der Kreis Offenbach
und
Das Dritte Reich

Leben und Politik, Verfolgung und Widerstand
im Kreisgebiet in den Jahren von 1930 bis 1945

von

Alfred Kurt

und

Otto Schlander

mit 104 Fotos und Illustrationen
sowie 4 Plänen

Mai Verlag Dreieich/Kreis Offenbach

Fotos: Fotoarchiv H. Adamitz, Langen: S. 56, 81, 100, 240, 241, 243, 310, 313; Fotoarchiv K. Bäumerth, Langen: S. 211; Stadtarchiv Dreieich: S. 295; Archiv Dekan Eckert: S. 204; Stadtarchiv Langen: S. 49, 124, 127, 212; Luftkriegsarchiv E. Lux, Offenbach: S. 358; Stadtarchiv Mühlheim: S. 313; Stadtarchiv Neu-Isenburg: S. 108, 295; Arbeitskreis für Heimatkunde Nieder-Roden: S. 319, 320; Stadtarchiv Offenbach: S. 121, 173, 185; Gerhard Sedlatschek, Heusenstamm: S. 245; W. Wiemeyer, Stadtarchiv Seligenstadt: S. 18, 23, 27, 28, 29, 30, 34, 211; Bildarchiv Vey, Neu-Isenburg: S. 17, 24, 33, 45, 76, 91, 108, 110, 135, 152, 227, 232, 240, 253, 263, 292, 355, 357, 361, 370; Heimat- und Geschichtsverein Weiskirchen: S. 26, 231, 257, 363;

Dr. Alfred Kurt, geboren 1928 in Bieber und heute noch dort wohnhaft, studierte nach seiner Schulzeit in Offenbach (Luftwaffenhelfer 1944/45) an der J. W. Goethe-Universität in Frankfurt von 1946 bis 1951 Geschichte, Politik und Anglistik, trat sodann in den Schuldienst des Landes Hessen ein, hielt sich 1952/53 zu einem Studienaufenthalt in den USA auf und promovierte 1957 mit dem landesgeschichtlichen Thema »Zur Geschichte von Straßen und Verkehr im Land zwischen Rhein und Main«; 1963 wechselte er für vier Jahre in den Hochschuldienst als Dozent am Seminar für Didaktik der Geschichte und Sozialkunde der Universität Frankfurt; anschließend war er als stellvertretender Schulleiter am Gymnasium Mühlheim a. M. tätig und leitete sodann als Oberstudiendirektor die Einhardschule in Seligenstadt von 1973 bis 1987. Er ist Verfasser zahlreicher Schriften und Untersuchungen zu orts- und landesgeschichtlichen Themen; seit 1964 ist er Vorsitzender des Offenbacher Geschichtsvereins und Herausgeber der Offenbacher Geschichtsblätter.

Prof. Dr. Otto Schlander, geboren 1928, wohnhaft in Offenbach-Bieber, ist Dozent für Sozialwissenschaften an der Verwaltungsfachhochschule in Wiesbaden. Er ist Vorstandsmitglied im Offenbacher Geschichtsverein und Verfasser mehrerer Beiträge zur Geschichte Offenbachs a. M., u. a. einer Biographie über Otto von Brentano und einer Darstellung der Ereignisse des Jahres 1848 in Offenbach. Weitere Veröffentlichungen haben die hessische Schulgeschichte zum Gegenstand, so eine Untersuchung über den schulischen Aufbau nach 1815 und Arbeiten über das hessische Schulgesetz von 1921 und die Zeit der »Reeducation«. Er ist Herausgeber zweier Bände zur Geschichte der privaten Mädchenschulen in Frankfurt am Main. Seit einigen Jahren ist er Mitglied der Hessischen Historischen Kommission Darmstadt.

CIP-Titelaufnahme der Deutschen Bibliothek

Kurt, Alfred:
Der Kreis Offenbach und das Dritte Reich;
Leben u. Politik, Verfolgung u. Widerstand
im Kreisgebiet in den Jahren von 1930 bis 1945/
von Alfred Kurt u. Otto Schlander. –
1. Aufl. – Dreieich : Mai, 1991
ISBN 3-87936-209-2
NE: Schlander, Otto

1. Auflage 1991
Alle Rechte vorbehalten
© Kreisausschuß des Kreises Offenbach, 1991
Anschrift: Kreis Offenbach,
Berliner Straße 60, 6050 Offenbach am Main
Verlag: Mai Verlag GmbH & Co. KG,
Quellenweg 10, 6072 Dreieich-Buchschlag
Umschlagentwurf und Typographie: Maess Paulenz Schack,
Produktionsberatung für Print Media, Berlin
Herstellung: Fuldaer Verlagsanstalt, Fulda
Printed in Germany

ISBN 3-87936-209-2

Inhaltsverzeichnis

Geleitwort 9

Vorwort der Verfasser 11

Einleitung
Der Kreis Offenbach zu Anfang der dreißiger Jahre 15
    Wirtschaftliche und gesellschaftliche Verhältnisse 15
    Politische Verhältnisse 31

Erstes Kapitel
Demokraten und Radikale im Kampf um die Macht
    Anfänge der NSDAP in der Offenbacher Gegend (1922-1926) 35
    Erste Krawalle, erste Kreisleitung (1927-1930) 38
    Erste NS-Ortsgruppen im Kreis (1930) 39
    Reichstagswahl am 14. September 1930:
    Erdrutsch im Reich, Verschiebungen im Kreis Offenbach 41
    Ausbau der NS-Organisation im Kreis (1931) 43
    Die SA der »Kampfzeit« 46
    NS-Propaganda und Aggressionen im Vorfeld der Landtagswahl 1931   48
    Die Landtagswahl vom 15. November 1931 52
    Gelähmte Gegenwehr durch Zersplitterung der Linken 54
    Republikanische Kampfverbände: »Drei Pfeile« gegen »Hakenkreuz«   58
    Von der NSDAP umworbene Gruppen 61
    Werbung um die Jugend – Anfänge der HJ 64
    NS-Kreisleiter im Kreis Offenbach: Probleme und Skandale 66
    Christentum und Nationalsozialismus, ein grundsätzlicher Gegensatz   69
    Erste Konflikte mit der Katholischen Kirche 70
    Protestanten und Nationalsozialisten 73
    Das Jahr 1932: Notverordnungen, Wahlen, Streit, Streik 74
    Reichspräsidentenwahlen im Frühjahr 1932:
    »Schlagt Hitler, wählt Hindenburg!« 80

Landtagswahl am 19. Juni 1932:
Hitler, Goebbels und Ley im Kreis Offenbach 82
Reichstagswahl am 31. Juli 1932:
Demokratische Mehrheit im Kreis Offenbach 86
Reichstagswahl am 6. November 1932:
Gewinne für die Kommunisten, Verluste für die Nationalsozialisten 90
Krise der NSDAP Ende 1932 92

Zweites Kapitel
Nationalsozialistische Machtergreifung 1933

Januar 1933:
Kein organisierter Widerstand gegen Hitlers Kanzlerschaft 95
Februar/März 1933:
Wahlkampf in der Fastnachtzeit mit Notverordnungen und Totschlag   98
5. März 1933:
Keine Mehrheit für Hitler im Kreis Offenbach 104
6. März 1933: Hakenkreuz über dem Kreisamt 107
Polizei und Regierung in brauner Hand 109
Braune Bürgermeister 111
Braune Mehrheiten in den Gemeinderäten 115
Braune Gemeindebeamte 117
Ein anpassungswilliger Kreisdirektor 118
Siegesfeiern und Fackelzüge 121
Die Zeit der Rollkommandos 123
Fememord am ehemaligen Kreisleiter 125
Osthofen: KZ in einer Papierfabrik 126
Die NSDAP als Massenpartei:
Mitkämpfer, Mitläufer, »Märzgefallene« 129
1. April 1933: Erster Judenboykott 132
Ehrungen für Hitler – auch im Kreis Offenbach 134
1. Mai 1933: »Aus jedem Fenster eine Hakenkreuzfahne«
Das Ende der freien Gewerkschaften 138
Noch mehr Feiern – Bücherverbrennungen 146
Gleichschaltung überall 151
Vereinsverbote 153
Parteienverbot 155
Parteien in der Illegalität 157
Illegale Aktivitäten der KPD 158

Razzien und Durchsuchungen 159
Flugblattaktionen von NS-Gegnern 161
Zwischenfälle und Widerstände 162
Eingriffe im Schulwesen 164
HJ auf dem Wege zur Staatsjugend »Wir marschieren für Hitler ...« ... 168
Das Ende des Evangelischen Jugendbundes 170
Katholische Jugend unter prekärem Schutz des Reichskonkordats 172
Versprechungen für die Katholiken 174
Umworben und bedrängt:
Nationalsozialistische Doppelstrategie gegen die Kirche 177
Wandlungen in der Evangelischen Kirche nach der Machtergreifung:
Keine Feier ohne Pfarrer 179
»Deutsche Christen« im Kreis Offenbach 181
Kirchenvorstandswahlen nach NS-Muster 183
Reichstags»wahl« und Volksabstimmung am 12. November 1933 185

Drittes Kapitel
NS-Herrschaft in den Vorkriegsjahren

Röhmputsch und erneute Volksabstimmung 1934 189
»Religionskrieg« im östlichen Kreisgebiet 195
Weitere Einschränkungen für Katholiken 199
Richtungsgruppen in der Evangelischen Kirche:
»Deutsche Christen« contra »Bekennende Kirche« 202
Gerichtliche Verfolgung politischer Gegner 207
Harte Strafen für Kritiker und Meckerer 209
Verfolgung der Juden: Schikanen und Drangsalierungen 210
Verfolgung der Juden: Der wirtschaftliche Ruin 213
Verfolgung der Juden: Staatliche und gesellschaftliche Ausgrenzung ... 217
Judenpogrom im November 1938: Die »Reichskristallnacht« 221
Verfolgung der Juden:
Das Schicksal des jüdischen Kinderheimes in Neu-Isenburg 226
Die »Arisierung«: Inbesitznahme jüdischen Eigentums 228
Das Herrschaftsinstrument:
Die NSDAP und ihre »Gliederungen« 230
Techniken zur Kontrolle der Menschen 237
Arbeit als Lohn oder Strafe 239
Spenden und Sammlungen als Druckmittel 244
Kreisverwaltung nach NS-Grundsätzen 248
Schule als NS-Gemeinschaft 251

Die HJ als Staatsjugend 255
Die Verdrängung der Katholischen Jugend 261
»Ein Volk, ein Reich, ein Führer« – und eine Liste:
»Wahlen« und Volksabstimmungen 1936 und 1938 262

Viertes Kapitel
Im Zweiten Weltkrieg

Kriegsausbruch 269
Auswirkungen des Krieges auf die Bevölkerung 273
Luftschutzmaßnahmen 276
»Rückwanderer« von der Saar im Kreisgebiet 278
Die ersten Kriegsjahre 279
Kriegsalltag im Dorf 282
Das Informationsmonopol der NSDAP 288
Erste Bomben auf den Kreis Offenbach 290
Totaler Krieg 294
Das Schicksal der Juden: Emigration, Deportation, Tötung 299
Weitere Opfer nationalsozialistischer Verfolgung 308
Partei- und Justizterror 309
Das Straflager Rollwald 317
»Fremdarbeiter« als Zwangsarbeiter 323
Glaubensstärke in einer Zeit der Unterdrückung:
Katholiken im Zweiten Weltkrieg 330
Jahre der Rückbesinnung: Protestanten im Zweiten Weltkrieg ... 339
Nationalsozialismus als Religionsersatz 343
Dezentralisierung des Landratsamtes: Die Kreisverwaltung im Krieg .. 346
Jugend und Schule im Krieg:
Zwischen Gleichschritt und Unbotmäßigkeit 349
Terror in »Quelle Siegfried«: Die Zeit der schweren Luftangriffe 355
Der Volkssturm als letztes Aufgebot: »Volk ans Gewehr!« 364
Das Ende der NS-Herrschaft: Weiße Fahnen an allen Häusern ... 367

Anmerkungen 377

Literatur 407

Abkürzungen 421

Geleitwort

Seit dem Jahr 1979 bemüht sich der Kreis Offenbach, eine historisch-wissenschaftliche Untersuchung zu den Themen »Beiträge zur Zerstörung der Weimarer Demokratie« und »Verfolgung und Widerstand im Dritten Reich« herauszugeben.

Die Hoffnung, bereits 1982 die Ergebnisse einer ersten Dokumentation der Öffentlichkeit vorstellen zu können, ließ sich leider aus verschiedenen Gründen nicht realisieren. Nach vielen Jahren des Harrens und Drängens waren wir froh, als die 1986 mit der Erstellung der Untersuchung beauftragten Autoren Dr. Alfred Kurt und Dr. Otto Schlander am 9. August 1989 das 422 Seiten umfassende Manuskript vorlegten.

Es gibt nach unseren Kenntnissen keinen weiteren Landkreis, der eine derart umfassende Untersuchung zu den genannten Themenbereichen durchgeführt hat, obwohl gewiß gerade auch die ortsbezogene Aufarbeitung dieser Zeit wichtige Informationen liefert und dazu beitragen kann, totalitären Tendenzen, wie und wo immer sie auftreten mögen, zu begegnen. Den beiden Autoren gilt unserer besonderer Dank, daß sie sich dieser Aufgabe gestellt und sie nach unserer Auffassung auch sehr gut gelöst haben. Danken möchten wir auch allen, die den Autoren und dem Herausgeber bei der jahrelangen Arbeit behilflich waren und die uns Material zur Illustration überlassen haben.

Wir wünschen und hoffen, daß die Publikation das Interesse möglichst vieler Bürgerinnen und Bürger finden wird. Der Kreis Offenbach wird dieses wichtige Buch vor allem den Jugendlichen in den Schulen zugänglich machen.

Offenbach am Main, im Oktober 1990

Für den Kreisausschuß
des Kreises Offenbach

Landrat

Vorwort der Verfasser

Die Jahre von 1933 bis 1945 nehmen in der deutschen Geschichte eine Sonderstellung ein, denn in diesem Zeitabschnitt wurde der außergewöhnliche Versuch unternommen, eine neue Ordnung zu schaffen, die nahezu alle bestehenden Verhältnisse auf den Kopf stellte. Nach den Vorstellungen der Nationalsozialisten sollte ein Staat errichtet werden, dem die vollkommene Verfügungsgewalt über die Menschen eingeräumt und zugleich das Recht zugestanden wurde, Widerstrebende gewaltsam in die als Ideal gepriesene Volksgemeinschaft einzugliedern. Verbunden war dieses Denken mit einem Führungsanspruch zumindest in Europa, wenn nicht auch in weiteren Teilen der Welt. Da nicht erwartet werden konnte, daß sich die Nachbarvölker freiwillig den nationalsozialistischen Herrschaftsansprüchen unterordnen würden, begann schon bald nach der Machtergreifung die deutsche Aufrüstung. Im September 1939 brach der Krieg aus, der sich zu einem die gesamte Welt umspannenden Kampf ausweitete. Er endete mit der totalen Niederlage des Deutschen Reiches und der Verwüstung weiter Teile Europas. Über 50 Millionen Menschen verloren ihr Leben, unsägliches Leid kam über die Völker.

Mit Recht wird heute noch die Frage gestellt, wie es zu einer solchen Katastrophe kommen konnte, wo die Ursachen des Wahnsinnes lagen, der gott- und menschenverachtend kein Verbrechen scheute. Wenn auch die NS-Machtergreifung sich im fernen Berlin abspielte, so läßt sich die Frage erweitern, ob nicht auch in scheinbar unbedeutenden Dörfern und Städten des Kreises Offenbach das Verhalten von Menschen einen Beitrag zu dem verhängnisvollen Geschehen leistete. Man möchte wissen, wie die Leute sich damals verhalten haben, als sie mit dem Anspruch der Nationalsozialisten konfrontiert wurden. Machten sie mit, enthielten sie sich einer Stellungnahme oder leisteten sie Widerstand? Als Antwort auf solche Fragen entstanden in den letzten Jahren Darstellungen und Dokumentationen zu den Geschehnissen jener Epoche in verschiedenen Gemeinden. Auch der Kreistag des Kreises Offenbach beschloß im Juni 1986, eine »historisch-wissenschaftliche Untersuchung« über das Thema »Zur Zerstörung der Weimarer Demokratie und Verfolgung und Widerstand im Dritten Reich im Kreis Offenbach« durchführen zu lassen. Im Oktober jenes Jahres vereinbarte dann der Kreisausschuß mit den Verfassern, daß sie eine solche Untersuchung erstellten.

Aus der Themenstellung ergab sich bereits weitgehend der zeitliche und inhaltliche Rahmen für die Arbeit: die Darstellung des politischen und gesellschaftlichen Geschehens im Kreisgebiet zwischen etwa 1930 und dem Kriegsende 1945. Besondere Beachtung erheischten dabei das Ende des demokratischen

Rechtsstaates, die Errichtung der NS-Gewaltherrschaft, die Verfolgung politischer Gegner und Andersdenkender, die Verfolgung der Juden sowie der in mannigfacher Form geübte Widerstand gegen das Regime. Daneben galt es zu veranschaulichen, wie die Bevölkerung unter dem Nationalsozialismus lebte, wie sich die NS-Propaganda auswirkte, wie die Kriegsereignisse den Kreis und seine Menschen trafen, die gestaltend, duldend, widerstrebend oder leidend am Geschehen teilnahmen. Insofern wird die Geschichte jener Jahre streckenweise »von unten« betrachtet und dargestellt. Freilich sind die meisten Vorgänge nicht zu verstehen, wenn sie nicht in einen übergebietlichen Zusammenhang hineingestellt werden, handelt es sich doch oft genug um die örtliche Auswirkung oder Ausführung von Entscheidungen, die fern vom Kreis Offenbach in Berlin, Darmstadt oder sonstwo getroffen wurden.

Die Verfasser waren bemüht, die Sachverhalte kritisch zu untersuchen und die Ereignisse so objektiv wie möglich darzustellen. Sie selbst glauben zwar, aufgrund eigenen Erlebens, zeitgenössischer Quellen und der Ergebnisse historischer Forschung sich ein fundiertes Urteil über jene Epoche gebildet zu haben, sie möchten dieses aber nicht dem Leser als die Antwort auf seine möglichen Fragen vorsetzen. Der Leser soll sich vielmehr anhand der Darstellung, der Berichte, der Zitate sein eigenes Urteil bilden können. Daher versuchten die Verfasser im Sinne der klassischen Rankeschen Geschichtsauffassung »aufzuschreiben, wie es gewesen war«. Die Tatsachen können dann für sich selber sprechen.

Zweifellos wirkten die Ereignisse der deutschen Geschichte von 1933 bis 1945 sich ohne Unterlaß bis in die Gegenwart hinein in alle Bereiche von Staat, Politik und Gesellschaft tiefgreifend aus. Zu verstehen und zu beurteilen sind sie freilich nur unter den Umständen und Denkweisen der damaligen Zeit. Die Verfasser konnten daher der möglichen Erwartung heutiger Zeitgenossen nicht entsprechen und die Vergangenheit so darstellen, wie sie sich mancher in vereinfachender Sicht gerne vorstellen möchte. Wie zu allen Zeiten, so ist auch in der behandelten Epoche das menschliche Handeln nicht einfach in schwarz und weiß oder gar braun in braun zu zeichnen. Zwischentöne aller Farbschattierungen treffen viel eher das richtige Bild. Verblendung, Widersprüche, Inkonsequenzen, Fehlleistungen gab es damals wie heute bei den Menschen. Mancher Aufrichtige versagte gelegentlich in schwieriger Situation, und mancher Schurke war unter Umständen auch einmal zu einer guten Tat fähig. Erst wenn man erkennt, wie rasch es zu Fehlurteilen und Fehlverhalten kommen kann, wie leicht die Leute aus Anpassungswilligkeit oder zur Vermeidung von Nachteilen ihr Verhalten nach den Wünschen der Herrschenden ausrichten, und wenn man einsieht, daß solches nicht nur die Generation der Eltern oder der Großeltern in der Zeit um 1933 betraf, sondern jederzeit geschehen kann, hat die Beschäftigung mit der Epoche des Nationalsozialismus einen Sinn, der über die bloße Aneignung geschichtlicher Kenntnisse hinausragt.

Die vorliegende Untersuchung wendet sich in besonderer Weise an Menschen, welche die behandelte Zeit nicht aus eigenem Erleben kennen. Die Darstellung sollte bei aller angestrebten Wissenschaftlichkeit allgemein verständlich bleiben. Manches Wort, manche sprachliche Wendung – insbesondere bei Zitaten – mag heutzutage etwas fremdartig oder antiquiert wirken, vielleicht sogar in der Zwischenzeit im Sinngehalt sich verändert haben, doch veranschaulichen solche sprachlichen Eigenheiten auf ihre Weise die Andersartigkeit jener inzwischen ein halbes Jahrhundert und noch länger zurückliegenden Epoche.

Bei der Abfassung der Arbeit stellte sich die Frage, ob der schier unübersehbare Stoff rein chronologisch nach der zeitlichen Abfolge der Ereignisse oder sachbezogen nach den einzelnen Feldern der Untersuchung (z. B. Verfolgung, Widerstand, Schule, Kirchen u. a.) dargeboten werden sollte. Die erstgenannte Form der Darstellung barg die Gefahr, daß viele Vorgänge scheinbar beziehungslos nebeneinander aufgeführt worden wären, im zweiten Fall wäre manche Wiederholung erforderlich gewesen, um den zeitlichen Bezug jeweils zu verdeutlichen. Die Verfasser entschlossen sich deshalb, einen Mittelweg zu gehen. Um den geschichtlichen Ablauf zu verdeutlichen, gliederten sie die Untersuchung in vier größere Kapitel:

— die Zeit der Krise der Weimarer Republik und des gleichzeitigen Aufstieges der NS-Bewegung 1930 bis 1932,
— die nationalsozialistische Machtergreifung 1933 und ihre Folgen,
— die »Friedensjahre« der NS-Herrschaft 1934 bis 1939,
— die Zeit des Zweiten Weltkrieges 1939 bis 1945.

Die vorgenommene Untergliederung dieser Großkapitel ermöglicht es, einzelne Sachthemen im Zusammenhang über die gesamte Epoche zu verfolgen.

Die Literatur zum Thema Nationalsozialismus ist inzwischen kaum noch überschaubar. Allein über Hitler sind weltweit nicht weniger als 40 000 Einzeltitel vorhanden. Auch in einer Reihe von Gemeinden des Kreises Offenbach sind Veröffentlichungen über die NS-Zeit erschienen, die in ihrer Zielsetzung, ihrem Aufbau und der Form der Dokumentation allerdings stark verschieden sind. Die vorliegende Untersuchung konnte sich vielfach auf das dort Mitgeteilte stützen oder beziehen. Eine wichtige Quelle für die behandelte Zeit bildeten die entsprechenden Jahrgänge der lokalen Zeitungen. Aufschlußreiche Unterlagen fanden sich ebenso in den Beständen der Archive in Darmstadt, Mainz, Wiesbaden, Offenbach und in verschiedenen Städten des Kreises. Den Leitern und Mitarbeitern dieser Archive sind die Verfasser für die bereitwillig gewährte Unterstützung bei der Arbeit zu Dank verpflichtet. Gleiches gilt für die Verwaltungen der Städte und Gemeinden im Kreis sowie für die Kreisverwaltung selbst, aber auch für eine Vielzahl von Bürgern, die aus eigener Kenntnis jener Zeit und eigenem Erleben Hinweise gaben oder Mitteilungen machten.

Die vorliegende Untersuchung sollte einen Überblick über die Gesamtentwicklung im Kreis Offenbach zur NS-Zeit bieten. Diese Aufgabenstellung schloß eine additive oder gar umfassende Darstellung aller Ereignisse in den einzelnen Kreisgemeinden aus. Wohl werden fortlaufend örtliche Begebenheiten angesprochen und auch geschildert, da auch eine zusammenfassende Schau auf solche nicht verzichten kann, in der Regel geschieht dies aber in einer exemplarisch getroffenen Auswahl. Gleiche oder ähnliche Vorkommnisse könnten meist aus mehreren oder gar allen Kreisgemeinden berichtet werden.

Der Kreis Offenbach hat im Untersuchungszeitraum und auch danach mehrfach Veränderungen seiner Ausdehnung erfahren. Dies führte zu Schwierigkeiten bei Zahlenangaben und Statistiken. Wenn nichts anderes vermerkt ist, beziehen sich die genannten Zahlen über den Kreis auf den Gebietsstand des betreffenden Jahres. Die auch halbamtlich vor dem Ausscheiden der Stadt Offenbach aus dem Kreis im Jahr 1938 verwendete Bezeichnung »Landkreis« (mit Anführungszeichen) bezieht sich stets auf die damaligen »Landgemeinden« ohne Offenbach.

In Übereinstimmung mit namhaften Historikern bezeichnen die Verfasser in der Arbeit Nationalsozialismus und Nationalsozialisten mit diesen Namen. Schon allein wegen der bei der Judenverfolgung gezeigten einzigartigen Vernichtungsintensität des NS-Regimes verbietet sich die Gleichsetzung mit dem damals in unterschiedlicher Form in europäischen Ländern verbreiteten Faschismus. Auch im Bewußtsein der Zeitgenossen bestand trotz vorhandener Ähnlichkeiten ein deutlicher Unterschied zwischen dem Nationalsozialismus in Deutschland und dem Faschismus in seinem Herkunftsland Italien. In seiner Radikalität und in seinem Vernichtungswillen übertraf der deutsche »Führer« Hitler schon bald erkennbar sein einstiges Vorbild, den italienischen »Duce« Mussolini.

Auch von der Bezeichnung »Nazis«, die in Analogie zu der Bezeichnung »Sozis« für die Sozialdemokraten entstanden ist, glaubten die Verfasser Abstand nehmen zu sollen. In beiden Fällen handelt es sich um herabsetzend gemeinte Schimpfwörter für den politischen Gegner, die zugleich eine deutliche Geringschätzung einschlossen. Geringschätzung, Unterschätzung des Nationalsozialismus war jedoch ein schwerwiegender Fehler, den die demokratischen Kräfte in jenen Jahren begingen. Hätte man die Nationalsozialisten mit ihren zerstörerischen Ideen von Anfang an ernst genommen, sie in ihren gefährlichen Bestrebungen richtig eingeschätzt und sich ihnen mit Entschiedenheit widersetzt, so wäre vielleicht manches Schlimme zu verhindern gewesen.

Die Verfasser hoffen, mit dieser Untersuchung über den Kreis Offenbach in der Zeit des Dritten Reiches einen kleinen Beitrag zu leisten, um das Bewußtsein zu schärfen, daß es zu allen Zeiten erforderlich ist, totalitären und menschenverachtenden Ansprüchen, welchen Ursprungs sie auch sein mögen, mit Entschlossenheit entgegenzutreten, Freiheit, Recht und Demokratie mit allen Kräften zu verteidigen.

Offenbach-Bieber, im April 1989

Alfred Kurt   *Otto Schlander*

EINLEITUNG

Der Kreis Offenbach zu Anfang der dreißiger Jahre

Wirtschaftliche und gesellschaftliche Verhältnisse

»Der Kreis Offenbach wird im Osten und Norden begrenzt von dem Main. Er liegt in dem Winkel, der dadurch entsteht, daß der Main von Süden kommend bei Hanau eine scharfe letzte Biegung nach Westen macht. Die Gesamtfläche des Kreises beträgt 37 647,4 ha, hierunter 17 432,9 ha Wald. In dem Kreise finden sich die Denkmäler der ältesten deutschen Geschichte und die neuesten Maschinen der modernen Industrie.«

Diese knappe Beschreibung des Kreises Offenbach aus der Feder des von 1924 bis 1931 amtierenden Kreisdirektors (Landrates) Ernst Werner scheint auf den ersten Blick auch heute noch zutreffend zu sein.[1] Doch der Kreis, von dem Wer-

KREISAMT OFFENBACH
Sitz der Kreisverwaltung war das Kreisamt (Landratsamt) Offenbach in der Offenbacher Geleitsstraße/Ecke Dreieichring. Das Gebäude war nach Plänen des Hessischen Hochbauamtes 1915–23 erbaut und wurde 1943 durch britische Fliegerbomben zerstört.

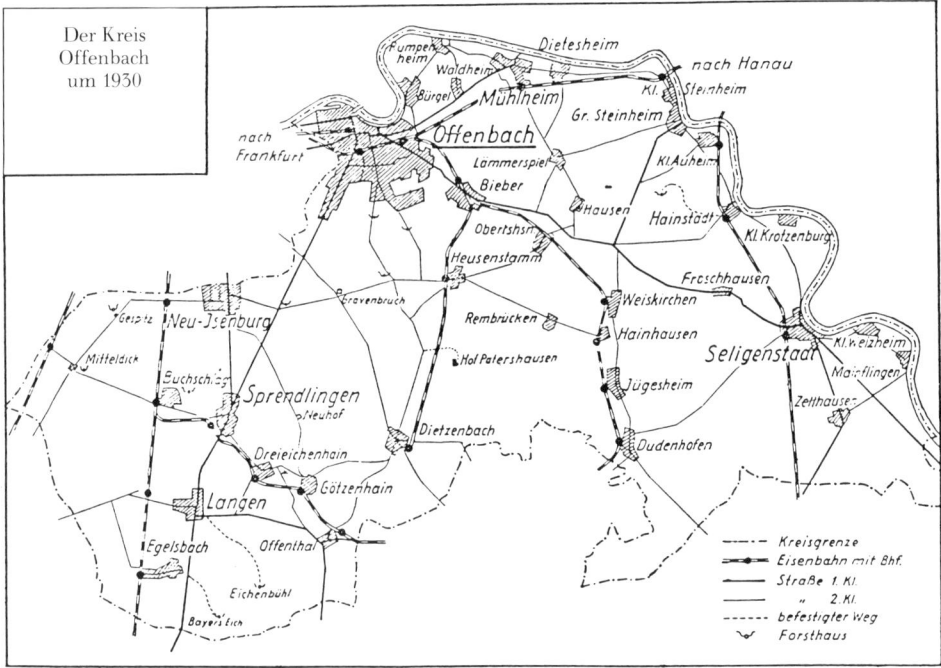

ner schrieb, ist nicht identisch mit dem heutigen Kreis. Zwar hat sich seitdem der Flächeninhalt nur geringfügig geändert, und nach wie vor ist erfreulicherweise knapp die Hälfte des Kreisgebietes mit Wald bedeckt, die Kreisgrenzen aber haben sich entscheidend verschoben. Am einschneidendsten war die 1938 vorgenommene »Auskreisung« der Stadt Offenbach mit ihren Vororten Bürgel und Bieber und ihre Erhebung zu einem selbständigen Stadtkreis, in den 1942 noch Rumpenheim eingegliedert wurde. Daß im Zuge der Gebietsreform von 1974/77 Steinheim und Klein-Auheim nach Hanau abgegeben, andererseits Nieder- und Ober-Roden sowie Urberach vom Kreis Dieburg gewonnen wurden, war weniger folgenreich. Die Zugehörigkeit der Stadt Offenbach zu dem gleichnamigen Kreis bis 1938 hat nämlich nicht nur in Kreisbeschreibungen und Statistiken ihren Niederschlag gefunden, sie hat sich vielmehr vielfältig und nachhaltig auf die Verwaltung, die Wirtschaftsverhältnisse und Arbeitsbedingungen, auf die gesamte Infrastruktur des Kreises und damit auf das Leben der Einwohner ausgewirkt.

Die moderne Industrie mit den neuesten Maschinen, die Landrat Werner in dem oben zitierten Satz ansprach, befand sich fast ausnahmslos in der Kreisstadt Offenbach, während der übrige Kreis – der »Landkreis«, wie man ihn damals halbamtlich im Gegensatz zur »Stadt« bezeichnete – nur erste Ansätze zu einer Industrialisierung zeigte. Von 39 zu Beginn des Jahres 1935 im damaligen Hessen bestehenden Aktiengesellschaften mit mehr als 1 Million RM Aktienkapital hatte keine einzige ihren Sitz im »Landkreis«, wohl aber sechs – darunter Firmen von Weltruf – in der Stadt Offenbach.[2] Im »Landkreis« gab es nur etwa zehn Mittelbetriebe, die je über hundert Beschäftigte verzeichneten.[3]

FILZHÜTE
»Hasenhaarschneidereien« zur Filzgewinnung gab es bereits im vorigen Jahrhundert im Kreis Offenbach. Hier die Werkstatt der Firma Hut-Lehr in Neu-Isenburg um 1930, in der Filzhüte hergestellt wurden

Die meisten davon befanden sich in Neu-Isenburg, das als größte Gemeinde mit 13 410 Einwohnern (1933) in der industriellen Entwicklung am weitesten fortgeschritten war, gab es hier doch zwölf Betriebe mit mehr als 50 Arbeitnehmern. Insbesondere hatte die in der Mitte des 19. Jahrhunderts aufgenommene Möbelherstellung eine gewisse Bedeutung erlangt. Daneben bedienten nicht weniger als 68 Wäschereien in der Stadt eine fast ausschließlich in Frankfurt wohnhafte Kundschaft. Ihre Tätigkeit hatte wiederum Anlaß zur Aufnahme der Waschmaschinenproduktion gegeben, deren größter Betrieb knapp hundert Beschäftigte zählte. Ein weltbekanntes Frankfurter Bauunternehmen hatte in Neu-Isenburg einen Bauhof und eine große Ziegelei errichtet, wo etwa 150 Arbeiter ihr Brot verdienten. Erwähnenswert ist ferner eine Lederfabrik mit über hundert Betriebsangehörigen und ein etwa gleich großes Emaillierwerk. Mit letzterem arbeitete eine in der Stadt befindliche Firma, die Photofilme produzierte, eng zusammen. Von der Zahl der Beschäftigten weniger bedeutend, aber durch ihr Erzeugnis »Frankfurter Würstchen« weltbekannt, sind noch drei Wurstkonservenfabriken zu nennen. Auch die Monopolverwaltung besaß damals schon in Neu-Isenburg ein großes Lager und eine Vergällungsanstalt für Spiritus.

In Sprendlingen bot eine Fabrik, die künstliche Zähne anfertigte, zeitweise über 700 Arbeitsplätze. Ein Viertel der berufstätigen Bevölkerung dieser Gemeinde bezog den Lebensunterhalt im Baugewerbe, fand jedoch als Maurer oder Pflasterer die Arbeitsstelle berufsbedingt in der meisten Zeit außerhalb des Heimatortes.

STRASSENBILD IN DIETESHEIM UM 1930

In dem benachbarten Langen gab es um 1930 noch keine großen Firmen mit mehr als hundert Beschäftigten. In zwei Getränke- und Likörfabriken arbeiteten jeweils etwa 60 bis 70 Leute, und eine nach dem Zweiten Weltkrieg bedeutend gewordene Maschinenfabrik zählte erst ca. 30 Mitarbeiter. Daneben bestanden im damaligen Langen nur kleine Gewerbe- und Handwerksbetriebe.

Für die Ortschaften im mittleren und nördlichen Kreisgebiet spielte die Lederwarenerzeugung eine überragende Rolle. Diese Industrie mit ihren Zuliefererbetrieben hatte sich seit dem Anfang des 19. Jahrhunderts in der Kreisstadt Offenbach ein Zentrum geschaffen, das zunehmend an Bedeutung gewann. Als nach 1850 im Zeichen der sich stetig erhöhenden Lederwarenproduktion auch der Bedarf an Arbeitskräften größer wurde, bot sich für so manchen Bewohner der benachbarten Kreisgemeinden, der in der Landwirtschaft kein Auskommen mehr fand, die Möglichkeit, in der Stadt als Portefeuiller, (wie man die Feintäschner damals nannte) sein Brot zu verdienen. Schon bald setzten die Fabrikanten Zwischenmeister ein, die in ihrer Wohngemeinde ein »Gewerbe für andere Meister« anmeldeten und Arbeit an Heimarbeiter weitergaben, denen so der bei den damaligen Verkehrsverhältnissen äußerst zeitraubende Weg nach Offenbach erspart blieb. Allein in Heusenstamm gab es vor dem Ersten Weltkrieg schon mehr als 200 Heimarbeiter für Lederwaren.[4] Als in den zwanziger Jahren die Konjunktur darniederlag, verlor noch so mancher Portefeuiller seinen Arbeitsplatz in der Stadt. Das war für viele der Anlaß, zu Hause in einer ausgeräumten Stube oder einem zur Werkstatt umgebauten Stall auf eigene Faust Lederwaren herzustellen, wobei man wegen Knappheit des Kapitals und zur Minderung des

IN KLEIN-KROTZENBURG UM 1930

Risikos als Zwischenmeister oder als Heimarbeiter für einen solchen produzierte. Als jedoch der Druck der Gewerkschaft gegen die zu billigeren Löhnen produzierenden Heimarbeiter immer größer wurde und die Offenbacher Fabrikanten zusagen mußten, vorrangig Portefeuiller aus der Stadt zu beschäftigen, blieb den Arbeitern in den Landgemeinden nur noch die Möglichkeit, sich selbständig zu machen.[5] Überall in der Nachbarschaft Offenbachs – vornehmlich in Bieber, Hausen, Obertshausen und Heusenstamm, aber auch in Mühlheim, Dietesheim, Lämmerspiel, Weiskirchen, Jügesheim und Froschhausen – entstanden zahlreiche Lederwarenfabrikationen als Familienbetriebe. Die Zahl der in Gemeinden des »Landkreises« Beschäftigten der Lederwarenindustrie überstieg im Jahre 1933 bereits deutlich die der in der Stadt Offenbach Tätigen. Die Konkurrenz war freilich groß und der Preisdruck der meist als Grossisten auftretenden Abnehmer oft unerträglich. Geregelte Arbeitszeit gab es nicht. Flaue Zeiten im Frühjahr und Sommer wechselten mit der »Saison« im Spätherbst, wo es galt, die Weihnachtsaufträge fristgerecht auszuliefern. Dann wurde bis spät in die Nacht hinein »geschafft«, und von manchem »Babbscher«, wie die Portefeuiller von anderen Einwohnern scherzhaft genannt wurden, ist glaubhaft überliefert, daß er die ihn während der Arbeit am späten Abend übermannende Müdigkeit nur durch ein gleichzeitiges langes Fußbad in einer Schüssel kalten Wassers bezwingen konnte. Einige, die in jenen Jahren zwischen 1925 und 1935 klein anfingen, sind jedoch später zu großen Fabrikanten geworden.

Die neuen Lederwarenfirmen im Kreis regten die Entstehung von weiteren Zulieferbetrieben an. Ledergerbereien, -pressereien, -schärfereien und -zurich-

HAUPTSTRASSE IN
OFFENTHAL UM 1930

tereien entstanden; metallverarbeitende Betriebe stellten Schlösser und Bügel für Taschen und Koffer her. In Lämmerspiel beschäftigte ein solcher Betrieb zeitweise sogar über 150 Arbeitskräfte; zwei weitere größere Metallwarenfirmen arbeiteten in Hausen und in Jügesheim.

Aus Leder fertigte man im Kreis Offenbach nicht nur Taschen, Börsen und Koffer sondern auch Schuhe. Die mit Abstand größte Schuhfabrik stand zwar bezeichnenderweise in der Kreisstadt, doch auch Mühlheim wies eine solche mit etwa 130 Arbeitern auf. Die größte Fabrik Mühlheims mit über 600 Betriebsangehörigen stellte Metallwaren her. Ein Teerfarbwerk mit 200 Arbeitern wurde Ende der zwanziger Jahre bei der Bildung des I.-G.-Farben Konzerns stillgelegt.

Östlich von Mühlheim in den Gemarkungen von Dietesheim und Steinheim betrieben mehrere Firmen Basaltabbau in ausgedehnten Steinbruchanlagen, doch waren insgesamt nur etwa 160 Arbeiter beschäftigt. Ziegeleien und Backsteinbrennereien gaben in Hainstadt auch nur ein paar Dutzend Leuten Arbeit. Zwei bedeutendere Betriebe waren dagegen in Klein-Auheim ansässig. Eine Metallwarenfabrik stellte mit ca. 250 Mitarbeitern Fahrräder her, und eine Gummifabrik zählte zeitweise sogar 600 Beschäftigte. Lithographische Anstalten von einer beachtlichen Größe bestanden in Klein-Auheim und Steinheim.

In den weiter mainaufwärts gelegenen Kreisorten mit Seligenstadt als Mittelpunkt fehlten Firmen dieser Größenordnung, doch war ein reges Kleingewerbe vorhanden, das auch viele Heimarbeiter beschäftigte. Zigarrenmachereien und Perlenstickereien waren schon seit dem 19. Jahrhundert ansässig und gaben je nach Saison und Konjunktur einer mehr oder weniger großen Zahl von Menschen Lebensunterhalt, wobei mithelfende Familienangehörige ein schier unerschöpfliches Arbeitskräftereservoir bildeten.

Heusenstamm und Dietzenbach wiesen um 1930 noch keine größeren Industriebetriebe auf. Gleiches gilt – abgesehen von einer Rußfabrik bei Hainhausen – auch für die Gemeinden im Rodgau. Dort gab es nur Kleingewerbe und die üblichen Handwerksfirmen.

Die Wohnbevölkerung im Kreis belief sich nach der Volkszählung vom 16. Juni 1933 auf 185 038 Einwohner (davon 81 329 in der Stadt Offenbach). Der Landwirtschaft waren von der Gesamtbevölkerung nur 9 619 Personen (= 5,2 %)

zuzurechnen. Natürlich schwankte der Anteil von Gemeinde zu Gemeinde; er betrug in Langen 6 %, in Sprendlingen 7,8 %, in Seligenstadt 9,7 % und lag in und um Offenbach am niedrigsten. Dort war umgekehrt der Anteil der in Industrie und Handwerk Beschäftigten am höchsten. Er erreichte in Bieber mit 72,1 % und Mühlheim mit 68,3 % hinter der Opelstadt Rüsselsheim (74,7 %) den höchsten Stand im gesamten damaligen Hessen.

Für die sieben größten Gemeinden des Kreises (über 5 000 Einwohner) trifft die Statistik von 1933 die folgenden Zuordnungen zu den einzelnen Wirtschaftsbereichen:[6]

	Wohnbevölkerung am 16.6.1933	Von der Wohnbevölkerung entfielen auf: (in %)					
		Land und Forstwirtschaft	Industrie und Handwerk	Handel u. Verkehr	Öffentl. u. priv. Dienst	Häusl. Dienste	Ohne Beruf
Bieber	5 719	4,0	72,1	7,5	4,5	0,4	11,5
Langen	8 613	6,0	51,1	20,3	7,7	1,5	13,4
Mühlheim	6 757	3,4	68,3	9,8	3,7	0,6	14,4
Neu-Isenburg	13,410	3,3	57,8	17,7	6,7	1,3	13,2
Offenbach	81 329	1,1	58,6	16,2	9,4	1,6	13,1
Seligenstadt	5 816	9,7	57,9	13,7	6,9	1,1	10,7
Sprendlingen	7 855	7,8	64,4	12,5	3,9	0,7	10,5

Bei dem noch recht niedrigen Stand der Industrialisierung in den meisten Kreisgemeinden konnten bei weitem nicht alle arbeitswilligen Personen (»Erwerbspersonen« nennt sie die Statistik) in ihrem Wohnort eine Beschäftigung finden. Fast die Hälfte aller Angestellten (48,5 %) und Arbeiter (42,3 %) mußte nach außerhalb zur Arbeit fahren. Die Pendlerströme orientierten sich am Einzugsbereich der Städte und den von diesen ausgehenden Bahnlinien. Die Momentaufnahme der Volkszählung vom 16. Juni 1933 macht nicht nur deutlich, wie hoch ihr Anteil in jener Krisenzeit war. Mit ein wenig Phantasie kann man sich auch vorstellen, wie strapaziös für die Erwerbstätigen die tägliche Anfahrt in überfüllten Zügen oder bei Wind und Wetter mit dem Fahrrad war. Die Arbeit in den Fabriken war hart, oft durch Akkord mit besonderen Belastungen verbunden. 48 Wochenarbeitsstunden verteilten sich auf sechs Tage, und auf so manchen Pendler wartete nach der Heimkehr noch eine kleine Landwirtschaft. Kurzarbeit ließ das Einkommen vieler auf ein Minimum sinken. Soziale Einrichtungen waren in den Fabriken nur höchst spärlich vorhanden. Das Mittagessen brachten die Arbeiter sich meist im Tender mit. Nur aus stadtnahen Gemeinden schickten Hausfrauen ihren Familienangehörigen das Essen in den Betrieb. Frauen verdienten sich damit ein paar Mark, daß sie Tag für Tag um elf Uhr nach Offenbach fuhren und das an heimischen Herden bereitete, noch halbwarme Essen in den Werkstätten ablieferten. Wer öfters erkrankte, verlor leicht den Arbeitsplatz. Auch mußte er es hinnehmen, daß der Kontrolleur der Krankenkasse ihn daheim aufsuchte. Vertrauensärzte untersuchten die Kranken auf Arbeitsunfähigkeit, und wer zu lange krank war, verlor das Krankengeld; er wurde »ausgesteuert«.

Die konfessionellen Verhältnisse im Kreis schienen auf den ersten Blick nach der Statistik recht ausgeglichen zu sein: Im Jahre 1933 standen im »Landkreis« 49,8 % Katholiken 45,0 % Protestanten gegenüber; dazu kamen noch 0,8 % Israeliten und 4,4 % Sonstige.[7] In den einzelnen Gemeinden gab es demgegenüber geschichtlich bedingt sehr eindeutige konfessionelle Mehrheiten, denn das Kurmainzer Gebiet im Rodgau und am Main war in der Reformationszeit katholisch geblieben, während die isenburgischen und hessischen Dörfer in der Dreieich ebenso wie Dietzenbach und Dudenhofen protestantisch geworden waren. Noch 1933 waren Lämmerspiel, Hausen, Rembrücken, Hainhausen, Jügesheim, Froschhausen, Klein-Krotzenburg, Klein-Welzheim und Zellhausen mit über 90 % fast rein katholisch, wogegen andererseits Dietzenbach, Dudenhofen, Dreieichenhain, Götzenhain, Offenthal und auch Langen genauso protestantisch waren. Wenn überhaupt, so nur unter großen Vorbehalten, konnten Andersgläubige in bestehenden örtlichen Gemeinschaften Aufnahme finden. Konfessionsverschiedene Ehen galten als Ärgernis und lösten oft Familienkonflikte aus.

Die meisten Gemeinden im Kreis Offenbach waren um 1933 noch Dörfer, Arbeiterwohnsitzgemeinden mit einem starken bäuerlichen Einschlag. Die Landwirtschaft spielte war nicht mehr die entscheidende Rolle, prägte jedoch weitgehend das Bild. In Dietzenbach bestanden damals beispielsweise noch 129 landwirtschaftliche Betriebe mit einer Betriebsfläche von jeweils zwei Hektar, die demnach als Vollerwerbsbetriebe anzusprechen waren.[8] Daneben zählte man im Dorf nicht weniger als 302 Nebenerwerbsbetriebe, die zwischen 0,2 und 2,0 Hektar Boden bewirtschafteten. Und weitere 246 Dietzenbacher Familien bestellten kleinere Flächen unter 0,25 Hektar. Das hieß aber, daß 677 der 817 Haushalte der Gemeinde der Landwirtschaft verbunden waren. Auch die Viehhaltung war beachtlich, standen doch immerhin 148 Pferde, 650 Stück Rindvieh, 836 Schweine und 606 Ziegen am Zähltag (5. Dezember 1933) in Dietzenbachs Stallungen.

In Dudenhofen gab es 1933 gar noch 199 landwirtschaftliche Vollerwerbsbetriebe und 366 weitere Familien, die ein Stück Feld bebauten. Zusammen besaßen sie 146 Pferde und 975 Rinder.[9] Diese Zahlen zeigen, daß längst nicht jeder Bauer mit einem Pferd seine Äcker bestellen und die oft langen Anfahrtswege zurücklegen konnte. Kuhgespanne gehörten hier wie in anderen Kreisgemeinden zum täglichen Erscheinungsbild. Dies mochte den falschen Eindruck gemächlicher Arbeitsweise vermitteln, war jedoch mehr ein Zeichen dürftiger Einkommens- und Vermögensverhältnisse sowie bescheidenster Lebensweise.

In den Orten des Rodgaues, der Dreieich und am Main war ein erheblicher Teil der Erwachsenen und der Kinder mit der Arbeit auf dem Acker, auf der Wiese und im Stall bestens vertraut, denn viele Arbeiter bestellten mit Hilfe ihrer Familienangehörigen noch nebenher ein kleines Stück Feld, das ihnen von dem durch die in dieser Gegend übliche Realteilung aufgesplitterten Grundbesitz ihrer bäuerlichen Vorfahren geblieben war. Allein in Sprendlingen bewirtschafteten 1 285 der 2 241 Haushalte im Nebenerwerb landwirtschaftliche Flächen bis zu zwei Hektar Größe. Mit Kartoffeln und Gemüse versorgten sich auf solche Weise viele Familien im Kreis selbst. Kleinvieh war nicht nur ein Hobby von Züchtern, sondern verhalf den Haltern zu billiger Milch, Eiern und Fleisch. Die fast 10 000 Ziegen, 25 000 Hauskaninchen und 142 000 Hühner, die man in der Nacht vom 4. zum 5. Dezember 1933 in den Ställen des Kreisgebietes zählte,

KOPFSTEINPFLASTER
Innerorts waren die Straßen um 1930 meist gepflastert, in den Außenbereichen nur schwach befestigt. Die wichtigsten Überlandstraßen besaßen Fahrbahnen aus Blaubasalt, die Mehrzahl der zwischenörtlichen Verbindungen war chaussiert. Neben den Straßengräben verliefen Obstbaumreihen. Hier die mit Kopfsteinpflaster versehene Frankfurter Straße in Seligenstadt um 1935

belegen dies deutlich.[10] Südfrüchte galten in weitesten Schichten der Bevölkerung als Luxus, doch brauchte man bei 338 000 Obstbäumen im Kreis auf frisches Obst nicht zu verzichten. Apfelwein war ein Volksgetränk. Auch wenn das »Schöppchen« im Gasthaus nur 15 Pfennig kostete, kelterte man nach Möglichkeit lieber selbst. In guten Erntejahren herrschte kein Mangel an Keltergut – allein in der Langener Gemarkung standen über 15 000 Apfelbäume! Doch erst die richtige Mischung der Apfelsorten ergab ein gutes »Stöffchen«.

Außer der Kreisstadt zählten im Jahre 1933 nur Neu-Isenburg, Sprendlingen und Langen sowie Mühlheim, Bieber und Seligenstadt mehr als 5 000 Einwohner, alle übrigen Gemeinden lagen sogar noch unter 4 000. Die Unterschiede von Ort zu Ort empfanden die Bewohner als recht groß. Ausgeprägt war ihr Selbstverständnis und ihr Selbstbewußtsein, wobei man die Andersartigkeit der Nachbarn nur allzu gerne betonte. Tiefverwurzelte, oft jahrhundertealte Gegensätze, Konfessionsverschiedenheit oder unterschiedliche Hinwendung zu politischen Parteien, dazu Rivalitäten der Ortsvereine führten zu häufigen Frotzeleien und auch Streitigkeiten zwischen Nachbargemeinden. So wie fast jeder Bürger im Ort seinen Spitznamen hatte, wurden auch die Einwohner der Nachbarorte mit einem solchen belegt: Man bezeichnete sie als »Watze«, »Schnotze«, »Sandhase«, »Eweletscher« usw. oder man verfremdete den Ortsnamen, indem man als »Lämmerspieler« ein schaumlos eingeschenktes Bier bezeichnete oder einen »Heusenstäm-

MÜLLABFUHR UM 1930.
Eine geordnete Müllbeseitigung wie hier in Neu-Isenburg besaßen die wenigsten Gemeinden des Kreises. Die Haushaltsabfälle landeten im Küchenherd oder auf dem Misthaufen. Den dann noch verbleibenden Rest fuhr man üblicherweise mit dem Handwagen zum örtlichen Dreckplatz.

WEISKIRCHER BUBEN
Die oft knapp bemessene Freizeit organisierten Kinder und Jugendliche selbst. Neben Ballspielen waren Kampfspiele sehr beliebt. Hier Weiskircher Buben, »bewaffnet« mit Speeren und Bogen zu Anfang der dreißiger Jahre. In der Mitte der stolze Besitzer seines selbstgefertigten Fahrzeuges.

mer« bestellte und damit einen heißen Apfelwein meinte. Irgendwo am Waldrand lieferten sich die Buben aus den verschiedenen Dörfern regelmäßig ihre Kämpfe. Der örtliche Sportverein aber konnte damit rechnen, daß bei Spielen gegen die Nachbarn ein erheblicher Teil der männlichen Bevölkerung ihn lautstark unterstützen würde. Die ungeteilte Sympathie galt noch dem Ortsverein, denn wer wollte sich mit der Frankfurter »Eintracht« oder den Offenbacher »Kickers« solidarisieren, solange diese in der Südmain-Liga gegen Isenburg, Bieber und Heusenstamm zu spielen hatten? Auch die allgemein gesprochene

Wohnbevölkerung der drei bis 1977 zum Kreis Dieburg gehörigen Gemeinden:

	1925	1939
Nieder-Roden	1 876	3 616
Ober-Roden	3 049	3 608
Urberach	2 447	2 807

Wohnbevölkerung der Städte und Gemeinden des Kreises Offenbach am:

	16. 6. 1925	16. 6. 1933	17. 5. 1939[11]
Bieber	5 149	5 719	a)
Buchschlag	708	707	859
Dietesheim	2 803	2 822	b)
Dietzenbach	3 212	3 469	3 695
Dreieichenhain	2 231	2 525	2 568
Dudenhofen	2 016	2 061	2 120
Egelsbach	3 553	3 707	3 623
Froschhausen	1 257	1 349	1 371
Götzenhain	993	1 120	1 165
Groß-Steinheim	2 903	3 027	6 889 c)
Klein-Steinheim	3 291	3 572	
Hainhausen	676	758	835
Hainstadt	2 644	2 924	3 008
Hausen	1 631	1 733	2 034
Heusenstamm	3 045	3 310	3 451
Jügesheim	2 609	2 867	3 174
Klein-Auheim	3 334	3 709	3 883
Klein-Krotzenburg	2 453	2 543	2 777
Klein-Welzheim	1 034	1 123	1 181
Lämmerspiel	1 023	1 074	1 136
Langen	7 891	8 613	9 085
Mainflingen	1 120	1 230	1 277
Mühlheim	6 506	6 757	10 473 d)
Neu-Isenburg	12 432	13 410	15 064
Obertshausen	2 091	2 360	2 444
Offenbach	79 362	81 329	85 128 e)
Offenthal	901	1 007	1 003
Philippseich	21	19	f)
Rembrücken	277	284	275
Rumpenheim	1 718	1 874	1 915
Seligenstadt	5 347	5 816	6 039
Sprendlingen	7 252	7 855	8 146
Steinbach (Taunus)	1 050	1 091	1 147
Weiskirchen	1 474	1 630	1 740
Zellhausen	1 473	1 644	1 737
Zeppelinheim	—	—	313

a) Bieber am 1. 4. 1938 nach Offenbach eingemeindet.
b) Dietesheim am 1. 4. 1939 nach Mühlheim eingemeindet.
c) Groß-Steinheim und Klein-Steinheim am 1.4 1938 zur Stadt Steinheim am Main zusammengeschlossen.
d) Einschließlich Dietesheim.
e) Einschließlich Bieber. Seit 1.11.1938 eigener Stadtkreis Offenbach a. M.
f) Philippseich 1937 zu Götzenhain.

Wir sind von Dietzenbach,
  dem schönsten Ort im Kreis.
Am hohen Wingertsberg gelegen.
Ein Völkchen, wohlbekannt durch
  Biedersinn und Fleiß,
Gewohnt an Sonnenschein und Regen.
Wir sind vergnügt und lassen froh
Das deutsche Lied im Chor ertönen
Und jede Strophe unsers Sangs
Gilt Dietzenbach dem wunderschönen.

Vom grünen Wald umsäumt,
  ein freundliches Idyll,
Liegt unsere Flur im bunten Kleide
Und mitten drinnen steht
  das Dörfchen traut und still,
Des Wanderers Lust und Augenweide:
Drum sind wir stolz auf unser Heim,
Mit dem uns Lieb und Treu verbinden.
Wir wissen, daß auf dieser Welt
Kein zweites Dietzenbach zu finden.

DIETZENBACHER SÄNGERMARSCH
Ein Beispiel für den in allen Kreisgemeinden in ähnlicher Form empfundenen Lokalpatriotismus

Mundart unterschied die einzelnen Gemeinden voneinander. Einen echten Mühlheimer oder Dietzenbacher konnte man schon nach einem halben Satz als solchen erkennen. Und bei den anderen Orten gab es gleichfalls Besonderheiten in der Wortwahl und der Aussprache, die eine Lokalisierung des Sprechers leicht machten.

Nicht nur soziologisch, auch siedlungsmäßig waren die Ortschaften des Kreises Offenbach zu Anfang der dreißiger Jahre noch in sich geschlossene Einheiten. Die Bebauung hatte sich zwar über die alten Ortskerne hinaus entlang der Durchgangsstraßen oder in Richtung Bahnhof ausgeweitet, machte aber nur einen Bruchteil der heutigen Ausdehnung aus. Infrastruktur war noch kein gängiger Begriff, wenn auch schon einiges dafür getan wurde. Elektrisches Licht verdrängte in den Jahren nach dem Ersten Weltkrieg die Petroleum- und Gasleuchten; Wasserleitungen machten die alten Dorfbrunnen überflüssig, und manche Kreisgemeinde hat gar erst nach 1945 ihre Kanalisation ausgebaut.

In den Dörfern lebte man noch weitgehend im Rhythmus der Jahreszeiten, feierte die Feste, wie sie fielen, nahm teil an Freud und Leid der Nachbarn. Im Sommer war die Kirchweihe, die »Kerb«, ein Hauptereignis, das manchen auswärtigen Besucher anlockte und auch noch überliefertes Brauchtum kannte. Die Ortsvereine spielten im gesellschaftlichen Leben eine wichtige Rolle, offenbarten in ihrer Zusammensetzung aber vielfach die politische Spaltung der Bevölkerung. Sänger, Turner und Sportler derselben Gemeinde hatten sich zumeist je nach Familientradition und Parteipräferenz in rivalisierenden Vereinen zusammengeschlossen, die man als »schwarz«, »rot« oder »bürgerlich« einstufte. Über diese Trennungen hinweg bestanden freilich vielerlei Verbindungen, die sich aus der Zugehörigkeit zur Dorfgemeinschaft, aus oft weitverzweigter Verwandtschaft, gemeinsamer Schulzeit oder Mitarbeit bei gemeinnützigen Einrichtungen, wie etwa der Feuerwehr, ergaben.

Die Ansprüche, die man gemeinhin ans Leben stellte, entsprachen dem bescheidenen Einkommen, über das die meisten Menschen im Kreis nur verfügten. Größere Urlaubsreisen waren nicht üblich, und selbst wer lediglich ein paar Tage im nahen Odenwald oder Taunus zur Erholung weilte, erregte bereits Aufsehen. Eine Vereinswanderung, ein Ausflug oder eine Radtour führten nur gelegentlich aus der Gemeinde, es sei denn, man war als Berufspendler gezwungen, täglich eine beschwerliche Anfahrt zur Arbeitsstätte auf sich zu nehmen.

Meinungen, auch die politischen, bildeten sich vornehmlich in Gesprächen mit Freunden, Nachbarn und Arbeitskollegen. Schon aus Kostengründen hatte man längst nicht in allen Haushalten eine Tageszeitung abonniert. Die bürgerliche »Offenbacher Zeitung« und das von einem SPD-Verlag herausgegebene »Offenbacher Abendblatt« wurden im Kreis am häufigsten gelesen. Seit Mai 1932 brachten die Nationalsozialisten ihre »Offenbacher Nachrichten« heraus, die nach dem Verbot des »Abendblattes« 1933 hier zur meistverbreiteten Zeitung wurden, aber dennoch über eine tägliche Auflage von 12 500 Exemplaren (im August 1935) nicht hinaus kamen.[12] Daneben gab es in einigen Gemeinden noch Zeitungen von rein örtlicher Bedeutung, die in der Regel wöchentlich erschienen (»Langener Wochenblatt«, »Mühlheimer Bote« u. a.).

Eine Volksschule besaßen zu Anfang der dreißiger Jahre alle Gemeinden im Kreis Offenbach. Die große Mehrzahl der schulpflichtigen Kinder besuchte acht Jahre diese Schulform. Im Alter von 14 Jahren wurden die Jugendlichen dann aus der Schule entlassen. Für die meisten von ihnen begann anschließend die Zeit der beruflichen Ausbildung, während der sie zum Besuch der Berufsschule

BRUNNEN
Um 1930 mußte man vielerorts das Wasser noch am Brunnen holen wie hier in Seligenstadt in der Palatiumstraße/Ecke Große Fischergasse.

WÄSCHEWASCHEN
Die Wäsche wusch man um 1930 vielfach noch im Bach oder Fluß und legte sie dann zum Bleichen auf die Wiese. Hier am damals noch offenen Marktbach an der Aschaffenburger Straße in Seligenstadt.

verpflichtet waren. Die Volksschulen wurden von ca. 19 000 Schülern, von denen ca. 12 000 auf den »Landkreis« entfielen, besucht.[13] Im Gegensatz zu den Volksschulen war das Angebot an höheren Schulen im »Landkreis« völlig unzureichend. In Langen und Neu-Isenburg bestanden zwei kleine Realschulen und in Seligenstadt ein noch kleineres kirchliches Progymnasium, an dem nur Schüler der ersten vier (später fünf) Klassen des Gymnasiums unterrichtet wurden. Auch in schulischer Beziehung war nämlich der Kreis noch ganz auf die Kreisstadt Offenbach hin ausgerichtet. Jugendliche, die das Abitur anstrebten, besuchten das Gymnasium, die Oberrealschule oder die Studienanstalt für Mädchen in Offenbach; aus den Gemeinden im Westen des Kreises pendelten einige nach Darmstadt oder Frankfurt. Erst im Kriegsjahr 1940 konnten die ersten zwölf Abiturienten an einer »Oberschule« des »Landkreises«, der Goetheschule in Neu-Isenburg, die Reifeprüfung ablegen.[14] In ähnlicher Weise war auch das Berufsschulwesen im »Landkreis« um 1933 erst wenig entwickelt. Nur 15 hauptamtliche Lehrkräfte waren in diesem Bereich tätig, während 43 in der Stadt Offenbach angestellt waren.

Offenbach war für die Bewohner des »Landkreises« auch in schweren Krankheitsfällen meist der Platz, wohin sie sich zur Behandlung begaben, denn an den kleinen Kreiskrankenhäusern in Langen und Seligenstadt gab es nur je einen

Chirurgen, sonst hatte sich in keiner einzigen Kreisgemeinde ein Facharzt niedergelassen, wohl aber unterhielten 33 Fachärzte Praxen in der Stadt Offenbach. Dort hatte auch die Allgemeine Ortskrankenkasse für Stadt und Kreis ihren Sitz, die man beispielsweise aufsuchen mußte, wenn man bei längerer Krankheitsdauer zum Vertrauensarzt bestellt war.

Für manche Geschäftsleute war es wichtig, daß sich in Offenbach eine Reichsbanknebenstelle sowie Filialen der Großbanken und weitere Geldinstitute befanden, wogegen im »Landkreis« neben den Bezirkssparkassen Langen und Seligenstadt und den örtlichen Volksbanken lediglich in Neu-Isenburg eine Zweigstelle der Commerz- und Privatbank vorhanden war.[15] Auch war die bereits 1821 errichtete Industrie- und Handelskammer Offenbach durch gesetzliche Festlegungen bereits seit Jahrzehnten für den Bezirk Offenbach-Land ebenfalls zuständig.[16] Ferner war die Stadt Offenbach mit ihren Kaufhäusern und Geschäften bevorzugtes Einkaufsziel für viele Einwohner der benachbarten Gemeinden und der Rodgauorte.

Als Sitz des Kreisamtes, wichtiger Dienststellen und Ämter, Zeitungsverlage und Parteileitungen, als Einkaufs- und Schulstadt, als Ziel von über 4 000 Pendlern aus den Kreisgemeinden[17], als Platz medizinischer Versorgung war das an

EIS! EIS!
Nieder-Roden 1934. An Sommersonntagen waren radelnde Eisverkäufer gerngesehene Gäste in den Dörfern. Glücklich das Kind, das über die für eine Portion Eis benötigten 5 oder 10 Pfennige verfügte!

KREISKRANKENHAUS
SELIGENSTADT UM 1935

TANKSTELLE AN DER REICHSSTRASSE 8,
der Aschaffenburger Straße in Seligenstadt (um 1930)

der nördlichen Peripherie gelegene Offenbach zu Anfang der dreißiger Jahre tatsächlich der zentrale Ort für den gleichnamigen Kreis. Die engen Verflechtungen zwischen Stadt und »Landkreis« mit den daraus sich ergebenden Auswirkungen für die Menschen und ihre Lebensumstände muß man kennen und berücksichtigen, wenn man die politischen, wirtschaftlichen und gesellschaftlichen Verhältnisse im Kreis Offenbach in jener Zeit verstehen will.

Politische Verhältnisse

So wie die gesellschaftlichen und wirtschaftlichen Verhältnisse im Kreis Offenbach von Gemeinde zu Gemeinde verschieden waren, verhielt es sich als eine Folge dieses Umstandes auch mit der jeweiligen politischen Struktur. Soziale Lage der Bevölkerung, Konfessionszugehörigkeit, Einflüsse aus den großen Städten Frankfurt und Offenbach, örtliche, meist durch Einzelpersonen bewirkte Strömungen bestimmten hauptsächlich die politische Einstellung der Menschen, die sich dann in ihrem Wahlverhalten sichtbar äußerte. Die lange Reihe der Wahlergebnisse bei den Reichstagswahlen im Kaiserreich zwischen 1871 und 1912 zeigt zu Anfang ein deutliches Übergewicht nationalliberaler Stimmen in den protestantischen Gemeinden des Westkreises und in der Stadt Offenbach, während in den stadtnahen katholischen Gemeinden von Heusenstamm bis nach Mühlheim ebenso wie im nördlichen Rodgau und den nördlichen Mainorten des Kreises erstaunlicherweise die SPD deutlich die stärkste Partei war und die katholische Zentrumspartei hier nur über einen kleineren, aber stabilen Wählerstamm verfügte. Lediglich in und um Seligenstadt lag das Zentrum klar vorn. Zusammen mit dem Kreis Dieburg bildete der Kreis Offenbach damals den 5. hessischen Reichstagswahlkreis, den als Folge des geschilderten Wählerverhaltens bis 1881 der nationalliberale Abgeordnete Dernburg im Reichstag zu Berlin vertrat. Stimmenverschiebungen in den protestantischen Gemeinden zugunsten der SPD verhalfen deren Kandidaten Wilhelm Liebknecht erstmals 1881 zum Sieg im Wahlkreis. Fortan sprach man vom »roten Offenbach« und seinem »Kreis Dunnerkeil«, woran auch zwei vorübergehende nationalliberale Erfolge von 1887 und 1903 nichts änderten. An den deutlichen Wahlsiegen der SPD im Kreis Offenbach – 1912 erzielte sie fast 61 Prozent der Stimmen – hatten zweifellos die beiden Abgeordneten Wilhelm Liebknecht und (ab 1890) Carl Ulrich besonderen Anteil. Ulrichs Wahl zum Staatspräsidenten des Volksstaates Hessen im Jahre 1919 hat sicher nicht nur sein Ansehen, sondern auch das seiner Partei bei den Wählern noch weiter gestärkt. Bei den Wahlen zur Weimarer Nationalversammlung im gleichen Jahr, bei denen erstmals die Frauen im Deutschen Reich Stimmrecht hatten, entfielen 57,3 Prozent der Stimmen im Kreis auf die SPD; weitere 5,8 Prozent gingen an die von ihr abgesplittete USPD. In zwanzig Kreisgemeinden und in der Stadt Offenbach hatten die Sozialdemokraten die absolute Mehrheit errungen, während das Zentrum nur in Seligenstadt und einigen benachbarten Dörfern erfolgreich war, im gesamten Kreis jedoch nicht über 17,4 Prozent der Stimmen kam. Drittstärkste Partei wurde die linksliberale DDP mit 12,6 Prozent. Die Deutsche Volkspartei und die Deutschnationale Volkspartei mit 3,9 bzw. 3,0 Prozent als »Rechtsparteien« sind damals und in den späteren Wahlen in den Jahren der Weimarer Republik im Kreis Offenbach nie über den Rang von kleinen Splitterparteien hinausgekommen[18]

Neun Jahre später bei den Reichstagswahlen am 20. Mai 1928 erhielten die linken Parteien im Kreis erneut über die Hälfte der abgegebenen Stimmen, freilich war die Stellung der SPD durch das starke Aufkommen der Kommunisten erheblich geschwächt. Mit 22,6 Prozent der Stimmen war die KPD zur zweitstärksten Partei im Kreis Offenbach geworden. Dabei lag ihr Stimmenanteil in

Offenbach (32,1 %), Dietzenbach (31,7 %), Klein-Auheim (27,7 %) und Hainstadt (25,6 %) besonders hoch, wogegen er in Dudenhofen, Götzenhain, Hainhausen, Hausen und Rembrücken noch keine vier Prozent erreichte. Als eine von 15 Parteien kandidierte 1928 im Kreis auch Hitlers NSDAP. Das Ergebnis, das sie erreichte, erregte indessen kein Aufsehen. Mit 0,7 Prozent erzielter Stimmen im Kreisdurchschnitt (1,2 % in der Stadt, 0,4 % im »Landkreis«) schien sie zu den Splitterparteien zu gehören, an deren Existenz man sich gewöhnt hatte, die man politisch aber nicht ernst nahm. In acht Gemeinden des Kreises hatte kein einziger Wähler 1928 für die Partei Hitlers gestimmt, in weiteren acht Gemeinden erhielt sie jeweils eine einzige Stimme, wobei es müßig ist zu spekulieren, ob dies aus Protest, Irrtum oder Überzeugung geschah.

Wahlen zu den Gemeindevertretungen und zum Kreistag fanden am 17. November 1929 letztmals in der Weimarer Zeit statt. Etwa vier Wochen vorher war es am »Schwarzen Freitag« an der New Yorker Börse zu dem gewaltigen Kurssturz gekommen, der die Weltwirtschaftskrise einleitete. Deren Auswirkungen hatten freilich bis zum Wahltag die Menschen im Kreisgebiet noch nicht erreicht. Die Ergebnisse des Wahlganges sind deshalb aufschlußreich, weil sie unter Beachtung der Besonderheiten einer Kommunalwahl die Verteilung der politischen Gewichte vor dem Einbruch der Nationalsozialisten zeigen. Die NSDAP hatte sich lediglich in der Kreisstadt zur Wahl gestellt; im »Landkreis« war sie offenbar organisatorisch noch so schwach, daß sie keine Wahlvorschläge einreichen konnte. Eine Folge dieser Nichtbeteiligung war es, daß es bis zur Gleichschaltung der Gemeindevertretungen im Frühjahr 1933 dort keine gewählten Vertreter der NSDAP gab. Lediglich in der Kreisstadt Offenbach, dem Schwerpunkt ihrer Agitation, kamen die Nationalsozialisten zu einem kleinen Erfolg. Aufgrund der 3,4 Prozent erhaltener Stimmen konnten sie zwei Sitze in der Stadtverordnetenversammlung einnehmen. Im Offenbacher Kreistag waren sie dagegen nach der Wahl von 1929 – und damit bis zur Gleichschaltung 1933 – nicht vertreten. Hier war nach wie vor die SPD mit zwölf Vertretern die stärkste Fraktion, gefolgt vom Zentrum mit sechs Abgeordneten. Auch die Kommunisten gewannen sechs Mandate, die sich jedoch wegen Spaltung der örtlichen Partei auf zwei für die moskauhörige KPD und vier für die von Heinrich Galm geführte Gruppe der KPD-Opposition aufteilten.[19]

Das Wahlergebnis von 1929 und die Zusammensetzung der Gemeindevertretungen sowie des Kreistages entsprachen somit insgesamt gesehen der über die Jahrzehnte hinweg gewachsenen politischen Struktur des Kreises. Die Linksparteien dominierten in der Kreisstadt ebenso wie in den stadtnahen mehrheitlich katholischen Gemeinden und in den überwiegend protestantischen Gemeinden des westlichen Kreisgebietes. Das Zentrum besaß eine starke Stellung im Seligenstädter Raum und einigen kleineren katholischen Dörfern. Zentrum und SPD hielten sich gelegentlich die Waage, wie das Beispiel Weiskirchen zeigt, wo beide aufgrund der fast gleichen Stimmenzahl (479 : 480) je sechs Gemeinderatsmitglieder stellten, während alle übrigen Parteien kaum Stimmen und demzufolge auch keine Mandate erhielten.

Die Nationalsozialisten mochten gelegentlich durch Randale und Umzüge auf sich aufmerksam machen, in der Kreis- und Kommunalpolitik blieben sie aufgrund des Wahlergebnisses von 1929 für die nächsten Jahre bedeutungslos.

ZEPPELIN
Die großen, leise fliegenden Luftschiffe, die ihren Heimathafen auf Rhein-Main hatten, erregten immer wieder die Aufmerksamkeit der Menschen im Kreis.
Hier LZ 129 »Hindenburg« über Neu-Isenburg

Und niemand konnte voraussehen, daß nur gut drei Jahre später sie allein die politischen Entscheidungen im Deutschen Reich und damit auch im Kreis Offenbach unter Ausschluß aller übrigen vorher bestimmenden politischen Kräfte treffen würden. Die Gründe für den raschen und überraschenden Erfolg der Nationalsozialisten, den sie 1933 als »Machtergreifung« bezeichneten, lagen sicher außerhalb des Kreises Offenbach. Hier kann nur untersucht und dargestellt werden, in welcher Weise sie im Kreisgebiet Aktivitäten entfalteten, Erfolge erzielten oder auf Widerstand und Abwehr trafen.

AUTO UND FUHRWERK NEBENEINANDER
Der Verkehr im Kreis Offenbach hielt sich in den dreißiger Jahren noch in Grenzen; Pferde und Kuhgespanne sowie Radfahrer überwogen. Hier der Marktplatz in Seligenstadt um 1938.

REICHSSTRASSE 8 IN FROSCHHAUSEN UM 1930
Die Reichsstraße 8 von Köln über Frankfurt nach Nürnberg führte durch das östliche Kreisgebiet. Als besonders gefährlich galt die enge Ortsdurchfahrt in Froschhausen.

ERSTES KAPITEL
Demokraten und Radikale im Kampf um die Macht

Anfänge der NSDAP in der Offenbacher Gegend (1922-1926)

Wenn es im Deutschen Reich in den zwanziger Jahren Gebiete gab, die von der gesellschaftlich-politischen Struktur, der Tradition, der wirtschaftlichen Situation und der Mentalität der Bevölkerung dazu vorherbestimmt erschienen, Mutterboden für eine nationalsozialistische Bewegung zu werden, so gehörte die Offenbacher Gegend zweifellos nicht zu diesen. Sie galt vielmehr seit langer Zeit als eine Hochburg der linken Parteien mit einer starken Vertretung des politischen Katholizismus im östlichen Kreisgebiet. Rechtsparteien hatten seit Jahrzehnten jeden Einfluß von einiger Bedeutung in der örtlichen Politik verloren. Von daher waren die Voraussetzungen für den Aufstieg einer starken rechtsradikalen Partei hier außerordentlich ungünstig. Es lassen sich auch keine Persönlichkeiten ausmachen, die in überzeugender oder auch nur herausragender demagogischer Art den Nationalsozialismus propagiert hätten. Ebensowenig findet sich ein Presseorgan, das in mitreißender Weise die Menschen dieser Gegend für die neue Lehre begeistert hätte. Dies alles erklärt, warum die Anhänger Hitlers erst in vergleichsweise später Zeit – etwa seit 1930 – an Bedeutung gewannen. Zu denen, die die Grundlagen für den Nationalsozialismus schufen und ihn in seiner Anfangsphase förderten, gehörten die Menschen im Kreis Offenbach nicht.

Obzwar nur wenige Leute im Offenbacher Raum in der Zeit nach dem Ersten Weltkrieg rechtsradikalen Gedankengängen anhingen, so waren solche doch vielen bekannt, denn die Radikalen gehörten keineswegs zu den Stillen im Lande. Gruppen des »Stahlhelm«, eines Kriegerverbandes, der das Fronterlebnis verherrlichte und den Versailler Vertrag bekämpfte, existierten auch in dieser Gegend, ohne allerdings eine besondere Bedeutung gewinnen zu können. Von der Fremdartigkeit einer neuen rechtsradikalen Bewegung zeugte es, als das »Offenbacher Abendblatt« 1921 bei einem Bericht über Vorgänge in Bayern die italienische Schreibweise »Fascisten« gebrauchte.[1]

Über die Anfänge der nationalsozialistischen Partei im Kreis Offenbach gibt ein 1941 im Auftrag des Kreisleiters von einem Parteigenossen verfaßter Bericht einige Auskunft.[2] Ihmzufolge besuchten im Jahre 1922 ein paar junge Männer aus Offenbach die »Sturmabende« der neugegründeten nationalsozialistischen Parteigruppe in der Schweizer Straße in Frankfurt-Sachsenhausen. Noch im November des gleichen Jahres gründeten vier begeisterte Anhänger der NS-

Bewegung einen »Stützpunkt« in der Kreisstadt Offenbach. Die Zusammenkunft fand bezeichnenderweise in Anwesenheit eines »Vertrauensmannes« der Frankfurter Parteigruppe statt. So wie man sich damals von Frankfurt aus bemühte, in der Nachbarstadt eine Parteizelle zu errichten, sollten in späteren Jahren Offenbacher NS-Leute den Aufbau von Stützpunkten in den Gemeinden des »Landkreises« betreiben.

Zu Anfang des Jahres 1923 gab es bereits 17 Nationalsozialisten in Offenbach, die eine kleine Ortsgruppe bildeten und gleichzeitig auch der »Sturmabteilung« der Partei, der SA, angehörten. Das Aufkommen nationalistischer Strömungen ist zu jener Zeit durch eine nationale Welle, die sich im Gefolge der Auseinandersetzungen um die als Unrecht empfundene Besetzung des Ruhrgebietes durch Franzosen und Belgier bildete, stark gefördert worden. Die Reichsregierung hatte die Bevölkerung zum passiven Widerstand aufgefordert, und viele Deutsche empfanden ein Gefühl tiefer Feindschaft gegenüber den Franzosen, das über alle Parteigrenzen hinwegreichte. Auch die Offenbacher Kommunisten veranstalteten damals eine Versammlung mit dem Thema »Feind im Land«.[3] Nicht zufällig fand Hitler mit seinen nationalistischen Parolen jetzt in breiten Schichten erstmalig Gehör. Durch Zeitungsberichte erfuhren nun auch die Leser im Kreisgebiet Näheres über ihn, seine Auftritte und über seine Anhänger, die sich in der Gegend bemerkbar machten. Das »Offenbacher Abendblatt« vom 23. Januar 1923 meldete,

»daß sich die Sendboten der Münchener Nationalsozialisten auch in Offenbach aufhalten und hier Mitglieder werben. Schon seit längerer Zeit werden auch in unserer Gegend Flugblätter mit den Programmen dieser recht unliebsamen Zeitgenossen verbreitet.«

Die Erfolge der »unliebsamen Zeitgenossen« waren hier trotz der für sie günstigen Zeitumstände noch sehr bescheiden. Die Gastwirte weigerten sich meistens, ihnen ein Lokal zu überlassen, wofür der erwähnte Parteibericht Drohungen der marxistischen Parteien verantwortlich macht. So trafen sich die NS-Leute im Freien oder veranstalteten Nachtmärsche, was der Mentalität ihrer überwiegend recht jungen Anhänger sehr entsprach. Als einzige Ortsgruppe Hessens besuchten die Offenbacher im August 1923 den »Deutschen Tag« in Neustadt an der Aisch, wo sie mit der alten Reichskriegsflagge einmarschierten und den »Führer« Adolf Hitler hörten. Unter den Teilnehmern der etwa 15 Mann starken Gruppe befanden sich auch Leute aus dem »Landkreis«. Mühlheimer und Neu-Isenburger werden in dem Parteibericht ausdrücklich genannt. Die gleiche Gruppe besuchte im folgenden Monat den »Deutschen Tag« in Nürnberg. Dabei schloß sich ihr eine andere rechtsradikale Gruppe aus Offenbach an, die vorher im »Deutschen Orden« organisiert war. Zu den neuen Mitgliedern zählte der Lehrer Friedrich Ringshausen, der schon bald die Führung der inzwischen auf 70 Mitglieder angewachsenen Ortsgruppe übernahm.[4] Er sollte in den nächsten Jahren als Kreisleiter, Gauleiter und Reichstagsabgeordneter eine wichtige Rolle bei der Ausbreitung der NSDAP im Kreis Offenbach und in Hessen spielen.

Nach dem gescheiterten Putschversuch Hitlers in München im November 1923 löste die hessische Regierung die kleinen NS-Gruppen im Lande auf. Als »Nationaler Wanderverein« getarnt versuchten die Nationalsozialisten, ihre politische Arbeit fortzusetzen. Auch schlossen sie sich dem als Auffangorganisation gegründeten »Völkisch-sozialen Block« an. Der Agitator Ringshausen fuhr mit dem Fahrrad in den »Landkreis« und verteilte Flugblätter. 10 000 Exemplare seien es gewesen, die er anläßlich der Reichstagswahlen 1924 in den umliegenden Kreisgemeinden unter die Leute gebracht habe, rühmte er sich ein Jahrzehnt später. Nach einer Wahlversammlung in Rumpenheim, auf der er sprach, kam es zu einem Zusammenstoß mit Angehörigen der Linksparteien.[5] Die Agitation der getarnten Nationalsozialisten blieb bei der Bevölkerung nicht ganz ohne Echo. Bei der Reichstagswahl am 4. Mai 1924 erhielt ihre Gruppe immerhin 2 449 Stimmen im Kreis Offenbach, davon 1541 in der Stadt Offenbach und 251 in Neu-Isenburg. Damit und auch mit den insgesamt 2,9 Prozent im Wahlkreis Hessen-Darmstadt für sie abgegebenen Stimmen zählten sie noch zu den Splitterparteien. Andernorts erreichten sie jedoch weit höhere Anteile – in den Wahlkreisen Mecklenburg und Franken über 20 Prozent – und zogen erstmals mit 32 Abgeordneten in den Deutschen Reichstag ein.[6] Bei den nächsten, bereits am 7. Dezember des gleichen Jahres abgehaltenen Reichstagswahlen ging der Anteil der für die »Nationalsozialistische Freiheitsbewegung« abgegebenen Stimmen im Kreis Offenbach gegenüber dem Ergebnis vom Mai erheblich zurück. Nur noch 238 Bürger im »Landkreis« und 408 in der Stadt votierten für die NS-Bewegung, deren Führer gerade die letzten Tage seiner von fünf Jahren auf acht Monate ermäßigten Haftstrafe in der Festung Landsberg am Lech verbrachte. Da es in der Weimarer Republik keine Sperrklausel gegen Splitterparteien gab, reichten die drei Prozent im Reichsdurchschnitt gewonnenen Stimmen, um 14 Nationalsozialisten für die nächsten vier Jahre einen Sitz im Deutschen Reichstag zu sichern.[7]

Nachdem Hitler am 27. Februar 1925 die NSDAP wiedergegründet hatte, formierten sich auch seine Anhänger in der Offenbacher Gegend neu. Schon im gleichen Monat zogen sie durch den Kreis, um für ihre politischen Ziele zu werben. Dabei wäre es in Obertshausen fast zu einer heftigen Auseinandersetzung gekommen. Die Einwohner dort »bewaffneten« sich mit Bohnenstangen, Latten und Prügeln, um gegen die Eindringlinge vorzugehen. Die Polizei verhinderte jedoch durch ihr Einschreiten, daß die Gegner aufeinander losschlugen.[8] Nicht mehr als 18 NS-Anhänger soll es damals in Offenbach noch gegeben haben, und am Tag der örtlichen Neugründung, am 26. Juni 1925, zählte man 27 Parteigenossen, die auch jetzt wieder unter der Führung Ringshausens standen.[9]

In den folgenden zwei Jahren führte die Partei ein ziemliches Schattendasein im Offenbacher Raum. Nur einzelne Personen konnten für ihre Ziele gewonnen werden. Auch litt die »Bewegung« weiterhin darunter, daß ihr die Wirte keine geeigneten Räum zur Verfügung stellen wollten.[10] Von einem Vordringen in den »Landkreis« konnte vorläufig noch keine Rede sein. Gelegentlich kam es in der Stadt zu kleinen Zusammenstößen und Rempeleien mit politischen Gegnern, deren Zweck es offensichtlich war, Aufsehen zu erregen. Presseberichte über die »Hakenkreuzler« waren eine willkommene Folge.[11] Es stärkte augenscheinlich das Selbstwertgefühl der Offenbacher NS-Ortsgruppe, daß 25 ihrer Parteigenossen in den ersten Julitagen des Jahres 1926 zum zweiten Reichsparteitag nach Weimar fuhren und dort in einem kleinen Saal von Hitler einzeln durch Handschlag begrüßt wurden.[12] Beim Vorbeimarsch der 5 000 Teilnehmer konnten sie den »Führer« erstmals in einer neuen Pose erleben: Er grüßte von seinem offenen Wagen aus mit ausgestrecktem Arm nach der Art der italienischen Faschisten.[13] Die NS-Leute übernahmen rasch diese Neuerung und machten sie als »Deutschen Gruß« zu ihrer besonderen Grußform. Rückkehrer aus Weimar waren es wohl, die den neuen Gruß bei ihren Leuten im Offenbacher Gebiet einführten. Noch bewegten sie sich in engen Kreisen, doch voller Fanatismus und Aggressionen. Wie wenig sich die NSDAP in jener frühen Zeit erst ausgebreitet hatte, zeigt der Umstand, daß der »Landkreis« nur vier »Alte Kämpfer« nach strenger NS-Auslegung des Begriffs aufweisen konnte. Sie stammten aus Langen, Buchschlag, Neu-Isenburg und Mühlheim. Die Stadt Offenbach zählte demgegenüber deren fünfzehn.[14]

Erste Krawalle, erste Kreisleitung (1927-1930)

Etwa in der Zeit um 1927 begannen sich die Nationalsozialisten in und um Offenbach besser zu organisieren. Dies führte in Verbindung mit der langsam, aber jetzt stetig wachsenden Zahl ihrer Anhänger zu größeren Aktivitäten, die sie als »Angriffsaktionen« verstanden.[15] Durch solche spektakulären Vorgänge hoffte man Aufsehen und bei Gleichgesinnten Ansehen zu gewinnen. Zu einer großen Schlägerei, dem Vorbild für viele weitere, kam es im Mai 1927. Um eine Veranstaltung der NSDAP zu schützen, waren etwa 300 SA-Leute aus der näheren und weiteren Umgebung nach Offenbach beordert worden. Offenbar war die örtliche Gruppe noch zu schwach, um ein größeres Unternehmen allein durchführen zu können. Obwohl die Polizei einen Umzug verboten hatte, marschierten die NS-Leute los, auch am Polizeipräsidium vorbei. Als die Polizei den Zug auflösen wollte, kam es zur ersten Schlägerei. Einzelne Demonstranten sollen bis zum Main getrieben worden sein, wo zwei in den Fluß sprangen, um der Verhaftung zu entgehen. »Der Rest entkam ins Preußische«,[16] d. h. über die Landesgrenze nach Frankfurt oder Fechenheim. Andere wurden von Anhängern der Linksparteien verprügelt. Trotz der Zwischenfälle bei dem Umzug durch die Stadt konnten die Nationalsozialisten ihre Versammlung abhalten. Der Saal des Turnvereins Offenbach war allerdings zu zwei Dritteln von Gegnern besetzt. Als Redner hatte die NS-Ortsgruppe Dr. Robert Ley, den späteren Reichsleiter und Führer der Deutschen Arbeitsfront, verpflichtet. Dr. Dang, ein Redakteur der »Frankfurter Volksstimme« sprach als Diskussionsredner für die SPD. Als die Nationalsozialisten das Lokal verließen, kam es erneut zu Schlägereien.[17]

Die verstärkten, mit Krawallen verbundenen Aktivitäten der Nationalsozialisten im Offenbacher Raum hingen möglicherweise auch zusammen mit einer

Umorganisation der Partei im Jahre 1927. Damals wurden die NS-Ortsgruppen im Volksstaat Hessen, die vorher lose der Leitung des von Jakob Sprenger geführten Gaues Hessen-Nassau-Süd in Frankfurt unterstanden, zu einem eigenen Gau Hessen-Darmstadt zusammengefaßt. Als Sitz der Gauleitung wurde Offenbach bestimmt.[18] Dies erklärt sich wohl daraus, daß der erste Gauleiter, Friedrich Ringshausen, in dieser Stadt seinen Wohnsitz hatte. Auch die wenigen Parteigenossen, die ihn bei seiner Tätigkeit unterstützten, wohnten hier. Einer von ihnen richtete in seiner Wohnung in der Waldstraße die Gaupressestelle ein.[19] Jahre später rühmten sich »Alte Kämpfer«, daß sie es vermochten, »in der Stadt und in dem Kreis, der den Beinamen 'Kreis Dunnerkeil' führte, ihr Banner aufzupflanzen« und »von dieser starken Bastion des Gegners Hessen anfangs« zu erobern.[20] Nicht ganz widerstandslos ordneten sich die Ortsgruppen im Land der neuen Gauleitung in Offenbach unter. Insbesondere in Rheinhessen regten sich Widerstände, während in Oberhessen durch Kundgebungen und Aufmärsche, die von der Offenbacher Zentrale organisiert wurden, größere Erfolge zu verzeichnen waren.[21]

Als nach drei Jahren die Gauleitung der NSDAP dann doch in die Landeshauptstadt Darmstadt verlegt wurde und etwa gleichzeitig eine Reihe von Stützpunkten und Ortsgruppen im »Landkreis« entstand, richtete man als Zwischeninstanz eine Kreisleitung ein. Erster Kreisleiter des Kreises Offenbach wurde Ende 1930 der in der Stadt wohnhafte Parteigenosse Saintonges.[22]

Wie fließend die Grenzen der Parteiorganisation noch waren, zeigt der Umstand, daß die erste NS-Veranstaltung in Neu-Isenburg im Oktober 1929 von der Kreisleitung Frankfurt durchgeführt wurde. Da kein Gastwirt bereit war, einen Raum zur Verfügung zu stellen, fand die Zusammenkunft im kleinen Saal des Turnvereins statt. Frankfurter SA-Männer sicherten die von etwa 30 NS-Anhängern besuchte Versammlung und veranlaßten die ebenfalls erschienenen politischen Gegner durch »mehr oder weniger verständliche Andeutungen zum Gehen«.[23]

Erste NS-Ortsgruppen im Kreis (1930)

Als die zwanziger Jahre zu Ende gingen, war die Partei Hitlers den Menschen im »Landkreis« Offenbach durch einzelne Berichte in der Presse zwar bekannt, sie hatten vielleicht auch von verschiedenen Krawallen in den großen Städten gehört, wußten aber höchstens ausnahmsweise von einigen jungen Leuten, daß diese mit nationalsozialistischen Ideen sympathisierten, doch leibhaftige »Nazis« im Freundes- oder Bekanntenkreis kannte man noch nicht. Bei den Reichstagswahlen des Jahres 1928 hatte man die Liste der NSDAP wählen können, was im »Landkreis« allerdings nur vier von tausend Wählern taten; bei den Gemeindewahlen am 17. November 1929 war es dagegen nicht möglich, als Nationalsozialisten sich ausweisende Mitbürger zu wählen, denn selbst in den größeren Gemeinden waren die NS-Leute noch nicht imstande, die mit der Einreichung einer Kandidatenliste verbundenen Schwierigkeiten zu überwinden. Nur in der Kreisstadt beteiligte sich die NSDAP an der Wahl und gewann zwei Sitze in der Stadtverordnetenversammlung. Einer davon wurde von Ringshausen eingenommen, was den Bekanntheitsgrad des »Gauleiters« weiter stärkte. Im »Landkreis« aber waren Anhänger und Ideen des Nationalsozialismus 1929 noch ohne politische Bedeutung.

Dies sollte sich im Jahre 1930 unerwartet rasch ändern. Es begann mit der Bildung kleiner organisierter NS-Stützpunkte. Den Anfang machte Langen, wo sich am 8. Januar sieben Einwohner im Gasthaus »Zur Krone« einfanden, um in Anwesenheit des Gauleiters Ringshausen eine NSDAP-Ortsgruppe zu gründen. Einer von ihnen hatte ein paar Tage vorher durch eine Anzeige in der örtlichen Zeitung zu der Versammlung eingeladen.[24]

In dem benachbarten Sprendlingen entstand am 1. Oktober 1930 eine NS-Ortsgruppe.[25] Zu den ersten Ortsgruppen im Kreis gehörte auch die in Mühlheim, die ebenfalls schon 1930 im Verlauf einer Versammlung im Saal des Gasthauses »Zur Stadt Mainz« ins Leben gerufen wurde. Bereits ein Jahr später stellten die Mühlheimer eine kleine SA-Truppe auf.[26]

In Neu-Isenburg war nach der Veranstaltung vom Oktober 1929 von der NS-Bewegung zunächst über ein halbes Jahr nichts mehr zu hören. Im Sommer 1930 erhielt sie dann einen festen organisatorischen Rahmen. Wieder gab ein einzelner den Anstoß: Einer von drei in der Stadt lebenden Parteigenossen veranstaltete in der abgelegenen Gaststätte »Schießhaus« einen sogenannten »Sprechabend«, bei dem ein NS-Redner aus Frankfurt auftrat. Ganze 15 Teilnehmer waren erschienen, am Ende aber war die Isenburger NS-Ortsgruppe gegründet. Den drei alten Parteigenossen hatten sich sieben weitere angeschlossen und gleich einen aus ihrer Mitte zum ersten Ortsgruppenleiter bestimmt.[27] Die rasche weitere Entwicklung der Ortsgruppe schilderte aus seiner Sicht einige Jahre später der NS-Presseamtsleiter. Nach seiner Darstellung kamen zu dem zwei Wochen danach angesetzten nächsten »Sprechabend« bereits 29 Besucher und nochmals zwei Wochen später waren es schon 50. Am 10. August 1930 hielt die Isenburger Ortsgruppe ihre erste Kundgebung unter freiem Himmel ab, die von etwa 120 SA- und SS-Leuten aus Offenbach und Darmstadt gesichert wurde. Auch politisch Andersdenkende, die das Aufkommen der ihnen nicht genehmen NS-Partei nicht ohne weiteres hinnehmen wollten, waren erschienen, doch »die derben Hände der SA- und SS-Männer erstickten im Keime« ihre Störversuche.[28] Weitere »Sprechabende« folgten noch im gleichen Monat. Als Diskussionsredner auftretende Kommunisten und die sich anschließenden Auseinandersetzungen verschafften den NS-Veranstaltungen zusätzliches Aufsehen bei der durch den Reichstagswahlkampf ohnehin schon stimulierten Öffentlichkeit. Eine Versammlung am 5. September, bei der Ringshausen sprach, mußte wegen Überfüllung des Saales polizeilich geschlossen werden und wurde schließlich der Krawalle wegen aufgelöst. In der folgenden Woche füllte eine NS-Kundgebung bereits die Turnhalle des Turnvereins. Im Anschluß daran kam es zu schweren Ausschreitungen. Der Erfolg bei der Reichstagswahl am 14. September 1930 erschien den Nationalsozialisten als Bestätigung für die Richtigkeit ihres rücksichtslos geführten Kampfes: 1319 Bürger Neu-Isenburgs (= 16,5 %) gaben der NSDAP ihre Stimme.

Reichstagswahl am 14. September 1930:
Erdrutsch im Reich, Verschiebungen im Kreis Offenbach

Nur vierzehn Jahre hat die Weimarer Republik gehalten, genauso lange wie später Konrad Adenauer die Bundesrepublik regierte. Nicht weniger als zwanzig verschiedene Reichsregierungen unter zwölf Reichskanzlern gab es aber in jenen vierzehn Weimarer Jahren zwischen 1919 und 1933, schon äußerlich ein Zeichen für die Labilität der politischen Verhältnisse. Kein Reichstag hatte über die volle Länge der Legislaturperiode Bestand, alle Parlamente wurden vorzeitig vom Reichspräsidenten aufgelöst. So geschah es auch auf Veranlassung des neuernannten Reichskanzlers Brüning am 18. Juli 1930 mit dem zwei Jahre zuvor gewählten Reichstag. Nachdem im März die Regierung der Großen Koalition auseinandergebrochen war, weil Sozialdemokraten und Deutsche Volkspartei über die vorgesehene Erhöhung des Arbeitslosenbeitrages um ein halbes Prozent keine Einigung erzielen konnten, fand sich keine regierungsfähige parlamentarische Mehrheit mehr.

Die schlimmen Auswirkungen der Weltwirtschaftskrise spürten die deutschen Bürger inzwischen am eigenen Leibe. Arbeitslosigkeit, Kurzarbeit, Umsatzrückgang wirkten sich auf alle aus. Auch der Kreis Offenbach wurde zunehmend von diesen Folgen betroffen. Rund 13 000 Arbeitslose zählte man im Bezirk des Arbeitsamtes Offenbach (Stadt und »Landkreis« ohne die Gemeinden im Westen) schon 1930.[29] Ein erheblicher Teil der Bevölkerung bezog den Lebensunterhalt aus äußerst knapp bemessenen öffentlichen Unterstützungsgeldern. Viele dieser Menschen glaubten zunehmend den Demagogen von rechts und links, die ihre »einfachen« Lösungen anpriesen und auch gleich die »Schuldigen«, die »Verbrecher« nannten: die in der Verantwortung stehenden Politiker und mit ihnen das ganze »System« der parlamentarischen Demokratie.

Seinen Höhepunkt erreichte der hemmungslose Wahlkampf der Nationalsozialisten im Rhein-Main-Gebiet mit einer Großkundgebung am 3. August in der Frankfurter Festhalle, auf der Hitler sprach. Unter den 17 000 größtenteils auf Lastkraftwagen aus dem gesamten Umland herbeigeschafften Anhängern dürfte sich auch so mancher aus dem Kreis Offenbach befunden haben. Kern und Inhalt von Hitlers Rede sei die »entsetzlich leere Anbetung der Macht« gewesen, berichtete die »Frankfurter Zeitung«. Was aber die anwesenden Menschenmassen am meisten beeindruckte, war der äußere Rahmen: Fahnen, Uniformen, Marschmusik, Begeisterung. »Die Regie im Hintergrund steuerte das eingeübte Zeremoniell des Aufstehens und des Handaufhebens zum Hitlergruß, jeweils das Signal zu Beifall und donnernden Heilrufen. Lautsprecher übertrugen die Reden ins Freie, wo die Menge derer harrte, die den damals extrem hohen Eintrittspreis von 1,20 Reichsmark nicht hatten anlegen wollen.«[30]

Das Wahlergebnis am Abend des 14. September 1930 glich einem Erdrutsch: Die Nationalsozialisten erhielten 6,4 Millionen Stimmen im Reich gegenüber nur 0,8 Millionen bei der vorigen Reichstagswahl und wurden mit 107 (vorher 12) Abgeordneten zweitstärkste Fraktion im Parlament! Zweiter Gewinner waren die Kommunisten, die die Zahl ihrer Abgeordneten von 54 auf 77 steigern konnten. Verlierer waren die demokratischen Parteien, die alle – mit Ausnahme von Kanzler Brünings Zentrumspartei – erhebliche Einbußen hinnehmen mußten.

STIMMZETTEL ZUR
REICHSTAGSWAHL 1930

Reichstagswahl
Wahlkreis Hessen-Darmstadt

1	Sozialdemokratische Partei Deutschlands Dr. David – Dr. Mierendorff – Ritzel – Weber	1	◯
2	Deutschnationale Volkspartei Dr. Ruppel – Steuer – Schindel – D. Fritsch	2	◯
3	Deutsche Zentrumspartei Dr. Bocklus – Knoll – Dr. Bauer – Diehl	3	◯
4	Kommunistische Partei Remmele – Brenzel – Gertel – Wörtge	4	◯
5	Deutsche Volkspartei Dingeldey – Dr. Niepoth – Schätzel – Kloos	5	◯
6	Deutsche Staatspartei Dr. Ehrhard – Jehner – Dr. Huntemüller – Keller	6	◯
7	Reichspartei des Deutschen Mittelstandes (Wirtschaftspartei) Dr. Horneffer – Weiser – Gilles – Steuernagel	7	◯
9	Nationalsozialistische Deutsche Arbeiterpartei (Hitler-Bewegung) Münchmeyer – Ringshausen – Dr. Daum – Abt	9	◯
10	Hessisches Landvolk (Christlich-Nationale Bauern- und Landvolkpartei) Dorsch II – Glaser – Mossel – Fenchel	10	◯
11	Volksrechtpartei (Reichspartei für Volksrecht und Aufwertung) und Christlich-Soziale Reichspartei Dr. Wolf – Streit – Westphal – Lindt	11	◯
12	Deutsche Bauernpartei Hillebrand – Bloß – Appel II – Keßler	12	◯
16	Konservative Volkspartei Dr. Hoetzsch – Dr. Reen – Herold – Heyer	16	◯
17	Christlich-sozialer Volksdienst (Evangelische Bewegung) Hartwig – Greb – Süß – Schmitz	17	◯
22	Kriegsbeschädigten- und Hinterbliebenenpartei der deutschen Mannschaft einschließlich der Abgefundenen Becker – Delles	22	◯

Auch im Kreis Offenbach offenbarte das Wahlergebnis deutliche Tendenzen zur Radikalisierung. Noch hatten zwar die Nationalsozialisten in keiner Gemeinde eine Mehrheit errungen, wohl aber war es den Kommunisten gelungen, über 21 Prozent der Wählerstimmen zu gewinnen und in Dietzenbach, Dreieichenhain sowie Klein-Auheim zur stärksten Partei zu werden. Mit rund 11 Prozent erreichten die Nationalsozialisten nur die Hälfte dieser Stimmenzahl, doch war auch dieses Ergebnis alarmierend. Zusammengenommen verfügten die beiden Parteien, die das System der parlamentarischen Weimarer Demokratie bedingungslos ablehnten, damit über ein Potential von rund einem Drittel der Wähler im Kreis.

Die Partei Hitlers hatte in Offenbach, Langen und Neu-Isenburg, wo sie organisatorisch bereits gefestigt war, besonders gut abgeschnitten, sie hatte aber auch in Gemeinden, wo die Wähler sie eigentlich nur vom Hörensagen kennen konnten, beachtliche Stimmengewinne zu verzeichnen. So erhielt sie in Sprendlingen, das erst zwei Parteigenossen zählte, nicht weniger als 347 Stimmen.[31)] Im Vergleich zu den nur 646 Stimmen bei der Reichstagswahl zwei Jahre zuvor hatten mit jetzt 11 377 Wählern im Kreis siebzehn Mal mehr Bürger Hitler die Stimme gegeben. Ein solches Ergebnis nach so kurzer Zeit mußte aber die fanatisierten NS-Leute zu einem noch stärkeren Einsatz für ihre Partei anspornen.

> *»Erbitterungswahlen, in denen eine aus vielen Quellen gespeiste Stimmung, durch wilde Verhetzung aufgewühlt, sich in radikalen Stimmzetteln entlud, ... Protest gegen die Methoden des Regierens oder Nichtregierens, des entschlußlosen parlamentarischen Parlamentierens der letztvergangenen Jahre, ... Protest gegen die wirtschaftliche Not, die furchtbar ist und die viele, zum Teil aus ehrlicher Verzweiflung, zum anderen bloß aus dem Ärger über diese oder jene Einzelmaßnahme, einfach in die Stimmung treibt: die Partei für die sie bisher gestimmt hatten, habe ihnen nicht geholfen, also versuche man es nun einmal mit der anderen Tonart. Hitler verspricht ja Macht, Glanz und Wohlstand. Also!«*

Mit diesen Worten versuchte die »Frankfurter Zeitung« am Morgen nach der Wahl das Verhalten vieler Wähler zu erklären, wies jedoch gleichzeitig darauf hin, daß es nicht nur Protestwähler waren, die für die Partei Hitlers votierten, sondern daß bei anderen der Wille zu einem radikalen Umsturz der politischen Verhältnisse tatsächlich vorhanden sei.[32)] Es bleibt noch hinzuzufügen, daß es in weiten Teilen der demokratisch gesinnten Bevölkerung an dem entschiedenen Willen mangelte, das System der parlamentarischen Demokratie mit allen Mitteln gegen seine Feinde zu verteidigen. Dies spürten die Nationalsozialisten und wurden so zu weiteren Angriffen ermutigt. »Die Stimmung war sofort nach der Wahl in Offenbach derart, daß man bei einem Staatsstreich kaum Widerstand gefunden hätte«, resümierte ein gutes Jahrzehnt später der NS-Parteigeschichtsschreiber in seinem Bericht über die »Kampfjahre«.[33)]

Ausbau der NS-Organisation im Kreis (1931)

Nach dem so erstaunlichen Ausgang der Reichstagswahl im September 1930 erfuhren auch die Nationalsozialisten die Richtigkeit der Redensart, daß nichts erfolgreicher ist als der Erfolg. Die Öffentlichkeit interessierte sich zunehmend für die Partei, die vorgab, die Schlüssel für die Lösung aller Probleme zu besitzen, und die durch ihre Aktionen bemüht war, noch mehr Aufmerksamkeit zu erre-

gen. Ein Zustrom vorwiegend junger Leute setzte ein, was freilich nicht allen
»Alten Kämpfern« besonders gefiel. Etwas verächtlich sprachen sie von den nach
der erfolgreichen Wahl in die Partei Neueingetretenen als den »Septemberlingen«.

Für den Kreis Offenbach war jetzt die Zeit gekommen, da in immer mehr
Gemeinden NS-Stützpunkte und Ortsgruppen entstanden. Bei ihrer Errichtung
leisteten üblicherweise benachbarte, schon bestehende Organisationen Schützenhilfe. Gleich nach der Wahl, am 1. Oktober 1930, war die Ortsgruppe Sprendlingen gegründet worden. Als am 11. Januar 1931 der bereits seit einigen Monaten
vorhandene Stützpunkt Bieber in einer öffentlichen Versammlung zu einer NS-Ortsgruppe umgewandelt wurde, versahen SA-Leute aus Sprendlingen, Langen
und Offenbach den Saalschutz.[34] Im benachbarten Obertshausen zeigte es sich,
wie stark auswärtige Kräfte in das Geschehen eingriffen. In dem Bericht eines
Mitbegründers aus dem Jahr 1937 heißt es:[35]

*»Am 15. Sept. 1931 ist die Ortsgruppe öffentlich bekanntgegeben
worden. In dieser Zeit hatte keiner den Mut, den Posten des
Ortsgruppenleiters zu übernehmen. Ich als »Fremder« wie es
hier im Volksmund üblich ist, habe den Posten übernommen.
Schon vordem wurde ich von Offenbach und Bieber gebeten,
eine Ortsgruppe zu gründen. Ich bin geborener Thüringer ...«*

Bei dieser von der Ortsgruppe Bieber in Obertshausen einberufenen Gründungsversammlung waren 15 Personen anwesend; die NSDAP konnte sieben
Neuaufnahmen verzeichnen.[36] Im November 1931 zog Seligenstadt mit der
Gründung einer Ortsgruppe nach, die es bis zur Machtergreifung 1933 auf 15
Parteigenossen brachte.[37] Die Ortsgruppe Mühlheim »betreute« die Nachbardörfer Dietesheim, Lämmerspiel und Rumpenheim.[38] Von Langen aus wurden
NS-Stützpunkte in Offenthal, Götzenhain, Dreieichenhain, Dietzenbach und
Egelsbach gebildet und zunächst organisatorisch im Ortsgruppenverband Langen zusammengefaßt.[39]

Ihre Anhänger fanden die Nationalsozialisten vorwiegend unter jungen Menschen. Eine Aufstellung der siebzehn Sprendlinger Parteigenossen vom Dezember 1931 gibt von fünfzehn das Lebensalter an.[40] Lediglich ein Mitglied war
älter als 31 Jahre, alle anderen waren jünger. Ähnliche Feststellungen konnten
auch für die altersmäßige Zusammensetzung der Langener und Neu-Isenburger
NS-Gruppierungen getroffen werden.[41]

Bei dem Ausbau ihrer Organisation sind die Nationalsozialisten offensichtlich
im Westen des Kreises Offenbach schneller vorangekommen als im Osten, was
durch die unterschiedliche politische und konfessionelle Struktur der Gebiete zu
erklären ist. Teilweise ging es im Osten nur sehr zögernd vorwärts. Es gab
Gemeinden, in denen noch zur Zeit der Machtergreifung 1933 nur zwei Parteigenossen zu finden waren. Ein als Rundschreiben weitergegebener Organisationsplan des Kreisleiters der NSDAP vom Januar 1932 zeigt die inzwischen erzielten
Fortschritte und gleichzeitig erneut die zentrale Stellung der Kreisstadt Offenbach, von der aus sich der Nationalsozialismus in den Kreis ausgebreitet hatte:[42]

SA-STURM 21/168
NEU-ISENBURG (1923)

»Offenbach am Main, den 28. 1. 1932
An sämtliche Ortsgruppenverbände, Ortsgruppen und Stützpunkte

Aus organisatorischen Gründen habe ich den Kreis Offenbach in 9 einzelne Teile zerlegt, und zwar in 7 Ortsgruppenverbände: Langen, Sprendlingen, Dudenhofen, Bieber, Mühlheim, Klein-Steinheim, Seligenstadt, und 2 selbständige Ortsgruppen Offenbach und Neu-Isenburg.
Zu dem Ortsgruppenverband Langen gehören Langen, Egelsbach, Offenthal; zu dem O. G. V. Sprendlingen: Sprendlingen, Dreieichenhain, Götzenhain mit Philippseich und Dietzenbach; zu dem O. G. V. Dudenhofen: Dudenhofen, Jügesheim, Hainhausen, Weiskirchen, Rembrücken mit Patershäuser Hof; zu dem O. G. V. Bieber: Bieber, Lämmerspiel, Hausen, Obertshausen, Heusenstamm; zu dem O. G. V. Mühlheim: Mühlheim, Rumpenheim und Dietesheim; zu dem O. G. V. Klein-Steinheim: Klein-Steinheim, Groß-Steinheim, Klein-Auheim, Hainstadt; zu dem O. G. V. Seligenstadt: Seligenstadt, Zellhausen, Mainflingen, Klein-Welzheim, Froschhausen und Klein-Krotzenburg.
Zu der selbständigen Ortsgruppe Neu-Isenburg gehört lediglich Gehspitz, Bahnhof und Grafenbruch; zu der O. G. Offenbach gehört Bürgel.
Die O. G. Isenburg wird als Unterstützungsgruppe einem besonders unter finanziellen Schwierigkeiten leidenden Ortsgruppenverein in absehbarer Zeit als unterstützende Ortsgruppe zugeteilt. Dasselbe geschieht mit Offenbach.«

Aber nicht allein die Vermehrung der Ortsgruppen war das Ziel der NSDAP, sie war auch bestrebt, eine Vielzahl von Verbänden und Organisationen – »Gliederungen«, wie es parteiamtlich hieß – in den Ortsgruppen zu etablieren. Ihnen oblagen besondere Aufgaben, sei es, daß sie als Schlägertrupps wie SA und SS den politischen Gegner tyrannisierten, sei es, daß sie sich als Interessenvertretung für bestimmte Bevölkerungsgruppen, wie z. B. die NS-Frauenschaft oder das NS-Kraftfahrer-Korps, ausgaben.

Die SA der »Kampfzeit«

»SA marschiert in ruhig-festem Tritt;
Kameraden, die Rot-Front und Reaktion erschossen,
Marschieren im Geist in unsern Reihen mit ...«

(Aus dem Horst-Wessel-Lied, dem »Kampflied« der SA)

In den frühen zwanziger Jahren war es offenbar selbstverständlich, daß die meist recht jungen NS-Parteigenossen gleichzeitig auch der »Sturmabteilung«, der SA, angehörten. »Denn man war ja so gering an Zahl, daß jedes Mitglied bereit sein mußte, auch notfalls mit der Faust die gemeinsame Sache und den Kameraden zu verteidigen«, erinnerte sich ein Offenbacher »Alter Kämpfer« 1941.[43] Als sich die NSDAP im »Landkreis« festsetzte, war jedoch diese Phase bereits vorüber und eine Fülle von »Gliederungen« rankte sich um die Partei. Deren wichtigste war für die Nationalsozialisten bis zu den Vorgängen in dem sogenannten Röhmputsch von 1934 zweifellos die SA. Erst danach gewannen die »Schutzstaffeln«, die SS, zunehmend an Bedeutung.

Zu den ersten Versammlungen der NSDAP im Kreisgebiet wurden in der Regel SA-Einheiten aus den benachbarten Städten Offenbach, Frankfurt oder Darmstadt herbeigerufen. Sie leisteten in der Sprache der Nationalsozialisten »den erforderlichen Saalschutz«. Dabei ließen sie es aber nicht bewenden. Sicherlich wurden sie auch von den politischen Gegnern provoziert, aber sie verstanden ihr Handwerk, den Angriff auf den politisch Andersdenkenden. Es ist müßig, die Frage zu stellen, wer in den vielen Straßen- und Saalschlachten jeweils der Verursacher war. Bei dem Fanatismus der Rechten und auch der extremen Linken genügte ein Wort, daß die Fäuste flogen.

An die Gründung einer Ortsgruppe der NSDAP schloß sich unmittelbar oder mit kurzer zeitlicher Verzögerung die Bildung einer SA-Einheit an. In Neu-Isenburg wurde der SA-Trupp zwei bis drei Monate nach der Formierung der Ortsgruppe geschaffen.[44] In den Anfangsjahren waren die SA-Einheiten zahlenmäßig keineswegs stark. Zu der Sprendlinger Gruppe zählten im November 1931 34 Mann, von denen lediglich zwölf eine Uniform besaßen.[45] Die jungen SA-Leute waren häufig arbeitslos und konnten daher zu jeder Tages- und Nachtzeit zusammengetrommelt werden. Die Führung verlangte von ihnen, daß sie gemäß den Einsatzbefehlen überall dort zu finden waren, wo ein Streit mit dem Gegner beginnen konnte, und setzte sie vorzugsweise in fremden Städten und Gemeinden ein, weil sie dort als Unbekannte ungehemmter auftreten konnten. Durch diese Mobilität ließen sich je nach den Bedürfnissen rasch Schwerpunkte des Einsatzes im Kreisgebiet oder seiner Umgebung bilden.

Von nicht zu unterschätzender Bedeutung war es, daß die Nationalsozialisten schon früh den Wert moderner technischer Einrichtungen erkannten und von ihnen ausgiebig Gebrauch machten. Damit kamen sie der Bereitschaft ihrer jungen Mitglieder entgegen, sich auf Neuerungen dieser Art einzulassen. So gründeten sie in Langen eine mit Motorrädern ausgerüstete SA-Einheit, die bald zum Schrecken der Umgebung wurde. In einem Langener Café hatten sie einen Stützpunkt eingericht, der zur Lenkung der Gruppe mit einer Funkstation ausgestattet war.⁴⁶) Die mit Lärm und Spektakel heranbrausenden motorisierten Braunhemden schüchterten die Bevölkerung und den politischen Gegner ein. Ihre Gefährlichkeit und Rücksichtslosigkeit beschrieb der SA-Mann Moos in seinem bald nach der Machtergreifung veröffentlichten Buch über die SA in Hessen:⁴⁷)

> »Der Trupp wurde bald über Langens Grenzen unter dem
> Namen »Rollkommando und Mordsturm« bekannt. Jeder Einzelne des Trupps hatte eine Pistole in seinem Besitz. Der Mordsturm war immer da, wenn es die Roten nicht vermuteten, und
> immer verschwunden, wenn die Polizei anrückte. Bei der Wahlpropaganda zeichnete er sich nicht nur durch zugkräftige
> Malerarbeit aus, sondern holte auch im Jahr 1931/32 in den
> umliegenden Orten wie Sprendlingen, Dietzenbach, Egelsbach,
> Offenthal und Mörfelden Fahnen und Transparente, die als
> Propaganda den Marxisten dienten, unter den schwierigsten
> Umständen und Schießereien herunter.«

Über das provokative Auftreten der Frankfurter SA-Standarte, »der zum Teil übelster Mob angehört, der vor der Auflösung des Roten Frontkämpfer-Bundes noch diesem angeschlossen war«, im benachbarten hessischen Gebiet, insbesondere im Kreis Offenbach, berichtete bereits im April 1930 der Leiter des Nachrichtendienstes der politischen Polizei im Volksstaat Hessen und spätere (1933 von den Nationalsozialisten abgesetzte) Polizeidirektor von Offenbach, Hermann J. Bach, auf der deutschen Nachrichtenkonferenz in Berlin.⁴⁸)

Übertritte ehemaliger Kommunisten in die SA kamen vor. Besonderes Aufsehen im Offenbacher Raum erregte der Fall des Karl Beuke, der schon bald sogar die Führung der Offenbacher SA übernahm und deshalb Nachstellungen seiner ehemaligen Genossen hinnehmen mußte. Er und seine Leute gingen gegen die politischen Gegner in keiner Weise zimperlich vor. Noch etwa ein Jahrzehnt später versuchte der NS-Parteigeschichtsschreiber, das Verhalten der »schlagbereiten Draufgänger« und »kompromißlosen Kämpen« in der SA zu rechtfertigen:⁴⁹)

> »Wenn einer heute (= 1941) sagt, daß mancher Name jener Tage
> für den einen oder anderen Volksgenossen nicht den schönsten
> Klang gehabt oder daß sein Träger sich später nicht bewährt
> habe, so muß dem entgegengehalten werden, daß jede Zeit ihre
> eigenen Wertmaße hat und daß die meisten jener Leute, die
> damals über den einen oder anderen SA-Mann die Nase rümpften, gewiß nicht bereit gewesen wären, an deren Stelle zu
> treten.«

Es kann keinem Zweifel unterliegen, daß die »Sturmabteilungen« in den frühen dreißiger Jahren durch ihr Auftreten und ihre angeblichen Ziele – Kampf für Deutschlands Freiheit und Ehre, echte Kameradschaft und Treue – auf manche junge Menschen anziehend wirkten. Falsch verstandener Idealismus verband sich mit Abenteuerlust, Draufgängertum, Gemeinschaftserlebnis, aber auch mit Opportunismus, Brutalität, Rücksichtslosigkeit und Sadismus. Wie werbewirksam ein Werbeabend eines SA-Sturmes verlaufen konnte, ergibt sich beispielsweise aus einem Bericht im »Neu-Isenburger Anzeigeblatt« vom 5. Mai 1931:[50]

»Der Werbeabend des Sturms 25 von Neu-Isenburg am Samstag, dem 2. Mai, gestaltete sich zu einem großen Erfolg. Im großen Saal des Turnvereins drängten sich wohl 800 Personen, so daß Hunderte von Volksgenossen wegen Überfüllung des Saales wieder umkehren mußten. Unter den Klängen der Offenbacher SA-Kapelle marschierten gegen 3/4 9 Uhr unter dem Jubel der Massen die SA-Stürme ein. Man sah es diesen prachtvollen, braunen Soldaten Adolf Hitlers an ihren leuchtenden Augen an, daß sie wußten, diese Anerkennung der straffen Disziplin gilt dir, dem unbekannten SA-Mann. (...) Die dann auf der Bühne marschierende SA gab bald die Gewißheit, daß Deutschland noch nicht verloren ist, solange es solche Söhne hat. Alle Berufsklassen, die dort erschienen, zeigten, daß der Nationalsozialismus bereits die erstrebte Volksgemeinschaft verkörpert. Das Horst-Wessel-Lied wurde im Gedenken unserer toten Kameraden im Braunhemd, die im Kampf um Deutschland gefallen sind, mit großer Andacht gesungen. (...) Mehrere Aufnahmen in die SA und Hitler-Jugend, sowie in die Partei, konnten verzeichnet werden.«

NS-Propaganda und Aggressionen im Vorfeld der Landtagswahl 1931

Ausgelöst durch den gewaltigen Erfolg bei der Reichstagswahl im September 1930 ging im folgenden Jahr eine Lawine von Veranstaltungen – Kundgebungen, Werbeabende, Sprechabende, Aufmärsche – über den Kreis Offenbach nieder. Der Schwerpunkt der NS-Aktivitäten lag zwar weiterhin in der Kreisstadt, doch suchte und fand die Partei Erfolge insbesondere in Neu-Isenburg und anderen stadtnahen Gemeinden. Aber auch in den kleineren Kreisgemeinden wurden die Nationalsozialisten nun aktiv. Eine von ihnen selbst verfaßte Aufstellung belegt, daß in jenem Jahr in nicht weniger als 26 Gemeinden des »Landkreises« Propagandaveranstaltungen stattfanden.[51] Interesse und Neugier der Öffentlichkeit wandten sich zunehmend der NS-Partei zu. »Die Konjunkturritter, die Besorgten, die ahnungsvollen Opportunisten richteten sich auf die veränderten Machtverhältnisse ein, insbesondere das Heer der immerwachen Journalisten suchte nun eilig Anschluß an die Welle der Zukunft und glich durch umfassende Berichterstattung die traditionelle Schwäche der NS-Presse aus.«[52] Für diese allgemein zutreffenden Feststellungen J. C. Fests lassen sich auch im Kreis Offenbach hinreichend Belege finden.[53]

SA-MOTORSTURM 1/168 (LANGEN)

Die zunehmenden Aktivitäten der Nationalsozialisten auf der Straße und in Versammlungsräumen hingen zusammen mit dem demonstrativen Rückzug ihrer 107 Abgeordneten aus dem Reichstag im Februar 1931. Die Ankunft ihres Reichstagsabgeordneten Ringshausen im Offenbacher Hauptbahnhof nutzten seine hiesigen Parteigenossen gleich zu einer improvisierten Kundgebung, auf der sie von ihm erfuhren, daß »der Kampf im Volke fortgeführt« werden solle.[54] Schon gleich an einem der nächsten Tage, dem Aschermittwoch, erläuterte der Offenbacher Abgeordnete seinen Anhängern aus Stadt und Kreis auf einer Großkundgebung die vorgeblichen Gründe für das Verhalten der NSDAP-Reichstagsfraktion.[55]

Die nächste Aktion der Offenbacher Nationalsozialisten erwies sich freilich als Reinfall und forderte den Spott ihrer politischen Gegner heraus. Am 18. Februar 1931 wollten sie an einer großen Kundgebung in Darmstadt teilnehmen. Wegen eines von der Polizei erlassenen Marschverbotes machten sie die Fahrt zur Landeshauptstadt unter Führung ihres Kreisleiters Saintonges in einem geschlossenen Möbelwagen. Die Polizei erfuhr jedoch von diesem Plan und hielt das Fahrzeug in Neu-Isenburg an. Zur Feststellung der Personalien mußten die Mitfahrer unter dem Gejohle ihrer politischen Gegner den Weg zur Polizeiwache antreten. Als sie dann schließlich mit der Eisenbahn in Darmstadt eintrafen, kamen sie gerade noch zu dem Ende der Kundgebung. Das Vorgehen der Polizei betrachteten sie als eine gewollte Schikane.[56]

Doch schon der folgende Tag brachte der NSDAP in Neu-Isenburg wieder ein Erfolgserlebnis. Zu der vom Kreisleiter im Saal der Turngemeinde eröffneten Kundgebung waren nach polizeilicher Angabe immerhin 450 Personen erschienen. Der Redner des Abends prangerte in seinen Ausführungen insbesondere die angebliche Geldverschwendung der Regierung an, der er die soziale Not der meisten Volksgenossen gegenüberstellte. Er behauptete, »die Bonzen säßen im Speck und das Volk im Dreck«. Die nächsten Wahlen müßten die NSDAP an die Regierung bringen. Nicht nur Neid und Unzufriedenheit schürte der NS-Redner bei seinen Zuhörern, er drohte auch den Gegnern seiner Partei, nach einer Regierungsübernahme durch die NSDAP würde jeder Deutsche so behandelt, wie er sich vorher gezeigt habe; Juden und Kommunisten aber würden als Gäste betrachtet und gegebenenfalls »einfach hinausgeschmissen werden«. Diskussionsredner meldeten sich nicht zu Wort, auch von Ausschreitungen irgendwelcher Art wußte der Polizeibericht nichts zu melden.[57] Das scheint freilich eine Abweichung von dem in jenem Jahr üblichen Verlauf gewesen zu sein. Polizei- und Presseberichte des Jahres 1931 melden immer wieder Ausschreitungen und Zusammenstöße, von denen nur einige hier erwähnt werden sollen:

Nicht immer blieben die Nationalsozialisten bei den Auseinandersetzungen Sieger. In Sprendlingen wagten sie sich im Januar 1931 offenbar ohne ausreichende Unterstützung von außerhalb auf die Straße. Die Polizei mußte schützend eingreifen und die Auswärtigen aus der Gemeinde geleiten. Den örtlichen Anführer der NS-Leute brachten die Beamten zu seinem Haus und sorgten so dafür, daß er mit heiler Haut davonkam.[58]

Umgekehrt verlief eine NSDAP-Versammlung im Februar 1931 in Langen. Als Saalschutz waren dieses Mal SA-Leute des Sturmes 115 aus Darmstadt eingeteilt. Im Versammlungsraum befanden sich viele Kommunisten, deren aus Frankfurt gekommener Wortführer durch dauernde Zwischenrufe zu stören versuchte, sich jedoch weigerte, von der Bühne aus zu sprechen. Schließlich kam es zu einer Prügelei, bei der es wüst herging. Die Gegner warfen mit Biergläsern und schlugen mit Tisch- und Stuhlbeinen aufeinander ein. Kommunisten sollen durch die geschlossenen Fenster ins Freie gesprungen sein, und einen SA-Mann brachte man bewußtlos ins Krankenhaus. Der NS-Chronist berichtete stolz, an jenem Abend sei in der Apotheke der Verbandsstoff ausgegangen.[59]

Gelegentlich kam es auch zu Überfällen der NS-Gegner auf Nationalsozialisten. Im »Landkreis« Offenbach hatte es begonnen mit einem nächtlichen Angriff einer größeren Zahl (angeblich 80) Offenbacher »Antifaschisten« auf 16 Neu-Isenburger SA-Leute, die sich im verschneiten Wald auf dem Heimweg von einer Kundgebung in der Kreisstadt befanden. Diese wurden zum Teil schwer verletzt. Die Strafkammer Darmstadt verurteilte den Anführer der Angreifer in einem Prozeß zu einem Jahr Zuchthaus.[60] Im April 1931 überfielen politische Gegner zwei Langener Mitglieder der NSDAP auf dem Heimweg von Götzenhain und schlugen sie bewußtlos.[61]

Vor den Parteilokalen der Nationalsozialisten kam es häufig zu Zusammenstößen. In Egelsbach versammelte sich im Juni 1931 eine aufgeregte Menge vor dem NS-Treffpunkt und schickte sich an, diesen zu belagern. Da die örtliche Polizei nicht Herr der Situation wurde, rief man die Alarmbereitschaft herbei. Diese mußte mit dem Gummiknüppel gegen Widerspenstige vorgehen.[62]

In Mühlheim sprengten Gegner der Nationalsozialisten eine von deren Versammlungen. Sie übertönten den NS-Redner, indem sie die Internationale sangen. Wiederum bedurfte es der Polizei, um die Streithähne zu trennen. In der gleichen Gemeinde hatten Polizeibeamte im August 1931 eine NS-Kundgebung zu schützen. Die Kommunisten empfanden solchen Schutz als eine Unterstützung ihrer Gegner und beschimpften die Polizisten als »Bluthunde« und »Leuschnerpolizei«.[63]

Um eine Schlägerei anzuzetteln, bedurfte es freilich keiner großen Versammlung mit Redner und Gegenredner. Ein geringfügiger Anlaß auf der Straße genügte den NS-Leuten, um handgreiflich zu werden. An Schlagwerkzeugen herrschte bei ihnen kein Mangel. So schlug im August 1931 ein SA-Mann mit seinem Schulterriemen auf einen Arbeitersportler. Die Umstehenden nahmen dies nicht tatenlos hin und umringten den Schläger. Dieser drohte, mit der Pistole zu schießen, die ihm die Leute aber aus der Hand schlugen. Schließlich mußte die Polizei den aggressiven Nationalsozialisten festnehmen.[64]

Als SA-Leute im August 1931 von Neu-Isenburg nach Langen marschierten, wurden sie zunächst von ihren Gegnern verlacht. Daraufhin kam es zu Schlägereien. In der Gegend von Sprendlingen gingen SA-Männer dann militärisch vor und überfielen einen Trupp Kommunisten.[65] Wenige Tage später zogen etwa 80 Nationalsozialisten durch Dietzenbach, das damals eine Hochburg der Kommunisten war. Bei diesen Voraussetzungen konnte die Keilerei nicht ausbleiben.[66]

Peter Gemeinder hatte im Januar 1931 Friedrich Ringshausen als Gauleiter von Hessen-Darmstadt abgelöst. Als dann Gemeinder am 29. August des Jahres nach einer Rede in der Stadthalle Mainz infolge Herzversagens kurz vor seinem 40. Geburtstag plötzlich verstarb, löste dies bei seinen Anhängern einen Schock aus.[67] Sie reagierten vollkommen unkontrolliert und griffen in ihrer Wut nach der Beisetzung in Darmstadt wahllos Freund und Feind an. In Sprendlingen knüppelten zurückkehrende SA-Leute Anhänger der eigenen Partei nieder. Die Schlägerei hatte ein solches Ausmaß angenommen, daß der NS-Ortsgruppenleiter das Einschreiten vorgeordneter Stellen verlangte:[68]

»*Im Anschluß an die Beerdigung unseres Führers Herrn Gauleiter Peter Gemeinder kam es in Sprendlingen ... zu einem bedauerlichen Vorfall. Die Bewohner des Hauses Wilhelmshof wurden ohne irgendeinen Grund trotzdem sie durch Heilrufen und Begrüßung mit der Hand als Nationalsozialisten sich erkennbar gemacht hatten, von den Insassen des Personenwagens IY 93043, der von einem Herrn in Zivil und 4 Leuten in SA-Uniform besetzt war, tätlich angegriffen und zum Teil so schwer verletzt, daß blutende Wunden zurückblieben. Wie einwandfrei festgestellt, bedienten sich diese Leute zum Schlagen der Schulterriemen und Gummiknüppel ...*«

Dennoch versuchte der Schreiber, Verständnis für die SA-Männer zu wecken, indem er weiter bemerkte:

»*Wir erkennen an, daß die Leute durch Vorgänge in Darmstadt, Langen, Sprendlingen, wo sich besonders in den letzten Orten der Adel, lies Untermenschentum, ein Stelldichein gegeben hat und durch Brüllen, Toben, sowie durch Schmeißen von Steinen ausgetobt hat, die Leute erregt waren, können aber nicht billigen, daß man an unbeteiligten und, was noch besonders ins Gewicht fällt, an Leuten, die noch zu uns gehören ihrer ganzen Einstellung nach, seine Wut auslassen will.*«

Auch in Neu-Isenburg ereigneten sich anläßlich der Beerdigung Peter Gemeinders Zwischenfälle. Die auf Lastkraftwagen beförderten SA-Leute warfen mit Wasserflaschen und Biergläsern nach den Menschen auf dem Bürgersteig.[69]

Die Landtagswahl vom 15. November 1931

In den letzten Wochen vor der Landtagswahl versuchten die politischen Parteien, mit allen Mitteln ihre Anhänger zu mobilisieren, unpolitische Bürger zu aktivieren und neue Wähler zu gewinnen. Die Zahl der Wahlveranstaltungen war außerordentlich groß, der Besuch gut. Bei einer Versammlung des »Reichsbanners« in Sprendlingen im Spätsommer 1931 fanden 500 Teilnehmer Platz in der Turnhalle, 200 weitere standen vor den Türen. Hauptredner war der SPD-Reichstagsabgeordnete Carlo Mierendorf, der seine Ausführungen unter das Thema »Kampf dem Hakenkreuz und dem Sowjetstern« stellte. Als die anwesenden Kommunisten in der Diskussion den kürzeren zogen, verließen sie den Saal.[70] Auch ein junger Nationalsozialist versuchte sich als Diskussionsredner. Die Veranstalter übten ihm gegenüber offenbar große Langmut, denn »er sprach ungefähr 10 Minuten gegen die Lügen des Herrn Mierendorf«, wußte der Monatsbericht der NS-Ortsgruppe zu vermelden.[71]

Die SPD im Bezirk Offenbach-Dieburg veranstaltete anläßlich dieser Hessenwahl nicht weniger als 118 Versammlungen. Zu den bekannteren Rednern gehörten u. a. der hessische Innenminister Wilhelm Leuschner, der Reichstagsabgeordnete Otto Wels, der Wirtschaftstheoretiker Nölting sowie der Redakteur des »Offenbacher Abendblattes« und Landtagsabgeordnete Georg Kaul. Zu Ausschreitungen, wie sie im Anschluß an die NSDAP-Versammlungen die Regel waren, kam es bei der SPD nicht.[72]

Eine Großveranstaltung führten die Kommunisten im Oktober 1931 auf dem Offenbacher Marktplatz durch. Als Hauptredner hatten sie aus Berlin das Mitglied des Parteivorstandes Münzenberg gewonnen. In Verbindung mit seinem Auftreten kam es zu mehreren Krawallen. Um die Wahlkundgebung durchführen und den Redner wirkungsvoll schützen zu können, hatten die Kommunisten Verstärkungen aus Hanau, Frankfurt, den bayerischen Mainorten, ja sogar aus Thüringen und Südwestdeutschland nach Offenbach beordert. In Langen hielt die Polizei Kommunisten auf dem Weg zum Zielort fest. Als sie in den Abendstunden zurückkehrten, kam es ebenfalls in Langen zu Zusammenstößen mit den Nationalsozialisten. Die örtliche Polizei war überfordert und mußte Verstärkungen herbeirufen, um die Gegner zu trennen.[73] Aber nicht nur bei dieser Großveranstaltung brachten die Kommunisten zahlreiche Anhänger auf die Beine. An einer KP-Veranstaltung auf dem Marktplatz in Seligenstadt sollen 1 200 Menschen teilgenommen haben. Das »Offenbacher Abendblatt« bestritt allerdings die von den Kommunisten angegebene Zahl und schrieb von lediglich 120 Zuhörern bei der Kundgebung.[74]

Die Nationalsozialisten waren besonders bemüht, auswärtige Redner-Prominenz in den Kreis Offenbach zu holen. Von dem Auftreten ihrer Reichsfrauenführerin Klink (Stuttgart) erhofften sie eine Wirkung auf die weiblichen Wähler. Größten Zulauf hatte ihr Chefprogandist Joseph Goebbels, der am 14. November gleich zweimal in der Kreisstadt sprach. Aus der ganzen Gegend hatte die NS-Partei ihre Anhänger herbeibefohlen, so daß der Saal der TGO wegen Überfüllung polizeilich geschlossen werden mußte.[75] In Neu-Isenburg hatte die NSDAP für den Tag vor der Wahl frühzeitig gleich mehrere Säle gemietet, um so den politischen Gegnern die Möglichkeit für eine Großveranstaltung zu nehmen. Als Redner des Tages hatte sie den Sohn des letzten Kaisers, den Prinzen August Wilhelm (»AuWi«) von Preußen, verpflichtet. An der Isenburger Doppelveranstaltung beteiligten sich nach einer NS-Darstellung 6 000 bis 7 000 Menschen, »teils um als gläubige Zuhörer zu kommen, teils um sich als Zweifler überzeugen zu lassen, unsere Gegner aber, um jede sich bietende Möglichkeit zu Auseinandersetzungen nicht ungenutzt zu lassen. Hierzu sollte es allerdings schon dank der Einsatzbereitschaft der SA nicht kommen«.[76]

Das Ergebnis der Landtagswahl am 15. November 1931 übertraf alle Erwartungen und Befürchtungen. Die NSDAP, die vier Jahre zuvor in Hessen noch gar nicht kandidiert hatte, stellte aufgrund der 37,1 Prozent für sie abgegebenen Stimmen die stärkste Fraktion im Landesparlament. Ihr Abgeordneter Prof. Ferdinand Werner wurde Landtagspräsident, doch konnte sie ihren Anspruch auf das Amt des hessischen Ministerpräsidenten nicht durchsetzen.[77]

Im Vergleich zu dem Landesergebnis hatte die NSDAP im Kreis Offenbach mit nur 22,4 Prozent (im »Landkreis« 21,0 %) nicht ganz so gut abgeschnitten. In mehreren Gemeinden (Buchschlag, Dudenhofen, Rumpenheim, Neu-Isenburg und in der Stadt Offenbach) war sie wegen der Aufsplitterung der linken Stimmen zur stärksten Partei geworden; in Buchschlag erhielt sie sogar die absolute Mehrheit. Mit gut 16 000 Stimmen war nach wie vor die SPD die stärkste Partei im »Landkreis«, während drei weitere Parteien (Zentrum, KPD, NSDAP) mit je rund 12 000 Stimmen gleichauf lagen. Heiner Galms KP-Opposition hatte mit knapp 2 000 Stimmen in den stadtnahen Gemeinden ein akzeptables Ergebnis erzielt. Alle Parteien der bürgerlichen Mitte aber lagen jeweils unter 1 000 Stimmen und konnten nur noch als Splitterparteien gelten. In Dietzenbach, Dreieichenhain und Sprendlingen war die KPD als Sieger aus der Wahl hervorgegangen.

Die verschiedenen Landtagswahlen im Reich im Verlauf des Jahres 1931 signalisierten, daß eine zunehmende Zahl von Wählern nicht mehr bereit war, eine Politik der kleinen, vernünftigen Schritte zu gehen, und selbst große Erfolge, wie die Einstellung der Reparationszahlungen an die Siegermächte von 1918, nicht anerkennen wollte. Gestützt auf die Wahlergebnisse in den Ländern, verlangte Hitler vom Reichspräsidenten Hindenburg seine Ernennung zum Reichskanzler, noch aber lehnte der es ab, den »böhmischen Gefreiten« zu ernennen, auch wenn dieser durch Bildung der »Harzburger Front« mit den Deutschnationalen seine politische Plattform erheblich erweitern konnte.[78]

Gelähmte Gegenwehr durch Zersplitterung der Linken

Im Kreis Offenbach hatten die Sozialdemokraten vor dem Ersten Weltkrieg eine unangefochtene Spitzenstellung erreicht. Ihr Kandidat Carl Ulrich erhielt 1912 bei den Reichstagswahlen eine klare Mehrheit von über 60 Prozent der Stimmen, und selbst 1919 bei den Wahlen zur Nationalversammlung lag der Stimmenanteil ihrer Partei noch über 57 Prozent, obwohl sich inzwischen die USPD selbständig gemacht hatte.[79] Seit den zwanziger Jahren trat zudem die KPD auf und gewann zunehmend Stimmen radikal eingestellter linker Wähler. Für Stadt und Kreis Offenbach wurde dabei eine Sonderentwicklung von Bedeutung, die mit der Person des 1895 in Seligenstadt geborenen Heinrich Galm eng verbunden ist.[80]

Galm, gelernter Sattler, stieß von der Arbeiterjugend über die USPD 1920 zu den Kommunisten. Sein politischer Einfluß auf weite Teile der Arbeiterschaft hing eng zusammen mit seiner Stellung als Sekretär, seit 1922 als Bevollmächtigter des Deutschen Sattler-, Tapezierer- und Portefeuillerverbandes, der gerade in der Offenbacher Gegend viele Mitglieder zählte. Sympathien bei seinen Arbeitskollegen gewann Galm insbesondere wegen seines bedingungslosen Eintretens für die Einheitsgewerkschaft und seines Einsatzes für alle Gewerkschaftsmitglieder ohne Ansehen des Parteibuches. Mit 23,5 Prozent der Stimmen bei der Landtagswahl 1927 und 22,6 Prozent bei der Reichstagswahl vom Mai 1928 hatte die KPD ihren Höhepunkt im Kreis Offenbach erreicht. Doch dann geriet Galm in einen Gegensatz zur offiziellen Parteilinie. Er hatte im deutschen Zentralkomitee der Partei an der dort ausgesprochenen Absetzung des KP-Vorsitzenden Thälmann mitgewirkt, doch wurde Thälmann auf Intervention Stalins rehabilitiert. Galm mußte sich in Moskau verantworten und wurde seiner Parteifunktionen enthoben.[81] Daraufhin gründete er mit Genossen, die seine Linie in Partei und Gewerkschaft vertraten, als neue Partei die »Kommunistische Partei-Opposition« (KPO), der sich im Offenbacher Raum die meisten KP-Funktionäre und -Mitglieder anschlossen. Damit hatte sich hier eine dritte linke Partei etabliert. Alle drei Parteien beriefen sich auf Karl Marx und erhoben den Anspruch, den richtigen Weg zum Sozialismus zu beschreiten, standen aber nicht in normaler Konkurrenz zueinander, sondern bekämpften sich gegenseitig in bissiger und wütender Weise. So bezeichnete die SPD-Zeitung »Offenbacher Abendblatt« Galm als einen mit »Marxismus geimpften, wildgewordenen Spießbürger« und »politischen Landsknecht«, während die KPD ihn als »Verräter« und »Sozialfaschisten« beschimpfte.[82] In der jeweils anderen rivalisierenden Linkspartei sah man den eigentlichen politischen Gegner und beachtete die aufkommenden Nationalsozialisten deshalb nicht genügend.[83] Bosheiten, die die beiden kommunistischen Parteien einander antaten, wurden vom sozialdemokratischen »Abendblatt« genüßlich vermerkt. So berichtete es von einer schlecht besuchten Versammlung der KPO in Klein-Krotzenburg im November 1931, zu der eine Störkolonne der KPD erschienen war. Beim Weggehen überreichten die moskauhörigen Kommunisten ihrem Ex-Genossen Galm einen Strick als symbolisches Geschenk.[84]

Solcherweise waren die linken Gruppierungen überwiegend mit sich selbst beschäftigt und vernachlässigten die von der rechten Seite kommende Gefahr.

Das wurde auch nicht entscheidend anders, als sich die KPO Galms einer überregionalen Partei, der SAP, die zwischen SPD und KPD stand, anschloß. Die Gründungsversammlung der neuen Offenbacher Ortsgruppe fand im Oktober 1931 statt.[85] Karl Hebeisen, ein gebürtiger Jügesheimer, beteiligte sich wesentlich an den Vorbereitungen.[86]

Wenn sich auch die politischen Kämpfe vor allem in der Kreisstadt abspielten, so hatten sie doch erhebliche Auswirkungen auf das Kreisgebiet. Galms Einfluß und damit die Erfolge seiner Partei erstreckten sich entsprechend der Verbreitung der Lederwarenindustrie vorzugsweise auf die stadtnahen Gemeinden. Aus der Presse und am Arbeitsplatz in der Stadt erfuhren jedoch viele Leute aus dem Kreis von den Streitereien der Linksparteien. Die neue Richtung der SAP war freilich nicht überall erfolgreich. Ein Versuch zur Gründung einer Ortsgruppe in Lämmerspiel scheiterte im September 1931.[87] Mehr Zulauf hatte dagegen eine Versammlung der SAP in Mühlheim im Oktober des gleichen Jahres.[88]

Zwar blieb es bis zum Beginn der NS-Herrschaft bei drei Linksparteien im Kreis, die Abspaltungen nahmen aber vor 1933 kein Ende. So sonderten sich in Neu-Isenburg im Oktober 1931 zwei Mitglieder der Gemeindevertretung von der Fraktion der KPD ab.[89] Als die Offenbacher SAP einem ihrer Funktionäre den Stuhl vor die Tür gesetzt hatte, sah sich das »Offenbacher Abendblatt« zu folgender Bemerkung veranlaßt:[90]

»Die Spalter bleiben sich selbst konsequent, spalten und splittern solange weiter, bis ihr Ziel, jedem Deutschen seine Partei, erreicht ist.«

Auch in den Gemeindeparlamenten war das Verhältnis der Linksparteien zueinander vergiftet. In Neu-Isenburg reichten sich die durch Handschlag des SPD-Bürgermeisters neuverpflichteten KP-Gemeinderäte demonstrativ ein Handtuch, um die Hände abzuwischen. Der so provozierte Bürgermeister unterbrach die Sitzung mit der Bitte um Verständnis dafür, daß auch er sich die Hände waschen müßte.[91] In der Langener Gemeindevertretung hatten Sozialdemokraten und Kommunisten schon jahrelang um die Verbraucherpreise der städtischen Betriebe gestritten, als im Februar 1932 die KPD die SPD in einem groß angelegten Presseartikel deshalb als arbeiterfeindlich attackierte. Wochenlange erbitterte, öffentlich geführte Auseinandersetzungen der beiden Gemeinderatsfraktionen waren die Folge.[92]

Im Endkampf um den Bestand der Weimarer Republik erwiesen sich die Kommunisten keinesfalls als deren Verteidiger. Ihr Ziel war vielmehr die Einführung des Rätesystems nach dem Muster der Sowjetunion. Spätestens seit 1925 waren sie auf einen stramm stalinistischen Kurs festgelegt. Nach dem Ausbruch der Weltwirtschaftskrise glaubten sie, der unausweichliche Zusammenbruch des kapitalistischen Systems stehe unmittelbar bevor. In dieser bedrohlichen Lage werde es zu einer Vereinfachung der Klassen- und Parteigegensätze kommen. Sie erwarteten, daß die verelendeten Proletarier sich nun allein ihrer Partei anschließen würden, während in den anderen Parteien nur noch die Anhänger des Kapitalismus organisiert seien. Sie sahen sich einer vermeintlichen Einheitsfront gegenüber, die nach ihren Analysen von Hitler bis zu den linken Sozialdemokra-

»KAMPFBUND GEGEN DEN FASCHISMUS«
Der im Januar 1931 in Langen gegründete »Kampfbund gegen den Faschismus« erlangte wegen der Meinungsverschiedenheiten zwischen SPD und KPD keinerlei Bedeutung

ten reichte. Innerhalb der feindlichen Front erblickten sie in den Sozialdemokraten ihre schlimmsten Feinde, die Helfersdienste für den zum Untergang verurteilten Kapitalismus leisteten und die sie daher als »Sozialfaschisten« bezeichneten. Die Sozialdemokraten revanchierten sich, indem sie die Kommunisten »Knüppel-Revolutionäre« nannten, die als Schrittmacher der Hitler-Diktatur agierten.[93] Wie die Kommunisten vorsätzlich fälschlich die Sozialdemokraten bei den Faschisten einordneten, wollten diese umgekehrt Unterschiede zwischen Kommunisten und Nationalsozialisten verwischen, indem sie – wie es im »Langener Wochenblatt« geschah – Hitler und Hugenberg als »Rechtsbolschewisten« bezeichnete.[94] An der ideologischen Kluft zwischen den Linksparteien zerbrachen in Langen sogar mehrere Arbeitervereine.[95] Nach fast einem halben Jahrhundert erinnerte sich Heiner Galm rückblickend:[96]

»Auch angesichts der faschistischen Bedrohung verbesserte sich das Verhältnis unter den Arbeiterparteien nicht. 1932 bestand zwischen der KP und uns überhaupt kein Verhältnis mehr. Das war Feindschaft.«

Der NSDAP meinten die Kommunisten nur wenig Aufmerksamkeit schenken zu sollen, da sie in ihr eine vorübergehende Erscheinung erblickten. Von einer Versammlung der KPD im März 1932 in Dietesheim berichtete die sozialdemokratische Presse, daß die Kommunisten immer nur »Bruderkampf« betrieben und »von der KPD kein Wort gegen die Feinde der Republik, den Faschismus«, geäußert wurde.[97]

Wie weit der gegenseitige Haß gehen konnte, zeigt der bezeichnenderweise im »Offenbacher Abendblatt« abgedruckte Ausspruch eines Mühlheimers der von der KPD zur SAP übergetreten war. Er erklärte,[98]

»wenn er vor der Wahl stünde, einen Sozialdemokraten oder einen Nazi zu erschießen, dann würde er eher fünf Sozialdemokraten als einen Nazi erschießen.«

Anläßlich des zweiten Wahlganges zur Bestimmung eines neuen Reichspräsidenten im April 1932 forderte in Mühlheim ein Kommunist öffentlich dazu auf, Hitler zu wählen.[99] In Sprendlingen lautete zur gleichen Zeit die Parole der Kommunisten: »Nieder mit Wels und Severing!«[100]

Andere Kommunisten zeigten ihre Haltung zur Republik und zur SPD ebenfalls auf recht deutliche Weise. In Mühlheim hißten die Anhänger der KPD auf der Kuppel des Wasserturms die Sowjetfahne; in der Gemeinde brachten sie Transparente an mit der Aufschrift: »Nieder mit den Mord- und Sozialfaschisten!«[101] Nicht immer blieb es zwischen Sozialdemokraten und Kommunisten bei Wortgefechten. Schließlich scheuten letztere vor Gewalt nicht mehr zurück. In Seligenstadt versuchten sie, eine Versammlung der SPD zu sprengen. Das Unternehmen scheiterte. Erfolgreicher waren sie in Mühlheim. Dort gelang es ihnen, eine von der SPD veranstaltete Versammlung der Erwerbslosen vorzeitig zu beenden.[102] In Dietzenbach brachten die Kommunisten ihre eigene Zeitung, »Das Rote Echo«, heraus. Getragen war das Organ von dem Haß auf die SPD. Diese empfahl den Einwohnern der Gemeinde, auf den Kauf des Blattes zu verzichten.[103]

Durch die Haltung der Kommunisten war die SPD als größte demokratische Partei jener Zeit in einen Kampf nach zwei Seiten hin verstrickt. Die doppelte Frontstellung der Sozialdemokratie beschrieb das von ihr herausgegebene »Offenbacher Abendblatt« in der folgenden Weise:[104]

»Wir wollen weder das Dritte Reich Hitlers, noch das Zuchthaus Stalins, wir wollen Freiheit und Wohlfahrt in der Demokratie.«

Dieser Wille verdient zweifelsohne Lob; es war nur die Frage, ob auch in der Tat den Feinden des Rechtsstaates und der Demokratie genügend entschiedener Widerstand entgegengesetzt werden konnte.

Republikanische Kampfverbände:

«Drei Pfeile« gegen »Hakenkreuz«

Schon in der Frühzeit der Weimarer Republik, noch vor dem massiven Auftreten der NSDAP in der Öffentlichkeit, spürten viele Bürger die von Extremisten ausgehenden Gefahren. Zugleich waren sie überzeugt von dem Wert des republikanisch-demokratischen Staates für die freie Entfaltung des politischen Lebens. So lag der Entschluß nicht fern, Zusammenschlüsse zu bilden, um die bedrohte Republik zu verteidigen. Im Anschluß an die Unruhen des Jahres 1923 kam es 1924 zur Gründung des »Reichsbanners«, eines Wehrverbandes ehemaliger Kriegsteilnehmer, die entschlossen waren, die Republik gegen ihre Feinde von rechts und links zu schützen.

Bereits 1924 bestand eine örtliche Gruppe des »Reichsbanners« in Offenbach. Von ihr wußte ein Polizeibericht aus dem gleichen Jahr zu vermelden:[105]

»Das Reichsbanner »Schwarz-Rot-Gold« hat in der letzten Zeit einen beträchtlichen Zuwachs erfahren. Seine Mitglieder setzen sich fast ausschließlich aus Mehrheitssozialisten und Demokraten zusammen. Nur in geringem Maße sind Mitglieder der Zentrumspartei, Anhänger der übrigen Parteien kaum, in ihm vertreten.«

Eine Jahresversammlung des »Reichsbanners« in Mühlheim vom Mai 1932 vermittelt den Eindruck eines festgefügten Verbandes. Die Mitglieder trafen sich zu regelmäßigen wöchentlichen Übungsstunden. Die Leiter der Zusammenkünfte schulten die Anhänger in körperlicher und geistiger Hinsicht. Mit Stolz verwies der Vorstand darauf, daß es gelungen war, anläßlich einer Massenkundgebung im November 1931 800 Teilnehmer zu mobilisieren.[106]

Aus dem »Reichsbanner« erwuchs 1932 durch den Zusammenschluß mit den Freien Gewerkschaften die »Eiserne Front«. Ihr Ziel war es, den gewaltsamen Übergriffen der radikalen Rechten und Linken entgegenzutreten. Die Mitglieder der neuen Verteidigungsorganisation sollten ein Gegengewicht zu den Schlägertrupps der Nationalsozialisten und der Kommunisten bilden. Man dachte ursprünglich an eine überparteiliche Organisation, die von allen Republikanern unterstützt werden sollte.

Zur Gründung einer Abteilung der »Eisernen Front« im Offenbacher Raum kam es in den ersten Monaten des Jahres 1932, als sich die NSDAP schon sehr deutlich bemerkbar gemacht hatte und man einen Umsturz befürchtete. In dem Gründungsaufruf vom Januar 1932 erklärte man Ziel und Methode:[107]

»Die "Eiserne Front" bedeutet die Anpassung der Kampfmittel und Kampfmethoden an die des Faschismus... Es gilt, den Anmaßungen und Frechheiten der faschistischen Horden die organisierte Front der Arbeiterfäuste in vielfacher Übermacht entgegenzustellen.«

Das Symbol der »Eisernen Front« waren drei parallele Pfeile, die mit ihren Spitzen auf den Plakaten diagonal nach unten deuteten, wo sie meist auf das Hakenkreuz oder den Namen Hitler stießen. Die Anhänger grüßten einander mit erhobener Faust und äußerten dabei den Kampfruf der Republikaner: »Freiheit!«
Der Aufruf zur Bildung der republikanischen Wehrorganisation war getragen von dem Ortskartell des ADGB, der SPD, einem sozialdemokratisch orientierten Sport- und Kulturkartell und dem »Reichsbanner Schwarz-Rot-Gold«. Bis Mitte 1932 waren die organisatorischen Vorbereitungen weithin abgeschlossen. Der Vorstand der »Eisernen Front« in Hessen schuf eine Motorstaffel, um beweglicher bei den notwendigen Einsätzen zu sein.[108] In Mühlheim schlossen sich mehrere hundert Republikaner der neuen Kampffront an.[109] Eine große Kundgebung im Saalbau zu Offenbach vereinte mehr als 2 000 Menschen. Etwa gleichzeitig marschierten die Kolonnen der »Eisernen Front« in Langen auf, wo sich die Verbände aus Neu-Isenburg, Götzenhain und Offenthal trafen. Weitere Ortsgruppen der »Eisernen Front« sind belegt für Bieber, Mainflingen und Weiskirchen. Die Spitze der Organisation drängte darauf, in jedem Ort eine gemeinsame Kampfleitung aufzubauen.[110]

Die ursprünglichn Ziele wurden allerdings nur unvollständig erreicht. Die »Eiserne Front« blieb überwiegend eine sozialdemokratische Einrichtung. Von den bürgerlichen Parteien duldete allein die Staatspartei den Anschluß ihrer Gliederungen und Mitglieder an die »Eiserne Front«. Trotz des nur geringen Anteils von Angehörigen, die nicht aus der SPD kamen, war die Organisation durch diese wenigen in ihrer Schlagkraft geschwächt. Denn in den Entscheidungen mußte man stets die Anliegen der außerhalb der SPD Stehenden mit berücksichtigen. Einen »Wall von Menschenleibern« wollte die »Eiserne Front« dem Terror der NSDAP entgegenstellen. Die Taktik war stark von der Defensive bestimmt. Im Gegensatz zu den Nationalsozialisten fehlte der »Eisernen Front« der unbedingte Wille zum Angriff und zum Kampf. Getragen von einer pazifistischen Grundstimmung nahm man die Auseinandersetzung als Versuch der Selbstbehauptung. Die nationalsozialistischen Gegner, die schon durch die Bezeichnung ihres Kampfverbandes als »Sturmabteilung« (SA) ihren Willen zum Angriff bekundeten, sprachen in ihrer Propaganda von dem Kampfverband der Republikaner stets verächtlich als der »Blechernen Front«. Blech aber ließ sich nach ihrer Meinung leicht biegen oder deformieren.[111]

Die deutschen Kommunisten wollten sich dem »Reichsbanner« und der »Eisernen Front« weder anschließen noch sie unterstützen. Konsequent verfolgten sie ihre Ziele außerhalb der republikanischen Bewegung und bauten ihre eigene Schutztruppe auf. Schon 1924 war in Fortsetzung der Traditionen der »Roten Ruhrarmee« aus der Zeit der Aufstandsbewegung im Ruhrgebiet der »Rote Frontkämpferbund« entstanden, dessen Mitglieder etwa zur Hälfte der KPD angehörten. Im März 1925 wurde auch in Offenbach ein örtlicher Ableger des Bundes gegründet.[112] Die erste Aufgabe war der Saalschutz bei KPD-Veranstaltungen und die paramilitärische Ausbildung der Mitglieder. Während der Regierungszeit von Reichskanzler Hermann Müller (SPD) wurde 1929 der »Rote Frontkämpferbund« verboten. Die Kommunisten versuchten zwar, die Organisation illegal weiterzuführen, doch sie verübelten noch lange der SPD das ausgesprochene Verbot. Als auf einer Kundgebung der KPD im Offenbacher

Stadtgarten im November 1932 der Redner die Einheitsfront gegen den Faschismus forderte, machte er gleichzeitig die SPD für dessen starkes Aufkommen mitverantwortlich. Sie habe den »Roten Frontkämpferbund« verboten, gegen SA und SS aber nichts unternommen, die ohne das Verbot des KP-Verbandes nie so stark geworden wären.[113]

Angesichts der wachsenden Gefahr durch die Braunen forderten die Initiatoren der »Eisernen Front« die Kommunisten auf, sich an einer gemeinsamen Abwehrfront gegen Hitler und seine Anhänger zu beteiligen. Doch die Bemühungen um einen Anschluß der Kommunisten verliefen sich. Es ergab sich lediglich ein parteitaktisches Geplänkel, bei dem jeder dem anderen die Schuld an dem Scheitern einer schlagkräftigen Abwehr zuschieben wollte. Die Kommunisten gründeten ihrerseits eine »Rote Einheitsfront« und auch ein »Antifaschistisches Kartell«, das von der KPD und der SAP getragen wurde. Letztlich war keine der beiden großen linken Parteien bereit, tatkräftig mit der anderen in der Verteidigung der Republik gegen die NSDAP zusammenzuarbeiten.

Sehr deutlich wurden die gescheiterten Bemühungen um die Gründung einer einheitlichen Abwehrfront der Linken in Dietzenbach. Dort holten sich die Kommunisten eine Abfuhr, als sie die Sozialdemokraten zur Mitarbeit in der »Roten Einheitsfront« aufforderten. Das »Offenbacher Abendblatt« berichtete darüber am 7. Juli 1932:

> *»Wie überall, so hat auch die hiesige KPD versucht, eine "rote Einheitsfront" aller Werktätigen Dietzenbachs unter ihrer Führung ins Leben zu rufen. Aus diesem Grunde sollten heute Donnerstag Besprechungen stattfinden, wozu unsere Partei brieflich eingeladen wurde. Wir bezeichnen diese Einladung als frivole Anmaßung der hiesigen KPD-Helden und erklären, daß wir mit Leuten, die unsere Vertreter in den letzten Gemeinderatssitzungen mit Lumpen, Verräter und sonstigen beleidigenden Ausdrücken belegten, nichts gemein haben. Wir müssen auch weiterhin es ablehnen, mit Leuten in einer Front zu marschieren, die das gesamte politische Leben in Dietzenbach vergiftet und sämtliche Korporationen der Arbeiterschaft durch Spaltung und Hetzerei fast zur Machtlosigkeit degradiert haben. Wir richten deshalb an alle ehrlich denkenden Arbeiter die Bitte: "Bleibt dieser Versammlung fern, laßt diese Hetzer und Maulhelden unter sich."«*

Trotz ihrer schwierigen Situation waren die Anhänger des »Reichsbanners« und der »Eisernen Front« in der Lage, machtvolle Demonstrationen zu veranstalten. Von der Zahl der Anhängerschaft her bildeten sie sogar die stärkste Gruppe im Kreisgebiet, die zudem noch mit beträchtlichen Sympathien bei weiten Teilen der Bevölkerung rechnen konnte. Eindrucksvoll war die erste Kundgebung der »Eisernen Front« in Neu-Isenburg im März 1932. An ihr nahmen etwa 800 Personen teil. Hauptredner dabei war Carlo Mierendorf, der zuerst scharf mit der Erbärmlichkeit der Nationalsozialisten abrechnete. Anschließend setzte er sich mit den Komunisten auseinander, die er als Helfershelfer Hitlers bezeichnete.[114]

Bei den Versammlungen der »Eisernen Front« spielten eine aufrüttelnde Musik und das Tragen von Sturmfahnen eine bedeutende Rolle. Nach der Rede erhoben sich in der Regel die Anwesenden spontan und legten Treuegelöbnisse für die Republik ab. Sie bekundeten, daß sie bereit seien, auch das Höchste für die Verteidigung der Demokratie und der Volksrechte zu geben. Die Veranstaltungen schlossen mit begeisterten, meist dreifachen Hochrufen auf die Republik. Das politische Ritual mit Liedern, Fahnen, Sich-Erheben, Treuegelöbnissen, Hoch- oder Heil-Rufen war gemeinsames Merkmal aller damaligen, sonst so gegensätzlichen Gruppierungen.

Kundgebungen und Aufmärsche der »Eisernen Front« mit Tausenden von Teilnehmern waren im Kreis Offenbach im Verlauf des Jahres 1932 und zu Anfang von 1933 ein eindrucksvoller Beweis dafür, daß weiteste Teile der Bevölkerung dieses Gebietes sich zur demokratischen Republik bekannten und sich für diese einsetzten. Aller Einsatz konnte schließlich die Machtergreifung der Nationalsozialisten nicht verhindern. Die Weichen hierfür wurden freilich an anderen Orten gestellt.

Ähnlich wie die Nationalsozialisten bezogen die sozialistisch orientierten Kräfte ihre Jugendorganisationen in den Kampf gegen den politischen Gegner ein. Im März 1932 waren die Delegierten der sozialistischen Arbeiterjugend aus dem Kreisgebiet nach Ober-Roden zu einer Unterbezirkskonferenz gekommen. Die rund 100 Teilnehmer vertraten eine ansehnliche Zahl von jungen Leuten aus den umliegenden Städten und Gemeinden. Höhepunkte der Veranstaltung waren eine »proletarische Feierstunde« und eine Rede des Reichstagsabgeordneten Carlo Mierendorf (SPD). Im Zeichen der sich verschärfenden Auseinandersetzungen mit der NSDAP warb er für die Unterstützung der »Eisernen Front«.[115] Wenige Wochen später veranstaltete die gleiche Gruppe eine Landeskonferenz im Festsaal des Volkshauses Neu-Isenburg.[116] Zu dem Treffen waren 200 Vertreter der Ortsgruppen und 150 Gäste gekommen. Angesichts der Notlage der Arbeitslosen beschlossen die Versammelten, Gruppenarbeit für jugendliche Erwerbslose anzubieten. Etwa zur gleichen Zeit führte die SAJ in Hessen rund 100 Jugendkundgebungen durch; auf den Straßen verteilten die Mitglieder der Organisation 60 000 Flugblätter.[117]

Von der NSDAP umworbene Gruppen

In einem demokratischen Staat appellieren die Parteien auf der einen Seite an die Gesamtheit der Wahlberechtigten, sprechen jedoch auf der anderen Seite einzelne Gruppen stets noch besonders an. In der Zeit vor der Machtergreifung wußten die Nationalsozialisten ebenfalls, diese doppelte Strategie zu verfolgen. Sie verstanden sich zwar grundsätzlich als die einzige wahre Vertretung des Volkes, der sich jeder Bürger anschließen konnte, ja mußte; dennoch sahen sie sich des Wahlerfolges wegen genötigt, einzelne Gruppen besonders zu umwerben.

Ein Versuch, Menschen verschiedener Stände anzusprechen, war die Einrichtung von Sprechstunden oder Sprechabenden für Ratsuchende. Bis zum Zeitpunkt der Machtergreifung hatte die NSDAP dabei ein nahezu umfassendes System aufgebaut. NS-Leute gewährten Beratung in Steuerfragen, in Rechtsangelegenheiten, bei landwirtschaftlichen Problemen und zur Durchsetzung von Ansprüchen der Kriegsbeschädigten. Eine sogenannte Fachberatung stand für Fragen des Handels und des Handwerks bereit, eine kommunalpolitische Abteilung bot ihre Dienste an, und die Betriebszellenorganisation wollte den Arbeitern zur Seite stehen. Es ist schwer zu sagen, in welchem Maße die Menschen von diesen Angeboten Gebrauch machten.

Zu den besonders umworbenen Gruppen gehörten die Bauern. Der NS-Mythos von Blut und Boden forderte, daß man die der Scholle am meisten Verbundenen als erste ansprach. Zudem erschienen die Landwirte für jede Art von Sympathie und Versprechung zugänglich, da sie sich in einer schwierigen wirtschaftlichen Lage befanden. So hatten im Mai 1932 in Offenthal die Nationalsozialisten anläßlich eines Bauerntages auf zahlreichen Bäumen schwarze Fahnen gehißt. Damit wollten sie in auffälliger Weise auf die von anderen verschuldete Not der Landwirte hinweisen. Mitglieder der »Eisernen Front« holten jedoch die Tücher aus luftiger Höhe herunter und verbrannten sie.[118]

Mit welchen Phrasen und mit welcher Geschichtsklitterung die Nationalsozialisten um die Bauernschaft warben, offenbart ein Aufruf ihres Gauleiters Lenz, den die Landwirte des Kreises am 17. Juni 1932 in den »Offenbacher Nachrichten« lesen konnten:

> *»Hessischer Bauer!*
> *Dir ist das heiligste Erbe der Nation gegeben: denn Du hast die*
> *Erde Deines Vaterlandes und das Blut Deines Volkes zu verwalten. Wenn Bauern versagen, dann sinkt der Prunk glänzender*
> *Staaten zusammen. Wenn der Bauer aber in harter Mühe den*
> *Pflug über die Scholle führt, dann schießt der Segen der Ernte*
> *tausendfältig in die Ähren.*
> *Es gab Zeiten, da warst Du bewußt nur der Bauer des Heimatbodens, heute aber fordert Dein Volk, daß Du mithilfst, die*
> *Ernte für ein 63 Millionenvolk vorzubereiten. An Dir wird es*
> *liegen, ob der deutsche Mensch wieder einmal freier Herr auf*
> *freier Scholle sein wird.*
> *Deine Vorfahren trugen die schwarze Bundschuhfahne und von*
> *den Tälern klang Dein Lied hinauf zu den Zwingburgen Deiner Unterdrücker:*
>
> > *Es gnade dir Gott, du Ritterschaft,*
> > *Denn der Bauer wacht auf im Lande.*
>
> *Vor Dir stehen die Hakenkreuzfahnen einer neuen deutschen*
> *Revolution. Es sind Deine Fahnen, hessischer Bauer, Dein*
> *Kampf und Deine Zukunft. Nimm die Fahnen und trage sie*
> *zum Sieg, damit sie auf deutschen Bergen über Deinem freien*
> *Acker wachen.«*

Eine andere von der NSDAP stark umworbene Gruppe waren die Mittelständler. In ihrem Falle fehlte weitgehend die ideologische Verbrämung. Aber ähnlich wie die Landwirte fühlten sich die Angehörigen des Mittelstandes in ihrer Existenz bedroht und waren verunsichert. Das waren ideale Voraussetzungen, um den Hebel der Propaganda anzusetzen. Einem Neu-Isenburger Nationalsozialisten war die Aufgabe zugefallen, »Provinzialfachberater« für Handwerk und Gewerbe in der Provinz Starkenburg zu sein. Er ließ sich im Dezember 1931 in der folgenden Weise über seine Zielsetzung aus:[119]

»Wie der rote Terror auf der Straße bekämpft worden ist, wie der Marxismus in den Betrieben bekämpft wird, müssen wir Handwerk und Gewerbe restlos zusammenbringen unter der Devise:

Kampfgemeinschaft gegen Konsum und Warenhaus!

Dieser Kampf, der wichtigste für den deutschen Mittelstand, muß mit allem Ernst und aller Härte durchgeführt werden, damit wir den Stand einnehmen, der uns im Verhältnis zu unserer Produktion zusteht.«

Die Parteispitzen forderten, daß in jeder Ortsgruppe der NSDAP ein Fachberater für Fragen des Mittelstandes eingesetzt werden sollte. Die in einem Handwerk abgelegte Meisterprüfung sollte die erforderliche Voraussetzung für seine Tätigkeit sein. Als Hanauer Warenhäuser im Mai 1932 für die Einwohner im östlichen Kreisgebiet Einkaufsfahrten organisierten, nutzten die Nationalsozialisten prompt die Situation, indem sie Flugblätter an die Mittelständler verteilten, um deren Erregung noch weiter zu schüren.

Die Erfolge der NS-Werbung bei den angesprochenen Zielgruppen sind nicht mehr meßbar. Die Anfälligkeit für diese Art der Propaganda scheint mehr von den allgemeinen Lebensumständen der Menschen abhängig gewesen zu sein als allein von der Berufszugehörigkeit. Dafür scheint auch zu sprechen, daß die Nationalsozialisten in den größeren und stärker industrialisierten Gemeinden des Kreisgebietes, wo man die Arbeitslosigkeit drückender empfand, bessere Erfolge zu verzeichnen hatten. Bei den kleinen, noch von der Landwirtschaft geprägten Gemeinden gab es jedoch beträchtliche Unterschiede, die durch die Konfessionszugehörigkeit bedingt waren. Überdurchschnittlichen Erfolgen in den evangelischen Dörfern Dudenhofen, Götzenhain und Offenthal stehen ausgesprochene Mißerfolge der NSDAP in katholischen Dörfern wie Lämmerspiel, Weiskirchen und Zellhausen gegenüber. Unterscheiden muß man zwischen aktiver Tätigkeit für die Partei und ihrer Wahl. So zählte man in Götzenhain im Februar 1932 erst zehn NS-Parteigenossen,[120] wobei nicht geklärt werden kann, welche Berufe sie ausübten. Aus der Landwirtschaft kamen besonders aktive Nationalsozialisten. Heinrich Göckel aus Langen wurde bereits 1931 in den hessischen Landtag gewählt, betätigte sich vielerorts als Propagandaredner und bekleidete von 1933 bis 1945 das Amt des Bürgermeisters in seiner Heimatstadt. Man kann jedoch auf keinen Fall sagen, der Nationalsozialismus sei im Kreis

Offenbach von den in der Landwirtschaft Tätigen ausgegangen oder durch starke Verbundenheit zum Boden und zur Scholle gekennzeichnet gewesen. Ebensowenig stellte die hiesige NSDAP entgegen dem im Parteinamen erhobenen Anspruch eine Arbeiterpartei dar. Vielmehr handelte es sich bei dieser Partei vor 1933 um eine Gruppierung, deren Anhänger aus den verschiedenen sozialen Schichten kamen wie es für den Westkreis im einzelnen auch belegt ist.[121] Wegen der damals noch recht geringen Mitgliederzahl kann man sie indessen schwerlich als eine Volkspartei bezeichnen.[122]

Groß geworden sind die Nationalsozialisten im Kreis Offenbach vor allem in der Stadt Offenbach sowie in den stadtnahen Gemeinden mit einem erheblichen Anteil von Beschäftigten in Gewerbe und Industrie. Dort suchten sie zuerst den Kampf mit den Linksparteien. Dadurch gelang es ihrer relativ kleinen Gruppe, eine unverhältnismäßig hohe Aufmerksamkeit auf sich zu ziehen. Der Außenseiterrolle, die ihnen aufgrund ihrer geringen Zahl von aktiven Mitgliedern im Kreis Offenbach eigentlich zugestanden hätte, sind sie entgangen durch ihr lautes Auftreten und das propagandistische Ausschlachten eines jeden Vorfalles. Die Hauptsache war, man redete über sie. Erwähnenswert sind ihre frühen Erfolge in der Gemeinde Buchschlag und einigen protestantischen Bauerndörfern des Kreises.

Werbung um die Jugend – Anfänge der HJ

Besondere Aufmerksamkeit schenkten die Nationalsozialisten dem Aufbau und Ausbau ihrer Jugendorganisation. Sie hegten immer wieder Zweifel, ob es ihnen gelingen würde, die ältere Generation für ihre Lehren zu gewinnen, so wollten sie zuerst die Jungen überzeugen. Baldur von Schirach, lange Zeit Reichsjugendführer, erklärte kurz und bündig: »Die NSDAP ist die Partei der Jugend.« Im Grunde gebrauchten die NS-Leute einen einfachen Trick. Sie wandten sich vorzugsweise an Menschen, die im geistigen und weltanschaulichen Ringen noch keinen festen Platz gefunden hatten, und beuteten deren innere Unsicherheit aus. Sie gaben vor, in dem stets vorhandenen Generationenkonflikt auf der Seite der Jungen zu stehen, und hofften, diese würden als Gegenleistung auch die NSDAP unterstützen.

Die Vorstellungen der Nationalsozialisten über die Bedeutung der Jugend in einem NS-Staat wurden der Bevölkerung im Kreis Offenbach verdeutlicht, als seit Mai 1932 die »Offenbacher Nachrichten« als Parteiblatt und neue Tageszeitung erschienen. Diese brachten eine wöchentliche Beilage über die NS-Jugendbewegung in Hessen. Die örtliche Hitler-Jugend lieferte offenbar noch nicht genügend Stoff, der eine Beilage für Stadt und Kreis Offenbach gefüllt hätte. Im August 1932 erschienen in der Zeitung grundsätzliche Ausführungen über nationalsozialistische Jugendarbeit unter der Überschrift »Warum Hitlerjugend?«.¹²³⁾ Darin wurde dem republikanischen Staat vorgeworfen, er habe die Jugend vernachlässigt und verwahrlosen lassen. Die Folge seien sittlicher Tiefstand, Schülerselbstmorde und eine Vielzahl von Roheitsdelikten. Im Gegensatz dazu habe Hitler mit seinem Ziel von der Schaffung einer deutschen Volksgemeinschaft, die keine Standesunterschiede mehr kenne, eine neue Idee gegeben. In den Einheiten der Hitler-Jugend sei diese Form der Gemeinschaft bereits verwirklicht. In ihren Reihen könne sich der junge Mensch wohlfühlen, hier würden seine Anliegen ernstgenommen. Die Bildungsarbeit der HJ sei gekennzeichnet durch die Verbundenheit mit der heiligen Heimaterde; die Schulungsabende vermittelten das Wissen um die Geschichte des deutschen Volkes, beschäftigten sich mit deutscher Literatur und Kunst. Da die Jugendlichen auch »Romantik« brauchten, gingen sie auf Wanderfahrt, übten jugendgemäße Lieder, spielten Klampfe und Geige, erzählten die deutschen Heldensagen, und auch das Lagerfeuer habe einen festen Platz in ihrem Programm.

In dem Artikel ist die Nähe zur bündischen Jugend und das Erbe der frühen Jugendbewegung unverkennbar, doch entbehrt er auch nicht schärferer Töne. Sein Verfasser kündet von Kampf und Tod, berichtet von einem Jugendlichen, der sich zum Nationalsozialismus bekannt hatte und von den »Roten« erstochen worden sei. Er endet mit einem unverblümten Aufruf zur Rache mit dem Satz: »Wir warten auf unseren Tag.« In nicht ungeschickter Weise hatte es der Verfasser verstanden, zwei für den Nationalsozialismus typische Momente miteinander zu verbinden: die Kunst der Verführung und den Appell zum gewaltsamen Vorgehen. Er konnte davon ausgehen, daß mancher Jugendliche sich damit gewinnen ließ.

Die tatsächliche Situation der vor 1933 nicht sonderlich zahlreichen Angehörigen der Hitler-Jugend in der Offenbacher Gegend war weit verschieden von der propagandistischen Darstellung in der NS-Presse. Die erste Gruppe der HJ soll in Offenbach am 1. Juni 1928 gegründet worden sein.¹²⁴⁾ Zehn »junge Kämpfer« sollen ihr anfänglich angehört haben. Von jugendgemäßem Tun war wenig die Rede, vielmehr war die Gruppe sofort eine NS-Organisation von vielen, die von den Führern für die Ziele der Partei eingesetzt wurde. Die jungen Leute verteilten Flugblätter und sollten durch Mundpropaganda die NS-Ideologie verbreiten. Was sie verband, war weniger Gemeinsamkeit als vielmehr Feindschaft zu Andersdenkenden. Einbrüche in die Reihen anderer Gruppierungen sollen der Offenbacher Hitler-Jugend angeblich schon recht früh gelungen sein. So soll sich ihr die bündische Jugend bereits vor 1933 angeschlossen haben. Zahlreiche Führer der HJ sollen aus dieser Richtung gekommen sein.

Die Nationalsozialisten liebten den großen Auftritt und die große Schau. Damit wollten sie Anhänger und Gegner beeindrucken. Bei jungen Leuten versprachen sie sich dabei besondere Erfolge. Anfang Oktober 1932 veranstalteten sie in Potsdam einen »Reichsjugendtag«, zu dem die Hitler-Jugend aus ganz Deutschland kommen sollte. Auch eine Anzahl von Jugendlichen aus der Offenbacher Gegend machte sich auf den Weg. Da ihnen die finanziellen Mittel für den damit verbundenen Aufwand fehlten, gingen sie mit der Sammelbüchse auf die Straße. Doch stand das ganze Unternehmen unter keinem guten Stern. Während die NS-Berichte von nicht weniger als 1 200 Jugendlichen sprachen, die von Offenbach aus in 37 Lastwagen in Richtung Berlin fuhren, drängelten sich nach

Darstellung des sozialdemokratischen »Abendblattes« 500 Teilnehmer aus der Stadt und dem »Landkreis« auf nur 17 bis 19 Lastkraftwagen, die nicht für alle Platz boten, so daß etwa 100 junge Leute zurückbleiben mußten.[125]

In Potsdam hatte die Führung dafür gesorgt, daß die Jugendlichen nicht zur Ruhe kamen, und ein Mammutprogramm vorbereitet, das von morgens 5 Uhr bis nachts um 1 Uhr währte. Schon in aller Frühe, um 7 Uhr, sprach Hitler zu »seiner Jugend«. Auch Baldur von Schirach war mit von der Partie. Das Wetter war freilich sehr schlecht, und die Fahrt auf den zugigen Lastkraftwagen war den meisten Jugendlichen nicht gut bekommen. Die besorgten Angehörigen zu Hause erfuhren, »daß die Buben und Mädel zum größten Teil erkrankt auf dem Heimtransport« seien.[126] Nun wollte man ihnen wenigstens einen guten Empfang mit heißen Getränken und Suppen im heimischen Stadtgarten bereiten. Da auch dies nicht ohne Schau sich abspielen durfte, fuhr motorisierte SA den Heimkehrern auf der Mühlheimer Straße entgegen, um den HJ-Konvoi auf den letzten Kilometern im Kreis Offenbach demonstrativ zu begleiten. Dabei ereignete sich ein Verkehrsunfall und der SA-Sturmführer Siebert wurde tödlich verletzt. So fand die ganze Veranstaltung ein schlimmes Ende mit einer weiteren NS-Schau als makabrem Nachspiel: der Beisetzung des verunglückten SA-Führers auf dem Offenbacher Friedhof.[127]

Zur Gründung einer eigenen Organisation für die weibliche Jugend kam es erst vergleichsweise spät. Die für die NS-Bewegung begeisterten jungen Frauen und Mädchen gehörten organisatorisch zur NS-Frauenschaft, innerhalb der sie die »Mädelgruppen der Frauenschaft« bildeten. Im Juli 1932 begann man mit der Verselbständigung dieser Untergliederung. Die Gauleitung forderte die Ortsgruppenleiter auf, geeignete junge Mädchen zu benennen, die den Aufbau weiterer Gruppen des »Bundes deutscher Mädel« (BDM) in die Wege leiten könnten.[128]

NS-Kreisleiter im Kreis Offenbach:
Probleme und Skandale

Ganz erhebliche Probleme ergaben sich für die Nationalsozialisten bei der Berufung von geeigneten Personen zu Ortsgruppen- und Kreisleitern. Besonders in den frühen dreißiger Jahren sind Mißgriffe bei letzteren unverkennbar und führten zu häufigen Wechseln im Amt. Die Leitung der NSDAP in der Offenbacher Gegend lag ursprünglich bei Friedrich Ringshausen. Möglicherweise übte er die Funktion aus, ohne ausdrücklich berufen worden zu sein. Bei dem damaligen Stand der Parteiorganisation ist es denkbar, daß er als Gauleiter von Hessen-Süd mit Wohnsitz in Offenbach die Geschäfte der Kreisleitung Offenbach einfach mit wahrgenommen hat. Nach der Übersiedlung der Gauleitung nach Darmstadt im Jahre 1930 wurde dann der in Offenbach wohnhafte Parteigenosse Saintonges zum Kreisleiter ernannt.[129] Im April 1931 enthob ihn Gauleiter Gemeinder seines Postens, da seine Kassenführung »wenig befriedigend« war. Besonders übel vermerkte es ihm der Parteihistoriker, daß er bei »vielen« Parteigenossen die Aufnahmegebühr von 2 Mark nicht ordnungsgemäß abgeführt habe und diese dann nicht nur das Geld erneut zu bezahlen hatten, sondern dazu noch eine höhere Parteimitgliedsnummer erhielten und damit in Parteikreisen einen Prestigeverlust hinnehmen mußten.

»Mit der Beendigung des Falles Saintonges beginnt leider die Affaire Dr. Schäfer«. Mit diesen Worten eröffnet der Offenbacher NS-Parteihistoriker einen neuen Abschnitt in seinem Bericht und deutet an, daß er auch von diesem Kreisleiter des Kreises Offenbach nur wenig Gutes berichten könne. Der aus Frankfurt stammende Diplom-Handelslehrer Karl Wilhelm Schäfer war irgendwie zur Offenbacher NSDAP gestoßen. Es ist wohl bezeichnend für die damaligen Zustände in der Partei, daß er so rasch und offensichtlich, ohne daß man seine persönlichen Verhältnisse etwas eingehender untersucht hätte, zum Kreisleiter ernannt wurde. Schäfer war zuerst rührig und aktiv, er »rollte eine Serie von Versammlungen durch das ganze Kreisgebiet«, gewann prominente Nationalsozialisten als Redner, hielt einen »Kreistag« in Offenbach ab und war bei der ganzen Kampagne »immer mit an der Spitze«. Daß er zum engeren Kreis der NS-Führungsmannschaft in Hessen gehörte, beweist seine Teilnahme an der berüchtigten Sitzung in dem bei Lampertheim gelegenen Boxheimer Hof im August 1931, auf der Maßnahmen für den Fall einer plötzlichen Machtübernahme durch die Nationalsozialisten im Reich erörtert wurden. Der Entwurf einer Bekanntmachung sah für diesen Fall vor, daß die SA die Staatsgewalt ausüben sollte, und bedrohte jeden Widerstand gegen ihre Anordnungen mit dem Tod.[130]

Im Verlauf der nächsten drei Monate stellte sich heraus, daß »Dr. Schäfer« etwas zu hoch gestapelt hatte. Als Listenplatzbewerber Nr. 16 der NSDAP gehörte er zunächst zu den 27 Abgeordneten, die am 15. November für die Partei in den hessischen Landtag gewählt waren, doch hatten seine Parteigenossen inzwischen erfahren, daß er wegen Wechselfälschung vorbestraft war und auch den Doktortitel zu Unrecht führte. Ferner hatte er fälschlicherweise vorgegeben, Parteigenossen vor Gericht vertreten zu können. Die Partei versuchte nun, sich von Schäfer zu trennen. »Der Gauleiter verabschiedete ihn vor der Öffentlichkeit auf französisch, indem er ihm seinen Dank aussprach für die bisherige Arbeit und bekannt gab, daß Schäfer wegen beruflicher Inanspruchnahme und wegen der Folgen eines Kriegsleidens sein Mandat nicht ausüben könne und die Parteiarbeit aufgebe.«[131] Wohl aus Rache über diese Abschiebung übergab Schäfer eine Abschrift der Boxheimer Dokumente dem Frankfurter Polizeipräsidenten, der sie sogleich an den preußischen Innenminister Severing (SPD) weiterleitete. Damit hatte der ehemalige Offenbacher Kreisleiter reichsweit eine heftige politische Diskussion ausgelöst. Vor allem die SPD-Zeitungen nahmen zu den durch die Boxheimer Dokumente enthüllten angeblichen Staatsstreichplänen der Nationalsozialisten engagiert Stellung und beschuldigten diese der Vorbereitung zum Hochverrat. In einer Rundfunkrede am 29. November versuchte der Reichswehr- und Reichsinnenminister Groener die verschreckten Bürger zu beruhigen, indem er versicherte, »die staatliche Macht steht fest und entschlossen«.[132] Ebenfalls im Rundfunk nahm einige Tage später Reichskanzler Brüning (Zentrum) zu den NS-Plänen entschieden Stellung:[133]

»*Die Machtmittel des Staates ... werden mit unerbittlicher Strenge – notfalls auch unter Verhängung des Ausnahmezustandes – gegen alle eingesetzt werden, die sich unterfangen würden, ... den verfassungsmäßigen Gewalten in den Arm zu fallen.*«

Eine Woche danach richtete Hitler, der für seine Partei den Schein der Legalität gewahrt wissen wollte, einen offenen Brief an den Kanzler, aus dem hervorging, daß sein Ziel die grundlegende Veränderung der Verfassung blieb:[134]

»*Herr Reichskanzler: Wenn die deutsche Nation die nationalsozialistische Bewegung einst legitimiert, eine andere Verfassung als die heutige einzuführen, dann können Sie es nicht verhindern.*«

Eine Verantwortung für die Boxheimer Pläne wies Hitler zurück, ergriff jedoch auch keine disziplinarischen Maßnahmen gegen die Pläneschmieder.[135] Schließlich verliefen sich die Wellen, die der von dem Offenbacher Kreisleiter geworfene Stein verursacht hatte. Eine Wirkung bestand allerdings darin, daß Gewerkschaften, »Reichsbanner« und SPD in ihrer Absicht, eine antifaschistische Abwehrfront, die »Eiserne Front«, zu gründen, bestärkt wurden.

Schäfer selbst gab als Grund für die Auslieferung der Boxheimer Dokumente politische Gründe an. Die SPD-Zeitung »Vorwärts« zitierte ihn: »Ich kann so etwas nicht mitmachen, das führt zu einem furchtbaren Blutbad, das dem deutschen Volke nicht hilft.«[136] Im Kreis Offenbach aber wurde ihm vorläufig der Boden zu heiß. Plakate der »Eisernen Front« nennen ihn als Redner bei ihren Kundgebungen in Schlesien im September 1932 und erwähnen, die Nationalsozialisten hätten ihn mit Waffengewalt beseitigen wollen und dabei schwer verletzt.

Nachfolger Schäfers als Kreisleiter des Kreises Offenbach wurde zunächst für kurze Zeit der Arbeiter Fritz Kern aus Darmstadt. Die Turbulenzen um Schäfer scheinen die NS-Partei in Stadt und Kreis doch ziemlich erschüttert zu haben. Nach Besprechungen, »in denen die Vorgänge geklärt wurden«, kam um die Jahreswende Dr. Robert Ley (der spätere Führer der Deutschen Arbeitsfront) nach Offenbach, um zu der »reorganisierten Bewegung« zu sprechen und den offensichtlich verunsicherten Parteigenossen neuen Mut zu machen.[137] Schon im Januar 1932 löste ein Parteigenosse namens Buttler aus Eberstadt Kreisleiter Kern wieder ab. In der Frankfurter Straße 62 in Offenbach richtete Buttler eine Kreisgeschäftsstelle der NSDAP ein. Er hielt noch einige Versammlungen ab, doch dann war seine Tätigkeit mit einem Knall beendet. Der NS-Parteihistoriker berichtet darüber ziemlich ungeschminkt:[138]

»Im Februar wohl erlebte dann die Bewegung in Offenbach den Einbruch mit Buttler, der sich selbst mit der Pistole anschoß, um so eine Versicherungssumme zu erschwindeln. Niemand hatte dies für möglich gehalten, und die Partei selbst glaubte erst fest an einen Überfall von KPD-Leuten und nahm entsprechend dazu Stellung. Nun hatte der Gegner die Lacher auf seiner Seite, und die Partei mußte wohl oder übel sehen, wie sie mit einer solchen Situation fertig wurde.
An Buttlers Stelle trat sehr schnell (23. März 1932) der in der SA Sprendlingens bewährte Georg Ott und der Kampf ging weiter. In der Luisenstraße, Ecke Bahnhofstraße, wurde eine neue Geschäftsstelle bezogen. Die Kassenführung und Geschäftsführung des Kreises lag in den ordentlichen Händen des Parteigenossen Heinrich K. ...«

Nach etwa einem halben Jahr mußten die Nationalsozialisten im Kreis Offenbach erneut feststellen, daß auch der neue Kreisleiter »den ihm gestellten Aufgaben nicht voll gewachsen war«, daß er Fehler machte, vernünftigem Zureden nicht zugänglich war und (als verheirateter Mann) »zu oft in der Gesellschaft der damaligen Kreisfrauenschaftsführerin Frl. K.« gesehen wurde.[139]

Im Spätsommer 1932 übernahm der Parteigenosse Heß die Leitung der NSDAP im Kreis Offenbach. Im Oktober bestimmte er Kurt Stein zu seinem Adjutanten, der später sein Nachfolger wurde.[140]

Christentum und Nationalsozialismus – ein grundsätzlicher Gegensatz

Eine Partei wie die NSDAP, die vorgab, alle Probleme des Menschen und der Welt lösen zu können, und die die Menschen für ihre Zwecke total beanspruchte, mußte früher oder später in Gegensatz zu den christlichen Kirchen geraten. Der christlichen Botschaft von dem sich erbarmenden Gott, der seinen Sohn für die Sünden der Menschheit am Kreuz sterben ließ, stellten die Nationalsozialisten eine ganz andere Lehre entgegen. Sie erklärten, die Welt von ihren Übeln heilen zu können. Ein der Gnade Gottes bedürftiger Mensch hatte in ihrer Ideologie keinen Platz. Sie wollten den »Herrenmenschen« schaffen, der nach der »Umwertung aller Werte« keinen Herren mehr über sich anerkannte, einen Kämpfer, der aus eigener Kraft seine Feinde unterwarf oder vernichtete. Keinesfalls durfte er, wie es christlichem Erbe entsprochen hätte, allen Menschen mit dem gleichen Wohlwollen entgegentreten, denn nach der dualistischen Weltsicht der Nationalsozialisten zerfielen die Menschen in zwei große Gruppen, die sich in unversöhnlicher Feindschaft gegenüber standen: auf der einen Seite die Arier als Kulturbringer und auf der anderen Seite die Juden und weitere minderwertige Rassen, denen die Schuld an allen Übeln der Welt zugeschrieben wurde und die deshalb bekämpft werden mußten. Wer zu den arischen Herrenmenschen gehörte, durfte keine andere Rückbindung kennen als die an die Volksgemeinschaft. Ihr war er in allen Dingen verpflichtet, sie zeigte ihm den Weg, den er in weltanschaulicher Hinsicht einzuschlagen hatte. Künder dieses neuen Evangeliums von Ariertum, Rasseneinheit und zu vernichtendem Untermenschentum war zuvorderst Alfred Rosenberg, der seine vermeintlichen Heilslehren als »Mythos des 20. Jahrhunderts« veröffentlichte. Anerkennend ernannte ihn Hitler später zum »Reichsleiter für weltanschauliche Schulung« innerhalb der NSDAP.

Die Christen hätten eigentlich schon frühzeitig erkennen müssen, daß diese Lehren um das Hakenkreuz nicht mit denen um das Kreuz von Golgatha zu vereinbaren waren. Allerdings verstanden es die Nationalsozialisten in geschickter Weise, viele Mitglieder der christlichen Kirchen zu täuschen, indem sie vorgaben, die Kirche vor den gefürchteten Kommunisten, dem gemeinsamen Feind beider, schützen zu können. Auch vertraten sie die Ansicht, die Gestaltung des innerkirchlichen Lebens gehe sie gar nichts an; sie verlangten aber, daß sich insbesondere die Katholische Kirche von ihrer politischen Vertretung, der Zentrumspartei, trenne. Manche verstiegen sich gar zu der Behauptung, der Nationalsozialismus stelle eine besondere Form christlicher Daseinsgestaltung dar. Und schließlich schien die NSDAP die Grundzüge christlicher Sittenlehre zu übernehmen, wenn sie in Punkt 24 ihres Parteiprogrammes ausdrücklich formulierte:

»Die Partei als solche vertritt den Standpunkt eines positiven Christentums, ohne sich konfessionell an ein bestimmtes Bekenntnis zu binden.«

Freilich, Christen, die das Bibelwort beherzigten, »an ihren Früchten sollt ihr sie erkennen«, und sich die Nationalsozialisten und ihre Taten genauer anschauten, konnten schon bald merken, daß die »Nazis« nicht unbedingt die Freunde der Kirchen und des Christentums waren.

Erste Konflikte mit der Katholischen Kirche

Während im Westen des Kreises Offenbach, in den Städten und Gemeinden des Dreieichgebietes ebenso wie in Dietzenbach, die Katholiken zu Anfang der dreißiger Jahre nur eine unbedeutende Minderheit darstellten, sah es im mittleren Kreisgebiet anders aus. Die Gemeinden dort waren – mit der Ausnahme von Dudenhofen – mehrheitlich katholisch und wiesen zugleich einen starken Anteil von Beschäftigten in Industrie und Gewerbe auf. Kirchlicher Einfluß war spürbar vorhanden, doch meist nicht dominierend. Politisch teilten sich Zentrum und Sozialdemokraten häufig die Macht im lokalen Bereich.

Im Osten des Kreises mit Seligenstadt als Mittelpunkt bestimmte kirchliches Leben oft recht nachhaltig die Gestaltung des Alltages in den Familien. Bei dem dort bestehenden »katholischen Milieu« besaßen Pfarrer und Kapläne vielfältige Möglichkeiten der Einflußnahme, waren katholische Verbände und Vereine aktiv, und das Zentrum nahm die Interessen der Katholiken politisch wahr. Der Katholizismus war in dieser Gegend keineswegs auf das Innere des Kirchenraumes beschränkt. Neben den üblichen Formen der äußeren Darstellung des Glaubens blühte besonders das Wallfahrtswesen. Tausende von Pilgern kamen alljährlich nach Seligenstadt, um die dort in der Basilika seit 828 ruhenden Gebeine der römischen Heiligen Petrus und Marcellinus zu verehren. Ein anderer beliebter Wallfahrtsort war die Liebfrauenheide im Wald bei Klein-Krotzenburg, die seit dem 18. Jahrhundert beträchtliche Pilgerscharen anzog und im Juli 1869 der Platz war, wo Bischof Ketteler seine berühmt gewordene aufrüttelnde Predigt über die »Arbeiterfrage und das Christentum« hielt.[141] Ein paar Kilometer weiter nördlich versammelte sich jedes Jahr eine ansehnliche Schar von Gläubigen, um die Heiligkreuzwallfahrt in Klein-Steinheim in altüberkommener Weise zu feiern. So hatte sich trotz Industrialisierung und damit verbundener Folgen katholisches Volksleben im Ostteil des Kreises lebendig erhalten. Hier sollten die Nationalsozialisten auf einen Katholizismus treffen, der noch in überlieferter Weise in den Herzen der Menschen verwurzelt war.

Die Katholische Kirche zu Anfang der dreißiger Jahre mit ihrem festen Lehrgebäude und ihrem streng hierarchischen Aufbau konnte in der Tat mit einem Felsen verglichen werden. Rom war zwar immer schon weit, doch Bischof Ludwig Maria Hugo von Mainz, zu dessen Diözese die beiden Dekanate im Kreis, Seligenstadt und Offenbach, gehörten,[142] war ein treuer Sachwalter des Papstes und der Weltkirche. Geschlossenheit der Lehre und ein jederzeit einsatzbereiter sowie gut vorbereiteter Klerus waren Stärken der Kirche; die Laien waren dagegen praktisch von allen Leitungsfunktionen ausgeschlossen. Wenn auch die Teilnahme am kirchlichen Leben, der Gottesdienstbesuch und der Sakramentenempfang ausgesprochen gut waren,[143] so zeigten sich doch auch Erscheinungen, die auf ein gewisses Abbröckeln hindeuteten. Manche geistigen und gesellschaftlichen Strömungen hatten Dogma und Glauben in Frage gestellt und Katholiken ihrer Kirche entfremdet. Ein Angriff auf die Katholische Kirche schien daher nicht ganz ohne Chancen zu sein. Gelang es, die Pfarrer auszuschalten und mit den Mitteln moderner Propaganda die gleichgültig Gewordenen anzusprechen, dann war eine Abfallbewegung nicht auszuschließen. Ein anderer möglicherweise erfolgversprechender Weg war es, die Glaubwürdigkeit der Geistlichen zu erschüttern und damit die Herde hirtenlos zu machen. Die Nationalsozialisten sahen und ergriffen beide Möglichkeiten.

Seit dem Jahre 1930 kündigten sich die kommenden weltanschaulichen Auseinandersetzungen an. Die vorgesetzte kirchliche Behörde in Mainz, das bischöfliche Ordinariat, äußerte sich in mehreren Stellungnahmen zur Ideologie der NSDAP. Damit ging es den anderen Bistümern in Deutschland voran. Der Mainzer Bischof und vor allem sein Generalvikar hatten sich ausgiebig mit den Schriften der Nationalsozialisten beschäftigt. Sie waren zu der eindeutigen Erkenntnis gekommen, daß katholischer Glaube und Nationalsozialismus unvereinbar seien. Diese ihre Meinung hatten sie freimütig in mehreren Presseartikeln und in Briefwechseln mit grundsätzlichem Inhalt dargestellt. Die geistlichen Herren in Mainz kamen zu dem Schluß, daß es einem Katholiken nicht gestattet sein könne, eingeschriebenes Mitglied der Hitler-Partei zu werden. Als solches könne er zu den Sakramenten nicht zugelassen werden. Der Generalvikar beurteilte die NS-Lehre auf folgende Weise:[144)]

»Wir Katholiken sind helle genug, um zu merken, was die nationalsozialistische Bewegung ist, nämlich eine entsetzliche religiöse Verirrung und eine Beleidigung des echten Christentums. Wir sind uns darüber klar, daß der Nationalsozialismus, wenn er erst einmal zur Herrschaft gelangen würde, aus seiner ganzen Einstellung heraus der katholischen Kirche den offenen Kampf ansagen müßte.«

Ganz genau wollte es 1930 die in der Kreisstadt ansässige Pressestelle des Gaues Hessen der NSDAP wissen, wie es die Kirche mit der neuen NS-Lehre hielte. Als Veranlassung für einen Briefwechsel diente den NS-Leuten eine ihnen bekannt gewordene Predigt eines Pfarrers, in der dieser den Nationalsozialismus verurteilt hatte. Deshalb wandten sie sich mit einer Art Beschwerde an das Bischöfliche Ordinariat in Mainz, wo sie sich jedoch eine Abfuhr einholten. Das ausführliche Antwortschreiben der kirchlichen Behörde schloß nämlich mit einer klaren Frage und einer ebenso eindeutigen Antwort:[145)]

»Kann ein Katholik, der sich zu den Grundsätzen dieser Partei bekennt, zu den hl. Sakramenten zugelassen werden? Wir müssen dies verneinen.«

Die Nationalsozialisten nahmen den Fehdehandschuh auf und reagierten gereizt und wütend. In ihren Presseorganen wimmelte es von Verdächtigungen, Unterstellungen und Verleumdungen. So behaupteten sie, der Mainzer Generalvikar sei ein Jude, in Mainz würden offen päpstliche Anweisungen mißachtet, die kirchliche Behörde stelle sich gegen die »nationale Erneuerung«. Das Mainzer Ordinariat aber beharrte auf seiner harten Linie gegenüber der NSDAP. Durch diese Auseinandersetzungen mußte jeder Pfarrer und auch der einigermaßen kirchlich interessierte Laie darüber informiert sein, was ihn bei einer Machtübernahme der Nationalsozialisten erwartete. Recht drastisch war die Stellungnahme der Mainzer Bistumszeitung, des »Martinus-Blattes«, zu den Nationalsozialisten in der Ausgabe vom 29. Januar 1933, also am Tag vor Hitlers Machtübernahme:

»Hören wir durch die Blechmusik der schwarzweißroten und hakenkreuzschwingenden Rattenfänger endlich den Fanfarenstoß: Gegen Rom! Gegen die katholische Kirche! Gegen den Papst! Gegen den Klerus! und im allerletzten Grunde gegen Gott und den Gekreuzigten!«

Auf der lokalen Ebene kam es ebenfalls schon vor 1933 zu den ersten Zusammenstößen von Geistlichen mit den Nationalsozialisten. Der Pfarrer von Heusenstamm trat 1931 in einer NS-Versammlung, die sich mit dem Verhältnis der NSDAP zum Christentum beschäftigte, als Diskussionsredner auf. Ein Freund der neuen Richtung war er gewiß nicht. Im Sommer 1932 griff ihn die NS-Presse wegen seiner Äußerung an, er könne die Frauen nicht begreifen, welche die Sakramente empfingen und Hitler wählten. Die »Offenbacher Nachrichten« gaben ihm den Rat, sich um die »schwarzen Kommunisten« zu kümmern und sich aus den Niederungen der Parteipolitik herauszuhalten.[146] Ähnliches trug sich in Mühlheim zu. Dort hatte der Pfarrer an die Warnungen der Bischöfe vor dem Nationalsozialismus erinnert. Die NS-Leute erblickten darin einen Mißbrauch des geistlichen Gewandes.[147] Ausgesprochen aggressiv führten sich die Nationalsozialisten in Seligenstadt auf. Sie beschmierten dort das Portal der Basilika mit dem Spruch: »Nicht Christi Kreuz, sondern Hakenkreuz.«[148] Mit der anwachsenden Flut des Nationalsozialismus beschäftigte sich offensichtlich eine Bezirkskonferenz aller katholischen Organisationen in den Dekanaten Offenbach und Seligenstadt im Oktober 1932 in Klein-Steinheim. Die Tagung stand unter der Leitung des bei den Katholiken des Kreises als Seelorger, Religionslehrer und Gesellenpräses äußerst beliebten Professors Eduard Zinsser, der acht Monate später am 11. Juni 1933 nach heftigen Auseinandersetzungen mit den Nationalsozialisten auf dem Deutschen Kolpingstag in München plötzlich verstarb.[149]

Protestanten und Nationalsozialisten

Im Vergleich zur Katholischen Kirche befand sich die Evangelische Kirche in den zwanziger Jahren in einer schwierigen Lage. Die alte Verbindung von Thron und Altar war durch die Absetzung der deutschen Fürsten 1918 zerbrochen. Nach dem Wegfall der obrigkeitlichen Stützen mußte man vielerorts feststellen, daß kirchliches Leben und Gottesdienstbesuch zu wünschen übrig ließen, Gemeindemitglieder sich von ihrer Kirche abwandten. Die evangelischen Kirchenführer lasteten diesen Prozeß der Entchristlichung weitgehend dem neuen republikanischen Staat an, obwohl er eigentlich schon vor Jahrzehnten eingesetzt hatte. Nach ihrer Meinung hatten Sozialdemokraten und Zentrumsleute in der Republik, die sich weltanschaulich neutral gab, viel zu viel zu sagen; auch verwies niemand die atheistischen Kommunisten in ihre Schranken. Eine politische Bewegung, die sowohl Kommunisten, Sozialdemokraten wie Zentrum bekämpfte, und überdies versprach, die mit der Niederlage von 1918 empfundene Schmach zu tilgen, konnte daher mit Sympathien bei Protestanten rechnen. Solche Erwägungen konnten unter Umständen stärker sein als der Gegensatz zu der im Grunde unchristlichen NS-Bewegung.[150]

Die rund 88 000 evangelischen Christen (1933) lebten überwiegend in der

Kreisstadt (ca. 42 000) und im westlichen Kreisgebiet. Es gab damals noch Gemeinden im Kreis, wo Katholiken eine verschwindende Minderheit bildeten. Dies war beispielsweise in Dudenhofen und Götzenhain mit einem Anteil von nur 2 Prozent und in Egelsbach mit 3,6 Prozent der Fall. In solchen Gemeinden war der Protestantismus noch stark verwurzelt, doch konnte von einem »protestantischen Milieu« keine Rede mehr sein, denn die Kirche hatte in der Arbeiterbewegung einen Rivalen gefunden, der vielen Gemeindemitgliedern eine plausiblere Lösung ihrer Lebensfragen anbot, als es die Pfarrer vermochten. Diese Situation bot dem Nationalsozialismus eine Einfallspforte in die Reihen des evangelischen Kirchenvolkes, wenn er von einer Erneuerung der kirchlichen Verhältnisse sprach.

Trotz des im Kern vorhandenen Gegensatzes zwischen Evangelischer Kirche und Nationalsozialismus gab es zwischen beiden auch die erwähnten Berührungspunkte. Vor 1933 fehlte es jedoch im Kreis Offenbach an gemeinsamen Aktionen oder Erklärungen, die auf ein Bündnis hindeuten könnten. Im Gegenteil, als 1932 in Dreieichenhain ein auswärtiger Pfarrer auf einer Wahlkundgebung für die NSDAP als Redner auftrat, stellte sich ihm in der Aussprache der evangelische Ortspfarrer, der sich zur SPD bekannte, mit aller Schärfe entgegen.[151] Erhalten ist ferner ein Schreiben des Sprendlinger Pfarrers Petri vom Januar 1932 an die NSDAP, in dem er die von dieser beantragte Benutzung des Gemeindehauses verweigerte. Zwar hätte er gerne das Geld aus der Vermietung eingenommen, doch meinte er, die Kirche müsse im Streit der Parteien die allerstrengste Neutralität beachten; selbst dem Evangelischen Volksdienst, der als Partei der Kirche bedeutend näher stehe als die NSDAP, sei das Gemeindehaus nicht überlassen worden.[152] In Dudenhofen hatten Unbekannte im April 1932 die Kirche, die Pfarrhaustür und eine Mauer mit Hakenkreuzen bemalt. Kommunisten und Nationalsozialisten beschuldigten sich gegenseitig der Tat; die Pfarrersfrau aber erklärte treuherzig, die NS-Leute könnten sie nicht begangen haben, denn sie seien anständige Menschen.[153] Dem Bieberer Pfarrer Gebhardt warfen die Sozialdemokraten im Sommer 1932 vor, er mache sich in versteckter Form zum Werkzeug der NS-Bewegung; die Folgen seines Tuns schrien zum Himmel. Anlaß zu diesem Vorwurf waren Äußerungen des Pfarrers, der es beklagte, daß Gottesleugner – womit er SPD-Leute meinte – wichtige und führende Stellen im Staat besetzten.[154]

Das Jahr 1932:
Notverordnungen, Wahlen, Streit, Streik

Mit fast sechs Millionen Arbeitslosen im Reich ging man in das Jahr 1932. Ein erheblicher Teil des Volkes lebte am Rand des Existenzminimums. Hoffnungslosigkeit und Verzweiflung machten sich breit. Verständlich, daß viele sich an die Parolen der Radikalen wie an den vermeintlich rettenden Strohhalm klammerten. Nicht mehr nüchterne Überlegung sondern stimmungsbedingte Gefühlswallungen gaben den Ausschlag für politische Entscheidungen. Die aber wurden den Bürgern des Volksstaates Hessen im Jahre 1932 gleich fünfmal abverlangt: am 13. März bei der Wahl des Reichspräsidenten, am 10. April bei dem notwendig gewordenen Wahlgang in der gleichen Sache, am 19. Juni bei der Landtagswahl, am 31. Juli und 6. November bei Reichstagswahlen.

Das bedeutete, daß man aus dem Wahlkampf praktisch überhaupt nicht mehr heraus kam und die Bevölkerung das ganze Jahr über in einem Zustand politischer Hochspannung lebte. Politik war Tagesgespräch. Hart prallten die Meinungen aufeinander. Auch die vorher politisch Uninteressierten und Unentschlossenen wurden erfaßt. Bei vielen, die die wirtschaftlichen und politischen Zusammenhänge nicht recht durchschauten, setzte sich die Meinung durch, es genüge, die Partei der radikalsten Forderungen und der großzügigsten Versprechungen zu wählen, um die Not des Landes zu beheben. »Es muß anders werden!« hieß ihre Losung; die Partei Hitlers oder Thälmanns war die Partei ihrer Wahl. Kundgebungen und Aufmärsche politischer Parteien oder ihrer »Gliederungen« waren an der Tagesordnung, Zusammenstöße auf den Straßen und in den Sälen nicht selten. Sonst friedfertige und ruhige Bürger entzündeten sich an den Äußerungen Andersdenkender und gerieten in hitzige Diskussionen. Niemand konnte sich dem politischen Fieber entziehen, das das gesamte deutsche Volk befallen zu haben schien.

Die Extremisten von links und rechts nutzten die Ängste der Menschen auf ihre Art. Sie vermehrten diese, indem sie dem radikalen Gegner unterstellten, er wolle putschen, er bereite den Staatsstreich vor und er wolle die Macht an sich reißen. Insbesondere die Nationalsozialisten beuteten die Hilflosigkeit und die Befürchtungen vieler Menschen gründlichst aus. Aus der behaupteten Unfähigkeit der staatlichen Organe, der verworrenen Situation Herr zu werden und die Bürger wirkungsvoll vor den vermeintlichen Anschlägen der Kommunisten zu schützen, leiteten sie die Notwendigkeit ab, selbst als Retter der Gesellschaft aufzutreten und mit harter Faust die Umtriebe der Gegner zu unterdrücken. Damit hatten sie sich nach ihrer Meinung die Rechtfertigung verschafft, ihre Wehrverbände als Hüter von Recht und Ordnung einzusetzen.

Das Spiel mit dem Feuer des Bürgerkrieges betrieben nicht allein die Nationalsozialisten. Die Kommunisten beschuldigten die Sozialdemokraten, auch sie hetzten zum Bürgerkrieg. In Flugblättern verbreitete die KPD die Kunde, die Sozialdemokraten wollten gegen die Geschäftsleute und die Bauern vorgehen. Die SPD wies die Behauptungen zurück und zieh ihrerseits die Verbreiter der unwahren Nachrichten der Vorbereitungen für den Krieg der Bürger gegen die Bürger.[155] Ergebnis der gegenseitigen Verdächtigungen, den Umsturz zu planen und die kämpferische Auseinandersetzung vorzubereiten, war, daß schließlich Privatarmeen durch das Kreisgebiet zogen, die einander wachsam und mißtrauisch beobachteten. Bei der feindseligen Gesinnung, welche die Rivalen gegeneinander hegten, konnten Zwischenfälle nicht ausbleiben.

Die Zeitungen des Jahres 1932 sind voll mit Berichten über Zusammenstöße, Überfälle, Saalschlachten und Schmähungen politischer Gruppen.[156] Im folgenden kann nur versucht werden, durch eine kleine Auswahl solcher Meldungen einen ungefähren Eindruck von der Situation im Kreis zu jener Zeit zu vermitteln:

Zu einer üblen Schlägerei zwischen Leuten verschiedener politischer Meinung kam es Ende Januar 1932 in Seligenstadt im Saal »Zum Riesen«, wo die Nationalsozialisten eine öffentliche Versammlung abhielten. Nach ihrem Redner sprachen zur Diskussion ein Sozialdemokrat, ein Kommunist und ein Vertreter des Handwerkes. Dabei attackierten sie die NSDAP sehr heftig. Als die politischen Gegner gegen Ende der Versammlung den Saal verließen, warf ein SA-Mann eine Wasserflasche in die Menge. Das war der Beginn einer erbitterten Prügelei. Aus Offenbach kam das Überfallkommando der Polizei angerast. Erst nach Mitternacht war die Ruhe wieder hergestellt.[157] Zwei Tage später setzte sich die Keilerei vor dem Seligenstädter Arbeitsamt fort. Dort standen Erwerbslose herum, die ihre Unterstützung abholen wollten. Ein arbeitsloser Nationalsozialist gesellte sich zu ihnen. Die überwiegend linksorientierten Unterstützungsempfänger erkannten in ihm einen der Schläger der vorausgegangenen Saalschlacht und verpaßten ihm eine Tracht Prügel.[158]

Ein anderes Kennzeichen der angespannten Lage war es, daß die Menschen die Entscheidungen der Behörden nicht mehr akzeptierten. Jeder glaubte, seine Not sei so groß, daß er sich Sonderrechte herausnehmen dürfe. Wenn es ihm schlecht ging, dann war dies die Schuld des Bürgermeisters und der Gemeindevertretung. Also mußte man diese unter Druck setzen, eine andere Politik zu betreiben. So kam es immer wieder zu Zusammenrottungen vor den Rathäusern und zu Aufläufen. Sollten die Bürger Leistungen für ihre Gemeinden erbringen, dann sahen sie darin vielfach ungebührliche Anforderungen, denen sie sich häu-

ERWERBSLOSE BEI NOTSTANDSARBEITEN IN NEU-ISENBURG

fig widersetzten. Die Autorität der gemeindlichen Organe ging dabei langsam aber sicher verloren.

Schon im Januar 1932 war gegen einen Mühlheimer Kommunisten wegen Nötigung des sozialdemokratischen Bürgermeisters Anklage erhoben worden. Außerdem sollte er Erwerbslose daran gehindert haben, die Pflichtarbeit (in Mühlheim war ein Tag Pflichtarbeit im Monat für die Erwerbslosen vorgeschrieben) zu leisten, und Plakate aufgehängt haben, welche die Arbeitslosen zur Verweigerung der Pflichtarbeiten aufforderten.[159] In Dietzenbach und in fünf weiteren Orten, die von der Westgruppe der Wasserwerke versorgt wurden, riefen die Kommunisten dazu auf, fortan kein Wassergeld mehr zu zahlen. Ähnlich verhielten sich auch ihre Klein-Auheimer Genossen, die dazu aufforderten, für die Inanspruchnahme von elektrischem Strom kein Entgelt mehr zu zahlen. Beide Aufrufe zeigten bei der Bevölkerung keine Wirkung.[160] Im Dezember forderten die Kommunisten in Klein-Krotzenburg die Holzfäller zu einem Streik auf, um, wie sie sagten, dem Bürgermeister eine Lektion zu erteilen.[161]

Bei allen Auseinandersetzungen, an denen Nationalsozialisten beteiligt waren, gebärdeten sich diese so, als seien sie die Angegriffenen. Schritten die staatlichen Organe nicht zu ihren Gunsten ein, so drohten sie, eigenmächtig für Recht und Ordnung zu sorgen. Dies zeigte sich im Juni nach einem Vorfall in Neu-Isenburg. Dort war bei einem echten oder auch nur behaupteten Angriff ein SA-Mann durch Dolchstiche schwer verwundet worden. Die Leser der »Offenbacher Nachrichten« konnten daraufhin folgende Ankündigung zur Kenntnis nehmen:[162]

»Wenn die Polizei nicht in der Lage ist, das Leben und die Gesundheit der nationalsozialistischen Einwohner zu schützen, so werden wir vom gesetzlichen Recht der Notwehr Gebrauch machen... Wir sind stark genug, um diesem ungesetzlichen gemeingefährlichen Treiben dieser lichtscheuen Elemente mit einem Schlage ein Ende zu bereiten.«

Auch maßten sich die NS-Leute gerne die Rolle der staatlichen Behörden an. In Sprendlingen waren angeblich Steine aus dem Haus eines SPD-Landtagsabgeordneten gegen eine NS-Kolonne geworfen worden. Zusammen mit der Polizei durchsuchten SA-Leute das Haus. Der Abgeordnete war aber nicht anwesend, so daß sich der Verdacht als unbegründet erwies.[163]

Die Anmaßung der Nationalsozialisten war im Sommer 1932 so weit fortgeschritten, daß sie sich als Staat im Staate darstellten. Neben der genauen Beobachtung der politischen Aktivitäten ihrer Gegner beschäftigten sie sich auch mit allgemeinen Ordnungsaufgaben. Sie verstanden sich als die berufenen Flurhüter, die in den Kommunisten Diebe und Feldfrevler erblickten. Aufschlußreich für das Geschehen ist ein Wochenbericht der Sprendlinger SA vom September 1932:[164]

»In letzter Zeit häufen sich in Sprendlingen Diebstähle. Es werden hauptsächlich alle möglichen Lebensmittel gestohlen, sogar eine Kuh wurde gemolken. Gelegentlich des schweren Gewitters und furchtbaren Regens in der Nacht vom letzten Samstag auf

Sonntag war es besonders unruhig, was von verschiedenen Seiten beobachtet wurde. Wenn jemand bei einem derartigen Wetter sich nachts auf der Straße herumtreibt, wie dies besonders in der Gewitternacht der Fall war, dann kann derselbe bestimmt nichts Gutes vorhaben. Wir vermuten, daß es sich um gewisse politische Kreise handelt, die einmal das Klauen nicht lassen können, und zwar vermuten wir, daß es Leute der KPD sind, die ja vor einiger Zeit in eigener Versammlung dazu aufgefordert worden sein sollen, billig einzukaufen. Im allgemeinen ist es in Sprendlingen augenblicklich sehr ruhig. Des weiteren möchte ich darauf hinweisen, daß die SPD in Sprendlingen am Donnerstag Abend ... eine öffentliche Versammlung in der Sporthalle abhält. Thema: Die politische Lage im Reich.

Dienstag, den 30. August 1932 abends sammelten sich die hiesigen Antifa hinter der Mainstraße in den Wiesen. Unter der Führung von J. R. gingen dieselben in Richtung Breitensee, Gärtnerei Reiser nach Buchschlag zu in ungefährer Stärke von 50 Mann.
Das Reichsbanner hat ebenfalls am Dienstag Abend in Alarmbereitschaft gelegen mit der bekannten Parole:
"Die Nazi wollen den Konsum stürmen."

Buchschlag: berichtet zu dem vorstehenden Fall, daß am Dienstag die Kommunisten unter Führung von J. R. auch in Buchschlag beobachtet wurden. Sie hielten eine Nachtübung ab, die sich durch ganz Buchschlag und den umgebenden Wald hinzog. Nachher besetzten sie nach allen Regeln der Kriegskunst Buchschlag. Alle Straßenecken waren mit Doppelposten besetzt und Radfahrer patrouillierten.

Dreieichenhain berichtet wie folgt: KPD klebte in der Nacht vom 25. auf 26. Plakate mit der Aufforderung zum Streik.

Götzenhain: Von hier liegt kein Bericht vor. Es war aber ruhig in Götzenhain in obiger Berichtswoche.«

Ein weiterer Wochenbericht der Sprendlinger SA aus dem Oktober 1932 zeigt anschaulich, wie weit das Spiel mit dem Bürgerkrieg gediehen war. Gerüchte schwirrten, und jeder erwartete vom politischen Gegner den entscheidenden Angriff:[165]

»Heute morgen 11 Uhr meldete mir SA-Kamerad F., daß ein Trupp von ca. 18 Mann Reichsbanner-Leute in Buchschlag patrouillierten. Ich habe mich zuerst davon überzeugt und festgestellt, daß am Bahnübergang nach Neu-Isenburg (Posten 9) ca. 300 Mann Reichsbanner eine Geländeübung vornahmen. An

der Übung nahmen teil ca. 100 Mann Reichsbanner von Langen, ca. 100 Mann Reichsbanner von Neu-Isenburg und ca. 100 Mann Reichsbanner von Sprendlingen. Nach Feststellung dieser Tatsache nahm ich einen Ernstfall an und alarmierte die SA Buchschlag. Der Alarm erfolgte um 11 Uhr 35 ...
Meldung eingegangen 1 Uhr 35 – Soeben teilt mir SA-Mann G. die Motorradnummer eines Patrouillenfahrers, welcher im Wald stand, mit. Dieselbe ist: VS 17819.«

In Mühlheim ging am 6. August 1932 nachts eine selbstgebastelte Bombe los. Sie detonierte am Fenster der Nebenstelle des Offenbacher Arbeitsamtes. Das Zimmer, in dem man den Arbeitslosen ihre Unterstützung ausbezahlte, wurde total verwüstet. Nationalsozialisten und Kommunisten bezichtigten sich gegenseitig des Anschlags. Vier Tage später nahm die Polizei sieben Anhänger der KPD fest, die an der Tat beteiligt gewesen sein sollten. Die Arretierten wurden verhört, doch ergaben sich keine eindeutigen Hinweise für ihre Täterschaft.[166]

In Sprendlingen gingen einem führenden Nationalsozialisten die Nerven durch. Der Mann war Bäckermeister und betrieb zugleich einen Kolonialwarenladen. Wahrscheinlich mitbedingt durch seine vielen Aktivitäten für die NSDAP war er zahlungsunfähig geworden. In seiner Wut und Erregung stürmte er mit geladenem Gewehr in das Sprendlinger Rathaus. Dort gewährte man ihm eine finanzielle Hilfe.[167] In Bürgel sah sich die Kriminalpolizei im Spätherbst 1932 veranlaßt, bei Nationalsozialisten Hausdurchsuchungen vorzunehmen. Die Beamten fanden Schußwaffen und Munition; alles deutete darauf hin, daß die Betreffenden einen umfangreichen illegalen Waffenhandel in der Gegend betrieben hatten.[168]

Selbst Jugendliche und Kinder zog man in die erbitterten politischen Auseinandersetzungen hinein. In Sprendlingen rissen Kommunisten einen Aushängekasten der Kinderfreunde innerhalb der SAJ herab und demolierten ihn.[169] In Langen sollen Angehörige der »Eisernen Front« die Mitglieder einer Jungmädelgruppe der NSDAP am Betreten eines Versammlungsraumes gehindert und verprügelt haben.[170] Wenig freundlich war das Singen einer HJ-Gruppe in einer Gastwirtschaft in Dudenhofen. Sie ließ in Abwandlung eines NS-Liedes die Anwesenden hören, »die Rote Front schlagen wir zu Brei«, und einem in der Nähe lebenden Juden galten die Rufe »Juda verrecke, Juden raus!«[171] Im November 1932 zogen Offenbacher Hitler-Jungen nach Mühlheim und rissen dort Transparente der SPD ab.[172]

Problematisch wurden allenthalben die Sitzungen der Gemeindevertretungen. Zwischenrufe aus dem Publikum sorgten stets für Unruhe. Wüste Schreiereien waren keine Seltenheit, Zusammenrottungen vor den Tagungsgebäuden waren nicht außergewöhnlich. Der Polizeischutz bei Sitzungen der örtlichen Vertretungen war zur Regel geworden. Schon im Herbst 1931 ereigneten sich derartige Fälle in Dietzenbach. Ein Teil der Gemeinderatsmitglieder verließ die Sitzung, weil die Zwischenrufe die sachgemäße Behandlung von Anträgen verhinderten.[173] In Langen kam es im August 1932 zu stürmischen Szenen bei einer Sitzung des Gemeinderates. Vor dem Rathaus begann die Menge mit Ausschreitungen; rund 500 Menschen hatten sich versammelt. Die herbeigerufene Polizei mußte die Straße räumen.[174] Im November 1932 forderten in Klein-Krotzenburg Kommunisten die Erwerbslosen, die Wohlfahrtsempfänger und die Rentner auf, das Rathaus zu stürmen. Sie sollten die SPD-Vertreter aus dem Gebäude jagen, denn diese seien schuld am Unglück der Aufgerufenen. Allein, der Appell war vergebens, es erschien niemand, um sich an dem Unternehmen zu beteiligen.[175] In Dietzenbach hatten sich schließlich im Januar 1933 die finanziellen Verhältnisse so zugespitzt, daß die Gemeinde die ohnehin niedrigen Sätze der Wohlfahrtsunterstützung nicht mehr voll auszahlen konnte. Unter den Betroffenen herrschte deshalb heftige Erregung, die zu Auseinandersetzungen verschiedener Art führte.[176]

Reichspräsidentenwahlen im Frühjahr 1932: *»Schlagt Hitler, wählt Hindenburg!«*

Nach Artikel 41 der Weimarer Verfassung wurde der Reichspräsident vom ganzen deutschen Volke gewählt. Wählbar war jeder Deutsche, der das 35. Lebensjahr vollendet hatte. Als im Frühjahr 1932 die Amtszeit des 1925 gewählten Reichspräsidenten Paul v. Hindenburg ablief, wollte Kanzler Brüning zunächst durch ein verfassungsänderndes Gesetz die Amtszeit des Staatsoberhauptes um zwei Jahre verlängern lassen. Dafür hätte er im Reichstag allerdings die Zustimmung der NSDAP gebraucht, da für einen solchen Beschluß eine Zweidrittel-Mehrheit erforderlich war. Nach manchem Hin und Her verweigerte jedoch Hitler die Zustimmung, und der 84-jährige Hindenburg fand sich schließlich »auf der Grundlage vollkommener Überparteilichkeit« zu einer erneuten Kandidatur bereit.[177] Gegen ihn stellten die Kommunisten Ernst Thälmann und die Deutschnationalen Theodor Duesterberg vom »Stahlhelmbund« als Kandidaten auf. Knapp drei Wochen vor dem Wahltag ließ auch Hitler seine Kandidatur erklären. Zuvor mußte er als österreichischer Staatsbürger noch die deutsche Staatsangehörigkeit erwerben. Sie wurde ihm am 26. Februar durch die braunschweigische Regierung, in der bereits die NSDAP saß, durch Ernennung zum Regierungsrat verliehen.

Die Entscheidung am Wahlsonntag, 13. März, lag praktisch nur zwischen Hindenburg und Hitler. Gegenüber der Reichspräsidentenwahl von 1925 hatten sich für Hindenburg die Fronten allerdings grundlegend verschoben: War er damals der Kandidat der nationalen Rechten, so genoß er jetzt die Unterstützung der republikanisch-demokratischen Parteien. »Schlagt Hitler, wählt Hindenburg!« propagierten SPD und Zentrum gemeinsam die Wiederwahl des ehemaligen kaiserlichen Generalfeldmarschalls, denn allein in der Person des konservativen, nur bedingt demokratisch denkenden Staatsoberhauptes sahen sie eine aussichtsreiche Alternative gegen den »Trommler« Hitler, der nun versuchte, unter Einsatz aller propagandistischen Mittel mit dem Griff nach dem höchsten Staatsamt die Macht im Staat an sich zu reißen.

KPD-PROPAGANDA
Gaststätte »Zur Luthereiche« am Lutherplatz in Langen mit kommunistischer Wahlwerbung (1932)

Nicht immer fanden die von der NS-Führung ausgegebenen Parolen bei den Gefolgsleuten die gewünschte Resonanz. Der Aufforderung, einige Tage vor der Wahl an Häusern und Wohnungen die Hakenkreuzfahne als Zeichen für eine Unterstützung der Kandidatur Hitlers zu hissen, kamen zur Schadenfreude der politischen Gegner in ganz Neu-Isenburg nur 15 dortige NS-Anhänger nach.[178] Wie entschieden sich die Sozialdemokraten trotz mancher früherer Vorbehalte jetzt für die Wiederwahl Hindenburgs einsetzten, macht der Bericht über die Kundgebung mit Carlo Mierendorf in Neu-Isenburg Anfang März 1932 deutlich:[179]

»Der erstmalige Aufmarsch der Eisernen Front gestaltete sich zu einem wichtigen Erlebnis aller freiheitlich gesinnten Männer und Frauen Neu-Isenburgs. Der Schudt'sche Saal war überfüllt, als der Vorsitzende der Kampfleitung die Kundgebung eröffnete. Lebhafte Zustimmung fand die Parole, am 13. März Hindenburg zu wählen, um Hitler zu schlagen...
Unbarmherzig zeigte er (Mierendorf) die ganze Hohlheit der nationalsozialistischen Führer auf, die ... die Gemeinheit besäßen, Millionen deutscher Frontkämpfer als Deserteure zu beschimpfen.«

Natürlich ließ sich Mierendorf die Gelegenheit nicht entgehen, auch auf das Versagen der örtlichen NS-Führer hinzuweisen, für deren »Erbärmlichkeit« er den erst wenige Tage zurückliegenden Fall des Kreisleiters Buttler als Beweis anführen konnte.

Mit 49,6 Pozent der Stimmen im Reich ließ Hindenburg sein Rivalen Hitler, der auf 30,1 Prozent kam, weit hinter sich (Thälmann 13,2 %, Duesterberg 6,8 %), verfehlte aber knapp die im ersten Wahlgang erforderliche absolute Mehrheit, so daß am 10. April erneut gewählt werden mußte. Dieses Mal erreichte Hindenburg 53 Prozent, während Hitler auf 36,8 und Thälmann auf 10,2 Prozent kamen; Duesterberg kandidierte nicht mehr.

Im Vergleich zu diesem Ergebnis im Reich schnitt Hindenburg im Kreis Offenbach noch weit besser ab. Hier gaben ihm im zweiten Wahlgang sogar 61,5 Prozent der Wähler ihre Stimme, wogegen Hitler nur 23, und Thälmann 15,5 Prozent verbuchten. Wie in alten Zeiten bei den Reichstagswahlen der achtziger und neunziger Jahre des vorigen Jahrhunderts hatte der gemeinsame Kandidat von Zentrum und SPD eine eindrucksvolle Mehrheit gewinnen können. In einzelnen Gemeinden des Kreises zeigte es sich, daß Hitler dort kaum Anhänger besaß. So wollten in Lämmerspiel nur 29 Wähler ihn als Staatoberhaupt haben, während 625 für Hindenburg votierten.

Landtagswahl am 19. Juni 1932:
Hitler, Goebbels und Ley im Kreis Offenbach

Da die Landtagswahl vom 15. November 1931 vom Staatsgerichtshof für ungültig erklärt worden war, wurde für den 19. Juni 1932 die Neuwahl angesetzt. Im Volksstaat Hessen ging dadurch der Wahlkampf der Reichspräsidentenwahlen in den Landtagswahlkampf ohne Unterbrechung über. Auch in mehreren anderen deutschen Ländern wählte man in jenen Wochen an verschiedenen Terminen, unter anderem in Preußen, Bayern und Württemberg. Überall konnte die NSDAP Erfolge erzielen, wenn ihr auch in den großen Ländern ein entscheidender Einbruch in die Wählerschichten von SPD, Zentrum und Bayerischer Volkspartei nicht gelang. Dagegen erreichte sie Ende Mai bzw. Anfang Juni bei den Wahlen in Oldenburg und Mecklenburg-Schwerin die absolute Mehrheit in den Landesparlamenten. Dieses Ergebnis veranlaßte Hitlers Anhänger, den hessischen Wahlkampf mit der größten Intensität zu führen. Allein zwischen dem 8. und dem 18. Juni hielt die NSDAP im Kreis Offenbach nicht weniger als 29 Kundgebungen ab.[179a)] Besonderen Auftrieb gab der NS-Partei die politische Entwicklung im Reich: Zwar hatte auf Veranlassung Brünings Reichspräsident v. Hindenburg am 13. April eine Verordnung unterzeichnet, nach der »sämtliche militärähnlichen Organisationen« der NSDAP (SA, SS, NSKK u. a.) für aufgelöst erklärt wurden, doch sah sich Kanzler Brüning Ende Mai zur Freude seiner Widersacher genötigt, seinen Rücktritt einzureichen, da er die von Hindenburg gewünschte Erweiterung des Kabinetts nach rechts nicht vollziehen wollte. Sein Nachfolger wurde der ehemalige Zentrumsabgeordnete Franz v. Papen, der am 14. Juni das SA- und SS-Verbot wieder aufhob. Hindenburg hatte nicht verstehen wollen, daß die »militärähnlichen Organisationen« der NSDAP verboten waren, während die gleichfalls uniformierten Kampfverbände der Republikaner wie »Reichsbanner« und »Eiserne Front« weiter bestehen durften.[180)] Noch vor der

Landtagswahl marschierten daher die braunen Formationen der SA wieder durch Hessen.

Hitler und seine Führungsriege stürzten sich in den hessischen Wahlkampf. Zum ersten und einzigen Mal kam der »Führer« in den Kreis Offenbach, wo er am Abend des 16. Juni auf dem Platz des »Sportvereins 1902« auf dem Bieberer Berg (heute Trainingsgelände des OFC »Kickers«) zu der bei einer Landtagswahlkundgebung geradezu sagenhaften Zahl von etwa 20 000 Zuhörern sprach. Von großen Störungen oder Zwischenfällen wußte die bürgerliche »Offenbacher Zeitung«, in ihrem Bericht nichts zu melden, doch soll – der mündlichen Überlieferung zufolge – der aus Darmstadt eingetroffene Hitler, der dort wie in Alzey, Worms und Mainz ebenfalls auf Wahlversammlungen gesprochen hatte, im roten Offenbach seinen Weg über Seitenstraßen genommen haben.

Die von der NSDAP herausgegebenen »Offenbacher Nachrichten« gaben demgegenüber eine etwas andere Darstellung. Auch sie konnten konkret nichts von schweren Zwischenfällen berichten, allein die Tatsache, daß die Kundgebung durchgeführt werden konnte, wurde als »Sieg« gefeiert. Unter den Überschriften »Der Führer in Offenbach« und »Trotz Terror erwacht die ehemals rote Hochburg« schilderte die Zeitung den Ablauf aus ihrer Sicht. Der folgende Auszug zeigt schon durch die Wortwahl, wie vergiftet das politische Klima war, wie unerbittlich die Parteien gegeneinander standen:

»Daß es bei der Kundgebung, in der der Führer des kommenden Deutschland sprechen sollte, nicht ganz ohne Reibereien und Zusammenstöße abgehen würde, war vorauszusehen. Das hindert aber uns Nationalsozialisten nicht. Die Zeit ist vorbei, da marxistischer Terror die Straße beherrscht. Die Straße gehört heute dem kommenden Deutschland, sie gehört Adolf Hitler und seinen braunen Bataillonen! (...)

3 PFEILE GEGEN DAS HAKENKREUZ
Wahlanzeige der SPD zur Reichstagswahl im »Langener Wochenblatt« vom 17. Juli 1932

> *Zum ersten Male seit langer Zeit zeigt in Offenbach der Marxismus sein wahres Gesicht. SPD, SAP und KPD gehen zusammen. Gemeinsam rufen sie zu einer Gegenkundgebung auf, die unverständlicherweise von der Polizei genehmigt wird. Die gestern noch angeblich sich aufs schärfste bekämpften, die Söldner Moskaus und die fetten Bonzen der Konsumvereine, sie marschieren zusammen. Gemeinsam versuchen sie, das Arbeitertum und das Bürgertum, die heute von Klassenkampf und Klassengeist nichts mehr wissen wollen, noch einmal unter die Knute Judas zu zwingen. Geschäftsleuten wird Boykott angedroht. Rote Fetzen mit den Giftpfeilen der sogenannten Eisernen Front werden zu 60 und 80 Pfg. vertrieben. Wer das Geld nicht hat, erhält den Lappen umsonst. Nur damit die ausgehängten Hakenkreuzfahnen nicht zu Geltung kommen. Es wird angedroht, daß jeder, der die Kundgebung besuchen will, von aufgestellten Posten notiert wird. (...)*
> *Umsonst! Das deutsche Offenbach marschiert! Weit über 20 000 Menschen füllen gegen 8 Uhr abends den weiten Platz.«*

Für das von der SPD herausgegebene »Offenbacher Abendblatt« war demgegenüber »fast die gesamte Elite politischer Doofheit Offenbachs« auf dem Bieberer Berg versammelt:[181)]

> *»Alle geistig Armen waren vertreten. (...)*
> *Sonst die üblichen Typen: Spießer mit Schmerbäuchen, die Tränen in den Augen vor Rührung und Erinnerung an die gute alte Zeit, als die SA-Truppen zur Unterhaltung exerzieren mußten. Hysterische Matronen im Schwergewicht, ihre Töchter, Gretchenfigur, Fettklumpen oder spindeldürr, Parade führend, in der Hoffnung, sie im dritten Reich zur Aufnordung als Zuchtstuten loszuwerden. SA- und SS-Mannen, geistig minderbemittelte Gesichtszüge oder Verbrechervisagen, gaben dem Gesamtbild einen würdigen Abschluß.«*

Nach den Feststellungen des »Abendblattes« waren nur wenige der Kundgebungsteilnehmer aus der Stadt Offenbach gekommen. Sollte dies zutreffen, so wäre die große Masse der Zuhörer von außerhalb, vor allem aus den Gemeinden des »Landkreises« angereist. Vermutlich war es aber für die sozialistischen Redakteure einfach schmerzhaft, mitansehen zu müssen, wie die Nationalsozialisten in dem angeblich roten Offenbach eine so imposante Veranstaltung durchführen konnten. Für den NS-Erfolg sollten dann wenigstens nicht die Mitbürger der eigenen Stadt in erster Linie verantwortlich sein. Die vor und nach der Kundgebung durch Offenbach marschierenden Kolonnen – übrigens in weißen und nicht in braunen Hemden, weil das Uniformverbot noch bestand – trafen nicht nur auf jubelnde Heilrufer und blümchenspendende Kinder, sie wurden auch angepöbelt und angespuckt. Die Gegenkundgebungen der Linken waren indessen keine einheitliche antifaschistische Aktion, sondern behinderten sich gegenseitig. Während Hitler auf dem Bieberer Berg sprach, prügelten sich Anhänger der zerstrittenen Linksparteien auf dem Wilhelmsplatz.

Über das Auftreten des Hauptakteurs im »Zirkus Hitler« berichtete das »Abendblatt«:

»Adolfs Auftreten ist Theater, jede seiner Gesten ist eine wohlberechnende Pose. Sein gastroler Ton, sein Mienenspiel, zeigen den Propheten, der seine Irrlehre durch Massenhypnose über Leichen gehend verbreiten will. Dieser gerissene Scharlatan hütet sich, zu aktuellen wirtschaftlichen oder politischen Fragen Stellung zu nehmen oder überhaupt ein Programm zu entwickeln. Für das geistesschwache Volk genügt die mit tremolierender Stimme vorgetragene Erzählung aus dem Leben eines Märtyrers alias Adolf Hitler.«

Nach der Kundgebung verschwand Hitler ziemlich unauffällig mit seinem Auto in der Nacht. Am nächsten Tag setzte er seinen Wahlkampf in Gießen fort. Seine Anhänger aber formierten sich vom Bieberer Berg zu einem Fackelzug mit (laut Polizeibericht) etwa 2 400 Teilnehmern durch das nächtliche Offenbach. Dort setzte sich die Polizei mit kommunistischen Demonstranten in der Schloßstraße auseinander und räumte im Verlauf des Abends mehrmals den Wilhelmsplatz, der wie so oft in jener Zeit Brennpunkt der politischen Auseinandersetzungen im Kreis war. Gemessen an den Volksmassen, welche an dem 16. Juni 1932 in und um die Kreisstadt unterwegs waren, und den Gefühlswallungen, die sie bewegten und die von den Radikalen jeder Seite geschürt wurden, ging der Tag glimpflich zu Ende: zehn Personen wurden vorübergehend festgenommen, neun von ihnen wieder freigelassen, zwei Polizeibeamte wurden verletzt.[182]

Zwei kleine Ereignisse am Rande seien noch vermerkt: Wie üblich, erhoben die Nationalsozialisten Eintrittsgeld für ihre Kundgebung. Um das zu sparen, versuchten viele Besucher wie auch sonst am Sportplatz, durch den Zaun zu schlüpfen. Ein Parteigenosse, der auf der Zufahrtsstraße Eintrittskarten verkaufte, unterschlug 20 Mark. Durch Arbeitsleistungen für die NSDAP mußte er den Betrag ersetzen.[183]

Da die neue Reichsregierung unter Reichskanzler v. Papen ein »Kabinett der Barone« darstellte, umgab sich Hitler zu jener Zeit auch gern mit Personen aus dem Adelsstand. Auf den Bieberer Berg hatte er sozusagen als Dekoration gleich zwei Prominente mitgebracht, den Kaisersohn Prinz August Wilhelm und den Grafen v. Solms, der zu Beginn der Kundgebung sprach und dabei ausführte, der Nationalsozialismus errichte mit dem Willen des Volkes eine Diktatur, brutalste Tyrannei aber sei es, mit diktatorischen Mitteln die Demokratie retten zu wollen. Gegen solche Reaktion führe Hitler seinen Kampf und gebe damit dem Leben einen neuen Sinn.[184]

Im Westen des Kreises traten zwei weitere bekannte NS-Führer als Redner auf. Am 10. Juni sprach Dr. Robert Ley auf einer Kundgebung in Neu-Isenburg.[185] Und am Abend vor der Wahl kam Dr. Joseph Goebbels, damals Gauleiter von Berlin, nach Langen, wo er im »Frankfurter Hof« viele Zuhörer anlockte. Außen war der gesamte Sturmbann 1/168 der SA mit über tausend Mann aufmarschiert. Aber auch Mitglieder des »Reichsbanners«, der »Eisernen Front« und der KPD waren aus der ganzen Gegend in beträchtlicher Zahl nach Langen gekommen. Als Goebbels eintraf, war das Gedränge auf dem Lutherplatz so stark, daß er sich mit der Reitpeitsche den Weg in den Saal bahnte. Im Anschluß an die Versammlung entwickelte sich eine blutige Straßenschlacht, angeblich ausgelöst durch Steinwürfe von NS-Gegnern gegen das Auto von Goebbels. Im Verlauf der Auseinandersetzungen verhaftete die Polizei einen Darmstädter SS-Mann und einen Langener Scharführer der Motor-SA. Die Anklage gegen die beiden wegen Landfriedensbruches wurde jedoch aufgrund einer im Dezember 1932 erlassenen Amnestie fallengelassen. Wohl aber machten die Nationalsozialisten nach ihrer Machtergreifung einem der Polizisten, der von seinem Gummiknüppel gegen sie Gebrauch gemacht hatte, den Prozeß. Er wurde zunächst verurteilt, dann jedoch 1934 vor dem Reichsgericht außer Verfolgung gesetzt, weil die höchsten Richter die Meinung vertraten, er falle mit seiner als politisch motiviert angenommenen Handlungsweise unter die gleiche Amnestie wie vorher die NS-Leute. Daß er allerdings seine Stellung verlor, empfand man 1934 als beinahe selbstverständlich.[186]

Das Ergebnis der Landtagswahl 1932 brachte für die großen demokratischen Parteien im Kreis Offenbach keine erheblichen Veränderungen gegenüber der Wahl des Vorjahres. Die Zahl der für die NSDAP abgegebenen Stimmen nahm allerdings weiter zu. Der Volksstaat Hessen aber blieb weiter unregierbar, denn mit 44 Prozent für die Nationalsozialisten und 11 Prozent für die Kommunisten abgegebenen Stimmen war keine neue Regierung zu bilden. Staatspräsident Adelung (SPD) und seine Minister verblieben geschäftsführend im Amt.

Ergebnis der Landtagswahl vom 19. Juni 1932 [187]

	Kreis Offenbach	»Landkreis« ohne Stadt
SPD	29,5 %	29,4 %
Zentrum	16,9 %	20,9 %
SAP	5,2 %	1,8 %
KPD	16,4 %	18,8 %
DNVP	0,9 %	0,5 %
NSDAP	27,6 %	26,0 %
Demokraten	0,4 %	0,3 %
Nationale Einheitsliste	3,0 %	2,2 %

Reichstagswahl am 31. Juli 1932:
Demokratische Mehrheit im Kreis Offenbach

Auch nach der Landtagswahl setzte sich wegen der für den 31. Juli anberaumten Neuwahl des Reichstages der Wahlkampf sogleich fort. Er war gekennzeichnet durch eine Welle des Terrors, die sich besonders seit der Aufhebung des SA-

Die Nazi geben den Fürsten Millionen und nehmen dem armen Volk das Einkommen, den alten Leuten die Renten!

Auf Veranlassung der Nazi erhält der frühere Herzog Ernst von Altenburg (ein Nazi=Herzog) eine Abfindung von 30 Millionen Mark. Das Volk muß bluten, damit dieser Herzog in Saus und Braus leben kann 5,5 Millionen Goldmark hat der Herzog schon verpulvert. Er hat für seine ehemalige Frau und seine 4 Kinder seit Jahren nicht mehr gesorgt und obendrein noch Schulden gemacht. Ob er nicht wie alle anderen die Nazi=bewegung finanziert???

Arbeitern, Rentnern, Bauern, Handwerkern nimmt man, damit man den Fürsten geben kann. Umsonst werden die Prinzen, Generäle usw. doch nicht bei den Nazis sein. Prinz Auwi ist ein guter Naziredner!

Deshalb schaffendes Volk, verbrüdert euch in der „Eisernen Front" mit allen schaffenden Volks=kräften zum Einheitsblock der Einheit! Sprengt die Ketten, schlagt die Reaktion!

Wählt Sozialismus u. Demokratie und ihr seid frei!

Wählt Liste 1, Sozialdemokraten!

»GEGEN NAZIS, FÜRSTEN UND REAKTION«
Eine Wahlanzeige der SPD zur Reichstagswahl im »Langener Wochenblatt« vom 29. Juli 1932

Verbotes über das Land ergoß und auf beiden Seiten Opfer forderte. In den Monaten Juli und August 1932 wurden in Deutschland über 300 Menschen bei politischen Ausschreitungen getötet und 1 200 verletzt. Allein am Wahltag gab es neun Tote.[188]

Mit Aufmärschen und Großveranstaltungen versuchten die Parteien, die Bürger zu beeindrucken und zu beeinflussen. In Frankfurt organisierten die Kommunisten mit Ernst Thälmann eine Versammlung, an der 60 000 Menschen teilnahmen. Eine Woche danach, am 29. Juli, marschierte die »Eiserne Front« mit 35 000 Mitgliedern an der dortigen Festhalle auf.[189] Im Kreis Offenbach veranstalteten die Nationalsozialisten drei Wochen vor der Wahl einen riesigen Propagandamarsch. Ihre Kolonnen zogen von Langen, sich in Sprendlingen und Neu-Isenburg verstärkend, nach Offenbach. Dort fand auf dem Wilhelmsplatz eine Kundgebung statt. NS-Kreisleiter Ott wetterte dabei gegen die Reichsregierung und die Notverordnungen. Bevor die erneut verstärkten Kolonnen weiterzogen, wurde noch die Fahne der SA-Standarte 6/168 aus Sprendlingen »geweiht«. Eine Marschsäule nahm dann ihren Weg über Bieber, Obertshausen, durch den Rodgau nach Ober-Roden und von dort über Dietzenbach nach Langen zurück, während eine zweite über Bürgel, Rumpenheim, Mühlheim, Dietesheim, Steinheim, Klein-Auheim und Hausen nach Bieber marschierte. Unterwegs kam es zu den üblichen Zwischenfällen und Zusammenstößen mit politisch Andersdenkenden, von denen die Zeitungen in jenen Monaten beinahe täglich zu berichten wußten. Die Zahl der Teilnehmer an diesem sonntäglichen SA-Umzug durch das Kreisgebiet gab das in dem Falle bestimmt nicht übertreibende »Offenbacher Abendblatt« immerhin mit 1 500 an.[190]

Hitler kam auf seiner mit viel Propaganda und Rummel durchgeführten Wahlrundreise, für die er in damals spektakulärer Weise das Flugzeug benutzte, nur einmal kurz ins Rhein-Main Gebiet. Am 28. Juli hatte er zunächst in Aachen und Köln an Kundgebungen teilgenommen, später am Tag sprach er in der Frankfurter Festhalle und auf einem Wiesbadener Sportplatz.[191]

Am Freitag vor der Wahl zeigte die »Eiserne Front« in Offenbach noch einmal ihre Stärke. 8 000 Personen fanden sich im Garten des Saalbaues zu einer Wahlkundgebung ein, um den von Papen abgesetzten Berliner Polizeipräsidenten Grzesinski zu hören.[192]

Ein Hauptgrund für den Erfolg, den die Radikalen von links und rechts bei vielen Bürgern mit ihren Parolen hatten, lag in der verzweifelten wirtschaftlichen Lage, wie sie im Sommer 1932 in Deutschland herrschte. Die Zahl der Arbeitslosen stieg weiter an. Im Arbeitsamtsbezirk Offenbach übertraf sie mit 23 542 registrierten Erwerbslosen noch den Stand des vergangenen Winters.[193] Die Unterstützungssätze bewegten sich am Existenzminimum und betrugen in den Gemeinden unter 10 000 Einwohnern – das waren im Kreis alle außer Offenbach und Neu-Isenburg – für den Alleinstehenden 8,40 Mark, für ein Ehepaar 10,20 Mark und für ein Ehepaar mit einem Kind 12 Mark in der Woche.[194] Nicht alle Arbeitslosen kamen in den Genuß dieser Unterstützung; für die »Krisenfürsorgeempfänger« und die »anerkannten Wohlfahrtserwerbslosen« bestanden noch niedrigere Sätze. Eine Partei, die Arbeit und Brot versprach, mußte für manchen Verzweifelten eine gewisse Anziehungskraft ausüben. Gar mancher Arbeitslose schloß sich den Nationalsozialisten an, weil sie ihm eine Beschäftigung in Aussicht stellten.[195]

Die Wahl selbst wurde zu einem ungeheuren Triumph der NSDAP, die mit 37,5 Prozent ihre Stimmenzahl im Reich mehr als verdoppeln konnte und mit 230 Abgeordneten (gegenüber 133 der SPD) die weitaus stärkste Fraktion im Reichstag stellte. Im gesamten Reich brachten Nationalsozialisten und Kommunisten, diese beiden, sich zwar bekämpfenden, in der Ablehnung der parlamentarisch-demokratischen Republik jedoch übereinstimmenden Parteien, am 31. Juli 1932 die Mehrheit der Wähler hinter sich (51,6 Prozent). Rechnet man – wofür sich triftige Gründe anführen ließen – dazu noch die knapp 6 Prozent für die Deutschnationale Volkspartei abgegebenen Stimmen, so erscheint der Anteil der für die Verfassung eintretenden Parteien noch niedriger. Das Deutsche Reich war eine Demokratie, in der die für diese Staatsform eintretenden Bürger nunmehr eine Minderheit darstellten.

Erfreulicherweise lagen im Kreis Offenbach die Verhältnisse etwas günstiger. Hier blieben die demokratischen Parteien in der Mehrheit. In den einzelnen Gemeinden waren jedoch die Ergebnisse sehr unterschiedlich. Eine absolute Mehrheit der abgegebenen Stimmen erzielten die Nationalsozialisten in Buchschlag und Dudenhofen, das Zentrum in Froschhausen, Hainhausen, Klein-Welzheim, Lämmerspiel, Rembrücken und Zellhausen, während die Sozialdemokraten in dieser Hinsicht im Gegensatz zu allen früheren Wahlen leer ausgingen. Eine absolute Mehrheit von kommunistischen Stimmen war in keiner Gemeinde zu verzeichnen. Überdurchschnittlich hoch war der KPD-Anteil mit 25 und mehr Prozent in Dietzenbach, Dreieichenhain, Hainstadt und Sprendlingen.[196)]

Reichstagswahlergebnisse für die großen Parteien
in den Gemeinden des Kreises Offenbach am 31. Juli 1932

	Gültige Stimmen	SPD	NSDAP	KPD	Zentrum
Bieber	3 484	977	955	507	888
Buchschlag	431	20	253	10	63
Dietesheim	1 912	638	215	323	656
Dietzenbach	1 971	708	479	703	9
Dreieichenhain	1 457	464	323	597	11
Dudenhofen	1 173	381	662	84	2
Egelsbach	2 293	1 180	521	385	47
Froschhausen	805	199	65	51	472
Götzenhain	629	246	252	103	6
Groß-Steinheim	1 952	340	390	240	884
Hainhausen	489	178	25	26	245
Hainstadt	1 753	267	146	480	804
Hausen	1 168	520	100	41	485
Heusenstamm	2 120	610	272	409	765
Jügesheim	1 663	477	318	118	693
Klein-Auheim	2 291	681	210	537	776
Klein-Krotzenburg	1 585	542	116	253	606
Klein-Steinheim	2 185	504	475	479	646
Klein-Welzheim	621	104	33	31	440
Lämmerspiel	719	239	19	24	430
Langen	5 624	2 047	1 875	1 137	189
Mainflingen	796	264	53	157	304
Mühlheim	4 441	1 706	1 178	603	676
Neu-Isenburg	8 000	2 685	3 114	1 191	469
Obertshausen	1 447	477	306	150	478
Offenthal	595	245	291	46	—
Rembrücken	166	62	6	6	90
Rumpenheim	1 241	408	600	79	89
Seligenstadt	3 301	731	482	462	1 495
Sprendlingen	4 779	1 597	1 502	1 259	137
Weiskirchen	1 074	488	33	25	515
Zellhausen	923	146	47	56	648
Offenbach (incl. Bürgel)	50 778	18 550	14 611	6 991	6 229
Kreis Offenbach (incl. Steinbach Ts.)	113 604	39 025	30 132	17 751	20 250
		34,4%	*26,6%*	*15,6%*	*17,8%*

Reichstagswahl am 6. November 1932:
Gewinne für die Kommunisten, Verluste für die Nationalsozialisten

Am 30. August 1932 trat der neugewählte Reichstag zu seiner konstituierenden Sitzung in Berlin zusammen. Parlamentarischem Brauch entsprechend wählte eine Mehrheit der Abgeordneten ein Mitglied der stärksten Fraktion zum Präsidenten des Hauses. Eine erste wichtige Position im Reich fiel damit in die Hand der Nationalsozialisten, und Hermann Göring sollte das ihm zugefallene Amt in der folgenden Zeit zum Vorteil seiner Partei zu nutzen wissen. Schon am 12. September erwies es sich, daß die Regierung Papen in diesem Parlament weder Unterstützung noch Tolerierung finden würde. Ein Antrag der Kommunisten, eine Notverordnung aufzuheben und Kanzler Papen das Mißtrauen auszusprechen, wurde mit überwältigender Mehrheit (512 Stimmen von NSDAP, SPD, KPD und Zentrum gegen 42 Stimmen von DNVP und DVP) angenommen. Während die Abstimmung lief, legte Papen dem Reichstagspräsidenten das von Hindenburg unterzeichnete Dekret auf den Tisch, das die Auflösung des Parlaments verfügte.[197]

Neuwahlen waren die notwendige Folge; der kaum beendete Wahlkampf mußte fortgesetzt werden. Bei den Bürgern machte sich indessen eine verständliche Müdigkeit und Verdrossenheit breit, die auch die Anhänger der NSDAP erfaßte. Auf 45 Wahlkundgebungen zwischen Karlsruhe und Königsberg lockte Hitler zwar wie gewohnt wieder viele Menschen an, im Volksstaat Hessen setzte er jedoch dieses Mal nicht zur Landung an. Seine Redner hatten es in den Städten und Gemeinden hier recht schwer, eine größere Zahl von interessierten Zuhörern zu finden. Das war wohl mit der Grund, weshalb sich die Form der NS-Veranstaltungen änderte, die jetzt öfters »mehr den Charakter einer festlichen Zusammenkunft als einer Kampfaktion hatten«, wie es der Parteihistoriker in Offenbach beschreibt.[198] Statt großer Kundgebungen führte man »Werbeabende« der SA, Tonfilmveranstaltungen und einen «Bunten Abend« im Neu-Isenburger Schießhaus unter der Leitung eines SS-Sturmführers durch. Schon im Juli hatte sich das «Abendblatt« spöttisch über den miserablen Besuch einer NS-Wahlveranstaltung in Heusenstamm geäußert, wo man nur zwölf Besucher zählte, und behauptet, die Hitler-Leute scheuten die Öffentlichkeit.[199] Im Herbst zeigten sich dann deutliche Anzeichen von Ermüdung und Erschöpfung: Im großen Saal »Zum Riesen« in Seligenstadt herrschte bei einer von der NSDAP einberufenen Versammlung gähnende Leere. Nur ein Dutzend junger Leute war gekommen: ein Metzger, ein Friseurgehilfe, ein Schneidergeselle und ein paar Beamtensöhne; die eingeschriebenen Parteigenossen aber fehlten. Eine weitere Versammlung vor der Wahl kam daher in Seligenstadt nicht mehr in Frage. Die gegnerische Presse triumphierte bereits, die »Nazijünger« seien mutlos geworden.[200] Nach Bieber hatten die Nationalsozialisten einen Redner aus Darmstadt geholt. In dieser Gemeinde hatten im Juli 955 Bürger die NSDAP gewählt, doch nur zwanzig waren jetzt zur Versammlung gekommen. Der Ortsgruppenleiter tröstete den enttäuschten Redner, die anderen kämen noch später.[201] Selbst die Pflichtveranstaltungen der Partei waren schwach besucht. Ein Bericht über den wöchentlichen »Sturmabend« der SA in Sprendlingen beklagt,

»EISERNE FRONT SCHLÄGT HITLER«
Das Volkshaus Neu-Isenburg mit der Fahne der »Eisernen Front« und Wahlpropaganda (1932)

daß von den vierzig Mitgliedern elf mit und weitere acht ohne Entschuldigung fehlten.202)

Unter diesen Umständen erscheint es kaum verwunderlich, daß die Wahlbeteiligung am 6. November 1932 gegenüber der Wahl im Juli deutlich zurück ging. Etwa anderthalb Millionen Bürger waren es im Reich, die weniger zur Wahl schritten. Entsprechend niedriger war nach dem geltenden Wahlrecht auch die Zahl der gewählten Abgeordneten. NSDAP, SPD und Zentrum verloren absolut und relativ an Stimmen. Die KPD dagegen gewann und stellte bei einem Stimmenanteil von 17 Prozent im Reich 100 der 584 Reichstagsabgeordneten. Die NSDAP bildete mit 196 Abgeordneten jedoch weiterhin die stärkste Fraktion im Reichstag. Zum zweiten Mal befanden sich die Abgeordneten der demokratischen Parteien nach demokratischer Wahl in der Minderheit. Eine Reichsregierung auf parlamentarischer Basis konnte nur noch unter Einbeziehung einer radikalen Partei gebildet werden. Deren politisches Ziel war es freilich, den demokratisch-parlamentarischen Rechtsstaat zu beseitigen.

Im Kreis Offenbach lag der Erfolg der Kommunisten sogar noch deutlich über dem im Reich erzielten Durchschnitt. Sie hatten hier ihren Anteil von 15,6 Prozent im Juli auf 21,5 Prozent (im »Landkreis« sogar auf 22,2 %) steigern können, hatten das Zentrum überflügelt und lagen mit der NSDAP beinahe gleichauf. In sieben Gemeinden des Kreises konnte die KPD mehr Stimmen gewinnen als die SPD. In Dreieichenhain, wo sich fast 50 Prozent der Wähler für sie entschieden, aber auch in Dietzenbach und Sprendlingen wurde sie stärkste Partei. Mit 30,6 Prozent lag die SPD im Kreis zwar noch vorn, war aber damit auf dem niedrigsten Stimmenanteil angelangt, seit Einzelergebnisse überliefert sind (1877).

Reichstagswahlergebnis für die großen Parteien im Kreis Offenbach
am 6. November 1932 [203]

	Gültige Stimmen	SPD	NSDAP	KPD	Zentrum
»Landkreis« Offenbach	61 442	18 191 (29,6%)	14 050 (22,9%)	13 654 (22,2%)	12 839 (20,9%)
Stadt Offenbach	51 140	16 308 (31,9%)	11 573 (22,6%)	10 598 (20,7%)	5 846 (11,4%)
KREIS OFFENBACH	112 582	34 499 (30,6%)	25 623 (22,8%)	24 252 (21,5%)	18 685 (16,6%)

Wahlbeteiligung im Kreis Offenbach ca. 88 %

Krise der NSDAP Ende 1932

Die Wahlen am 6. November 1932 hatten der NSDAP einen Verlust von über zwei Millionen Stimmen gebracht, doch auch die SPD als zweitstärkste Partei hatte 1,2 Millionen verloren und nur noch einen Stimmenanteil von 20,4 Prozent erreicht. In den Augen vieler Zeitgenossen schien es daher gerechtfertigt, daß Hitler als Führer der stärksten Partei, für die sich 33,1 Prozent der Wähler ausgesprochen hatten, von Reichspräsident Hindenburg verlangte, daß er ihn zum

Reichskanzler ernenne. Eine parlamentarische Mehrheit konnte er freilich nicht vorweisen. Zum Kanzler eines Präsidialkabinettes aber wollte Hindenburg ihn nach wie vor nicht berufen. Der Präsident bestimmte dann Anfang Dezember den Reichswehrgeneral Kurt v. Schleicher, der sein besonderes Vertrauen genoß, zum neuen Reichskanzler.

Die Kommunisten wurden durch ihren Wahlerfolg ermutigt. Nach ihrer Meinung mußte die wirtschaftliche Not, unter der viele Menschen litten, sich politisch zu ihren Gunsten auswirken. In der Zeit vom 11. bis zum 17. Dezember führten sie eine Reichskampfwoche durch. In Offenbach formierte sich vor dem Kreisamt eine Demonstration, aus der heraus »Hunger«-Rufe erschallten. Die Polizei löste die Demonstration zunächst auf, doch die Teilnehmer formierten sich neu und zogen vor das Wohlfahrtsamt.[204] So ganz wörtlich waren allerdings »Hunger«-Rufe nicht immer zu nehmen. Hunger-Demonstrationen gehörten zum festen Bestandteil der KPD-Aktivitäten In Dreieichenhain erinnerte sich Lehrer G. Zimmer:[205]

> *»Da gab es Demonstrationen und Umzüge, bei denen manch einer im Chor »Hunger!« schrie, obwohl er zuhause gerade ein Schwein geschlachtet hatte.«*

Die Partei Hitlers steckte dagegen nun offensichtlich in einer tiefen personellen und finanziellen Krise. Gregor Strasser, ihr »Reichsorganisationsleiter«, legte Anfang Dezember sein Amt nieder, Parteiaustritte häuften sich, Goebbels sprach von Verrat und notierte in seinem Tagebuch:

> *»In den Organisationen herrscht schwere Depression. Die Geldsorgen machen jede zielbewußte Arbeit unmöglich. Wir sind alle sehr deprimiert, vor allem im Hinblick darauf, daß die ganze Partei auseinanderfällt und alle unsere Arbeit umsonst getan ist.«*

Hitler selbst äußerte gar Gedanken an Selbstmord, und allgemein war man überzeugt, daß der Nationalsozialismus seinen Höhepunkt in Deutschland überschritten habe.[206] Ähnlich wie Goebbels in Berlin nur »Ärger, Streit und Mißhelligkeiten« in der Partei registrierte und dazu noch eine trostlose Kassenlage beklagte, sah man überall den Zustand der NSDAP.[207] Die Situation der Nationalsozialisten in der Offenbacher Gegend wird verdeutlicht durch den Bericht eines SA-Mannes aus dem «Landkreis«:[208]

> *»Wir sind heute so arm, daß wir fast die Plakate nicht mehr bezahlen können. Bei der Zentralleitung in München scheinen die Mittel auch knapp zu sein, denn von dort erhalten wir nichts mehr. Unsere Mitgliedschaft hat mehrere Tausend Mark Schulden, die nicht bezahlt werden können. Die Mannschaften in den SA-Heimen leiden Hunger. Zur Verköstigung müssen die Mitglieder, soweit sie in Arbeit sind oder über Geld verfügen, ständig mit beitragen. Für die Schuhreparaturen müssen wir selbst aufkommen. Löhnung gibt's keine mehr. Ich selbst habe zeitweise Dienst bis nachts 3 Uhr, wofür ich keinen Pfennig erhalte.«*

Wegen Mietrückständen mußte die Partei das als Kreisgeschäftsstelle angemietete Haus in der Offenbacher Luisenstraße räumen. Die Fahrer der Lastwagen, welche die HJ aus Stadt und Kreis anfangs Oktober nach Potsdam transportiert hatten, mußten wochenlang auf ihre 700 Mark warten, weil die Parteikasse leer war.[209]

Großzügige Spender finanzierten für die Offenbacher SS eine Weihnachtsfeier mit Bescherung, und die Männer mit dem Totenkopf am Kragen sangen gerührt das Lied »Stille Nacht, heilige Nacht«. Ihre Freunde von der SA taten es ihnen am folgenden Tag nach, doch paßte das, was ihr Sturmführer ihnen vortrug, nicht so recht zu dem Text des Weihnachtsliedes, denn er verkündete ihnen, die SA werde den Sieg erringen, »wenn es sein muß, mit der Waffe in der Hand«.[210]

Die Verwirrung der Gemüter hatte einen Höhepunkt erreicht, die Zeit schien aus den Fugen. Mit Hoffnungen und Befürchtungen ging man ins neue Jahr 1933. Fast alle waren der Meinung, es müsse »anders werden«. »Wie anders?« war freilich die Frage bei der die Antworten völlig auseinander gingen. Eines von vielen Beispielen für die Verkennung der tatsächlichen politischen Situation und für die Unterschätzung der Gefahr, die trotz der zeitweiligen Krise von Hitler und seiner NSDAP weiterhin ausging, gab die bekannte satirische Zeitschrift «Simplizissimus», als sie zur Jahreswende die Aussichten für die Demokratie in Deutschland in Verse faßte:

»Eins nur läßt sich sicher sagen,
Und das freut uns rundherum:
Hitler geht es an den Kragen.
Dieses Führers Zeit ist um.«

ZWEITES KAPITEL

Nationalsozialistische Machtergreifung 1933

Januar 1933:
Kein organisierter Widerstand gegen Hitlers Kanzlerschaft

Es war bitter kalt im Rhein-Main-Gebiet Ende Januar 1933. Schnee lag nur wenig, doch der Main und seine Nebenflüsse waren zugefroren. Wie eh und je bei solchem Wetter tummelte sich die Jugend auf den Eisflächen, aber auch mancher Erwachsene hatte am hellen Werktag Zeit zu einem Winterspaziergang, zählte man doch über 6 Millionen Erwerbslose im Reich. Auch im Kreis Offenbach herrschte eine Massenarbeitslosigkeit; in einigen Gemeinden, so in Mühlheim, Seligenstadt und in der Stadt Offenbach, hatte über die Hälfte der Arbeiter keine Arbeit.[1] Viele andere verfügten als Kurzarbeiter nur über ein geringes Einkommen, das gerade zum Lebensnotwendigsten reichte. Die selbständigen Handwerker erhielten unter diesen Umständen nur wenige Aufträge und gehörten vielfach auch zu den Notleidenden, ohne daß eine Statistik sie erfaßt hätte. In vielen Familien herrschte echte Not, die nun durch große Kälte noch verstärkt wurde. Für Kohlen oder Briketts reichte das Geld nicht, so zog manche Familie an den Holzlesetagen mit Handwagen oder Schubkarren in den Gemeindewald, um wenigstens für den Küchenherd den notwendigen Brennstoff zu holen. Zu allem Überfluß brach noch eine böse Grippeepidemie aus, die oft ganze Familien erfaßte. Schulen wurden geschlossen, das Offenbacher Krankenhaus ließ keine Besucher mehr ein, und in Frankfurt mußten, um die vielen Schwerkranken aufnehmen zu können, Hilfskrankenhäuser eingerichtet werden.[2]

Die politische Erregung im Land war durch die fünf Wahlkämpfe im Vorjahr und die zunehmende Radikalisierung zu einem Dauerzustand geworden. Täglich berichteten die Zeitungen von Demonstrationen, Zusammenstößen politischer Gegner und Polizeieinsätzen, die man je nach Standpunkt als zu hart oder zu lasch kritisierte.[3] Mit einer raschen Veränderung der politischen Verhältnisse rechnete man zu Anfang des Jahres 1933 freilich nicht. »Der gewaltige nationalsozialistische Angriff auf den Staat ist abgeschlagen«, stellte der Kommentator der »Frankfurter Zeitung« noch in der Neujahrsausgabe seines Blattes triumphierend fest. Ziemlich überraschend kam daher für die meisten Zeitgenossen am 30. Januar die Nachricht aus Berlin, daß Reichspräsident v. Hindenburg unter dem Einfluß seiner Berater nun doch seine Meinung geändert und den »österreichischen Gefreiten«[4] Adolf Hitler zum deutschen Reichskanzler ernannt habe.

Hindenburg schien sich mit vielen Deutschen bei dem Gedanken zu beruhigen, daß mit Hitler, Göring und Frick nur drei der zwölf Minister des neuen Kabinetts Nationalsozialisten waren. Diese aber sahen sich jetzt am Ziel. Der Taumel der Begeisterung, der sie erfaßte, entlud sich in Aufmärschen und Fackelzügen. Der Fackelzug der 140 bis 180 Nationalsozialisten durch die Kreisstadt Offenbach am Abend des 30. Januar stand allerdings in keinem Vergleich zu dem braunen Triumphzug durch die Reichshauptstadt Berlin. Der Offenbacher Zug brauchte einen starken Polizeischutz und führte schon bald zu Zusammenstößen, die die Beamten veranlaßten, ihre Gummiknüppel einzusetzen.[5] Aber auch die Kommunisten und die Sozialistische Arbeiter-Partei marschierten an diesem Abend und bildeten Sprechchöre. Auf dem Wilhelmsplatz, dem Brennpunkt des politischen Geschehens im Kreis Offenbach, kam es an den folgenden Abenden zu größeren Kundgebungen der Linksparteien, bei denen verschiedene Redner aus KPD, SAP und SPD zur Einheit der Arbeiterklasse gegen die Nationalsozialisten aufriefen.

Über pathetische Beschwörungen einer linken Einheitsfront ist man freilich nicht weit hinausgekommen. Schon auf der Wilhelmsplatz-Kundgebung am 1. Februar distanzierte sich der aus Ober-Roden stammende SPD-Reichstagsabgeordnete und Gewerkschaftssekretär Wilhelm Weber vorsichtig von dem von kommunistischer Seite ausgesprochenen Massenstreik, indem er eiserne Disziplin der Arbeiter und Vertrauen zu den Gewerkschaftsführern forderte sowie vor allen Eigenmächtigkeiten warnte.[6] Und Landtagsabgeordneter Heiner Galm, ein anderer Redner dieser Kundgebung, wollte sich später an Einzelheiten der Veranstaltung gar nicht mehr erinnern, betonte jedoch gleichzeitig die Zerrissenheit der Linksparteien.[7] Außer einigen folgenlosen Appellen an die Einheit des Proletariats und Kontakten auf privater Ebene ist im Offenbacher Raum nichts geschehen, um eine gemeinsame Front der Linken gegen die beginnende NS-Herrschaft herzustellen. Die »Eiserne Front« als SPD-nahe Kampforganisation mahnte durch ihre Kampfleitung die Mitglieder, äußerste Disziplin zu halten, sich keinesfalls provozieren zu lassen und keinen anonymen Aufrufen zu Kundgebungen Folge zu leisten. Nur so hoffte man, ein Demonstrationsverbot vermeiden zu können.[8]

Die Zeitungsberichte aus der mit dem 30. Januar beginnenden Woche machen deutlich, wie aufgewühlt die politischen Leidenschaften, wie stark besucht die abendlichen Kundgebungen und Umzüge in der Kreisstadt waren, wie die Polizei zwar immer wieder hart eingriff, aber doch nicht Herr der Lage wurde.[9] Man kann davon ausgehen, daß ein erheblicher Teil der über 4 000 in Offenbach beschäftigten Bewohner des »Landkreises«[10] nach Betriebsschluß von diesen Vorgängen Kenntnis nahm und sich auch aktiv oder passiv daran beteiligte. Über die Erzählungen der Pendler, aber auch durch die Berichte der drei Offenbacher, im Kreis sehr stark verbreiteten Zeitungen bildeten sich Meinungen in den Gemeinden, wurden auch Aktionen ausgelöst. Auf ein Zeichen zu einer ernstzunehmenden und entscheidenden Aktion gegen die Regierung Hitler warteten viele aber vergebens. Ein solches Zeichen kam weder aus der Kreisstadt Offenbach, noch aus der Landeshauptstadt Darmstadt, noch aus der Reichshauptstadt Berlin. Der Gewerkschaftler Adolf Mirkes, damals Kommunist und Arbeiter in einer Offenbacher Schuhfabrik, einer der über 800 Mühlheimer, die jeden

Morgen zur Arbeit in die Kreisstadt fuhren, beschrieb die Stimmung seiner Arbeitskollegen und Gesinnungsgenossen in jener Woche:[11]

»In den Nachmittagsstunden dieses Montags (= 30. Januar 1933) sickerte in den Offenbacher Fabriken die Nachricht durch, daß Hitler vom Reichspräsidenten Hindenburg zum Reichskanzler berufen worden war.

Ich arbeitete in der Schuhfabrik Hassia. (...) Viele der Arbeiter in dieser Fabrik waren sozialdemokratisch oder kommunistisch eingestellt. Aber auch gläubige Katholiken bildeten keine Ausnahme und erwiesen sich als gute Arbeitskollegen. An diesem Nachmittag des 30. Januar spürten wir alle, daß Deutschland an einem Wendepunkt seiner Geschichte angekommen war und daß der Arbeiterbewegung tödliche Gefahr drohte. Wir meinten, daß es jetzt doch keinen Sinn mehr habe, so weiter zu arbeiten, als sei nichts geschehen, und gingen zum Marktplatz.
Aus den Arbeitern der Fabriken der Metallindustrie, der Chemischen Industrie, den Schuhfabriken, Gerbereien und den Lederwarenfabriken und von Arbeitslosen bildete sich ein großer Demonstrationszug. In den darauf folgenden Tagen fanden weitere Demonstrationen statt. Viele waren überzeugt, daß die Einheitsfront der Arbeiter verwirklicht werden müsse. Manche meinten, diese Einheitsfront sei bereits erreicht, denn in den Zügen marschierten gemeinsam die Reichsbannerleute und die Rotfrontkämpfer. Die Gewehrpyramiden des Reichsbanner, die vor dem Gewerkschaftshaus in der Austraße aufgestellt waren, zeigten zwar Stärke und Geschlossenheit, aber ihr Einsatz wurde nicht gefordert. Der Aufruf zum Kampf erfolgte nicht. Wir wollten gerufen sein. Wir warteten auf einen »Befehl« von oben. Wir wurden nicht gerufen.

Auch nach dem 30. Januar 1933 war ich der Meinung, daß der Kampf noch nicht verloren ist. Ein gemeinsamer Aufruf aller Gruppierungen der Arbeiterbewegung erfolgte jedoch auch dann noch nicht. Der Naziterror auf offener Straße nahm zu.«

Mirkes und seine Freunde warteten ebenso vergeblich auf einen Einsatzbefehl, wie sechs Wochen später die zum Widerstand entschlossenen Mitglieder der »Eisernen Front« zusammen mit Kommunisten am Waldrand bei Sprendlingen auf einen Aufruf der hessischen Landesregierung zur Verteidigung der Demokratie warteten.[12]

Februar / März 1933:
Wahlkampf in der Fastnachtzeit mit Notverordnungen und Totschlag

Mit Waffen konnte oder wollte man den demokratischen Staat nicht verteidigen. Es war nun die Frage, ob die Mehrheit der Bürger wenigstens durch ihre Stimmabgabe dazu bereit sein würde, denn Hitler, der ja über keine parlamentarische Mehrheit verfügte, hatte schon am 1. Februar vom Reichspräsidenten die Auflösung des Reichstages erwirkt und Neuwahlen für den 5. März angesetzt. Hindenburgs Auflösungsorder gab diesen Wahlen den Sinn eines Volksentscheides und begründete sie ausdrücklich mit den Worten, »damit das deutsche Volk durch Wahl eines neuen Reichstages zu der neu gebildeten Regierung des nationalen Zusammenschlusses Stellung nimmt«.[13] Hitler aber war fest entschlossen, die einmal errungene Macht nicht mehr herzugeben. Eine noch nie dagewesene Flut einseitiger Propaganda, bei der Täuschungen und Drohungen sich mit falschen Appellen an nationale Gefühle mischten, stürzte auf die Wähler herein. Schon die erste offizielle, am Abend des 1. Februar über den Rundfunk übertragene Regierungserklärung Hitlers gab dafür ein beredtes Beispiel: Schuld an den schlimmen Verhältnissen haben allein die anderen Parteien, die seit 14 Jahren versagten; die Nationalsozialisten aber werden den chaotischen Zuständen im Reich und der kommunistischen Zersetzung ein Ende bereiten; sie werden die Gleichberechtigung nach außen erkämpfen, den Frieden festigen, Rüstungsbeschränkungen anstreben. Pathetisch schloß der neue Reichskanzler:[14]

»Nun deutsches Volk, gib uns die Zeit von vier Jahren, und dann urteile und richte uns! Möge der allmächtige Gott unsere Arbeit in seine Hände nehmen, unseren Willen recht gestalten, unsere Einsicht segnen und uns mit dem Vertrauen unseres Volkes beglücken. Denn wir alle wollen nicht kämpfen für uns, sondern für Deutschland.«

Für viele Wähler war es schwer, die Phrasenhaftigkeit und Verlogenheit solcher Ausführungen zu durchschauen. War es nicht tatsächlich Zeit für einen Wechsel? Hatten nicht die anderen Parteien doch versagt? Mußte man nicht für Hitler stimmen, um ein kommunistisches Chaos zu verhindern? War es nicht fair, Hitler eine Chance für längstens vier Jahre zu geben? Dann spätestens könnte man erforderlichenfalls wieder anders wählen, wenn nicht schon vorher Hindenburg Hitler wieder entlassen würde wie so manchen anderen Kanzler vor ihm.

Seine Machtposition im Staat nützte Hitler weidlich für seinen Wahlkampf aus, während die übrigen Parteien behindert wurden. Diese führten den Wahlkampf defensiv, unelastisch, schwunglos, ohne Hoffnung auf einen unmittelbaren Erfolg. Ihre überwiegend sachliche Argumentation hatte wenig Aussicht, neue Wähler zu gewinnen. Dem gegenüber stand Hitlers unbedingtes Machtstreben und sein grenzenloser Zynismus. Was er von der Masse der Wähler dachte, hatte er in seinem Buch »Mein Kampf« ausgeführt:[15]

*»Die Aufnahmefähigkeit der großen Masse ist nur sehr
beschränkt, das Verständnis klein, dafür jedoch die Vergeßlichkeit groß. Aus diesen Tatsachen heraus hat sich jede wirkungs-
volle Propaganda auf nur sehr wenige Punkte zu beschränken
und diese schlagwortartig so lange zu verwerten, bis auch
bestimmt der Letzte unter einem solchen Worte das Gewollte
sich vorzustellen vermag.«*

Auf diese Beschränktheit und Vergeßlichkeit seiner Wähler spekulierte Hitler, wenn er immer wieder zugleich forderte und versprach:[16]

*»Deutsches Volk, gib uns vier Jahre, und ich schwöre, so wie wir
und so wie ich in dieses Amt eintrete, so will ich dann auch
gehen.«*

So hörten es beispielsweise die Kundgebungsteilnehmer im Berliner Sportpalast am 10. Februar und mit ihnen die Rundfunkhörer im Kreis Offenbach und überall im Reich. Tatsächlich schien die Masse seiner Millionen Zuhörer vergessen zu haben, daß er nur vier Monate zuvor genau das Gegenteil geschworen hatte:[17]

*»Ich will nur die Macht. Wenn wir einmal die Macht bekom-
men, dann werden wir sie, so wahr uns Gott helfe, behalten.
Wegnehmen lassen wir sie uns dann nicht mehr.«*

So gelang es Hitler im Frühjahr 1933 im Verlauf eines wilden, mit Exzessen beladenen Wahlkampfes, seine Anhänger zu fanatisieren, andere Wähler aber durch geschickte Täuschung zur Stimmabgabe für die NSDAP zu veranlassen. »In der Demokratie mit der Demokratie die Demokratie zu besiegen«, war das Ziel der nationalsozialistischen Führer. Daß sie dieses Ziel auch tatsächlich erreichten, lag einerseits an ihrem fanatischen Machtwillen, andererseits aber auch daran, daß »bei der Mehrheit des Volkes das Verständnis für den Wert der freiheitlichen Einrichtungen des Staates und der Wille, sie vor den Erschütterungen der Krise zu bewahren«, fehlte. So formulierte es der SPD-Reichstagsabgeordnete Friedrich Stampfer, der als langjähriger Chefredakteur des »Vorwärts« über die Vorgänge in allen Teilen des Reiches bestens informiert war, nur zwei Jahre später aus der Emigration. »Die meisten wußten gar nicht, was ihnen geschah. Deutschland schlitterte in die Hitler-Diktatur, wie es 1914 in den Weltkrieg geschlittert war.«[18]

Sicher haben die politischen Gegner die Nationalsozialisten in ihrem Willen zur Macht und ihrer Bereitschaft, diese mit allen Mitteln zu verteidigen, falsch eingeschätzt. Auch in der Politik liegt in der Unterschätzung des Gegners eine Ursache für die eigene Niederlage. Heiner Galm, damals der angesehenste »Arbeiterführer« im Kreis Offenbach, dessen Wort in Gewerkschafts- und Arbeiterkreisen großes Gewicht besaß, berichtet von der damals unter seinen Parteifreunden verbreiteten Meinung:[19]

DEMONSTATIONSZUG DER »EISERNEN FRONT« UND DES »REICHSBANNERS«
IN LANGEN ANFANG 1933

*»In acht Wochen haben die Nazis abgewirtschaftet! (...) Das
haben damals viele geglaubt. Die haben gedacht: Wir haben
doch die SPD und die Gewerkschaften, wir sind die Stärkeren.
Wir werden ohne Revolution und ohne Bürgerkrieg wieder
drankommen. Die haben nicht daran gedacht, daß sich der Hitler nicht an die demokratischen Spielregeln halten würde. Auch
die Kommunisten haben darauf gehofft, daß das nur ein paar
Wochen geht, daß sie dann politisch wieder da sind.«*

Vieles scheint dafür zu sprechen, daß Galm selbst schon bald nicht mehr an die Möglichkeit eines erfolgreichen Widerstandes gegen die Nationalsozialisten glaubte. Noch einmal fand am 11. Februar auf dem Offenbacher Wilhelmsplatz eine Kundgebung des Allgemeinen Deutschen Gewerkschaftsbundes zusammen mit dem Angestellten- und Beamten-Bund statt, auf der auch er sprach. Die KPD war ferngeblieben; ihre Forderung nach einem Generalstreik aber wurde von einem Redner der Offenbacher Gewerkschaftskundgebung zurückgewiesen. Zuerst müsse eine politische Einigung der Arbeiterparteien erfolgen.[20] Drei Tage darauf hielt Galm noch eine Versammlung seines »Sattler-, Tapezierer- und Portefeuiller-Verbandes« ab und fuhr anschließend – also mitten im Wahlkampf! – mit dem Mühlheimer Bürgermeister Felix Trejtnar (SPD) zum Urlaub ins Allgäu.[21]

Knapp fünf Wochen dauerte der Wahlkampf. Es war praktisch nur die Fortsetzung des Dauerwahlkampfs aus dem Vorjahr. Naturgemäß war wieder die Kreisstadt der Brennpunkt der politischen Ereignisse im Kreis Offenbach. Die Wahlkundgebungen wurden weitestgehend von der örtlichen Parteiprominenz bestritten und hielten sich auch zahlenmäßig in engen Grenzen. Im überfüllten »Saalbau« sprach der ehemalige Reichsarbeitsminister Wissell am 15. Februar in einer SPD-Veranstaltung, zu der 2 000 Mitglieder der »Eisernen Front« durch die Stadt marschierten.[22] Und auch das Zentrum bot mit Heinrich Brauns einen ehemaligen Reichsarbeitsminister als Redner zu einer Kundgebung am 20. Februar in der TVO-Turnhalle auf, in deren Verlauf der Saalschutz sechs nationalsozialistische Störer aus dem Raum entfernte.[23] Für die NSDAP sprach ihr Gauleiter Jakob Sprenger in Offenbach.[24] Das größte Aufsehen erregte freilich Hitler selbst mit seinem von Goebbels moderierten Auftritt in der Frankfurter Festhalle am 23. Februar. In der Mainmetropole konnten allerdings die anderen großen Parteien bei einem Vergleich mit der NS-Kundgebung mithalten: Am Tag zuvor hatte die »Eiserne Front« 18 000 Gefolgsleute mobilisiert, zu denen der frühere Reichstagspräsident Paul Löbe (SPD) sprach. Und auch das Zentrum versammelte 10 000 leidenschaftlich erregte Anhänger in der Festhalle, die dort den Fraktionsvorsitzenden Prälat Kaas und Fritz Schaeffer von der BVP (den späteren Bundesfinanzminister) hörten.[25] Berichte über den Verlauf dieser Großveranstaltungen gelangten über Teilnehmer und die örtliche Presse auch in die Kreisgemeinden und dürften die ohnehin lebhafte politische Diskussion dort weiter angeheizt haben.

Aus den Gemeinden im Kreis sind aus jenen Wochen keine politischen Veranstaltungen von überörtlicher Bedeutung bekannt. Vielerorts war der einzige im Dorf verfügbare größere Saal für die Fastnacht dekoriert, die erfahrungsgemäß in schlechten Zeiten nicht weniger Anhänger findet. Die Parteien versuchten, ihre Stärke durch Demonstration ihrer Präsenz zu beweisen und damit ihre Anhänger zu motivieren. Um die früheren Nichtwähler zu gewinnen, setzte man weniger auf Argumente als auf Schlagworte und Stimmungen. Dies war wohl der Zweck der bereits erwähnten Demonstrationen in der Kreisstadt, aber auch im »Landkreis« kam es zu bemerkenswerten Aufmärschen. Das »Langener Wochenblatt« berichtete am 7. Februar 1933 .[26]

»An zwei Sonntagen hintereinander marschierten in Langen die Bataillone der Eisernen Front und des Reichsbanners. Der Aufmarsch am ersten Sonntag war in einer Stärke von 1 100 Mann wohl die stärkste Demonstration, die Langen bis jetzt gesehen hat. Vorher fand im »Linden« eine Wehrsportübung statt, bei der der Bundesführer des Reichsbanners Kamerad Höltermann anwesend war. Am gestrigen Sonntag marschierten die Formationen von Langen und Egelsbach in musterhafter Ordnung und Disziplin durch die Straßen beider Orte, überall von der Einwohnerschaft mit stürmischen Freiheitsrufen begrüßt. Die Demonstration hat gezeigt, daß die Mehrheit der Bevölkerung in Langen und Egelsbach auf der Seite der Republikaner steht und entschlossen ist, allen volksfeindlichen Plänen der Reaktion entschiedenen Widerstand entgegenzusetzen.«

Nicht immer verliefen die Demonstrationen ohne Zwischenfälle. Für Sonntag, den 19. Februar, hatte der Bezirksführer der »Eisernen Front« zu einer großen Veranstaltung in Dreieichenhain, Götzenhain und Offenthal aufgerufen, denn »mit machtvollen Aufmärschen und Kundgebungen muß dem Gegner eindeutig klar gemacht werden, auf wessen Seite das Volk steht«.[27] Etwa 800 Gefolgsleute nahmen an dem Umzug teil, der verständlicherweise viele Zuschauer anlockte. Wohl um zu stören, rasten in Dreieichenhain zwei uniformierte NS-Leute auf ihrem Motorrad zwischen dem Zug und den an der Straße stehenden Schaulustigen hindurch, erfaßten dabei ein Kind und verletzten es. Sie versuchten Fahrerflucht, wurden jedoch festgehalten, bis die Polizei eintraf.

Der letzte große Aufmarsch von über 200 Mitgliedern der »Eisernen Front« und des »Reichsbanners« erfolgte eine Woche vor der Wahl am Fastnachtsonntag:

»So etwas hatte Sprendlingen noch nicht erlebt. (…) Jawohl, das werktätige und freiheitlich gesinnte Deutschland ist erwacht und wird Recht und Freiheit zu verteidigen wissen. Die Freiheitsarmee steht und wird sich als der Fels aus Granit erweisen, an dem sich die Feinde des Marxismus die Zähne ausbeißen werden. Freiheit!«

Mit diesen Sätzen berichtete das »Offenbacher Abendblatt« am Tag danach von dem Aufmarsch in Sprendlingen.

Die Nationalsozialisten wollten der Bevölkerung ebenfalls in Großdemonstrationen ihre Stärke beweisen. So meldete ihre Parteizeitung »Offenbacher Nachrichten«, am 12. Februar einen Propagandamarsch von SA und SS durch das Kreisgebiet über Bieber, Lämmerspiel, Obertshausen und Heusenstamm, der angeblich überall nur Jubel auslöste. Um jedoch 2 000 bis 3 000 Leute aufmarschieren zu lassen, wie es dann am 18. Februar in Offenbach geschah, brauchten die örtlichen Verbände von SA und SS Unterstützung aus Frankfurt. Der Marsch durch die Kreisstadt löste mehrere Zwischenfälle aus.[28] Zusammenstöße wurden auch aus Ober-Roden berichtet. Dort ließen sich die marschierenden SA- und SS-Leute von politischen Gegnern durch Zurufe und Steinwürfe reizen, begannen zu prügeln, stürmten eine Turnhalle und rissen Fahnen der »Eisernen Front« von den Häusern. Aus den Fenstern schütteten Bewohner Wasser auf die Nationalsozialisten.[29]

Hatte es schon seit dem 4. Februar 1933 aufgrund einer Notverordnung des Reichspräsidenten »zum Schutze des deutschen Volkes« empfindliche Einschränkungen der Presse- und Versammlungsfreiheit gegeben, so veränderte nach dem mysteriösen Brand des Deutschen Reichstag am Abend des Rosenmontags (27. Februar) die am folgenden Tag ergangene zweite Notverordnung »zum Schutz von Volk und Staat« die staatsrechtlichen und politischen Verhältnisse vollkommen. »Zur Abwehr kommunistischer staatsgefährdender Gewaltakte« wurden Grundrechte und wichtige Verfassungsbestimmungen außer Kraft gesetzt, trat der Ausnahmezustand an die Stelle der verfassungsmäßigen Ordnung.[30] Die Verordnung blieb bis zum Ende des Dritten Reiches bestehen und gab die pseudorechtliche Grundlage für viele Todesurteile. Zunächst aber verschaffte sie den

Nationalsozialisten die Möglichkeit, gegen die der Reichstagsbrandstiftung beschuldigte KPD und ihre Anhänger vorzugehen. Überall im Reich kam es zu Hausdurchsuchungen und Verhaftungen, wobei die Aktionen auch auf Sozialdemokraten und andere politische Gegner ausgedehnt wurden. In Offenbach beschlagnahmte die Polizei bei kommunistischen Funktionären an 16 Stellen Flugblätter »hochverräterischen Inhalts«. Auch in Mühlheim fanden umfangreiche Durchsuchungen statt, bei denen fünf Pistolen und fünf Gewehre gefunden wurden.[31]

Trotz der Repressalien konnten die demokratischen Parteien in den letzten Tagen vor der Wahl noch einige Versammlungen abhalten. So sprach am 3. März der spätere Bundespräsident Theodor Heuß in Offenbach die Überzeugung aus, Hitlers Regierung werde keine Mehrheit finden.[32] Wenn er es wirklich glaubte, hatte auch er die Zeichen der Zeit nicht erkannt, war doch seine liberale Partei zuletzt auf ganze zwei Reichstagsabgeordnete geschrumpft. Am gleichen Tag strömten an die 3 000 Menschen zum »Saalbau« um noch einmal an einer SPD-Kundgebung teilzunehmen.[33]

Am Wahlsonntag kam es in der Offenbacher Straße der Republik (= Kaiserstraße) zu einem schweren Zusammenstoß zwischen Mitgliedern der »Eisernen Front« und der SA. Dabei wurde der 24jährige Portefeuiller Christian Pleß (SPD) erschossen, mehrere andere Männer zum Teil schwer verletzt. Während das NS-Blatt »Offenbacher Nachrichten« unter der Überschrift »Planmäßiger Mordanschlag der Eisernen Front auf die SA« den Sozialisten die Schuld an dem Vorkommnis zuwies, schilderte das »Offenbacher Abendblatt« (SPD) den Ablauf der Dinge unter der Überschrift »Nazi-Weißmantel als Arbeitermörder! Blutiger Nazi-Überfall auf Reichsbannerleute« als einen unprovozierten Überfall durch SS-Leute. Die als »bürgerlich« geltende »Offenbacher Zeitung« druckte ohne Kommentar den amtlichen Polizeibericht ab:

»Am Sonntag, den 5. März, gelegentlich der Reichstagswahl kam es in der Straße der Republik, in der Nähe des Hauptbahnhofes, zu einem Zusammenstoß zwischen Nationalsozialisten und Sozialisten. Vor der Wirtschaft von Martin standen etwa 6 bis 8 SA-Leute und gegenüber der Wirtschaft erschienen etwa 25 bis 30 Mitglieder der Eisernen Front, die von dem Wahllokal im Gymnasium kamen und in das Wahllokal in der Schule in der Straße der Republik gehen wollten. Die Sozialisten sollen die SA-Leute durch Zurufe provoziert haben, wodurch es zwischen den beiden Parteien zu einer heftigen Schlägerei kam. Die SA-Leute wurden durch ihre Anhänger, die in der Wirtschaft von Martin waren, und die auf die Straße eilten, unterstützt. Die Aneinandergeratenen haben sich mit Gummiknüppeln geschlagen, auch wurde gestochen und geschossen.
Hierbei wurde Christian Pleß, wohnhaft hier, Ellenbogengasse, erschossen. Ferner wurden Wilhelm Beez ..., Johann Schardt ... und der Karl Gruse ... durch Messerstiche schwer verletzt. Die vier Personen sind Mitglieder der Eisernen Front. Von den SA-Leuten wurden auch einige verletzt, ganz besonders erhielten

diese Kopfverletzungen. In der Wirtschaft von Martin und der gegenüberliegenden Wirtschaft Wolf wurde eine Anzahl Waffen, wie Gummiknüppel, eine Schußwaffe und andere Schlagwerkzeuge gefunden und sichergestellt. Etwa 25 Personen wurden sistiert und der Georg Weismantel, der der SA angehört und der Pleß erschossen haben soll, wurde festgenommen. Die weiteren Ermittlungen sind im Gange.«

5. März 1933:
Keine Mehrheit für Hitler im Kreis Offenbach

Bei allen Übergriffen während des Wahlkampfes – 51 Tote wurden amtlich zugegeben – kann kein Zweifel daran bestehen, daß der einzelne Wähler am 5. März 1933, dem »Tag der erwachenden Nation«, in der Wahlzelle ungehindert seine Entscheidung treffen konnte und auch die Auszählung der Stimmen ordnungsgemäß vonstatten ging. Die leidenschaftliche Anteilnahme der Bevölkerung an den politischen Auseinandersetzungen ließ die Wahlbeteiligung auf eine noch nie erreichte Höhe steigen: 88,8 Prozent der Wahlberechtigten im Reich gingen zur Urne. Das Wahlergebnis brachte mit 43,9 Prozent den Nationalsozialisten den gewaltigen Zuwachs von über 10 Prozent, aber noch längst nicht die erhoffte absolute Mehrheit. Rechnete man allerdings die 8 Prozent für die an der Regierung beteiligten Deutschnationalen abgegebenen Stimmen hinzu, so hatte das deutsche Volk unter dem Eindruck der Gewalt und einer noch nie erlebten einseitigen Propaganda, aber in freier Entscheidung des einzelnen Wählers, dem Kabinett Hitler die demokratische Legitimation erteilt. Viele NS-Wähler mögen damals guten Glaubens ihre Entscheidung getroffen haben, und kaum jemand konnte ahnen, auf welche verbrecherischen Bahnen das neue Regime sich begeben würde; das Faktum selbst stellt jedoch der politischen Urteilskraft der Mehrheit der Wähler kein gutes Zeugnis aus.

Das Ergebnis im Kreis Offenbach wich bei dieser entscheidenden Wahl ebenso wie bei früheren Wahlen erheblich vom Reichsdurchschnitt ab. Bei einer Rekordwahlbeteiligung von 93,5 Prozent entfielen auf die NSDAP 30,4, die SPD 30,1, die KPD 18,1 und das Zentrum 16,4 Prozent der Stimmen. Alle übrigen Parteien lagen unter 2 Prozent.

Vergleicht man die Ergebnisse in den einzelnen Gemeinden des Kreises untereinander, so stößt man auf eklatante Unterschiede: Gemeinden mit absoluter Mehrheit für die NSDAP (Buchschlag, Dudenhofen, Offenthal, Rumpenheim) stehen andere gegenüber, wo die Partei Hitlers noch nicht einmal zehn Prozent der Stimmen gewinnen konnte (Hausen, Lämmerspiel, Weiskirchen, Zellhausen). Offensichtlich spielte die Konfessionszugehörigkeit eine wichtige Rolle bei der Wahlentscheidung, denn die Bevölkerung der überwiegend katholischen Ortschaften am Main und im Rodgau erwies sich den radikalen Parolen gegenüber nur wenig empfänglich. Sie wählte wie in früheren Jahren mit deutlicher Mehrheit Zentrum und SPD. Ganz anders fiel die Wahlentscheidung im protestantischen Westkreis aus, wo sich – abgesehen von Egelsbach – nur noch eine Minderheit für die demokratischen Parteien entschied. In den drei großen Gemeinden Langen, Sprendlingen und Neu-Isenburg wurde die NSDAP ebenso wie in der Stadt Offenbach zur stärksten Partei. Erstaunlich war auch die hohe Zahl von KPD-Stimmen, die sich trotz der Verfolgungen, denen die Kommunisten in den Tagen vor der Wahl ausgesetzt waren, in mehreren Gemeinden ergab. In Dietzenbach und Dreieichenhain hatte die KPD wiederum die meisten Stimmen erhalten; in Sprendlingen lag ihr Anteil noch bei über 28 und in Hainstadt bei fast 27 Prozent.

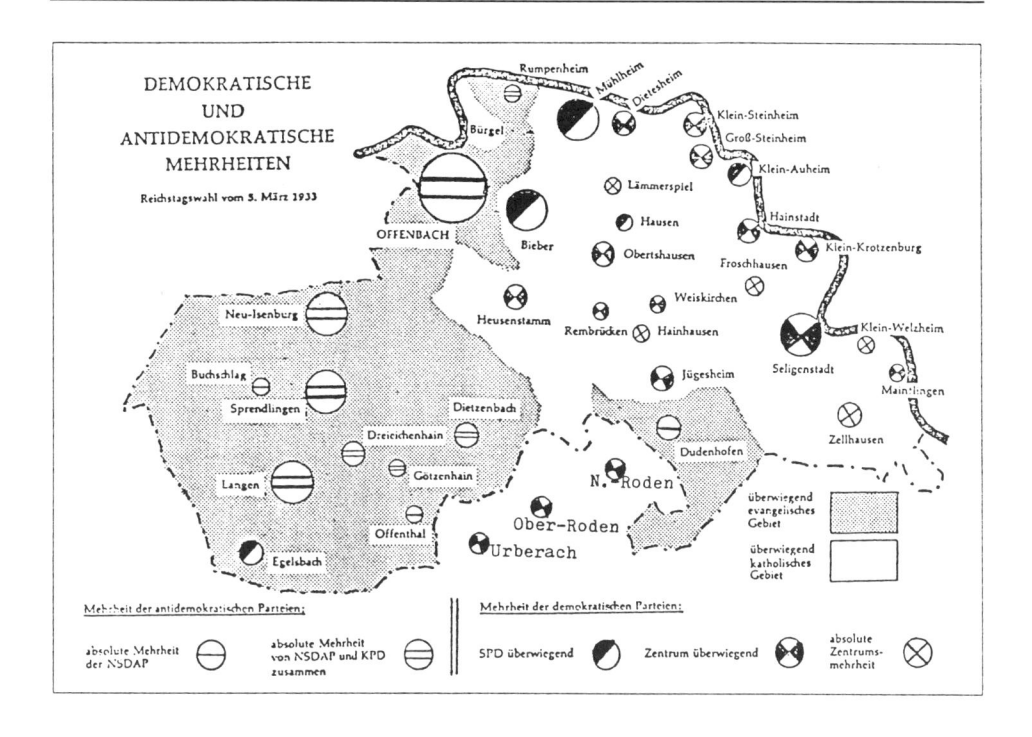

Was sich insgesamt im Deutschen Reich erwies, nämlich ein relative Resistenz gegen den Nationalsozialismus bei der katholisch geprägten Bevölkerung und bei der traditionell sozialistischen Arbeiterschaft, spiegelte sich auch in dem kleinen Raum des Kreises Offenbach. Für eine wahlsoziologische Untersuchung mag die Feststellung interessant sein, daß die Bürger des Kreises Offenbach der Regierung Hitler am 5. März 1933 mit deutlicher Zweidrittelmehrheit das Vertrauen verweigert haben, politisch bedeutsam war nur das Gesamtergebnis im Reich, das dieser eine knappe Mehrheit einbrachte. Und auch im Kreis Offenbach hatten die demokratischen Parteien nicht mehr die Mehrheit der abgegebenen Stimmen auf sich vereinigen können. Die Demokraten waren in einem demokratisch verfaßten Staat zu einer amtlich gezählten Minderheit geworden. Der Untergang der Demokratie war bei solchen Gegebenheiten nicht mehr aufzuhalten.

Reichstagswahlergebnisse für die großen Parteien
in den Gemeinden des Kreises Offenbach am 5. März 1933

	Gültige Stimmen	NSDAP	SPD	KPD	Zentrum
Bieber	3 751	1 273	1 061	468	893
Buchschlag	485	287	21	13	48
Dietesheim	1 867	293	544	392	622
Dietzenbach	2 070	600	692	729	7
Dreieichenhain	1 553	407	422	659	4
Dudenhofen	1 197	741	344	87	3
Egelsbach	2 339	629	1 111	511	41
Froschhausen	782	121	163	69	406
Götzenhain	657	305	227	109	9
Groß-Steinheim	1 949	498	338	284	776
Hainhausen	481	56	146	26	249
Hainstadt	1 783	243	238	479	801
Hausen	1 168	116	498	69	478
Heusenstamm	2 158	409	622	315	781
Jügesheim	1 678	420	415	134	697
Klein-Auheim	2 301	313	849	410	704
Kl.-Krotzenburg	1 576	180	554	213	616
Kl.-Steinheim	2 249	596	528	457	633
Kl.-Welzheim	630	69	114	23	423
Lämmerspiel	714	31	219	34	424
Langen	5 787	2 259	1 874	1 196	179
Mainflingen	773	77	256	129	310
Mühlheim	4 527	1 489	1 591	723	642
Neu-Isenburg	9 006	3 682	2 543	1 718	509
Obertshausen	1 513	413	446	172	471
Offenthal	575	308	217	45	0
Rembrücken	167	26	47	17	77
Rumpenheim	1 212	611	395	93	88
Seligenstadt	3 415	663	687	485	1 505
Sprendlingen	5 013	1 689	1 561	1 410	139
Weiskirchen	1 068	60	463	37	502
Zellhausen	941	80	207	66	587
Steinbach/Ts.	723	254	307	146	2
«Landkreis» Offenbach	66 149	19 198	19 700	11 738	13 626
Stadt Offenbach	55 745	17 838	16 933	10 317	6 402
Kreis Offenbach	121 894	37 036	36 633	22 055	20 028
(Kreis Dieburg)					
Nieder-Roden		153	380	129	601
Ober-Roden		349	662	219	835
Urberach		272	443	253	673

6. März 1933:
Hakenkreuz über dem Kreisamt

Die weitgehende Verzagtheit, welche unter den Bürgern verbreitet war, die den demokratischen Parteien ihre Stimme gegeben hatten, bot den Nationalsozialisten nach dem Wahlergebnis vom 5. März die Möglichkeit, sich in raschem Zugriff der ganzen Macht im Staat zu bemächtigen. Der Wahlerfolg versetzte Hitlers Anhänger in einen Siegesrausch, der eigentlich ebensowenig angebracht war wie die Depression bei ihren Gegnern. Stimmungen und Gefühle beherrschten die Menschen, bestimmten ihr Handeln und Unterlassen. »Denn während in den Reihen ihrer Anhänger der erlangte Sieg nunmehr als ein Triumph des Rechtes der eigenen Sache gilt, verzweifelt der geschlagene Gegner in den meisten Fällen am Gelingen eines weiteren Widerstandes überhaupt«[34], so hatte Hitler in seinem Buch »Mein Kampf« schon einige Jahre zuvor die entstandene Situation beschrieben, die er nun voll zu seinen Gunsten ausnutzte. Über ein halbes Jahrhundert später, wo es zu den politischen Erfahrungen zählt, daß auch die stärkste Bundestagsfraktion, selbst wenn sie über 48,7 Prozent der Mandate verfügt, klaglos in die Opposition geht,[35] ist es kaum noch verständlich, wie die NSDAP 1933 mit 43,7 Prozent ihren Anspruch auf eine totale Umgestaltung des Staatswesens erheben und auch durchsetzen konnte.

Unverständlich erscheint heutzutage auch die Unverfrorenheit mit der die Nationalsozialisten gleich nach der Wahl die Umgestaltung der politischen Verhältnisse in den Ländern und Gemeinden forderten und verwirklichten. Daß es geschehen konnte, zeigt, wie anders das Denken und Fühlen und das daraus resultierende Handeln der Menschen sich damals in einem ganz anders gearteten gesellschaftlich-politischen Umfeld vollzogen.

Schon am Montag, 6. März, hißten die Nationalsozialisten als Zeichen ihres Sieges auf dem Kreisamt Offenbach in der Geleitsstraße die Hakenkreuzfahne. Der Regierungsrat Bornscheuer versuchte, sie wieder einzuziehen, doch stellte er den Versuch ein, als SS-Leute sich »räusperten«.[36] Die schwarz-rot-goldene Fahne der Republik aber wurde verbrannt.

Auch in einzelnen Gemeinden des Kreises kam es an jenem Montag nach der Wahl zu Siegeskundgebungen der Nationalsozialisten. In Dudenhofen, wo sie fast 62 Prozent der Stimmen hatten gewinnen können, veranstalteten sie am Abend einen großen, von zwei Musikkapellen begleiteten Fackelzug hinaus ins freie Feld, um dort ein Freudenfeuer zu entzünden. Dazu feierte ein eifriger Parteigenosse in einer Ansprache die neue Volksgemeinschaft, in der alle Klassengegensätze überwunden und die Deutschen endlich wieder ein einiges Volk geworden seien: Dem NS-Ritus entsprechend endete die Feier mit dem Absingen des Deutschland- und des Horst-Wessel-Liedes.[37]

FLAGGENWECHSEL
Als Zeichen auch der örtlichen Machtübernahme nach ihrem Wahlerfolg vom 5. März 1933 hißten die Nationalsozialisten an den Rathäusern die Hakenkreuzfahne, hier in Neu-Isenburg.

Polizei und Regierung in brauner Hand

Was sich am gleichen 6. März in Neu-Isenburg abspielte, liest sich in der Fassung des NS-Presseamtsleiters wie folgt:[38]

*»Am Montag, dem 6. März, fand unter den Fahnen des neuen
Deutschlands ein Fackelzug des nationalen Neu-Isenburg statt.
Die Brandstiftung im Reichstagsgebäude und ein weiterer roter
Terror erforderten trotz dem überwältigenden Wahlsieg den
Einsatz aller Kräfte, um etwaige Unruhen von marxistischer
Seite im Keime zu ersticken. Die hiesigen Formationen hatten
ständigen Bereitschaftsdienst. Gegen 2 Uhr kam Gauleiter
Sprenger von Darmstadt nach hier und nahm eine Abteilung
der im Schützenhof liegenden SA-Reserve mit zur Polizeiwache.
Inzwischen war auch die SA alarmiert worden, und der Führer
des 4. SS-Sturmes übernahm die provisorische Leitung der Polizei. Die sofort eingesetzte Hilfspolizei übernahm sofort den
Schutz aller öffentlichen Gebäude und der lebenswichtigen
Betriebe wie Elektrizitäts- und Wasserwerk usw. Bekannte
SPD- und KPD-Funktionäre, sowie gewohnheitsmäßige Unruhestifter mußten in Schutzhaft genommen werden, um Ruhe
und Ordnung bei der Machtübernahme zu gewährleisten. Die
Häftlinge wurden von der NS-Küche verpflegt...«*

Aus dieser Darstellung ergibt sich, daß in Neu-Isenburg die Nationalsozialisten schon am Tag nach der Wahl unter Mitwirkung ihres Gauleiters Sprenger die Polizeigewalt an sich rissen und sofort gegen ihre politischen Gegner rücksichtslos vorgingen. Man wartete gar nicht erst ab, bis am späten Abend in Darmstadt aufgrund eines Telegrammes von Reichsinnenminister Frick, der sich auf die »Verordnung zum Schutz von Volk und Staat« vom 28. Februar 1933 bezog, die Polizeigewalt im Volksstaat Hessen auf den Nationalsozialisten Dr. Heinrich Müller als Staatskommissar übergegangen war. Müller gab sogleich Anweisung, auch in Hessen die reguläre Polizei durch Hilfskräfte aus SA, SS und dem »Stahlhelm« zu verstärken.[39]

Eine der ersten Amtshandlungen Dr. Müllers war es, mit Dr. Werner Best einen besonders rabiaten Nationalsozialisten, der zwei Jahre zuvor als Verfasser der berüchtigten »Boxheimer Dokumente« im Mittelpunkt politischer Auseinandersetzungen gestanden hatte, als Sonderkommissar für das Polizeiwesen einzusetzen. Die Polizeigewalt in Hessen war damit in die Hände von Leuten übergegangen, die sie bedenkenlos gebrauchten, um ihre politischen Gegner aus den Ämtern zu verjagen und sie zu unterdrücken. Noch in der Nacht besetzten sie die Wohnung des geschäftsführenden hessischen Staatspräsidenten Adelung (SPD) und das von Wilhelm Leuschner verwaltete Innenministerium. Abgeschlossen wurde die Regierungsübernahme im Volksstaat Hessen am 13. März durch die Wahl des bisherigen Landtagspräsidenten Dr. Ferdinand Werner (NSDAP) zum neuen Staatspräsidenten. Werner seinerseits ernannte Müller als Nachfolger Leuschners zum Innenminister und bestätigte Best als Sonderkommissar.[40]

Bei einer solchen Besetzung der höchsten Staatsämter und der obersten Polizeiführung in Hessen brauchte die neugebildete Hilfspolizei in den Gemeinden keine Obrigkeit mehr zu fürchten, und die reguläre Polizei hütete sich, das Vorgehen ihrer ungebetenen Helfer allzusehr zu behindern und sich dadurch Ärger bei der vorgesetzten Landesbehörde einzuhandeln. Zudem verabschiedete noch am 13. März – also zehn Tage, bevor der Reichstag einen ähnlichen Beschluß faßte – der Hessische Landtag ein Ermächtigungsgesetz, das der neuen Regierung umfassende Vollmachten verlieh:[41]

»*Die Regierung wird ermächtigt, alle Maßnahmen im Rahmen der Verfassung zu treffen, die sie im Hinblick auf die Not von Volk und Staat, sowohl zur Sicherung von Personen und Eigentum als auch auf finanzrechtlichem, wirtschaftlichem und sozialem Gebiet, für erforderlich und dringend erachtet.*«

SA UND SS ALS HILFSPOLIZEI
Vereidigung am 10. März 1933 in Neu-Isenburg

Braune Bürgermeister

Nachdem die Macht im Reich und im Land übernommen war, galt es für die Nationalsozialisten, möglichst rasch auch in den Städten und Gemeinden die Rathäuser zu besetzen und die örtliche Verwaltung in ihre Gewalt zu bringen. Dazu verwandten sie überall eine nahezu gleichartige Taktik: Leute zogen vor die Rathäuser und veranstalteten Tumulte, bei denen sie ihre Unzufriedenheit mit Bürgermeister und Beigeordneten zum Ausdruck brachten. Vielfach drangen sie auch in die Verwaltungsgebäude ein und hißten die Hakenkreuzfahne. Sie rissen die Polizeigewalt an sich und ließen als erste Maßnahme führende Gemeindepolitiker der anderen Parteien in sogenannte »Schutzhaft« nehmen. Der Umsturz in der Gemeinde war vollendet, sobald die Regierung einen Nationalsozialisten als neuen Bürgermeister eingesetzt hatte.

Lokale Abweichungen von diesem Muster ergaben sich lediglich in Einzelheiten. So hatte man in Egelsbach, wo die NS-Organisation recht schwach war, sich der Hilfe der berüchtigten Langener SA-Motorstaffel versichert. Die Polizeigewalt übernahm der NS-Ortsgruppenleiter. Dann endlich konnten – wie es die »Offenbacher Nachrichten« am 11. März darstellten – die »Freiheitsbanner« auf den Fahnenmasten der Bürgermeisterei gehißt werden.

In Neu-Isenburg hatte schon am 6. März ein SS-Sturmführer die Polizeigewalt an sich gerissen, Funktionäre von SPD und KPD wurden in Schutzhaft genommen. Am nächsten Tag zogen die Nationalsozialisten »unter Jubel- und Heilrufen einer riesigen Menschenmenge« die Hakenkreuzfahne am Rathaus auf.[42] Der Bürgermeister Wilhelm Arnoul (SPD) wurde mit anderen in der Rosenauschule eingesperrt. Am 15. März warfen ihm die NS-Leute in einer inszenierten Massenversammlung vor, er habe sich seiner Pflicht entzogen und könne nicht länger im Amt geduldet werden. Sie forderten seinen Rücktritt und erreichten, daß das Kreisamt Offenbach umgehend seine vorläufige Beurlaubung verfügte. Der Zweite Beigeordnete, ein strammer Nationalsozialist, wurde kommissarisch mit der Wahrnehmung der Dienstgeschäfte beauftragt. Mit den Vorwürfen gegen den Bürgermeister war der Tatendrang der Isenburger NS-Leute auf der Massenversammlung noch nicht erschöpft. Sie zogen von dort zu einem in jüdischem Besitz befindlichen Kaufhaus an der Frankfurter Straße und verlangten seine Schließung. Die Polizei ordnete daraufhin tatsächlich an, daß die Türen des Hauses verschlossen wurden.[43]

In Mühlheim drangen am 13. März SA-Leute ins Rathaus ein und erklärten dem Bürgermeister Trejtnar (SPD), er möge verschwinden, als Sozialdemokrat habe er hier nichts mehr verloren. Als er sich weigerte, drängte ihn die SA aus dem Haus.[44]

In Hainstadt stellte der bisherige Bürgermeister bei der Hissung der Hakenkreuzfahne auf dem Rathaus resignierend fest: »Ich kann sie nicht hindern.« Dies wurde ihm als regierungsfeindliche Äußerung ausgelegt.[45]

In Bieber wurde nicht nur der allseits beliebte Bürgermeister Adam Marsch (SPD) in Schutzhaft genommen, bei der Festnahme wurde auch sein Schäferhund erschossen und der Ortspolizist seines Postens enthoben. Die NS-Presse aber berichtete summarisch, die Besetzung der Verwaltungsstellen mit »nationalen Kräften« werde weiter vorangetrieben.[46]

ABSETZUNG DES
BÜRGERMEISTERS

```
Hessisches Kreisamt          Offenbach a. M., den 24. Mai    1933.
  Fernsprecher 80491

Betreffend:  Verordnung zur Sicherung der Verwaltung in den Gemeinden;
             hier: Gemeinde Weiskirchen.

Dr.Wb./Scho.

             Der Herr Minister des Jnnern hat auf Grund
         der Verordnung zur Sicherung der Verwaltung in den Ge-
         meinden durch Verfügung vom 16.Mai l.Js.zu Nr.M.d.J.30424
         die Amtszeit des Bürgermeisters Peter O t t in Weis-
         kirchen für beendet erklärt.Als Kommissar an seiner
         Stelle wurde Karl F e c h e r I.mit der Versehung der
         Dienstgeschäfte beauftragt.

                                    [Unterschrift]

An
   Hess.Bürgermeisterei
          Weisskirchen .
```

Vieles sah bei dem Vorgehen der Nationalsozialisten nach einer geschickten Regie aus. Vermutlich spielten sich die örtlichen NS-Führer und die übergeordneten Instanzen gegenseitig die Bälle zu. Doch nicht immer tanzten die Puppen am Ort ganz nach den Anweisungen der Spielleiter. Die Vorgänge in Sprendlingen können als Beispiel dafür dienen, wie örtliche NS-Funktionäre ihre eigenen Ziele gegenüber der Kreisleitung durchsetzen wollten. Die ungebärdigen Kräfte, die sich mit dem politischen Gegner nach Herzenslust balgen durften, waren nicht bereit, auf einen Schlag nur noch nach Anweisung zu handeln. Da ihnen die Ablösung des SPD-Bürgermeisters Stimpert und sein Ersatz durch einen ihrer Leute nicht schnell genug ging, wandten sie sich am 22. März in einem Schreiben ihrer NSDAP-Ortsgruppe an die Kreisleitung in Offenbach und das Innenministerium in Darmstadt:[47]

> »Bürgermeister Stimpert ist verantwortlich für das Verschwinden von vier Gewehren Modell 98. Dieselben fanden wir vor einigen Tagen unter einer Brücke, die sich auf Gemeindege-

lände befindet, in Säcken verpackt vor. Weiterhin fanden wir im Keller des Rathauses versteckt ca. 200 Schuß Infanterie-Munition.
Am Tage des Umsturzes erschien Bürgermeister Stimpert nicht zum Dienst, sondern zog es vor, nach Offenbach aufs Kreisamt zu Herrn Reg. Rat Bornscheuer zu fahren und dort zu behaupten, er würde hier in Sprendlingen an der Ausübung seiner Dienstgeschäfte behindert. Dies ist eine glatte Unwahrheit. Weiterhin hat Herr Stimpert uns insofern herausgefordert, als er ausgerechnet einem Reichsbannermann, der seinerzeit unsere Hakenkreuzflagge heruntergeholt hatte, als Bürohilfsarbeiter in den Tagen nach dem Tage der Machtergreifung in Hessen eingestellt hat. Die SA revoltierte hiergegen und der Mann wurde auf Verlangen der SA sofort aus dem Rathaus entfernt. (...) Die Einwohnerschaft Sprendlingens erwartet hier dringend eine Änderung und erwartet, daß der seitherige Bürgermeister Stimpert sofort abgelöst und durch einen komm. Bürgermeister ersetzt wird. Ich persönlich schließe mich voll und ganz der Ansicht der Sprendlinger Bevölkerung an, umso mehr, da mir bekannt ist, daß Stimpert ein Duzfreund des berüchtigten Landtagsabgeordneten W. Anthes ist und von diesem mehr oder weniger dirigiert wird. Anthes hetzt hier schon lustig darauf zu, gerade heute wieder, indem er Drohungen ausstieß: Er wolle, weil die hiesige Gewerbebank Schwarz-Weiß-Rot und Hakenkreuzfahnen geflaggt hatte, dafür sorgen, daß die linkseingestellten Einwohner von Sprendlingen ihre Sparguthaben dort abheben sollten. Ich erwarte beschleunigt Regelung dieser Angelegenheit, da sonst mit der Möglichkeit von tätlichen Angriffen auf die Person des Stimpert und Anthes gerechnet werden muß. Ich erbitte sofortige Einsetzung eines komm. Bürgermeisters und ich schlage hierfür unseren ältesten Mitkämpfer am Ort Pg. Georg Ott, Sprendlingen, vor.«

Da die Offenbacher Dienststellen nicht in dem gewünschten Sinne tätig wurden – vermutlich erinnerte man sich daran, daß der vorgeschlagene »älteste Mitkämpfer am Ort« als Kreisleiter versagt hatte und im Sommer 1932 abgelöst werden mußte – wandte sich die Sprendlinger Ortsgruppe in einem weiteren Schreiben vom 4. April an die Gauleitung in Darmstadt:[48]

»Die Bürgermeisterfrage am hiesigen Platze ist nunmehr derart dringend geworden, daß unbedingt Abhilfe geschaffen werden muß. In Sprendlingen Krs. Offb. hat sich der SPD-Bürgermeister Stimpert krankheitshalber beurlauben lassen. Ein Beigeordneter existiert schon seit einem halben Jahr nicht mehr; seitdem der Kommunist Roth vom Kreisamt seines Dienstes enthoben wurde. Die Amtsgeschäfte liegen vollkommen brach. Nur die allerwichtigsten Geldanweisungen werden von

*einem Beauftragten des Kreisamtes einmal wöchentlich erledigt.
Es ist weiterhin zu bemerken, daß die ganz Beamtenschaft des
Verwaltungs-Apparates durch und durch marxistisch ist. Es ist
höchste Zeit, daß hier etwas unternommen wird, da sonst die
Gefahr besteht, daß die SA die Bonzen und Bönzchen herausholt.«*

Die erneuten Vorstellungen und wiederholten Drohungen hatten freilich ein Ergebnis zur Folge, das nicht im Sinne der Sprendlinger Ortsgruppe war. Am 7. April teilte das Kreisamt der Bürgermeisterei mit, der Innenminister habe durch eine am Vortag ausgegebene Verfügung die Amtszeit des Bürgermeisters Stimpert für beendet erklärt, bis zur Bestellung eines kommissarischen Bürgermeisters würden die Geschäfte durch einen beauftragten Beamten des Kreisamtes wahrgenommen.[49)] Ende April wurde dann ein Auswärtiger, Dr. Ludwig Storch aus Schotten, zum kommissarischen Bürgermeister berufen. Die Ortsgruppe Sprendlingen, deren personelle Wünsche man nicht berücksichtigt hatte, versuchte man mit dem Hinweis zu beruhigen, die politische Leitung komme ohnehin dem Ortsgruppenleiter zu. Doch daraus entwickelten sich neue Unzuträglichkeiten. Dr. Storch arbeitete nicht mit den altgedienten Nationalsozialisten zusammen; er sammelte seine Freunde um sich und warf den Sprendlinger Parteigenossen vor, sie bespitzelten ihn. Erbost richteten diese ein erneutes Schreiben am 1. Juli 1933 an die Kreisleitung, welches an den Gauleiter weitergereicht werden sollte. Nach einer langen Liste von Anklagen gegen Dr. Storch heißt es dann:[50)]

*»Über das Betragen des komm. Bürgermeisters wäre zu sagen,
daß er keinen Kontakt mit den alten Nationalsozialisten hier
am Ort finden kann, da er es vorzieht, als passionierter Jäger
mit einer sogenannten besseren Gesellschaft auf die Jagd, zum
Schießen usw. zu gehen. Es liegt mir fern, in private Angelegenheiten des Pg. Storch mich einzumischen, es liegt jedoch hierin
die Gefahr, daß Pg. Dr. Storch von der Denkungsweise dieser
besseren Gesellschaftsschicht irgendwie beeinflußt wird. Ganz
abgesehen davon, daß die Arbeiterbevölkerung von Sprendlingen dieses auf die Jagd-Fahren per Auto mit anderen Augen
sieht als der Unterzeichnete.«*

Abschließend wurde in dem Schreiben verlangt, eine Klärung des Verhältnisses des Bürgermeisters zur politischen Leitung herbeizuführen. Auch wurde daran erinnert, daß die Stelle des Beigeordneten noch immer frei sei und daß die Vorschläge der Ortsgruppe schon eine ganze Weile bei der Kreisleitung lägen, offensichtlich ein Wink mit dem Zaunpfahl, um für den örtlichen Favoriten wenigstens noch die zweite Stelle in der Gemeinde zu ergattern.

Diese Anfänge nationalsozialistischer Gemeindeverwaltung im Kreis Offenbach verhießen wenig Gutes. Gearbeitet wurde mit dem Druck der Straße; die rechtmäßigen Amtsinhaber wurden verjagt, den eigenen Leuten Posten zugeschanzt, parteiintern wurde gedroht und intrigiert. Schon früh zeigte sich so das ungeklärte Nebeneinander von staatlichen Instanzen und Parteistellen, die ihrerseits wieder nicht einheitlich handelten. Dadurch war der Grundstock gelegt für Verhältnisse, die chaotisch werden sollten. Für die immer wieder beschworene »Aufbauarbeit« fehlten ziemlich alle Voraussetzungen.

Braune Mehrheiten in den Gemeinderäten

Die totalitär denkenden Nationalsozialisten wollten die Macht mit niemandem teilen. Sie begnügten sich daher nicht damit, die Bürgermeistereien mit ihren Leuten zu besetzen und die ihnen mißliebigen Beigeordneten zu verjagen. Sie wollten die ganze Macht; jeder andere Einfluß war auszuschalten. Dem diente das »Vorläufige Gesetz zur Gleichschaltung der Länder mit dem Reich« vom 31. März 1933. Mit ihm setzte die Phase der Gleichschaltung voll ein, denn das Gesetz enthielt auch Bestimmungen, die stark in das Leben der Städte und Gemeinden eingriffen. Im Paragraphen 12 wurde über die gemeindliche Selbstverwaltung bestimmt:[51]

> *»(1) Die gemeindlichen Selbstverwaltungskörper (Kreistage, ... Stadträte, Stadtverordnetenversammlungen, Gemeinderäte usw.) ... werden hiermit aufgelöst.*
> *(2) Sie werden neu gebildet nach der Zahl der gültigen Stimmen, die bei der Wahl zum Deutschen Reichstag am 5. März 1933 im Gebiet der Wahlkörperschaft abgegeben worden sind. Dabei bleiben die Stimmen unberücksichtigt, die auf Wahlvorschläge der Kommunistischen Partei oder solche entfallen, die als Ersatz von Wahlvorschlägen der Kommunistischen Partei anzusehen sind.«*

Mit Schreiben vom 7. April 1933 wies das Kreisamt Offenbach die Bürgermeistereien an, die erforderlichen Maßnahmen zur Neubildung der Gemeinderäte »mit größter Beschleunigung« in die Wege zu leiten und bis zum 30. April »gewissenhaft« durchzuführen.[52] Mit einem Federstrich hatten damit die Nationalsozialisten die anderen Parteien eines Großteils ihrer Mandate in den Gemeindevertretungen beraubt, denn abgesehen von der Kreisstadt hatte die NSDAP bei den letzten Kommunalwahlen 1929 keinen Sitz gewonnen. Nur in Langen hatte sie 1931 durch den Übertritt des Spitzenkandidaten der Bürgerlichen Einheitsliste, des späteren Bürgermeisters Heinrich Göckel, einen Sprecher im Gemeinderat erhalten.[53]

Unter Berufung auf die Wahlentscheidung vom 5. März war die NSDAP nunmehr in den Gemeinderäten stark vertreten und besaß wegen der Ausschaltung der KPD vielerorts die Mehrheit. Als nächstes ging sie daran, SPD- und Zentrumsvertreter zu verdrängen. In Langen nahmen die durch Verfolgung, Verhaftung und Mißhandlung dezimierten Sozialdemokraten die ihnen zugewiesenen

Mandate nicht wahr.[54)] In Neu-Isenburg hatte die SPD gar keine Vorschlagsliste mehr vorgelegt, aus der sie Abgeordnete hätte erhalten können.[55)] In Dudenhofen kam es während einer Gemeinderatssitzung zu schweren Angriffen der NS-Leute gegen die Sozialdemokraten. Diese legten in der Folge ihre Mandate nieder.[56)] In Mainflingen waren die SPD-Vertreter zur Sitzung des Gemeinderates erst gar nicht erschienen. Die Nationalsozialisten schlossen schließlich die SPD-Leute ganz aus den Gemeindevertretungen aus. Durch Erlaß des Hessischen Innenministers vom 27. Juni 1933 wurde bestimmt, daß Sozialdemokraten nicht mehr den Vertretungen der Gemeinden angehören dürften.[57)]

Ähnlich rigoros sprang die NSDAP mit den Vertretern des Zentrums um. In Mainflingen hielt einer ihrer Redner den Zentrumsleuten die »Sünden« ihrer Partei aus der Zeit vor 1933 vor. Daraufhin verließen diese ihre Plätze im Gemeinderat.[58)] In Seligenstadt hielt die Fraktion des Zentrums noch Ende Mai 1933 eine Sitzung ab, an der auch der Pfarrer und die Mitglieder des Kirchenvorstandes teilnahmen.[59)] Offenbar wollten sie über die neue Lage beraten. Allein die Zeit der parlamentarischen Debatten in den Städten und Gemeinden des Kreises war abgelaufen. Die neuen Gemeindevertreter übten einen ganz anderen Stil. Sie begnügten sich nach dem im Berliner Reichstag gegebenen Vorbild mit der zustimmenden Entgegennahme von Erklärungen der NS-Führer und dem Absingen vaterländischer Lieder. In den Gemeindevertretungen wurde fortan nicht mehr kontrovers diskutiert und dann abgestimmt, die NS-Oberen gaben vielmehr ihre Parolen aus, denen die meist braun uniformierten Zuhörer beifällig zustimmten. So waren sie nach kürzester Zeit eigentlich schon überflüssig geworden. Der Bericht über die Sprendlinger Gemeinderatssitzung am 5. Mai 1933 schildert den Verlauf der ersten Zusammenkunft des obersten gemeindlichen Beschlußorgans nach der Gleichschaltung:[60)]

»Punkt 1/2 9 Uhr zieht die SA in den Rathaussaal und stellt sich um den großen Tisch auf. Der Saal ist festlich geschmückt, denn es ist dies die erste Gemeinderatssitzung nach der Machtergreifung durch Adolf Hitler.
Hinter dem Stuhl des Bürgermeisters hängt das geschmückte Bild des großen Führers. Kurz nach 1/2 9 Uhr ziehen die 15 ebenfalls in Uniform erschienenen Gemeinderatsmitglieder an der SA vorbei und nehmen ihre Plätze ein. Sofort eröffnet der Bürgermeister, Herr Dr. Storch, die Ratssitzung ...
Das Protokoll der heutigen Sitzung wird nach 5 Minuten verlesen und einstimmig genehmigt. Die Sitzung schließt 9 1/2 Uhr. Die ganze Sitzung dauerte also genau 1 Stunde. Zu bewundern ist, mit welcher Schnelligkeit und Klarheit die Beschlüsse gefaßt wurden. Es gab keine langen, unnützen Debatten wie früher, sondern kurz gefaßte Entschlüsse. Das Horst-Wessel-Lied beendete die wirklich eindrucksvoll verlaufene Sitzung.«

Braune Gemeindebeamte

Eine andere scharfe Waffe gab das Regime den lokalen Behörden mit dem »Gesetz zur Wiederherstellung des Berufsbeamtentums« vom 7. April 1933 an die Hand, das in § 4 bestimmte:[61]

»Beamte, die nach ihrer bisherigen Betätigung nicht die Gewähr dafür bieten, daß sie jederzeit rückhaltlos für den nationalen Staat eintreten, können aus dem Dienst entlassen werden.«

Damit war es möglich, Mißliebige aus dem Amt zu werfen und die eigenen Anhänger in die entscheidenden Positionen zu bringen. Auch mußten die Beamten es sich gefallen lassen, in rangniedere Beschäftigungen eingewiesen zu werden. Die Nationalsozialisten hatten die überkommenen Absicherungen, die der Beamtenstatus gewährte, beseitigt; die vollständige Politisierung konnte beginnen. Ohne das Parteibuch ging fortan nichts mehr.

In großzügiger Auslegung wandte die NSDAP die Bestimmungen des Gesetzes über das Berufsbeamtentum auch auf die Angestellten und Arbeiter im öffentlichen Dienst an. Die Partei, die bei der herrschenden Massenarbeitslosigkeit Arbeit und Brot versprochen hatte, sah nun eine Möglichkeit, wenigstens einigen ihrer Anhänger Beschäftigung zu verschaffen. Daß man dafür Marxisten und andere politisch unzuverlässige Personen entlassen konnte, sah sie ohne Rücksicht auf deren daraus folgende wirtschaftliche Notlage als einen Vorteil, denn die nun eingesetzten »Alten Kämpfer« waren willfährige Werkzeuge, die den Einfluß der Partei in den Amtsstuben und im gesamten öffentlichen Dienst ungeheuer befestigten. Wie radikal man bei diesen Umbesetzungen vorging, zeigt beispielsweise das Protokoll der Dietzenbacher Gemeinderatssitzung vom 15. Juni 1933:[62]

Nachdem man den öffentlichen Teil der Sitzung »mit einem dreifachen Sieg-Heil auf den Führer der NSDAP Adolf Hitler« geschlossen hatte, wurde im nichtöffentlichen Teil – bezeichnenderweise unter Hinzuziehung des Stützpunktleiters (= Ortsgruppenleiters) der NSDAP – über die Gemeindebediensteten befunden. Die Entlassung wurde beschlossen für den Schutzmann S., den Schuldiener B., den Wassergelderheber K., die beiden Feldschützen, den Rohrmeister E., den Untererheber des Finanzamtes W., den Wiegemeister K. Im Amt belassen wurden nur der Gemeinderechner und der Ausscheller. Über den Nachtschützen lag bereits ein Sonderbefehl des Polizeiamtes Offenbach vor.

Nicht bei allen Personen, die laut Beschluß des Gemeinderates zu entlassen waren, war die Gemeinde Arbeitgeber für alle ausgeübten Tätigkeiten. Der Rohrmeister E. war als Elektromeister auch mit der Beaufsichtigung des örtlichen Stromnetzes beauftragt. Daher wandte sich die »Ortszelle Dietzenbach« der NS-Betriebszellen-Organisation in einem Schreiben am 14. Juli 1933 an das Elektrizitätswerk Offenbach:[63]

»Betr.: Elektromeister E., Dietzenbach
Obiger Elektromeister ist in hiesiger Gemeinde zugelassen und

*zur Beaufsichtigung des Ortsnetzes beauftragt. E. bietet auf
Grund seiner politischen Einstellung keine Garantie zur reibungslosen Abwicklung bei Störungen und unvermuteten Eingriffen in das Stromnetz. E. ist Mitglied der SPD. Wir ersuchen
um Enthebung von E. von seinem Posten und Neubesetzung
durch ein Mitglied der nationalsozialistischen Bewegung. Ihrer
umgehenden Entscheidung sehen wir entgegen und zeichnen
Heil Hitler
(Unterschrift)
O. B. W.«*

Gleichlautende oder ähnliche Schreiben ergingen in anderen Fällen. Die Entlassung wurde wegen politischer Unzuverlässigkeit oder wegen Doppelverdienst gefordert. Aber auch bei letzterer Begründung dürfte politische Mißliebigkeit der eigentliche Anlaß für die Kündigung gewesen sein. Überall im Lande verloren auf diese Weise nach dem Grundsatz »Dem Sieger die Beute« Gegner der Nationalsozialisten ihre Stellung und wurden durch Leute ersetzt, deren einzige Qualifikation oft nur darin bestand, »Alte Kämpfer« gewesen zu sein.

Ein anpassungswilliger Kreisdirektor

Noch bevor sie die Rathäuser besetzten, hatten die Nationalsozialisten auf dem Kreisamt in Offenbach ihre Hakenkreuzfahne gehißt, mit der sie ihren Machtanspruch auch über diese Behörde deutlich machen wollten. Auch wenn sie in ihrer »Kampfzeit« von der Verwaltung stets nur geringschätzig gesprochen hatten, war ihnen deren Bedeutung bewußt. Für sie stand es außer Zweifel, daß alle dort Beschäftigten in allen Fragen nur nach nationalsozialistischer Sichtweise entscheiden durften. Da überdies die Mehrheit der Bürger seit jeher die Verwaltung als eine neutrale Instanz betrachtete, verfügte die NSDAP mit dieser über ein Organ, das ihren Herrschaftswillen als das eigentliche staatliche Wollen darstellte. Die unterworfene und gleichgeschaltete Verwaltung war eine gefährliche, für die meisten Bürger nur schwer erkennbare Waffe in der Hand der Nationalsozialisten.

Schon bald nach der ersten Festigung ihrer Macht im März 1933 gingen die NS-Leute daran, die ihnen nicht genehmen Spitzen der bisherigen Verwaltung zu verjagen. Unter der Überschrift »Es wird gesäubert« wußten die »Offenbacher Nachrichten« zu melden, daß 40 Verwaltungsbeamte beurlaubt worden waren.[64] Zu den Entlassenen gehörten auch der Kreisdirektor Dr. Merck und der Polizeidirektor Bach. Die Entlassungen aus politischen Gründen setzten sich bis in das Jahr 1934 hinein fort. Trotz der von den Nationalsozialisten durchgeführten »Säuberungsmaßnahmen« scheint es ihnen 1933 nicht vollkommen gelungen zu sein, eine reine NS-Verwaltung aufzubauen. Als zum Beispiel der NS-Bürgermeister von Heusenstamm 1934 versuchte, seinem Amtsvorgänger wegen Vorgänge in der Gemeindeverwaltung während dessen Amtszeit einen Strick zu drehen, konnte dieser Unterstützung bei der Kreisverwaltung finden. Ein Regierungsrat des Kreisamtes teilte dem früheren Bürgermeister mit, er solle mit dem neuen Amtsinhaber nicht verhandeln, er verbot sogar dem Angeschuldigten, mit dem nachforschenden NS-Bürgermeister in Kontakt zu bleiben. Das Kreisamt werde selbst die Sache zu regeln wissen. In seiner Enttäuschung über sein gescheitertes Vorgehen schwärzte der NS-Mann das Kreisamt bei der NS-Kreisleitung an:[65]

»(Es wäre) tatsächlich gut, wenn die Kreisleitung gerade die Herren vom Kreisamt, die heute noch nicht wissen, daß der deutsche Gruß Heil Hitler ist, – denn ich persönlich hatte schon dreimal Zusammenstöße mit Beamten, die meinen Gruß mit einem Guten Morgen quittierten – unter die Lupe nähmen. Des weiteren habe ich festgestellt, daß gerade die abgebauten politisch unzuverlässigen Altbürgermeister und Gemeinderechner sich auf dem Kreisamt wie zu Hause fühlen und mit sehr vielen dieser Herren auf Du und Du stehen.«

Reichlich überraschend war das Verhalten der Nationalsozialisten dem Kreisdirektor Dr. Merck gegenüber. In ihrem Sinne konsequent hatten sie gehandelt, indem sie ihn Mitte März 1933 als angeblich »anmaßend und asozial« aus dem Amt vertrieben.[66] In der Zeit vor der Machtergreifung hatte er nämlich eindeutig im republikanischen Lager gestanden. Er war ein Verwaltungsjurist, der eine für diesen Beruf typische Karriere durchlaufen hatte. Bevor er nach Offenbach kam, hatte er bereits als Kreisdirektor in Erbach und Groß-Gerau gewirkt. In den zwanziger Jahren hatte ihn die Regierung mit der Revision von Verwaltungsgesetzen beauftragt.[67] Als ein Repräsentant des demokratischen Staates hatte er sich erwiesen, indem er er im August 1932 für eine würdige Ausgestaltung der Verfassungsfeiern sorgte, die von den Gegnern der Republik heftig abgelehnt wurden.[68] In den erbitterten Wahlkämpfen um das Amt des Reichspräsidenten hatte er sich gegen Hitler für die Wiederwahl Hindenburgs eingesetzt und einen Wahlaufruf zugunsten des früheren Feldmarschalls unterzeichnet, der von den republikanischen Kräften in Stadt und Kreis Offenbach getragen wurde.[69]

Obwohl die Nationalsozialisten in ihrer Zeitung verkündeten, daß sie Merck aus dem Amt geworfen hätten, übte er bald wieder sein Amt als Kreisdirektor aus. Unklar bleiben die Gründe, die sie bewogen, ihn zurückzuberufen. In der Zeit, in der er dann noch von Gnaden der NS-Leute Kreisdirektor war, betätigte sich Merck allerdings als deren Sprachrohr. Im Juni 1933 eröffnete er die erste Sitzung des neugebildeten Kreistags, in der er sich über die Grundsätze der NS-Verwaltungslehre ausließ. Nur mit übergroßer Hellhörigkeit lassen sich aus seinen Ausführungen kritische Töne dem Regime gegenüber im Sinne der Bewahrung der alten Verwaltungsgrundsätze heraushören:[70]

»Mag auch die Selbstverwaltung in ihrer äußeren Form sich ändern, in ihrem Wert bleibt sie unvermindert. Von NS-Seite ist aus berufenem Munde in autoritativer Weise darauf hingewiesen worden, daß an der Selbstverwaltung, die ein altes deutsches

Erbgut ist, als solcher festgehalten werden soll, und es war für uns eine besondere Genugtuung, daß unser Reichsstatthalter bei seiner Fahrt durch den Kreis Offenbach mit Nachdruck betont hat, welcher hohe Wert der Selbstverwaltung innewohnt ...

Immer müssen wir bei der Arbeit lebensnahe unserem Volke bleiben, seinen Pulsschlag erfühlen, an seine Bedürfnisse, aber auch an seine Nöte denken, den Blick stets auf das Ganze gerichtet mit dem Ziel der Verwirklichung des großen nationalen, vom wahren Sozialismus erfüllten Gedankens, im Geiste des Führers des deutschen Volkes, Adolf Hitler.«

In ähnlicher Weise äußerte sich der Kreisdirektor bei zahlreichen Anlässen, so vor allem, wenn er bei der Einführung neuer Bürgermeister mitwirkte. Die Verabschiedung des Haushaltsplanes war im Juni 1933 allerdings kein Problem. In früheren Jahren hatte dieser Anlaß stets zu heftigen Diskussionen geführt, auch wenn die NSDAP vor 1933 noch gar nicht im Kreistag vertreten war.[71] Zuletzt war es wegen der wirtschaftlichen und finanziellen Notlage gar nicht mehr möglich gewesen, einen Haushaltsausgleich herbeizuführen. Jetzt nach der Gleichschaltung gab es keine Auseinandersetzungen wegen des Kreishaushalts. Es genügte, daß der Beigeordnete Stein, der gleichzeitig der NS-Kreisleiter des Kreises Offenbach war, dem Kreistag mitteilte, der Etat sei im Kreisausschuß durchgesprochen worden. Daraufhin nahm der Kreistag den Haushalt einstimmig an.[72]

Trotz des Umschwenkens des Kreisdirektors auf die NS-Linie blieb zunächst das Wirken der Kreisverwaltung gemäßigt. In politischen Fragen hielt man sich offensichtlich sehr zurück. Als es im Dezember 1933 um die Feststellung derer ging, die als Nichtwähler im Monat zuvor bei der Volksabstimmung dem Regime die Zustimmung verweigert hatten, empfahl das Kreisamt, auf Nachforschungen zu verzichten, da die Nichtwähler ohnehin bald den Wert der NS-Aufbauarbeit erkennen würden.[73]

Es half nichts, daß Kreisdirektor Dr. Merck die Selbstverwaltung als »altes deutsches Erbgut« beschworen hatte, die Nationalsozialisten wendeten sie bald in einer Form an, daß sie ihren Namen nicht mehr verdiente. Eine der letzten Amtshandlungen Dr. Mercks war die Einbringung des Kreishaushaltes 1934. Dem Kreistag legte er einen glatten, ausgeglichenen Etat vor und äußerte sich in dem Sinne, daß der Kreis Offenbach zwar der ärmste Kreis im rhein-mainischen Wirtschaftsgebiet sei, der Führer es aber schon schaffen werde, auch in dieser Hinsicht eine Besserung herbeizuführen.[74] Nur wenige Tage danach, am 28. Februar 1934, mußte Kreisdirektor Dr. Ernst Merck dann doch sein Amt aufgeben und wurde durch den jungen überzeugten Nationalsozialisten Dr. Hans-Reinhard Koch ersetzt.

Siegesfeiern und Fackelzüge

Die Freude der Nationalsozialisten über den errungenen Sieg war schier grenzenlos. In einem Taumel der Begeisterung verstanden sie es, eine Vielzahl von Menschen mitzureißen und für sich zu gewinnen. Viele ließen sich täuschen, verfielen in eine Hochstimmung und erwarteten für die von der NSDAP zu gestaltende Zukunft die größten Dinge. Die bedrückende Lage der ausgehenden Weimarer Zeit schien mit einem Schlag überwunden. Waren die Nationalsozialisten schon vor dem 30. Januar 1933 Meister in der raschen Organisation, so lernten sie nun schnell, die Massen zu begeistern und viele in den Zustand eines politischen Rausches zu versetzen. Jeder, der mit sich und seinen großen und kleinen Problemen nicht zurechtkam, war eingeladen, zu der großen und machtvollen Volksgemeinschaft zu stoßen. Dort würde er auf zahlreiche Kameraden treffen, die sich ebenso wie er selbst für eine bessere Welt einsetzten. Mit immer perfekteren Inszenierungen von Kundgebungen, Aufmärschen, Fackelzügen und Feiern wollten die Nationalsozialisten sich der Menschen bemächtigen.

In kürzester Zeit entwickelten sie ein Muster für die in knappen Zeitabständen stattfindenden Veranstaltungen, für die sie immer neue Anlässe fanden oder erfanden. Veranstalter waren die Partei selbst oder ihre Gliederungen wie die SA, die SS, die HJ, die NSV, aber auch die Polizei, die vaterländischen Verbände und die Kriegervereine. Wesentlicher Bestandteil war stets die im nationalsozialisti-

SA STANDARTE DREIEICH
bei einer Kundgebung auf dem in »Platz der SA« umbenannten Wilhelmsplatz in Offenbach

schen Gedankengut sich bewegende Festansprache. Auch mit musikalischen Darbietungen wurde nicht gegeizt. Die Blasmusik hatte Überstunden zu absolvieren. Bei den Umzügen waren besonders die zu abendlicher Stunde durch die mit Hakenkreuzfahnen geschmückten Straßen ziehenden Fackelzüge beliebt. Sie führten zu einem Festplatz oder Versammlungslokal, wo wieder die Symbole des Nationalsozialismus das Bild bestimmten. Kein Bürger sollte sich dem Rummel und der damit verbundenen Beeinflussung entziehen können. Wer nicht mitmachte, war einfach kein guter Deutscher. Er bedurfte der Nachhilfe, damit er die Großartigkeit der neuen Zeit und der NS-Bewegung verstand.

Waren die Fackelzüge am Tag nach dem hochgejubelten Reichstagswahlsieg, wie sie in Dudenhofen und Neu-Isenburg stattfanden, noch weitgehend von den örtlichen Kräften getragen und bestimmt, so setzt sich in der Folge eine starke Vereinheitlichung durch. Auch Freudenausbrüche und Feiern wurden reglementiert und blieben nicht dem Zufall überlassen. Wenn auch die NS-Presse über jeden Ort gesondert berichtete, so ist doch die lenkende Hand hinter den Aktionen spürbar. Die Einwohner Langens erlebten am 14. März einen Aufzug anläßlich der »Befreiung des Hessenlandes«, in Mühlheim verbanden die Nationalsozialisten eine Kundgebung für das nationale Deutschland ebenfalls mit einem Fackelzug, in Seligenstadt marschierten die NS-Verbände auf.

Beispielgebend für die Gemeinden im »Landkreis« war wieder einmal die Kreisstadt Offenbach mit einem gewaltigen Fackelzug am Abend des 21. März, an dem sich etwa 7 000 Menschen beteiligten: SA und SS, HJ, Polizei und Hilfspolizei, Stahlhelm, NS-Betriebszellen, Postler, Straßenbahner, Eisenbahner, nationale Vereine, Burschenschaften, Pfadfinder, Turner, Ruderer, Schwimmer, Fußballer, Schützen, Feuerwehr, Spielmannszüge und natürlich alle Parteigenossen.[75]

Der Höhepunkt der Fackelzüge war am 24. und 25. März 1933. Die Presse brachte Meldungen über solche Aufmärsche in Mühlheim, Rumpenheim, Heusenstamm, Dudenhofen, Hainstadt und Seligenstadt. In den beiden zuletzt genannten Orten war freilich die Festesfreude getrübt, denn in Hainstadt beteiligte sich der Katholische Männerverein nicht am Umzug, und in Seligenstadt weigerte sich der katholische Pfarrer, die Glocken läuten zu lassen. Positiv vermerkte dagegen die NS-Presse, daß der dortige evangelische Pfarrer nach dem Zug eine abschließende Rede über die Bedeutung des großen Tages hielt.[76]

Das Blendwerk mochte da und dort der spontane Ausdruck der Freude und der Begeisterung der Nationalsozialisten gewesen sein, doch dürfen darüber seine anderen, weit wichtigeren Bedeutungen nicht übersehen werden. Eine Absicht war es sicherlich, die Schwankenden mitzureißen, eine andere, die Menschen nicht mehr zur Besinnung kommen zu lassen. Schließlich galt es, die gewaltsame Verdrängung der bisherigen Kommunalpolitiker weniger bewußt werden zu lassen und die mit Heftigkeit einsetzenden Verfolgungen zu übertönen. Während die einen feierten, sorgten andere für die Sicherung der Macht.

Die Zeit der Rollkommandos

Seit Bestehen der NS-Partei hatten ihre Führer den Mitgliedern und Anhängern immer wieder eingetrichtert, wie hart und unerbittlich der Kampf gegen die Gegner geführt werden müsse. Da diese schonungslos vorgingen, müsse man ihnen mit gleicher Münze heimzahlen. Besonders bei den Angehörigen der NS-Wehrverbände SA und SS hatte das zu einer Verrohung und einer Bereitschaft zum Prügeln geführt. Solange sich der Gegner vor der Machtergreifung noch wehrte und wehren konnte, entstanden so die zahlreichen Schlägereien mit zum Teil schlimmen Folgen. Als ihnen im Frühjahr 1933 die Macht zufiel, dachten die Nationalsozialisten nicht daran, ihr Verhalten zu ändern. Mit der Rückendeckung des Staates gingen sie nunmehr gewaltsamer denn je gegen ihre Gegner vor. Es begann die Zeit der Schinder und der Folterknechte. Der Schrei nach Rache für angeblich früher erlittenes Unrecht war unüberhörbar, das Verlangen nach Gewalttätigkeiten allgegenwärtig.[77] Zudem dienten die Brutalitäten noch dem Zweck, Bürger, die nicht für die Partei zu gewinnen waren, einzuschüchtern.

Partei und Staat waren nach Auffassung der Nationalsozialisten unlöslich miteinander verbunden. Das in der Praxis ungeklärte Verhältnis beider Institutionen zueinander versuchte später das »Gesetz zur Sicherung der Einheit von Partei und Staat« vom 1. Dezember 1933 zu regeln, was jedoch wegen der wenig konkreten Bestimmungen nur unvollkommen gelang.[78] In der ersten Zeit nach der Machtergreifung waren die Grenzen zwischen Staatsmacht und NS-Verbänden ziemlich fließend. Letztere erlaubten sich vielfach ein Vorgehen, wie es unter geordneten Verhältnissen selbst staatlichen Behörden nicht erlaubt ist. Eine genauere Unterscheidung war offensichtlich nicht erwünscht, denn sie hätte leicht ein Hindernis für das terroristische Vorgehen von SA und SS bedeuten können. Berüchtigt und gefürchtet waren die Rollkommandos, die in der Regel aus etwa neun SA- oder SS-Leuten und einem Polizisten, der Parteimitglied sein mußte, bestanden. Anordnungen des Staatskommissars für das Polizeiwesen in Hessen aus dem April 1933 zeigen, daß die Partei und Polizeispitze im Lande sich veranlaßt sah, den außer Kontrolle geratenen lokalen Terror zu regulieren.[79] Doch unabhängig davon, wer die politischen Gegner aus ihren Wohnungen holte oder sonstwo verhaftete und sie in Schul- oder Rathauskeller, in Gefängnisse oder Lager schleppte, sie wurden meist gnadenlos verprügelt. Mit Stahlruten, Gummiknüppeln oder anderen Gegenständen wurde auf sie eingeschlagen. Bei einem der in Langen Gefolterten hatte sich die Lunge gelockert und ein Arm wurde gebrochen. Fielen die Mißhandelten in Ohnmacht, so wurden sie mit Wasser übergossen und anschließend weiter verdroschen. Ein Langener Kommunist erinnerte sich 30 Jahre nach den Vorgängen:[80]

> »Im Rathauseingang links war die Polizeiwache. Es war die
> erste Station: Prügel und Entsetzensschreie drangen mir hier
> entgegen, als ich von zwei Schwerbewaffneten hier eingeliefert
> wurde, und mit den Händen in der Tasche sahen die Polizisten
> gleichgültig der Blutorgie zu. In einem zweiten Zimmer mit
> einem Durchgang zum Polizeirevier tagte das "Gericht". "Aha,
> da kommt ja so einer mit einer jüdischen Intelligenzfresse." –

Kinnhaken von rechts, Kinnhaken von links, Fußtritte in die Hoden, auf ihn mit Gebrüll, und es fließt Blut. Es reißt nicht ab mit "Zugängen". An den Langener Nazigegnern wird ausprobiert und ausgearbeitet, was wenig später schon in den Konzentrationslagern zum System erhoben wird. Prügel, Prügel, das war ihrer Weisheit letzter Schluß, und dann ab in die Arrestzelle im Untergeschoß des Rathauses, und wenn in den Zellen kein Platz mehr war, dann halfen Fußtritte und Gummiknüppelhiebe nach, um auf dem engsten Raum für die aus Mund und Nase Blutenden noch Platz zu schaffen.«

RATHAUS LANGEN
Im Keller wurden viele NS-Gegner aus dem westlichen Kreisgebiet vorübergehend gefangen gehalten und mißhandelt.

In Dudenhofen war in den ersten Tagen nach dem Umsturz in Hessen eine Hakenkreuzfahne von dem Schulhaus heruntergeholt worden. Ein Schlägertrupp der SA wurde daraufhin in die Gemeinde entsandt, der fünf Angehörige der Freien Turnerschaft verhaftete, die als Verdächtige galten. Um den Täter innerhalb der Festgenommenen ausfindig zu machen, prügelten die SA-Leute wild darauf los. Als dies nichts half, brachten sie die Verdächtigen nach Offenbach. Unterwegs setzte es Hiebe, ebenso bei der Ankunft im Polizeigewahrsam. Dies trieben die Schinder so lange, bis schließlich einer gestand, die Fahne entwendet zu haben. Die Schläger verzichteten auf jede Art von Vernehmung, in allen Situationen waren Prügel ihr einziges Mittel.[81]

Quälereien und Demütigungen für den überwundenen Gegner fehlten auch in Mühlheim nicht. Dort mußten Funktionäre der SPD unter der Aufsicht und dem Gejohle der Nationalsozialisten alte Wahlplakate von den Wänden entfernen. Im Keller des Rathauses schlugen SA-Männer mehrere Festgenommene zusammen.[82]

Merkwürdig mutet bei den Übergriffen von SA und SS gegen politische Gegner das Verhalten der Polizisten an. Zwar wird ihnen wiederholt bescheinigt, daß sie keine Hand hoben, um auf die Opfer einzuschlagen, sie taten aber auch nichts, um dem üblen Treiben Einhalt zu gebieten oder es zu mildern. Im Grunde hatten sie abgedankt. Um Schereien und Nachteile zu vermeiden, ließen sie die gewähren, die sie im Streit der Parteien als die Stärkeren erkannt hatten und die sich auf die Staatsautorität berufen konnten. Das war ein Verhalten, wie es noch viele andere in der NS-Zeit üben sollten.

Schläge der Nationalsozialisten konnten auch mißliebig gewordene Leute aus den eigenen Reihen treffen. So zeigte im Mai 1933 ein Neu-Isenburger SS-Mann bei der Staatsanwaltschaft an, er sei »von einer Bande unter dem Vorwand, eine polizeiliche Aktion vorzunehmen«, aus seiner Wohnung in den Wald gelockt und dort von namentlich genannten Leuten, zum Teil Mitgliedern der Hilfspolizei, mit Gummiknüppeln zusammengeschlagen worden.[83]

Fememord am ehemaligen Kreisleiter

Opfer parteiinterner Lynchjustiz dürfte auch Wilhelm Schäfer geworden sein, der am 17. Juli 1933 auf dem Bahnkörper der Strecke Neu-Isenburg – Frankfurt erschossen aufgefunden wurde. Schäfer hatte bis 1931 eine nicht unbedeutende Rolle in der örtlichen NSDAP gespielt. Eine Zeitlang bekleidete er das Amt des NS-Kreisleiters im Kreis Offenbach und wurde im November 1931 in den Landtag gewählt. Entgegen seinen Bekundungen war er jedoch bei Gericht nicht als Rechtsanwalt zugelassen, auch führte er den Doktortitel zu Unrecht. Vorhaltungen seiner Parteigenossen und ihr Drängen zum Verzicht auf das Landtagsmandat waren möglicherweise für Schäfer Anlaß, die berüchtigten »Boxheimer Dokumente« dem Frankfurter Polizeipräsidenten auszuhändigen. Der Skandal war da und führte im Reich zu einer heftigen Agitation der SPD gegen die NSDAP. Bei den Nationalsozialisten aber galt Schäfer fortan als Verräter. Als dann Dr. Best, der Verfasser der »Boxheimer Dokumente«, 1933 zum Sonderkommissar für das Polizeiwesen in Hessen ernannt war, ließ er Schäfer zweimal in Schutzhaft nehmen, der nach seiner zweiten Entlassung erschossen aufgefunden wurde. In der 1934 entstandenen geschichtlichen Darstellung »SA in Hessen« gab sich der Verfasser dann auch gar keine Mühe, den Mord zu beschönigen:[84]

»Herr Schäfer war so unvorsichtig, sich wieder in seinem früheren Wirkungsbereich blicken zu lassen, und die kleine Zeitungs-

notiz: "Der durch die Boxheimer Hochverratsaffäre 1931 bekanntgewordene Schäfer aus Offenbach wurde heute mit einigen Schüssen durch den Hals auf den Schienen tot aufgefunden" zeigt das Ende eines Verräters.«

Wegen der Ermordung des ehemaligen Kreisleiters Schäfer wurde übrigens nach dem Krieg gegen Dr. Best ermittelt, doch wurde dieser 1956 vom Landgericht Frankfurt »außer Verfolgung« gesetzt, da kein hinreichender Tatverdacht begründet schien.[85]

Osthofen: KZ in einer Papierfabrik

So wie der gewaltsame Tod des ehemaligen Offenbacher Kreisleiters in der Zeitung bekanntgegeben wurde, erschienen 1933 auch die Nachrichten über die Verhaftung politischer Gegner. Die Offenbacher Zeitungen jener Wochen sind voll von Berichten über Razzien, Durchsuchungen und Verhaftungen. Verzeichnete das Offenbacher Arrestantenregister für das ganze Jahr 1932 insgesamt 132 Arrestierungen, so waren es in den vier Monaten vom 6. März bis zum 30. Juni 1933 nicht weniger als 442![86] So wurden am 9. März in Neu-Isenburg 20 Kommunisten verhaftet, am 13. März in Langen 18 KPD-Funktionäre festgenommen; am Tag darauf war es eine größere, von einer Karl-Marx-Feier in Mühlheim heimziehende Gruppe, die arretiert wurde. Die Verhaftungen setzten sich im April und Mai fort und scheinen im Juni 1933 einen gewissen Höhepunkt erreicht zu haben.[87]

Bereits Ende März 1933 konnten die Zeitungsleser im Kreis Offenbach aus den »Offenbacher Nachrichten« erfahren, daß in Dachau bei München ein Konzentrationslager für die in sogenannte Schutzhaft Genommenen geschaffen worden sei. In Hessen richtete man für Schutzhäftlinge aus den drei Provinzen Starkenburg, Oberhessen und Rheinhessen ein Konzentrationslager in der ehemaligen Papierfabrik Osthofen bei Worms ein, über das die gleiche Zeitung am 22. April 1933 ihren Lesern unter der Überschrift »Erziehungs- und Besserungsanstalt in Osthofen« berichtete: »Im Konzentrationslager Osthofen werden verwilderte Marxisten zu anständigen Menschen erzogen.«

Am Tag danach meldete die Zeitung die Überführung von acht Verhafteten dorthin. Unter ihnen befanden sich die Offenbacher Landtagsabgeordneten Heinrich Galm und Ludwig Keil. Der offizielle Erlaß über die Errichtung des Konzentrationslagers Osthofen erging allerdings erst am 1. Mai 1933 durch den Staatskommissar für das Polizeiwesen in Hessen.[88] Fünf Tage später druckte die Zeitung einen umfassenden Bericht über die Zustände, die angeblich in dem KZ herrschten. Offenbar hatten zu dieser Zeit die Nationalsozialisten bereits eine beträchtliche Zahl ihrer Gegner in das rheinhessische Lager verbracht, so daß sie der Öffentlichkeit eine Erklärung über Sinn und Zweck der Einrichtung geben wollten. Der mit zwei Bildern illustrierte Bericht der »Offenbacher Nachrichten« sollte der Bevölkerung verdeutlichen, wie sehr sie sich um eine Umerziehung ihrer Gegner bemühten. Unter der Überschrift »Sie finden wieder zu ihrem Volke zurück« wußte die Zeitung zu berichten, »daß die liebevolle Erziehungsarbeit, die hier geleistet wird, auf fruchtbaren Boden fiel«. Die Ergebnisse, welche die NS-Leute mit ihrer »liebevollen« Arbeit erzielt haben wollten, wurden so beschrieben:

»Die ehedem von volksfremden Hetzern Getäuschten haben zum größten Teil als bekehrte Volksgenossen den Anschluß an den neuen Staat gefunden.«

Und weiterhin wußte die Zeitung zu melden, daß »viele der zu Entlassenden nicht mehr aus dem Lager fortwollen«. Ein ahnungsloser Zeitungsleser hätte meinen können, die Nationalsozialisten hätten sich zu wohltätigen Volkserziehern entwickelt. Daneben bedeutete der Pressebericht zweifellos eine Drohung für diejenigen, die sich dem Regime noch entgegenstellten. Wie sehr das Verschicken nach Osthofen in der ersten Zeit nach der Machtergreifung an der Tagesordnung war, beweist eine Äußerung des Offenbacher Kreisleiters vom Februar 1934, als er sich genötigt sah, zu den vielen Einlieferungen Stellung zu nehmen. Er betonte, allein ihm als Kreisleiter stehe das Recht zu, eine Überstellung nach Osthofen zu veranlassen.[89)]

Wie viele Menschen aus dem Kreis Offenbach den bitteren Weg nach Ostho-

DAS KONZENTRATIONSLAGER OSTHOFEN BEI WORMS
über das im Frühjahr 1933 in der Presse verharmlosende Bilder und Berichte erschienen

fen antreten mußten, läßt sich heute nicht mehr feststellen. Unbeträchtlich war ihre Zahl auf keinen Fall. Aus den Meldungen der NS-Presse läßt sich eine vollständige Liste nicht erstellen, denn die Meldungen dienten weniger der Information als vielmehr als Drohung. Man findet beispielsweise eine Mitteilung, fünf politische Häftlinge, die in Gemeinschaftshaft saßen, seien wegen Hungerstreiks nach Osthofen geschafft worden. Ein anderes Mal waren es sechs Kreisbewohner, unter ihnen der nachmalige Mühlheimer Bürgermeister Anton Dey, denen die Nationalsozialisten einen Aufenthalt im KZ Osthofen zudiktierten. Immer wieder ist von Kommunisten und KP-Funktionären zu lesen, die nach Osthofen eingeliefert wurden. Betroffen waren nach den Meldungen der »Offenbacher Nachrichten« Bürger aus Sprendlingen, Langen, Neu-Isenburg, Götzenhain, Offenbach, Mühlheim, Hainhausen, Dudenhofen und Seligenstadt. Aber auch aus anderen Gemeinden des Kreises, so aus Dietzenbach, Egelsbach, Hainstadt, Heusenstamm und Klein-Welzheim sowie aus Urberach, mußten den Nationalsozialisten mißliebige Leute in den Jahren 1933/34 für kürzere oder längere Zeit Bekanntschaft mit dem hessischen KZ machen. Bei den Zeitungsmeldungen ver-

5,77 MARK VEREINS-
VERMÖGEN
BESCHLAGNAHMT
(Vgl. S. 153)

zichtete man teilweise auf die Angabe von Gründen für die Einlieferung. Es genügte, daß jemand aktives Mitglied der Linksparteien vor der Machtergreifung gewesen war. Bisweilen erfuhren die Zeitungsleser, daß sich die nach Osthofen Verbrachten dem Regime gegenüber feindlich geäußert, oder, wie im Falle eines Seligenstädter Bürgers, der NSDAP kritisch gegenüberstehende Zeitungen weitergereicht hatten.[90)]

Während die Pressestelle der hessischen Staatsregierung das unter der Leitung des Landtagsabgeordneten und SS-Sturmbannführers d'Angelo stehende KZ Osthofen als das »vorbildlichste Erziehungslager für politische Häftlinge« bezeichnete,[91)] klagten die dort Inhaftierten über die primitive und ungesunde Unterbringung von zeitweise etwa 300 Häftlingen. Todesfälle scheinen in dem Lager bis zu seiner Auflösung im Frühjahr 1934 keine eingetreten zu sein, doch berichteten Gefangene von Mißhandlungen.[92)] Heiner Galm erinnerte sich später, es sei bei seinem Aufenthalt in Osthofen »noch recht zivilisiert« zugegangen.[93)] Unter den Inhaftierten bestanden erstaunlicherweise die alten Gegensätze trotz des gemeinsamen Schicksals weiter fort. Von einer Einheit der Linken war nichts zu spüren. »Selbst im Konzentrationslager blieb der alte Haß unter uns bestehen«, berichtete Galm, der mit seinen Leuten nachts einen Überfall der Kommunisten befürchtete.[94)]

Die NSDAP als Massenpartei:
Mitkämpfer, Mitläufer, »Märzgefallene«

Unter dem Eindruck der veränderten Machtverhältnisse und der anhaltenden Propaganda, aber auch aus Gründen der Opportunität und dem Verlangen, der siegreichen Partei sich zuzählen zu können, hatte bei vielen Menschen – oft buchstäblich über Nacht – im Frühjahr 1933 ein Umdenken stattgefunden. War die NSDAP bis zur Machtergreifung vor allem eine Wählerpartei, deren Organisationen sich auch im Kreis Offenbach nur wenige angeschlossen hatten, so trat jetzt ein grundlegender Wandel ein. Die NSDAP und ihre Gliederungen hatten einen ungeahnten Andrang zu verzeichnen, so daß selbst den »Alten Kämpfern« die Entwicklung mißfiel. Sie sprachen verächtlich von den »Märzgefallenen«. Die NS-Kreisleitung sah sich genötigt, in einem Rundschreiben darauf zu verweisen, daß die neuen Parteigenossen nicht als zweitklassig anzusehen seien:[95)]

»In letzter Zeit muß immer wieder festgestellt werden, daß die maßlose Kritik an den neuen Parteigenossen nicht aufhören will. Mit oder ohne Anlaß wird bei Versammlungen, Appellen, Dienststellen und dgl. nicht nur von den Pgs. sondern auch von den Rednern in allen Tonarten auf die sogenannten Märzgefallenen losgehauen. Ich mache darauf aufmerksam, daß wir diese

*Parteigenossen geworben haben und daß es uns freigestanden
hat, ihre Aufnahme zu verweigern. Nachdem sie aber aufgenommen wurden und damit Parteigenossen Adolf Hitlers
geworden sind, so ist es auf die Dauer nicht tragbar, hier in Ver-
allgemeinerungen loszuschimpfen ...«*

Was waren die Motive derjenigen, die offenbar gar nicht schnell genug in die Partei und ihre Gliederungen eintreten konnten? Manche betrogen sich augenscheinlich selbst, indem sie sagten, sie müßten in die NS-Bewegung eintreten, denn diese sei noch weithin offen und wenig festgelegt in ihrer Orientierung, also lohne es sich, mitzumachen und das »Gute« in ihr zu stärken. Andere kamen, weil sie meinten, Hitler allein sei in der Lage, die Arbeitslosigkeit zu überwinden. Es gab Fälle, in denen Nationalsozialisten den Arbeitslosen einen Arbeitsplatz versprachen, wenn sie mitmachten. Auf diese Weise konnten sie auch Arbeiter mit kommunistischen Sympathien gewinnen. Bei den geringen Sätzen der damaligen Arbeitslosenunterstützung muß die Versuchung recht groß gewesen sein. In Jügesheim traten die Arbeitslosen einer Straße gemeinsam in die SA ein. Nachdem ihnen die NSDAP Arbeit verschafft hatte, kehrten sie der NS-Organisation wieder den Rücken. Mit der Aufnahme ehemaliger Kommunisten waren die Nationalsozialisten freilich vorsichtig. In Sprendlingen lehnten sie einen Bewerber ab, weil sie ihn auf einem Bild erkannt hatten, wie er den Rot-Front-Gruß ausbrachte.[96] Ein erhaltengebliebener »Persilschein« aus dem Jahr 1946 bestätigt solche Verführungen. Ein NS-Gegner schrieb dazu:[97]

*»Als alter Antifaschist erlaube ich mir folgende eidesstattliche
Erklärung abzugeben: L. A. stammt aus einer bekannten antifa-
schistischen Familie. Geschwister sowie Verwandte waren zähe
illegale Kämpfer schon seit Anfang des Hitlerismus Einer
wurde bei einer Demonstration erschossen. Sein Beitritt zur SA
entsprang der damaligen Meinung und Einflüsterungen der
Nazi-Schrittmacher, daß damit die Arbeitslosigkeit behoben
werde. Einmal unter die braune Horde geraten, unterlag er
dann leider deren Beeinflussung, war aber niemals überzeugter
Nazi oder direkter Aktivist.«*

Sogar Kommunisten, die von den Nationalsozialisten nach der Machtergreifung übel mißhandelt worden waren, traten in die NSDAP ein. Bei einem ehemaligen Sprendlinger Kommunisten wird vermutet, daß er den Schritt mehr aus Furcht denn aus Überzeugung vollzogen hat.[98] In Mühlheim bekannte sich schon vor dem 30. Januar eine ansehnliche Gruppe von Frauen und Mädchen zur NSDAP. Auffällig war, daß ihre Männer und Väter in den Reihen der Kommunisten standen.[99] Damit mag für manchen der Weg zu den NS-Leuten geebnet gewesen sein.

Wieder andere Leute ließen sich durch die Scheinerfolge der Nationalsozialisten blenden und schlossen sich ihnen an. Ein Studienrat, der einer Linkspartei angehörte, kam eines Morgens in die Schule und vertraute seinen Kollegen an, er habe seine Frau am gestrigen Tag bei »den anderen« angemeldet. Selbst innerhalb der Anhängerschaft der früheren Linksparteien war es gefährlich geworden, ein offenes Wort zu sprechen, da einige eine »hundertprozentige Kehrtwendung« vollzogen hatten.[100] Weiterhin gab es Menschen, die unbedingt bei der rasch größer werdenden Schar der Sieger dabei sein wollten, denn sie konnten es nicht ertragen, auf der Seite der Verlierer zu stehen. Bei manchen mögen mehrere Gründe zusammengekommen sein; auf alle Fälle wurde die NSDAP in kurzer Zeit zu einer Massenpartei.

Die Nationalsozialisten nutzten den Aufwind, in dem sie sich befanden, um den Kreis schnell mit einem lückenlos werdenden Netz vor Ortsgruppen zu überziehen. So gründeten sie im März und im April 1933 Ortsgruppen in Hausen, Dietzenbach und Bürgel.[101] In Zellhausen konnte die NSDAP erst Ende Mai 1933 ihre zweite öffentliche Versammlung abhalten.[102] Anderswo verfeinerten die NS-Leute ihre Organisation, indem sie allmählich die Ortsgruppen in Blöcke und Zellen untergliederten, denen jeweils ein besonderer Vertrauensmann vorstand.

Besonders stark war in den Monaten nach der Machtergreifung der Zulauf zur SA. Mit großem propagandistischen Aufwand führten deren Einheiten in den Städten und Gemeinden Fahnenweihen durch, zum Beispiel in Jügesheim, Langen und Seligenstadt.[103] Sie sind ein deutliches Zeichen dafür, daß die Trupps eine zahlenmäßige Stärke und auch innere Festigung erreicht hatten. Selbst in dem früher eindeutig linksorientierten Egelsbach brachten die Nationalsozialisten mittlerweile einen SA-Sturm auf die Beine. In Seligenstadt formierten sie einen SA-Reservesturm, dem 80 Mann angehörten.[104] Bis zum September 1933 waren die SA-Einheiten zu einer solchen Stärke angewachsen, daß die Führung neu einteilen mußte. Die Trupps aus dem Osten des Kreisgebietes wurden an eine neu gebildete Standarte Odenwald weitergegeben. Die Stadt Offenbach und Bürgel stellten einen eigenen Sturmbann, während im übrigen Kreisgebiet zwei weitere bestanden.[105]

Die Bezeichnung der SA-Standarte im Kreis Offenbach als Nr. 168 erfolgte in Anlehnung an die Regimentsnummer 168 des 4. hessischen Infanterieregimentes dessen 2. Bataillon bis 1919 in Offenbach in Garnison lag. Entsprechend trug die Darmstädter SA-Einheit in Erinnerung an die »115er« deren Nummer.

Wie stark der Andrang zur SA im Jahr 1933 war und welche Schwierigkeiten sich dabei ergeben konnten, zeigt ein Schreiben der Ortsgruppe Sprendlingen an den damaligen Offenbacher Kreisleiter der NSDAP:[106]

»An Kreisleiter Pg. K. Stein
Offenbach

Ich fühle mich verpflichtet, Ihnen folgendes mitzuteilen: Vom
1. bis 5. November war auch hier die Aufnahme in die SA frei.
Es meldeten sich hierzu ca. 120 Leute für die aktive SA, 67 für
die SA-Reserve, sowie rund 100 für Pioniersturm und Motor-SA.
Während in den anderen Formationen alle einwandfreien Leute
aufgenommen wurden, hat der Sturm 23/168 von ca. 120 Anmel-
dungen nur 30 aufgenommen, trotzdem es sich um Leute han-
delt, die jung, durchaus unbescholten und teilweise sogar seit

März/Mai ds. Jahres in der Partei sind. (...) Verschiedene dieser Leute hatten sich bereits Uniformstücke beschafft, die sie nun nicht verwenden können. Durch diese ganze Maßnahme ist eine große Unzufriedenheit in der hiesigen Bevölkerung eingetreten, da diese abgelehnten Leute natürlich alle irrtümlich annehmen, sie seien aus politischen Gründen abgelehnt worden ...«

1. April 1933:
Erster Judenboykott

Schon das 1920 verfaßte Parteiprogramm der NSDAP enthielt die Forderung, allen Juden als Angehörigen eines fremden Volkes die deutsche Staatsbürgerschaft abzuerkennen und sie unter Fremdengesetzgebung zu stellen. Als Nicht-Staatsbürger könnten sie keine öffentlichen Ämter bekleiden. Mit der Machtergreifung 1933 war der von Hitler und seinen Gefolgsleuten propagierte Antisemitismus Bestandteil der offiziellen Regierungspolitik geworden. Nach vereinzelten Aktionen gegen jüdische Geschäfte befahl die Parteiführung zur angeblichen »Abwehr der jüdischen Greuel- und Boykotthetze« für Samstag, 1. April 1933, für das ganze Reich ein einheitliches Vorgehen gegen »jüdische Geschäfte, jüdische Waren, jüdische Ärzte und jüdische Rechtsanwälte«.[107] Der elf Punkte umfassende Boykottaufruf wurde umgehend in der Presse veröffentlicht. Die »Offenbacher Nachrichten« brachten ihn bereits am 29. März auf ihrer Titelseite; das »Langener Wochenblatt« druckte ihn am 31. März ab und ließ durch den Zusatz »Veröffentlicht auf Anordnung der Ortsgruppe Langen der NSDAP« eine gewisse Distanzierung zu dem Text erkennen. Keine Zeitung konnte jedoch die Veröffentlichung des Boykottaufrufes verweigern, ohne ihren wirtschaftlichen Ruin zu riskieren, drohte die NS-Parteileitung doch in Ziffer 4 des Aufrufes:

»Die Aktionskomitees überwachen auf das schärfste die Zeitungen, inwieweit sie sich an dem Aufklärungsfeldzug gegen die jüdische Greuelhetze im Ausland beteiligen. Tun Zeitungen dies nicht oder nur beschränkt, so ist darauf zu sehen, daß sie aus jedem Haus, in dem Deutsche wohnen, augenblicklich entfernt werden. Kein deutscher Mann und kein deutsches Geschäft soll in solchen Zeitungen noch Annoncen aufgeben«

Als in Frankfurt sich jüdische Einzelhändler am 30. März trafen, um wegen der gegen sie gerichteten Maßnahmen zu beraten, wurden sie von der Polizei verhaftet und mit erhobenen Händen in der Kaiserstraße abgeführt. Auf dem

Römerberg aber hielt Rechtsanwalt Roland Freisler, der später als Vorsitzender des Volksgerichtshofes wegen seiner vielen Bluturteile berüchtigt wurde, eine wüste Hetzrede gegen die Juden.[108]

Für den Kreis Offenbach gab Kreisleiter Stein am Abend des 30. März auf dem Offenbacher Wilhelmsplatz, den man bezeichnenderweise in »Platz der SA« umbenannte, das Zeichen zum Vorgehen gegen die Juden:[109]

»Heute führen wir diesen Kampf legal und in der anständigsten Weise. Noch haben die Juden drei Tage Frist! Verstreicht diese Zeit, ohne daß die Greuelpropaganda aufhört, dann werden sich auch noch andere Mittel und Wege finden lassen.«

Das vom Kreisleiter verkündete Ultimatum war natürlich eine reine Erfindung, denn längst liefen die Vorbereitungen für den Boykott auf Hochtouren. Parteiredner versuchten, die Menschen aufzuwiegeln und Stimmung gegen die Juden zu machen. In Langen sprach am 31. März der NS-Landtagsabgeordnete Göckel auf einer Parteikundgebung auf dem Lutherplatz »gegen die Greuelpropaganda der Juden im Auslande«, wie es in der offiziellen Einladung hieß.[110] Und vor dem Stadthaus in Neu-Isenburg versammelten sich am gleichen Abend sogar 5000 Volksgenossen zu einer »Kundgebung gegen die jüdische Auslandshetze«, auf der die Parteileitung die »Abwehrmaßnahmen« bekanntgab.[111]

Nach dem Willen des Judenhassers Julius Streicher, der dem Zentralkomitee vorstand, welches den Boykottaufruf erlassen hatte, sollte die Aktion »bis in das kleinste Bauerndorf hinein vorgetrieben werden«.[112] Schlagartig um 10 Uhr am Samstagmorgen sollten SA- und SS-Posten vor den jüdischen Geschäften und Praxen aufziehen, »um die Bevölkerung vor dem Betreten zu warnen«. In der Wirklichkeit dürfte der Boykott recht unterschiedlich verlaufen sein. In Frankfurt hatten viele jüdische Geschäfte erst gar nicht geöffnet. Leute, die es trotz der Posten wagten, jüdische Läden oder Praxen zu betreten, wurden angepöbelt und, falls es sich um Parteigenossen handelte, sofort gemeldet.[113] Die Polizei schritt nicht ein. Auch in der Kreisstadt Offenbach hatten die meisten jüdischen Geschäfte vorsorglich geschlossen. SA und SS zogen durch die Straßen, verteilten Flugblätter und hielten eine Kundgebung ab.[114] In Langen glaubte sich der jüdische Inhaber eines Textilgeschäftes fünfzig Jahre später erinnern zu können, daß ein SA-Mann an jenem Tag vor seiner Eingangstür stand und auch ein Umzug stattfand. Auf jeden Fall aber zeigte der Boykott Wirkung: Die Kunden blieben nach und nach aus.[115] In Dreieichenhain verwehrten SA-Leute den Zutritt zu einem jüdischen Schuhgeschäft. Am Abend wurde das Schaufenster mit Steinen beworfen.[116] Ein jüdischer Schneidermeister aus Neu-Isenburg berichtete später über das Geschehen:[117]

»Bei dem allgemeinen Boykott jüdischer Geschäfte am 1. April 1933 zogen die SA-Posten vor meiner Ladentür auf, die Schaufensterscheiben wurden beschmiert und das Ladenschild übermalt. In den Jahren bis 1938 kam es hin und wieder zu Belästigungen... Die Kunden kamen nach wie vor, manche durch den Hintereingang.«

Eine ganze Reihe von Gemeinden des Kreises Offenbach merkte nichts von diesem Boykott, da es dort keine Bürger jüdischer Abstammung gab. Nur aus Presseberichten und Erzählungen erfuhren die Einwohner von den Vorgängen.

Jüdische Einwohner («Israeliten») in den Gemeinden des Kreises Offenbach nach dem Ergebnis der Volkszählung vom 16. Juni 1933: [118)]

Bieber	13	*Jügesheim*	1
Buchschlag	1	*Klein-Auheim*	37
Dietesheim	21	*Kl.-Krotzenburg*	30
Dietzenbach	19	*Langen*	53
Dreieichenhain	19	*Mühlheim*	71
Dudenhofen	3	*Neu-Isenburg*	133
Egelsbach	60	*Obertshausen*	1
Gr.-Steinheim	45	*Offenbach*	1435
Hainhausen	6	*Seligenstadt*	146
Hainstadt	8	*Sprendlingen*	99
Heusenstamm	31	*Weiskirchen*	29

Nur wenige Tage nach dem Boykott brachte das »Reichsgesetz zur Wiederherstellung des Berufsbeamtentums« eine weitere Diskriminierung der deutschen Juden. Da sie der nationalsozialistischen Ideologie zufolge als Angehörige einer fremden Rasse keine deutschen Staatsbürger sein konnten, wurden alle Beamten jüdischer Abstammung entlassen. Andererseits wurde es allen Beamten und Parteigenossen zur Auflage gemacht, den Nachweis arischer Abstammung zu erbringen.

Ehrungen für Hitler – auch im Kreis Offenbach

Eine perfekte Regie, die dafür sorgte, daß die Menschen in den Bann des Geschehens gezogen wurden, löste schon bald die anfängliche Spontanität der nationalsozialistischen Feierveranstaltungen ab. Abgesehen von wenigen lokalen Besonderheiten spulte man nun die Festlichkeiten überall nach dem gleichen Muster ab und wollte nichts mehr dem Zufall überlassen. Dies zeigte sich deutlich erstmals am 20. April 1933, Hitlers 44. Geburtstag, den man zum Anlaß nahm, um Aufmärsche, Umzüge und sonstige Veranstaltungen in möglichst allen Ortsgruppen durchzuführen. In Seligenstadt diente der Tag dazu, die Bürger aufzufordern, Einrichtungsgegenstände für den Aufbau einer NS-Geschäftsstelle zu spenden. Tische, Stühle, eine Bank, einen Aktenschrank, Hakenkreuzfahnen und ein Hitlerbild benötigte man zu diesem Zweck. In Bieber dagegen ließen die NS-Gewaltigen ein gemeinsames Essen für die Bevölkerung anrichten. 826 Volksgenossen – etwa 15 Prozent der Einwohnerschaft – sollen an dem unentgeltlichen

ADOLF-HITLER-EICHE
In fast allen Gemeinden wurde dem »Führer« ein Baum gepflanzt. In Neu-Isenburg setzte man eine Eiche auf den Platz, auf dem früher das Rathaus der Hugenottensiedlung stand.

Mahl, das mit Sprüchen von dem unzerreißbaren Band der deutschen Volksgemeinschaft garniert wurde, teilgenommen haben. In Heusenstamm riefen die Nationalsozialisten zu einer Hitler-Geburtstagsspende auf. Sie sammelten 168 Mark, die sie zum Pflanzen einer Hitlereiche verwendeten. Die Rumpenheimer Parteigenossen dagegen setzten eine Hitler-Linde.[119]

Außer einer Hitler-Eiche oder einer Hitler-Linde erhielt jede Gemeinde schon bald eine Adolf-Hitler-Straße oder einen Adolf-Hitler-Platz. Als eine besonders eindrucksvolle Form, den »Führer« zu ehren, betrachtete man dessen Ernennung zum Ehrenbürger. Zahlreiche Städte und Gemeinden im ganzen Reich verliehen dem Diktator in jenen Wochen die Ehrenbürgerrechte und stell-

> **Amtl. Bekanntmachungen.**
>
> Ich ordne hiermit an, daß folgende Straßen und Plätze wie folgt umbenannt werden:
>
> August-Bebelstraße in Ludwigstraße
> Platz der Republik in Ludwigsplatz
> Walter-Rathenaustraße in Adolf-Hitlerstraße
> Walter-Rathenauplatz in Adolf-Hitleranlage
> Friedrich Ebertstraße in Hindenburgstraße
> Gartenstraße in Horst-Wesselstraße
> Friedrichstraße in Göringstraße
> Heinestraße in Peter-Müllerstraße.
>
> Langen, den 11. April 1933
> **Der kommissarische Bürgermeister:**
> Göckel

STRASSENUMBENENNUNG
»Langener Wochenblatt« vom 14. April 1933

> **Adolf Hitler**
> **Ehrenbürger der Stadt Langen.**
>
> Durch einstimmigen Beschluß des Gemeinderats wurde am Mittwoch abend unserem Führer und Volkskanzler Adolf Hitler die Ehrenbürgerrechte der Stadt Langen verliehen.
>
> Unsere Vaterstadt, die ehemalige marxistische Hochburg, nimmt in stolzer Freude Kenntnis von diesem Beschlusse. Die Stadt Langen reiht sich würdig ein in den Rahmen des neuen Deutschlands und gedenkt unsere Einwohnerschaft mit Stolz, Ehrfurcht und großer Freude ihres Ehrenbürgers und Staatsmannes mit einem dreifachen Sieg-Heil Hitler!

ZEITUNGSANZEIGE IM »LANGENER WOCHENBLATT« VOM 19. MAI 1933

ADOLF HITLER

BERLIN, den 3. Dez. 1934

An den

Gemeinderat

Mühlheim a/Main

Hessen

Die Verleihung des Ehrenbürgerrechtes von Mühlheim erfüllt mich mit aufrichtiger Freude. Ich nehme die Ehrenbürgerschaft an und bitte, dem Gemeinderat meinen ergebensten Dank sowie meine besten Glückwünsche für das Blühen und Gedeihen von Mühlheim aussprechen zu dürfen.

Mit deutschem Gruss!

Auszug aus dem
PROTOKOLL
über die
öffentliche
Sitzung
der Gemeindevertretung der Stadt Mühlheim am Main
am 22. Februar 1946, 19.30 Uhr

EHRENBÜRGER FÜR 12 JAHRE!
Für die 1933 verliehene Ehrenbürgerwürde dankte Hitler den Gemeinden in gleichlautenden Schreiben erst ein Jahr später. Nach 1945 wurde in manchen Gemeinden die Verleihung annulliert, in anderen mit einem Mantel des Vergessens zugedeckt.

ten ihn damit in die Reihe bedeutender Persönlichkeiten, die sich um die Menschheit, das deutsche Volk oder um die Gemeinde verdient gemacht hatten. Auch im Kreis Offenbach war dies der Fall. Natürlich war man bestrebt, die Verleihung der Ehrenbürgerwürde mit einem einstimmigen Beschluß des Stadt- oder Gemeinderates auszusprechen. Wo noch Zentrums- oder SPD-Leute der Gemeindevertretung angehörten, konnten oder wollten auch sie sich nicht gegen die für Hitler (und zumeist gleichzeitig für Hindenburg) beantragte Ehrenbürgerschaft aussprechen.[120]

Für die Verleihung der Ehrenbürgerrechte bedankte sich Hitler erst über ein Jahr später. Im November und Dezember 1934 trafen in Mühlheim und Langen – und vermutlich auch in den anderen Gemeinden – gleichlautende Danksageschreiben ein, in denen er seine »besten Glückwünsche für das Blühen und Gedeihen« der angeschriebenen Gemeinden übermittelte. Die Umbenennung der zahlreichen Straßen und Plätze nach seinem Namen scheint ihm übrigens keine sonderliche Freude bereitet zu haben. In einer Presseerklärung vom 27. April 1933 bat er nämlich, »doch davon absehen zu wollen, historische Bezeichnungen zu verändern«. Es sei zwar Ehrenpflicht, die Namen der »Novemberverbrecher« zu entfernen, jedoch sollten die Straßen dann ihre früheren Bezeichnungen wieder erhalten. »Nur das, was die nationale Revolution für die Zukunft selbst aufbaut, darf sie mit ihrem und dem Namen ihrer führenden Männer verbinden.«[121] Die Gefolgsleute draußen im Lande wollten freilich diese Selbstbescheidung ihres »Führers« nicht zur Kenntnis nehmen. Schon bald rühmten sich auch die abgelegensten Dörfer ihrer »Adolf-Hitler-Straße«. Auch der erschossene Horst Wessel und der ruhmsüchtige Hermann Göring erhielten neben anderen NS-Größen vielerorts die Ehrung als Namengeber für Straßen oder Plätze.

1. Mai 1933:
»Aus jedem Fenster eine Hakenkreuzfahne« –
Das Ende der freien Gewerkschaften

Jahrzehntelang hatten Arbeiterbewegung und Gewerkschaften für einen arbeitsfreien 1. Mai gekämpft. Was im Kaiserreich und in der Weimarer Republik nicht durchgesetzt werden konnte, gewährte am 10. April ein von der Regierung Hitler beschlossenes Reichsgesetz: Der 1. Mai wurde zu dem staatlichen (und somit bezahlten) Feiertag der nationalen Arbeit«. Worum es den Nationalsozialisten in Wirklichkeit dabei ging, protokollierte ihr Propagandaminister Goebbels:[122]

»Den 1. Mai werden wir zu einer grandiosen Demonstration
deutschen Volkswillens gestalten.

*Am 2. Mai werden dann die Gewerkschaftshäuser besetzt.
Gleichschaltung auch auf diesem Gebiet. (...) Sind die Gewerkschaften in unserer Hand, dann werden sich auch die anderen
Parteien und Organisationen nicht mehr lange halten können.«*

Die Gestaltung der »grandiosen Demonstration deutschen Volkswillens« an dem neueingeführten Feiertag überließ man keinem Zufall. Von der Reichshauptstadt bis in die entfernten Dörfer mußte alles nach Anweisung vorgeplant werden. Die Nationalsozialisten hatten inzwischen den Staatsapparat so fest in der Hand, daß die entsprechenden Anordnungen auf dem Behörden- und Instanzenweg und nicht über die Parteischiene nach unten gegeben werden konnten. Wie dabei bis in die Einzelheiten geplant wurde und die Bürokratie auch im NS-Staat ihre Blüten trieb, zeigt ein vom Kreisdirektor Dr. Merck unterschriebenes Rundschreiben des Kreisamtes Offenbach vom 19. April 1933 an die Bürgermeistereien des Kreises »Betreffend: Die Feier des Geburtstages des Herrn Reichskanzlers Adolf Hitler und den Feiertag der nationalen Arbeit«.[123] Darin wird unter Bezug auf das Reichsgesetz vom 10. April, auf ein Rundschreiben des Reichsfinanzministers und auf eine Anordnung des hessischen Innenministers den Gemeinden Weisung erteilt, von der Erhebung einer Vergnügungssteuer bei den besonderen Veranstaltungen dieser Tage abzusehen. Dies dürfe aber nur geschehen bei Vorliegen der drei Voraussetzungen,

*»daß es sich um eine Veranstaltung am 1. Mai 1933
bzw. 20. April 1933 handelt,
daß sie durch den Feiertag der nationalen Arbeit bzw. den
Geburtstag des Reichskanzlers besonders veranlaßt ist
und zu Ehren dieser Tage stattfindet.«*

Sollte eine Freistellung von der Vergnügenssteuer eintreten, so seien »auf Grund des Art. 10 des Hess. Urkundenstempelgesetzes Veranstaltungen der im Tarif unter Nr. 35 V 4, 6, 6a und 7 genannten Art« bei der Ausstellung der Erlaubnisscheine stempelsteuerfrei. Im übrigen sei die Polizeistunde im ganzen Land Hessen in der jeweils folgenden Nacht für beide Tage auf 5 Uhr festgesetzt worden.

Das inhaltlich wenig bedeutsame Rundschreiben an die Bürgermeister im Kreis Offenbach zeigt, wie stark das Kreisamt mit dem Kreisdirektor schon zu diesem frühen Zeitpunkt in das nationalsozialistische Herrschaftssystem eingebunden war und wie reibungslos sie auch bei der Umsetzung der in Berlin getroffenen Entscheidungen funktionierten.

Die NSDAP, die sich ja in ihrem Namen als »Arbeiter-Partei« bezeichnete, hatte sich des 1. Maies, des Kampftages der sozialistischen Arbeiterbewegung, bemächtigt und wollte dem Volk beweisen, daß von nun an der Nationalsozialismus die Anliegen der Arbeiter vertreten und ihre Rechte schützen werde. Die Volksgemeinschaft sollte fortan an die Stelle des Klassenkampfes treten. In den letzten Apriltagen versuchte man, durch eine Flut von Propaganda die Menschen zum Mitmachen zu veranlassen. Auch viele Gewerkschaftler erwiesen sich als

»TAG DER ARBEIT«
Am 1. Mai 1933 mußten alle Arbeitgeber und Arbeitnehmer (»Betriebsführer« und »Gefolgschaften« nannte man sie) gemeinsam an den Umzügen teilnehmen. Hier die Portefeuiller in Bieber. In auffälliger Weise fehlen die Hakenkreuzfahnen.

anpassungswillig, weil sie zu retten meinten, was in dieser Lage noch zu retten war, oder weil sie sich den stärkeren Bataillonen anschließen wollten. Das »Offenbacher Abendblatt«, das seit einem zweiwöchigen Verbot im Mai 1933 nicht mehr als »Organ der Sozialdemokratie des Bezirkes Offenbach-Dieburg« sondern als »Unabhängige Zeitung für freies Volkstum« firmierte, veröffentlichte in seiner Ausgabe vom 20. April 1933 einen willfährigen Aufruf des Allgemeinen Deutschen Gewerkschaftsbundes zum 1. Mai, in dem es u. a. hieß:

»Wir begrüßen es, daß die Reichsregierung diesen unseren Tag zum gesetzlichen Feiertag der nationalen Arbeit, zum deutschen

Volksfeiertag erklärt hat. An diesem Tage soll nach der amtlichen Ankündigung der deutsche Arbeiter im Mittelpunkt der Feier stehen. Der deutsche Arbeiter soll am 1. Mai demonstrieren, soll ein vollberechtigtes Mitglied der deutschen Volksgemeinschaft werden ...«

Das Regime erwartete und erreichte Massenbeteiligung und Massenaufmärsche. Betriebe, Behörden und Organisationen nahmen geschlossen an den Maiveranstaltungen teil. Der einzelne Teilnehmer mochte dabei Begeisterung, Zwang zur Anpassung oder auch Nötigung empfinden, große Möglichkeiten, sich dem Treiben zu entziehen, bestanden nicht. Seine Eindrücke von der von angeblich anderthalb Millionen Menschen auf dem Tempelhofer Feld in Berlin besuchten Großkundgebung faßte der französische Botschafter André Francois-Poncet zusammen:[124]

»Unter der lauschenden Menge sind zweifellos viele von Mißtrauen und Haß gegen diesen Menschen (= Hitler) erfüllt, aber auch sie sind erschüttert und mitgerissen wie der Schiffer durch das Zauberlied der Loreley.«

Die Rundfunkübertragung der Hitler-Rede in Berlin-Tempelhof war für zahlreiche Menschen im Kreis Offenbach wie im gesamten Reich der Höhepunkt eines ereignisreichen Tages, der angefüllt war mit Kundgebungen, Versammlungen, Reden, Aufmärschen, Konzerten und Glockengeläut. Es scheint, als sei es Ziel der Veranstalter gewesen, mit diesem Programm die Menschen in einen Rausch zu zwingen und sie zu einer Identifikation mit dem unfaßbaren Etwas, das man Volksgemeinschaft nannte, zu bringen. Allein die heute kaum noch vorstellbare Zahl der Teilnehmer mußte eine besondere Stimmung hervorrufen, die geschickt verstärkt wurde durch genau überlegte, doch meist nicht bewußt wahrgenommene weitere Einwirkungen.

Im benachbarten Frankfurt brachte schon frühmorgens um 7 Uhr die SA mit einem Platzkonzert auf dem Römerberg 30 000 Menschen auf die Beine, und zur Abschlußkundgebung im Ostpark, wo Gauleiter Sprenger sprach, strömten an die 180 000 Teilnehmer.[125] In der Kreisstadt Offenbach dauerte der Vorbeimarsch der 15 000 bis 20 000 in Achterreihen marschierenden Festzugteilnehmer (Betriebsgruppen, Musikkapellen, Vereine, Organisationen und Parteimitglieder) an die anderthalb Stunden. Frauen konnten nicht teilnehmen und waren deshalb gebeten, »den Zug auf der Straße zu begleiten und ihm vom Bürgersteig zuzuwinken«.[126]

»Als Krönung der hingebenden, mühevollen Arbeit des Lagerleiters« hatte man am 1. Mai 1933 auch 115 politische Häftlinge aus dem hessischen KZ Osthofen in die Volksgemeinschaft entlassen. Staatskommissar Dr. Best hatte sie freilich zuvor unmißverständlich belehrt und sie aufgefordert, sich künftig jeder politischen Betätigung zu enthalten und sich »mit eigenem Denken ein eigenes Urteil über ihre Stellung im Leben und zum Volke zu bilden«.[127] Was sie an jenem 1. Mai in der wiedererlangten Freiheit zu sehen bekamen, bot ihnen in der

Tat Anlaß zum Nachdenken. Sie konnten es kaum fassen, wie sich die Menschen und ihre Umgebung in so wenigen Wochen geändert hatten. Heiner Galm, der zu den damals Entlassenen gehörte, erinnerte sich später:[128]

>»Da waren wir so erschüttert. Ich habe die Stadt nicht wiedererkannt: Offenbach im Hakenkreuz! Überall Hakenkreuzfahnen. Auf dem Marktplatz haben wir gestaunt. Da sind wir in den Biergrund, in die Ziegelgasse, in die Arbeiterviertel, wo unsere Stimmen her waren ... Der Kleine Biergrund hat so voll gehangen, daß man fast nicht durchkonnte. Und das war das Haupt-KP- und SAP-Revier. Die Hasenbachgaß, mein Hauptstützpunkt: aus jedem Fenster eine Hakenkreuzfahne. Das war schwer zu verkraften. Das war eine große Enttäuschung... Wir konnten gar nicht verstehen, wie diese Veränderung zustande kommen konnte. Eigentlich konnte das ja nur so gewesen sein, daß auch viele in den Arbeiterparteien organisierte Arbeiter zu den Nazis übergegangen sind.«

In den kleineren Gemeinden des Kreises waren Begeisterung und Teilnahmebereitschaft nicht geringer als in den Städten. Festliche Umzüge aus den verschiedensten Anlässen war man gewohnt. Und es war üblich, daß man sich beteiligte und das Haus schmückte, auch wenn man dem festgebenden Verein nicht angehörte. Zum 1. Mai 1933 wird jedoch übereinstimmend berichtet, daß Beteiligung und Dekoration alles von früher Gekannte in den Schatten stellten. So meldete der »Mühlheimer Bote« am Tag danach, »in nie dagewesener Zahl« seien die Gruppen des Zuges durch die Ortsstraßen marschiert, wo zum Abschluß die Sänger aller Vereine – vor dem Horst-Wessel-Lied! – den beliebten Chor »Das ist der Tag des Herrn« anstimmten. »Die Einwohnerschaft hatte ohne Ausnahme den Tag der nationalen Arbeit durch reichen Flaggenschmuck und Maiengrün gewürdigt.«[129] Und in Dreieichenhain notierte der evangelische Pfarrer in der Kirchenchronik:[130]

>»Der 1. Mai, der Tag der nationalen Arbeit, hielt wie überall im Reiche auch die Bewohner unseres Städtchens vom frühen Morgen bis zum späten Abend in seinem Bann. Es gab wirklich kein Haus ohne Schmuck, ohne frisches Birkengrün, und ein breites Band echter Volksgemeinschaft schlang sich um alle Mitfeiernden...
>Am Nachmittag bewegte sich dann ein nie gesehener gewaltiger Festzug durch die Straßen der Stadt zum Burggarten, wo man bis gegen Abend bei Ansprachen und Gesang und Musik zusammenblieb.«

Beim Lesen dieses Berichtes muß man sich daran erinnern, daß nur acht Wochen vorher bei der Reichstagswahl am 5. März die NSDAP in Dreieichenhain lediglich 26 Prozent der Stimmen erhalten hatte, die SPD aber 27 und die KPD gar über 42 Prozent. Es war in dieser kurzen Zeit in der Tat ein gewaltiger

Stimmungswandel bei weiten Teilen der Bevölkerung eingetreten, wie ihn ja Galm bei seiner Heimkehr aus dem KZ so bitter empfand. Seinen Landtagskollegen und Redakteur des »Offenbacher Abendblattes«, Georg Kaul (SPD), aber packte die Verzweiflung. Während viele seiner früheren Gewerkschaftsfreunde zusammen mit den Leuten der Nationalsozialistischen Betriebszellenorganisation an der Kundgebung auf dem Wilhelmsplatz teilnahmen, verübte er Freitod durch Einnahme von Tabletten. Freunde fanden bei ihm einen Zettel mit der Notiz: »Vor soviel Gesinnungslumperei schäme ich mich. Ich werde versuchen zu gehen. K.«[131)]

Am 3. Mai wurde das SPD-nahe »Offenbacher Abendblatt« endgültig verboten. Die »bürgerliche« »Offenbacher Zeitung« blieb bestehen, mußte jedoch zunehmend auf die NS-Linie einschwenken.[132)] Als ein Beispiel dafür, wie die NS-Presse über den Verlauf des neueingeführten Maifeiertages in einer kleinen Gemeinde berichtete, diene ein Artikel der »Offenbacher Nachrichten« über Dietzenbach. Diese ihre Zeitung hatten die lokalen NS-Machthaber Ende April zum alleinigen Amtsverkündigungsblatt für Kreis und Stadt Offenbach erklärt.

»Tag der nationalen Einheit

Unsere Gemeinde hatte gestern ihren großen Tag. Bei sprichwörtlichem Hitlerwetter und ausgezeichneter Stimmung feierte Dietzenbach den Tag der nationalen Arbeit. Das ganze Dorf war auf den Beinen. Girlanden überspannten die Straßen. Wohin das Auge sah, Fahnen, Fahnen und mit Maigrün geschmückte Häuser. Eine Festesfreude von hier nie beobachteten Ausmaßen. Auch Dietzenbachs Erwachen ist gekommen, was die Teilnahme der gesamten Einwohnerschaft an den Veranstaltungen dieses Tages bewies.

Vormittags 6 Uhr fand unter Glockengeläute und Böllerschießen auf dem Wingertsberg eine Flaggenparade statt. Die vollzählige SA sowie die Fahnen-Abordnungen der Ortsvereine beteiligten sich sodann an dem 7.30 Uhr angesetzten Festgottesdienst. An der alten Schule, am Harmonieplatz und am Wiegehäuschen waren Lautsprecher aufgestellt, um die Berliner Lustgartenkundgebung, den Staatsakt der Hessischen Regierung aus Darmstadt und die Führerrede vom Tempelhofer Feld zu übertragen.

Nachmittags 2 Uhr setzte sich ein großer Festzug durch verschiedene Ortsstraßen in Bewegung, an welchem alle Berufe, Verbände usw. teilnahmen. Die Fähnchen des neuen Deutschlands tragende Schuljugend marschierte unter Begleitung ihrer Lehrer begeistert mit. In der anschließenden Kundgebung auf dem Wingertsberg begrüßte Ortsgruppenleiter Pg. Eberhard die Einwohnerschaft und erzählte von der neuerstandenen Volksgemeinschaft, während frühere Maifeiern das Gift des

Klassenkampfes, des Hasses und der Zwietracht ins Volk geschleudert hätten. Für die ev. Jugend sprach Herr Ramge in längeren Ausführungen, die gipfelten in »Von Freiheit und Vaterland« (Ernst Moritz Arndt), vorgetragen in Sprechchorform vom Jugendbund. Dann gab der Hauptredner Pg. Stumpf aus Neu-Isenburg darüber Auskunft, daß im ehemals roten Dietzenbach endlich auch ein neuer Geist eingezogen sei. Er zeichnete dann das Gesicht früherer Maifeiern mit ihren Bruderkämpfen. Durch den Sieg der deutschen Revolution habe sich der Klassenkampf verwandelt in die Einigung des Volkes für alle kommenden Zeiten. Der Träger des deutschen Sozialismus, unser Arbeiterführer und Volkskanzler Adolf Hitler, werde ein Deutschland der Ehre und Freiheit errichten, in welchem jeder schaffende Volksgenosse Arbeit und Brot haben werde. Ein dreifaches Sieg-Heil auf den Retter Deutschlands beendete neben dem Deutschland- und Horst-Wessel-Lied die offizielle Feier.

Nach musikalischen, sportlichen und turnerischen Darbietungen leerte sich gegen Abend der Festplatz. Doch bei den Heimkehrenden war eine gewisse Spannung zu bemerken, die erst gelöst wurde in der von der ganzen Welt erwarteten Kanzlerrede als triumphale Krönung des Tages der Deutschen Arbeit. Im Milchhof und in der Turnhalle auf dem Wingertsberg blieb man bei fröhlichem Tanz noch lange beisammen. Die heute auf Anordnung der NSDAP erfolgte Aktion in den Geschäftsräumen der Gewerkschaften ging vollständig reibungslos vor sich.«

Dieser Bericht über den im Sinne der Machthaber gelungenen Verlauf des Maifeiertages in dem einstmals »roten« Dietzenbach, wo acht Wochen zuvor die KPD 35, die SPD 33, die NSDAP aber nur 29 Prozent der Stimmen erhalten hatte, ist lediglich ein Beispiel für viele Artikel, die in ähnlicher Weise bei den Lesern in Stadt und Land nachbereitend noch einmal die Eindrücke vom »Feiertag der nationalen Arbeit« verfestigen sollten. Nicht nur einfache Gemüter beeindruckte die Idee der den Klassenkampf ablösenden Volksgemeinschaft als der deutschen Form des Sozialismus. Auch glaubten viele Arbeitslose nur zu bereitwillig an das Versprechen des »Arbeiterführers und Volkskanzlers«, ihnen Arbeit und Brot zu verschaffen.

Flüchtige Zeitungsleser mögen den letzten Satz des Berichtes, der die Aktion gegen die Gewerkschaften meldete, kaum wahrgenommen haben. Dies war geplant. Der Rummel um den »Tag der nationalen Arbeit« sollte überdecken, daß die gewerkschaftlichen Verbände der Arbeiter und Angestellten als selbständige Organisationen beseitigt oder — wie man lieber sagte — »gleichgeschaltet« wurden. In der Kreisstadt Offenbach marschierte eine Abteilung SA zu dem Gewerkschaftszentrum in der Austraße, wo sie die alten Gewerkschaftsfunktionäre, darunter den am Vortag aus dem KZ entlassenen Heiner Galm, vollzählig antrafen. Niemand im Gewerkschaftshaus dachte an Widerstand. Er wäre unter den gegebenen Verhältnissen völlig sinnlos gewesen. Auch das Büro des Zentralverbandes der Angestellten am Wilhelmsplatz und die Räume des Metallarbeiterverbandes in der Herrnstraße wurden von NS-Leuten besetzt, die Verwaltung einem Kommissar der Nationalsozialistischen Betriebszellen-Organisation (NSBO) übertragen.[133] Falls bei einem Volksgenossen Zweifel an der Rechtmäßigkeit des Vorgehens gegen die Gewerkschaften bestanden, so verschaffte ihm diese am 4. Mai veröffentlichte amtliche Mitteilung die nötige Aufklärung:[134]

»Die Aktion gegen die freien Gewerkschaften entspricht, wie von zuständiger Seite mitgeteilt wird, durchaus dem vom Führer Adolf Hitler proklamierten Kampf gegen den Marxismus. Die Reichsregierung steht auf dem Standpunkt, daß es nicht angängig sei, wenn sich der Marxismus hinter den Gewerkschaften verstecke und getarnt den Kampf weiterführe. Die Maßnahmen richteten sich nicht gegen den Arbeiter als solchen, sondern hätten den Zweck, die Gelder und sämtliche Rechte für den Arbeiter sicherzustellen.«

Schon am 9. Mai 1933 fand dann die erste Großveranstaltung der Gewerkschaft und des NSBO im Kreis Offenbach statt. Im Saalbau an der Offenbacher Austraße sprachen vor drei- bis viertausend Menschen der neuernannte NS-Kommissar und ein umgeschwenkter »alter Gewerkschaftler« aus Gießen. Auch ein Teil der einheimischen Gewerkschaftsfunktionäre hatte am Podium Platz nehmen müssen. Sie waren dort gezwungen, ohne die Möglichkeit einer Gegenrede Anwürfe und Beschimpfungen über sich ergehen zu lassen.[135] Am folgenden Tag verfügte Hitler die Bildung der »alle Schaffenden« umfassenden »Deutschen Arbeitsfront« (DAF), zu deren Führer er Dr. Robert Ley bestimmte.[136] Wesen und Ziel dieser NS-Organisation wurden durch die Verordnung vom 24. Oktober 1934 dann noch näher umrissen:[137]

»Die Deutsche Arbeitsfront ist die Organisation der schaffenden Deutschen der Stirn und der Faust. In ihr sind insbesondere die Angehörigen der ehemaligen Gewerkschaften, der ehemaligen Angestelltenverbände und der ehemaligen Unternehmer-Vereinigungen als gleichberechtigte Mitglieder zusammengeschlossen ...«

Anstelle eines Beitrages für eine Gewerkschaft ihrer Wahl hatten fortan alle Arbeitnehmer Pflichtbeiträge an die DAF abzuführen. Sperrte sich jemand gegen die Mitgliedschaft bei der Arbeitsfront, so hatte er keine Aussicht, einen Arbeitsplatz zu erhalten.

Noch mehr Feiern – Bücherverbrennungen

Die nächsten Feierlichkeiten nach dem 1. Mai ließen nicht lange auf sich warten. Das Regime gewährte den Bürgern keine Ruhe zur Besinnung. Anlässe, NS-Organisationen aufmarschieren zu lassen und einen Rummel zu inszenieren, fanden sich immer wieder. Beliebt war es, den Amtsantritt der NS-Bürgermeister im neuen Stil zu feiern, wie es zuerst am 6. Mai in Neu-Isenburg geschah. Dort führte Kreisdirektor Dr. Merck vor einer großen Kulisse Dr. Knöpp in sein Amt ein, während SA, SS, HJ und Arbeitdienst vor dem Stadthaus sich aufstellten und eine »gewaltige Zuschauermenge« das Geschehen verfolgte.[138] Nach außen hin erweckte die NSDAP den Eindruck, als handele es sich jeweils um Angelegenheiten der gesamten Gemeinde, denen jeder Bürger zustimmen könne. Ein treffendes Bild von der propagandistischen Auswertung eines solchen Ereignisses liefert der Bericht im »Langener Wochenblatt« über die Amtseinführung des neuen Bürgermeisters von Götzenhain im Juni 1933:[139]

»Am 6. ds. Mts. fand hier die Einführung des neuen kommissarischen Bürgermeisters, des Bankbeamten Chr. Ph. Müller, statt. Von herrlichem Wetter begünstigt, nahm die Feier einen äußerst würdigen und programmäßigen Verlauf. Nachdem die SA und SA-Reserve unser neues Ortsoberhaupt in seiner Wohnung abgeholt hatte, bewegte sich ein stattlicher Zug unter Vorantritt einer Musikkapelle durch die überreich beflaggten Straßen unseres schönen Dörfchens nach dem Rathaus. Als Einleitung sang ein Männerchor ein Lied. Dann hielt Pg. Lehrer E., hier, eine feurige, begeisterte und begeisternde Ansprache ...«

Der in das Bürgermeisteramt Eingeführte geizte ebenfalls nicht mit schönen Worten und führte u. a. aus:

»Bei dieser Gelegenheit wollte ich jedoch nicht unterlassen, in dankbarer Verehrung und glühender sowie heller Begeisterung des Mannes zu gedenken, dem wir es verdanken, daß wir wieder an einen Wiederaufstieg unseres geliebten deutschen Vaterlandes glauben können. Ihm, dem Reichskanzler Adolf Hitler, verdanken wir es, daß wir wieder einer besseren Zukunft und somit lichtvollen Tagen entgegensehen können ...«

Wahrhaft theatralisch ging es in Dreieichenhain bei der Einführung des neuen Bürgermeisters zu. Die NS-Regisseure verbanden diese mit der Aufführung einer Bearbeitung von Scheffels »Ekkehard« in der dortigen Burgruine.[140]

Anlaß für Feiern besonderer Art bot der Muttertag am 14. Mai. In den »Offenbacher Nachrichten« veröffentlichte der Bund der Kinderreichen einen Aufruf, den Tag in einem neuen Geiste zu feiern und die Mütterlichkeit als »geistig seelische Einstellung zur Familie und zum Kinde« zu feiern. Die Feier auf dem Horst-Wessel-Platz, bei der ein Pfarrer die Rede hielt, wurde von der SA-Kapelle musikalisch umrahmt.[141]

Der zehnte Jahrestag der Erschießung Albert Leo Schlageters durch die Franzosen am 26. Mai veranlaßte Gedenkfeiern in einer ganzen Reihe von Gemeinden. In ziemlicher Verkennung dessen, was Schlageter mit seinem Wirken gegen die Besatzungsmacht eigentlich hatte bezwecken wollen, verband man in Mühlheim die Feier zu seinen Ehren mit der Verbrennung von Büchern »undeutschen, unreligiösen und unsittlichen Inhaltes«, die von SA-Leuten zu dem Festplatz gebracht worden waren.[142] Ausgelöst hatte die in vielen Gemeinden des Reiches vorgenommene Bücherverbrennung eine von Goebbels am 10. Mai in der Reichshauptstadt und den Universitätsstädten inszenierte Aktion, die nun wie eine Feuerwalze über alle Teile des Reiches lief.[143] Sie brauchte einige Tage, bis sie auch den Kreis Offenbach erreichte. Am 19. Mai erfuhren die Leser der »Offenbacher Zeitung«, daß im Hof des Isenburger Schlosses am Main eine Richard-Wagner-Feier stattfinde, zu deren Abschluß ein Scheiterhaufen entzündet werde und

DER GAULEITER
IM KREIS
»Langener Wochenblatt«
vom 23. Mai 1933

»undeutsche Bücher aller Art mit einem Feuerspruch den Flammen übergeben« würden. Auch eine Liste der geächteten Autoren (Bebel, Marx, Remarque, Kästner, Brecht, Zuckmayer, Werfel, Tucholsky u. v. a.) wurde veröffentlicht. Dazu erging die Aufforderung:[144]

»Die deutschbewußte Bevölkerung, jeder wirklich Gebildete, trägt alle volksverderblerischen und zersetzenden Schriften im Besonderen die oben aufgeführten zur Offenbacher Stadtbücherei im Schloß, wo der Unrat gesammelt wird, um am Montagabend den Flammen übergeben zu werden.«

Vier- bis fünftausend Menschen waren Zeugen, als nach der Aufführung ausgewählter Stücke aus Wagners Werken die Bücher in das Feuer flogen und dazu der Spruch aufgesagt wurde:

»Der Emil Ludwig war einst Cohn genannt,
Sein Ehapegeist sei wie Hohn verbrannt.
Mit Coudenhove und Maximilian Harden
Wird er umsonst der Auferstehung warten.
Der Werfel ist gefallen,
Der Becher soll zerknallen,
Es soll beiden Zweigen
Die Vicki Baum ins Feuer steigen.
Nach Heinrich Mann und Wassermann
Kommt Cläuschen Mann, R. Neumann dran.
Dann Roda-Roda, Kästner, Meyrinck
Und Döblin, Kesten, Süskind, Mehring,
Feuchtwanger, Lehnard, Frank;
Die Nachwelt weiß uns sicher Dank.«

In Neu-Isenburg wartete man mit der Bücherverbrennung bis zur Sonnwendfeier am 24. Juni 1933. An dem Abend jenes Tages zog ein riesiger Fackelzug durch die Stadt zu dem Platz am Feuerwehrhaus, wo angeblich 8000 Menschen versammelt waren, um das Schauspiel zu erleben: »Dann züngelten die Flammen gen Himmel und verzehrten den Unrat marxistischer, bolschewistischer Literatur«.[145]

Auch der Gauleiter des Gaues Hessen-Nassau und (seit April) Reichsstatthalter in Hessen, Jakob Sprenger, ließ sich im Kreis Offenbach feiern. Am Himmelfahrtstag, 25. Mai 1933, traf er zunächst in der Kreisstadt ein, wo SA und SS im Schloßhof angetreten waren, Vereine und Schulkinder in den Straßen Spalier standen. Das Ritual des Besuches mit militärischem Zeremoniell, blumenüberreichenden Kindern, Ansprachen, Marschmusik und Heil-Rufen wiederholte sich wenige Stunden später in Langen. Die dortige Ortsgruppe der NSDAP machte aus dem Empfang des Gauleiters ein Volksfest. In einer Anzeige im »Langener Wochenblatt« war die gesamte Einwohnerschaft zu Konzert, gemütlichem Beisammensein und Gauleiter-Empfang in den Stadtgarten eingeladen. Am Tag nach dem Besuch gab die Partei in der gleichen Zeitung einen überschwenglichen Bericht mit dem Wortlaut der Ansprache Sprengers. Das Ende des Spektakels beschrieb man dabei wie folgt:[146]

»Brausender Beifall bricht aus, das Horst-Wessel-Lied erklingt,
Kreisleiter Stein bringt ein dreifaches tausendfältiges Heil auf
Gauleiter Sprenger aus und unter dem Jubel unserer Volksgenossen verläßt der Reichsstatthalter den Stadtgarten, um noch
Mörfelden, Groß-Gerau und weitere Orte zu besuchen, begleitet
von einem dreifachen Abschiedsheil unseres Ortsgruppenleiters
Beck.«

Ein beliebter Zeitpunkt für die Nationalsozialisten, ihre Formationen marschieren zu lassen und ihre Ideologie zu verkünden, war die Sonnwendfeier zur Jahresmitte. Mit Nachdruck versuchten die NS-Leute, eine neue Art von Brauchtum zu entwickeln. Das Licht galt ihnen als Symbol des Lebens; die sich verzehrende Flamme paßte zu dem aufgebauschten und überhöhten Gedanken des Opfers des einzelnen für die Gemeinschaft. Altgermanisches Denken sollte unter NS-Vorzeichen erneuert werden. Schon im Sommer 1933 wurden allenthalben solche Feiern durchgeführt, zu denen die Nationalsozialisten vor allem die Jugend hinzuzogen. In Langen sprach bei der örtlichen Sonnwendfeier Bürgermeister Göckel »Wider den undeutschen Geist«, der von den Flammen vernichtet werden sollte.[147] Die Sprendlinger Sonnwendfeier fand auf dem Mariahallgelände statt. Dorthin zog man in einem Fackelzug, an dem sich alle Vereine der Gemeinde unter Vorantritt des neugegründeten Spielmannszuges der SA 23/168 beteiligten, um die Feuerrede des Gauredners Ott zu hören.[148]

Einer besonderen Vorliebe in der Propaganda der NSDAP erfreuten sich die Bauern, die schon in der »Kampfzeit« stark umworben worden waren. Wollte das Regime die angestrebte Autarkie des Reiches erreichen, dann bedurfte es dieses Berufsstandes, um die Ernährung des Volkes zu sichern. Ähnlich wie bei der Lichtsymbolik der Sonnwendfeiern ließen sich die Feste zu Ehren der Bauern mit dem NS-Kult von »Blut und Boden« verbinden. So veranlaßten die Nationalsozialisten, daß alljährlich das Erntedankfest mit großem Gepränge gefeiert wurde. Die lokalen Veranstaltungen, von denen kein Dorf sich ausschließen durfte, rankten sich um die aus Bückeburg, der Stätte der offiziellen Feier des »Reichsnährstandes«, im Rundfunk übertragenen Hitler-Rede. Ansonsten herrschte das für die NS-Feste übliche Gepränge mit einigen kennzeichnenden Abwandlungen. So durften zumeist die stolzen Erzeuger ihre dicksten Kartoffeln, das schönste Obst und andere ansehnliche Produkte zur Schau stellen. Um den Landwirten zu zeigen, wie hoch das NS-Regime sie schätzte, hetzte am Erntedanktag 1933 der Kreisleiter durch Städte und Gemeinden des Kreises. In nicht weniger als 14 örtlichen Festlichkeiten war er mindestens für kurze Zeit anwesend, um den Bauern in knappen Ansprachen seine Reverenz zu erweisen.[149]

Langen war schon Ende August 1933 Schauplatz des »Nationalsozialistischen Bauerntages für Hessen und Hessen-Nassau«, den man mit großem Aufwand in Verbindung mit dem fünfzigjährigen Stadtjubiläum feierte. Nach dem Bericht des »Langener Wochenblattes« waren nicht weniger als 30 000 hessische Bauern gekommen, die zusammen mit den Teilnehmern aus Langen und Umgebung den NS-Rednern mit dem noch amtierenden Staatspräsidenten Werner an der Spitze eine willkommene große Kulisse boten. Ob den ehmaligen hessischen Großherzog und seine Frau nachbarliche Verbundenheit zu Langen (Schloß Wolfsgarten), Sympathie zu dem hessischen Landvolk oder andere Gründe veranlaßten, zu dem Fest zu erscheinen, blieb sein Geheimnis. Der Eintritt zu dem riesigen, 5 000 Personen fassenden Festzelt kostete übrigens samstags 20 Pfennig, sonntags 30 Pfennig und für Erwerbslose die Hälfte.[150]

In den Monaten August und September veranstalteten die Nationalsozialisten mit Vorliebe sogenannte »Deutsche Abende« in den Städten und Gemeinden. Sie griffen damit auf eine Gepflogenheit rechtsstehender Kreise aus der Weimarer

Zeit zurück. Recht geschickt verbanden sie bei diesen Veranstaltungen kulturelle, gesellige und propagandistische Elemente. Die gleich geschalteten Vereine durften sich produzieren, sei es mit turnerischen Vorführungen, sei es mit gesanglichen Darbietungen, zumeist deutschen Volksliedern, oder sei es mit musikalischen Werken, die oft genug Richard Wagner als Komponisten hatten. Die Rede eines Funktionsträgers, der den Anwesenden die Bedeutung der »großen Zeit« erläuterte, durfte nicht fehlen. Zwingend war das Ende der Abende verbunden mit dem Deutschland- und dem Horst-Wessel-Lied.

Neben die größeren Anlässe trat noch die Vielzahl der kleineren Feiern. Da gab es Feste zur Erinnerung an bedeutende Deutsche oder besondere geschichtliche Ereignisse, es gab Veranstaltungen anläßlich der inszenierten Volksabstimmungen. Bald war eine Fahnenweihe abzuhalten, bald galt es, der Helden zu gedenken; ein anderes Mal war der Muttertag zu begehen oder ein Berufsstand zu feiern, wie es im Herbst alljährlich den Handwerkern geschah. So schufen die Nationalsozialisten in Nachahmung des christlichen Kirchenjahres eine Art Festkalender, der sich im Laufe der Jahre immer mehr verfestigte. Um die »Hochfeste« rankten sich die kleineren Feiern. Obligatorisch war im Januar der Tag der Machtergreifung; im März gedachte man der Gefallenen; im April war Hitlers Geburtstag der Höhepunkt; der 1. Mai sollte die neue Volksgemeinschaft zur Darstellung bringen, und am 9. November gedachte man des mißglückten Hitler-Putsches vom Jahr 1923, den man nachträglich in einen Sieg verwandelte. Immer wieder verlangte die Partei Treueschwüre, die auch in schöner Regelmäßigkeit abgelegt wurden. Das Regime festigte seine Macht über die Menschen, indem es sie immer wieder aufmarschieren ließ und sie mit Propagandareden bearbeitete. Die vermittelten Eindrücke sollten so übermächtig sein, daß sich ihnen niemand entziehen konnte.

Diensteifrig wie die Nationalsozialisten waren, um ihren Führern zu gefallen und sie ihrer Treue zu versichern, war ihnen jeder Anlaß recht, der als Grund für eine Feier oder einen Aufmarsch dienen konnte. Die Funktionäre der Partei bemerkten jedoch bald, daß durch die Vielzahl ihre Veranstaltungen entwertet wurden. Schon im November 1933 erreichte die örtlichen Parteidienststellen ein Rundschreiben, in dem die Gauleitung mahnte, die Feierlichkeiten nicht ausufern zu lassen. In der Mitteilung der Reichpropagandastelle Hessen hieß es:[151]

»In den Monaten häuften sich allenthalben die Veranstaltungen feierlicher Tage und Feste und dergl. in einem Maße, das vom gesamten Volk nicht mehr gewünscht und noch viel weniger verstanden werden kann. Durch die Tage des Radfahrers, des Jägers, des Pferdes und anderes mehr wird die Bedeutung der von der Regierung festgelegten Tage der Feier und der Einkehr des deutschen Volkes wie Feiertag der nationalen Arbeit und Erntedanktag herabgemindert und verwässert.«

So wurde den Radfahrern ihr Tag genommen, dennoch fehlte es auch im Dritten Reich nicht an diesem Menschentyp.

Gleichschaltung überall

Der aus den Naturwissenschaften stammende Begriff der »Gleichschaltung« war durch zwei Reichsgesetze vom 31. März und 7. April 1933 zur »Gleichschaltung der Länder mit dem Reich«[152] in den amtlichen politischen Sprachgebrauch übernommen worden. Gemeint war damit zunächst die Übertragung des Wahlergebnisses vom 5. März 1933 auf die Zusammensetzung der Wahlkörperschaften in Ländern, Kreisen und Gemeinden, um diese schnellstens unter nationalsozialistischen Einfluß zu bringen und jede mögliche Opposition auf regionaler oder lokaler Ebene zu verhindern.

Der totalitäre Anspruch des Nationalsozialismus verbot es, daß neben den NS-Organisationen noch andere Institutionen Einfluß auf die Menschen ausübten. Zahlreiche Vereine der verschiedensten Art boten den Menschen die Chance, sich gemeinschaftlich zu betätigen und die unterschiedlichsten Zielsetzungen zu verfolgen. Die NSDAP konnte aber keinen Bereich dulden, in den sich die Menschen vor ihrem Zugriff hätten zurückziehen können. Also galt es, auch die Vereine ihrer Selbständigkeit zu berauben und sie dem Regime untertänig zu machen. Allerdings war nicht jeder Verein würdig genug, um im Dritten Reich weiterbestehen zu dürfen. Manche wurden kurzerhand verboten. Die Mehrzahl der Vereine wurde dagegen gleichgeschaltet. Dies bedeutete, daß der Verein fortbestehen durfte, sich aber bestimmten Auflagen unterwerfen mußte, damit er den neuen Herren nicht gefährlich werden konnte.

Gar bald bildeten sich feste Formen heraus, in denen die Vereine ihre Gleichschaltung vollzogen. Die alten Vorstände wurden für abgesetzt erklärt, in einer Generalversammlung wurde ein neuer erster Vorsitzender als »Vereinsführer« bestimmt, dessen Ernennung zuvor schon von der NSDAP gebilligt worden war. Es war fast unumgänglich, daß er der Partei angehörte. Einen Vorstand im überkommenen Sinn gab es fortan nicht mehr, sondern nur noch eine Art Mitarbeiterrunde, deren Angehörige vom Vereinsführer berufen wurden. Demokratische Formen im Vereinsleben waren somit ausgeschaltet; auch durch das Führerprinzip sollten die Vereine an den Nationalsozialismus gebunden werden. Die Vereine übernahmen von der NSDAP die äußeren Formen bei der Durchführung von Versammlungen. Flaggenschmuck und ein Hitler-Bild waren unentbehrlich. In einer Festrede wurde die angeblich immer schon vorhandene Nähe des Vereins zur NS-Bewegung beschworen. So entdeckten die Sänger das deutsche Lied (ein anderes hatten sie nie gesungen); die Turner besannen sich auf das urdeutsche Turnen des Turnvaters Jahn, der (so sagte man) ein Vorläufer der Nationalsozialisten gewesen war; und auch die Kegler betonten den vaterländischen Wert ihres Sportes. Wie allgemein üblich, wurden die Versammlungen mit dem Deutschland- und dem Horst-Wessel-Lied abgeschlossen. Widerstände gegen die Gleichschaltung wurden nicht bekannt, der Vorgang scheint reibungslos verlaufen zu sein. War so der Bestand des Vereins gesichert, dann setzten die Mitglieder vielfach in unveränderter Form die Vereinstätigkeit fort.

Wie so oft in jenen Wochen mußte das Kreisamt Offenbach dazu dienen, den Bürgermeistern und Bürgern zu verdeutlichen, was die NS-Führung erwartete.

GLEICHGESCHALTETE FEUERWEHR
Wie die Vereine wurde auch die Feuerwehr gleichgeschaltet. Bei Umzügen und Aufmärschen durfte sie nicht fehlen. Hier im Vorbeimarsch vor »Amtswaltern« der Partei in Neu-Isenburg.

So erging wegen der Gleichschaltung der Freiwilligen Feuerwehren im Kreis das folgende Rundschreiben am 5. August 1933 an die Bürgermeistereien;[153]

> *»Das Interesse des Staates fordert, daß künftig auch die Führerstellen der Freiwilligen Feuerwehren nur mit solchen Männern besetzt sind, die ohne Einschränkung sich für die Ziele der nationalen Regierung einsetzen. In Betracht kommen hier die Stellen des Kommandanten und die seines Stellvertreters. Es soll, um die Gleichschaltung durchzuführen, nicht verlangt werden, daß die Feuerwehrführer der NSDAP, der NSBO, der SA, der SS oder dem Stahlhelm angehören. Es muß aber die volle Gewähr bestehen, daß die Führer der Feuerwehr unbedingt zuverlässige Stützen der nationalen Regierung sind. Personen, die die Regierung in gehässiger Weise bekämpft haben oder in einer der marxistischen Parteien eine führende Rolle gespielt haben, sind ungeeignet und zu ersetzen (...)«*

Als Beispiel für den Verlauf einer Versammlung zur Gleichschaltung eines der vielen Vereine im Kreis Offenbach diene die folgende von den »Offenbacher Nachrichten« am 1. Juli 1933 abgedruckte Pressemitteilung:

»Hausen. Gleichschaltung des Gesangvereins »Sängerlust«

Genannter Verein hielt am Donnerstag eine Generalversammlung zwecks Gleichschaltung ab. Der zweite Vorsitzende Edm. Picard eröffnete die Versammlung und begrüßte unter anderen den Herrn Bürgermeister Otto Becker, unter dessen Aufsicht die Versammlung geführt wurde. Picard schlug den seitherigen Vorsitzenden O. Bergmann zum ersten Führer des Vereins vor. Der neugewählte Führer O. Bergmann dankte für das ihm entgegengebrachte Vertrauen und gelobte im Interesse des deutschen Männergesangs und des deutschen Lieds zu wirken. Er bestimmte alsdann Edm. Picard zum zweiten Führer, Gg. Massoth, Schriftwart, J. Sattler, Kassenwart, sowie die Parteigenossen M., W., R. und die Mitglieder J. Picard, K. Picard, A. Komo, A. Jäger, J. Komo und J. Jäger zu den übrigen Funktionären. Alsdann überreichte Otto Becker mit warmen Worten den von der Gemeinde Hausen gestifteten Festpokal und endete seine Rede mit Sieg-Heil auf unsere Regierung sowie auf das fernere Blühen und Gedeihen des Gesangvereins 'Sängerlust.'«

Daß die Gleichschaltung tatsächlich vorgenommen wurde, kontrollierte das zuständige Amtsgericht in Langen, Offenbach oder Seligenstadt, bei dem das Vereinsregister geführt wurde. Gegebenenfalls drohte man von Gerichts wegen, bei Fristversäumnis würde »gegen sämtliche Vorstandsmitglieder das Ordnungsstrafverfahren eingeleitet werden«.[154)]

Vereinsverbote

Nicht so glimpflich wie die Masse der Vereine, die sich dem Prozeß der Gleichschaltung unterwarfen, kamen diejenigen Vereine davon, die der Arbeiterbewegung nahestanden. In den Augen der Nationalsozialisten waren sie marxistisch verseucht. Eine Auswechselung des Vorstandes und eine Beteuerung der nationalen Gesinnung genügten hier nicht. Sie wurden verboten und eine Umgehung des Verbots durch eine Neugründung unter anderem Namen unter Strafandrohung gestellt. Am 16. Mai 1933 erging ein Rundschreiben des Staatskommissars für das Polizeiwesen in Hessen an die Kreis- und Polizeiämter:[155)]

»Auf Grund des § 1 der Verordnung des Herrn Reichspräsidenten zum Schutze von Volk und Staat vom 28. Februar 1933 werden folgende marxistische Organisationen mit sofortiger Wirkung verboten und aufgelöst:

1. *Kommunistische Frauenbewegung*
2. *Kommunistische Bauernorganisation*
3. *Volkshilfe für Bestattungsfürsorge*
4. *Interessengemeinschaft für Arbeiterkultur*
5. *Antifaschistische Garde*
6. *Gemeinschaft proletarischer Freidenker in Deutschland sowie Feuerbestatter der Gemeinschaft proletarischer Freidenker Deutschlands*
7. *Sozialistischer Jugendverband*
8. *Sozialistische Arbeiterjugend*
9. *Arbeitsgemeinschaft der Kinderfreunde (Rote Falken)*
10. *Deutscher Arbeiter-Schachbund*
11. *Deutscher Arbeiter-Keglerbund*
12. *Arbeiter-Schützenbund*

Wer sich an einer der aufgelösten Organisationen als Mitglied beteiligt oder sie auf andere Weise unterstützt oder den organisatorischen Zusammenhalt weiter aufrecht erhält, wird nach § 4 der Verordnung des Herrn Reichspräsidenten zum Schutze von Volk und Staat vom 28. Februar 1933 bestraft.
Das Vermögen der aufgelösten Organisationen wird zu Gunsten des Landes beschlagnahmt und eingezogen.«

Am 23. Mai 1933 teilte das Kreisamt Offenbach den Bürgermeistereien mit, daß nach einer Verfügung des Innenministers »im Interesse der öffentlichen Sicherheit und Ordnung Veranstaltungen marxistischer Gesangvereine bis auf weiteres verboten« seien.[156] Seit Wochen schon waren freilich Maßnahmen gegen die Arbeitervereine im Gange, wurden Beschlagnahmen durchgeführt und Mitglieder am Betreten von Vereinsräumen und Turnhallen gehindert. Bis zum Ende des Jahres 1933 waren es nicht weniger als 148 Vereine im Kreis Offenbach, die gemäß Bekanntmachung des Kreisamtes von dem Gesetz über die Einziehung volks- und staatsfeindlichen Vermögens betroffen waren.[157] Allein in Neu-Isenburg fielen neun Vereine unter das Verbot. In Dietzenbach wurde das Verbot gegen den Arbeitergesangsverein »Vorwärts« am Tage vor einer Veranstaltung ausgesprochen, zu der bereits 600 Eintrittskarten verkauft waren. Das Verbot betraf auch den »Volkschor« Dietzenbach. Die Vorstandsmitglieder wurden unter Polizeiaufsicht gestellt und mußten sich monatelang täglich auf dem Rathaus melden. Die Vereinsmitglieder aber mußten erleben, wie Noten, Archivmaterial, Vereinsbild und Fahne auf dem Platz vor dem Dietzenbacher Rathaus verbrannt wurden.[158]

Wollten die ehemaligen Mitglieder der unterdrückten Vereine in vom Regime geduldete Vereinigungen eintreten, so bedurften sie dazu einer besonderen Bescheinigung:[159]

»Nach den Richtlinien des Reichssportkommissars bedürfen ehemalige Mitglieder marxistischer Turn- und Sportvereine zur Aufnahme in die bestehenden Organisationen eines Leumundzeugnisses. Wir sind damit einverstanden, daß bei Ausstellung dieser Zeugnisse von der Erhebung eines Stempelbetrages entsprechend der Verfügung vom ... abgesehen wird.«

Die weiterbestehenden Vereine waren natürlich daran interessiert, gute Sportler oder Sänger der verbotenen Vereine zu gewinnen. Sie nahmen deshalb diese problemlos auf und ließen sie bei Veranstaltungen mitwirken. Ihnen drohte der NS-Stützpunktleiter Dietzenbach, im Wiederholungsfalle ihren Verein auflösen zu lassen.[160)]

Parteienverbot

In seinem Buch »Mein Kampf« hatte Hitler ausgeführt, es sei eine der obersten Aufgaben seiner Bewegung, das Führerprinzip nicht nur innerhalb der Partei, sondern auch im gesamten Staat zu verwirklichen. Seine Bewegung sei daher antiparlamentarisch und jede Beteiligung an einer parlamentarischen Institution könne »nur den Sinn einer Tätigkeit zu deren Zertrümmerung besitzen«.[161)] Die Beseitigung der parlamentarischen Demokratie bedeutete für ihn in erster Linie die Abschaffung der Parteien mit Ausnahme seiner NSDAP, die zur Staatspartei werden sollte. In der erstaunlich kurzen Zeit von fünf Monaten nach der Machtergreifung war dieses Ziel erreicht. Das Geschehen – Vorgehen der Regierung und Reaktionen der einzelnen Parteien – ist für das Reich durch eine Anzahl wissenschaftlicher Arbeiten eingehend untersucht, dargestellt und dokumentiert.[162)]

Im Kreis Offenbach sind lediglich auf lokaler Ebene die Auswirkungen der meist in der Reichshauptstadt getroffenen und vollzogenen Entscheidungen zu registrieren. Die erste Handhabe bot bereits die »Verordnung zum Schutz des deutschen Volkes« vom 4. Februar 1933, die es ermöglichte, Kundgebungen unter freiem Himmel zu verbieten, Druckschriften zu beschlagnahmen und Zeitungen vorübergehend zu verbieten. Weit folgenreicher war die nach dem Reichstagsbrand am 28. Februar erlassene »Notverordnung zum Schutze von Volk und Staat«. Sie setzte wichtige Grundrechte außer Kraft, ersetzte die verfassungsmäßige Ordnung durch den Ausnahmezustand und bedrohte Zuwiderhandelnde mit der Todesstrafe. Die Verordnung bildete die Grundlage für die Verhaftungswelle, die nun über politische Gegner der NSDAP hereinbrach, zunächst mit voller Wucht die KPD traf und dann auch die SPD erfaßte. Kommunistische Abgeordnete durften den Parlamenten nicht mehr angehören, die KPD wurde verboten.

In den Gemeindevertretungen wurde durch die Gleichschaltung die Wirkungsmöglichkeit der demokratischen Gemeindevertreter erheblich eingeschränkt. Dies und Nötigung sowie Bedrängung seitens der braunen Machthaber

führten vielerorts zur Resignation oder auch zur Anpassung an die bestehenden
Verhältnisse, was sich in der Praxis als Mandatsverzicht, Passivität oder vereinzelt
als Umschwenken auf die NS-Linie auswirkte. Nachdem am 2. Mai die Gewerkschaften ihre Unabhängigkeit eingebüßt hatten, gingen in den nächsten Tagen
die Nationalsozialisten rigoros gegen die SPD vor. Am 3. Mai wurde das »Offenbacher Abendblatt«, das traditionsreiche Presseorgan der Sozialdemokraten im
Bezirk Offenbach-Dieburg, verboten, und eine Woche danach erfolgte die
Beschlagnahme des Vermögens der SPD, der Arbeiterwohlfahrt, des Reichsbanners und anderer parteinaher Organisationen.[163] Die lokalen Verbände der politischen Parteien verschwanden überraschend schnell. Der breiten Öffentlichkeit
erschien es, als hätten die einzelnen Ortsverbände einfach zu bestehen aufgehört.[164] Die wenigen noch amtierenden SPD-Gemeindevertreter verloren
schließlich nach dem Verbot der Partei am 22. Juni 1933 ihr Mandat. Der Reichsinnenminister ersuchte die Landesregierungen, »auf Grund der Verordnung des
Reichspräsidenten zum Schutz von Volk und Staat vom 28. Februar 1933 die notwendigen Maßnahmen gegen die SPD zu treffen«.[165] Auf dem Dienstweg von
Berlin über Darmstadt und Offenbach traf diese Anordnung innerhalb weniger
Tage bei den Bürgermeistereien des Kreises ein.

Die Zentrumspartei stritt sich in ihrem Vorstand, ob sie die Auflösung seitens
der Regierung abwarten oder sich selbst auflösen sollte, entschied sich dann für
letzteres. Am 5. Juli 1933 faßte ihre Reichsleitung den entsprechenden Beschluß
»im Einvernehmen mit dem Herrn Reichskanzler Hitler«, da die politische
Umwälzung »für eine bis vor kurzem mögliche politische Betätigung keinen
Raum mehr« lasse.[166] Die kleineren bürgerlichen Parteien hatten diesen Schritt
bereits Ende Juni vollzogen. Doch schon zwei Monate vorher hatten die Ortsgruppen der beiden liberalen Parteien DDP und DVP in Neu-Isenburg politisch
und organisatorisch zu bestehen aufgehört.[167]

Als einzige Partei blieb die NSDAP. Dieses Faktum wurde am 14. Juli 1933
durch das »Gesetz gegen die Neubildung von Parteien« festgeschrieben:[168]

*»§ 1 In Deutschland besteht als einzige politische Partei die
Nationalsozialistische Deutsche Arbeiterpartei.*

*§ 2 Wer es unternimmt, den organisatorischen Zusammenhalt
einer anderen politischen Partei aufrechtzuerhalten oder eine
neue politische Partei zu bilden, wird ... mit Zuchthaus bis zu
drei Jahren oder mit Gefängnis von sechs Monaten bis zu drei
Jahren bestraft.«*

In einer Ansprache vor seinen Reichsstatthaltern in Berlin brachte Hitler die
staatspolitischen Umwälzungen auf die einfache Formel: »Die Partei ist jetzt der
Staat geworden. Alle Macht liegt bei der Reichsgewalt.«[169] Und die hatte er
allein jetzt fest in der Hand.

Parteien in der Illegalität

Über sechs Jahrzehnte hatten die politischen Parteien vor 1933 im Deutschen Reich – abgesehen von den vorübergehenden Einschränkungen zu den Zeiten des Kulturkampfes und der Sozialistengesetze – in gegenseitiger Konkurrenz sich frei entfalten und wirken können. Zwischen März und Juli 1933 wurde ihnen die rechtliche Grundlage ihrer Tätigkeit entzogen, so daß jede Fortsetzung ihrer Arbeit nur noch in der Illegalität sich vollziehen konnte. Nicht alle Parteimitglieder waren willens, den Umschwung tatenlos hinzunehmen, zu schweigen und sich der politischen Aktivitäten zu enthalten. Die Nationalsozialisten blieben für viele Andersdenkende Gegner und auch Feinde, deren unheilvolles Wirken zu bekämpfen war. Umgekehrt wußten die NS-Leute, daß sie mit ihrer Propaganda zumindest beim Kern der gegnerischen Gruppen chancenlos waren. Widersetzten sich die einen den unberechtigten und maßlosen Ansprüchen der NSDAP, so begannen die anderen mit einer äußerst harten Verfolgung der Widerstrebenden. Dabei ließen sie sich von einer wilden Kampfeswut antreiben. Sie wollten nicht allein die offenen Äußerungen der Widersetzlichkeit unterdrücken, sondern sie achteten auf jede Kleinigkeit, die ihnen verdächtig erschien, ihren Herrschaftsanspruch in Frage zu stellen. Sicherlich gab es im Kreis Offenbach keine breite Volksbewegung, die sich nach dem 30. Januar 1933 gegen den Nationalsozialismus gestemmt hätte. Aber unter der Oberfläche, die von den Fahnen, Aufmärschen und Trommelwirbeln bestimmt wurde, tobte ein erbitterter Kampf, denn der Wille zur Fortsetzung der eigenen politischen Linie war groß. Zahlreiche Mitglieder von KPD, SPD und auch vom Zentrum waren nicht bereit, lautlos in der Versenkung zu verschwinden. Wenn sie ihre Parteiarbeit schon nicht legal fortsetzen konnten, so suchten sie nach Mitteln und Wegen, die Verbote zu umgehen und aus der Illegalität heraus den organisatorischen Zusammenhalt wenigstens notdürftig zu bewahren und sich agitatorisch zu betätigen.

Von all den Anstrengungen, die Parteiarbeit fortzusetzen, kann nur ein unzureichendes Bild entworfen werden. Viele einzelne Bemühungen zu politischer Betätigung wurden aus verständlichen Gründen schriftlich nicht festgehalten, so daß eine heutige Darstellung weitgehend auf die Meldungen in der Presse angewiesen ist. Diese hatte damals an einer umfassenden Berichterstattung kein Interesse. Veröffentlichungen über die Zerschlagung gegnerischer Organisationen dienten der Darstellung der eigenen Erfolge und der Einschüchterung der Widerstrebenden. An einer getreuen und vollständigen Wiedergabe der aktuellen Situation war den Nationalsozialisten nicht gelegen. Trotz der widrigen Quellenlage läßt sich aber eine beträchtliche Anzahl von Aktivitäten im Rahmen illegaler Parteiarbeit feststellen.

So versuchte eine Gruppe von Jügesheimer Sozialdemokraten, ihren Zusammenhalt zu wahren, indem sie einen Wanderverein gründeten. Ein Trupp SA verhaftete sie auf der Landstraße und übergab sie einem SS-Kommando. Das Sondergericht sprach aber die Jügesheimer frei. Ihnen kam zustatten, daß sie in einem öffentlichen Lokal und nicht im Kolleg der Gastwirtschaft sich im Mandolinenspiel geübt hatten. Die Richter sahen darin ein unpolitisches Verhalten, so daß sie die Angeklagten laufen ließen.[170] Nicht ganz so glimpflich erging es einem Lehrer in Hainstadt. Er suchte, die Verbindung zwischen den Zentrumsanhängern zu erhalten und gründete eine Kohlekasse, damit er seine früheren Parteifreunde jederzeit unauffällig ansprechen konnte. Die NS-Leute aber kamen hinter den Trick und verboten die Einrichtung. Die Schulbehörde sprach eine Strafversetzung für den Lehrer aus.[171]

Illegale Aktivitäten der KPD

Ein Zentrum kommunistischer Agitation nach der NS-Machtergreifung war Mühlheim. Dort hielten die Anhänger der KPD noch im März 1933 eine Karl-Marx-Feier ab. Im August sah sich dann der NS-Bürgermeister genötigt zu verbieten, daß sich Leute nach 10 Uhr abends im Wald oder in Waldesnähe aufhielten, weil sich dort immer wieder Gegner der NSDAP getroffen hatten. Nach mehreren Verhaftungen und harten Urteilen gegen Mühlheimer KPD-Anhänger brach der organisierte Widerstand nach etwa zwei Jahren zusammen. Einer der verhafteten und verurteilten NS-Gegner starb 1936 an den Folgen von Mißhandlungen im Seligenstädter Krankenhaus.[172]

Ende April 1933 konnten NS-Leute eine Gruppe von KPD-Funktionären in einem Gartengrundstück bei Hainstadt überraschen. Dort hatten sich KP-Führer aus der Maingegend versammelt. Sie kamen von Klein- und Groß-Auheim, Klein-Krotzenburg, Hainstadt und Seligenstadt, berieten über die politische Lage und planten die Verteilung von Flugblättern an dem unmittelbar bevorstehenden Maifeiertag. Ein NS-Sondergericht bestrafte die Teilnehmer des Treffens mit fünf bis acht Monaten Gefängnis.[173]

Erhebliche Mühe kostete es die Nationalsozialisten, die Langener Kommunisten an ihren Aktivitäten zu hindern. Schon Mitte März 1933 gelang es ihnen, in eine KP-Konferenz einzubrechen und 18 Teilnehmer festzunehmen. Einige der Verhafteten waren aus Frankfurt, andere sogar aus Berlin gekommen.[174] Trotz dieses Schlages konnten die KP-Leute ihre Tätigkeit bis November 1933 fortsetzen. Mehrere Langener Kommunisten gehörten einer Frankfurter Widerstandsgruppe an, die Ende 1934 von der Gestapo ausgehoben wurde. Gerichte verhängten über die Beteiligten Zuchthausstrafen.

Die Kommunisten in Sprendlingen konnten bis Februar 1934 ihren politischen Zusammenhalt bewahren. Im Juli 1933 war bereits eine Versammlung von KP-Anhängern überrascht worden. SA-Leute hatten das Haus, in dem das Treffen stattfand, umstellt und waren gewaltsam eingedrungen. Bei der sich anschließenden Durchsuchung hatten sie eine Schreibmaschine und Flugblätter gefunden. Ein NS-Sondergericht bestrafte die Teilnehmer der Versammlung sehr hart.[175] Dennoch trafen sich weiter KP-Anhänger, bis sie erneut entdeckt und verhaftet wurden.[176]

Auch im mittleren Kreisgebiet trafen sich Gegner der NSDAP, um über weitere politische Tätigkeiten zu beraten. Im August 1933 wurden im Wald zwischen

Heusenstamm und Obertshausen 17 Personen festgenommen.[177] Die Polizei verhaftete ferner zwei Einwohner aus Hainhausen, weil sie sich an einem Treffen der KPD in Offenbach beteiligt hatten.[178] In Jügesheim traf sich regelmäßig eine Gruppe von Kommunisten, um in den Abendstunden die Meldungen von Radio Moskau zu hören und um zu politisieren. SA-Leute spürten sie auf und sorgten für die Verhaftung von vier Beteiligten, die zu vier Monaten Gefängnis verurteilt wurden.[179] Auch in den Götzenhainer Steinbrüchen entdeckten Nationalsozialisten eine geheime Zusammenkunft linksgerichteter Kräfte. Mehrere Teilnehmer wurden festgenommen und im Langener Rathauskeller schwer mißhandelt.[180]

Neben den Aktivitäten von Gruppen, die sich weitgehend auf Gemeindeebene abspielten, gab es auch Versuche, den Zusammenhalt zwischen verschiedenen Zentren zu bewahren. Die Kommunistische Partei schuf sich von Offenbach und Frankfurt aus drei Linien, die in das Kreisgebiet hineinreichten. In zahlreichen Gemeinden und Städten saßen Vertrauensleute, die von Kurieren mit Nachrichten und Materialien versorgt wurden. Unklar ist freilich, wie lange die Kommunisten die Verbindungen zwischen ihren Stationen aufrechterhalten konnten.[181]

Razzien und Durchsuchungen

Bevorzugt angewandte Mittel zur Einschüchterung der politischen Gegner waren bei den Nationalsozialisten in den ersten Monaten ihrer Herrschaft Hausdurchsuchungen und groß angelegte Razzien. Diese Vorgehensweise entsprach in besonderer Art ihrem Kampfstil, durch Ausnützung des Überraschungseffektes nur möglichst geringe Gegenwehr aufkommen zu lassen. Der Zugriff konnte ständig wiederholt werden; die unablässige Drohung verängstigte die meisten noch Widerstrebenden und war Teil des ausgeübten Terrors.

Schon bald nach der Wahl vom 5. März 1933 begann eine wahre Flut von Razzien und Hausdurchsuchungen im Kreis Offenbach. Polizei, SA und SS arbeiteten dabei eng zusammen. Größere Aktionen fanden in allen Städten und Gemeinden statt, in denen die linksorientierten Kräfte einigermaßen stark waren. Den Anfang machte man in Mühlheim. Dort durchsuchten Nationalsozialisten im Zuge der von ihnen so genannten »Säuberung Hessens« die Wohnungen von Anhängern der SPD und der KPD bereits am 11. März.[182] Anfang April war Sprendlingen an der Reihe. NS-Leute durchsuchten dort 35 Wohnungen und verhafteten bei der Aktion 13 Bürger.[183] Besonders massiv war der Einsatz in Dietzenbach, wo man 80 Beamte einsetzte, die 70 Wohnungen durchsuchten.[184] In etwa monatlichen Abständen folgten schlagartige Durchsuchungen in Langen, Neu-Isenburg, Seligenstadt und Egelsbach.[185] Zu einer großen Razzia setzten die NS-Leute Mitte Juli 1933 an. Zur Mittagszeit besetzten Polizei, SA und SS

POLIZEIPRÄSIDIUM OFFENBACH
In das Polizeipräsidium Offenbach in der Offenbacher Ludwigstraße, das früher als Kreisamt diente, wurden viele Gegner des Nationalsozialismus eingeliefert.

überraschend alle Kreuzungen und Zufahrten der Landstraßen. Zu dieser »Aktion gegen Staatsfeinde« in der Stadt und im Kreisgebiet alarmierte die NSDAP ihre Trupps erst eine Stunde vor dem Ausrücken, um ja den Überraschungseffekt nicht zu verlieren. Sie kontrollierten sämtliche Wagen und Personen, die unterwegs waren. Die Kriminalpolizei wurde in die Hotels, Gasthäuser und Herbergen beordert, um die Gäste zu überprüfen. Bei der ganzen Aktion wurden im Kreisgebiet 200 Personen festgenommen, von denen schließlich drei in Schutzhaft blieben.[186] Zu den beschlagnahmten Dingen gehörten Schriften politischer Gegner, Waffen, Telefonapparate, Ausrüstungsgegenstände aus ehemaligem Heeresgut sowie Flugblätter.

Scharf gingen die NS-Leute gegen Waffenbesitzer vor. Dabei hatten sie es besonders auf die früheren Mitglieder der republikanischen Wehrverbände abgesehen. Schon im April 1933 verurteilte ein Gericht zwei Seligenstädter wegen unerlaubten Waffenbesitzes zu drei bzw. vier Monaten Gefängnis.[187] Im Mai traf es zwei ehemalige Kommunisten aus Neu-Isenburg. Vater und Sohn hatten zwei Trommelrevolver vergraben. Das Versteck war so gut angelegt, daß es die Nationalsozialisten erst nach einer zweiten Durchsuchung ausfindig machen konnten. Die Besitzer der Waffen mußten je zwei Monate Gefängnis absitzen.[188] Ebenfalls wegen unerlaubten Waffenbesitzes sperrte man einen Mann aus Götzenhain sechs Monate ein.[189] Einen größeren Fund machten die NS-Leute bei einem Mühlheimer, der zuvor als Wehrsportleiter Schießwart des »Reichsbanners« gewesen war. Unter einem Gemüsebeet hatte er in Zementsäcken zwei Infanteriegewehre und vier Revolver versteckt. Offenbar wollte er über die NS-Machtergreifung hinaus den Zusammenhalt des »Reichsbanners« bewahren. Die Richter am Sondergericht in Darmstadt verurteilten ihn zu neun Monaten Gefängnis.[190] Ein Neu-Isenburger Mitglied des »Reichsbanners« wollte ebenfalls für seine Organisation weiterhin wirken. Als die Nationalsozialisten bei ihm einen Trommelrevolver entdeckten, bestrafte ihn das Gericht mit drei Monaten Gefängnis.[191] Einen Klein-Krotzenburger, der dem »Roten Selbstschutz« angehört hatte und Literaturobmann der KPD gewesen war, schickte man wegen Waffenbesitzes für vier Monate ins Gefängnis.[192]

Flugblattaktionen von NS-Gegnern

Gegnern des NS-Regimes gelang es immer wieder, Flugblätter herzustellen und zu verteilen. Im April 1933 druckten Mülheimer Kommunisten in abenteuerlicher Weise auf dem jüdischen Friedhof Flugblätter. Sie hatten diesen Ort gewählt, weil er abgelegen war und die Bevölkerung ihn mied. Allerdings konnten die NS-Leute zwei der Verteiler festnehmen. Das Oberlandesgericht verurteilte einen von ihnen zu einem Jahr Gefängnis.[193] Andere Gegner der NSDAP führten Ende August und im September 1933 eine größere Flugblattaktion in der Gegend von Heusenstamm und Dietzenbach durch. Offensichtlich wurden die Nationalsozialisten der Sache nicht auf Anhieb Herr. In ihrer Presse reagierten sie mit einem Drohartikel, der die Überschrift trug »Wer Flugblätter verteilt, spielt mit dem Leben«. Die Polizei sei angewiesen, auf flüchtige Flugblattverteiler zu schießen. Auch sei bei künftigen Aktionen mit Festnahmen von Marxisten zu rechnen, selbst wenn diese nicht unmittelbar an dem Unternehmen beteiligt seien. Tatsächlich wurden dann auch insgesamt 45 Kommunisten verhaftet. In Heusenstamm fand man den Vervielfältigungsapparat. Weitere acht Personen wurden festgenommen.[194]

Auch sonst stießen die Nationalsozialisten beim Zerschlagen gegnerischer Gruppen stets wieder auf Flugblätter. So fanden sie solche bei der Festnahme von Teilnehmern der Funktionärskonferenz in Hainstadt im April 1933. Vermutlich war ein Teil davon bereits unter die Leute gebracht worden. Ebenso wurde den Angeklagten, die am 26. Juli 1933 an einer Versammlung der KPD in Sprendlingen teilgenommen hatten, in der Urteilsbegründung des Sondergerichtes, das am 19. August 1933 in Offenbach tagte, besonders vorgeworfen, daß bei der Hausdurchsuchung »zwei auf mechanischem Wege hergestellte Flugblätter in Schreibmaschinenschrift gefunden« worden waren.[195] Und noch 1936 mußte ein ehemaliger Angehöriger der »Eisernen Front« aus Langen seinen Prozeß erwarten, weil er zwei Jahre vorher »ein illegales Blatt, das ihm zugesteckt worden war, ohne daß er den Inhalt kannte, gehabt, dies aber bald verbrannt hatte, ohne der Polizeibehörde Kenntnis zu geben«.[196]

Im nachhinein ist es unmöglich zu entscheiden, ob die Hersteller und Verteiler der Flugblätter bei all ihrer Risikobereitschaft überhaupt weitere Kreise der Bevölkerung erreichten und einen Einfluß ausüben konnten. Heinrich Galm, der seine sozialistische Überzeugung bei vielen Gelegenheiten mannhaft zum Ausdruck gebracht hat, stand der illegalen Verteilung von Flugblättern sehr skeptisch gegenüber:[197]

> »Diejenigen, die heute (= 1980) erzählen, sie hätten gegen die
> Nazis Widerstand geleistet, haben meistens Flugblätter verteilt.
> Also, diese Flugblattverteilerei haben wir nicht für sinnvoll
> gehalten. Bei denjenigen, die nicht unserer Meinung waren,
> mußte man ja befürchten, daß sie einen wegen eines Flugblattes
> anzeigen. Und bei den anderen – wozu sollte man die überzeugen, die waren doch eh unserer Meinung...«

Zwischenfälle und Widerstände

Neben denen, die sich aus bewußter Ablehnung der NSDAP politisch betätigten, müssen diejenigen gesehen werden, die sich von dem Regime belästigt, eingeschränkt und schikaniert fühlten und dies in irgendeiner Form zu erkennen gaben. Sie mußten nicht immer grundsätzliche Gegner des Nationalsozialismus sein. Dennoch duldeten die NS-Leute auch derartige Ausbrüche nicht, sie gingen ihnen nach und ließen sie durch Justizbehörden verfolgen und ahnden. Alle, die in ihren Äußerungen von der offiziellen Parteilinie abwichen, konnten Nachstellungen ausgesetzt sein. In der Literatur ist es umstritten, ob ein solches Verhalten als Widerstand bezeichnet werden kann oder soll.[198] Doch soll auch über solche Äußerungen des Unmutes und der Ablehnung berichtet werden, da sie mit den sich daraus ergebenden Folgen das Bild des Lebens zur damaligen Zeit wesentlich mitbestimmten.

Hitlers Anhänger hatten zwar schon nach wenigen Monaten den organisatorischen Zusammenhalt der gegnerischen Gruppen weitgehend zerschlagen, dennoch kam es stets erneut zu Zwischenfällen und Widersetzlichkeiten. Einzelne Leute machten ihrem Unmut Luft, indem sie die überkommenen Grußformen der Linksparteien weiterhin benutzten und sie den NS-Leuten zuriefen. Andere gingen noch ein Stück weiter und griffen SA-Männer tätlich an. Allerdings bleiben beim Lesen der Berichte Zweifel bestehen, wer tatsächlich der Angreifer war. Es ist durchaus denkbar, daß die NS-Leute Angriffe vortäuschten, um sich Vorwände zu verschaffen, ihre Gegner zu verprügeln oder festzunehmen.

Wie schnell eine Auseinandersetzung zwischen Nationalsozialisten und Andersdenkenden entstehen konnte, zeigen Vorgänge, die sich im Juni 1933 im Gasthaus »Zur alten Linde« bei Heusenstamm abspielten. Der folgende ausführliche Bericht des SA-Sturmführers an seine Vorgesetzten enthüllt gleichzeitig

Denk- und Verhaltensweisen der jungen, fanatischen SA-Leute die offensichtlich bei der Einkehr in dem Lokal — sie kamen von einer Parteiveranstaltung in Neu-Isenburg zurück — die anderen Gäste provozieren wollten:[199]

»Wir kamen in das Lokal »zur Linde« bei Heusenstamm, woselbst uns der Wirt bat, ungestört in dem Seitenzimmer Platz zu nehmen, da das vordere Lokal überfüllt war. Kamerad G. intonierte ein Potpourri auf dem Klavier, welches in das Deutschlandlied ausklang. Wir erhoben uns selbstverständlich sofort von unseren Plätzen und grüßten die Nationalhymne mit erhobenem Arm. Zu unserem Befremden mußten wir feststellen, daß keiner der übrigen Gäste Miene machte, sich zu erheben, worauf ich mir erlaubte, sie energisch an ihre Pflicht zu erinnern. Wir erkannten sogleich, daß wir uns in der Gesellschaft von schwarzen Brüdern befanden, die noch vor einem halben Jahr gelegentlich unserer Saalschutz-Aktionen in Heusenstamm Schmiere gestanden haben, wenn uns die Kommunisten dort Schwierigkeiten machten. Wir zogen uns daraufhin in unser Seitenzimmer zurück.

Kurze Zeit später wurde von einem uns unbekannten Klavierspieler nach verschiedenen anderen Liedern das Horst-Wessel-Lied gespielt. Wenn schon uns das Spiel des Horst-Wessel-Liedes in diesem Lokal unangenehm berührte, erhoben wir uns bei dem Schlußvers diszipliniert von unseren Plätzen und mußten wahrnehmen, daß die verstockte Gesellschaft auch diesmal keine Anstalten machte sich zu erheben. Es wäre nun parteischädigend gewesen, wenn wir die auf ihre Übermacht pochenden Gegner hätten gewähren lassen. Getreu dem Grundsatz, die SA bleibt, wo sie sich zeigt, Sieger, riß ich einen der Gäste hoch, worauf sich auch die meisten der Anwesenden erhoben, bis auf einen Kerl, der dann vom Reservemann G. die ihm gebührende Ohrfeige erhielt. Wir tranken in aller Ruhe unser Bier aus, zahlten und gingen. Beim Heraustreten kam uns ein Mann nach, der das Parteiabzeichen trug und angab, SA-Mann zu sein. Da er sich mir gegenüber durch keinerlei Ausweis legitimieren konnte, legten wir auf seine Belehrungen über die Zusammensetzung der Gäste keinerlei Wert.

Resümierend stelle ich fest, daß ich für die ganze Angelegenheit die volle Verantwortung übernehme, im Wiederholungsfalle im Sinne der Bewegung dasselbe tun werde, und daß in Heusenstamm zwar die marxistischen Organisationen zerschlagen, die Ideenwelt derselben aber weiterzuleben scheint. Dem Ortsgruppenleiter wäre zu wünschen, daß es ihm baldigst gelingt, Heusenstamm mit echt deutschem Geiste zu erfüllen.

Der Führer des Sturmes R21/168«

Einen Monat später bedrohten in Obertshausen zwei Kommunisten einen SA-Führer und wurden deshalb verhaftet. Andere Gegner der Nationalsozialisten griffen in der gleichen Gemeinde einen SS-Angehörigen tätlich an. Im Oktober 1933 wurde ein SA-Mann beleidigt und handgreiflich attackiert.[200] Nicht immer läßt sich jedoch aus den Meldungen über solche Vorfälle klar ersehen, ob politische Motive oder private Auseinandersetzungen den Anlaß bildeten.

Einige Seligenstädter Bürger hatten im Sommer 1933 ein Mittel gefunden, mit dem sie NS-Leuten erheblich zusetzen konnten. Sie taten nichts anderes, als daß sie die Geschäfte der Nationalsozialisten bei ihren Einkäufen mieden. Diese drohten, sie würden mit den schärfsten Maßnahmen gegen die Boykotteure vorgehen.[201] Nachweisen lassen sich drei Fälle, bei denen NS-Gegner eine Hakenkreuzfahne wegnahmen und verbrannten. Dies ereignete sich in Mühlheim, Dietzenbach und Steinheim, wo vom Schloßturm zwei NS-Fahnen entfernt wurden.[202]

Immer wieder erschollen zum Ärger und Verdruß der Nationalsozialisten die Rufe »Heil Moskau« »Rot-Front« und »Freiheit«. In Hausen geschah dies bei der Einführung des NS-Bürgermeisters.[203] In Klein-Krotzenburg verhafteten NS-Leute Kommunisten, die in der Öffentlichkeit Parteilieder gesungen hatten.[204] Derartige Vorfälle ereigneten sich ebenfalls in Neu-Isenburg, Seligenstadt, Dudenhofen, Jügesheim, Götzenhain und Hainhausen.[205] Wiederholt wurden Personen verhaftet, die ihrem Unmut über die eingetretenen Verhältnisse durch spitze Bemerkungen Luft machten. Die Nationalsozialisten sahen in solchen Äußerungen Beleidigungen ihrer Parteiverbände, sie beurteilten sie als strafwürdige Hetze oder sie sprachen von der Verbreitung von Greuelberichten, die gerichtlich geahndet werden müsse. Am Ende reagierten sie auf jedes bedachte und auch unbedachte Gerede in den Wirtshäusern.

Eingriffe im Schulwesen

Von nationalsozialistischem Geist ist in den Schulen der zwanziger Jahre wenig oder gar nichts festzustellen, wenn es auch nicht an Lehrern fehlte, die ein ausgesprochenes Nationalbewußtsein zur Schau trugen. Die labile Lage im Schulwesen, insbesondere die fehlende Verpflichtung der Volksschullehrer auf die republikanischen Werte, erleichterten etwa seit dem Jahre 1930 das Eindringen nationalsozialistischer Gedankengänge. Bei der Offenheit der Pädagogik und vieler Pädagogen für den Zeitgeist kann es nicht verwundern, daß den Nationalsozialisten schon bald Einbrüche in das Schulwesen gelangen.

Von besonderer Bedeutung war es, daß einer ihrer ersten und eifrigsten Agitatoren im Offenbacher Raum, Friedrich Ringshausen (1880 – 1941), dem Lehrerstand angehörte. Er stammte aus Oberhessen und war dann in jungen Jahren als Lehrer nach Dietzenbach und nach Offenbach gekommen. 1923 trat er in die

NSDAP ein, wurde vier Jahre später Gauleiter von Hessen-Süd und 1930 in den Reichstag gewählt.[206)] Als Gauleiter stand er auch dem Nationalsozialistischen Lehrerbund (NSLB) vor, der schon 1932 Lehrer, Erzieher und Geistliche im Kreis und auch im Gau zu Versammlungen aufrief.[207)] Dort versuchten NS-Redner, unter ihnen Ringshausen, den Zuhörern die nationalsozialistische Auffassung von Schule zu vermitteln. Diese solle zuvorderst Charakterbildung (im NS-Sinne) betreiben, sei aber kein Ding an sich, sondern eingeordnet in ein organisches Staatsgefüge. Über das Ausmaß des nationalsozialistischen Einflusses auf Lehrer und Schule vor 1933 lassen sich jedoch kaum gesicherte Aussagen machen.

Von den Unruhen in der Zeit vor der Machtergreifung blieb die Schule nicht verschont. Dies beleuchtet ein krasser Zwischenfall, der sich im September 1932 in Urberach zutrug. An einem Nachmittag war es zu einer Auseinandersetzung zwischen Kindern in der Gemarkung gekommen, die einen politischen Hintergrund hatte. Kinder aus Elternhäusern, die der SPD nahe standen, hatten andere mit NS-Eltern verprügelt. Am nächsten Vormittag drang ein NS-Funktionär in eine Schulklasse ein und schlug dort den Sohn eines SPD-Mannes.[208)]

Wie in anderen Lebensbereichen so erhielten die NS-Leute nach der Machtergreifung auch auf dem Feld der Pädagogik die Gelegenheit, ihre Vorstellungen durchzusetzen. Sie begannen damit, daß sie die lokalen und regionalen Besonderheiten weitgehend beseitigten und eine Schule schufen, die zentral von der Reichsregierung geleitet wurde. Ringshausen wurde schon sehr bald – am 15. März 1933 – zum Kommissar für das Schulwesen in Hessen berufen.[209)] Er wurde zum Schrecken vieler Lehrer, die dem Nationalsozialismus ablehnend gegenüberstanden, aber er konnte keine eigenständigen Vorstellungen durchsetzen. Er blieb der Befehlsempfänger von oben, der lediglich die nationalsozialistischen Einflüsse noch verstärken konnte. Die Nationalsozialisten waren von ihrem Ausgangspunkt her bestrebt, ganz andere Werte den Jugendlichen zu vermitteln als die bisher geltenden. Für sie stand im Vordergrund der kämpfende Mensch, der sich mit Rücksichtslosigkeit gegenüber den anderen durchsetzte. Damit standen sie in einem scharfen Gegensatz zu den Erziehungszielen der Schulen der Weimarer Zeit. Deren Hauptanliegen war in einem weiteren Sinne die Pflege und die Entwicklung der Humanität im jungen Menschen. Dafür hatten die NS-Leute aber lediglich Spott übrig. Als Meister der Gleichschaltung probierten sie auch an der Schule ihre Künste. Vordergründig waren sie erfolgreich; sie konnten das äußere Bild, das die Schulen darboten, im NS-Sinne umgestalten und diese zu einem zweitrangigen Instrument erniedrigen, das sie scharf überwachten und für ihre Zwecke einspannten. Für die notwendige Wissensvermittlung war und blieb die Schule im Dritten Reich unentbehrlich. Mißbraucht wurde sie jedoch, um die Jugendlichen mit der NS-Irrlehre vertraut zu machen. Die eigentliche Erziehungsarbeit aber übertrug man der selbst geschaffenen Organisation: der Hitler-Jugend.

Kaum saßen sie fest im Sattel, ließen die Nationalsozialisten Schulen und Lehrer die Sporen fühlen. Vielleicht gerade wegen der Geringschätzung der intellektuellen Bildung gingen sie gegen die Träger einer Erziehung, die den Menschen zur Selbstbestimmung führen wollten, besonders streng vor. Kein Lehrerkollegium im Kreis blieb von gravierenden Eingriffen verschont. Die neuen Herren trugen ein Maß an Unruhe in die Schulen hinein, das einem planvollen

Arbeiten nur schaden konnte. Das nahmen sie aber in Kauf, denn die Verwirklichung ihrer Ziele hatte Vorrang vor jeder anderen noch so berechtigten Erwägung.

Die Spalten des hessischen Regierungsbuches sind beginnend mit dem Frühjahr 1933 voll von Eintragungen über die zahlreichen personellen Veränderungen, welche die Nationalsozialisten vornahmen.[210] Dabei bedienten sie sich verschiedener Mittel, um die ihnen Mißliebigen empfindlich zu treffen und ihre Parteigänger an die Schaltstellen zu befördern. So kam es zu einer Unzahl von Versetzungen, die das sonst übliche Maß weit überstieg. Eine beträchtliche Zahl von Lehrkräften wurde aufgrund des Gesetzes zur Wiederherstellung des Berufsbeamtentums entlassen. Auch die drei wegen ihrer republikanischen Gesinnung bekannten Schulräte im Kreis Offenbach mußten bis Mitte 1933 den Dienst quittieren. Es kam ferner zu einer Fülle von Ruhestandsversetzungen auf eigenen Wunsch hin. Offenbar nahmen ältere Lehrer, die sich mit dem Regime und seinen Forderungen nicht anfreunden konnten, mehr gezwungen als freiwillig den Abschied. Anderen versüßte die Regierung das Ausscheiden mit der Bemerkung, die vorgesetzte Behörde anerkenne den damit verbundenen Opfersinn. Durch die Verdrängung ihrer Gegner schufen die Nationalsozialisten nicht nur Platz für stramme Parteigänger, die Maßnahmen erlaubten es ihnen auch, jüngere arbeitslose Lehrer in den Dienst zu bringen. So konnten sie als Wohltäter auftreten, die es im Gegensatz zu den republikanischen Vorgängern verstanden, den jungen unbeschäftigten Kräften eine Stellung zu geben. Freilich erwarteten sie auch, daß die in den Schuldienst neu Übernommenen sich dankbar erwiesen. In ähnlicher Weise suchten sie, einen Teil der entlassenen Lehrer sich zu verpflichten. War jemand als NS-Gegner nicht gar zu stark hervorgetreten, so konnte er, gegebenenfalls verbunden mit einer Versetzung in eine ländliche Gegend, wieder eingestellt werden. Die NS-Leute setzten dabei üblicherweise voraus, daß der Betreffende Mitglied der NSV oder der SA-Reserve geworden oder vielleicht gar in die Partei eingetreten war. Die so wieder in den Dienst Gekommenen wußten, wem sie ihre Beschäftigung verdankten, und vermieden jedes Hervortreten, das den Nationalsozialisten hätte mißfallen können. Wie auch gegenüber anderen Bevölkerungsgruppen kombinierten diese gegenüber den Lehrern in geschickter Weise Verführung und Gewalt. Lehramtskandidaten konnten nur in den Schuldienst eintreten, wenn sie die obligatorischen Verpflichtungen auf den Nationalsozialismus abgelegt hatten. Von den amtierenden Lehrkräften konnte kaum jemand den Eintritt in den NSLB vermeiden.

Noch im Rausch ihres Sieges anläßlich der Machtergreifung fühlten sich die örtlichen Parteigrößen berufen, in ihrer Stadt oder in ihrer Gemeinde für eine reine NS-Schule zu sorgen. Da ihnen selbst der Eingriff verwehrt war, wandten sie sich über die Kreisleitung der NSDAP an das Kultusministerium. So beschwerte sich die Ortsgruppe Sprendlingen am 4. April 1933 über einen Lehrer in der Gemeinde:[211]

»Anläßlich der letzten Schulfeier in Hessen wurde angeordnet,
daß die Herren Lehrer ihren Kindern das Deutschland-Lied
und auch das Horst-Wessel-Lied einlernen sollen. Herr Lehrer

K. an der hiesigen Volksschule, der hier allgemein als Kommunist bekannt ist, hat es nicht für nötig gefunden, dies zu tun. Erst auf Vorhalt des Unterzeichneten ließ er am letzten Tag vor der Feier seine Schulklasse nach Schulschluß nachmittags kommen und nahm die beiden Lieder im Galopp durch.

Ein Urteil über die Qualität des Lehrers K. zu bilden, überlasse ich Ihnen. Der beigefügte Artikel in der Sprendlinger Allg. Volkszeitung vom 10. Nov. 1931 »Was ist national?«, der aus der Feder des Lehrers K. stammt, dürfte genug das kommunistisch-pazifistische und marxistische Denken dieses Jugenderziehers beleuchten. Die deutschgesinnte Bevölkerung Sprendlingens und mit ihr sämtliche Pgs erwarten, daß möglichst bald hier Wandel geschaffen wird.«

Eine andere Denunziation betraf einen Lehrer, der sich in der Weimarer Zeit für die liberale Staatspartei eingesetzt hatte. Über ihn schrieb der Ortsgruppenleiter ebenfalls im April 1933:[212]

»Betr.: Lehrer Z.
Dieser Lehrer, der ebenfalls hier an der Volksschule tätig ist, war hier und in Buchschlag (...) der Gründer der Staatspartei. Wir sind im Besitze eines Schreibens (durch Fund bei den Eisernen-Front-Akten), in dem Z. dem Reichsbanner und der Eisernen Front seiner Bereitwilligkeit Ausdruck gibt, für die beiden Organisationen durch Sammlungen Geld zu beschaffen, da er wisse, daß der Kampf gegen den Faschismus nicht nur mit geistigen Mitteln geführt werden könnte und auch andere Mittel nötig seien.«

Der NS-Funktionär erhob keine konkreten Forderungen zum Vorgehen gegen den Lehrer, aber der Wink war deutlich genug.

Wichtig erschien es der NS-Führung, daß die Schuljugend den »geliebten Führer« stets vor Augen hatte. So ordnete Ringshausen nach einer Meldung der »Offenbacher Zeitung« vom 2. Mai 1933 an, in jedem Schulsaal sei ein Bild Hitlers und ein Bild Hindenburgs aufzuhängen. Die Kruzifixe blieben, eingerahmt von den Photos der für Deutschlands Schicksal verantwortlichen Politiker, vorläufig noch in der Schule hängen.

Betrachtet man allein die nüchterne Statistik, so muß man erkennen, daß der Regierungswechsel von 1933 Schule, Schülern und Lehrern nicht gut bekommen ist:[213]

Über 2 000 Schüler mehr wurden demnach 1935 von über 100 Lehrern weniger unterrichtet. Ein enormer Anstieg der Klassenstärken war die Folge. Allein im »Landkreis« stieg die Zahl der Klassen mit 51 bis 60 Schülern von 21 (im Jahr 1928) auf 86 (im Jahr 1935). In 39 Klassen saßen 1935 jeweils mehr als 60 Schüler, während 1928 nur 8 Klassen eine so hohe Frequenz aufwiesen.

	10. 5. 1928	10. 5. 1935
Zahl der Volksschüler im Kreis Offenbach	18 683	20 882
davon Stadt Offenbach	7 771	7 890
Landkreis	10 912	12 992
Zahl der Volksschulklassen im Kreis Offenbach	524	433
davon Stadt Offenbach	231	172
Landkreis	291	261
Zahl der hauptamtlichen Volksschullehrer im Kreis Offenbach	538	424
davon Stadt Offenbach	244	169
Landkreis	294	255

Bei allen sich bietenden Gelegenheiten versicherte Hitler zwar, die Jugend sei »die Zukunft der Nation, die Zukunft des Deutschen Reiches«,[214] von Schule und schulischer Ausbildung hielten er und seine Gefolgsleute – möglicherweise aufgrund eigenen Erlebens und Versagens – aber recht wenig. »Mit Wissen verderbe ich mir die Jugend. Am liebsten ließe ich sie nur das lernen, was sie ihrem Spieltriebe folgend sich freiwillig aneignen«, äußerte er bei einer Gelegenheit.[215] Solche Einstellung erklärt weitestgehend die Zurücksetzung und Vernachlässigung des Schulwesens ab 1933.

HJ auf dem Wege zur Staatsjugend:
»Wir marschieren für Hitler ...«

Für die Entwicklung der Hitler-Jugend und ihr Verhältnis zu den anderen Jugendverbänden bedeutete der 30. Januar 1933 einen entscheidenden Wendepunkt, denn von nun an hatte sie die Staatsführung hinter sich und konnte sich als die von der Regierung gewünschte Organisation der deutschen Jugend ausgeben. Die NS-Führung ihrerseits wollte sich bei der Jugend nicht mit Gleichschaltung und damit einem Rest verbleibender Selbständigkeit begnügen. Vielmehr sollten alle Jugendlichen der NS-Jugendbewegung angehören, durch sie in den Nationalsozialismus eingeführt und zu Gefolgsleuten Hitlers herangebildet werden. Die HJ war ganz nach dem Führerprinzip aufgebaut und auf Hitler als obersten Führer ausgerichtet. Mitarbeit in der HJ, so erklärte man den Jugendlichen, sei Dienst für Volk und Führer. Pflicht und Treue waren Begriffe, die man unaufhörlich verwandte und mißbrauchte, um bei der jungen Generation das Gefühl unlösbarer Verbundenheit mit Hitler zu erzeugen. Dies geschah offen, aber auch unterschwellig, etwa durch Liedtexte, die man den jungen Leuten einhämmerte und bei allen Gelegenheiten singen ließ, wie beispielsweise im Refrain des meistgesungenen HJ-Liedes:

»Unsre Fahne flattert uns voran,
In die Zukunft ziehn wir Mann für Mann,
Wir marschieren für Hitler durch Nacht und durch Not
Mit der Fahne der Jugend für Freiheit und Brot.
Unsre Fahne flattert uns voran ... «

Sollte es auf dem Gebiet der Jugendbewegung keine Vielfalt mehr geben, so mußten die anderen Verbände beseitigt, die HJ aber zur Staatsjugend werden. An politische Parteien angeschlossene Jugendverbände gab es außer bei der NSDAP nur bei den Linksparteien. Sie wurden als erste verboten. Mit der KPD und etwas später der SPD wurden im Frühjahr 1933 auch deren Jugendgruppen aufgelöst.

Schwieriger gestaltete sich das Vorgehen gegen die kirchlichen Jugendorganisationen. Da man ihnen nicht allgemein die Existenzberechtigung absprechen konnte, ohne größere Konflikte zu riskieren, war man zunächst gezwungen, ein gewisses Maß an Aktivitäten der Kirchen im Jugendbereich zu dulden. Dennoch wurde deutlich, daß die Nationalsozialisten danach strebten, die Jugendlichen den Kirchen zu entziehen und sie ihrem Einfluß zu unterwerfen. Ein Großteil der sich anbahnenden Auseinandersetzungen zwischen NS-Regime und Kirchen beruhte auf dem Ringen um den Einfluß auf die jungen Menschen.

Alle anderen Jugendverbände, etwa die bündische Jugend, hatten nach nationalsozialistischer Meinung 1933 ihre Existenzberechtigung verloren, denn alle guten Traditionen sollten sich in der HJ als Staatsjugend vereinen. Verführung, die Aussicht, bei den Siegern zu sein, aber auch ausgeübter Druck halfen, die Reihen der Hitler-Jugend durch Übertritte rasch anschwellen zu lassen. Bei der Jugend war ein ähnlicher Zulauf zu den NS-Organisationen zu verzeichnen wie bei den Erwachsenen.

Im Kreis Offenbach ging die Hitler-Jugend im Frühjahr 1933 zunächst daran, ihre Organisation zu festigen und auszubauen. Wie überall im Reich erfaßte die eigentliche HJ die männlichen Jugendlichen zwischen 14 und 18 Jahren, während die jüngeren Buben zwischen 10 und 14 Jahren (was gleichbedeutend war mit der 5. bis 8. Schulklasse) das »Deutsche Jungvolk« bilden sollten. In gleicher Weise gehörten die 14- bis 18-jährigen Mädchen zum »Bund deutscher Mädel« (BDM) und die jüngeren von 10 bis 14 Jahren zu den »Deutschen Jungmädel«. Es brauchte eine Weile, bis in sämtlichen Städten und Gemeinden des Kreisgebietes unter Berücksichtigung der örtlichen Verhältnisse die entsprechenden Organisationen aufgebaut waren. So gründeten die Nationalsozialisten im April 1933 eine Ortsgruppe des BDM in Mühlheim.[216] In Hainstadt war es im Juni 1933 ein Lehrer, der veranlaßte, daß eine »Jungschar« entstand. Damals ging dort die Rücksicht auf die kirchlichen Jugendverbände noch so weit, daß man versicherte, die Gründung richte sich nicht gegen die katholische DJK. Auffällig war dabei, daß die Namengebung nicht den HJ-Gepflogenheiten entsprach, sondern vielmehr eine Entlehnung aus dem katholischen Jugendbereich darstellte.[217]) Mit Werbezwecken verbunden war ein Jungvolk-Fähnlein-Treffen in Egelsbach im Juli 1933. An ihm sollen 500 Buben eines Fähnleins »Tannenberg« teilgenommen haben. Die noch kindlichen Herolde des Nationalsozialismus versuchten offensichtlich, Gleichaltrige wie Erwachsene durch Lagerfeuer, Landsknechtslieder und einen Propagandamarsch auf sich aufmerksam zu machen.[218]) Die jungen Nationalsozialisten Mainflingens rühmten sich, ihre Gemeinde gehöre zu den ersten im Kreis Offenbach, in denen Gefolgschaften der HJ und des BDM aufgebaut worden seien.[219]) In Buchschlag veranstaltete ein Fähnlein »Bismarck« im Dezember 1933 einen Elternabend, zu dem Bürgermeister, Ortsgruppenleiter und die örtliche SA erschienen.[220]) Im gleichen Monat trat auch die Hitler-Jugend Dudenhofens mit einer Kundgebung an die Öffentlichkeit, bei der ein begeisterter Parteigenosse eine »zündende Ansprache« hielt und die Jugendlichen ein Hitler-Jugend-Wappenschild nagelten.[221]) In größeren Kreisgemeinden trat bereits 1933 eine Untergliederung der HJ ein. So bestand schon im Mai in Seligenstadt eine HJ-Luftsportschar.[222]) Von einer Erfassung der gesamten Jugend waren die Nationalsozialisten aber 1933 noch weit entfernt. Die aus dem linken Lager kommenden Jugendlichen trachteten kaum nach einem Eintritt in die Reihen derer, die ihre Verbände gerade erst zerschlagen hatten.

Das Ende des Evangelischen Jugendbundes

Aus diesem Grund setzten die Nationalsozialisten zunächst zu einem Generalangriff auf die kirchlichen Jugendgruppen an, um deren Angehörige unter dem Trugbild der Volksgemeinschaft zu absorbieren. Der erste Stoß traf die Gruppen, die in Verbindung zur Evangelischen Kirche standen. Man nützte dabei den günstigen Umstand, daß manche führenden Leute dieser Kirche in der Zeit unmittelbar nach der Machtergreifung sich Illusionen über den Nationalsozialismus machten und in ihm eine echte Verkörperung von Christentum und Deutschtum sehen wollten. Wer aber einer solchen Sichtweise verfallen war, dem fehlten die Gründe, um eine Verschmelzung der evangelischen Jugendgruppen mit der Hitler-Jugend abzulehnen. Beim Jahresfest des Evangelischen Jugendbundes in Dreieichenhain im Mai 1933 konnten die jungen Leute von ihrem Pfarrer und Jugendbundführer hören, daß sich ein Aufbruch neuen Lebens aus der Tiefe des Volkes vollziehe und eine innere Umwandlung ihres Wesens erforderlich mache.[223]) In der gegebenen Situation waren solche Worte zumindest zweideutig. Ein paar Wochen später im Juni versuchte der gleiche Pfarrer, seinen Jugendbund gegen die HJ abzugrenzen. In einer Hauptversammlung vollzog er eine Art Gleichschaltung, ließ sich zum »Führer« wählen und bestimmte die weiteren Jugendführer. In der Versammlung gab der Pfarrer die neuen vom Reichsjugendführer Baldur von Schirach erlassenen Richtlinien für die Arbeit der evangelischen Jugendbünde bekannt. Danach war eine gleichzeitige Mitgliedschaft in der HJ »aus pädagogischen Gründen« untersagt. Wer weiterhin Mitglied des Evangelischen Jugendbundes bleiben wollte, mußte dies bis zum 4. Juli 1933 seinem Jugendführer ausdrücklich melden.224)

Entschieden wurde über das Geschick der evangelischen Jugend auf übergeordneter Ebene in dem Sinne, daß sie sich der HJ eingliederte. Strittig war zunächst noch, ob die Verbände korporativ übertreten sollten. Aber der Reichsjugendführer von Schirach konnte sich durchsetzen, und es kam zu einem völligen Aufgehen der evangelischen Jugend in der HJ durch einen Vertrag zwischen dem Reichsbischof der Deutschen Evangelischen Kirche und der Reichsjugendführung vom 19. Dezember 1933.225) Die Kirchenführung gestand der HJ die einheitliche staatspolitische Erziehung der Jugend zu und anerkannte sie als die Trägerin der Staatsidee. Vertraglich war zugesichert, daß für die aus der evangelischen Jugendbewegung Kommenden zwei Nachmittage in der Woche und zwei Sonntage im Monat dienstfrei sein sollten für die Zwecke der religiösen Erziehung. Aber solche einschränkenden Bestimmungen waren schon nach kurzer Zeit das Papier nicht wert, auf das sie geschrieben waren.

In Dreieichenhain führte dann in Ausführung der Vereinbarung der evangelische Pfarrer selbst seine Buben und Mädchen zur Hitler-Jugend. Das Geschehen vollzog sich Ende Januar 1934 auf dem Lindenplatz. Die NS-Presse berichtete darüber:226)

»In unübersehbaren Scharen rückte später die evangelische
Jugend unter der Führung des Ortspfarrers an, um sich dem
Führer der hiesigen Jugend, Pg. K., unterzuordnen.«

Der Führer der Hitler-Jugend bemerkte bei dem Anlaß, daß es der Jugend nicht schwerfallen werde, außer dem Kreuz des Christentums dem sieghaften Sonnenrad, dem altgermanischen Hakenkreuz, nachzufolgen. Die BDM-Gruppe, die bisher lediglich acht Mädchen zählte, umfaßte jetzt auf einen Schlag fünfzig. Ganz zufrieden war der HJ-Führer immer noch nicht. Er konnte nicht verstehen, daß eine Gruppe von über 18jährigen den Schritt zum Nationalsozialismus noch nicht vollzogen hatte.

In der Kirchenchronik fand der Vorgang seinen Niederschlag mit folgendem Eintrag des Pfarrers:227)

»Mit dem 23.1.1934 hörte unser evangelischer Jugendbund auf
zu bestehen, da die Buben und Mädchen in die Formationen
der Hitlerjugend eingegliedert wurden. Wir taten das in feierlicher Weise auf dem Lindenplatz, wo sich zu der bedeutungsvollen Abendstunde viele Hainer eingefunden hatten. Der evangelische Jugendbund hat in den Jahren des religiösen Niedergangs unseres Vaterlandes hier im lieben Hain seine missionarische Pflicht erfüllt und wird auch unter dem Hakenkreuz treu
sein wie unter dem Christuskreuze. Die neue Zeit erfordert auch

eine neue Jugenderziehung. Wir hoffen, daß wir auch weiterhin in monatlichen evangelischen Gemeindejugendabenden und monatlicher zweimaliger Christenlehre der konfirmierten Jugend mit dem Worte Gottes dienen können.«

Als die Illusionen verflogen waren, war es ungeheuer schwer, unter schwierigsten Voraussetzungen einen Neuaufbau der evangelischen Jugendarbeit zu versuchen. Der Kirche blieb am Ende nur der Konfirmandenunterricht, der ebenfalls behindert wurde.

Katholische Jugend unter prekärem Schutz des Reichskonkordats

Weit erbitterter und auch erheblich länger andauernd waren die Kämpfe um den Erhalt der katholischen Jugendbewegung. Ähnlich wie bei den Jugendverbänden der Evangelischen Kirche erwarteten die Nationalsozialisten, daß sie in der Art eines Handstreiches auch die katholische Jugendarbeit vernichten und die Jugendlichen in die Reihen der HJ eingliedern könnten. Nachdem sich die HJ seit Mai 1933 erste Übergriffe auf katholische Jugendgruppen geleistet hatte, verbot die Gestapo im Juli 1933 die Arbeit der katholischen Jugendorganisationen.[228] Doch in diesem Fall hatten sich die Scharfmacher zu weit vorgewagt. Aus außenpolitischen Rücksichten schloß die Reichsregierung mit dem Vatikan im Juli 1933 ein Konkordat. Bei den Verhandlungen war es den kirchlichen Vertretern gelungen, Bestimmungen durchzusetzen, die den Bestand der katholischen Vereine und Verbände zu garantieren schienen. So hieß es in Artikel 31:[229]

»Diejenigen katholischen Organisationen und Verbände, die ausschließlich religiösen, rein kulturellen und karitativen Zwecken dienen und als solche der kirchlichen Behörde unterstellt sind, werden in ihren Einrichtungen und in ihrer Tätigkeit geschützt.«

Auch durfte man annehmen, daß die seelsorgliche Betreuung von Jugendlichen, die der Staatsjugend angehörten, gewährleistet sei. In dem gleichen Artikel war nämlich vereinbart worden:

»Insoweit das Reich und die Länder sportliche und andere Jugendorganisationen betreuen, wird Sorge getragen werden, daß deren Mitgliedern die Ausübung ihrer kirchlichen Verpflichtungen an Sonn- und Feiertagen regelmäßig ermöglicht wird und sie zu nichts veranlaßt werden, was mit ihren religiösen und sittlichen Überzeugungen nicht vereinbar ist.«

VERBOTENE PFADFINDER
Die Gruppe der Katholischen Jugend Weiskirchen wurde 1933 verboten.

Ein erstes Ergebnis des Konkordats war es, daß die Gestapo noch vor dessen Abschluß das ausgesprochene Verbot der katholischen Jugendverbände zurückziehen mußte. Gleichzeitig war den katholischen Gruppierungen ein Rechtsboden gegeben, auf dem sie sicher zu stehen glaubten und den sie zu verteidigen bereit waren. So konnte der Katholische Jungmännerverband Deutschlands in einem Aufruf zum Jahr 1934[230)]

»den harten Willen (erklären), unseren jung-katholischen, deutschen Weg zu gehen, so wie wir ihn im Namen der Kirche und des deutschen Volkes gehen müssen. Der mit den Unterschriften der deutschen Reichsregierung und des Heiligen Stuhles versehene Vertrag ist der Rechtsboden, auf den wir uns unbedingt stellen.«

Zumindest für die erste Zeit nach Abschluß des Konkordats konnte und wollte die Regierung nicht gegen die katholischen Jugendverbände vorgehen. Dies schloß aber eigenmächtiges Handeln der Partei und ihrer Gliederungen nicht aus. Große Befürchtungen, deshalb mit der Polizei oder Justiz in Konflikt zu geraten, brauchten aggressive NS-Leute nicht zu haben, denn lokale Behörden pflegten solche Gesetzesübertretungen nicht zu verfolgen; ja, sie deckten sogar weitgehend die teils brutalen, teils flegelhaften Angriffe fanatischer Anhänger der Hitler-Jugend auf Angehörige der Katholischen Jugend. Diese war ihrerseits nicht zu einem Verzicht auf ihr Recht zu jugendgemäßen Aktivitäten bereit, wobei der innere Zusammenhalt durch den von außen kommenden Druck noch gefestigt wurde. Zahlreiche katholische Jugendführer waren willens, Opfer für ihren Glauben und ihren Verband zu bringen. Sie wurden tatkräftig unterstützt von nicht wenigen Kaplänen, die ebenfalls von Opfermut erfüllt in der kirchlichen Jugendarbeit eine Hauptaufgabe sahen. Dies führte zu einem mehrere Jahre währenden Kleinkrieg, in dem sich gelegentlich jugendlicher Leichtsinn und frische Unbekümmertheit mit einem hartnäckigen weltanschaulichen Ringen verbanden. Von mehr oder weniger ernsten Zusammenstößen zwischen HJ und Angehörigen katholischer Jugendverbände blieb in der folgenden Zeit kaum eine Gemeinde im Kreis Offenbach verschont.

Versprechungen für die Katholiken

Trotz der grundlegenden weltanschaulichen Gegensätze kam es unmittelbar nach der Machtergreifung keineswegs sofort zu einer tiefgreifenden Auseinandersetzung zwischen dem nationalsozialistischen Staat und der Katholischen Kirche, denn nach dem 30. Januar 1933 mußten Hitler und seine Leute zuerst ihre Macht festigen. Als ihren Hauptgegner sahen sie dabei nicht die Kirche an, sondern die politischen Parteien, denen ihr Angriff zunächst galt. Die Katholische Kirche dagegen versuchten sie zu überlisten und für sich zu gewinnen, ein Versuch, der keineswegs völlig aussichtslos schien. Insbesondere durch seine Regierungserklärung vom 23. März 1933, mit der er die Zustimmung des Reichstages zu seinem Ermächtigungsgesetz begehrte, gelang es Hitler, kirchliche Bedenken gegen seine Bewegung zu beschwichtigen. Er gebrauchte darin Formulierungen, wie sie von Politikern außerhalb der Zentrumspartei selten zu hören waren und die dem Kirchenvolk wie Musik in den Ohren klingen mußten:[231]

»Die nationale Regierung sieht in den beiden christlichen Konfessionen die wichtigsten Faktoren zur Erhaltung unseres Volkstums. (...) Ihre Rechte sollen nicht angetastet werden...

Die Sorge der Regierung gilt dem aufrichtigen Zusammenleben zwischen Kirche und Staat; der Kampf gegen die materialistische Weltanschauung, für eine wirkliche Volksgemeinschaft dient ebenso den Interessen der deutschen Nation wie dem Wohl unseres christlichen Glaubens...

Ebenso legt die Reichsregierung, die im Christentum die unerschütterlichen Fundamente der Moral und der Sittlichkeit des Volkes sieht, größten Wert auf freundschaftliche Beziehungen zum Heiligen Stuhl...«

Die feierlichen Beteuerungen Hitlers veranlaßten schon innerhalb weniger Tage die Fuldaer Bischofskonferenz zu erklären, daß allgemeine Verbote und Warnungen gegenüber den Nationalsozialisten nicht mehr zu rechtfertigen seien. Sie fügte freilich hinzu, religiös-sittliche Irrtümer seien weiterhin zu verurteilen. Auch das Mainzer Ordinariat, das vor 1933 die Fehde mit den NS-Leuten gewagt hatte, schloß sich – wenn auch mit starker Zurückhaltung – der Fuldaer Erklärung an. Um die Katholiken im Bistum über die neue Situation zu informieren, zitierte das Mainzer »Martinus-Blatt« die Äußerung des Bischofs von Ermland:[232)]

»Der Staat will die religiösen Kräfte ausgewertet wissen, und wir sollen zögernd zurückhalten? Die große Zeit ist eine Gnade Gottes. Auch wir müssen radikal sein. Radikal katholisch.«

Die Lage war zudem auch äußerst kompliziert geworden. War man Hitler vor der Machtergreifung als dem autoritären Führer einer Partei entgegengetreten, so war er jetzt – zumindest in den Augen der Zeitgenossen – auf legale Weise Reichskanzler geworden. Er war also die Spitze der rechtmäßigen Obrigkeit, die nach eindeutiger biblischer Aussage Anspruch auf Gehorsam hat: »Jedermann unterwerfe sich der obrigkeitlichen Gewalt, denn es gibt keine Gewalt außer von Gott; die bestehenden Gewalten aber sind von Gott angeordnet« (Paulus, Römerbrief 1, 13).

Die Vertreter der Katholischen Kirche hätten allen Traditionen zuwider handeln müssen, wenn sie eine andere Haltung gegenüber der rechtmäßigen Regierung an den Tag gelegt hätten. Die Bischöfe und ihre Berater waren keine Revolutionäre, zumal nicht gegen denjenigen, der ihre Verdienste anerkannte und ihre Rechte bestätigte. Und selbst wenn die NS-Führer sofort ihre Gefährlichkeit geoffenbart hätten, Aufruhr, Widerstand, Ungehorsam und Auflehnung waren unbekannte Vokabeln in den bischöflichen Ordinariaten. Zu alledem hätte es auch vorausgegangener Absprachen bedurft; aber auch die lagen außerhalb der Denkmöglichkeiten. Das an straffe Führung gewöhnte Kirchenvolk konnte unter den gegebenen Voraussetzungen dem Verlauf der Ereignisse nur zuschauen.

In Hessen bedachten sich die Katholische Kirche und die führenden Nationalsozialisten zunächst mit Artigkeiten. An Untertönen fehlte es freilich nicht. Als der Gauleiter Jakob Sprenger zum Reichsstatthalter in Hessen ernannt wurde, schickte ihm das bischöfliche Ordinariat in Mainz einen Glückwunsch, in dem es hieß:[233)]

»Möge Gott Ihre Tätigkeit mit Erfolg krönen – das ist unser Wunsch und der Inhalt unseres Gebetes, das wir für Sie zu Gott emporsenden.«

Sprenger war geschickt genug, den Ball aufzufangen und in diskreter Form seine Herrschaftsansprüche zu betonen:[234)]

»Wie die katholische Kirche zu allen Zeiten die gesetzmäßige weltliche Obrigkeit anerkannt und geachtet hat und mit ihr

*zum Wohle der Völker zusammengearbeitet hat, so werde ich
verantwortungsbewußt meine Amtsführung immer so halten,
daß die Einrichtungen und Segnungen der christlichen Kultur
allzeit erhalten und gefördert werden.«*

Über den Abschluß des Reichskonkordates mit dem Heiligen Stuhl in Rom am 8. Juli 1933 wurde die Öffentlichkeit eingehend unterrichtet. Zweifellos machte Hitler der Kirche eine Reihe von Zugeständnissen. Die Freiheit des Bekenntnisses und die öffentliche Ausübung der katholischen Religion wurden ebenso gewährleistet wie das Recht der Kirche, ihre Angelegenheiten selbständig zu regeln. Der Religionsunterricht an staatlichen Schulen blieb ordentliches Lehrfach, Konfessionsschulen waren erlaubt. Katholischen Organisationen und Verbänden wurde staatlicher Schutz zugesagt. Innenpolitisch war es für Hitler wichtig, daß der Vatikan den katholischen Geistlichen fortan die Tätigkeit für politische Parteien verbieten wollte. Nicht zufällig verliefen Abschluß des Reichskonkordats und Selbstauflösung der Zentrumspartei zeitlich parallel. »Auf dem Grabe der Zentrumspartei war der Frieden mit der Katholischen Kirche zustande gekommen.«[235] Nur der ehemalige Reichskanzler Brüning warnte Rom nachdrücklich aber vergeblich vor den möglichen Folgen eines Vertragsabschlusses. Maßgebliche Kirchenführer wollten nicht erkennen, daß fortan Angriffe der NSDAP auf die Kirche nicht mehr durch Vertreter des politischen Katholizismus aufgefangen oder wenigstens gemildert werden konnten. Auch die Preisgabe der sonstigen mit der Kirche verbundenen Organisationen bereitete ihnen offenbar keine größeren Sorgen, glaubten sie doch, sich nun unbekümmerter um die eigentlichen seelsorgerlichen Angelegenheiten bemühen zu können. Das »Martinus-Blatt« aber versuchte, seine Leser im Kreis Offenbach und andernorts im Bistum in einem positiven Sinne zu dem Konkordat einzustimmen:[236]

»Mit dankbarer Freude wird das katholische Volk den mannigfachen Schutz begrüßen, der für die Kirche als solche und wichtige kirchliche Einrichtungen von Seiten des Staates zugestanden ist.«

Umworben und bedrängt:
Nationalsozialistische Doppelstrategie gegen die Kirche

Der Abschluß des Konkordats und der Austausch von Artigkeiten konnten freilich die zwischen Katholischer Kirche und NS-Staat bestehenden weltanschaulichen Gegensätze nicht verschleiern. Zudem eröffneten oder verstärkten die Nationalsozialisten ihre Angriffe auf der lokalen Ebene. Nach ihrer Ideologie von der Volksgemeinschaft mußte sich jeder, auch der Pfarrer und der Kirchenmann, an der »nationalen Erhebung« beteiligen. Jeder sollte seinen ihm gemäßen Beitrag leisten. Für die kirchlichen Vertreter bedeutete dies, daß sie den Rummel der Feierlichkeiten und der Festlichkeiten, den die NSDAP nach ihrer Machtergreifung aufzog, absegnen sollten. Die kirchliche Weihe sollte den Aufmärschen eine eigene Würde verleihen und auch als Dummenfang für die noch Zögernden dienen. Hier war nur der einzelne Ortspfarrer gefordert, ohne daß ihm die kirchliche Behörde half. Waren die Pfarrer und Kapläne Zuschauer im diplomatischen Spiel zwischen den obersten kirchlichen und weltlichen Behörden gewesen, jetzt mußten sie selbst Farbe bekennen. Sofort kam es zu den ersten Konflikten mit den Nationalsozialisten.

Eine Vorstellung von den Angriffen, die sie bei unerwünschtem Verhalten der NSDAP gegenüber zu erwarten hatten, erhielten die katholischen Pfarrer im Kreisgebiet durch einen Artikel in den »Offenbacher Nachrichten« vom 9. März 1933 unter der Überschrift »Ein eigenartiger Seelsorger in Jügesheim«. Der dortige Pfarrer hatte es gewagt, anläßlich der Reichstagswahl vom 6. März ein Wahlflugblatt herauszugeben, dessen Inhalt den Nationalsozialisten mißfiel. Diese warfen ihm vor, er übe seelischen Terror aus, mißbrauche seine Seelsorgerechte und verwechsele das Zentrum mit der Kirche; zudem erinnerten sie ihn an den Satz aus dem Römerbrief über die Pflicht zum Gehorsam gegenüber der Obrigkeit. Auch solle der Pfarrer nicht vergessen, daß die NSDAP die Kirche vor dem Kommunismus gerettet habe. In Spanien wäre man froh, wenn die Kirche einen solchen Beschützer wie in Deutschland hätte. Das neue Deutschland gehe seinen Weg; wer sich aber dem Zentrum anschließe, der sei verlassen.

Die unmittelbare Konfrontation mit der NSDAP war für den Jügesheimer Pfarrer sicherlich eine gefährliche Angelegenheit. Noch bedrohlicher für die gesamte Institution Kirche war der von den Nationalsozialisten im Jahre 1933 betriebene Versuch der Umarmung, der bis zur Erdrückung fortgesetzt werden konnte. In den Aufmärschen und Umzügen feierte die NSDAP nicht allein ihren Sieg, es war auch die Selbstdarstellung der neuen Volksgemeinschaft, in der die Unterschiede zwischen den Ständen, Klassen und Konfessionen aufgehoben sein sollten. Auch die Pfarrer sollten dabei nicht abseits stehen. Sie sollten zumindest ihr Wohlwollen gegenüber der neuen Einheit des Volkes erkennen lassen.

Die Propagandamärsche und Festlichkeiten waren von den Nationalsozialisten zentral gelenkt und gesteuert. Für den Ortspfarrer stellte sich die Lage anders dar. Die lokalen Parteigrößen traten an ihn heran und forderten mehr oder weniger gebieterisch seine Teilnahme. Genaue Anweisungen seiner vorgesetzten kirchlichen Behörden gab es jedoch nicht. Das bischöfliche Ordinariat hatte den Geistlichen lediglich eine allgemein gehaltene Anordnung zugehen lassen, in der es hieß:[237)]

»Das Einbringen von Fahnen dieser und anderer politischer Parteiorganisationen in die Kirche ist durch freundliche vorherige Verständigung nach Tunlichkeit zu verhindern, weil es das Gepräge einer politischen Parteidemonstration zu haben pflegt, eine solche aber im Heiligtum des Gotteshauses nicht geziemend ist...«

Trotz der wohlklingenden Worte war die Entscheidung über die Teilnahme an derartigen Veranstaltungen auf die Pfarrer abgewälzt. Zudem hatte der

Bischof angeordnet, daß uniformierte Nationalsozialisten, auch wenn sie in größerer Zahl auftraten, zu den Sakramenten zuzulassen seien. Den Ortspfarrern blieb nur die Wahl, sich als außerhalb der Volksgemeinschaft Stehende von den NS-Leuten denunzieren zu lassen oder sich unterzuordnen.

Andererseits zeigten sich die Nationalsozialisten zumindest auf der lokalen Ebene recht erkenntlich. Bei kirchlichen Festlichkeiten waren sie präsent und bildeten mit den äußeren Rahmen. So stand im August 1933 in Bürgel die SA Spalier, als der hochbetagte Pfarrer Schaider nach 55jährigem Pfarrdienst zum Festgottesdienst abgeholt wurde. Im gleichen Ort empfand man es als keine Besonderheit, daß die SA-Standartenkapelle bei einer kirchenmusikalischen Veranstaltung im Gotteshaus mitwirkte. Als in Heusenstamm ein Pfarrer verabschiedet wurde, gehörte die SA wie selbstverständlich zu denen, die ihm beim Abschied beste Wünsche mit auf den Weg gaben.[238]

Sicher war die Versuchung für die Pfarrer groß, an NS-Veranstaltungen sich in irgendeiner Form zu beteiligen, da sie hoffen konnten, dadurch auf die Menschen und die weitere Entwicklung Einfluß nehmen zu können. Doch schon am 1. Mai 1933 zeigte sich auch im Kreis Offenbach die Gefährlichkeit solcher Teilnahme in aller Deutlichkeit. Stein des Anstoßes für die Nationalsozialisten war wieder der Pfarrer von Jügesheim. Er hatte erklärt, allein die Teilnahme am sonntäglichen Gottesdienst sei geboten, das Versäumen des Kirchgangs am 1. Mai stelle dagegen keine Sünde dar. Wütend wurde er ob dieser Äußerung von den NS-Leuten attackiert. Die »Offenbacher Nachrichten« stellten die Frage »Leben Sie in der Vergangenheit, Herr Pfarrer Kappler?«[239] Die Episode gewinnt ihre Bedeutung dadurch, daß sie zeigt, wie die Nationalsozialisten in den kirchlichen Bereich eingreifen wollten. Dem Pfarrer konnte es eigentlich recht sein, wenn sein Gotteshaus am 1. Mai gefüllt wurde, doch konnte er es nicht dulden, daß die NS-Leute bestimmten, wann die Menschen zur Kirche zu gehen hatten. Damit war schon der grundsätzliche Konflikt gegeben.

Vorgänge in Seligenstadt deuteten bereits im Jahre 1933 an, daß das Liebeswerben der Nationalsozialisten um die Unterstützung der Katholischen Kirche nur von kurzer Dauer sein würde. Im Frühjahr wurde dort eine große Volksmission durchgeführt. Zu den von auswärtigen Patres gehaltenen Predigten kamen die Gläubigen recht zahlreich. Das paßte den NS-Leuten nicht, und sie versuchten, durch Schikanen den Seligenstädter Pfarrer einzuschüchtern.[240] Dieser mußte schon im gleichen Jahr die Bekanntschaft mit dem Gericht machen. Dorthin wurde er vorgeladen, weil er Exemplare der »Saarbrücker Landeszeitung«, die damals vor der Rückgliederung des Saargebietes in das Reich noch nicht unter NS-Einfluß stand, mit Berichten über die Zwischenfälle beim Kolpingstreffen in München weitergegeben hatte. Schlimmer als dem Pfarrer erging es einem Angestellten der Seligenstädter Sparkasse, der diese Zeitung in die Singstunde des Kirchenchors mitgebracht hatte. Er wurde verhaftet und in das KZ Osthofen verbracht. Drei weitere Chormitglieder wurden vorübergehend von der Polizei festgenommen.[241]

Es sollte nicht mehr lange dauern, bis das Regime die Rücksichtnahme auf die Katholische Kirche endgültig fallen ließ.

Wandlungen in der Evangelischen Kirche nach der Machtergreifung:
Keine Feier ohne Pfarrer

Das vorher zumeist recht kühle Verhältnis zwischen Nationalsozialisten und Evangelischer Kirche veränderte sich schlagartig mit der Machtergreifung im Januar 1933. Viele Protestanten ließen sich von der Hochstimmung unter den NS-Leuten mitreißen, da sie glaubten, die Zeit der Krise, der Arbeitslosigkeit, der Demütigungen, der Notverordnungen, des Parteienhaders sei nun vorüber. Die gewandelte Stimmng wurde deutlich im Wahlaufruf eines namentlich nicht genannten Pfarrers in den »Offenbacher Nachrichten« am 10. Februar 1933, der unter der Überschrift »Keine Stimme dem Evangelischen Volksdienst« das Kirchenvolk zur Wahlentscheidung für die NSDAP aufrief:

*»Jede Stimme dem Beschützer der christlichen Kirche und ihrer
Einrichtungen, der nationalsozialistischen deutschen Freiheits-
bewegung... Evangelische Männer und Frauen wählen nur
Liste 1« (=NSDAP)*

Nach den verschiedenen kirchenfreundlich klingenden Erklärungen Hitlers im Frühjahr 1933 war für viele evangelische Christen der Weg zum »Führer« geöffnet. Sie begrüßten die sich vermeintlich für Volk und Staat abzeichnende Erneuerung froh und dankbar und glaubten an eine Chance des Neubeginns auch im kirchlichen Bereich. Als ein geschickter Köder erwies sich die Wendung vom »positiven Christentum« im Parteiprogramm der NSDAP, die zwar immer unklar in ihrer Bedeutung blieb, für viele überzeugte Christen aber den Eintritt in die Partei erleichterte. Sie glaubten, vieles sei noch offen in der NS-Bewegung und sie könnten es durch ihr Mitmachen in ihrem Sinne beeinflussen.

Bei den zahlreichen Feiern, Festen und Aufmärschen, die die NSDAP in ihrem Siegesrausch im Frühjahr 1933 veranstaltete, waren oft evangelische Pfarrer als Teil der neugefundenen Volksgemeinschaft zugegen. Ihre Anwesenheit sollte den Veranstaltungen eine Art Weihe geben, ihre Ansprachen kundmachen, daß es sich keineswegs um rein parteipolitisches Tun handle. Einerlei, ob man eine neue Fahne weihte, ein Denkmal enthüllte oder eine Maifeier abhielt, der Pfarrer hatte dabei zu sein und die anwesenden Volks- und Parteigenossen des Wohlwollens des Allmächtigen zu versichern, aber auch sie aufzufordern, in Treue zu dem begonnenen Werk zu stehen. Besonders beliebt waren Feldgottesdienste zu Beginn der stundenlangen Aufmärsche, bei denen die Pfarrer als eine Art Feldprediger wirkten. Mit ihrem Zuspruch ließen sich offenbar die Strapazen des Tages mit langen Märschen und schier endlosen Reden besser ertragen. Pfarrer waren auch anwesend bei der Einführung der neuen NS-Bürgermeister. Sie sollten verdecken, daß es sich bei der Vertreibung der alten Bürgermeister um Gewaltakte gehandelt hatte, und der Neueinführung des NS-Mannes den falschen Schein einer tieferen Berechtigung verleihen. Eine Erklärung des hessischen Pfarrervereins mag stellvertretend zeigen, wie man kirchlicherseits die evangelischen Amtsbrüder zum Mittun anregte:[242]

> »Es wird die politische Neugestaltung im Reich und in den
> Ländern als Gottes Fügung und Weg zum nationalen Wieder-
> aufstieg begrüßt. Damit muß, wie das auch die neue auf dem
> Boden des Christentums stehende Regierung anerkennt, eine
> religiöse sittliche Erneuerung des Volkes Hand in Hand gehen.
> Die evang. Kirche und ihre Geistlichen sollen durch Wort- und
> Tatpredigt die Seelenkräfte des Evangeliums in das Seelen- und
> Volksleben hineintragen.«

Die geforderte »Tatpredigt« wurde dann auch praktiziert. In Dreieichenhain verlief die Einsetzung des NS-Bürgermeisters in der folgenden Weise:[243]

> »Es war sehr erfreulich zu sehen, wie sich alle Einwohner, mit
> nur wenigen Ausnahmen, sowohl an dem Festzug nach dem
> Rathaus als auch an dem Fackelzug beteiligten. Es war ein
> stimmungsvolles Bild, am Eingang zu unserem sinnvoll ge-
> schmückten Rathaus unseren jungen Bürgermeister in SA-
> Uniform, umringt von den Gemeindebeamten, zu sehen. Aus den
> leuchtenden Augen der Anwesenden kam so recht die Freude
> über diese Einführung und die Sympathie für das neue Ober-
> haupt zum Ausdruck. Nach einer Begrüßung durch den stell-
> vertretenden Ortsgruppenleiter sprach Herr Beigeordneter Graf
> herzliche Begrüßungsworte und Herr Pfarrer Creter eine erhe-
> bende Ansprache, in der er die Ernennung Herrn Müllers eine
> Vorsehung Gottes nannte.«

Umgekehrt waren auch die Nationalsozialisten nicht kleinlich, wenn es darum ging, einen ihnen genehmen Mann der Kirche in den Vordergrund zu stellen. Als der vom NS-Geist erfaßte Neu-Isenburger Pfarrer nach Mainz versetzt worden war, konnten seine Gemeindemitglieder anläßlich seiner Amtseinführung dort folgendes Spektakel erleben:[244]

> »Pfarrer Schilling hielt am Sonntag, dem 6. Mai, als erster Pfar-
> rer der Johanneskirche in Mainz seine Antrittspredigt. Mit 5
> großen Lastautos waren seine SA-Kameraden, die politischen
> Leiter von hier, der Kirchenvorstand und eine Abteilung Jung-
> volk mit Spielmannszug nach Mainz gefahren, um bei dem Got-
> tesdienst und der Antrittspredigt zugegen zu sein. In geschlosse-
> ner Marschformation brachten die Isenburger ihren seitherigen
> Pfarrer ... nach der Johanneskirche. Während die Pg und die
> SA usw. einziehen, werden die Geistlichen von dem weltlichen
> Mitglied des Kirchenvorstandes empfangen und von ihm dem
> Gesamtvorstand und den geladenen Gästen vorgestellt.«

Der so von seinen SA-Kameraden geehrte Pfarrer sprach diesen in seiner Predigt den Dank aus und versicherte, er werde in seiner neuen Gemeinde »rücksichtslos« dafür sorgen, daß die Kirche sich in ihrer Form ganz in das Dritte Reich eingliedern werde.

Die enge Verflechtung zwischen Nationalsozialismus und Evangelischer Kirche blieb keineswegs auf die offiziellen Anlässe beschränkt. Sie reichte bis weit in den Alltag der Menschen hinein. Zu den Gemeindeabenden in Sprendlingen wurden im Mai 1933 auch die NS-Formationen eingeladen. Im Singen wollte man gemeinsam zu den Grundlagen des deutschen Wesens zurückkehren.[245]

»Deutsche Christen« im Kreis Offenbach

Um die Entwicklung hin zu einer dem Nationalsozialismus und seinem Führer treu ergebenen Kirche zu fördern, schlossen sich die am stärksten von den neuen Ideen erfaßten evangelischen Pfarrer zu einem Bund zusammen. Auf Reichsebene bildete sich die Gemeinschaft der »Deutschen Christen« unter dem Hitler willfährigen Reichsbischof Müller. Die Gruppe zog im Mai 1933 die Aufmerksamkeit weiter Kreise durch einen Aufruf auf sich, der auch in den »Offenbacher Nachrichten« veröffentlicht und so der Bevölkerung bekannt wurde. Die Protestanten wurden aufgefordert:[246]

»Heraus aus aller dogmatischen und kirchenpolitischen Enge, die den Tod bedeutet, hinein in die Glaubensbewegung "Deutsche Christen!"«

Als Ziel dieser Bewegung wurde die »Schaffung einer das ganze evangelische Volk umfassenden Reichskirche« bezeichnet. Die Schlagworte im Programm der »Deutschen Christen« waren: artgemäßer Glaube, heldische Frömmigkeit, Kampf gegen gottfeindlichen Marxismus, geistesfremdes Zentrum und jede Rassenvermischung, keine Judenmission, Schutz des Volkes vor Untüchtigen und Minderwertigen, kein christliches Weltbürgertum, kein Pazifismus, keine Internationale, kein Feimaurertum.[247]

Der rührigste Trommler für die Glaubensgemeinschaft der »Deutschen Christen« im Kreis Offenbach war der Bieberer Pfarrer Heinrich Gebhardt. Obwohl er erst am 1. April 1933 in die NSDAP eingetreten war, wurde er derjenige, der die evangelischen Christen in die neue Gemeinschaft führen wollte. Auch der Offenbacher Dekan Bürstlein, der damals noch für das gesamte Kreisgebiet zuständig war, gehörte zu den »Deutschen Christen«. Gebhardt suchte seine Amtsbrüder im Kreis Offenbach auf und bemühte sich, sie mit Druck und Überredung für die den Nationalsozialisten genehme Richtung zu gewinnen.[248] Dabei hatte er durchaus Erfolge zu verzeichnen. Er fand eine ganze Reihe von Pfarrern, die den Weg ins braune Lager mitgingen. Nicht genug damit, die Pfarrer zu den »Deutschen Christen« zu ziehen oder zu drängen, man gründete auf Gebhardts Veranlassung auch Ortsgruppen der »Deutschen Christen« im Kreis. Dies gelang ihm schon bald in seinem unmittelbaren Wirkungsbereich in Bieber und in Heusenstamm. In der erstgenannten Gemeinde sollen auf Anhieb 40 Gemeindemitglieder der neuen Gruppe beigetreten sein.[249]

Anfang August 1933 fanden auch die Leser des »Langener Wochenblattes« in ihrer Zeitung eine Einladung zu einer Informationsveranstaltung der »Deutschen Christen«, aus der die enge Verbindung der Dreieichenhainer Kirchengemeinde mit der NS-Partei sprach:[250]

»Achtung! Deutsche Christen in Dreieichenhain!

Am Donnerstag, den 10. August, findet im Saale »Zu den drei Eichen« ein Vortrag über das Wollen der Glaubensbewegung Deutscher Christen statt. Redner ist der für den Landkreis Offenbach zum Führer bestimmte Pfarrer Heinrich Gebhardt aus Bieber (N.S.D.A.P.).

Im Anschluß an die Gründung, einer Ortsgruppe werden 60 wundervolle Lichtbilder »Der Volkskanzler« gezeigt.

Zum Besuche sind alle deutschen Volksgenossen eingeladen, denen die evangelische Kirche am Herzen liegt, insbesondere aber alle Mitglieder des Kirchenvorstandes, der Kirchengemeindevertretung, der N. S. D. A. P., der NS-Frauenschaft, sowie die Glieder des Ev. Frauenvereins.

Aber noch einmal: Es werden alle evangelischen Glaubensgenossen erwartet, denen die Zukunft der Kirche und ihr vernünftiger Einbau in das Dritte Reich am Herzen liegt.«

Wie es bei den Nationalsozialisten üblich war, konnte Gebhardt auch recht hart vorgehen. Ein ihm zugewiesener Lehrvikar hatte sich geweigert, ein Schreiben des Landesbischofs wegen seines nationalsozialistischen Inhalts von der Kanzel zu verlesen. Gebhardt meldete dies dem Landesbischof und betonte, er könne mit dem Vikar nicht länger zusammenarbeiten. Die vorgesetzte Behörde entließ den Vikar sofort aus dem Dienst. Der aus der kirchlichen Laufbahn zunächst Verdrängte bemerkte zu späterer Zeit freilich, daß Gebhardt »in jeder Weise freundschaftlich bemüht war, den Konflikt zu vermeiden«.[251]

Gebhardts Verbindungen zum Nationalsozialismus waren außerordentlich eng, so daß es am Ende für Gemeindemitglieder schwer wurde zu entscheiden, ob er als Pfarrer oder als Parteimann sprach. Offenbar war er des Glaubens, er könne in einer Person seiner Kirche und zugleich der Partei und ihrem Führer dienen. Bei ihm fielen die zwei Reiche, die einst Luther in seiner Lehre herausgearbeitet hatte, in einem zusammen. Innerhalb der NSDAP-Ortsgruppe Bieber war er der Schulungsleiter und hielt als solcher Schulungsabende ab. So sprach er z. B. über den Reichsgedanken in der deutschen Geschichte. Während dieser Instruktion feierte er Hitler als den Vollender der deutschen Geschichte. Seine »eindrucksvollen Schulungsabende« schloß er wie damals allgemein üblich »mit einem begeistert abgelegten Treuegelöbnis auf unseren Führer«. Auch war er Ortsgruppenwalter der NSV.²⁵²⁾ Vermutlich war er der Täuschung verfallen, diese NS-Organisation sei dazu berufen, die christliche Liebestätigkeit zu übernehmen und zu vollenden, so daß die Kirche selbst auf derartige Aktivitäten verzichten können. In Bieber brachte er es immerhin fertig, den Neubau der Lutherkirche 1935 durchzusetzen. Hitler unterstützte diesen Kirchenbau mit finanziellen Mitteln.

Im Kreis Offenbach wurde die vermeintlich originelle Form des deutschen Christentums, die schließlich vom NS-Denken kaum noch zu unterscheiden war, besonders deutlich dargestellt in einer Rede des Neu-Isenburger Pfarrers anläßlich des dritten Jahrestages der Machtergreifung. Nach dem Bericht des »Neu-Isenburger Anzeigeblattes« führte der Geistliche u. a. folgendes aus:²⁵³⁾

»Wir Deutsche tragen in unserem Lebensbanner das Zeichen unserer Sendung in der Welt: Michael, den Gottesstreiter, im Kampf mit dem Drachen. Wo immer wir auf deutsche Art stoßen, erkennen wir das Zeichen: Kampf und immer wieder Kampf. Wir als deutsche Christen sind Träger des nationalen Gedankens und darum Gottesstreiter, um der Liebe zum Nächsten willen, um des Glaubens willen an Gott. Aber nichts ist in uns geboren, es muß in uns werden: wir müssen uns selbst überwinden um unserer Sendung willen, die zum Siege führen muß. Die Verheißung wird sich erfüllen: an deutschem Wesen wird die Welt genesen.«

Kirchenvorstandswahlen nach NS-Muster

Das Werk der Gleichschaltung war in den Augen der NSDAP erst vollendet, wenn auch die Kirchenvorstände frei von ihr mißliebigen Personen waren. Also wurde den bisherigen Vorständen ihr Recht aberkannt und für den 23. Juli 1933 die Neuwahl anberaumt. Man ging dabei so vor, daß der Erfolg im Sinne der Nationalsozialisten garantiert war. Die »Offenbacher Nachrichten« mahnten ihre evangelischen Leser: »Der Führer selbst hat Dich zur Wahl aufgerufen.«²⁵⁴⁾ Anspruch auf die Stimme der Gemeindemitglieder hätten nur solche Volksgenossen, die sich vorbehaltlos zum Dritten Reich bekennen. Auch das Erfolgsrezept teilte die Zeitung mit: Pfarrer und Gemeindevorstand sollten eine Liste mit zwanzig Namen zur Wahl vorlegen und dabei die kirchlich eingestellten Mitglieder der NSDAP und »Deutsche Christen« so stark berücksichtigen, daß jede andere Richtung chancenlos sei. Ohnehin brauche man nicht mit der Einreichung weiterer Listen zu rechnen.²⁵⁵⁾

Der Pfarrer von Sprendlingen ging in seiner Willfährigkeit gegenüber den neuen Herren noch einen Schritt weiter, indem er in einem Schreiben an den Ortsgruppenleiter bat, zu den von ihm benannten, nationalsozialistisch eingestellten Kandidaten noch geeignete SA-Männer vorzuschlagen, wobei er ausdrücklich versicherte, keine SPD-Leute oder andere Linksstehende befänden sich unter den von ihm Benannten. Hitler selbst erschienen die Kirchenwahlen so wichtig, daß er sich am Vorabend über alle deutschen Rundfunksender an die evangelischen Christen wandte:[256]

> *»Im Interesse des Wiederaufstiegs der deutschen Nation ...*
> *wünsche ich daher verständlicherweise, daß die Kirchenwahlen*
> *in ihrem Ergebnis unsere Volks- und Staatspolitik unterstützen*
> *werden. Denn indem der Staat die innere Freiheit des religiösen*
> *Lebens zu garantieren bereit ist, hat er das Recht zu hoffen, daß*
> *in den Bekenntnissen diejenigen Kräfte gehört werden möchten,*
> *die entschlossen und gewillt sind, auch ihrerseits sich für die*
> *Freiheit der Nation einzusetzen ... Diese Kräfte sehe ich in*
> *jenem Teil des evangelischen Kirchenvolkes in erster Linie*
> *gesammelt, die in den Deutschen Christen bewußt auf den*
> *Boden des NS-Staates getreten sind.«*

Bei einem solch massiven Einsatz der Staatsführung und dem in den einzelnen Gemeinden ausgeübten Druck ist das Ergebnis der Kirchenwahlen nicht überraschend. In Neu-Isenburg war in Zusammenarbeit mit dem NS-Ortsgruppenleiter ein Wahlvorschlag erarbeitet worden, der eine Zersplitterung verhindern sollte. Von den 82 stimmberechtigte Vertretern gaben dann 73 ihren Wahlzettel ohne jede Veränderung ab. Der Umbruch war nahezu vollkommen. Von den vorherigen Mitgliedern des Kirchenvorstandes wurden lediglich zwei wiedergewählt.[257]

Auf höherer Ebene wurde das fortgesetzt, was auf der der Gemeinde schon vollendet war. Aus Mühlheim kam die Meldung, daß ein bewährter Nationalsozialist für den Dekanatstag gewählt worden sei.[258] Für die Wahl zur Landessynode der hessischen Evangelischen Kirche lag schließlich ein einziger Wahlvorschlag vor, der nur Namen von Angehörigen der Glaubensbewegung »Deutsche Christen« enthielt. Die eigentliche Wahlhandlung war dadurch bereits überflüssig geworden.[259] Zu den in die Synode Gewählten zählte auch der als eifriger NS-Propagandaredner hervortretende Langener Bürgermeister Heinrich Göckel.

Das Werk der Gleichschaltung der Evangelischen Kirche schien dem Abschluß entgegenzustreben, als mit kräftiger Unterstützung durch die NSDAP im Februar 1934 der Pfarrer der Wiebadener Marktkirche, Dr. Dietrich, zum Landesbischof der Evangelischen Landeskirche Nassau-Hessen eingesetzt wurde. Dem Gau Hessen-Nassau der NSDAP entsprach nunmehr der Kirchensprengel mit dem merkwürdig umgedrehten Namen. Der Bischof des neu geschaffenen Bezirks war ein junger Mann mit einem ausgesprochenen Ehrgeiz, der das in der Evangelischen Kirche im hessischen Raum nicht übliche Bischofsamt als Möglichkeit zu einer straffen Führung der protestantischen Kirche betrachtete. In seinem Aufruf anläßlich seiner Ernennung zum Bischof verkündete er:[260]

> *»Gott hat an unserem Volk ein großes Wunder getan. In entscheidender Stunde hat er uns als sein Werkzeug den Führer gesandt.«*

Reichstags»wahl« und Volksabstimmung am 12. November 1933

Als am 14. Juli 1933 alle Parteien außer der NSDAP verboten wurden, erging gleichzeitig ein Gesetz über die Volksabstimmung, das es der Reichsregierung ermöglichte, »das Volk (zu) befragen, ob es einer von der Regierung beschlossenen Maßnahme zustimmt oder nicht«.[261] Die Regierung konnte nach Belieben von einer solchen Zustimmungsdemonstration Gebrauch machen; rechtliche oder politische Verpflichtungen waren ohnehin nicht damit verbunden, das gewünschte Ergebnis andererseits aber auch nie zweifelhaft. Psychologische Stimmungsmache und propagandistisch ausgewertete Selbstbestätigung des Regimes waren der Zweck eines solchen Unternehmens.

Schon im Herbst des Jahres 1933 machte die Reichsregierung von der Möglichkeit der Volksbefragung Gebrauch, um den von ihr vollzogenen Austritt Deutschlands aus dem Völkerbund sanktionieren zu lassen. Gleichzeitig fanden Reichstags»wahlen« statt, um — wie es in der Auflösungsorder hieß — »dem deutschen Volk Gelegenheit zu bieten, selbst zu den gegenwärtigen Schicksalsfragen der Nation Stellung zu nehmen und seiner Verbundenheit mit der Reichsregierung Ausdruck zu geben«.[262]

Zur »Wahl« stand nur die von Adolf Hitler angeführte Einheitsliste der NSDAP, so daß es bei der Volksbefragung und der Wahl letzten Endes um das gleiche ging: die demokratisch verbrämte Zustimmung des Volkes zur Politik der Nationalsozialisten. Deutlich kam dies auch in der pathetischen Formulierung der Frage auf dem Abstimmungsschein zum Ausdruck: [263]

NS-WAHLKUNDGEBUNG
Zu einer NS-Wahlkundgebung auf dem Offenbacher Wilhelmsplatz vor der Volksabstimmung kommandierte die NSDAP die Bevölkerung aus Stadt und Kreis am 12. November 1933.

*»Billigst Du, deutscher Mann, und Du, deutsche Frau, diese
Politik Deiner Reichsregierung, und bist Du bereit, sie als den
Ausdruck Deiner eigenen Auffassung und Deines eigenen Willens zu erklären und Dich feierlich zu ihr zu bekennen?*

Ja – Nein«

95 Prozent der im Reich abgegebenen gültigen Stimmen wurden in der Auszählung mit »Ja« gewertet, 92 Prozent als Zustimmung zur Einheitsliste.[264] Dabei hatte man von offizieller Seite aus sich bemüht, die Wahl als frei und geheim auszugeben; inoffiziell waren aber Anweisungen ergangen, die den Ermessensspielraum für die Gültigkeitserklärung von Stimmen, die als Ja-Stimmen verbucht werden konnten, fast unbegrenzt ausweiteten.

Daß es Übergriffe und Verstöße gegen das Wahlgeheimnis gab, ist hinreichend belegt, doch ist andererseits nicht daran zu zweifeln, daß die große Mehrheit des deutschen Volkes unter dem Eindruck der einseitigen, die Erfolge ins Riesenhafte aufbauschenden Propaganda das NS-Regime im Herbst 1933 billigte. [265] Die Verhältnisse waren von Ort zu Ort verschieden, einzelne Terrorakte oder auch nur Parolen konnten sich auf das Stimmverhalten auswirken. Der nationale Rausch, in den ein großer Teil der Bevölkerung gefallen war, riß auch besonnenere Personen mit. Ebenso konnte das Eintreten prominenter Bürger für die »neue Ordnung« die Meinung vieler Unentschiedener bestimmen. Verschieden war auch die Atmosphäre von Wahllokal zu Wahllokal. Uniformierte, bewaffnete SA-Leute ließen bei manchen Bürgern den nicht ganz unbegründeten Verdacht aufkommen, Nein-Sager könnten irgendwie ermittelt und Repressalien ausgesetzt werden.

Offensichtlich hat unter den gegebenen Verhältnissen doch noch ein beachtlicher Teil der Wähler der NS-Einheitsliste nicht zugestimmt. Im Reichsdurchschnitt waren es etwa 8 Prozent, im Kreis Offenbach sogar 11,1 Prozent. In der Stadt war es im allgemeinen bei der weitgehenden Anonymität des Wählers eher möglich, sich frei zu entscheiden, als in den meisten Landgemeinden, wo damals noch jeder jeden kannte. Um so stärker zu beachten ist daher der relativ hohe Anteil ungültiger Stimmen in einzelnen Gemeinden, der die in der Stadt Offenbach erreichten 12,6 Prozent noch übertraf: in Groß-Steinheim 17,9 Prozent, in Lämmerspiel 16,4, in Hainhausen 15,7 und in Sprendlingen 13,2 Prozent. Wie unterschiedlich die örtlichen Verhältnisse waren, mag das Beispiel von Froschhausen zeigen, das in Größe, konfessioneller und soziologischer Struktur der Gemeinde Lämmerspiel stark ähnelte und im März der Zentrumspartei noch eine absolute Mehrheit erbracht hatte, jetzt aber im Gegensatz zu den 123 in Lämmerspiel verzeichneten ungültigen Stimmen deren nur eine einzige aufwies und damit schon bei dieser ersten NS-Wahl die berüchtigten 99,9 Prozent »Stimmen für den Führer« erbrachte. [266] Erstaunliches hatte am Abend des Wahltages auch Dudenhofen zu melden: Dort hatten sämtliche 1334 Wahlberechtigten vollzählig ihre Stimme abgegeben, so daß die unübertreffliche Wahlbeteiligung von 100 Prozent erreicht wurde. Ob dies das Ergebnis eines großzügig rechnenden Wahlvorstandes war oder ob eifrige NS-Wahlhelfer Mißmutige und Unwillige ins Wahllokale zwangen und die Stimmen der Schwerkranken am Bett abholten, bleibt offen.

STIMMZETTEL FÜR DIE
VOLKSABSTIMMUNG
AM 12. NOVEMBER 1933

Aufruf der Reichsregierung an das deutsche Volk!

Die deutsche Reichsregierung und das deutsche Volk sind sich einig in dem Willen, eine Politik des Friedens, der Versöhnung und der Verständigung zu betreiben, als Grundlage aller Entschlüsse und jeden Handelns.

Die deutsche Reichsregierung und das deutsche Volk lehnen daher die Gewalt als ein untaugliches Mittel zur Behebung bestehender Differenzen innerhalb der europäischen Staatengemeinschaft ab.

Die deutsche Reichsregierung und das deutsche Volk erneuern das Bekenntnis, jeder tatsächlichen Abrüstung der Welt freudig zuzustimmen, mit der Versicherung der Bereitwilligkeit, auch das letzte deutsche Maschinengewehr zu zerstören und den letzten Mann aus dem Heere zu entlassen, insofern sich die anderen Völker zu Gleichem entschließen.

Die deutsche Reichsregierung und das deutsche Volk verbinden sich in dem aufrichtigen Wunsche, mit den anderen Nationen einschließlich aller unserer früheren Gegner im Sinne der Überwindung der Kriegspsychose und zur endlichen Wiederherstellung eines aufrichtigen Verhältnisses untereinander alle vorliegenden Fragen leidenschaftslos auf dem Wege von Verhandlungen prüfen und lösen zu wollen.

Die deutsche Reichsregierung und das deutsche Volk erklären sich daher auch jederzeit bereit, durch den Abschluß kontinentaler Nichtangriffspakte auf längste Sicht den Frieden Europas sicherzustellen, seiner wirtschaftlichen Wohlfahrt zu dienen und am allgemeinen kulturellen Neuaufbau teilzunehmen.

Die deutsche Reichsregierung und das deutsche Volk sind erfüllt von der gleichen Ehrauffassung, daß die Zubilligung der Gleichberechtigung Deutschlands die unumgängliche moralische und sachliche Voraussetzung für jede Teilnahme unseres Volkes und seiner Regierung an internationalen Einrichtungen und Verträgen ist.

Die deutsche Reichsregierung und das deutsche Volk sind daher eins in dem Beschlusse, die Abrüstungskonferenz zu verlassen und aus dem Völkerbund auszuscheiden, bis diese wirkliche Gleichberechtigung unserem Volke nicht mehr vorenthalten wird.

Die deutsche Reichsregierung und das deutsche Volk sind entschlossen, lieber jede Not, jede Verfolgung und jegliche Drangsal auf sich zu nehmen, als künftighin Verträge zu unterzeichnen, die für jeden Ehrenmann und für jedes ehrliebende Volk unannehmbar sein müssen, in ihren Folgen aber nur zu einer Vereinigung der Not und des Elends des Versailler Vertragszustandes und damit zum Zusammenbruch der zivilisierten Staatengemeinschaft führen würden.

Die deutsche Reichsregierung und das deutsche Volk haben nicht den Willen, an irgendeinem Rüstungswettlauf anderer Nationen teilzunehmen, sie fordern nur jenes Maß an Sicherheit, das der Nation die Ruhe und Freiheit der friedlichen Arbeit garantiert. Die deutsche Reichsregierung und das deutsche Volk sind gewillt, diese berechtigten Forderungen der deutschen Nation auf dem Wege von Verhandlungen und durch Verträge sicherzustellen.

Die Reichsregierung richtet an das deutsche Volk die Frage:

Billigt das deutsche Volk die ihm hier vorgelegte Politik seiner Reichsregierung und ist es bereit, diese als den Ausdruck seiner eigenen Auffassung und seines eigenen Willens zu erklären und sich feierlich zu ihr zu bekennen?

Berlin, den 14. Oktober 1933.

Die Reichsregierung

Billigst Du, deutscher Mann, und Du, deutsche Frau, diese Politik Deiner Reichsregierung, und bist Du bereit, sie als den Ausdruck Deiner eigenen Auffassung und Deines eigenen Willens zu erklären und Dich feierlich zu ihr zu bekennen?

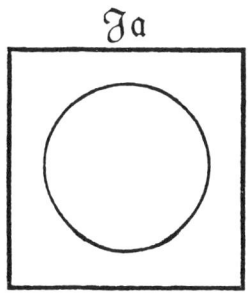

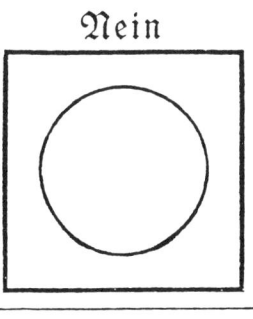

Ja   Nein

Der Deutsche Reichstag aber, der durch das Ermächtigungsgesetz ohnehin schon auf seine Gesetzgebungsbefugnisse verzichtet hatte, setzte sich fortan nur noch aus linientreuen Hitler-Anhängern zusammen, die dem Diktator bei seinen großsprecherischen Auftritten als beifallspendende und heilrufende Kulisse dienten.

NS-KITSCHPOSTKARTE

Drittes Kapitel
NS-Herrschaft in den Vorkriegsjahren

Röhmputsch und erneute Volksabstimmung 1934

Hitler und die Nationalsozialisten nutzten das Jahr 1934, um ihre Machtstellung weiter zu festigen. Mitte des Jahres kam es jedoch zu erheblichen Auseinandersetzungen innerhalb ihrer Partei, bei denen es insbesondere um die Stellung und die Aufgabe der SA in dem mit der Wiederaufrüstung beginnenden Dritten Reich ging. An die zweieinhalb Millionen Mann trugen mittlerweile das Braunhemd der SA, doch war diese Privatarmee nach der Machtübernahme durch die NSDAP weitgehend überflüssig geworden. Hitler plante die Einführung der allgemeinen Wehrpflicht und war daher um ein gutes Verhältnis zur Führung der Reichswehr bemüht, die ihrerseits in den SA-Kolonnen eine unwillkommene Konkurrenz erblickte, zumal es deutliche Bestrebungen gab, daraus ein Volksheer zu entwickeln. Vielen SA-Leuten schien die nationalsozialistische Revolution mit der Machtergreifung noch nicht vollendet, sie phantasierten von einer »zweiten Revolution«, von einer »Nacht der langen Messer«, von einem »heiligen sozialistischen Wollen zum Ganzen«, dessen Konzept sie freilich nie deutlich zu beschreiben vermochten.[1]

Auf Veranlassung Hitlers unterzeichneten der Stabschef der SA Ernst Röhm und der Reichskriegsminister General von Blomberg ein Abkommen, das die Zuständigkeit der SA auf einige militärische Randbereiche beschränkte. Mit Massenaufmärschen seiner braunen Kolonnen wollte Röhm in der Folge deren scheinbar ungebrochene Kraft demonstrieren, vielleicht nur seine enttäuschten und vielfach arbeitslosen Männer beschäftigen. Doch sprach man auch von größeren Waffenkäufen für die SA und Verbindungen Röhms zu dem ehemaligen Reichskanzler General von Schleicher und zur französischen Botschaft. Ende Juni 1934 schlug Hitler gegen seinen Kampfgefährten und Duzfreund Röhm – die Anrede »du« war nur ganz wenigen gestattet – gnadenlos zu. Er selbst verhaftete ihn mit anderen hohen SA-Führern zusammen in einem Hotel in Bad Wiessee und ordnete seine Erschießung ohne Gerichtsverfahren an. Ähnliche Aktionen liefen unter der Leitung Görings in Berlin und anderen Teilen des Reiches. Die Zahl der Ermordeten gab Hitler zwei Wochen später vor dem Reichstag mit 74 an, sie ging aber möglicherweise in die Hunderte.[2] Opfer der Erschießungskommandos wurden auch einige andere Personen, die sich mißliebig gemacht hatten oder die jetzt die Rache der Nationalsozialisten traf, so der Ex-Reichskanzler von Schleicher mit seiner Frau, der Leiter der Katholischen Aktion, Klausener, der

> **I.**
>
> **Erlaß des Reichskanzlers zum Vollzug des Gesetzes über das Staatsoberhaupt des Deutschen Reichs vom 1. August 1934 (Reichsgesetzbl. I S. 747).**
>
> Vom 2. August 1934.
>
> Herr Reichsinnenminister!
>
> Die infolge des nationalen Unglückes, das unser Volk getroffen hat, notwendig gewordene gesetzliche Regelung der Frage des Staatsoberhauptes veranlaßt mich zu folgender Anordnung:
>
> 1. Die Größe des Dahingeschiedenen hat dem Titel Reichspräsident eine einmalige Bedeutung gegeben. Er ist nach unser Aller Empfinden in dem, was er uns sagte, unzertrennlich verbunden mit dem Namen des großen Toten. Ich bitte daher, Vorsorge treffen zu wollen, daß ich im amtlichen und außeramtlichen Verkehr wie bisher nur als Führer und Reichskanzler angesprochen werde. Diese Regelung soll für alle Zukunft gelten. .
> 2. Ich will, daß die vom Kabinett beschlossene und verfassungsrechtlich gültige Betrauung meiner Person und damit des Reichskanzleramtes an sich mit den Funktionen des früheren Reichspräsidenten die ausdrückliche Sanktion des deutschen Volkes erhält. Fest durchdrungen von der Ueberzeugung, daß jede Staatsgewalt vom Volke ausgehen und von ihm in freier und geheimer Wahl bestätigt sein muß, bitte ich Sie, den Beschluß des Kabinetts mit den etwa noch notwendigen Ergänzungen unverzüglich dem deutschen Volke zur freien Volksabstimmung vorlegen zu lassen.
>
> Berlin, den 2. August 1934.
>
> Der Reichskanzler
> Adolf Hitler
>
> **II.**
>
> **Beschluß der Reichsregierung zur Herbeiführung einer Volksabstimmung.**
>
> Vom 2. August 1934.
>
> Entsprechend dem Wunsche des Führers und Reichskanzlers beschließt die Reichsregierung, am Sonntag, dem 19. August 1934, eine Volksabstimmung über das Reichsgesetz vom 1. August 1934 (Reichsgesetzbl. I S. 747) herbeizuführen.
>
> „Das Amt des Reichspräsidenten wird mit dem des Reichskanzlers vereinigt. Infolgedessen gehen die bisherigen Befugnisse des Reichspräsidenten auf den Führer und Reichskanzler Adolf Hitler über. Er bestimmt seinen Stellvertreter."
>
> und beauftragt den Reichsminister des Innern mit der Durchführung dieses Beschlusses.
>
> Berlin, den 2. August 1934.
>
> Die Reichsregierung
>
> ‖ Stimmst Du, deutscher Mann, und Du, deutsche Frau, der in diesem Gesetz getroffenen Regelung zu? ‖
>
> Ja   Nein
> ◯   ◯

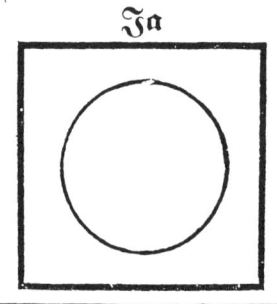

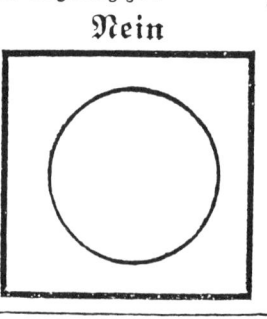

VOLKSABSTIMMUNG ÜBER DIE VERFASSUNGSÄNDERUNG
Durch die Volksabstimmung vom 19. August 1934 ließ sich Hitler nach Hindenburgs Tod auch das Amt des Staatsoberhauptes übertragen und nannte sich fortan »Führer und Reichskanzler«

Vorsitzende der katholischen Sportorganisation »DJK«, Probst, und Gregor Strasser, einst Hitlers einziger ernsthafter Rivale bei der Führung der Partei. Zu den Erschossenen gehörten auch zwei der engsten Mitarbeiter des Vizekanzlers von Papen, den man selbst wegen seiner guten Beziehungen zum Reichspräsidenten von Hindenburg nicht anzugreifen wagte, dem man aber eine deutliche Warnung zukommen lassen wollte. Die auf Befehl oder mit Einverständnis des Reichskanzlers begangenen Morde wurden schon am 3. Juli von der Reichsregierung sanktioniert, die das Gesetz beschloß:³⁾

*»Die zur Niederschlagung hoch- und landesverräterischer
Angriffe am 30. Juni, 1. und 2. Juli 1934 vollzogenen Maßnahmen sind als Staatsnotwehr rechtens.«*

Besonderen Anteil an den »vollzogenen Maßnahmen« hatte die SS unter ihrem Reichsführer Himmler. Zum Dank löste sie Hitler aus ihrem Unterstellungsverhältnis zur SA und machte sie zu einer selbständigen Organisation im Rahmen der NSDAP. Die SA mit ihren Schlägern und Radaubrüdern durfte zwar weiter singend durch Deutschlands Straßen ziehen, militärische Bedeutung aber kam ihr keine zu. Als Instrument nationalsozialistischer Machterhaltung und Unterdrückung fungierte zunehmend die SS, die ihr Handwerk möglichst unauffällig und lautlos auszuüben bestrebt war.

Als Folge der Ereignisse um Röhm und der Erschießungen, über die nur unzureichend und einseitig berichtet wurde, hatte eine ungeheure Erregung die Bevölkerung ergriffen. Auch am Mainufer bei Seligenstadt trafen sich Anfang Juli 1934 Menschen, die die Ereignisse leidenschaftlich diskutierten. Einen offensichtlich gut informierten Bürger stellten die Nationalsozialisten wegen seiner dabei gemachten Äußerungen vor das Sondergericht. Die Anklageschrift warf ihm vor, er habe erklärt:⁴⁾

»Die längste Zeit werden in Deutschland die Hakenkreuzfahnen geweht haben; der feige Mord an Schleicher wird auch noch gesühnt, das läßt sich der Hindenburg nicht gefallen. Er werde erst wieder eine Zeitung kaufen, wenn die Presse wieder frei wäre und die Wahrheit darin zu lesen sei.«

Der Seligenstädter kam glimpflich davon, denn wegen einer im Zusammenhang mit der Übernahme des Reichspräsidentenamtes durch Hitler erlassenen Amnestie erfolgte keine Verurteilung.

Mit seinen Hoffnungen, die er auf Hindenburg setzte, stand der Mann aus Seligenstadt nicht allein. Viele dem Nationalsozialismus kritisch gegenüberstehende Bürger dachten wie er. Es war doch erst zwei Jahre her, daß man auf Empfehlung der SPD und der bürgerlichen Parteien Hindenburg statt Hitler zum Reichspräsidenten gewählt hatte, weil er eine so geringe Meinung von dem »böhmischen Gefreiten«, der zur Macht strebte, geäußert hatte. Doch Hindenburg hatte mittlerweile seine Einstellung gegenüber Hitler geändert. Alt, krank und von seiner Umgebung nur unzureichend unterrichtet überschaute er die politischen Verhältnisse nicht mehr. Auch der Umstand, daß zwei Generale umgebracht worden waren, konnte den Generalfeldmarschall und Reichspräsidenten, der sich auf sein Gut Neudeck im fernen Ostpreußen zurückgezogen hatte, nicht zum Eingreifen veranlassen. Im Gegenteil, aus Neudeck traf ein Danktelegramm ein, in dem der irregeführte Reichspräsident (oder seine Berater) Hitler lobte: »Sie haben das deutsche Volk aus einer schweren Gefahr gerettet.« ⁵⁾

Eine Fahrt durch das Kreisgebiet

Hinaus am Sonntag morgen trägt uns der Wagen in das erntegesegnete Land. Schwer hängt das Obst an den Bäumen. Leise streicht der Wind über umgepflügte Getreidefelder und der Ernte wartende Kartoffeläcker. Ein gelbbrauner Schimmer liegt über den Kartoffelsträuchern und kündet den nahenden Herbst. Aus kleinen Gärten an der Landstraße leuchten die Astern in bunten Farben, umflattert von letzten Kohlweißlingen. Silbern schlingt sich das Band des Maines durch grüne Wiesen, in die der Herbst schon seine Farben eingemalt hat. Nur hin und wieder schießt auf dem breiten, leicht gekräuselten Wellenrücken des Maines ein Ruderboot vorbei oder gleitet ein Paddelboot lautlos dahin, das an seiner Spitze eine Hakenkreuzflagge trägt. Sonntäglicher Frieden und eine tiefbeglückende Ruhe umfängt Äcker und Felder, Wiesen und Strom. Auch auf der Landstraße ruht jeder Verkehr. Höchst selten begegnet uns ein Auto, knattert ein Motorradfahrer mit seiner Sozia vorbei, strampelt ein Radfahrer ins Grüne. Von den Radfahrerkolonnen, die sonst an Sonntagen die Landstraßen bevölkern, ist weit und breit nichts zu sehen. Sie alle, Auto- und Motorradfahrer, Sonntagsspaziergänger und Radfahrer scheint das historische Ereignis, der Volksbefragung zu Hause gehalten zu haben.

In Mühlheim,

dem ersten Ziel unserer Rundfahrt, empfängt uns ein Meer von Hakenkreuzfahnen. Keines der sauberen, blitzblanken Häuser, an dem nicht das Siegesbanner des Dritten Reiches flattert. Sonntäglich geputzte Menschen gehen in dieser frühen Morgenstunde massenweise zur Wahlurne, um ihrer vaterländischen Pflicht zu genügen. Verantwortungsbewußtsein gegen sich selber und gegen ihr Volk, und die ruhige, stolze Gewißheit, daß der heutige Tag der Welt ein Deutschland, **ein Volk, einen Willen und einen Führer** zeigen wird, leuchtet aus ihren Augen und zeigt sich in ihrer Haltung. Die Abstimmungsleiter rechnen damit, daß bis zum Mittag der letzte Abstimmungsberechtigte seiner Pflicht nachgekommen ist.

Weiter bringt uns der Wagen nach

Dietesheim.

Auch hier das gleiche Bild wie in Mühlheim. Hitlerfahnen wehen über allen Straßen, das Braun der Willensträger unserer Freiheitsbewegung, der SA. und HJ. mischt sich in den Festglanz der Fahnen, einzeln und in größeren und kleineren Gruppen kommt aus allen in die Hauptstraße einmündenden Gäßchen die Bevölkerung, um dem Führer mit ihrem Ja ihre Treue und Dankbarkeit aufs neue zu beweisen. Hinter Dietesheim auf der Höhe der Dietesheimer Steinbrüche liegen zwei große Lastkähne vor Anker. Hoch flattert am Mast die Hakenkreuzfahne. Als wir vorbeifahren, kommt uns die Schiffsbesatzung entgegen. „Wohin des Weges?" ruft mein Begleiter ihnen zu. „Wohin anders, als dem Führer unser Ja zu geben", ist die frohe Antwort.

Bald ist Klein- und Groß-Steinheim erreicht. Ein überwältigender Anblick bietet sich uns. Dieses altehrwürdige, sagenumsponnene Städtchen

Groß-Steinheim

zeigt sich in einem besonders festlichen Glanz. Girlanden spannen sich von Haus zu Haus, Spruchbänder von Straße zu Straße und weisen auf das Gebot der Stunde hin. Vor der Schule, dem Abstimmungslokal, ist SA. aufmarschiert, im Schulhof ist HJ. und BDM. angetreten und frohe Marschklänge aus dem Lautsprecher begleiten die scharenweise anströmenden Volksgenossen zur Urne. Auch hier rechnet man auf Grund der bereits abgegebenen Stimmen mit einem frühzeitigen Abstimmungsschluß und mit einem überwältigenden Ergebnis.

Durch den noch sommerlich grünen Wald, der heute ganz vereinsamt liegt, geht es weiter nach dem reich geschmückten

Froschhausen.

Friedlich und verträumt liegt das saubere Dörfchen zwischen Feldern und Wiesen. Seine Bewohner haben, obwohl es erst 11 Uhr ist, als wir den Ort passieren, fast schon alle ihrer Wahlpflicht genügt. Wie ausgestorben liegt die Hauptstraße. Nur einige Buben drängen sich um eine Zuckerbude und ein Karussell, denn heute ist Kirchweih im Ort.

In Seligenstadt

geht es schon wieder lebhafter zu. Auf dem Marktplatz vor dem alten Rathaus erteilt ein SA.-Führer seine Befehle an seine Kameraden und erstmals sehen wir hier auch den Schlepperdienst an der Arbeit. Abschiednehmend von dem schönen Städtchen, das ebenfalls ganz im Zeichen der Volksbefragung steht, begegnen wir einem Motorradfahrer mit Sozia, der an seiner Lenkstange ein rundes Schild mit einem großen „Ja" angebracht hat und damit durch die Lande fährt, und einem aus der Umgebung kommenden voll besetzten Schlepperauto, das festlich geschmückt wie ein Brautauto aussieht.

Unsere Rundfahrt führt uns dann noch durch **Hausen, Lämmerspiel und Rumpenheim.** Ueberall das gleiche eindrucksvolle, festliche Bild. Nichts von dem wüsten Lärm verlogener Wahlparolen von Parteien und Parteichen, wie wir es in den Wahltagen vergangener Jahre zum Ueberdruß erlebt haben, sondern die selbstverständliche Ruhe einer stolzen Gewißheit, die aus jedermanns Auge leuchtet:

Wir sind ein Volk, ein Wille, eine einzige treue Gemeinde zu Führer und Reich! W.

EINE EINZIGE TREUE ZU FÜHRER UND REICH
»Offenbacher Nachrichten« vom 20. 8. 1934

Im Laufe des Monats Juli 1934 verschlechterte sich der Gesundheitszustand Hindenburgs rasch. Als er am 2. August starb, hatte Hitler im Kabinett die Regelung der Nachfolge bereits beschließen lassen:[6]

»Das Amt des Reichspräsidenten wird mit dem des Reichskanzlers vereinigt. Infolgedessen gehen die bisherigen Befugnisse des Reichspräsidenten auf den Führer und Reichskanzler Adolf Hitler über...«

Mit dem Übergang des Präsidentenamtes auf seine Person hatte Hitler auch den Oberbefehl über die Reichswehr gewonnen. Die Machtergreifung war damit auch im militärischen Bereich vollzogen. Bereitwillig ordnete Reichswehrminister Generaloberst von Blomberg die sofortige Vereidigung der Truppe auf den neuen Oberbefehlshaber Hitler an.

Über die Vereinigung der beiden höchsten Staatsämter in seiner Hand ließ Hitler am 19. August 1934 eine Volksabstimmung durchführen. 95,7 Prozent der über 45 Millionen Stimmberechtigten im Reich gingen zur Urne. 38 Millionen (89,9 Prozent) von ihnen stimmten zu, über 4 1/4 Millionen (= 11,1 Prozent) Bürger lehnten jedoch Hitler als Staatsoberhaupt ab. Ihnen zuzurechnen bei den damaligen Verhältnissen sind auch die rund 870 000 ungültigen Stimmen. Im Kreis Offenbach sah das Abstimmungsergebnis für Hitler noch etwas weniger günstig aus. Propaganda und Druck hatten zwar 97,6 Prozent der Stimmberechtigten in die Wahllokale gebracht, doch nur 79,5 Prozent von ihnen stimmten im Kreisdurchschnitt zu; 17,6 Prozent stimmten mit »Nein« und 2,9 Prozent zeigten ihr Nichteinverständnis durch Abgabe ungültiger Stimmzettel.[7]

Im Vergleich zur ersten von der NS-Regierung angeordneten Abstimmung vom 12. November 1933 hatten sich die ablehnenden Stimmen sowohl im Reich als auch im Kreis Offenbach stark vermehrt. Das lag einerseits wohl an der in weiten Volkskreisen unter dem Eindruck der vielen Erschießungen eingetretenen Ernüchterung, andererseits an der im Vorjahr gemachten Erfahrung, daß man ohne allzu großes Risiko auf dem Stimmzettel seine Ablehnung äußern konnte. Die veröffentlichten Ergebnisse der Volksabstimmung vom 19. August 1934 machten erneut deutlich, wie unterschiedlich in den einzelnen Kreisgemeinden die politische Stimmung der Bevölkerung und die Umstände bei der Stimmabgabe waren. »Tatkräftige« Ortsgruppenleiter, im Wahllokal anwesende »schlagfertige« SA-Leute und »verantwortungsbewußte« Wahlvorstände haben sicher das Ergebnis manchenorts beeinflußt, doch zeigte sich auch noch eine gewisse Differenzierung in den einzelnen Gemeinden. Einer über 90-prozentigen Zustimmung in Buchschlag, Dudenhofen, Froschhausen, Götzenhain, Hausen und Offenthal stand eine relativ starke Ablehnung von mehr als 20 Prozent Nein-Stimmen in Bieber, Groß-Steinheim, Hainhausen, Offenbach und Weiskirchen gegenüber. Am eindrucksvollsten fiel die Ablehnung in Mainflingen mit 38,9 und in Seligenstadt mit 34,5 Prozent Nein- oder ungültigen Stimmen aus.[8] Die parteiamtlichen »Offenbacher Nachrichten« sprachen in diesem Zusammenhang am Tag nach der Wahl von »einigen Prozenten Abseitiger«, die zu den überall vorhandenen »Idioten und berufsmäßigen Stänkerern« zu rechnen seien.

Ergebnis der Volksbefragung vom 19. August 1934 im Kreis Offenbach

Name des Ortes im Kreisgebiet	Gültige "Ja"	Gültige "Nein"	Gültige "Ja" und "Nein" zusammen	Ungültige Stimmen	Gesamtzahl der Stimmen	Stimmberechtigte nach Liste	Stimmberechtigte nach Scheinen	Gesamtzahl der Stimmberechtigten
1. Bieber	3017	818	3835	152	3987	4235	107	4062
2. Buchschlag	504	25	529	11	540	574	61	553
3. Dietesheim	1608	362	1970	95	2065	2066	101	2073
4. Dietzenbach	1831	316	2147	14	2161	2250	22	2247
5. Dreieichenhain	1415	237	1652	43	1695	1764	30	1736
6. Dudenhofen	1273	58	1331	6	1337	1348	27	1365
7. Egelsbach	2184	243	2427	56	2483	2546	45	2505
8. Froschhausen	843	9	852	4	856	853	21	856
9. Götzenhain	660	39	699	17	716	738	11	732
10. Groß-Steinheim	1620	549	2169	135	2304	2154	250	2345
11. Hainhausen	381	117	498	36	534	549	4	538
12. Heusenstamm	1534	357	1891	51	1942	1976	39	1965
13. Jausen	1146	94	1240	3	1243	1296	13	1257
14. Jeutenstamm	2041	257	2298	29	2327	2408	47	2386
15. Jügesheim	1460	353	1813	84	1897	1970	20	1918
16. Klein-Auheim	2079	416	2495	74	2569	2800	61	2578
17. Klein-Krotzenburg	1330	253	1583	69	1652	1717	15	1678
18. Klein-Steinheim	1913	507	2420	102	2522	2607	62	2602
19. Klein-Welzheim	597	69	666	16	682	695	13	695
20. Hämmerspiel	546	131	677	40	717	769	2	728
21. Langen	5434	668	6102	189	6261	6372	223	6340
22. Mainflingen	509	329	838	9	847	869	31	860
23. Mühlheim mit Kreis-Erziehungsheim	3916	712	4628	322	4750	5018	100	4811
24. Neu-Isenburg	8161	1298	9459	293	9752	10527	329	10182
25. Obertshausen	1302	190	1492	46	1538	1675	119	1670
26. Offenthal	606	19	625	6	631	638	5	632
27. Rembrücken	165	12	177	7	184	190	5	185
28. Rumpenheim	1164	135	1299	34	1333	1334	70	1342
29. Seligenstadt	2546	1173	3719	170	3889	3938	193	4054
30. Sprendlingen	4375	823	5198	137	5335	5526	78	5430
31. Steinbach a. T.	692	121	813	12	825	832	24	834
32. Weiskirchen	872	281	1153	10	1163	1159	44	1181
33. Zellhausen	869	159	1028	36	1067	1094	11	1078
Gesamtzahlen der Kreisorten	58593	11130	69723	2078	71801	71235	2183	73418
Offenbach a. M. Stadt mit Bürgel	42461	11171	53632	1633	55265	54645	2098	56743
Gesamtergebnis im Kreis Offenbach-M.	101054	22301	123355	3711	127066	125880	4281	130161

»OFFENBACHER NACHRICHTEN« VOM 20. AUGUST 1934

Hitler und die führenden Nationalsozialisten waren von dem mäßigen Abstimmungsergebnis deutlich enttäuscht. Sie waren gewillt, dafür zu sorgen, daß bei künftigen »Wahlen« und Abstimmungen die Zahl der Zustimmenden der berüchtigten 99-Prozentmarke recht nahekommen würde.[9]

»Religionskrieg« im östlichen Kreisgebiet.

Das für die Nationalsozialisten so unerfreuliche Abstimmungsergebnis am 19. August 1934 in Seligenstadt und Mainflingen war auch eine Folge der schweren Auseinandersetzungen, die im östlichen Kreisgebiet zwischen der Partei und der Katholischen Kirche ausgebrochen waren. Die im Jahr 1933 wegen der Konkordatsverhandlungen teilweise noch geübte Rücksichtnahme war nun aufgegeben und ein tiefer weltanschaulicher Graben klaffte zwischen beiden Institutionen. Die NSDAP verkündete ihre Rassenlehre von der Überlegenheit des nordischen Menschen und propagierte eine »Deutschkirche«, die sich dem Neuheidentum öffnete, aber nicht mehr als christlich bezeichnet werden konnte. Im Mittelpunkt der Auseinandersetzungen standen die Thesen des führenden NS-Ideologen Alfred Rosenberg, die er in seinem »Mythos des 20. Jahrhunderts« veröffentlicht hatte. Im März 1934 setzte die Katholische Kirche das Buch auf den Index der verbotenen Bücher, wodurch sich die Nationalsozialisten zu noch rücksichtsloserem Vorgehen gereizt fühlten. Obwohl er im Vorjahr bereits mehrere Wochen verhaftet gewesen war, hatte der Offenbacher Kaplan Albert Münch den Mut, in seinen Predigten Sätze aus Rosenbergs Werk zu zitieren und deren Unsinnigkeit zu beweisen. Da er sich auch wiederholt für die katholischen Jugendorganisationen einsetzte, verurteilte ihn das Gericht nach einem aufsehenerregenden Prozeß wegen »Vergehens gegen Kanzelmißbrauch« nach dem Heimtückegesetz zu vier Monaten Gefängnis.[10]

Um belastendes Material gegen aktive Katholiken zu erhalten, wies die Offenbacher Kreisleitung am 24. Mai 1934 ihre Ortsgruppen im Kreisgebiet an:[11]

»Meldungen über Vorgänge innerhalb der katholischen Verbände, insbesondere über ihr Verhalten gegenüber der NSDAP, sind jeweils unverzüglich der Kreisleitung und gleichzeitig zur Vermeidung von Verzögerungen der Staatspolizeistelle Offenbach a.M. zu übersenden.«

Auch bevor diese Aufforderung ergangen war, hatten immer wieder überzeugte Nationalsozialisten aus einzelnen Ortschaften Vorgänge bei der Kreisleitung angezeigt, bei denen es sich teilweise um echte Lappalien handelte, die aber nichtsdestoweniger unnachsichtig verfolgt wurden. So hatte man am 14. Mai 1934 die Hainstädter Führerin der Katholischen Jugend von ihrer Arbeitsstelle weg verhaftet und nach Offenbach verbracht, wo sie am folgenden Tag verhört wurde, da sie angeblich mit ihren Mädchen BDM-Lieder gesungen hatte. Offensichtlich handelte es sich jedoch um Texte aus dem Liedgut der Katholischen Jugend, die auch der BDM singen ließ. Die Jugendführerin wurde ermahnt, »die nötigen Konsequenzen zu ziehen« und freigelassen.[12] Einschüchterung nicht parteikonformer junger Menschen war der deutliche Zweck solcher Vorgehensweisen.

Neuen Anlaß zu Auseinandersetzungen zwischen NSDAP und katholischen Verbänden gab es anläßlich von Kundgebungen in Seligenstadt, Klein-Krotzenburg und Hainstadt Mitte Mai 1934, mit denen »der Feldzug gegen die sich überall breitmachenden Miesmacher und Kritikaster eröffnet« wurde.[13] In Hainstadt bezeichnete dabei der als Redner auftretende stellvertretende Kreisleiter »die noch vorhandenen Kreise der KPD, der Reaktionäre und des Zentrums als Wühlmäuse« und »geißelte« die »versteckten Anspielungen des Pfarrers Seebacher«. Dieser hatte vier Wochen vorher im Verlauf einer Predigt über die Erziehungsaufgaben der Kirche geäußert, »da wollen Jungen, die kaum zwei Jahrzehnte alt sind, der Kirche die Fähigkeit absprechen, Jugend zu erziehen«, worauf ihm die Parteipresse vorwarf, er hemme den Aufbau der Hitler-Jugend.[14] Ein anderer Redner der Hainstädter Kundgebung führte aus, kein aufrichtiger Deutscher habe Grund, seiner Unzufriedenheit Ausdruck zu geben. Miesmacher, Kritikaster und Stänkerer sollten »ihr Heil in Rom oder in Moskau suchen.«[15]

Die Kundgebungen sollten nicht nur mit »Besserwissern«, »Stänkerern« und »Muckern« abrechnen, sie sollten zugleich durch eine Massenbeteiligung ein »Treuebekenntnis« der Bevölkerung zur NS-Regierung darstellen. Deshalb hatte man außer allen Angehörigen der Partei und ihrer Gliederungen auch die Ortsvereine, die Betriebe, Gesellschaften usw. eingeladen und ihr Erscheinen als vaterländische Pflicht dargestellt. In Klein-Krotzenburg und Seligenstadt war man mit dem Besuch, der in der Presse auf 1 000 und 1 200 Teilnehmer geschätzt wurde, offensichtlich zufrieden, in Hainstadt war das wohl weniger der Fall, wie das Fehlen einer solchen Bemerkung in dem Presseartikel anzudeuten scheint. Zu den Eingeladenen, aber nicht Erschienenen gehörten hier der katholische Männer-Verein, die Jungfrauenkongregation und der Ortspfarrer. Der darob höchst empörte NS-Ortsgruppenleiter reagierte am folgenden Tag in rüder Weise. Dem Pfarrer warf er vor, durch sein Fernbleiben »nur weitere Zwietracht und Uneinigkeit in die Gemeinde« getragen zu haben; den Vorsitzenden der beiden Vereine teilte er die Auflösung mit:[16]

»Im Auftrage der Kreisleitung der N.S.D.A.P. löse ich hiermit
den katholischen Männerverein in Hainstadt auf.
Ich fordere Sie auf, sämtliche Unterlagen des Vereins wie Mit-
gliederverzeichnis, Kasse und alles andere was dazu gehört, bis
spätestens heute vormittag am 19. Mai 1934, 9 1/2 Uhr auf der
Bürgermeisterei abzuliefern, andernfalls ich dasselbe mit
Gewalt sicherstellen muss.

Heil Hitler!
Hofmann
Ortsgruppenleiter«

Auch die bei kirchlichen Anlässen getragenen Vereinsfahnen wurden von dem Hainstädter Ortsgruppenleiter, der zugleich das Bürgermeisteramt bekleidete, beschlagnahmt. Der Pfarrer wandte sich beschwerdeführend an die Staatspolizei und das Kreisamt; außerdem schaltete er den Diözesanverband der katholischen Männer- und Arbeitervereine in Mainz ein. Das Staatspolizeiamt in Darmstadt reagierte prompt und hob schon am 26. Mai die Auflösungsverfügung gegen beide Vereine als »zu Unrecht erfolgt« auf, verfügte jedoch gleichzeitig ein Verbot jeglicher Tätigkeit was in der Praxis auf das gleiche hinauslief.[17]

Hessische Polizeidirektion.
Fernsprecher Nr. 80331
Reichsbank-Giro-Konto Offenbach a. M.

Offenbach a.M., den 28. Mai 1934.

Tagebuch Nr. 2134

Betreffend: Den Katholischen Jungfrauenverein in Hainstadt.

An

den Katholischen Jungfrauenverein,
z.H. d. 1. Vorsitzenden Frl. Magdalene Dieß

Hainstadt.

Auf Ersuchen des Hess. Staatspolizeiamts vom 26. 5. 34 wird dem Katholischen Jungfrauenverein in Hainstadt bis zum Abschluß der Untersuchung über das Verhalten des Vereins, bezw. dessen Führer, anläßlich der Kundgebung am 18. 5. 34, die vom Staatspolizeiamt über das Bischöfliche Ordinariat bezw. mit dem Diözesanverband in Mainz geführt wird, jegliche Tätigkeit (Versammlungen, Besprechungen pp.) untersagt.

Heil Hitler!

STAATSPOLIZEI ERMITTELT GEGEN DEN JUNGFRAUENVEREIN
Schreiben der Polizeidirektion Offenbach an die Vorsitzende des Jungfrauenvereins Hainstadt (1934)

Noch turbulenter ging es in Seligenstadt zu. Dort war ein HJ-Führer die treibende Kraft hinter den Aktionen. Am Fronleichnamstag 1934 brachte er an einem der Prozessionsaltäre Spruchbänder an, auf denen von »schwarzer Reaktion«, »schwarzen Spießern« und der »schwarzen Brut« zu lesen war. Der Seligenstädter Pfarrer Lambert antwortete auf diese Provokation mit der Aufforderung an seine Gemeinde, sich an dem bevorstehenden Wallfahrtstag zu Ehren der Schutzheiligen Petrus und Marcellinus (2. Juni) vollzählig am Gottesdienst und an der Prozession zu beteiligen. Am Wallfahrtstag selbst, an dem nach alter Tradition Tausende von auswärtigen Besuchern zu den kirchlichen Veranstaltungen in die Stadt strömten, veranstaltete derselbe HJ-Führer gleichzeitig einen Werbetag für die HJ-Zeitschrift »Die Fanfare«. Trommler- und Pfeifergruppen der HJ zogen durch die Stadt, störten den Gottesdienst in der Basilika und riefen, teilweise in Sprechchören, »Nieder mit den Pfaffen, nieder mit den Schwarzen!« Hitler-Jungen in Uniform liefen provozierend durch die Reihen der Prozession.

Der gleiche HJ-Führer drang drei Wochen später mit einem weiteren Hitler-Jungen in den der Kirchengemeinde gehörigen Spielplatz ein, vertrieb die spielenden Kinder, drohte den aufsichtführenden Pfarrhelferinnen mit Verhaftung, riß ein Christuszeichen ab und nahm Einrichtungsgegenstände mit. Am Abend kehrte er nochmals mit anderen zurück, um Tische und Bänke für das HJ-Heim im Steinheimertorturm zu holen. Pfarrer Lambert berichtete der Staatspolizei in Darmstadt von diesen Übergriffen und bat um Abhilfe, da durch solche Vorkommnisse die »Volksgemeinschaft, die jedem aufrechten Deutschen und Vaterlandsfreund am Herzen liegen muß, gestört und zerrissen« werde. Über ein Eingreifen der Polizei gegen die Übergriffe der HJ ist freilich nichts bekannt. Im Gegenteil, Anfang Juli richtete der Rektor des Einhardgymnasiums, Pfarrer Braunwarth, eine Eingabe an das Kultusministerium, da ohne seine Einwilligung auf Veranlassung des HJ-Führers an der Straßenseite der Schule ein fünf Meter langes Plakat angebracht war (»Die Fanfare – Von scheinheiligen Spießern gefürchtet«), das die kirchentreue Bevölkerung als provozierend empfand. Der anmaßende HJ-Führer untersagte dem Hausmeister die Entfernung des Plakats, Eingaben des Rektors bei der Stadt- und der Kreisverwaltung blieben ohne Erfolg.[18]

Wie sehr sich die Situation im Seligenstädter Raum in jenen Wochen zugespitzt hatte, belegt eine Äußerung des damaligen NS-Kreisleiters Dr. Schranz, der im Oktober 1934, als sich die Lage wieder etwas beruhigt hatte, bei der Einführung eines neuen Bürgermeisters sagte, in Seligenstadt habe es bis vor kurzem so ausgesehen, als sei ein zweiter Religionskrieg in Sicht.[19] Eine aktive Gegenwehr auf die Provokationen und Aggressionen der Nationalsozialisten war den Katholiken nicht möglich, denn sie befanden sich in dem Dilemma, daß der weltanschauliche Gegner die als legal angesehene Regierung bildete, welche Gehorsam beanspruchen konnte. Wenn zu der Wallfahrt auf die Liebfrauenheide bei Klein-Krotzenburg am 23. Juli 1934 rund zehntausend Katholiken kamen, so bedeutete das für sie ein machtvolles Bekenntnis zur Kirche, auch wenn der Prediger abwiegelnd verkündete, nicht zu opponieren oder zu demonstrieren seien sie da, sondern um ihr Anliegen in die Hände des lebendigen Gottes zu legen.[20]

Auch in anderen Gemeinden ereigneten sich im Sommer 1934 Zwischenfälle. In Hainhausen belagerte die HJ Angehörige der Katholischen Jugend nach der

Fronleichmansprozession im Pfarrsaal;[21)] in Urberach gaben fanatische NS-Leute vier Schüsse auf das Pfarrhaus ab, ohne allerdings jemanden zu treffen, und ein Mann, der bedrängten Jugendlichen zu Hilfe kommen wollte, wurde von der SA festgenommen.[22)]

Weitere Einschränkungen für Katholiken

Nach den spektakulären Ereignissen des Jahres 1934, die sich teilweise noch im folgenden Jahr fortsetzten, wählten die Nationalsozialisten eine andere Vorgehensweise bei der Unterdrückung der christlichen Kirchen. An die Stelle blindwütiger Angriffe und tumultuöser Übergriffe trat ein leises und geschmeidiges Verfahren, für das man zunehmend die Verwaltung und die Staatspolizei einsetzte. Das Ziel war, den Wirkungskreis der Kirchen einzuschränken und deren Einfluß auf die Menschen immer stärker auszuschalten. Die Geistlichen versuchten dem entgegenzuwirken, indem sie nach wie vor von der Kanzel herab die christlichen Glaubens- und Sittenlehren deutlich verkündeten. Wurden sie freilich allzu deutlich, so riskierten sie ihre Verhaftung, wie es dem Kaplan Ludwig Urban in Neu-Isenburg im Jahre 1936 zweimal geschah. Die Predigten wurden von Spitzeln oft überwacht. An einem Sonntag stellte der Kaplan diese ungebetenen Mithörer vor der ganzen Gemeinde bloß, indem er ihnen von der Kanzel herab zurief:[23)]

»Ihr zwei da unten, ihr braucht nicht mitzuschreiben. Ich gebe euch den Text meiner Predigt anschließend in die Hand.«

Verhaftung und mehrtägiges Verhör in Darmstadt waren die Folge für diese furchtlose Äußerung des Kaplans. Leute wie er, die der Gestapo erst einmal aufgefallen waren, standen unter dauernder Beobachtung. Ihre Äußerungen und Handlungen wurden registriert, bis dann eines Tages die Partei rigoros zuschlug. So mußte auch Kaplan Urban die letzten fünf Jahre der NS-Herrschaft im KZ Dachau verbringen.[24)]

Auch der 1935 neugeweihte Mainzer Bischof Dr. Albert Stohr war ein eifriger Prediger, der sich nicht scheute, Glaubenslehren, auch wenn sie im Gegensatz zur NS-Weltanschauung standen, deutlich auszusprechen. Bischofsbesuche in katholischen Orten aus Anlaß einer Kircheneinweihung oder zur Spendung der Firmung waren damals für die ganze Gemeinde ein großes Ereignis. Dann kam es vor, daß abends eine große Menschenmenge sich vor dem Pfarrhaus versammelte und die Jugendlichen mit Sprechchören »Wir wollen unsern Bischof sehen!« diesen »herausschrie«. Für Nationalsozialisten bedeutete das eine Provokation und fast ein Sakrileg, denn nach ihren Vorstellungen durften nur HJ und SA mit diesem Ruf ihrem Führer huldigen.

Ein Lagebericht des Reichsstatthalters in Hessen an den Reichsinnenminister vom Januar 1936 belegt, wie irritiert die Nationalsozialisten durch das Auftreten Bischof Stohrs und das Verhalten weiter katholischer Kreise damals waren:[25]

»Die Bemühungen des Bischofs von Mainz, Dr. Stohr, und seines Klerus, die kath. Bevölkerung und vornehmlich die kath. Jugend aus dem Bann des Nationalsozialismus zu lösen und sie ihrer völkischen Aufgabe zu entfremden, gehen unentwegt weiter. Der Besuch der kath. Gottesdienste ist nach wie vor außerordentlich stark. Die Kirchen sind häufig überfüllt, und kath. Gläubige lassen sich durch nichts – auch durch Parteiveranstaltungen nicht – vom Kirchenbesuch abhalten. Es muß darüberhinaus festgestellt werden, daß sogar nicht wenige evang. Christen – zweifellos von dem ewigen Streit in ihrer eigenen Kirche angewidert – in die kath. Gottesdienste gehen.

Der Bischof selbst betätigt sich außerordentlich eifrig als Kanzelredner und läßt sich auch durch das Schreiben des Herrn Reichs- und Preuß. Ministers für die kirchlichen Angelegenheiten, durch das er in die gebührenden Schranken zurückgewiesen wurde, nicht abhalten, weiter gegen Staat und Partei zu hetzen. Er ist geschickt genug, eine Form zu wählen, die ein unmittelbares Eingreifen nicht gestattet. Seine Hörer aber sind andererseits geschult genug, um zu wissen, wohin der Bischof mit seinen spitzen Reden zielt. So hat er bei der Einweihung einer kath. Kirche in Sprendlingen (Kreis Offenbach) in seiner Ansprache u. a. erklärt: »Mir treten die Tränen in die Augen, wenn ich sehen muß, wie die heutige Jugend der Kirche ferngehalten wird. Ich habe mich dieserhalb an die höchste Instanz gewandt und bitte Euch, kath. Eltern und Mütter, mich mit Tatsachen zu versehen, damit ich Waffen in der Hand habe, wenn ich reden muß.«

Im Kreis Offenbach gestalteten sich die Veranstaltungen auf der Liebfrauenheide bei Klein-Krotzenburg immer wieder zu machtvollen »Glaubenskundgebungen« des katholischen Volkes. Prominente Prediger lockten eine nach Tausenden zählende Menge von Teilnehmern an. 1936 war dies Bischof Stohr, im Jahr darauf der Bischof von Würzburg, Dr. Ehrenfried.[26]

Die Vorgehensweise der Nationalsozialisten gegen die kirchlichen Verbände beschrieben die Arbeitsanweisungen des Sicherheitsdienstes der Gestapo Darmstadt von 1937/38.[27] Sie gaben als Ziel der »Winterarbeit« die »völlige Vernichtung« der Jugendorganisationen an, nahmen aber ebenso das katholische Vereinswesen und die Beamtenvereinigungen ins Visier. Genau angegeben wurden die möglichen Anlässe, um Verbote auszusprechen. Die Bespitzelung wurde nachdrücklich gefordert:

»Im Kampf gegen die katholischen Organisationen ist die laufende und genaue Überwachung ihrer Betätigung unerläßliches Erfordernis. Als Sofortmaßnahme ist daher der Einbau von V-Männern umgehendst und umfassend in Angriff zu nehmen bzw. zu vollziehen. Wesentliches Mittel zum Abbau des katholischen Vereinswesens ist die Lahmlegung der Verständigungsorgane: der Presse, Zeitschriften, Broschüren, und des sonstigen Schrifttums der Verbände...

Die Verbindungen, Wirkungsmöglichkeiten und Einflußgebiete der wichtigsten Persönlichkeiten sind aufzudecken, die entscheidenden Aktivisten zur Strecke zu bringen...«

Die noch erscheinenden katholischen Zeitschriften wurden in einzelnen Ausgaben immer wieder beschlagnahmt, ihre Verteilung behindert,[28] bis sie schließlich wegen solcher Schikane oder förmlichen Verbotes ihr Erscheinen einstellen mußte. Die Mainzer Bistumszeitung »Martinus-Blatt« beschränkte sich auf rein religiöse Abhandlungen, erbauliche Geschichten und unverdächtige Meldungen aus den einzelnen Pfarreien. Auf diese Weise konnte sie sich noch bis 1941 behaupten.

Dem katholischen Religionsunterricht galt 1938 der Angriff. Die Behörden verboten den Geistlichen den Zutritt zu den Schulen. Hier hatten die Pfarrer in den Jahren zuvor vor allem auch kompensatorisch gewirkt und Themen aus dem Alten Testament behandelt, die die eingeschüchterten weltlichen Religionslehrer oft nicht mehr anzugehen wagten. Jetzt mußten sie einen zusätzlichen freiwilligen Religionsunterricht an Nachmittagen in kircheneigenen Räumen organisieren, der zum Ärger der NS-Leute in der Regel erstaunlich gut von den Schülern besucht wurde.

Auch gegen das caritative Wirken der Kirche gingen die Nationalsozialisten mit Entschiedenheit vor, denn die Unterstützung Hilfsbedürftiger nahmen sie als ihr Monopol in Anspruch, indem sie vorgaben, in ihrem Winterhilfswerk und ihrer NSV habe die christliche Liebestätigkeit ihre Erfüllung gefunden. Sie untersagten daher den anderen Institutionen alle öffentlichen Sammlungen von Geldern oder Sachspenden. Als der Seligenstädter Pfarrer am Portal der Basilika – also noch auf kircheneigenem Raum – Handzettel zur Werbung für die Caritaskollekte am 21. Mai 1939 verteilen ließ, wurde er deshalb bei der Staatspolizei in Offenbach vorgeladen.[29]

Richtungsgruppen in der Evangelischen Kirche:
»Deutsche Christen« contra »Bekennende Kirche«

Auch in der Evangelischen Kirche bahnte sich auf die Hochstimmung des Jahres 1933 spätestens nach den Ereignissen der Röhm-Affäre ein folgenreicher Umschwung an. Der Landesbischof sandte zwar ein Telegramm an Hitler, in dem er seinen »heißen Dank für die rettende Tat« zum Ausdruck brachte und das Gelöbnis zur unerschütterlichen Treue erneuerte[30], doch andere Protestanten, die den Nationalsozialisten kritischer gegenüberstanden, mußten feststellen, daß es sich bei diesen nicht um Verfechter des überlieferten christlichen Glaubensgutes handelte, denn nach wie vor lehnten sie das Alte Testament ab. Gleiches widerfuhr den Schriften des Apostels Paulus, die für Luthers reformatorisches Bemühen einst eine zentrale Bedeutung genossen.

Die Nationalsozialisten unternahmen krampfhafte Versuche, um aus Jesus einen Arier zu machen. Sie begünstigten die sogenannte »Deutsche Glaubensbewegung«, welche das Deutschtum zu einem Kult eigener Art hochstilisierte. Schon vom Namen her war die Richtung leicht mit den »Deutschen Christen« zu verwechseln, eine Sache, die vielleicht sogar bewußt gefördert wurde. Durch das Eindringen von Vorstellungen aus dieser Gruppe wäre der christliche Glaube in sein Gegenteil verkehrt worden. Es kursierten tolle Gerüchte, so das, der Reichsbischof habe das Kreuz abgelegt und das Sonnenrad der »Deutschen Glaubensbewegung« übernommen.[31] Wollte die Kirche nicht untergehen, dann war die Stunde des Widerstandes gekommen. Dieser ist aufs engste mit dem Namen der »Bekennenden Kirche« verbunden, die durch eine Erneuerungsbewegung innerhalb des Protestantismus vorbereitet war. Vor allem ist hier der Theologe Karl Barth zu nennen. Er rief dazu auf, die Vermengung des Christlichen mit dem Weltlichen, insbeondere dem Nationalen, zu bekämpfen und sich auf die Größe Gottes zu besinnen, der allem Irdischen entzogen sei. Diese neue theologische Richtung bot den Gemeinden, die unter dem Druck der Nationalsozialisten und der Anmaßung des Landesbischofs litten, die Basis für eine Abwehrhaltung zur Erneuerung ihres inneren Lebens, ohne daß zunächst an einen Zusammenschluß gedacht war. Doch bald erkannte man das Erfordernis, sich zur Notgemeinschaft der »Bekennenden Kirche« zusammenzutun.

Außerordentlich hart war die Reaktion der offiziellen Kirchenleitung auf die Bildung der Bekenntnisfront, so daß in kürzester Zeit der Kirchenkampf tobte. Pfarrer wurden gegen ihren Willen versetzt, anderen wurde die Gehaltszahlung verweigert; strittig war die Frage, welche Richtung Zugang zu den kirchlichen Räumen haben sollte. Obwohl die Partei erklärte, sie habe mit dem Kirchenkampf nichts zu tun, griff sie dennoch mit harter Faust und mit den Mitteln des Staates in das Geschehen ein und unterstützte die »Deutschen Christen« in jeder Weise.[32]

Freilich schlossen sich nicht alle Pfarrer, die dem Nationalsozialismus mit Vorbehalten gegenüberstanden, mit letzter Entschiedenheit der »Bekennenden Kirche« an. Sie befürchteten ein Auseinanderfallen der Volkskirche in kleinere Gruppen und Zirkel. Für sie war kennzeichnend, daß sie unverkürzt am Evangelium festhielten, die Regierung Hitler als rechtmäßig anerkannten, wie ja auch von den Gemeinden der »Bekennenden Kirche« keine Vorstöße gegen die Reichsregierung unternommen worden sind. Verworfen wurde lediglich die Anmaßung der Nationalsozialisten, der Staat stelle die einzige und totale Ordnung des menschlichen Lebens dar. Bezeichnend für eine von Pfarrern im Offenbacher Raum geübte Zurückhaltung ist eine im »Evangelischen Gemeindeblatt für Offenbach« veröffentlichte Erklärung eines Pfarrers vom 4. November 1934:[33)]

»Wir Offenbacher Pfarrer haben unsere Gemeindemitglieder nach aller Möglichkeit vor der Unruhe der kirchenpolitischen Kämpfe bewahren wollen. Wir haben nichts vom kirchenpolitischen Kampf auf die Kanzel gebracht, sondern haben unseren Getreuen nach wie vor das Evangelium schlicht und recht zu predigen versucht. Nur dann, wenn wir um Aufklärung über den Kirchenkampf gebeten wurden, haben wir diese den Fragern erteilt und im übrigen lieber zu wenig als zu viel über diese Dinge gesagt und geschrieben. Wir standen auf dem Standpunkt: Jeder soll froh sein, wenn er sich um diese Dinge nicht zu kümmern braucht.«

Im Mai 1934 war aber der Konflikt zwischen den bekenntnistreuen Christen und den Anhängern der von den Nationalsozialisten favorisierten »Deutschen Christen« so heftig geworden, daß sich kein Pfarrer mehr einer eindeutigen Stellungnahme entziehen konnte. Der als junger Pfarrer in Offenbach tätige Ernst zur Nieden schrieb im Mai 1935 an einen Amtsbruder:[34)]

»Eine neutrale Haltung (ist) nicht mehr möglich, ohne daß man mitschuldig wird an dem, was heute geschieht.«

Am stärksten betroffen von dem Kirchenkampf im Kreis Offenbach war die evangelische Gemeinde in Buchschlag. Der dortige Pfarrer Schäfer wurde am 19. März 1935 in Schutzhaft genommen und nach Offenbach abgeführt. Der selbstherrliche Landesbischof hatte ihn versetzt, doch der Pfarrer hatte es abgelehnt, der Verfügung nachzukommen. Dem Kirchenvorstand nahm man die ihm gehörigen Schlüssel weg. Als Gemeindemitglieder in das Pfarrhaus zur Bibelstunde kamen, besetzte Polizei das Gebäude. Auch das Zusammentreffen von Gläubigen, um Hausandachten abzuhalten, wurde verboten.[35)] Aus dem Gefängnis schrieb Pfarrer Schäfer u. a. folgende Zeilen:[36)]

»Ich hatte selber nie geglaubt, daß das Evangelium einen so fröhlich und getrost machen kann. Hier merkt man erst, wie hoch es über allen Büchern steht. Das Gefängnis hat gewiß noch keinen fröhlicheren Insassen gehabt, als ich es bin. Den Tag beginne ich mit allerlei Morgenliedern und so geht's den ganzen Tag weiter ... Das Schönste ist bei allem mein gutes Gewissen und das Bewußtsein, für Christus hier zu sitzen und damit meiner Gemeinde die beste Predigt zu halten.«

Noch schlimmer als Pfarrer Schäfer erging es dem Pfarrvikar Weber, der sei-

> **Es geht jetzt in der ev. Kirche um letzte Entscheidungen**
>
> **Unsere Kirche steht vor der Entscheidung:**
>
> 1. Ob sie das Evangelium von Jesus Christus als unantastbare Grundlage behalten – oder zu einer Religionsgemeinschaft ohne Christus werden will
> 2. Ob sie als Volkskirche noch weiter bestehen wird oder nicht
> 3. Ob sie einig werden oder sich in einzelne Gruppen auflösen will.
>
> Wir unterzeichneten Pfarrer des Dekanats Offenbach haben uns mit vielen anderen Pfarrern der Landeskirche Nassau-Hessen zu einer festen Gemeinschaft zusammengeschlossen. Wir wollen damit keine neue kirchenpolitische Gruppe bilden. Wir wollen vielmehr helfen, daß alle, die auf dem Grunde des Evangeliums stehen, zusammenkommen.
>
> **Wir rufen unsere Gemeinden auf,**
>
> sich auf den Boden dieser Sammlung und Einigung zu stellen. Weil diese Einigung aber keine Verwischung von Gegensätzen in sich schließen darf, haben wir uns auf folgende Grundsätze geeinigt:
>
> 1. Wir sind uns einig darin, daß das Evangelium von Jesus Christus, dem gekreuzigten und auferstandenen Herrn, der alleinige und unaufgebbare Grund der Kirche ist.
> 2. Wir sind uns einig darin, daß die ganze Heilige Schrift des Alten und Neuen Testamentes die alleinige und unveränderliche Grundlage und Richtschnur für Predigt und Glaube sein muß.
> 3. Wir sind uns einig darin, daß unsere Kirche weder eine Religionsgesellschaft ohne Christus noch eine Sekte werden darf, sondern daß sie als Volkskirche das unverkürzte und unverfälschte Evangelium allen Volksgenossen zu bezeugen hat.
>
> **Bekennt Euch zu Eurem christlichen Glauben!**

AUFRUF AN DIE EVANGELISCHEN CHRISTEN DES DEKANATS OFFENBACH

nen Amtsbruder während der Haftzeit in Buchschlag vertrat. Er wurde bei einer nicht allein auf den Kreis Offenbach beschränkten Verhaftungswelle eingesperrt und mehrere Wochen im KZ Dachau festgehalten,[37] da er eine Kanzelerklärung des Bruderrates der »Bekennenden Kirche« verlesen hatte, in der mit den Irrtümern der Nationalsozialisten abgerechnet wurde.[38] Diese konnten trotz ihres rabiaten Vorgehens die Anhänger der »Bekennenden Kirche« in Buchschlag nicht unterdrücken. Die Schließung ihres Kirchengebäudes war das Signal für die Öffnung von vielen Hausgemeinden. Väter und Mütter versammelten an den Sonntagen ihre Familien und lasen das Wort Gottes. Eine Notgemeinschaft der »Bekennenden Kirche« hatte sie mit den entsprechenden Anleitungen versorgt.[39]

Als schließlich im Mai 1935 in Buchschlag der Landesbischof einen dem Regime freundlichen Pfarrer einsetzen wollte, verweigerte der Kirchenvorstand die Zusammenarbeit. In einem maßvollen Brief, der sich aber trotzdem durch große Bekenntnistreue auszeichnete, forderten die Kirchenvorsteher den von der Obrigkeit Ernannten auf, sich einer ernsten Prüfung zu unterziehen und von dem zu Unrecht übernommenen Amt zurückzutreten.[40]

Trotz der Heftigkeit der ausgebrochenen Kämpfe versuchten fünf Pfarrer aus der Südwestecke des Kreises einen vermittelnden Standpunkt einzunehmen. Selbstverständlich waren für sie die Treue zum evangelischen Bekenntnis und der Kampf gegen die antichristlichen Parolen Rosenbergs und anderer Nationalsozialisten. Daneben standen sie in Loyalität zur Reichsregierung. Ihre Hauptthesen faßten die Pfarrer 1935 in sechs Artikeln zusammmen:[41]

»1. Wir sind uns darin einig, daß das Evangelium von Jesus Christus, dem gekreuzigten und auferstandenen Herrn, der alleinige und unaufgebbare Grund der Kirche ist.

2. Wir sind uns darin einig, daß die ganze heilige Schrift des Alten und Neuen Testamentes die alleinige und unveränderliche Grundlage und Richtschnur für Predigt und Glaube sein muß.

3. Wir sind uns darin einig, daß unsere Kirche weder eine Religionsgesellschaft ohne Christus noch eine Sekte werden darf, sondern daß sie als Volkskirche das unverkürzte und unverfälschte Evangelium allen Volksgenossen zu bezeugen hat.

4. Wir sind uns darin einig, daß politische Weltanschauung und christlicher Glaube nicht vermengt werden dürfen und daß jede Politisierung der kirchlichen Verkündigung abgelehnt werden muß.

5. Wir sind uns darin einig, daß der zunehmenden antichristlichen Propaganda in unserem Volk der geschlossene Widerstand der christusgläubigen Gemeinde entgegengesetzt werden muß.

6. Wir sind uns darin einig, daß die Kirche ein gutes Einvernehmen mit dem Staat anzustreben hat. Wir wissen uns dem Führer im Kampf gegen den Bolschewismus verbunden und kämpfen gegen die bolschewistische Gottlosigkeit mit der Waffe des Evangeliums«

Die Pfarrer baten die Gemeindemitglieder, eine beigefügte Einverständniserklärung zu unterschreiben und an die Pfarrämter zu geben. Einer der beteiligten Pfarrer erinnert sich, daß dies in großer Zahl der Fall war.⁴²⁾

Die Lage der Evangelischen Kirche war nach dem Höhepunkt der Auseinandersetzungen in den Jahren 1934 und 1935 außerordentlich schwierig. Es hatten sich mehrere Gruppen herausgebildet, die ein Eigenleben führten. Die Situation in der einzelnen Gemeinde war weitgehend von der Haltung des Pfarrers bestimmt. Im Kreisgebiet standen Gemeinden, die deutsch-christlich orientiert waren, neben solchen die der »Bekennenden Kirche« verpflichtet waren. Zu ihrer Leitung bildeten die Pfarrer der »Bekennenden Gemeinden« Bruderräte, die sich von der von den Nationalsozialisten beherrschten Amtskirche mehr oder weniger distanzierten. Landeskirchenräte wurden gebildet, deren Zusammensetzung und Rechtmäßigkeit umstritten waren. Kämpfe, Spaltungen, Verdächtigungen und Streitigkeiten konnten in einer derart zerrissenen Kirche nicht fehlen.

Angesichts der Gegensätze erklärten die Nationalsozialisten zwar ihre Neutralität, doch setzten sie die Machtmittel der Regierung zugunsten der von ihnen favorisierten Richtung weiterhin ein. Als sie schließlich erkennen mußten, daß sie die Evangelische Kirche nicht einfach gleichschalten konnten, ließen sie ihnen genehme Kirchenführer fallen. Der ehedem forsche Landesbischof verlor einen Teil seiner Befugnisse. Er und Seinesgleichen durften im Amt bleiben, doch beachtete man sie kaum noch.

Auch mit der protestantischen Kirche schoben die Nationalsozialisten die endgültige Auseinandersetzung hinaus bis zu einem für sie günstigen Zeitpunkt. Einstweilen gedachten sie, in kleinen Schritten vorzugehen. Sie wollten den kirchlichen Einfluß zurückdrängen, wo immer es möglich war, und waren bestrebt eine Umwelt zu schaffen, in der das Christliche als Fremdkörper wirken mußte. Ähnlich wie bei den Katholiken unterdrückten sie auch die protestantischen Vereine und Verbände. Die Arbeitsanweisungen des Sicherheitsdienstes der Gestapo Darmstadt von 1937/38 bestimmten die Vorgehensweise.⁴³⁾ Ausspionierung, Sammlung von belastendem Material, Einschränkungen und örtliche Verbote. Bei den Wahlen zur evangelischen Generalsynode 1937 ordnete die Gestapo den Einsatz von V-Leuten an:⁴⁴⁾

»Aus Anlaß der bevorstehenden Kirchenwahlen sind auf Anordnung des Geheimen Staatspolizeiamtes Berlin bis auf weiteres sämtliche Gottesdienste und Veranstaltungen kirchlicher Gruppen zu überwachen und über etwaige Ausführungen über die bevorstehende Wahl zu berichten.«

Als Vertrauensleute sollten Personen entsandt werden, die auch sonst die Gottesdienste besuchten. Offensichtlich hatte man also aus der Bloßstellung allzu auffälliger Spitzel durch mutige Geistliche gelernt. Und falls die nationalsozialistische Überzeugung als Motiv nicht ausreichte, um Spitzeldienste zu leisten, wußte auch die Gestapo das Lockmittel, das schon so manchen zum Verräter werden ließ: »Gegebenenfalls sind Personen gegen Entgelt in die Gottesdienste zu entsenden.«

Gerichtliche Verfolgung politischer Gegner

Der Kampf gegen die christlichen Kirchen, der in den Jahren 1934 und 1935 einen Höhepunkt erlebte, hinderte die Nationalsozialisten nicht daran, gleichzeitig die Verfolgung anderer, ihnen mißliebiger Kräfte fortzusetzen. Die Art der Nachstellungen änderte sich jedoch seit etwa Mitte 1934. Hatte nämlich im Jahr zuvor die Presse noch häufig von Verhaftungen, Durchsuchungen und Razzien berichtet, so versiegten Meldungen dieser Art in der Zeit nach dem Röhm-Putsch. Der Unterdrückungsapparat lief weiter, sollte aber kein großes Aufsehen mehr erregen. Die NS-Führung wollte keinen Radau mehr, wie ihn die SA-Leute anzustellen pflegten, sie wollte vielmehr bei der Bevölkerung den Eindruck friedlicher Zustände erwecken, wie sie bei einer angeblich bestehenden wahren Volksgmeinschaft unausbleiblich waren. SS und Gestapo, die auf wirkliche und vermeintliche Gegner des Regimes angesetzt waren, arbeiteten lautlos. Verhaftungen erfolgten vorzugsweise in den frühen Morgenstunden; die Opfer verschwanden zunächst in den Gefängnissen. In zunehmendem Maß wurde die Justiz mit ihren Sondergerichten zur Verfolgung politisch mißliebiger Personen eingesetzt. Ihre Strafen mußten die Verurteilten dann meist in entfernt gelegenen Gefängnissen und Zuchthäusern absitzen. Andere wurden ohne Urteil in die großen Konzentrationslager Dachau und Buchenwald eingewiesen. Das hessische KZ Osthofen spielte nach 1934 keine Rolle mehr.

Gegner und Kritiker des NS-Regimes waren nach einem Jahr Diktatur vorsichtiger geworden. Man politisierte vielfach in kleinem Kreis, hielt sich freilich aus wohlüberlegten Gründen zurück, öffentlich politische Bekenntnisse zu äußern. Die Weimarer Parteien waren mittlerweile zerschlagen, dennoch versuchten linke Kräfte, ihren Zusammenhalt zu wahren oder neue Organisationen aufzubauen. Entdeckten die Nationalsozialisten solche Bestrebungen, dann schlugen sie hart zu und stellten die Betroffenen vor Sondergerichte.

Dies war bereits im Jahr 1933 mehrfach geschehen und setzte sich in den folgenden Jahren fort. Das Oberlandesgericht in Kassel verhandelte im Frühjahr gegen 88 Personen, die zu einem großen Teil aus den Kreisen Offenbach und Hanau stammten. 54 der Angeklagten hatten früher der KPD angehört, vier der SPD, während die übrigen 30 als parteilos bezeichnet wurden. Die Richter verhängten gegen 72 Personen Freiheitsstrafen zwischen neun Monaten Gefängnis und acht Jahren Zuchthaus. Achtzehn von ihnen stammten aus dem Kreis Offenbach (acht aus Klein-Krotzenburg, vier aus Klein-Auheim, drei aus Hainstadt, je einer aus Mainflingen, Steinhelm und Offenbach).[45]

Einige Wochen später fand vor dem Oberlandesgericht in Darmstadt der Prozeß gegen 25 Personen, die den Kern der illegalen KPD in Offenbach bildeten, statt. Die Dauer der gegen sie verhängten Freiheitsstrafen bewegte sich zwischen zwei und acht Jahren.[46] Im Mittelpunkt eines weiteren Gruppenprozesses gegen Kommunisten stand der Langener Karl Zängerle, der in Frankfurt der KP-Widerstandszelle »Asphalt« angehört hatte. In diese bei einer Straßenbaufirma entstandene Zelle war ein Spitzel eingeschleust worden, der die Namen ihrer Angehörigen der Polizei preisgab. Während der neunmonatigen Untersuchungshaft stellte sich auch heraus, daß Zängerle als Kurier der illegalen KPD Material bis hin zur Bergstraße verteilt hatte.[47] Zusammen mit zehn anderen Kommunisten aus dem Kreis Offenbach fand er sich im September 1934 auf der Anklagebank des I. Strafsenats in Darmstadt. Über das Urteil berichtete der »Mühlheimer Bote« in seiner Ausgabe vom 6. September 1934:[48]

»Vor dem Strafsenat des Hessischen Oberlandesgerichts in Darmstadt hatten sich elf Angeklagte aus der Umgebung Offenbachs zu verantworten. Sie waren beschuldigt, sich zum Teil bis in die letzte Zeit hochverräterisch betätigt und für die verbotene KPD durch Mitgliederwerbung gewirkt zu haben. Die Angeklagten wurden nach eingehender Beweisaufnahme zu folgenden Strafen verurteilt: der 26jährige Karl Zängerle aus Langen zu sechs Jahren Zuchthaus, der 31 jährige Ludwig Grebe aus Bieber, der 36jährige Heinrich Weilmünster IX aus Dietzenbach und der 28jährige Kaspar Hofmann aus Mühlheim zu je dreieinhalb Jahren Zuchthaus, der 35jährige Christian Bauer aus Bieber, der 40jährige Johann Markert aus Dietesheim und der 23jährige Emil Spahn aus Mühlheim zu je drei Jahren Zuchthaus, der 33jährige Andreas Staab aus Dietesheim zu zweieinhalb Jahren Zuchthaus, der 29jährige Theodor Waldmann, Bieber, und der 32jährige Josef Spielmann zu je drei Jahren Gefängnis. Zängerle wurden die bürgerlichen Ehrenrechte auf zehn Jahre, allen übrigen zu Zuchthaus Verurteilten auf fünf Jahre aberkannt, außerdem wurde die Zulässigkeit der Polizeiaufsicht ausgesprochen.«

Wie Karl Zängerle war auch Rudolf Gottschalk aus Langen Mitglied der Widerstandszelle »Asphalt«. Ihn verurteilte das Oberlandesgericht in Kassel zu drei Jahren Zuchthaus. Als er die Strafe verbüßt hatte, erging es ihm wie manchem anderen aus politischen Gründen Verurteilten: Er kam nicht frei, sondern wurde ohne Rechtsgrund in das Konzentrationslager eingewiesen. Gegen Ende des Krieges zwang man ihn zum Dienst im Strafbataillon 999.[49] Zwei der Verurteilten aus dem Kreis Offenbach haben die Haftzeit nicht überstanden: Johann Markert aus Dietesheim starb nach Mißhandlungen im Juni 1936 und auch Adolf Gessner aus Klein-Krotzenburg fand im Jahr danach im Gefängnis den Tod. Im gleichen Jahr verstarb auch der Dreieichenhainer Kommunist Johannes Knöchel nach erlittenen Mißhandlungen.[50]

Durch die Verurteilungen hatten die Nationalsozialisten den Widerstand der illegalen KPD im Offenbacher Raum weitestgehend gebrochen. Aber auch gegen illegal tätige Sozialdemokraten fanden Prozesse statt. In Langen kamen Versuche von Reichsbanner- und SPD-Leuten, Flugblätter zu verteilen, über Ansätze nicht hinaus. Die Gruppe flog auf und wurde vor Gericht gestellt, das Gefängnisstrafen verhängte, die teilweise durch die erlittene Untersuchungshaft als verbüßt angesehen wurden.[51] Weniger glimpflich davon kamen Sozialdemokraten aus Offenbach, Bieber und Mühlheim. Das Gericht in Darmstadt sprach wegen illegaler Propagandatätigkeit Freiheitsstrafen bis zu vier Jahren Zuchthaus aus. Zu den Verurteilten gehörte auch der spätere Mühlheimer Bürgermeister Anton Dey.[52]

Illegale Betriebsgruppen bildeten sich immer wieder bei den Opel-Werken in Rüsselsheim. Im Juni 1936 kam es dort zu einem Streik im Karosseriebau. Die Arbeiter zogen zur Betriebsverwaltung und protestierten gegen Lohneinbußen. Das war für die Nationalsozialisten, die glaubten, die Einheit aller Schaffenden in der »Deutschen Arbeitsfront« schließe jeden Arbeitskampf aus, ein unerhörter Vorgang. Die Gestapo übernahm den Fall. Es kam zu Massenentlassungen und Verhaftungen, die auch Arbeiter aus dem Kreis Offenbach betrafen, denn eine erhebliche Zahl von Pendlern aus dem Rodgau- und dem Dreieichgebiet war damals bei den Opelwerken beschäftigt. Unter den Entlassenen befanden sich allein elf Leute aus Ober-Roden.[53)]

Harte Strafen für Kritiker und Meckerer

Neben ihren politischen Gegnern stellten die Nationalsozialisten auch denen nach, die weniger aus politischen Motiven denn aus Mißmut wegen der auferlegten Verpflichtungen und der Einschränkungen ihrem Unwillen in unvorsichtiger Weise freien Lauf ließen. Mit der Verfolgung waren die Behörden schnell bei der Hand, auch wenn es sich nur um belanglose Redereien im Wirtshaus oder um Geschwätz zwischen Nachbarn gehandelt hatte. Ein im Grunde schwaches Regime, das allein über die Machtmittel verfügte, das aber viele ablehnten, konnte sich keine Großzügigkeit erlauben. Es mußte jeder Bagatelle nachgehen, weil es in ihr stets die größte Gefahr witterte.

Im Lager des damals noch freiwilligen Arbeitsdienstes in Seligenstadt hatte im Mai 1934 ein junger Mann seinem Herzen Luft gemacht. Er sprach von den Bonzen, die in der Regierung säßen, und meinte, die Autobahnen dienten militärischen Zwecken und die jungen Leute würden bald als Kanonenfutter mißbraucht. Die Richter am Sondergericht beschuldigten ihn, er sei arbeitsscheu und geschwätzig. Übel angekreidet wurde es ihm, daß er in Frankreich auf Wanderschaft gewesen war und sich an ein ungebundenes Leben gewöhnt hatte. Für seine unvorsichtigen Äußerungen mußte er das RAD-Lager vier Monate mit dem Gefängnis vertauschen.[54)]

Ein Dietzenbacher hatte im Wirtshaus verkündet, Göring habe selbst den Reichstag angezündet und Hitler habe Röhm umbringen lassen, da er selbst schwul sei, und habe so verhindert, daß die Verhältnisse allgemein bekannt würden. Auf Grund einer anonymen Anzeige stellten ihn die Nationalsozialisten vor Gericht. Dabei erwies es sich, daß die ganze Angelegenheit mit viel Dorfklatsch und persönlicher Feindschaft verbunden war. Dennoch erkannte das Gericht in den Worten des Beschuldigten einen heimtückischen Angriff auf Staat und Partei, so daß es das frühere SPD-Mitglied für vier Wochen ins Gefängnis schickte.[55)]

Selbst offensichtlich aus wirtschaftlicher Enttäuschung entstandene Aussagen waren eine Verurteilung wert. In Mühlheim hatte ein Hausierer nur schlechte

Geschäfte gemacht. Er schimpfte und machte dabei auch Bemerkungen über die schlechte Lage in Deutschland, wo es den Leuten miserabel ergehe. Durch eine Denunziation kam er vor ein Sondergericht. Wegen Verstoßes gegen das Heimtückegesetz schickten ihn 1935 die Richter drei Wochen in das Gefängnis.[56)]

Schärfer traf es dagegen eine Frau aus Seligenstadt. In ihrem im September 1935 vor dem Sondergericht angestrengten Verfahren vermischten sich politische und persönliche Motive. Die Denunziation entsprang einer Streitigkeit, wie sie unter Hausbewohnern nie ganz zu vermeiden ist. Eine Mieterin betrieb ihre Privatrache, indem sie die Mitbewohnerin des Hauses beschuldigte, sie kritisiere ständig die Maßnahmen der Regierung. Auch sei ihr Mann früher Mitglied der SPD gewesen. Schließlich habe sie folgendes gesagt:

»Der Sprenger hat ja früher auch nur eine Zweizimmerwohnung gehabt und heute hat er eine Villa, alles von den Winterhilfsgroschen und von den Erwerbslosen ihrem Geld.... In Deutschland muß alles verdörren, es muß Blut regnen.«

Selbst die Sonderrichter mußten erkennen, daß es sich bei der Anzeige um einen Racheakt aus kleinlichen Motiven handelte. Dennoch schickten sie die Beschuldigte für ein Jahr hinter Gitter.[57)]

Verfolgung der Juden: Schikanen und Drangsalierungen

Ungehemmt richtete sich die Verfolgungswut der Nationalsozialisten in den Jahren vor dem Ausbruch des Zweiten Weltkrieges gegen die Juden.[58)] Sie schränkten deren Lebensmöglichkeiten stetig ein, wobei sich die Methoden ihres Vorgehens dauernd verschärften. Nach dem ersten Boykott jüdischer Geschäfte im April 1933 verzichteten sie zunächst auf dieses Mittel. Als im Dezember 1934 Teile der NS-Anhängerschaft die Juden erneut boykottierten, wurden sie zurückgepfiffen. Das Hessische Staatspolizeiamt in Darmstadt erklärte das Vorgehen für unzulässig und wies die Parteidienststellen an, solche Aktionen zu unterlassen. Niemand habe das Recht, die öffentliche Ruhe, Sicherheit und Ordnung zu stören, niemand dürfe behindert werden. Die Anweisung der Polizeibehörde nannte auch den Grund für diese Zurückhaltung: das deutsche Ansehen im Ausland werde durch solche Boykottmaßnahmen empfindlich geschädigt. Der Kampf gegen das Judentum sei vielmehr durch die »nationalsozialistische Erziehungsarbeit an den einzelnen Volksgenossen« zu führen.[59)] Auf die derbste Art versuchte das NS-Hetzblatt »Der Stürmer«, die Meinung der Bevölkerung zu beeinflussen. Seine Ausgaben waren in den Gemeinden zwar ausgehängt, doch nur selten blieb jemand stehen, um sie zu lesen. Unüberhörbar war dagegen die SA, wenn ihre Kolonnen singend durch die Städte und Gemeinden marschierten:

GROSSE AUSWAHL – BILLIGE PREISE!
Schuhgeschäft der jüdischen Familie Simon in Langen

MARKTPLATZ SELIGENSTADT UM 1938
Bis Mitte der dreißiger Jahre waren die Häuser zu beiden Seiten des Rathauses in jüdischem Besitz. In dem linken Haus befand sich die Textilhandlung Simon, rechts die Pferdehandlung Mayer und anschließend der Textilhandel von Adolf Stein.

*»Wenn der Sturmsoldat ins Feuer geht,
Ja dann hat er frohen Mut,
Denn wenn das Judenblut vom Messer spritzt,
Dann geht's noch mal so gut.«*

Mit dem Absingen solcher judenfeindlicher Parolen wollten sich die Nationalsozialisten in ihrer Verfolgungslust nicht begnügen. Sie nutzten die Zeit der äußerlichen Zurückhaltung, um weitere antijüdische Maßnahmen vorzubereiten. Insbesondere versuchten sie, mit zahlreichen propagandistischen Mitteln auf die Bevölkerung einzuwirken, um die Juden in ein schlechtes Licht zu rücken. Im Dezember 1934 verteilte die Partei Propagandamaterial an ihre Mitglieder und wies in einem Anschreiben die Ortsgruppen im Kreisgebiet an:[60]

*»Von der Gaupropagandaleitung erhielten wir folgende Karten:
"Volk ans Gewehr"
"Immer ist der Jude Dein Feind"
Diese Karten sind jedem Parteigenossen, gleichgültig in welcher
Gliederung, am besten bei der nächsten Beitragszahlung unentgeltlich auszuhändigen.
Die Parteigenossen sind zu veranlassen, diese Karten immer mit
sich zu führen, um sie bei der notwendigen Gelegenheit zur
Hand zu haben.«*

Auf ihren Schulungsabenden machte die Partei immer wieder Stimmung gegen die Juden. In Dietesheim forderte während eines solchen Abends der

»JUDEN NICHT ERWÜNSCHT«!
Schild am Eingang zum Langener Schwimmbad (1934)

Mühlheimer Ortsgruppenleiter die Frauen auf, nicht bei Juden oder in Warenhäusern zu kaufen.61) In der Presse erschienen Berichte über Rasse, Rassenlehre und die Verwerflichkeit der Juden überhaupt. Sie bezogen sich nicht allein auf Ereignisse außerhalb des Kreises, die Menschen sollten vielmehr erkennen, daß auch ihr jüdischer Nachbar ein übler Gegner der NS-Volksgemeinschaft sei. So berichteten anfangs 1934 die »Offenbacher Nachrichten« von dem Heusenstammer Juden Bernhard Frankfurter, dieser sei ein notorischer Faulenzer, der nicht nur für sich und seine Frau, sondern überdies auch noch für seine geschiedene Frau Unterstützung beziehe. Vor den Notstandsarbeiten drücke er sich durch allerlei Mätzchen. Ein Sonderkommando habe ihn deshalb abgeholt und nach Offenbach gebracht; dort werde er das Arbeiten lernen. Einen Tag später meldete das Blatt, Frankfurter sei in das KZ Osthofen verlegt worden. Rund einen Monat danach schrieb die Zeitung, der Jude sei aus Osthofen zurückgekommen, aber sofort erneut in das Lager transportiert worden, obwohl keine neuen Anklagen vorlägen. Die offenbar voreilige Entlassung habe zurückgenommen werden müssen. 62)

Aus Klein-Krotzenburg kam die Meldung, dort betrögen Juden kleine Kinder. Diese brächten ihnen alte Wollsachen, für die sie mit wertlosen Dingen abgespeist würden. In der gleichen Gemeinde nütze ein Jude seine Arbeiterinnen dadurch aus, daß er von ihnen verlange, einen Juden anzulernen, ohne dafür eine angemessene Entschädigung zu gewähren.63) In Seligenstadt trieben im Herbst 1934 NS-Leute die Witwe eines jüdischen Metzgers mit Schlägen und Fußtritten durch die Stadt. Sie zwangen sie nach einem Trommelwirbel, der für Aufsehen sorgen sollte, auszurufen, sie habe schlechtes Fleisch verkauft. Danach wurde sie verhaftet. Ein Gericht verurteilte sie zu vier Monaten Gefängnis und einer Geldstrafe. In der Seligenstädter Bevölkerung aber munkelte man, NS-Leute hätten das angeblich schlechte Fleisch heimlich in die Wurstküche der jüdischen Metzgerei geschmuggelt.64)

Die Verfolgung der Juden:
Der wirtschaftliche Ruin

Obwohl nach dem 1. April 1933 ein weiterer Boykott jüdischer Geschäfte und Unternehmungen zunächst unterblieb, wuchs der Druck der NS-Behörden auf die Bevölkerung, die Beziehungen zu Juden abzubrechen. Gebieterisch verlangte die NSDAP von ihren Mitgliedern, jeden Kontakt mit Juden zu vermeiden. Wurde bekannt, daß ein Parteigenosse noch eine geschäftliche Verbindung unterhielt, so wurde er vor das Parteigericht zitiert, da er gegen elementare Grundsätze des Nationalsozialismus verstoßen habe. So geschah es 1935 einem Metzgermeister aus Froschhausen, den man beschuldigte, im Vorjahr von einem Juden Vieh gekauft zu haben; zusammen mit einem Juden habe er eine Kuh geschlachtet. Seine Ankläger vor dem Kreisparteigericht Offenbach beantragten, ihn aus der Partei auszuschließen. Das hatte damals zweifellos Strafcharakter und war mit Nachteilen verbunden. Dazu kam es aber dann doch nicht, denn die Richter werteten zu seinen Gunsten, daß er sich schon vor 1933 in dem erzkatholischen Dorf für den Nationalsozialismus eingesetzt habe.[65]

Ähnlich erging es einem Schneidermeister aus Langen, der sein Geschäft mit Kontakten zu verschiedenen jüdischen Lieferanten, bei denen Schulden bestanden, von seinem Vater übernommen hatte. In einem langwierigen Prozeß vor dem Kreisparteigericht konnte er nachweisen, daß er alles unternommen hatte, um sich von diesen Verbindungen zu lösen. Das Gericht begründete den Freispruch, indem es anerkannte,[66]

»daß er von dem Augenblick seiner Zugehörigkeit zur Bewegung versucht hat, die Bindungen zu lösen. Das Kreisgericht konnte sich dabei von der Tatsache überzeugen, daß es trotz der größten Bemühungen des Angeschuldigten keinen anderen Weg gab.«

In Sprendlingen photographierten SA-Leute im August 1935 den Kommandanten der örtlichen Feuerwehr, als er nach einem Einkauf die einem Juden gehörende Metzgerei verließ, und zeigten ihn bei der Kreisleitung in Offenbach an. Der Kreisdirektor sprach dem Oberbrandmeister einen strengen Verweis aus und verhängte eine Sühnezahlung in Höhe von 50 Mark – das war mehr als ein Wochenlohn – für das Winterhilfswerk der NSV. In dem Strafbescheid wurde ausgeführt, der Beschuldigte sei als Kommandant der Feuerwehr, ein Amt das er seit 1921 einwandfrei und treu führte, »dem nationalsozialistischen Staat und der nationalsozialistischen Bewegung zur Treue verpflichtet, selbst wenn er der Partei als Mitglied nicht angehört.«[67]

Zwei Bürger aus dem westlichen Kreisgebiet wurden beschuldigt, im Februar und März 1935 bei jüdischen Händlern in Frankfurt Pferde gekauft zu haben. Ihre Einlassung, so gute und preiswerte Pferde seien sonst nirgends zu erhalten, wollte das Kreisparteigericht nicht gelten lassen und verfügte den Ausschluß aus der NSDAP mit fast gleichen Begründungen:[68]

»Mildernde Umstände konnten dem Angeschuldigten nicht zugebilligt werden. In der Judenfrage kennt die NSDAP keine Kompromisse. Der Jude ist Deutschlands Feind. Wer 2 1/4 Jahre nach der Machtübernahme dies noch nicht erkannt hat und glaubt, nur mit Juden ein Geschäft abwickeln zu können, hat in der NSDAP nichts mehr zu suchen. Er ist als Parteigenosse untragbar...«

Solche Verfahren wegen unerlaubter Beziehungen zu Juden waren vor dem Parteigericht keine Seltenheit. Für das Dreieichgebiet sind sie reihenweise dokumentiert.[69] Für Nicht-Parteimitglieder – »Volksgenossen« im Sprachgebrauch jener Zeit – gab es kein Verbot privater oder geschäftlicher Kontakte zu Juden. Durch offenen oder versteckten Druck versuchte jedoch die Partei, die Leute zu veranlassen, die jüdischen Geschäfte zu meiden, die seit Mitte des Jahres 1938 von

```
Der Bürgermeister
    Weiskirchen.                    Weiskirchen, den 20. Dezember 1937.

Betreffend: Maßnahmen gegen alle Arten von Steuerhinterziehung, Ka-
            pitalflucht, usw. hier: Erfassung der Emigranten.


           Zuvorstehenden Betreff berichte ich, daß
    1. der verheiratete Kaufmann Hermann Schönberg geboren am
       28.12.1883 in Weiskirchen, israelitischer Religion, deutscher
       Staatsangehöriger,
    2. die verheiratete Mathilde Schönberg, geborene Rothensieß,
       ohne Beruf, geboren am 16.5.1886 in Zwingenberg a.d.B.,
       israelitischer Religion, deutsche Staatsangehörige,
    3. die ledige Erna Betty Schönberg, ohne Beruf, geboren am
       6.5.1920 in Weiskirchen, israelitischer Religion, deutsche
       Staatsangehörige, alle zuletzt wohnhaft in Weiskirchen
       Hauptstraße Nr.85 sich am 6.Dezember 1937 nach Baltimore
       (Amerika) abgemeldet haben und heute abgereist sind.
           Die Auswanderung erfolgte wegen Geschäftsrück-
       gang und den hiermit verbundenen Existenzschwierigkeiten.
           Die Auswandernden haben sich politisch nicht
       betätigt, auch haben sie nicht der K.P.D. oder S.P.D. an=
       gehört. Gegen die zurückbleibenden Verwandten ist nichts
       Nachteiliges bekannt.

                                    Der Bürgermeister

An das Kreisamt
    Offenbach.
```

»AUSWANDERUNG WEGEN GESCHÄFTS-RÜCKGANGS«
Meldung des Weiskircher Bürgermeisters an das Kreisamt Offenbach (1937)

ihren Inhabern deutlich als solche gekennzeichnet werden mußten. Umgekehrt sah man etwa ab 1935 an Türen oder Schaufenstern der meisten Läden ein Schild »Deutsches Geschäft«, zu dem sich bald noch ein weiteres »Juden sind hier unerwünscht« gesellte. Manche Geschäftsleute sträubten sich lange gegen diese Aufkleber. Nötigung aus Parteikreisen oder seitens einzelner Kunden taten jedoch ihre Wirkung. In Heusenstamm stifteten NS-Leute einen etwa elfjährigen Jungen an, die Schilder am Laden seines Großvaters anzubringen. Der hatte sich vorher dagegen heftig gesträubt, getraute sich aber dann nicht, die vom Enkel angeklebten Schilder wieder zu entfernen.[70]

In Dreieichenhain schreckte man im Juli 1935 die wenigen Kunden, die den Juden geblieben waren, durch Anklebezettel »Wer bei Juden kauft, ist ein Volks- und Staatsbetrüger« ab.[71] In Langen wohnte ein »Alter Kämpfer« und SA-Mann in der Nähe eines jüdischen Vieh- und Lederkaufmannes. Er überwachte dessen Hauseingang auf das genaueste und schüchterte die Kunden so gewaltig ein, daß schon 1933 der Gewerbeertrag des jüdischen Kaufmannes um 90 Prozent zurückging.[72] In anderen Gemeinden des Kreises Offenbach waren es oft Frauen, die die Haustüren von Juden stundenlang beobachteten und jeden Eintretenden den Parteidienststellen meldeten.[73] Im Oktober 1937 meldete der jüdische Viehhändler Hermann Wolf sein Gewerbe ab. Dem Finanzamt Langen teilte er mit:[74]

*»Im April 1937 habe ich lediglich noch 3 Stück Vieh verkauft.
Nachher habe ich gar keine Verkäufe mehr getätigt, und hat
somit das Geschäft für mich keinen Sinn mehr.«*

Ein Lehrstück für die Vorgehensweise der Nationalsozialisten stellt ihr Verhalten gegenüber dem »Langener Wochenblatt« dar. Dessen Verleger war keineswegs ein Gegner der NSDAP, aber er hatte es gewagt, im Sommer 1935 noch eine Anzeige des jüdischen Textilhändlers Moritz Kahn in seine Zeitung aufzunehmen, in welcher dieser seinen einstigen Kunden wegen seines Wegzugs Lebewohl sagte. In einer Julinacht rotteten sich NS-Leute zusammen, beschmierten das Haus des Verlegers, warfen Scheiben ein und schossen. Die Langener Polizei erschien erst gar nicht. Als schließlich die Staatspolizei aus Offenbach eintraf, ging sie nicht gegen die Randalierer vor, sondern nahm den bedrohten Verleger mit. Wenige Tage später kam es nochmals zu Zusammenrottungen vor dem Haus, da das »Langener Wochenblatt« eine Anzeige der in jüdischem Besitz befindlichen Lebensmittelfirma »Schade & Füllgrabe« veröffentlicht hatte. Der Verleger zog die Konsequenzen und teilte den Lesern per Anzeige mit:[75]

»Anzeigen von Juden und jüdischen Firmen werden nicht aufgenommen.

Der Verlag«

Schließlich war jede geschäftliche Verbindung zu Juden eine Denunziation wert. Eine große Ersatzkrankenkasse teilte im August 1936 den NS-Behörden mit, welche Patienten die Dienste eines jüdischen Arztes in der Kreisstadt in Anspruch genommen hatten.[76] Im gleichen Jahr denunzierte ein Seligenstädter Tierarzt zwei Bauern aus Weiskirchen, weil sie je eine Kuh an einen Steinheimer Juden verkauft haben sollten.[77] Seligenstädter NS-Leute beschuldigten etwa gleichzeitig jüdische Gewerbetreibende der Steuerhinterziehung und forderten das Kreisamt auf, dem Betreffenden den Gewerbeschein zu entziehen.[78] In Dietesheim schloß man eine jüdische Metzgerei, da die Verkaufs- und Arbeitsräume angeblich unsauber waren; auch habe der Inhaber am Karfreitag gearbeitet (worum sich in einem katholischen Dorf sonst überhaupt niemand und erst recht nicht die NSDAP kümmerte!).[79] Schließlich ersparte man sich die Begründung. Es genügte der Umstand, daß ein Gewerbetreibender Jude war, um sein Geschäft zu schließen. Ein Bürgermeister aus dem Kreis teilte dem jüdischen Metzgermeister Rollmann 1938 mit:[80]

*»Ich setze Sie hiermit in Kenntnis, daß Sie als Fremdrassiger
das hiesige Gemeindeschlachthaus nicht mehr zu betreten
haben. Da Sie anscheinend die Zeichen der Zeit nicht von selbst
verstehen, erteile Ich Ihnen hiermit ausdrücklich Schlachthausverbot.«*

Unter Berufung auf die »Bestimmungen über das Kraftfahrzeugwesen für Juden« entzog der Bürgermeister dem Metzgermeister auch den Führerschein und schickte ihn zur Verwahrung an das Landratsamt.[81]

Daß deutsche Geschäftsleute, die Juden belieferten, unter Umständen ihre wirtschaftliche Existenz gefährdeten, zeigt ein Vorgang aus Klein-Auheim. Die dortigen Kohlenhändler hatten dem Druck der NSDAP nachgegeben und lieferten keine Brennmaterialien mehr an jüdische Einwohner. Daraufhin sprang ein Offenbacher Händler ein und versorgte die Auheimer Juden mit Brennstoffen. Als dies der Kreisleitung gemeldet wurde, wandte sich diese an die Stadt Offenbach mit der Forderung, jeden Kontakt mit dem »Judenknecht« abzubrechen.[82]

Viele Juden zogen aus der Vernichtung ihrer wirtschaftlichen und der Bedrohung ihrer physischen Existenz durch die Nationalsozialisten die Konsequenzen. Sie verließen das Land, in dem ihre Vorfahren oft schon seit Jahrhunderten gelebt hatten und suchten eine Zuflucht im Ausland. Allein in Sprendlingen emigrierten von den 1935 in der Kartei aufgeführten 80 jüdischen Einwohnern 33 noch vor dem Pogrom im November 1938. Bei Kriegsbeginn im September 1939 lebten nur noch 24 Juden in der Gemeinde.[82a] Für diese Zurückgebliebenen aber gestalteten sich die Lebensverhältnisse immer schwieriger, die Möglichkeit zur Auswanderung schwand zunehmend.

Die Verfolgung der Juden:
Staatliche und gesellschaftliche Ausgrenzung

Zum »Reichsparteitag der Freiheit« hatte Hitler auch den Deutschen Reichstag im September 1935 nach Nürnberg einberufen lassen. Einstimmig beschlossen die Abgeordneten die von der Reichsregierung ihnen vorgelegten Gesetze. Das »Reichsbürgergesetz« bestimmte, daß nur Reichsbürger »alleinige Träger der vollen politischen Rechte nach Maßgabe der Gesetze« sein konnten; Reichsbürger sein konnten aber nur »Staatsangehörige deutschen oder artverwandten Blutes«.[83] Zugleich wurde das »Gesetz zum Schutze des deutschen Blutes und der deutschen Ehre« verabschiedet, das Eheschließungen und außereheliche Beziehungen zwischen Deutschen und Juden verbot. Durch diese Gesetze waren die jüdischen Mitbürger fortan aus der staatlichen Gemeinschaft ausgegrenzt, waren zu Personen minderen Rechts geworden. Eine Flut von Verordnungen und Erlassen mit Ausführungsbestimmungen folgte, bis man ihrer bis Kriegsbeginn 250 zählte, die alle nur das Ziel verfolgten, Juden zu diskriminieren und in ihren Lebensmöglichkeiten einzuschränken.[84] Dazu kamen Eigenmächtigkeiten der einzelnen Dienststellen in Staat, Partei und Gemeinden, die sich alle bei ihrem Vorgehen durch die Rassengesetze und die Auffassung der obersten Führung gedeckt sahen. Nicht nur die Ausübung der meisten Berufe wurde den Juden verboten, sie sahen sich bald auch aus weiten Bereichen des gesellschaftlichen Lebens ausgesperrt. Rücksichten auf die Reaktionen des Auslandes im Zusammenhang mit den Olympischen Spielen in Berlin brachten 1936 nur eine vorübergehende Milderung in der Art des nationalsozialistischen Vorgehens.

Überall wo Juden noch Kontakte zu deutschen Mitbürgern hatten, glaubten die NS-Behörden ein Recht zu besitzen, dagegen einzuschreiten. Der Bürgermeister von Buchschlag schrieb im Jahr 1937 an die in seiner Gemeinde wohnhafte Frau Kröplin:[85]

»Es wird als Herausforderung Ihrerseits festgestellt, daß Sie Verkehr pflegen und, wie behauptet wird, sogar gesucht öffentlich, insbesondere mit Einwohnern, von denen Sie wissen dürften, daß diesen der Verkehr mit Juden untersagt ist und diesen Schaden daraus erwachsen muß...
Mit in Ihrem Interesse mache ich Sie hiermit auf diese mir vorgebrachten Klagen aufmerksam. Ich erwarte, daß diese einmalige Mitteilung genügt, daß Sie durch entsprechendes Verhalten ernste Weiterungen unterbinden.«

Als der Neu-Isenburger Ortgruppenleiter 1938 ein Gutachten über eine nach Bayreuth verzogene jüdische Frau abzugeben hatte, entledigte er sich der Aufgabe mit dem Hinweis auf deren nur kurzen Aufenthalt in seiner Ortsgruppe und war der Meinung,[86]

»es dürfte sich erübrigen, über eine Jüdin derartige Auskünfte zu geben, da nach meiner Auffassung alle Juden gleichen Charakters sind und die gleiche politische Einstellung haben.«

Sogar toten Juden gegenüber versagte sich die örtliche Gemeinschaft, wie ein Schreiben des Heusenstammer Bürgermeisters vom 19. März 1938 an den Vorsteher der israelitischen Gemeinde, Moritz Frankfurter, belegt:[87]

»Aus grundsätzlichen Erwägungen bin ich nicht mehr in der Lage, den Mitgliedern Ihrer Gemeinschaft die Beerdigungseinrichtungen der Gemeinde vorkommendenfalls zur Verfügung zu stellen. Auch der Friedhofwärter der Gemeinde Heusenstamm hat seine Tätigkeit nur auf den Gemeindefriedhof zu beschränken. Ordnungshalber erhalten Sie von dieser Anordnung Kenntnis.«

Nachdrücklich forderten die Nationalsozialisten die Absonderung der Juden in öffentlichen Badebetrieben. Am Eingang des Langener Schwimmbades stand bereits seit seiner Eröffnung im Juni 1934 ein Schild mit der Aufschrift »Juden nicht erwünscht«. Schon bald darauf fragte die »Bauernzeitung Rhein-Main-Neckar«:[88]

»Wann werden die übrigen Bäder nationalsozialistisch handeln lernen und auf die Juden verzichten? Deutsche Menschen sollten auf alle Fälle daraus die Folgen ziehen und nur in judenreinen Bädern Erholung, Luft und Sonne suchen.«

Als dann den Juden allgemein der Besuch öffentlicher Bäder verboten war, gestattete ihnen die Behörde, im Birkensee bei Steinheim im Kreis Offenbach zu baden. Dort kam im Juli 1938 ein NS-Amtswalter vorbei und sah die Juden in dem Gelände rund um den See. Dieser Anblick ärgerte ihn maßlos, so daß er einen langen Brief an die Kreisleitung der NSDAP richtete. In seiner gehässigen Wortwahl und seinen Entstellungen ist es ein bezeichnendes Beispiel für den Fanatismus und maßlosen Antisemitismus, wie er damals bei Nationalsozialisten verbreitet war:[89]

»Am Sonntag, den 17. Juli 1938, habe ich gelegentlich einer Wanderung festgestellt, daß an dem südlich von Steinheim gelegenen Birkensee (etwa 5 Minuten von Steinheim entfernt) Hunderte von Juden sich als Badegäste aufhielten. Im Wasser war allerdings während meiner Anwesenheit nur ein einziger Hebräer, während die übrigen Juden sich in der Wirtschaft und auf den angrenzenden Wiesen aufhielten und sich dabei lagerten oder mit Ballspiel vergnügten. Es waren schätzungsweise 500 Personen beiderlei Geschlechts und aller Altersklassen, die zum größten Teile aus der Ferne herbeigeeilt waren, wie die zahlreichen Fahrräder und die parkenden Autos (etwa 30) bewiesen. Das Gewühl soll von Sonntag zu Sonntag stärker werden, nachdem anfänglich nur einzelne Stinker die Badepartie riskiert hatten. Man beginnt sich sicher zu fühlen. Auf der Wiese an der Südseite war ein geräumiges Zelt zum Lagern aufgeschlagen. Es wurde mir berichtet, daß hier zahlreiche Judenbengels kampieren, die während der Sommerferien aus ganz Deutschland zusammengeströmt sind.
Das gesamte Gelände mit dem etwa 80m langen schmutzigen See gehört einem nichtjüdischen Steinheimer namens F., der bei meiner Anwesenheit gerade ein jüdisches Ehepaar um den See herumführte. Der See wird von der Steinheimer Bevölkerung wie die Pest gemieden. Die Ortsgruppe und die Gliederungen der Partei haben schon wiederholt mit aller Entschiedenheit gegen die Unmoral des Besitzers Stellung genommen, leider bisher ohne jeden Erfolg. Im vorigen Jahr wurde stinkendes Öl in das Wasser gegossen, um der Kulturschande ein Ende zu bereiten. Das hielt aber F. nicht ab, weiter seinen schmutzigen Geschäften nachzugehen und die immer zahlreicher werdenden Juden für 25 Pfg baden zu lassen. Ja, es heißt, er habe vor kurzem aufs neue in Offenbach die ausdrückliche Erlaubnis erhalten, sein Judenbad weiterzuführen. In Steinheim selbst wehten am Sonntag an jedem Haus die Hakenkreuzfahnen, und wenige Schritte davon entfernt räkelte sich die Judenbrut schamlos auf dem Rasen. Da die jungen Itzigs ähnliche Sportgewandung trugen wie die HJ, hatte ich aus einiger Entfernung noch angenommen, es handele sich in diesem Falle um ein HJ-Sportfest. Um so niederdrückender war meine Enttäuschung, als ich dann aus der Nähe die Bescherung sah! Diese Zustände sind ein bluti-

ger Hohn angesichts der schamlosen Angriffe der Judenpresse, die Alfred Rosenberg in den letzten Tagen im »Völkischen Beobachter« beleuchtet hat. In der Nähe des Bades steht eine kleine offene Kapelle, die mit der Bittschrift geziert ist, daß uns der Herr vor Hungersnot und Pestilenz behüten möge. Wer das Laubhüttentreiben der kosheren Mischpoke am Birkensee gesehen hat, wird ingrimmig noch eine dritte Bitte hinzufügen, nämlich die, daß der dumme deutsche Michel endlich einmal seine Engelsgeduld verlieren und dem jüdischen Spuk inmitten des Hessenlandes ein ebenso brutales wie radikales Ende bereiten möge! Discite Moniti.«

Die Denunziation des NS-Funktionärs blieb nicht ohne Folgen. Der Kreisleiter erklärte, eine Verpachtung des Bades an die Juden sei unerwünscht. Die Juden hätten Bademöglichkeiten im Mittelländischen Meer und an den Küsten Palästinas. Wenige Tage später ordneten die Behörden gemeinsam mit der Gestapo an, daß der Besitzer keine Juden mehr aufnehmen dürfe. Die Stadt Steinheim ließ ein großes Schild mit der Aufschrift »Zutritt für Juden verboten« anbringen. Ein von der Reichsjugendführung bereits genehmigtes Sommerlager der jüdischen Jugend wurde untersagt. So sorgten örtliche Funktionäre und Behörden dafür, daß sich die Lebensumstände der Juden weiter verschlechterten.

Wer eigentlich Jude war, hatten die Nürnberger Gesetze nicht festgelegt. Erst eine Verordnung vom 14. November 1935, derzufolge alle jüdischen Staatsangehörigen als Beamte zu entlassen waren, bestimmte, Jude sei, »wer von mindestens drei der Rasse nach volljüdischen Großeltern abstammt.«[90] Als »volljüdisch« sollte gelten, wer »der jüdischen Religionsgemeinschaft« angehörte. Damit entfernte man sich jedoch von dem Kriterium der biologisch bestimmten Rassenzugehörigkeit, eine Inkonsequenz, die sich aus der pseudowissenschaftlichen Begründung der Rassenlehre ergab. Mit solchen Spitzfindigkeiten wollte sich Göring gar nicht erst abgeben, als er salopp erklärte: »Wer Jude ist, bestimme ich.«[91] NS-Bürokraten aber ergingen sich in abgefeimten Ausführungsbestimmungen über Mischlingsgrade und die Erlaubtheit oder Unerlaubtheit von Eheschließungen untereinander oder mit Ariern.[92]

Die von den NS-Behörden erlassenen Bestimmungen blieben keine Theorie, sondern griffen tief in das Leben der betroffenen Menschen ein, wobei örtliche Machthaber sich anmaßend einmischten. In Langen erhob der Ortsgruppenleiter Einspruch bei der Kreisleitung gegen die geplante Hochzeit eines »Halbjuden« mit der Tochter eines Erbhofbauern. Die Heiratserlaubnis wurde versagt. Als er drei Jahre später eine politische Beurteilung über die junge Frau bei einem städtischen Personalamt abgeben sollte, verweigerte er wegen derer inzwischen längst aufgelöster Verlobung mit dem »Halbjuden« eine positive Stellungnahme. Der gleiche Ortsgruppenleiter meldete in einem anderen Fall seinen Einspruch an, da von dem aus Langen stammenden Bräutigam behauptet wurde, er sei »Halbjude«.[93]

Unter schweren Druck gerieten Ehepaare, bei denen ein Teil jüdischer Abstammung war. Vielfach versuchten die Nationalsozialisten den nichtjüdischen Partner dazu zu bewegen, die Scheidung einzureichen. Gab dieser dem Ansinnen nicht nach, so bemühte sich die Partei, ihn aus seiner beruflichen Stellung zu entfernen. So war ein bei der Industrie- und Handelskammer Offenbach beschäftigter Mann mit einer Jüdin verheiratet. Kreisleitung, Gauleitung und sogar die Landesregierung drängten auf seine Entlassung, welche die Kammer jedoch hinauszögerte. Nach einer erneuten Intervention der Offenbacher Kreisleitung mußte der Mann seine Stellung zum 31. März 1938 aufgeben.[94]

Ein Bürger aus Langen hatte 1934 eine Jüdin geheiratet und deshalb aus dem Staatsdienst ausscheiden müssen. Danach hatte er sich als Erteiler von Auskünften eine neue Existenz aufgebaut. Als die zuständige Fachgruppe für das Auskunfts- und Inkassogewerbe im Februar 1939 vom Langener Ortsgruppenleiter eine politische Bewertung anforderte, äußerte der sich wegen der bestehenden Ehe negativ. Ein Beschluß des Offenbacher Landrates zwang den Mann, sein Auskunftsbüro zu schließen. In seinem Beschluß vom 23. November führte der Landrat aus, in rein fachlicher Hinsicht bestünden zwar keine Bedenken gegen die Tätigkeit des Auskunfterteilers, bei der Beurteilung seiner Persönlichkeit müßten aber andere Umstände berücksichtigt werden. Durch seine Eheschließung habe er bewiesen, daß er dem von dem NS-Staat vertretenen Standpunkt der Rasseneinheit ablehnend gegenüberstehe. Wer aber so gegen einen der elementarsten Grundsätze des Nationalsozialismus verstoße, beweise damit, »daß er nicht über das Urteilsvermögen und die Charakterfestigkeit verfügt, die von einem Volksgenossen verlangt werden muß, der die Erteilung von Auskünften gewerbsmäßig betreibt.«[95]

Judenpogrom im November 1938:
Die »Reichskristallnacht«

Mit allen Mitteln der ihnen zur Verfügung stehenden Propaganda hatten die Nationalsozialisten über Jahre hinweg den Haß gegen die Juden geschürt, hatten das Volk aufgefordert, sich der Juden »zu erwehren«. Bei der großen Mehrzahl der Bevölkerung mag sich die Wirkung in Grenzen gehalten haben, fanatische Anhänger der NS-Bewegung drängten jedoch danach, handgreiflich vorzugehen, auch wenn dem Regime spätestens seit dem Sommer 1934 an Aufläufen und Tumulten nicht mehr gelegen war.

Die Nationalsozialisten hatten freilich Schwierigkeiten, ihre rabiaten Gefolgsleute von Eigenmächtigkeiten abzuhalten. Immer wieder kam es zu Ausbrüchen, die sich trotz der vom Regime gewünschten taktischen Zurückhaltung gegen Juden und ihr Eigentum richteten. In Langen hatten schon 1935 NS-Heißsporne das Türschloß der dortigen Synagoge verkeilt, so daß ein Zutritt nicht mehr möglich war. Die Eingangstreppe und die Tür hatten sie mit Farbe besudelt und die Parole »Juda verrecke« angebracht. Weitaus schlimmer wütete die Hitler-Jugend im Mai 1938. Rund 100 junge Leute waren in die Synagoge eingedrungen und hatten die Inneneinrichtung zertrümmert. Zu erneuten Ausschreitungen am gleichen Gebäude kam es im Oktober 1938.[96]

Trotz des Verbots von Einzelaktionen fiel es dem NS-Ortgruppenleiter von Egelsbach besonders schwer, sich zu mäßigen. Im September 1938 verprügelte er einen Juden; an vier von Juden bewohnten Häusern zertrümmerte er die Fensterscheiben. Selbst die NS-Kreisleitung sah sich genötigt, ihn zu maßregeln. Sie belegte ihn mit einem Uniformverbot von vier Wochen. Dies empfand er als eine große Schmach, da unmittelbar das Erntedankfest bevorstand, an dem er sich offenbar in seiner Pracht zeigen wollte.[97]

Zu den Steinheimer Nationalsozialisten gehörte ein übler Judenhasser, der es sich erlaubte, jeden Juden, den er auf der Straße traf, anzuspucken.[98]

Im November 1938 bot sich der NS-Führung die Gelegenheit, in angeblich spontanen Aktionen der »Volkswut« freien Lauf zu lassen. Auf die Zeit der Hetze und der einzelnen Übergriffe folgte nun eine Phase der systematisch angewandten »Gewalt gegen Sachen«, die zwangsläufig auch zu Körperverletzungen und Mord führte. Anlaß für den Pogrom bildete die Tat des siebzehnjährigen jüdischen Emigranten Herschel Grünspan, der in Paris den jungen deutschen Gesandtschaftsrat Ernst vom Rath niedergeschossen hatte, um auf die menschenunwürdige Lage seiner Eltern und weiterer etwa 17000 Juden, die nach Polen abgeschoben werden sollten, dort aber keine Aufnahme fanden, aufmerksam zu machen. Hitler selbst maß dem Ereignis zunächst kaum Bedeutung bei. Mit keinem Wort erwähnte er die Tat in seiner Rede, die er wie üblich im Münchener Bürgerbräukeller am Abend des 8. November hielt. Goebbels jedoch löste, nachdem die Nachricht vom Tod des niedergeschossenen Gesandtschaftsrats eingegangen war, ein reichsweites Vorgehen gegen die Juden aus. Vor SA- und Parteiführern hielt er eine verschwommene antisemitische Rede, die von diesen so verstanden wurde, daß die Partei zwar nicht als Urheberin der Aktionen in Erscheinung treten, sie aber organisieren und durchführen sollte.[99]

Telefonisch ergingen die erforderlichen Anweisungen. Etwa um vier Uhr morgens am 10. November erhielt der Adjutant der Offenbacher SA-Standarte 168 einen Anruf des Brigadeführers Lucke aus Darmstadt. Dieser erteilte dem rückrufenden Standartenführer den Befehl, die Offenbacher Synagoge unter Schonung der Nachbargebäude zu zerstören und den Vollzug zu melden. Die große Synagoge in der Goethestraße wurde dann zwar aufgebrochen und verwüstet, der gelegte Brand führte allerdings nicht zu einer Zerstörung des Gebäudes, da der Offenbacher Oberbürgermeister und zeitweilige NS-Kreisleiter Dr. Schranz die Feuerwehr löschen ließ.

Von Offenbach aus wurden die Aktionen im Landkreis ausgelöst. Gegen 10 Uhr versammelten sich die Ortsgruppenleiter der einzelnen Gemeinden bei der Kreisleitung, wo sie die nötigen Anweisungen über die Art des Vorgehens in ihren Heimatgemeinden erhielten. Einen schriftlichen Befehl händigte man ihnen dabei offenbar nicht aus. Zunächst zogen sie zur Synagoge an der Goethestraße, wo die Verwüstungsaktion schon im Gang war. Nachdem sie dort ihren Anschauungsunterricht genossen hatten, kehrten die Ortsgruppenleiter in ihre Städte und Gemeinden im Kreis zurück. Am frühen Nachmittag erteilten sie ihren Leuten die entsprechenden Aufträge. In Einzelfällen mag es auch vorgekommen sein, daß rabiate Elemente vorgesorgt hatten. Benzin zur Brandstiftung war besorgt, schwere Hämmer und Äxte zum Aufbrechen der Türen lagen bereit. Wohl ausgerüstet zogen die Trupps zu den Synagogen, brachen die Türen auf, zündeten Gebäude an. Bald brannten die Synagogen und jüdischen Bethäuser in Seligenstadt, Klein-Krotzenburg, Steinheim, Mühlheim, Sprendlingen und Langen. In Heusenstamm und Egelsbach verwüstete man die Inneneinrichtungen. Polizei und Feuerwehr griffen nicht ein oder begnügten sich mit dem Schutz der Nachbarhäuser.

In ihrem Übermut zogen einzelne Plünderer und Brandstifter sich die Talare über und sprangen damit auf der Straße umher; andere ahmten grimassenhaft Kulthandlungen nach. In Steinheim verfügte die jüdische Gemeinde über einen eigenen Leichenwagen. Diesen holten die Nationalsozialisten aus seinem Unterstellraum, beluden ihn mit Thorarollen und anderen Kultgegenständen. Anschließend zündeten sie den Wagen an, banden ihn an einen Jauchewagen und schleiften ihn unter dem Gejohle der Menge durch die Straßen und schließlich auf das freie Feld, wo er ausbrannte. Ein Polizeimeister bestellte die Juden in sein Büro, wo er sie stundenlang auf dem Fußboden sitzen ließ. Ein anderer Nationalsozialist überreichte einem Juden einen Strick mit der Aufforderung, er solle sich aufhängen. Auch scheuten die Gewalttäter nicht davor zurück, Frauen zu verprü-

---

Die Antwort Langens an Juda!

Der verbrecherische Anschlag des Juden Herschel Grünzpan auf den Legationssekretär vom Rath an der Pariser Botschaft, der nun am Mittwoch zu dessen Ableben führte, wurde gestern in Langen mit spontanen Kundgebungen gegen die gesamten Juden beantwortet. Die Erbitterung über das furchtbare Verbrechen des feigen Mordbuben richtete sich gegen alle in echt jüdischer Zähigkeit noch hier verbliebenen Juden. Auch gegen die Synagoge, die innen zerstört wurde, richteten sich die Demonstrationen der empörten Volksmassen. Die Abrechnung Langens mit Alljuda wurde von den Volksgenossen, die zahlreich die Straße füllten, mit Befriedigung aufgenommen.

Die Bevölkerung Langen hat trotz der jahrelangen jüdischen Hetze im Ausland Disziplin gehalten. Sie hat den Mord an Wilhelm Gustloff durch den Juden Frankfurter mit verhaltenem Zorn hingenommen. Als aber vom Rath als der zweite Deutsche im Ausland von einem Juden niedergestreckt wurde, brach die Bevölkerung in einem Sturm der Empörung und Entrüstung gegen die auf, die jahrzehntelang das Gastrecht in Deutschland mißbraucht haben. Die deutsche Langmut fand nach dieser zweiten Mordtat in einer gewaltigen Demonstration aller Volksteile ein Ende. Für jüdische Mörder und ihre Genossen ist in Langen ein für alle mal kein Platz mehr

Langen frei von jüdischem Besitz!

Kurz vor Redaktionsschluß erhalten wir Kenntnis von folgendem Telegramm das an Gauleiter Sprenger und Kreisleiter Walther gesandt wurde:

„Gesamten jüdischen Hausbesitz einschließlich Synagoge in Langen ordnungsgemäß in deutschen Besitz überführt. Synagoge wird bereits abgebrochen."

Heil Hitler!   Ortsgruppenleiter.

»ABRECHNUNG«
Das Judenpogrom der »Reichskristallnacht« wurde von der gesteuerten NS-Presse als »Demonstration der empörten Volksmassen« dargestellt. »Langener Wochenblatt« vom 11. November 1938

geln. Als Schreibtischtäter verhielten sich einige NS-Ortsgruppenleiter, denen das Geschäft offensichtlich zu heiß war. Sie schickten zwar ihre Handlanger los, sie selbst blieben in den Rathäusern und in den Dienststellen und ließen die schmutzige Arbeit von anderen besorgen. Ein besonders eifriger Brandstifter wurde durch eine Explosion bei der Ausführung der Tat schwer verletzt und mußte in das Seligenstädter Krankenhaus eingeliefert werden.

Mit der Verwüstung oder der Zerstörung der gottesdienstlichen Räume gaben sich die NS-Randalierer nicht zufrieden. Bald drangen sie in die Wohnungen und Geschäfte der Juden ein und setzten dort ihre Demolierungen fort. Die Juden, die sie bei ihren Ausschreitungen antrafen, wurden beleidigt, schikaniert, geschlagen und aus ihren Wohnungen geworfen. Vielerorts kam es auch zu Plünderungen. In Mühlheim verhafteten die NS-Leute zwei Juden, die sie zur Bürgermeisterei trieben. Dort hielten sich etwa 15 bis 20 Personen auf, die den »Volkszorn« repräsentierten und die Ankommenden beschimpften. In Klein-Krotzenburg schleiften die Nationalsozialisten die Juden in den Schulhof, einer von ihnen mußte dabei, um die gewünschte Aufmerksamkeit zu erregen, eine Kuhglocke läuten. In Ober-Roden gab der Ortsgruppenleiter die Anweisung, das einzige jüdische Anwesen heimzusuchen und die vorhandenen Geschäftsräume zu zerstören. Dort trafen sie lediglich eine 70 Jahre alte Frau und deren Tochter an. Sie verwüsteten zwei nebeneinander liegende Geschäfte, einen Schuhladen und einen Verkaufsraum für Kleider und sonstige Textilien. In dem Rausch ihrer Zerstörungswut zogen sie anschließend nach Urberach, um sich die dortigen Demolierungen anzusehen. Offenbar in dem Glauben, ihre Urberacher Parteigenossen hätten gründlicher gearbeitet, kehrten sie nach Ober-Roden zurück, wo sie erneut in die Wohnung der alten Leute eindrangen, die Matratzen und Bettkissen aufschnitten und die Möbel zerschlugen. In Neu-Isenburg, wo die Nationalsozialisten keine Synagoge zerstören konnten, da die Juden für gottesdienstliche Zwecke einen Betsaal im Kinderheim benutzten, ließen sie ihre Wut vor allem an den Geschäften aus. Sie nahmen u. a. die Geschäftsbücher der Juden an sich und veröffentlichten in der »Braunen Front«, einer lokalen NS-Zeitung, die Namen derer, die mit den Juden noch in Geschäftsverbindung standen. In den Tagen nach den Ausschreitungen bemühten sich die NS-Behörden, den Plünderern das geraubte Gut wieder wegzunehmen, was ihnen jedoch nur zum Teil gelang. Diesen gaben sie aber nicht an die rechtmäßigen Eigentümer zurück, sondern stellten ihn der NSV zur Verfügung.[100]

Der Pogrom wurde von einer Verhaftungswelle begleitet, die vor allem wohlhabendere Juden in den großen Städten traf. In überfüllten Konzentrationslagern hielt man sie meist für mehrere Wochen gefangen. Allein in Buchenwald waren es 9 815, darunter 82 aus Offenbach.[101] Unter den jüdischen KZ-Häftlingen befanden sich auch einige, die aus dem Kreis Offenbach stammten und erst kürzlich nach Frankfurt verzogen waren, weil sie glaubten, in der größeren Judengemeinde der Stadt besser geschützt zu sein. Julius Bendheim aus Sprendlingen ist Ende November 1938 im KZ Buchenwald verstorben.[102] Der Mehrzahl der Häftlinge machte man bei oder nach der Entlassung zur Auflage, Deutschland umgehend zu verlassen.

Die Vorgänge im Kreis Offenbach am 10. und 11. November 1938 zeigen, daß die Ausschreitungen keineswegs von einem allgemeinen »Volkszorn« gegen die Juden getragen waren, sondern nur von einigen wenigen NS-Leuten begangen wurden. Dies bestätigte sich auch nach dem Krieg, als die Beteiligten vor Gericht gestellt und verurteilt wurden. Die Stimmung in der Bevölkerung schwankte zwischen ohnmächtiger Wut über passive Hinnahme bis zur Zustimmung. Die große Mehrzahl hielt sich zurück, hatte man mit dem Pogrom, der »Reichskristallnacht«, wie man ironisch sagte, doch gerade einen Anschauungsunterricht erhalten, wie das Regime mit seinen Gegnern umgehen konnte. Und außerdem ging mit 1938 gerade ein Jahr zu Ende, in dem die Reichsregierung außenpolitische Erfolge verbuchen konnte, die die meisten Deutschen stark beeindruckten, insbesondere die Herstellung der großdeutschen Einheit durch den Anschluß Österreichs und die Angliederung der sudetendeutschen Gebiete mit ausdrücklicher Zustimmung Frankreichs und Großbritanniens in dem als Friedensabkommen gefeierten Münchener Vertrag.

Neben den Schandtaten der NS-Leute sollte auch die Hilfsbereitschaft einiger deutscher Bürger erwähnt werden, die in jenen Tagen der Bedrängnis ihren jüdischen Nachbarn diskret oder auch riskant geholfen haben, ohne daß es bekannt werden durfte. Welcher List man sich mitunter bedienen mußte, zeigt ein Vorgang aus Seligenstadt. Dort hatte ein jüdischer Geschäftsmann während der Ereignisse einen schweren Herzanfall erlitten. Nur ein Krankenhaus in Frankfurt war bereit, den Juden aufzunehmen. Da ein normaler Krankentransport unter den gegebenen Verhältnissen nicht möglich war, setzte sich ein junger Mann in HJ-Uniform an das Steuer eines Privatautos und brachte den Schwerkranken unbehelligt in die Frankfurter Klinik.[103]

Hauptziel der Verfolgungen im November 1938 war es, die Juden wirtschaftlich und finanziell so zu treffen, daß sich eine möglichst große Zahl von ihnen zur Auswanderung entschloß. Göring verordnete ihnen »wegen ihrer feindlichen Haltung gegenüber dem deutschen Volk und Reich« eine Sühnezahlung in Höhe von einer Milliarde Mark, die sie in ihrer Gesamtheit aufzubringen hatten. Die ihnen zugefügten materiellen Schäden hatten sie auf eigene Kosten beheben zu lassen, versicherungsrechtliche Ansprüche gingen auf das Reich über. Weitere Verordnungen nahmen ihnen die Möglichkeit, als selbständige Handwerker, Gewerbetreibende oder leitende Angestellte tätig zu sein. Goebbels trieb ihre gesellschaftliche Ausgrenzung weiter, indem er ihnen den Besuch von Theater-, Kino-, Zirkus-, Tanz- und ähnlichen Veranstaltungen verbot.[104] So waren die Juden Ende 1938 weitgehend rechtlos, wirtschaftlich schwer getroffen, gesellschaftlich isoliert. Wer von ihnen konnte, flüchtete ins Ausland. Die meisten der noch Zurückbleibenden versuchten, durch Umzug in eine Großstadt in deren Anonymität Schutz zu finden, eine Hoffnung, die sich freilich als trügerisch erweisen sollte. Von 79 jüdischen Bürgern, die einmal 1933 in Langen gelebt hatten, befand sich Ende 1938 keiner mehr in der Stadt.[105] Bis zum Kriegsausbruch ging in Neu-Isenburg ihre Zahl von 60 auf 25 zurück.[106]

Bei der amtlichen Volkszählung am 17. Mai 1939 hatten 580 »Glaubensjuden« ihren ständigen Wohnsitz in der Stadt Offenbach, 282 lebten im Landkreis. Sie verteilten sich auf die einzelnen Wohngemeinden wie folgt:[107]

Dreieichenhain	3	Klein-Auheim	9	Seligenstadt	77
Hainstadt	2	Klein-Krotzenburg	12	Sprendlingen	25
Heusenstamm	7	Mühlheim	40	Steinbach/Ts.	1
Jügesheim	1	Neu-Isenburg	83	Steinheim	17
				Weiskirchen	5

Die Anzahl der unter den Verfolgungen leidenden »Rassejuden« dürfte indes noch etwas höher gewesen sein, denn einige jüdische Einwohner sind wohl auch in der Statistik unter der Rubrik »andere Nichtchristen« oder als Getaufte bei den Angaben für die christlichen Konfessionen enthalten.

Verfolgung der Juden:
Das Schicksal des jüdischen Kinderheimes in Neu-Isenburg

Die Gründerin des Jüdischen Frauenbundes in Deutschland, Bertha Pappenheim (1859-1936), hatte im Jahr 1907 in Neu-Isenburg ein Heim eröffnet, das als Erziehungsheim für Schulkinder, Ausbildungsstätte für Schulentlassene, Haus für junge ledige Mütter und Pflegestelle für Kleinkinder dienen sollte. Bertha Pappenheim, die das Haus bis zu ihrem Tod leitete, und ihre Mitarbeiter betonten den Familiencharakter und führten einen bewußten jüdischen Lebensstil.[108] Bei aller Zurückgezogenheit pflegte man mit den Bewohnern der Stadt gute Nachbarschaft. Die Heimkinder gingen hier zur Schule, fielen aber in der Öffentlichkeit kaum auf. Zu Anfang des Jahres 1934 befanden sich 69 Zöglinge im Heim, 75 kamen im Laufe des Jahres hinzu, ebenso viele wurden im Laufe des Jahres wieder entlassen.

In der Zeit unmittelbar nach der Machtergreifung hatte das Heim noch an Bedeutung gewinnen können, war es doch möglich, die eine oder andere jüdische Fürsorgerin, die die Nationalsozialisten nicht mehr im öffentlichen Dienst duldeten, aufzunehmen und zu beschäftigen. In der nachfolgenden Zeit konnten die Mitarbeiterinnen von Bertha Pappenheim ihre Schutzbefohlenen zunächst ohne größere Widerstände weiter betreuen. Zu einem ersten Zusammenstoß kam es Anfang des Jahres 1936. Die NS-Leute beschuldigten eine Heimbewohnerin, sich verächtlich über Hitler geäußert zu haben. Die Nationalsozialisten zitierten die Heimleiterin zum Verhör nach Offenbach. Wenige Wochen später, im Mai 1936, starb Frau Pappenheim. Das Verhalten des Rektors der öffentlichen Volksschule, die von zahlreichen Zöglingen des Heimes besucht wurde, erschwerte die Arbeit ganz erheblich. Er verlangte, die Kinder in einer jüdischen Schule unterrichten zu lassen. Dies bedeutete, daß die Schulpflichtigen unter Begleitung täglich nach Frankfurt zum Schulbesuch fahren mußten.

Am Abend des 10. November 1938 verschafften sich Nationalsozialisten unter einem Vorwand Zutritt in die Häuser des Isenburger Kinderheims, sie wiesen die Kinder und ihre Betreuerinnen aus den beiden Wohngebäuden und wüteten wie die Barbaren. Sie zerstörten das Bettzeug, warfen die Matratzen in den Hof und vergaßen auch nicht, die Kasse des Heimes an sich zu nehmen. Anschließend steckten sie die beiden Gebäude in Brand. Die Kinder mußten in der Novembernacht stehen und dem Niederbrennen ihrer Heimstatt zusehen. Erst nach gerau-

HEIM DES JÜDISCHEN FRAUENBUNDES NEU-ISENBURG
Das hier abgebildete »Haus II für Schwangere, Mütter, Säuglinge und Kleinkinder« wurde von Bertha Pappenheim 1914 eröffnet. 1941 wurde es aufgelöst und die Bewohner deportiert.

mer Zeit erschien die Feuerwehr. Doch das Hauptgebäude war nicht mehr zu retten, es brannte nieder. Das zweite angezündete Haus konnte bald nach dem 10. November wieder repariert werden, so daß das Heim, wenn auch unter erheblichen Einschränkungen für die Insassen und die Mitarbeiter, seine Arbeit wieder aufnehmen konnte. Allerdings mußte man fortan auf deutsche Arbeitskräfte verzichten.[109]

Ende des Jahres 1938 setzte der Kreisdirektor des Kreises Offenbach einen Staatskommissar zur Überwachung des jüdischen Heimes ein mit dem Ziel, es möglichst bald aufzulösen. Dann übernahm die Reichsvereinigung der Juden in Deutschland die Verwaltung. Zu Ende des Jahres 1939 lebten noch 59 Kinder und 8 Erwachsene im Heim. Am 31. März 1942 wurde das jüdische Kinderheim Neu-Isenburg aufgelöst. Über das Schicksal der Kinder, der jungen Mütter und der Betreuerinnen sind kaum Einzelheiten bekannt. Die meisten von ihnen dürften in den Vernichtungslagern des Ostens den Tod gefunden haben. Von der letzten Oberin des Hauses, Sophie Sondheim, und der Wirtschafterin, Hanna Königfeld, weiß man, daß sie zunächst nach Darmstadt verbracht wurden. Von dort kamen sie in das Ghetto Theresienstadt und schließlich in das KZ Auschwitz.[110]

Die »Arisierung«:
Inbesitznahme jüdischen Eigentums

Mit ein Ziel der Judenverfolgungen war es, alle Personen jüdischer Herkunft aus Positionen zu verdrängen, die einen wirtschaftlichen oder gesellschaftlichen Einfluß ermöglichten. Darüberhinaus sperrten die NS-Behörden ihnen eine berufliche Tätigkeit nach der anderen, wie es Hitlers Forderung »Heraus aus allen Berufen« entsprach.[111] War ihnen aber durch Berufsverbot die materielle Existenzgrundlage entzogen, so mußten sie in zunehmendem Maße auswanderungswillig werden. Die Auswanderung scheiterte aber andererseits bei nicht wenigen an den hohen Kosten und auch an einer mangelnden Aufnahmebereitschaft vieler Staaten. Es war ein Widerspruch, wenn die Nationalsozialisten die Juden zur Auswanderung drängten, zugleich jedoch die Vermögenswerte sich aneignen wollten, mit denen die Ausreise hätte finanziert werden müssen.

Zunehmend forderten militante Antisemiten in der NSDAP eine Übernahme »jüdischer« Betriebe und Unternehmen durch deutsche, also »arische« Bürger, einen Vorgang, den man in der Sprache der Zeit als »Arisierung« bezeichnete. Die Voraussetzungen für solche Maßnahmen hatten sich seit der Entlassung des Reichswirtschaftsministers Schacht, Ende 1937, verbessert, obwohl die Zielsetzung einzelner NS-Verantwortlicher in der Parteiführung und in den Behörden verschieden war und daher zu planlosen Aktivitäten führte, deren Leidtragende am Ende die Juden waren.[112]

Die »Arisierung« jüdischer Vermögenswerte vollzog sich in der Praxis in vielfältiger Weise, von geregelter Betriebsübergabe an Mitarbeiter oder Geschäftspartner zu ausgehandelten Bedingungen bis zur erzwungenen, zuweilen entschädigungslosen Enteignung. In Neu-Isenburg war als einziges größeres Unternehmen die Firma Leder AG als Zweigwerk eines in Frankfurt ansässigen Konzerns im Besitz jüdischer Kaufleute. Während das Reichswirtschaftsministerium in Berlin Wert darauf legte, daß solche Betriebe in geordneter Form in »arischen« Besitz übergingen, störten Werksangehörige in Neu-Isenburg dieses Vorhaben ganz erheblich. Sie waren von der NS-Propaganda nicht unbeeinflußt geblieben und verloren die Geduld bei dem umständlichen Vorgang der Kapitalübertragung. Die Drahtzieher der Aktion ließen von den etwa 70 Mitarbeitern im Werk – »Gefolgschaft« nannte man sie damals – eine Resolution unterzeichnen, in der gefordert wurde, der bisherige Betriebsführer Dr. Ernst Kaufmann solle den Betrieb verlassen, da »die Gefolgschaft es ablehne, noch länger unter einem Juden und für einen Juden zu arbeiten; sie wolle endlich, daß der Ertrag ihrer Hände für das Volk und nicht mehr für einen Juden verwendet« werde.[113] Der Betriebsobmann der DAF ließ dann nach Rücksprache mit dem Kreisleiter am 8. April 1938 durch den Betriebsführer eine »Vertrauenssitzung« ansetzen, in deren Verlauf er Dr. Kaufmann aufforderte, »den Betrieb sofort und für immer zu verlassen«. Dieser erbat sich einige Stunden Zeit, um seine Unterlagen zu ordnen. »Der Betriebsobmann konnte aber, da die Angelegenheit keine Verzögerung erleiden durfte, nur eine halbe Stunde Wartefrist zubilligen«.[114]

Bei aller Verbrämung mit antisemitischen Äußerungen und Verweisen auf die nationalsozialistische Einstellung der Werksgefolgschaft schimmern in der Resolution der Mitarbeiter der Leder AG doch einige recht egoistische Absichten durch. Man möchte aus dem Konzernrahmen ausscheiden und möchte insbesondere erreichen, daß der bisherige stellvertretende Betriebsführer neuer Chef des selbständigen Unternehmens wird, Maßnahmen, welche man von dem – eigentlich gar nicht zuständigen NS-Kreisleiter – »mit heißem Herzen« unter Hinweis auf die nunmehr »rein arische Gefolgschaft« und deren langjährigen aktiven Einsatz für »Führer, Volk und Staat« mit Nachdruck fordert.[115] Mit der »Arisierung« waren freilich die wirtschaftlichen Schwierigkeiten der Leder AG nicht behoben. Im Oktober 1938 erfuhr man aus dem Reichswirtschaftsministerium von Bestrebungen, den Betrieb stillzulegen. Die Werksleitung protestierte dagegen beim Kreisleiter, und der Isenburger Bürgermeister wandte sich an den Gauwirtschaftsberater wegen der gefährdeten Arbeitsplätze und der zu erwartenden finanziellen Einbußen für die Stadt. Das Wirtschaftsministerium und aus rüstungstechnischen Gründen sogar das Oberkommando der Wehrmacht schalteten sich ein und zogen das Unternehmen in das Kompetenzgerangel, wie es im Dritten Reich nicht unüblich war. Der ganze Vorgang ist ein Beispiel dafür, wie die Nationalsozialisten es zwar vermochten, den jüdischen Kaufleuten ihr Eigentum zu nehmen, wie sie aber unfähig waren, die eigentlichen wirtschaftlichen und strukturellen Probleme zu lösen.

Habsucht als zweites Motiv neben Antisemitismus trat bei den als »Arisierung« bezeichneten Vermögensübertragungen immer deutlicher hervor. Hatten in Langen schon vor den Ereignissen des November 1938 jüdische Einwohner ihren Besitz nur unter erheblichen Einbußen veräußern können, so kam es danach zu regelrechten Erpressungen. In einem Fall brachte man jüdische Grundeigentümer gegen ihren Willen zum Amtsgericht und zwang sie dort unter Androhung von Gewalt, vorgefertigte Kaufverträge zu unterschreiben. Ein naher Verwandter des Bürgermeisters machte dabei ein besonders gutes Geschäft. In einem anderen Fall kaufte der bisherige Pächter eine Handlung zu einem unangemessen niedrigen Preis, über den die jüdischen Verkäufer nicht ohne weiteres verfügen konnten, da das Geld auf ein Sperrkonto eingezahlt wurde.[116] In Sprendlingen setzte man den Wert des Grundstückes, auf dem die Synagoge gestanden hatte, mit nur 200 Mark an, doch zahlte man den Kaufpreis nicht aus, sondern verrechnete ihn mit den durch den Abbruch des Gebäudes der Gemeinde entstandenen Kosten.[117]

In Dietzenbach drohte der Bürgermeister einem jüdischen Verkäufer mit einer Meldung bei den übergeordneten Partei- und Verwaltungsbehörden, »weil er bewußt ein baufälliges Haus, das jederzeit diesem Volksgenossen über dem Kopf zusammenbrechen kann, verkauft« habe. Als Gemeindevorstand könne er nicht dulden, »daß ein deutscher Volksgenosse, der sich im Schweiße seines Angesichts die Pfennige« erspart habe, einen »Wucherpreis« bezahlen müsse. Der Verkäufer wurde auf diese Art gezwungen, die Kosten für anstehende Reparaturen zu übernehmen. Von dem ursprünglich in Höhe von 4 000 Mark vereinbarten Kaufpreis blieben ihm am Ende noch 1 700 Mark.[118]

In ganz anderer Bedeutung gebrauchte man den Begriff »Arisierung« gelegentlich auch in Bezug auf Personen. So lebte in Buchschlag ein Ehepaar, dessen beide Partner fanatische Nationalsozialisten waren. Vor 1933 war der Ehemann im Rheinland sogar als Kandidat der NSDAP für den Reichstag aufgestellt worden; die Gattin erhielt wegen ihres Einsatzes für die Braunhemden den Ehrentitel »Marketenderin der SA«. Zu ihrem großen Kummer mußten die Eheleute 1933 feststellen, daß die Frau von einer jüdischen Großmutter abstammte. Der Mann fühlte sich daraufhin der Mitgliedschaft in der Partei für unwürdig und erklärte seinen Austritt. Doch litt er so sehr an seinem Gram, daß er später ein Gnadengesuch an Hitler mit der Bitte um Wiederaufnahme richtete. Nach vielem Hin und Her wurde dem 1940 entsprochen; die rückständigen Parteibeiträge für sechs Jahre waren freilich nachzuzahlen. Dieser Stand der Dinge ließ den Mann nicht ruhen, er strebte die »Arisierung« seiner Ehefrau an. Gegen diese Absicht wandte sich der Leiter des Rassepolitischen Amtes der Kreisleitung in einem empörten Schreiben an den Kreisleiter:

»Judenblut kann nie und nimmer durch irgendeine Entscheidung in arisches Blut geändert werden. Auch ein Mischling kann, selbst wenn er Verdienste um die Volksgemeinschaft haben sollte, niemals ein deutschblütiger Mensch werden...«

Der Rassenfanatismus des obersten Offenbacher Rassenpolitikers wurde noch nicht einmal von höchster Stelle in Berlin geteilt. Der Chef der Reichskanzlei teilte im Februar 1944 dem Alten Kämpfer in Buchschlag mit, der Führer habe die Ehefrau deutschblütigen Personen gleichgestellt. Sie dürfe sich künftig, auch in Fragebogen, als »deutschblütig« bezeichnen; das Reichssippenamt in Berlin sei hiervon verständigt. So ganz gelungen war die ausgesprochene »Arisierung« dennoch nicht, denn im Bereich der NSDAP und ihrer Gliederungen war sie ohne Bedeutung. Als deutsche Volksgenossin war die Frau jetzt zwar anerkannt, der Status der Parteigenossin blieb ihr wegen ihrer jüdischen Großmutter weiterhin versagt.[119]

Das Herrschaftsinstrument:
Die NSDAP und ihre »Gliederungen«

Die Nationalsozialisten strebten danach, alle Menschen von ihren Ideen zu überzeugen und sie als Anhänger zu gewinnen. Wer sich ihnen entgegenstellte, galt als Feind und war mit allen Mitteln zu bekämpfen. Wichtigstes Instrument, um die Bevölkerung in ihrem Sinne zu beeinflussen, war die Partei, die NSDAP, und die ihr angeschlossenen Gliederungen. In der »Kampfzeit« vor 1933 hatten sie die Regierung und die demokratischen Parteien wegen der angeblich aufgeblähten Verwaltung und der damit verbundenen hohen Kosten scharf angegriffen und Vereinfachung gefordert. Nach der Machtergreifung sah dann alles anders aus. Die Stellen der staatlichen und kommunalen Verwaltung dienten vielen NS-Anhängern als fette Pfründe, von Verkleinerungen wollte man jetzt nichts mehr wissen. Im Gegenteil, die Partei baute neben der allgemeinen Verwaltung

»SA MARSCHIERT...«
SA-Kapelle bei einem Umzug in Weiskirchen

noch eine Parallel- und Konkurrenzorganisation auf, die von der höchsten Ebene, der Reichsleitung, über die Gauleitung und Kreisleitung bis hinunter zu den Ortsgruppen reichte, die ihrerseits wieder in Blöcke und Zellen gegliedert waren. Die NS-Parteigenossen beschworen zwar noch gern und oft den Kampfgeist ihrer frühen Jahre, schufen jedoch mit ihrer Partei in zunehmendem Maße ein bürokratisches Ungeheuer, verfaßten Berge von Papieren und Hügel von Akten, mit deren Hilfe sie alle und alles kontrollieren wollten. Doch wurden sie dabei keinesfalls zu Papiertigern: gegen ihre wirklichen oder vermeintlichen Gegner wußten sie jederzeit gnadenlos zuzuschlagen.

Auf der Ebene des Kreises bauten sich die Nationalsozialisten mit der Kreisleitung einen ansehnlichen Apparat auf. Im Kreis Offenbach standen 1938 einschließlich des Kreisleiters zwölf hauptamtliche Mitarbeiter im Dienst dieser Organisation, deren monatliche Gehaltssumme sich auf 3 031 Reichsmark belief.[120] Der Kreisleiter bezog 535 RM im Monat und erhielt dazu noch eine Aufwandsentschädigung in Höhe von 150 RM. Neben den hauptamtlichen stand der Kreisleitung noch eine Vielzahl von nebenamtlichen Mitarbeitern zur Verfügung. Sie wurden wohl teilweise dadurch entschädigt, daß sie mit Hilfe der Partei auf einen sicheren und nicht allzu belastenden Arbeitsplatz gelangt waren. Ihre Aufgabe war es vor allem, in Sprechstunden die Bevölkerung zu beraten sowie schriftliche Anfragen und Eingaben zu erledigen. 1939 klagte die Kreisleitung, ihre Politischen Leiter seien überfordert, denn sie müßten besondere berufliche Anforderungen erfüllen, verzettelten aber ihre Zeit mit viel Kleinarbeit wie dem Verkauf von Broschüren, Plaketten und Eintrittskarten. Dadurch werde die Erledigung ihrer eigentlichen Aufgabe, nämlich Menschenführung und -betreuung, beeinträchtigt. Die Kreisleitung der NSDAP für die Stadt und den Landkreis

Offenbach hatte ihren Sitz in dem Gebäude Geleitsstraße 112 in Offenbach, das sie nach dem Gauleiter als Jakob-Sprenger-Haus bezeichnete. Als sie 1934 das Haus bezog, feierte man dieses Ereignis mit einem großen Volksfest auf der Rosenhöhe.[121]

In den Gemeinden des Kreises bestanden NS-Ortsgruppen unter der Führung von Ortsgruppenleitern, die jeweils von besonders aktiven Parteigenossen unterstützt wurden. Der Parteialltag der örtlichen Funktionäre, der Amtswalter, war ausgefüllt mit dem Ausfüllen von Formularen, der Abfassung von Berichten und Gutachten und der Erwiderung von Eingaben, die in überaus großer Zahl bei ihnen eingingen.

Schon vor der Machtergreifung hatte die NSDAP in vielen Gemeinden einzelne »Gliederungen« wie SA, HJ oder NS-Frauenschaft gegründet. Nach 1933 vermehrte sie die Zahl ihrer örtlichen Organisationen in einem beträchtlichen Ausmaß, da sie bestrebt war, die Menschen durch berufliche Interessen und Freizeitaktivitäten direkt oder indirekt an sich zu binden. Mancher Volksgenosse mochte auch nicht in die Partei selbst eintreten; durch die Zugehörigkeit zu einer Gliederung konnte er jedoch seine Loyalität beweisen und war so für die Nationalsozialisten im weiteren Sinn Teil der Bewegung geworden. Die Mitgliedschaft in der NS-Volkswohlfahrt (NSV) war in dieser Hinsicht für viele Bürger ein willkommener Ausweg, zumal sie sich mit dem Gedanken trösten konnten, diese Organisation sei einer sozialen Zielsetzung verpflichtet.

»DEINE HAND DEM HANDWERK«
1. Mai. Auch die Handwerksbetriebe konnten sich dem Zugriff der Partei nicht entziehen. Hier ein Isenburger Betrieb mit einer Maschine beim Umzug am 1. Mai

Besondere Aufmerksamkeit schenkten die Nationalsozialisten ihrer Frauenorganisation. Schon 1931 war in Sprendlingen eine Gruppe der NS-Frauenschaft entstanden, der bald weitere im Kreis folgten.[122] In Hainstadt traten der dort im August 1933 gegründeten Gruppe sogleich 25 Frauen bei. Im folgenden Jahr veranstalteten NS-Redner eine ganze Welle von Versammlungen im Kreis, um bei den Frauen für die Bewegung zu werben. Der Bericht über die Veranstaltung in Mühlheim zeigt, daß der NS-Propagandist die dortige Frauenschaft nicht im unklaren ließ, was die Bestimmung der Frau nach der NS-Ideologie sein sollte:[123]

»Ihre Lebensaufgabe solle es sein, als Mutter einen erbgesunden Nachwuchs heranzuziehen, denn von ihr und ihren Kindern hinge letzten Endes das Schicksal der Nation ab.«

Die Gründung und Etablierung der verschiedensten NS-Gliederungen kann am Beispiel der damaligen Gemeinde Mühlheim im einzelnen belegt werden. Vor der Machtergreifung bestand dort nur eine Ortsgruppe der NSDAP, ein Sturm der SA und eine Gruppe der NS-Frauenschaft. Im März 1933 gründete sich dann eine Ortsgruppe des (später aufgelösten) »Stahlhelm«, eines Bundes der Frontsoldaten, und eine Woche danach ein »SA-Hilfswerk«. Im Laufe des Monats April entstanden der »Kampfbund des gewerblichen Mittelstandes«, der sich bald »NS-Handels- und Gaststättenorganisation« (HAGO) nannte, ferner die »NS-Kriegsopfer-Versorgung« und der »Bund deutscher Mädel« (BDM). Später im Jahr gab es noch einen »Fliegerhorst«, der jedoch mit der Ortsgruppe Offenbach organisatorisch verbunden blieb, und einen Musikzug der NS-Betriebszellenorganisation (NSBO). Hinzu kamen schließlich auch noch die SA-Reserve, ein SA-Motorsturm und eine Abteilung des NS-Kraftfahrerkorps (NSKK). Als der Partei angeschlossene Verbände existierten in Mühlheim ferner die NSV, die »Deutsche Arbeitsfront« (DAF) mit der Freizeitabteilung »Kraft durch Freude« (KdF), der Reichsluftschutzbund (RLB). Auch der »Reichsnährstand« mit dem Ortsbauernführer an der Spitze, der »Reichsbund Deutscher Familien« (Kinderreiche) und der »Verein der Auslandsdeutschen« (VDA) waren in Mühlheim wie in anderen Gemeinden vertreten,[124] ohne daß damit die Aufzählung vollständig wäre.

Als in Seligenstadt die Nationalsozialisten im Juli 1933 eine NS-Fliegergruppe schufen, nahmen an der Gründung dieser Einheit außer der NSDAP folgende in der Stadt bereits vorhandene Gliederungen und Verbände teil: SA, HJ, BDM, NSKK, Stahlhelm und NSBO.[125] NSV und KdF folgten hier erst am Ende des Jahres.

Manche Mitgliedschaften wurden für die Bürger unvermeidlich. Wer arbeiten wollte, mußte Mitglied der »Deutschen Arbeitsfront« sein, da diese allein das Arbeitsbuch ausstelle, ohne dessen Vorlage keine Firma jemanden beschäftigen durfte. Auch zu berufsständischen NS-Verbänden mußte man gezwungenermaßen beitreten, die Lehrer beispielsweise zun NS-Lehrerbund (NSLB) und die Juristen zum NS-Juristenbund. Im Kreis Offenbach war letzterer mit drei Ortsgruppen den bestehenden drei Amtsgerichtsbezirken Offenbach, Langen und Seligenstadt zugeordnet. Vorsitzender war jewils ein Richter, Stellvertreter ein Rechtsanwalt.[126]

Gelegentlich standen NS-Gliederungen und Organisationen auch in Konkurrenz zueinander. Der Aufgabenbereich der NSV überschnitt sich mit dem der NS-Frauenschaft und auch dem der NS-Kriegsopferversorgung. Der Motorsturm der SA kam leicht dem NS-Kraftfahrerkorps ins Gehege; gleiches konnte auch bei den verschiedenen Musikzügen eintreten. In Mühlheim wurde das in Gründung befindliche »SA-Hilfswerk«, in dem begeisterte Frauen für die Braunhemden wirken wollten, von der Partei nicht zugelassen, weil Belange der NS-Frauenschaft berührt zu werden drohten.127)

In manchen Orten versuchten die Nationalsozialisten, sogar die damals noch wenigen Rundfunkhörer zu einer besonderen NS-Organisation zusammenzufassen. Wer sich 1934 dieser Gruppe in Heusenstamm anschloß, erhielt frei Haus das NS-Blatt »Funk und Bewegung«.128)

Auch um die Lektüre der Volksgenossen machten sich die Nationalsozialisten Sorgen, sei es, weil sie fremde Ideen fürchteten, sei es, weil sie die ihrigen verbreiten wollten. Nicht nur krempelten sie die bestehenden Büchereien um und sortierten ihnen nicht passende Schriften aus, sie schufen auch eigene NS-Einrichtungen dieser Art, wie es in Dudenhofen und in Seligenstadt geschah. Als in Dudenhofen ein Aufruf, »nationales oder NS-Schrifttum« für die geplante Bibliothek zur Verfügung zu stellen, bei Parteimitgliedern und Anhängern nicht zu dem erhofften Erfolg führte, scheute man sich auch nicht, nachdrücklich die Ablieferung von Büchern zu fordern.129) In Dudenhofen begeisterte sich schließlich ein führendes Parteimitglied so sehr für Dichtung und Literatur, daß es selbst ein Theaterstück »Der Erbhofbauer« schrieb. Mit den damals üblichen Klischees setzte der dichtende Landwirt das NS-Erbhofgesetz in ein Schauspiel um, das dann auch im Dorf aufgeführt wurde.130)

Mit dem bloßen Beitritt zu NS-Organisationen war die Sache freilich nicht abgetan. Die Nationalsozialisten erwarteten von ihren Mitgliedern, daß sie aktiv mitarbeiteten, regelmäßig die Beiträge zahlten und sich auch im NS-Geist schulen ließen. Besonders in den ersten Jahren ihrer Herrschaft riefen die NS-Leute Partei- und Volksgenossen zu Schulungsabenden zusammen. Wenn die überlieferten Zahlen zuverlässig sind, hatten sie einen beträchtlichen Zulauf. Zu einem Schulungsabend in Seligenstadt im Januar 1934 sollen 650 Personen gekommen sein, zu einem in Hausen 400.131) Die Reihe ihrer Schulungsabende eröffneten die Nationalsozialisten mit einer Großveranstaltung der NSBO ausgerechnet im Saalbau in der Offenbacher Austraße, dem einstigen Haus der Gewerkschaften und Treffpunkt der Arbeiterbewegung. Jetzt aber kamen die Leute als Mitglieder der NSBO aus dem gesamten Kreisgebiet mit Fahrrädern und Motorrädern, mit Omnibussen und mit der Bahn angereist, um sich im nationalsozialistischen Sinne schulen zu lassen.132)

Ein Blick auf den Mühlheimer Veranstaltungskalender vom Juli 1937 kann zeigen, daß auch nach vier Jahren Herrschaft die NS-Leute nicht auf die Vielzahl von Aktivitäten verzichteten, mit denen sie die Menschen an die Partei fesseln wollten. Da rief die NSDAP ihre Mitglieder zu einer Arbeitstagung, zu einem Mitgliederappell, zu einer öffentlichen Versammlung, zu einem Werbesingen anläßlich des Tages des deutschen Liedes und zur Weihe des »Platzes der SA«, in einem einzigen Monat also zu fünf Veranstaltungen, zusammen. Weiterhin stan-

> # Deutsche Weiheſtunde
> anläßlich des Geburtstages unseres Führers u. Reichskanzlers
> ## Adolf Hitler
> am Samstag, den 20. April 1935   20¹⁵ Uhr im Saalbau „Zum Lindenfels"
>
> verbunden mit der feierlichen
>
> ### Weihe der PO-Fahne der N.S.D.A.P., Ortsgruppe Langen.
> Musik: SA-Standartenmusikzug 168, Offenbach-M. / Leitung: Sturmführer Dassinger.
>
> **Reihenfolge:**
> 1. Fahneneinmarsch
> 2. Eröffnung durch den Ortsgruppenleiter
> 3. Einzug der Gäste auf der Wartburg . . . . . Richard Wagner
> 4. Chorgesang (Chorvereinigung)
> 5. Feierliche Musik aus der Oper „Parsival" . . . Richard Wagner
> 6. Ansprache mit Fahnenweihe **(Kreisleiter Pg. Dr. Schranz)**
> 7. Jubel-Ouvertüre . . . . Bach
>
> **15 Minuten Pause.**
>
> 8. Ouvertüre zu „Rienzi" . . . . Richard Wagner
> 9. Chorgesang (Volkschor)
> 10. Große Fantasie „Volk im Lied" . . . . . C. Robrecht
> 11. a) SA-Lieder-Potpourri . . . . C. Robrecht
>   b) Gemeinsamer Gesang: „Volk an's Gewehr"
> 12. Massenchor: „Die Mahnung" (Volkschor und Chorvereinigung)
> 13. Fanfarenmärsche: Kreuzritter-Fanfaren . . . . Henrion
>   Fehrbellin-Reitermarsch . . . . Henrion
> 14. Großer Zapfenstreich . . . . Hockenberger
>
> **Eintrittspreise:** Reserv. Platz RM. 1.—, unnum. Platz RM. 0.60, Erwerbslose RM. 0.30, Erwerbslose Pg., SA, und Jugendliche RM. 0.15.
> Saalöffnung 19³⁰ Uhr.   Kartenvorverkauf bei Stubenvoll.

Anzeige im »Langener Wochenblatt« vom 20. April 1935

den noch ein Pflichtabend der Frauenschaft und eine Versammlung der Militär- und Veteranenkameradschaft auf dem Programm.[133] War jemand außer in der Partei noch in anderen Gliederungen oder Organisationen, etwa in der SA, der NSV und im RLB aktives Mitglied, so war bei so viel »Dienst« und einer beruflichen 48-Stunden-Woche die Freizeit karg bemessen.

Doch nicht nur schier grenzenloser Aktivismus und Fanatismus bestimmten das Bild der NSDAP im Kreis Offenbach. Einige tiefsitzende Kratzer lassen sich nicht übersehen: Die zahlreichen neuen Mitglieder, die die Partei seit März 1933 gewonnen hatte, waren nicht alle aus Überzeugung zu ihr gestoßen. Friedrich Ringshausen, ihr »Alter Kämpfer« im Kreis Offenbach und einstiger Gauleiter, wußte, daß viele Mitglieder sich nur äußerlich zum Nationalsozialismus bekannten und sprach von einem »schnöden Lippenbekenntnis«.[134] Auch waren längst nicht alle Parteiveranstaltungen so gut besucht, wie man es gerne dargestellt hätte. In Egelsbach waren zu einer öffentlichen Versammlung der NSDAP von 350 SA- und SA-Reservemännern lediglich 17 erschienen,[135] in Obertshausen erwog man, wegen des schlechten Besuchs Anwesenheitslisten aufzulegen, und in Seligenstadt drohte man Mitgliedern, die dreimal gefehlt hatten, mit dem Ausschluß. Aus Weiskirchen und Dudenhofen waren gar Meldungen über schlechten Besuch von Zusammenkünften der NSDAP in der Presse zu lesen.[136]

Auch in ihren eigenen Reihen war es der NSDAP nicht gelungen, den idealen Menschen heranzuziehen, vielmehr mußte sie sich immer wieder mit Verfehlungen und Unzulänglichkeiten ihrer Mitglieder auseinandersetzen. Da gab es gleich zwei von ihr bei gleichgeschalteten Sparkassen eingesetzte Kassenverwalter, bei denen Unstimmigkeiten in der Geschäftsführung auftraten.[137] Dort hatte ein SA-Scharführer Gelder veruntreut und mußte ausgeschlossen werden. Und gegen einen prominenten Gauredner lief gar ein Dienststrafverfahren, so daß er von Neu-Isenburg nach Offenbach strafversetzt werden mußte.[138]

Doch nicht nur um schnödes Geld ging es. In einigen Fällen führte man das Fehlverhalten auf psychische Störungen zurück. In Steinheim zweifelte man an dem gesunden Geisteszustand eines NS-Redners, der zur Heldengedenkfeier gesprochen hatte. Nun wußte man plötzlich von ihm, daß er schon mehrfach eine Nervenheilanstalt hatte aufsuchen müssen.[139] In Egelsbach gab es fortwährend Probleme mit den Ortsgruppenleitern, deren nicht weniger als sechs in den Jahren 1932 bis 1938 an der Spitze der örtlichen Partei gestanden hatten. Auch der des Jahres 1938 mußte abgelöst werden, als nach kurzer Zeit die Beschwerden gegen ihn sich häuften. Er lebte in Unfrieden mit dem Bürgermeister, dem Pfarrverwalter und dem ihm beigegebenen Presseamtsleiter. Den letzten Anstoß für seine Amtsenthebung gab sein Verhalten gegenüber jüdischen Einwohnern. Offenbar hatte er kurze Zeit vor der »Reichskristallnacht« Grabsteine auf dem jüdischen Friedhof umgeworfen. Dagegen hatte die Partei im Prinzip nichts einzuwenden, sie konnte es aber nicht ertragen, daß ein Ortsgruppenleiter dabei ertappt wurde. Der Mann mußte dann wegen einer Nervenkrankheit längere Zeit in einer Heilanstalt verbringen. Trotz aller Vorfälle verlieh ihm die Führung zum 30. Januar 1939 die Dienstauszeichnung der NSDAP.[140]

Die Nationalsozialisten konnten die Probleme, die sich ihnen bei der Auswahl geeigneter Personen für Führungsaufgaben stellten, nie richtig lösen. Obwohl Partei und Gliederungen hohe Mitgliederzahlen aufwiesen, fehlte es vielfach an Mitarbeitern, die im nationalsozialistischen Sinne hinreichend qualifiziert gewesen wären. 1939 versuchte man daher, auf Leute zurückzugreifen, die sich in Vereinen bewährt hatten. Doch auch an diesen hatte man keine Freude, denn im Monatsbericht vom Juni 1939 mußte die Offenbacher Kreisleitung enttäuscht feststellen,[141]

»daß sich auf dieser Plattform Menschen mit durchweg eigenbrötlerischen Neigungen finden. Ihre Freizeit dient der Vereinsmeierei. Versucht man ihrem Betätigungsdrang in der Parteiarbeit Erfüllung zu schaffen, so hat man nach kürzester Zeit volle Versager.«

Techniken zur Kontrolle der Menschen

Die Nationalsozialisten entwickelten ein ausgeklügeltes System, um die Menschen im Lande kontrollieren zu können. Ihre Dienststellen überboten einander im Sammeln von Informationen, die ihnen von Zuträgern bereitwillig übermittelt wurden. So zerstörten sie das sonst übliche Vertrauen unter Menschen und schufen eine Atmosphäre des Argwohns, in der keiner mehr so recht seinen Bekannten- und noch viel weniger den Unbekannten – trauen konnte. »Der schlimmste Feind im ganzen Land, das ist und bleibt der Denunziant«, war eine Redensart, die oft zu hören war. Denunziationen nahmen die NS-Leute grundsätzlich ernst. Schritten sie gegen die Angezeigten nicht sofort ein, so blieb die Meldung erhalten, so daß man jederzeit auf den Vorgang zurückkommen konnte. So sollte ein Reichsbahnbeamter in Langen in den Jahren 1935 und 1936 gegenüber Bekannten sich recht kritisch und drastisch über Ariernachweis, Hitler-Gruß und Sammlungen geäußert haben. Seine Ehefrau wurde beschuldigt, bei späteren Gelegenheiten, die Bevorzugung von NS-Leuten bei Einstellungen in den Staatsdienst und bei der Einberufung zur Wehrmacht kritisiert zu haben. Bei der Kreisleitung in Offenbach hatte sich offensichtlich eine ganze Akte angesammelt, als sie aufgrund der verschiedenen Denunziationen im September 1941 die Gestapo davon informierte und aufforderte, »wenn die Äußerungen von dem Vg. F. tatsächlich getan wurden, so dürfte es angebracht sein, ihn zur Verantwortung zu ziehen.«[142]

Eine andere Möglichkeit, Einfluß und Macht auszuüben, gewannen die Amtswalter der NSDAP dadurch, daß Leute sie als Schiedsrichter bei Streitigkeiten und Zänkereien anriefen, bei denen sie den Gang zum Gericht scheuten. Wollte man seinen Ärger loswerden oder suchte man Hilfe, so wandte man sich vielfach an die Vertreter der Partei, denn die hatte doch versprochen, das Leben insgesamt umzugestalten. Das ging so weit, daß beispielsweise ein Seligenstädter Bürger B. sich bei der Kreisleitung beschwerte, weil sein Nachbar K. angeblich Regenwasser in seinen Hof leitete und ihn mit üblen Redensarten belästigte.[143]

Hilfegesuche vielfältigster Art trafen bei den Parteidienststellen ein: Ältere Menschen fühlten sich bei der Festsetzung ihrer Rente benachteiligt, andere brauchten Rat in einem Umschuldungsverfahren, wieder andere stritten um Unterhaltszahlungen nach Ehescheidungen, junge Leute beantragten Erhöhung des gewährten Ehestandsdarlehens. Sogar Gesuche um Steuererleichterungen gingen ein, da man die Macht der Parteigrößen offenbar höher einschätzte als die der Beamten vom Finanzamt. Besonders häufig waren Anträge von Wohnungssuchenden.[144] Die Erledigung der eingegangenen Gesuche konnte für die braunen Amtswalter zu einer recht zweischneidigen Angelegenheit werden. Konnten sie helfen, so erschienen sie und mit ihnen die Partei mächtiger als die übrigen Ämter, mußten sie aber ein Begehren ablehnen, so reagierte der Betroffene oft enttäuscht, und es sammelte sich Groll im Volk.

Nicht bekannt wurde in der Regel der Inhalt der Begutachtungen, die die Parteidienststellen in einem unvorstellbaren Ausmaß bei allen möglichen Anlässen abgaben. Zuständig war in der Regel der Ortsgruppenleiter, der natürlich auf Auskünfte seiner Zuträger angewiesen war. In einer Art Fragebogen nahm er Stellung zu den persönlichen und wirtschaftlichen Verhältnissen des Betroffenen, zu seiner arischen Abstammung, zur Teilnahme am Krieg und Feldzügen, zur Mitgliedschaft in der NSDAP und ihren Gliederungen, zur politischen Einstellung von Ehefrau und Kindern oder Eltern, zum Bezug von NS-Zeitungen, zur Beteiligung an Spenden und Sammlungen, zum Charakter. Auf der Rückseite des Bogens stand Raum für besondere Bemerkungen zur Verfügung. Aus alledem sollte der Beurteiler schließlich die Antwort auf die Frage nach der politischen Zuverlässigkeit des Beurteilten ableiten. Aus der Vielzahl der Anlässe, bei denen solche oft entscheidenden Beurteilungen abgegeben wurden, seien hier nur beispielsweise genannt: die Beschäftigung bei einer Versicherungsgesellschaft, die Übernahme in das Beamtenverhältnis, die endgültige Anstellung eines Lehrers, die Aufnahme in die Lehrerbildungsanstalt, die Gewährung von Ehestandsdarlehen, die Ausstellung eines Waffenscheines, die Aufnahme in das »Deutsche Rote Kreuz«, die Erlaubnis zur Eröffnung eines Kleinhandels, die Ernennung zum Leiter eines Schwimmvereins, die Niederlassung als praktischer Arzt, die Zulassung zur Ausbildung als Kindergärtnerin, die Bewilligung des Siedlereignungsscheines Selbst bei einer alten Dame, die ihren 94. Geburtstag feierte, und bei einem Goldenen-Hochzeits-Paar wurde untersucht, ob die Voraussetzungen zur Zahlung einer Ehrengabe der Partei vorhanden waren.[145]

```
N.S.D.A.P.Deutsches Jungvolk i.d.H.J.            Jügesheim,24.1.38.
Fähnlein 12b/287


              Betr.:Verwarnungen


         An
              die Bürgermeisterei

                                        Weiskirchen.
                                        -----------


              Bei der am 19.d.Mts.in Jügesheim stattfindenden Fähn-
         leinbesichtigung fehlten von dem Standort Weiskirchen sage und schrei
         be von 36 Pimpfen 25 unentschuldigt.Diese Pimpfe erhalten durch den
         Stammführer Dr.A██████eine Verwarnung.Ein Teil der Eltern haben nun
         die Verwarnungen nicht annehmen und den Empfang bestätigen wollen.
         Auf Befehl des Stammfühers sollen nun den Eltern durch die Polizei,
         in diesem Falle wohl durch den Ortsdiener,zugestellt werden.Dieser
         muss sich auf den anhängenden Zetel die Ausgabe bestätigen lassen und
         zwar durch die Unterschrift eines Elternteiles.Bis Freitag lasse ich
         die Bescheinigungen bei Ihnen abholen.



                                        Heil Hitler!
                                   Der Führer desxFähnlein 12b/287
```

DIENSTUNWILLIGE »PIMPFE« IM RODGAU
Durch Druck über die Bürgermeister und Polizeidiener versuchten die HJ-Führer, die Kinder und Jugendlichen zur Teilnahme am HJ-Dienst zu zwingen.

Da es an Kriterien fehlte, Charakter und Gesinnung der Menschen richtig zu beurteilen, war bei den Stellungnahmen der Ortsgruppenleiter recht viel Willkür im Spiel. Dennoch gab es Versuche, den ganzen Vorgang zu objektivieren. Man verfiel auf den Ausweg, die der NSDAP und ihren Hilfswerken geleisteten Spenden als Gradmesser der politischen Zuverlässigkeit besonders zu gewichten. Lautete dann der Vermerk in der Rubrik »Beteiligung an Spenden für NSV und WHW« »beteiligte sich unzureichend« oder auch nur »könnte mehr tun«, so war die politische Zuverlässigkeit damit schon nicht gegeben.

Ähnlich verhielt es sich, wenn »sehr gut katholisch« eingetragen war. Dem Betroffenen war damit üblicherweise die Loyalität zum NS-Staat abgesprochen. Im Falle eines Arztes traf dies allerdings nicht zu, denn ihm wurde bestätigt, er sei »förderndes Mitglied der SS«. Mit den Totenkopf-Verbänden hatte er dadurch noch nicht viel zu tun; er zahlte lediglich eine Art Sondersteuer und erkaufte sich auf diese Weise die Bestätigung seiner politischen Zuverlässigkeit.

Hilflos waren die Menschen diesem undurchsichtigen System preisgegeben. Eine Berufung gegen eine negative Beurteilung war nicht möglich; oft war den Betroffenen gar nicht bekannt, daß eine solche erteilt worden war. Die Beurteilungsbogen trugen den Vermerk »Streng vertraulich!« und blieben geheim. Den NS-Amtswaltern war damit eine ungeheure Macht über die Menschen gegeben. Sie konnten ihnen Lebenschancen zugestehen oder verweigern und sie damit schwer treffen, ohne daß die Sache bekannt geworden wäre. Im totalitären NS-Staat konnte es grundsätzlich keinen Bereich geben, der dem Einfluß oder der Entscheidung der herrschenden Partei entzogen gewesen wäre.

Arbeit als Lohn oder Strafe

Ein weiteres Mittel, das die Nationalsozialisten anwandten, um sich die Leute gefügig zu machen und sie ihre Macht spüren zu lassen, war die Zuteilung oder Verweigerung von Arbeitsplätzen. Vor der Machtergreifung hatten sie dem Volk Arbeit und Brot versprochen; als sie jedoch die Regierung übernommen hatten, bereitete es auch ihnen Schwierigkeiten, die Massenarbeitslosigkeit, die ihren Wahlerfolg begünstigt hatte, zu überwinden. Jeden Schritt in dieser Richtung feierte ihre Propaganda als einen großen Erfolg und verband ihn nach Möglichkeit mit einem imposanten Schauspiel. Das war im September 1933 der Fall, als mit dem Bau der Reichsautobahn Frankfurt – Basel begonnen wurde, einer Maßnahme, von der man sich besonders in den westlichen Gemeinden des Kreisgebietes einen Rückgang der drückenden Arbeitslosigkeit erhoffte. In Frankfurt drückte Gauleiter Sprenger 700 Arbeitern Schaufeln in die Hand und ließ sie in Marschkolonnen durch die fahnengeschmückte Stadt zur Baustelle marschieren, wo Hitler mit dem ersten Spatenstich das Zeichen zum Beginn der Arbeit setzte.[146)] In seiner Rede gab er zu, daß »der Kampf gegen die Arbeitslosigkeit nicht von heute auf morgen zum vollen Erfolg führen« könne und machte auch deutlich, daß eine freie Wahl des Arbeitsplatzes nicht mehr garantiert sei, als er weiter erklärte, »daß es heute nicht in unserem Ermessen steht, welche Arbeit wir zu wählen haben«.[147]

BAUBEGINN DER REICHSAUTOBAHN
Zum ersten Spatenstich für den Bau der Reichsautobahn Frankfurt – Darmstadt, deren Trasse durch das westliche Kreisgebiet führte, kam Hitler am 23. September 1933 an den Main, wo ihn seine Anhänger begeistert feierten.

Die Arbeitslosen waren damals in der Tat nicht wählerisch, denn nur gering war die Unterstützung und jeder war froh, wenn er wieder eine Arbeitsstelle fand. Besonders stark betroffen von der Arbeitslosigkeit waren die vielen Bauarbeiter der Gemeinde Sprendlingen. Der Bürgermeister wandte sich daher in einem längeren Schreiben im September 1933 an den Reichsstatthalter Sprenger mit der dringenden Bitte, seine Gemeinde bei der Einstellung von Arbeitskräften für die Ausführung von staatlichen Arbeiten – gedacht war dabei an den Autobahnbau – bevorzugt zu behandeln. Dies sagte Sprenger zunächst auch zu. Mit 40 Einstellungen aus der Gemeinde war jedoch die NS-Ortsgruppe Sprendlingen nicht zufrieden und beschwerte sich bei dem Kreisleiter. Ebenso protestierte der Bürgermeister über die seiner Meinung nach im Vergleich zu Walldorf und Mörfelden unzureichende Berücksichtigung Sprendlingens im Januar 1934 bei der Gauleitung. Nach welchen Kriterien jedoch die Arbeitsplätze bei dem Bau der Reichsautobahn vergeben wurden, offenbart sich in einer Stellungnahme des Frankfurter Arbeitsamtes als Antwort auf die Initiative Sprengers für eine verstärkte Einstellung Sprendlinger Bauarbeiter:[148]

»Es dürfte bekannt sein, daß die Gemeinde Sprendlingen überwiegend kommunistisch eingestellt war und deshalb nur einige Volksgenossen aus dieser Gemeinde für die bevorzugte Vermittlung zur Verfügung standen. Im Einverständnis mit der zuständigen Kreisleitung sind wir aber bereits dazu übergegangen, eine größere Anzahl Volksgenossen, die heute in der SA stehen, durch die Kreisleitung aussuchen und als national zuverlässig bestätigen zu lassen.«

Deutlicher konnte es kaum gesagt werden: Der Preis für eine Arbeitsstelle war der Eintritt in die SA, die Genehmigung zum Arbeitsantritt erteilte die Partei mit der Ausstellung einer Zuverlässigkeitsbestätigung,

In kleinerem Rahmen wiederholten die Nationalsozialisten ihre Propaganda auch innerhalb des Kreises. In ihrer Zeitung »Offenbacher Nachrichten« verkündete stolz eine Überschrift: »Hitler schafft Arbeit«. Bei den Arbeiten handelte es sich insbesondere um die Regulierung von Bächen wie Rodau und Bieberbach, Anlage von Entwässerungsgräben, Mainuferbefestigungen und Ausbau des Waldwegenetzes. Bedenkenlos schmückten sich die NS-Leute auch mit fremden Federn und nannten auf der Liste der eingeleiteten Baumaßnahmen die Erweiterung der katholischen Kirche in Klein-Krotzenburg.[149]

Um Arbeitsplätze für ihre Gefolgsleute zu erhalten, scheuten sich die Nationalsozialisten auch nicht, ihren früheren politischen Gegnern rücksichtslos die ihren zu nehmen. Sie nötigten staatliche und halbstaatliche Stellen, Bedienstete zu entlassen, die sich vor der Machtergreifung gegen sie gewandt hatten und nannten dies ganz unverblümt als Grund:[150]

»Ich ersuche veranlassen zu wollen, daß Obengenannter entlassen wird. Zur Begründung führe ich an, daß Genannter Mitglied der SPD sowie der Eisernen Front gewesen ist und daß gerade er ein gerissener Gegner von uns war...«

AUTOBAHNBAUSTELLE
Beim Bau der Reichsautobahn im westlichen Kreisgebiet herrschte Handarbeit vor. So konnten viele Erwerbslose beschäftigt werden.

Ortsgruppenleiter wandten sich an Parteigenossen in anderen Gemeinden in der Erwartung, daß deren Einfluß so weit reiche, um auch die Entlassung von Mißliebigen aus privaten Firmen zu erzwingen:[151]

»Ich habe in Erfahrung gebracht, daß in ihrer Ortsgruppe, und zwar in der Möbelfabrik, der 1. Vorsitzende der SPD, ein gewisser Fritz Schäfer, in Arbeit stehe. In Anbetracht, daß viele Parteigenossen, die auch Schreiner sind, keine Arbeit finden können, halte ich es für dringend, daß solche Leute, wie gerade F. Schäfer, der einer der schärfsten Gegner und auch in der ‚Eisernen Front' maßgebend gegen uns war, auf dem raschesten Weg zu verschwinden haben. (...) Ich wäre Ihnen deshalb dankbar, wenn Sie diese Angelegenheit umgehend prüfen wollten und veranlassen könnten, daß dieser Hetzer dort verschwindet.«

Bevorzugte Plätze zur Belohnung verdienter NS-Leute waren solche im Dienste der Gemeinden. Die Ortsgruppe Sprendlingen berichtete 1934 der Kreisleitung in Offenbach:[152]

»Mehrere unserer alten Pg., die im Gemeinderat tätig sind, wurden von mir in Gemeindestellen untergebracht und müssen daher aus dem Gemeinderat ausscheiden. Ich gebe ihnen daher nachstehend ein Verzeichnis mehrerer Pg. und uns sehr nahestehender Personen, die ich als Ersatzleute vorgesehen habe, und bitte Sie, dieselben zu genehmigen.«

Unter dem Datum des 18. April 1934 meldete die Gemeindeverwaltung Sprendlingen dem Kreisamt, gegenwärtig seien 13 Stellen mit alten Parteigenossen besetzt, wovon sechs aufgrund des Gesetzes zur Wiederherstellung des Berufsbeamtentums durch Entlassungen frei geworden und fünf zusätzlich geschaffen worden seien. Mehr sei im Hinblick auf die angespannte Finanzlage nicht zu vertreten.[153]

Trotz aller Bemühungen der örtlichen Amtswalter war es auch bis Dezember 1934 noch nicht gelungen, alle »Alten Kämpfer« in ihnen angemessen erscheinende Stellen zu vermitteln. In einem Rundschreiben an die Ortsgruppen- und Stützpunktleiter des Kreises teilte die Kreisleitung mit:[154]

»In der letzten Zeit häufen sich wieder außerordentlich die Posteingänge und Beschwerdeschreiben der alten Kämpfer mit der Mitgl. Nr. unter 300 000 auf der Gauleitung, die entweder noch nicht in Stellung gekommen sind oder aber in einer derart untergeordneten Aushilfestellung tätig sind, daß sie noch nicht einmal das allernotwendigste Existenzminimum verdienen ...«

Das Schreiben macht deutlich, wie verbreitet die Enttäuschung bei den »Alten Kämpfern« gewesen sein muß. Sie hatten erwartet, daß mit der NS-Machtübernahme auch ihre wirtschaftlichen und beruflichen Probleme gelöst würden. Der

REICHSAUTOBAHN FRANKFURT – DARMSTADT 1935

Kampfesmut, den Hitler bei seinen Gefolgsleuten so gern beschworen hatte, war verschwunden und hatte einer Mentalität von Versorgungsempfängern Platz gemacht.

Bis etwa 1937 hatte die NS-Regierung die Arbeitslosigkeit überwunden. Der Aufbau einer Rüstungsindustrie und die Wiedereinführung der allgemeinen Wehrpflicht hatten dazu beigetragen. An die Stelle der Arbeitslosigkeit trat allmählich ein Mangel an Arbeitskräften. Während des Krieges stieg dann der Bedarf an arbeitsfähigen Menschen ins unermeßliche. Arbeit wurde zur Pflicht, Frauen davon nicht ausgenommen, Millionen von ausländischen Arbeitern geworben oder zwangsverpflichtet. Wer sich der Arbeitspflicht entzog, dem drohten als Volksschädling schwerste Strafen. Dennoch blieben Arbeitsverweigerung und Drückebergerei nicht auf Einzelfälle beschränkt. Äußerungen führender Nationalsozialisten lassen darauf schließen, daß viele Menschen sich den harten Anforderungen entziehen wollten. Der Führer der SA-Standarte 168, die den Kreis Offenbach umfaßte, Dr. Rackow, war gleichzeitig Vertrauensarzt der Ortskrankenkasse. Als solcher hatte er einen Mann aus Zellhausen zu untersuchen, den die Behörde 1938 zum Bau des Westwalles an die Grenze geschickt hatte. Der Arzt bestätigte die Gesundheit des Arbeitsunwilligen und fand ihn für die ihm zugewiesene Arbeit geeignet. In seinem Bericht über die Untersuchung unterstellte er gleich dem gesamten Dorf, durch vorgeschützte Krankheiten sich der Arbeit entziehen zu wollen und meldete dem Kreisleiter:[155]

»Zellhausen ist in bezug auf die Ausnutzung der Krankenkasse geradezu berüchtigt.«

Spenden und Sammlungen als Druckmittel

Hilfswerke zur Linderung sozialer Notstände gehörten in der Notzeit der frühen dreißiger Jahre zu den festen Bestandteilen politischer Parteien. So hatten auch die Nationalsozialisten schon vor ihrer Machtergreifung die Unterstützung Hilfsbedürftiger betrieben, wobei sie die Behebung sozialer Not durchaus zur Erreichung ihrer politischen Ziele ausnutzten. Ähnlich wie die Kommunisten stellten sie Forderungen zur Unterstützung der Bedürftigen in einer Höhe auf, die die Möglichkeiten von Staat und Kommunen weit überstiegen, und konnten so die in der Verantwortung stehenden demokratischen Parteien bezichtigen, sie seien nicht willens, den Notleidenden zu helfen. Nach der Machtergreifung 1933 setzte die NSDAP alles daran, die anderen caritativen und sozialen Organisationen zu zerschlagen. Mit der Konzentration aller Hilfsmaßnahmen in ihren Händen verfolgten die Nationalsozialisten mehrere Zwecke. Da es auch jetzt noch zahlreiche Hilfsbedürftige gab, waren diese gezwungen, sich notgedrungen an die Einrichtungen der NSDAP zu wenden, die nun die Möglichkeit hatte, politischen Gegnern Hilfe zu verweigern, Anhänger großzügig zu bedenken und den Unentschiedenen vor Augen zu führen, welche Wohltaten das Regime zu vergeben hatte. Darüber hinaus boten die NS-Hilfswerke immer wieder Gelegenheit, Menschen zu mobilisieren, sie als Sammler einzusetzen oder als mögliche Spender anzusprechen und nach der Höhe der Spende ihre politische Zuverlässigkeit zu bestimmen.

Wie bei so vielen ihrer Aktivitäten verbanden die NS-Leute auch die Sammlungen mit einem gewaltigen Propagandarummel, der gegen Ende des Jahres 1933 voll einsetzte. Die Feiern zur Machtergreifung waren verklungen, die günstige Jahreszeit für Aufmärsche war vorbei, ein schwerer Winter stand bevor. In den wenigen Monaten ihrer Herrschaft hatte die NSDAP das verbreitete soziale Elend nicht beseitigen können, so wollte sie es ihren Zwecken dienstbar machen. Die Stunde der NS-Volkswohlfahrt und des Winterhilfswerkes war gekommen. Überall im Kreis rührten die NS-Propagandisten die Werbetrommel, ihre Presse verzeichnete jeden Tag neue Erfolge. Als Zeichen der Solidarität forderte man die Bevölkerung auf, an einem Sonntag im Monat sich mit einem Eintopfgericht zu begnügen und das eingesparte Geld zu spenden. An diesen »Eintopfsonntagen« waren Sammler in den Häusern unterwegs, um in ihren Büchsen die entsprechenden Beträge zusammenzutragen. In Lämmerspiel kassierten sie so im November 1933 53 Mark und in Seligenstadt sogar 374 Mark.[156] Im folgenden Monat belief sich das Ergebnis der Sammlung zum Eintopfsonntag im gesamten Kreis auf immerhin 15 775 Mark, wovon allerdings die Hälfte aus der Stadt Offenbach stammte; in Buchschlag waren 240 Mark und in Weiskirchen 121 Mark zusammengetrommelt worden.[157] Mit den Sammlungen in den privaten Haushalten gaben sich die NS-Leute nicht zufrieden. Sie gingen die Landwirte, die Metzger und die Bäcker um besondere Spenden an. In Seligenstadt erreichten sie, daß die Angesprochenen eine Selbstverpflichtung auf sich nahmen. In Hausen spendeten die Bauern 44 Zentner Kartoffeln.[158] Eine Variante dieser Aktion stellten die sogenannten »Pfundsammlungen« dar, bei denen jeder Spender ein Pfund Mehl, Grieß, Butter o. ä. gab. In der Gemeinde Dietesheim kamen auf diese Weise im Februar 1935 280 Pfund Lebensmittel und außerdem zwei Zentner Kartoffeln zusammen.[159]

»ERZEUGERSCHLACHT«
Selbst die Kleintierzüchter, hier in Klein-Krotzenburg, wurden von der NS-Propaganda vereinnahmt. Sie sollten mithelfen, das Reich in der Lebensmittelversorgung autark zu machen.

Die mit großem propagandistischen Aufwand vorgenommene Verteilung der Spenden an die Hilfsbedürftigen war die andere Seite der Medaille. Die Nationalsozialisten gaben das Ergebnis aus als einen Beweis für das gute Funktionieren der von ihnen so oft beschworenen Volksgemeinschaft, der sich niemand entziehe und die sich bewähre. Mit Stolz berichteten sie etwa über die Unterstützung von 200 Menschen in Sprendlingen, an die sie zwei Zentner Käse und zwei Zentner Mehl sowie je einen Zentner Bohnen, Malzkaffee, Nudeln und Haferflocken verteilten.[160] In Zellhausen erhielten die Schulkinder 60 Paar Schuhe, und in Dietzenbach waren es an die 200 Personen, die um Unterstützung durch die NSV oder das WHW nachsuchten.[161]

Einen besonders großen Rummel veranstalteten die Nationalsozialisten im März 1934 mit einer Brotsammlung für Notleidende. Als Sammler eingesetzt waren die Jüngsten der HJ, die »Pimpfe« des Deutschen Jungvolks. Nach Trommelwirbel forderten sie Tage vorher die Bevölkerung im Sprechchor auf: »Helft Hunger und Not – Gebt am Samstag frisches Brot!«[162] Von dem Verlauf der Sammlung in Langen berichtete begeistert das dortige Wochenblatt:[163]

»Das war ein Eifer bei den schmucken Buben des Jungvolks am vorigen Samstag. Wie ratterten da die Leiterwägelchen durch alle Straßen, wie schleppten selbst die kleinsten Kerle voller

Begeisterung und mit glühenden Gesichtern die Brotlaibe aus allen Häusern! Das Ergebnis übertraf dann auch mit 1139 Brotlaiben alle Erwartungen...«

Die Verteilung der eingesammelten Brote – im gesamten Kreis Offenbach waren immerhin 31 365 Laib Brot zusammengekommen[163a] – gestaltete sich zu einem besonderen Rummel, denn sie wurden nicht am Sammlungsort ausgegeben, sondern unter entsprechendem Propaganda-Aufwand in anderen Städten. Das Brot aus Langen brachte man nach Darmstadt und Frankfurt. Dafür trafen zwei Wochen später mit Lastwagen antransportierte 80 Pimpfe aus Oberhessen in Langen ein, die das in der Butzbacher Gegend gesammelte Brot übergaben. Die Langener NSDAP mit all ihren Gliederungen empfing das Jungvolk aus Oberhessen mit Begeisterung, führte es im »Triumphzug« durch die Stadt zum Juxplatz und bewirtete es mit Kakao und Kuchen. In seiner Ansprache wertete der Bürgermeister die Aktion als »Sozialismus der Tat«, der den »Unterschied zwischen den hohlen Versprechungen der Novemberparteien, die das Wort "Winterhilfe" gerne im Munde führten, ohne es verwirklichen zu können«, und dem Nationalsozialismus deutlich mache. »Dann begann die Verteilung der Brote unter den Hilfsbedürftigen, deren strahlende Gesichter der schönste Lohn für alle Mitwirkenden waren.« Gar manche Volksgenossen hatten kein Verständnis für diese wenig sinnvolle und nur auf Schau ausgerichtete Aktion. Sie mußten sich vom »Langener Wochenblatt« als »Besserwisser« und »Miesmacher« titulieren lassen, die keinen Gemeinsinn zeigten, während die »Jugend durch ihre tätige Mithilfe bei der Brotspende ganz von selbst und gleichsam spielend in die Volksgemeinschaft hineinwachse.«[164]

Eine fette Überschrift im »Langener Wochenblatt« vom 24. Dezember 1935 »Die politischen Leiter der Ortsgruppe Langen als Weihnachtsmänner des WHW« war keinesfalls ironisch gemeint. Man hatte vielmehr Bedürftige in der Stadt Wunschzettel ausfüllen lassen und bessergestellte Einwohner veranlaßt, entsprechende Geschenkpakete zu packen, die bei der NSV gesammelt wurden. Bürgermeister und andere Parteigrößen spielten Weihnachtsmann und fuhren die Päckchen mit Pferdeschlitten in Langen aus. Naive Rührseligkeit vermischte sich mit dick aufgetragener Propaganda in dem Zeitungsbericht bei der Schilderung der Empfindungen der so Bescherten:[165]

»Manch Auge wurde feucht vor Dankgefühl und immer und überall erscholl als Abschiedsgruß mit bewegter Stimme: "Heil Hitler!" Wie aufrichtig ist doch die Anhänglichkeit gerade der alten Leutchen für den Führer, der um ihr Wohlergehen so sehr besorgt ist.«

Das Geschäft der Sammlungen verlief aber nicht immer ganz so reibungslos, wie es sich die NS-Leute vorgestellt hatten. Immer wieder stießen die Sammler auf »Hartgesottene«, die sich der Spendenaktion entziehen wollten oder sich mit geringen Beiträgen begnügten. Der zitierte Bericht über die NS-Weihnachtsbescherung in Langen spricht auch von Leuten, die sich bei der Vergabe von Wunschzetteln »ungeheuerlich vorbeibenahmen«. Zuweilen kam es zu regelrechten Zusammenstößen bei den Sammelaktionen. Das war beispielsweise in Seligenstadt der Fall, wo ein Landwirt es zunächst so einrichtete, daß die Sammler nur seine Kinder im Hause antrafen, die die Spende verweigerten, da sie keinen Auftrag ihres Vaters hatten. Als nach wiederholten vergeblichen Versuchen der Sammler, ein Rechtsanwalt, den Landwirt doch erreichte, kam es zu einem heftigen Wortwechsel. Der Bauer erklärte, er spende nichts, weil er nicht verstehe, daß er als Erbhofbauer im Dritten Reich unter Kuratel gestellt würde. Der Sammler erstattete Anzeige bei der Partei.[166] Gegen den Leiter einer Sparkasse im östlichen Kreisgebiet, einen Parteigenossen, leiteten NS-Funktionäre ein Verfahren vor dem Kreisgericht der NSDAP ein, weil er eine Spende der Sparkasse verweigert habe und auch privat seine Spendenfreudigkeit zu wünschen übrig lasse. Das Parteigericht mußte ihn allerdings frei sprechen, da er ohne ordnungsgemäßem Beschluß des Verwaltungsrates kein Geld der Sparkasse herausgeben durfte.[167]

Das ganze System der Sammlungen bedeutete praktisch eine versteckte Sondersteuer. Die Partei wollte einfach Geld kassieren. Dies zeigte sich 1934 deutlich in Seligenstadt, wo die Partei Monatsplaketten an die Bürger vergab, wenn diese sich verpflichteten, 20 Prozent ihrer monatlichen Lohnsteuer oder 3 Prozent ihrer Einkommenssteuer an die NS-Hilfswerke abzuführen. Damit hatte man die Höhe der abzuliefernden Beträge genau fixiert. Wer die Plakette erwarb, hielt sich damit die lästigen Sammler von der Tür fern. Bei den anderen veranstaltete die Partei eine besondere Sammelaktion.[168]

Die NS-Führung benutzte zugleich das Spendenwesen, um ihre kleinen Funktionäre zu einem nie erlahmenden Einsatz anzuspornen. Die eingegangenen Gelder dienten als Nachweis für die von den örtlichen Amtswaltern geleistete »Aufklärungsarbeit«. Man deutete jede Sammlung als einen erneuten Beweis für die Bereitschaft der Funktionäre und der Bevölkerung, das Regime zu unterstützen. Einen Rückgang des Spendenaufkommens durfte es daher grundsätzlich nicht geben. Ortsgruppe konkurrierte mit Ortsgruppe, Kreis mit Kreis und Gau mit Gau. Bei solchen Vergleichen scheint der Gau Hessen-Nassau nicht immer gut ausgesehen zu haben. Der Gaupropagandaleiter richtete am 28. November 1937 ein Schreiben an die Offenbacher Kreisleitung, in dem er ausführte,[169] es sei

> »nicht tragbar, daß die Sammlung ds. Js. in ihrer Endsumme
> hinter den Ergebnissen des Vorjahres zurückbleibt, insbesondere
> darf dies im Gau Hessen-Nassau nicht geschehen, da unser Gau
> die in vielen Gauen erreichte Steigerung in den vergangenen
> Jahren schon nicht mitgemacht hat.«

Die Kreisleitung gab den Druck nach unten weiter, veröffentlichte intern Listen mit Vergleichen der Sammelergebnisse in den Ortsgruppen. Die wirtschaftlichen Gegebenheiten wurden dabei insofern berücksichtigt, als man die Gesamtheit der Bezirke in vier Klassen einteilte und danach die Rangliste aufstellte. Ein Verzeichnis der Sammlungsergebnisse vom 4./5. Januar 1941 gibt einen aufschlußreichen Überblick über die Spendenfreudigkeit in den Ortsgruppen beziehungsweise auch über den unterschiedlich ausgeübten Druck. Die NS-

Statistiker rechneten dabei das durchschnittliche Pro-Kopf-Aufkommen bis auf den hundertstel Teil eines Pfennigs aus. Spitzenreiter war die Ortsgruppe Hausen mit 125,32 Pfennig. Ganz unten rangierte Offenthal mit nur 10,94 Pfennig. Es hatte die rote Laterne von Dietzenbach übernommen, das sich dieses Mal um zwei Positionen verbessert hatte. Das Gesamtspendenaufkommen in Stadt und Kreis Offenbach belief sich bei dieser Sammlung auf 75 313 Mark, was die NS-Statistik als ein Pro-Kopf-Aufkommen von 39,74 Pfennig berechnete.

Auffällig in dem unfangreichen Zahlenwerk waren die vielen Wechsel in der Rangfolge der Ortsgruppen. Sie lassen darauf schließen, daß die Ergebnisse stark von dem Einsatz der Sammler und dem auf sie wie auf die Spender ausgeübten Druck abhängig waren.[170]

Kreisverwaltung nach NS-Grundsätzen

In der nach dem Führerprinzip neugeordneten Verwaltung im Deutschen Reich war die Verwaltung des Kreises nur noch ein wenig bedeutendes Glied in der von oben nach unten verlaufenden Befehlskette. Zudem war in der Parteiorganisation mit ihrer Gau-, Kreis- und Ortsgruppenleitung der staatlichen Verwaltung eine Konkurrenz erstanden, die sich mit ihren oft sachfremden Zielsetzungen einmischte und ein Kompetenzgerangel verursachte. Es braucht daher nicht zu verwundern, daß die Kreisverwaltung weitgehend die Funktion eines Erfüllungsgehilfen übergeordneter staatlicher Behörden und Parteidienststellen ausübte. Waren auf Landesebene die Aufgaben des Reichsstatthalters als der obersten staatlichen Instanz in Hessen und die des NS-Gauleiters im Gau Hessen-Nassau in der Person Jakob Sprengers vereinigt, so bestand eine solche Personalunion im Kreis Offenbach nicht. Neben dem Kreisdirektor, der im Dritten Reich wieder die alte Bezeichnung Landrat erhielt, stand der Kreisleiter als Führer der NSDAP im Kreis. Bis 1936 bekleidete der Offenbacher Oberbürgermeister Dr. Helmut Schranz dieses Amt, der in dieser Zeit als Oberhaupt der Stadt Offenbach einen erheblichen Einfluß in allen Kreisangelegenheiten gewinnen konnte.

Auch auf Gemeindeebene bestand vielfach die Konkurrenz zwischen Bürgermeister und Ortsgruppenleiter. Waren aber beide Ämter in einer Person vereinigt, so konnte der Betreffende fast unumschränkt walten. Nach der am 30. Januar 1935 erlassenen für das gesamte Reich gültigen neuen Gemeindeordnung bestimmte der Bürgermeister nach dem Führerprinzip in allen Angelegenheiten der Gemeinde, doch bestand daneben ein Mitwirkungsrecht des Beauftragten der NSDAP, also des Ortsgruppenleiters, bei der Besetzung der wichtigsten Gemeindeämter. War der Bürgermeister nicht zugleich hoher »Amtswalter« oder »Hoheitsträger« in der Partei, so waren seine Befugnisse recht beschränkt und die örtliche Parteileitung hatte das Sagen. In einem Konfliktfalle konnte sie sich zudem auf die Unterstützung durch die NS-Kreisleitung verlassen.

Demokratisch mitbestimmte Gemeindevertretungen oder Stadtverordnetenversammlungen gab es nicht mehr. Die Gemeinderäte und »Ratsherren« in den Städten wurden nicht mehr gewählt, sondern von NSDAP und Bürgermeister einvernehmlich berufen. Ausdrücklich war festgelegt,[171]

»daß sie nach keiner Richtung hin die Aufgabe der früheren Vertretungskörperschaften übernehmen, Gegenspieler der Gemeindeverwaltung zu sein, daß sie vielmehr in gleicher Richtung mit dem Bürgermeister zum Wohle der Gemeinde zu wirken haben, ... kein Kollegium bilden, das mit anonymen Mehrheiten Beschlüsse faßt und die Verwaltung kontrolliert.«

Die Gemeinderäte hatten den Bürgermeister lediglich zu beraten und seinen Maßnahmen bei der Bevölkerung Verständnis zu verschaffen. Diskussionen und Abstimmungen waren nicht mehr vorgesehen. So wie die Abgeordneten des Deutschen Reichstages nur noch einberufen wurden, um von Zeit zu Zeit einer Führerrede Beifall zu spenden, hatten jetzt die von der Partei bestimmten Mitglieder in den Gemeinderäten und im Kreistag nur noch die Aufgabe, Beschlüsse und Erklärungen der Bürgermeister oder des Landrates zustimmend zur Kenntnis zu nehmen. Die Beseitigung der örtlichen Selbstverwaltung verbrämte die Regierung mit wohlklingenden Formulierungen in der Einführung des neuen Gesetzes zur einheitlichen Gemeindeordnung:[172]

»Die Deutsche Gemeindeordnung will die Gemeinden in enger Zusammenarbeit mit Partei und Staat zu höchsten Leistungen befähigen und sie damit instand setzen, im wahren Geiste des Schöpfers gemeindlicher Selbstverwalung, des Reichsfreiherrn vom Stein, mitzuwirken an der Erreichung des Staatszieles: in einem einheitlichen, vom nationalen Willen durchdrungenen Volke die Gemeinschaft wieder vor das Einzelschicksal zu setzen und unter Führung der Besten des Volkes die wahre Volksgemeinschaft zu schaffen, in der auch der letzte willige Volksgenosse das Gefühl der Zusammengehörigkeit findet.«

Auch die gelegentlich noch einberufenen Versammlungen der Bürgermeister des Kreisgebietes waren kaum noch mit Aussprachen über gemeindliche Fragen und Schwierigkeiten verbunden. 1936 hörten sich bei solcher Gelegenheit die Gemeindespitzen in Seligenstadt ein Referat an, das über die Pflege der Heimatkunde unterrichtete, bei einer Arbeitstagung in Mühlheim unterhielt sie der Leiter des dortigen Kreiserziehungsheimes mit einem Vortrag »Das Erbe im Blut«.[174] Gewinnbringender für ihre Arbeit in den Gemeinden dürfte es gewesen sein, als 1938 ein Vertreter der Kreisverwaltung über Probleme des Wohnungsbaues und des Siedlungswesens referierte.[175]

Im Dezember 1934 trat ein neuer Kreistag zusammen, dessen 21 Mitglieder von dem hessischen Staatsministerium berufen waren. Zu ihnen gehörten die prominenten Nationalsozialisten aus dem Kreisgebiet, so der Offenbacher Oberbürgermeister und NS-Kreisleiter Dr. Schranz und die Bürgermeister von Langen und Mühlheim Göckel und Winter. Der Kreisdirektor verpflichtete die neuen »Volksvertreter« mit Handschlag.[176]

Das Amt des Kreisdirektors bekleidete seit dem 1. März 1934 Dr. Reinhard Koch. Der 32-jährige hatte Staats- und Rechtswissenschaften studiert und war zunächst im Bankfach sowie in der Industrie tätig gewesen. Als ihm das Amt an der Spitze des Kreises Offenbach übertragen wurde, hatte der Nationalsozialist aus dem Bilderbuch trotz seines noch jungen Alters bereits eine ansehnliche politische Karriere hinter sich. 1919 war er Mitglied des deutsch-völkischen Schutz- und Trutzbundes, 1922 gehörte er als Freikorpskämpfer der Brigade Ehrhardt an, zur Zeit des mißglückten Hitler-Putsches 1923 war er im Sinne der Nationalsozialisten an der bayerisch-thüringischen Grenze im Einsatz, 1930 trat er der NSDAP bei, etwas später der SS. Innerhalb der NS-Bewegung übernahm er die Aufgaben eines Gaufachschaftsleiters der Justizbeamten und eines stellvertretenden Gauobmannes des NS-Juristenbundes im Bezirk des Oberlandesgerichtes Darmstadt. 1930 stieg er zum Regierungsrat im Stabe des Gauleiters Sprenger auf. Dieser dürfte dann auch die treibende Kraft bei der Einsetzung als Kreisdirektor des Kreises Offenbach gewesen sein. Als solcher wirkte er in der Praxis nur vier Jahre, denn nach dem Anschluß Österreichs an das Deutsche Reich 1938 brauchte die Partei ihn dort als Sonderbeauftragten bei der Landesregierung in Linz. Nach der Besetzung des Sudetengebietes organisierte Dr. Koch den Aufbau der Abteilung Innere Verwaltung in Reichenberg. Zwischen seinen Einsätzen in den angeschlossenen Gebieten kehrte er jedoch immer wieder in sein Offenbacher Amt zurück.[177] Im September 1939 ernannte ihn Hitler zum Regierungspräsidenten in Innsbruck. Als neuer Landrat in Offenbach wirkte von dieser Zeit an Wilhelm Köhler. Koch aber hielt es auch in Tirol nicht lange. Nach der Eroberung Norwegens 1940 übernahm er neue Verwaltungsaufgaben in Oslo. Im Offenbacher Raum ist er nach dem Zusammenbruch von 1945 nicht wieder aufgetaucht.

Die von Kreisdirektor Koch und seinen Mitarbeitern im Kreis Offenbach erbrachten Leistungen lassen kaum aufhorchen. Als Erfolg betrachteten sie den Ausbau der Luftschiffergemeinde Zeppelinheim, die 1937 den Status einer selbständigen Kommune erhielt.[178] Mit einigem Stolz verwiesen sie ferner auf die Verbesserung der Wasserversorgung für Stadt und Kreis Offenbach durch die Errichtung der sogenannten Ostgruppe der Wasserwerke.[179] In Sprendlingen erstellten sie auf dem Gelände des Gestütes »Maria Hall« eine Kreisschule der DAF.[180] Sie bemühten sich außerdem mit mäßigem Ergebnis um den Ausbau der beiden Krankenhäuser in Seligenstadt und Langen. Seligenstadt mit seiner reichen historischen Vergangenheit hatte es dem Kreisdirektor Koch besonders angetan. Er wollte die Stadt zu einem Mittelpunkt des Fremdenverkehrs ausbauen und den Stadtkern renovieren. Ihm zu Ehren führte man daher einen Schwertertanz in Landsknechttracht auf, wofür er sich mit einer Rede zu dem Thema »Das alte Seligenstadt erwacht« bedankte.[181] Von überörtlicher Bedeutung wäre der Ausbau der Reichsautobahn Frankfurt – Nürnberg gewesen, mit dem man 1938 begann. Die Ankündigung der Fertigstellung für 1940 in der örtlichen Presse geschah etwas voreilig,[182] denn nach Kriegsausbruch mußten die Arbeiten eingestellt werden. Die in den Wald geschlagene Trasse diente zunächst für den Aufbau einer Scheinanlage zur Ablenkung feindlicher Fliegerangriffe.

Nachhaltig veränderten die Nationalsozialisten im Jahre 1938 die Struktur des Kreises Offenbach. Zum 1. April vereinigten sie Groß- und Klein-Steinheim zur Stadt Steinheim. Zum gleichen Zeitpunkt verlor auch die Gemeinde Bieber ihre Selbständigkeit und wurde nach Offenbach eingemeindet. Der diesbezügliche Erlaß des Gauleiters und Reichsstatthalters Sprenger war möglicherweise eine Reaktion auf das Wahlergebnis bei den letzten Reichstagswahlen. Gab es nämlich im Reichsdurchschnitt 98,8 Prozent »Stimmen für den Führer«, so stand Bieber mit 8,6 Prozent »Stimmen gegen den Führer« an der Spitze der Gemeinden des Kreises Offenbach, die ein für die Nationalsozialisten unerfreuliches Ergebnis gebracht hatten.[183] Zum 1. November 1938 schied die Stadt Offenbach aus dem Kreis Offenbach aus und bildete fortan einen eigenen Stadtkreis. In der NS-Parteiorganisation blieben beide jedoch eine Einheit und unterstanden demselben Kreisleiter. Eine Lockerung der Beziehungen zwischen Offenbach Stadt und Land hatte sich bereits zwei Jahre zuvor angebahnt, als der Offenbacher Oberbürgermeister Dr. Schranz sein Amt als Kreisleiter aufgab und sich mit der Stellung eines Stadtoberhauptes begnügte. Zum 1. April 1939 erfolgte dann schließlich noch die Vereinigung der beiden Gemeinden Mühlheim und Dietesheim und die Erhebung Mühlheims zur Stadt.

Schule als NS-Gemeinschaft

In besonderer Weise versuchten die Nationalsozialisten, junge Leute an ihre Bewegung zu fesseln. Die Jugend sollte ihre Lehre übernehmen und verbreiten. Um dieses Ziel zu erreichen, sollte auch die Schule zu einem Abbild der NS-Gemeinschaft umgewandelt werden. Der Vermittlung von Gemeinschaftserlebnissen hatten Schulfeiern seit jeher in besonderer Weise gedient. Es nimmt daher nicht wunder, daß man nach 1933 bei zahlreichen Anlässen Schüler und Lehrer zu noch mehr Gedenkfeiern und Gemeinschaftsveranstaltungen zusammenrief. Ereignisse aus der Geschichte und der NS-Vergangenheit bildeten einen bevorzugten Gegenstand nationalistischer und nationalsozialistischer Reden. Verbunden waren diese oft mit einem militärischen Antreten der Schulgemeinschaft im Schulhof, Flaggenhissung, Nationalhymne und Horst-Wessel-Lied, anderen HJ-Liedern und einer Verpflichtung auf den Führer Adolf Hitler. Dessen im Rundfunk übertragene Reden mußten die Schüler, soweit die räumlichen Möglichkeiten dazu bestanden, gemeinsam anhören. Freilich darf man die Wirkung solcher Feiern und Veranstaltungen auf die Schüler nicht überschätzen. Das Übermaß und die Länge wirkten ermüdend. Man saß oder stand die Zeit halt ab und freute sich insgeheim, daß Mathematik oder Latein dadurch ausfielen.

In vielen Schulen wurde jahrelang der Unterricht am frühen Morgen mit einer Morgenfeier eröffnet. Die Schüler mußten dazu klassenweise im Schulhof antreten, sich einen Tagesspruch anhören, Freiübungen machen und ein Lied singen, das der jeweils verantwortliche Lehrer anstimmte. Es konnte ein HJ-Lied sein wie »Ein junges Volk steht auf zum Sturm bereit«, es konnte mit politischen Tagesereignissen in Zusammenhang stehen wie »Deutsch ist die Saar, deutsch immerdar«, oder mochte auch die Distanz des Lehrers zu dem Rummel ausdrücken, wenn er etwa »Harre meine Seele, harre des Herrn« singen ließ. Die Nationalsozialisten hielten indes an solchen schulischen Übungen selten lange fest. Änderungen im Ablauf oder sogar völliger Wechsel waren an der Tagesordnung.

Spätestens ab 1934 ließ das NS-Regime erkennen, welche inhaltlichen Schwerpunkte es in den Schulen setzen wollte. Die ganze Schularbeit sollte sich um zwei Kerngedanken ranken: die radikale Rassenlehre verbunden mit einem erbarmungslosen Antisemitismus und die sozialdarwinistische Lehre vom ewigen Kampf ums Dasein. Beide Prinzipien, mit denen sich das NS-Erziehungsdenken auch schon weitgehend erschöpfte, sollten alle Unterrichtsgehalte überlagern. Themen, die sich nicht im NS-Sinne umdeuten ließen, waren auszuschalten. Ansonsten sollte die Schule stark den Tagesbedürfnissen des Dritten Reiches dienen. Insofern war es folgerichtig, daß keine lehrplanmäßigen Festlegungen zustande kamen, die über einen längeren Zeitraum Bestand gehabt hätten. Immer wieder veränderte man, verwarf schon bald das Neueingeführte, um es durch vermeintlich Besseres zu ersetzen. Es herrschte ein Zustand dauernder Schulreform, der ein stetiges und vernünftiges pädagogisches Arbeiten verhinderte. Mit ihrer fortwährenden inneren Unruhe entrichteten die Schulen ihren Tribut, den die Auslieferung an das NS-Regime forderte.

Trotz der Unbeständigkeit, die die NS-Leute auch im Schulwesen zeigten, lassen sich einige Gesichtspunkte herausstellen, welche für die gesamte Zeit ihrer Herrschaft, obzwar mit unterschiedlicher Gewichtung, dem damaligen Zentralismus entsprechend für alle Schulpflichtigen im Reich bestimmend waren. Jungen und Mädchen sollten in scharfer Trennung voneinander unterrichtet werden, denn (so formulierte ein Erlaß im Jahre 1938) »eine gemeinsame Schulerziehung der Geschlechter widerspricht nationalsozialistischem Erziehungsgeiste.«[184] Nur in Sonderfällen war Mädchen der Besuch von Jungenschulen gestattet.

Eine Vorzugsstellung räumte man dem Biologieunterricht ein, denn die zwanghafte Fixierung auf rassistische Vorstellungen verlangte, daß die Jugendlichen ebenfalls in dieses Irrdenken eingeführt würden. Das sah man als die »Krönung« der Bildungsarbeit im NS-Staat an:[185]

»Die gesamte Bildungs- und Erziehungsarbeit des völkischen
Staates muß ihre Krönung darin finden, daß sie den Rassesinn
und das Rassegefühl instinkt- und verstandesmäßig in Herz und
Gehirn der ihr anvertrauten Jugend hineinbrennt. Es soll kein
Knabe und kein Mädchen die Schule verlassen, ohne zur letzten
Erkenntnis über die Notwendigkeit und das Wesen der Blut-
reinheit geführt worden zu sein.«

In den deutschkundlichen Fächern (Deutsch, Geschichte, Erdkunde) sollten die Lehrer den Schülern die herausragende Stellung des Deutschen in der Welt deutlich machen. Dies konnte zu einer maßlosen Überschätzung des eigenen Vol-

HITLER-JUGEND BEIM SPIEL (1938)

kes und zu einer Geringachtung anderer Völker führen, aber auch zu einer rassemäßig begründeten Deutschtümelei, welche sich mit einem kämpferischen Element verband. Der rassekundliche Gedanke sollte insbesondere in einer lebendigen Germanenkunde hervortreten. Daneben schrieben die NS-Verantwortlichen für das Schulwesen als weitere Inhalte dem Deutschunterricht vor:[186]

»*Das Volk als Schicksals- und Kampfgemeinschaft, Kampf um
Raum, Soldatentum (Heer, Flotte, Luftwaffe), Heldentum,
Kriegsdichtung der Frontkämpfer des Weltkrieges als mythische
Gestalt und Kraft.
Die Frauen im Weltkriege.
Nationalsozialistische Kampfgemeinschaften und Verbände.
Siedlung, Führertum, Kameradschaft.
Der volksdeutsche Kampf im Grenzland und im Ausland.
Kolonien.*«

Stark förderten die Nationalsozialisten den Unterricht in den Leibesübungen, der der Heranbildung körperlich tüchtiger, kampfbereiter junger Menschen dienen sollte. Weniger angesehen war der Unterricht in den Fremdsprachen, in Mathematik und den Naturwissenschaften außer Biologie, denn die in diesen Fächern erforderliche Sachgerechtigkeit stand in krassem Widerspruch zu der in anderen Bereichen angestrebten Ideologisierung.

Die von den Nationalsozialisten vorgenommenen organisatorischen Änderungen hielten sich im Kreis Offenbach in engen Grenzen. Die Mehrzahl der Schulpflichtigen besuchte nach wie vor acht Jahre lang die Volksschule. Im Bereich der höheren Schulen gab es 1937 allgemein die Umwandlung der bestehenden Gymnasien und Oberrealschulen zu Oberschulen für Jungen und Mädchen. Als erste Fremdsprache löste Englisch Französisch beziehungsweise Latein ab; als zweite Fremdsprache wurde Latein bestimmt. Gleichzeitig verkürzte man im Hinblick auf die Einführung der zweijährigen allgemeinen Wehrpflicht die Dauer des Schulbesuchs in der höheren Schule von neun auf acht Jahre. Erstmals führte nun auch eine Oberschule im »Landkreis« Offenbach bis zum Abitur: in Neu-Isenburg konnten 1940 die ersten Schüler die Reifeprüfung ablegen.

Auf dem Papier mit Lehrplänen und neuen Lehrbüchern hatten die Nationalsozialisten die Schulen erobert, dennoch beherrschten sie die Schulen nicht schlechthin. Sie konnten ihnen äußerlich eine neue Form aufpressen, eine tiefergehende Umgestaltung stieß jedoch auf Widerstände. Manche Lehrer gingen zwar den von den NS-Machthabern vorgezeichneten Weg bereitwillig mit, viele andere verhielten sich dagegen recht passiv, beschränkten sich auf reine Wissensvermittlung, vermieden weitgehend die Behandlung heikler Themen, vernachlässigten den Gebrauch der neueingeführten Lehrbücher. Die Schüler mußten sich diese zwar kaufen, doch sie lernten oft nach den von Lehrern in die Schulhefte diktierten Texten, die frei von Ideologie waren oder höchstens einige minimale Konzessionen enthielten. Manches ließ sich nicht vermeiden, so der Hitler-Gruß zu Beginn einer jeden Unterrichtsstunde, den die Lehrer je nach Einstellung zackig oder ziemlich lax aussprachen. An solchen Kleinigkeiten spürten die etwas älteren Schüler bald die politische Überzeugung ihrer Lehrer heraus und richteten ihr Verhalten entsprechend ein. Sie lernten, die gängige Sprachregelung anzuwenden, und stellten sich gegebenenfalls von Stunde zu Stunde um. Jeder wußte auch, was von manchen offiziell verordneten Sprüchen zu halten war. Ihr übermäßiger Gebrauch konnte gar zur Tarnung des Sprechers dienen, denn um einen verbalen Tribut an die von der Partei oder ihrer Schulverwaltung gegebenen Richtlinien kamen weder Schüler noch Lehrer herum. Ungehemmt reden konnten nur die nationalsozialistischen Lehrer; frei sich äußern, durften auch sie sich nicht, denn sie waren an die amtlichen Vorgaben gebunden. Die anderen, die dem Regime kritisch oder ablehnend gegenüberstanden, mußten ihre wahre Haltung verbergen und sich mit gelegentlichen Andeutungen begnügen, welche die Schüler aber verstanden. Allzu deutlich und konkret durften Lehreräußerungen wiederum auch nicht sein, weil es in allen Klassen überzeugte Nationalsozialisten gab. Wie überall im NS-Staat, so kam es ebenfalls im Schulbetrieb zu Denunziationen. Insgesamt gesehen bestanden bei aller verordneter Einheitlichkeit in Betrieb und Gestaltung des Unterrichts von Klasse zu Klasse und von Schule zu Schule erhebliche Unterschiede.

Die HJ als Staatsjugend

Wenn das Dritte Reich ein »tausendjähriges Reich« werden sollte, so mußten die Nationalsozialisten in besonderer Weise sich um die Jugend, die »Zukunft des Volkes« bemühen. Um sie fest in den Griff zu bekommen, war neben der ideologisierten Schule die NS-Staatsjugend, die »Hitler-Jugend«, ausersehen. Aus ihrem Totalitaritätsanspruch als Staatsjugend ergab sich für die HJ, daß sämtliche Jugendlichen ihr angehören sollten und daß es neben ihr keine anderen Jugendorganisationen mehr geben dürfe. Schon von diesem Anspruch her war der Konflikt mit der Katholischen Jugend Deutschlands, die von den großen Jugendbünden allein noch für einige Zeit geduldet, doch zugleich bedrängt wurde, vorprogrammiert. Werbung und Druck, die vor allem von Partei, Behörden und Schulen ausgingen, bewirkten, daß schon bald viele Schüler und Jugendliche der HJ beitraten. Wer sich zurückhielt oder gar noch einer anderen Jugendgruppe angehörte, wurde benachteiligt und drangsaliert. Die Regierung wies die Lehrer an, »die Hitler-Jugend bei ihrer Arbeit, insbesondere bei der Erfassung der gesamten deutschen Jugend, in jeder nur möglichen Weise zu unterstützen.«[187] Die oberste Parteiführung in Person von Hitlers Stellvertreter Rudolf Heß verkündete zwar noch 1935 für den Beitritt »den Grundsatz der Freiwilligkeit, denn ein Zwang zum Eintritt in unsere Reihen würde zugleich unseren Ruin vorbereiten helfen«,[188] doch schon am 1. Dezember des folgenden Jahres 1936 erließ die Reichsregierung das Gesetz, das alle Jugendlichen zwischen 10 und 18 Jahren, ob sie wollten oder nicht, zu Mitgliedern der Hitler-Jugend machte:[189]

> *»§ 1 Die gesamte deutsche Jugend innerhalb des Reichsgebietes ist in der Hitlerjugend zusammengefaßt.*
>
> *§ 2 Die gesamte deutsche Jugend ist außer in Elternhaus und Schule in der Hitlerjugend körperlich, geistig und sittlich im*

*Geiste des Nationalsozialismus zum Dienst am Volk und zur
Volksgemeinschaft zu erziehen...«*

An der Spitze der Organisation stand der Reichsjugendführer der NSDAP, Baldur von Schirach, der nun den Titel eines »Jugendführers des Deutschen Reiches« erhielt und als Leiter einer Obersten Reichsbehörde Hitler unmittelbar unterstellt war. Eine straffe Organisation hatte die HJ unter Schirachs Führung schon 1933 erhalten. Sie war bei den Jungen aufgegliedert in die »Hitler-Jugend« im engeren Sinne (14- bis 18jährige) und das »Deutsche Jungvolk« (10- bis 14jährige), denen in den gleichen Altersgruppen bei der weiblichen Jugend der »Bund deutscher Mädel« und die »Jungmädel« entsprachen. Territorial war die HJ in Gebiete, Banne und Unterbanne gegliedert. Die örtlichen Gruppen bezeichnete man bei der HJ als Gefolgschaften, die wiederum in Scharen und Kameradschaften aufgeteilt waren. Beim Jungvolk gab es entsprechend das Fähnlein, den Jungzug, die Jungenschaft und als kleinste Einheit die Horde. Schon Ende 1934 war die Zahl der HJ-Mitglieder auf über 3,5 Millionen gestiegen. Verführung und Zwang erreichten auch bei den Jugendlichen im Kreis Offenbach einen beachtlichen Organisationsgrad, der Anfang 1935 bei etwa 70 Prozent gelegen haben dürfte. Werbeaktionen in den Schulen und Druck auf die Eltern ließen die Migliederzahlen anschwellen. Waren im Oktober 1935 erst 55 Prozent der Volksschüler Langens in der Hitler-Jugend, so konnte die gleiche Schule im folgenden Frühjahr melden, über 90 Prozent der über 10 Jahre alten Schüler gehörten zur HJ. Nach einem Erlaß vom 6. Januar 1935 war die Schule damit berechtigt, neben der Reichsflagge auch die HJ-Fahne zu hissen.[190] Solche Auszeichnungen waren für örtliche HJ- und Parteiführer wie für Schulleiter und Lehrer Ansporn, die Schüler zum Eintritt zu drängen. Die Goethe-Schule in Neu-Isenburg verzeichnete unter ihren Schülern 96 Prozent Angehörige der HJ.[191]

»So versammelte sich am ersten Schultag nach den Weihnachtsferien (Januar 1936) die Schule zu einer eindrucksvollen Feierstunde im Schulhof, zu der auch Vertreter der Stadt und der HJ erschienen waren, um dem erstmaligen Hissen der HJ-Fahne einen würdigen Rahmen zu verleihen.«

Andere Kreisorte standen nicht nach. In Mühlheim gehörten bereits im Dezember 1934 70 Prozent der Jungen der HJ an. Und schon ein halbes Jahr vor der Verkündung des Gesetzes über die Hitler-Jugend meldete der »Mühlheimer Bote« im Mai 1935 voll Stolz: »Sämtliche Jungen von 10 bis 14 Jahren Mitglied!«[192] War in Ortschaften die Abneigung der meisten Erwachsenen gegen die NSDAP deutlich spürbar, setzten die Nationalsozialisten ihre Hoffnung auf die Jugend und erwarteten von ihr, daß sie der Bevölkerung »den Weg in die Zukunft« weisen werde. In Froschhausen, wo die übrigen NS-Gliederungen nur ein Schattendasein fristeten, weihten sie im Februar 1935 ein HJ-Heim mit großem Gepränge ein. Da die dortige Schar aber nur etwa 20 Jugendliche zählte, trommelte man noch auswärtige Hitler-Jungen herbei, so daß rund 80 Mann aufmarschierten. Vor dem Heim verkündeten die NS-Redner ihre Parolen. Drinnen aber zeigten die als »malerischer Wandschmuck« aufgehängten Gewehre aus dem Krieg von 1870/71 recht anschaulich, wohin der Marsch gehen könnte.[193]

An der Spitze der Hitler-Jugend des Kreises, der einen (später aufgeteilten) Unterbann bildete, stand der Bannführer in Offenbach. Ihm waren ein Stellvertreter und ein persönlicher Adjutant beigegeben. Zur Bannführung, die bald zu einem bürokratischen Wasserkopf anschwoll, gehörten die Gruppen Organisation und Kultur, Schulung, Spiel und Feiergestaltung. Zur ersten Gruppe gehörten die Abteilungen Personal, Soziales und Berufsberatung, Verwaltung und Feldscherwesen; zur letztgenannten Gruppe zählten die Abteilungen für Presse und Propaganda, Volkssport und Motor- und Flugwesen. Unentbehrlich bei den Aufmärschen des Bannes 287 war der Fanfarenzug. Die Organisation zur Erfassung und Führung der weiblichen Jugend wurde mit einiger zeitlicher Verzögerung und charakteristischen Abweichungen ebenfalls aufgebaut.

Aufmärsche und Geländespiele nahmen einen großen Teil der Zeit in Anspruch, den die Jugendlichen als »Dienst« bei der HJ verbrachten. Sie hatten auch politischen Zielen der Partei zu dienen, so etwa, als im Juli 1934 die »Jüngste Garde« aufmarschierte, um gegen den »Versailler Schandvertrag« zu protestieren.[194] In den Sommermonaten veranstaltete man vielfach Zeltlager. 1934 traten rund tausend Jugendliche aus Stadt und »Landkreis« Offenbach auf dem Wilhelmsplatz in Offenbach an und marschierten von dort in das große Lager im Frankfurter Huthpark. Ein anderes Lager mit sieben Zelten für je dreißig Mann war bei Mainflingen aufgeschlagen. Gauleiter Sprenger besuchte es im Juli und verkündete den Teilnehmern, sie könnten glücklich sein, daß es eine Hitler-Jugend gäbe, denn sie lernten wieder die große deutsche Vergangenheit und das

UNIFORMIERTE DORFJUGEND
Auf dem Platz vor dem Kriegerdenkmal ist die Jugend Weiskirchens – die Jungen in Uniform – angetreten.

> **Aufruf!**
>
> **In sämtlichen Ortschaften**
> haben sich alle Junggenossen im Alter von 14 bis 18 Jahren in der Zeit vom 16. bis 25. Mai 1934, zwischen 17 und 19 Uhr, auf dem für sie zuständigen Bürgermeisteramt bei dem dort dienstuenden Standortführer der Hitler-Jugend zu melden.
>
> **Es ist Pflicht**
> eines jeden deutschen Jungen, Mitglied in der einzigen deutschen Jugendorganisation, der Hitler-Jugend, zu sein.
>
> Heil Hitler!
>
> Der Kreisleiter:　　　　Der Führer d. Unterbannes
> gez. Dr. Schranz.　　　　　　　IX/115
> Der Bürgermeister:　　m.d.F.b. gez. Max Köhler.
> gez. Dr. Knöpp.

»HINEIN IN DIE HJ!«
Bereits vor dem Erlaß des Gesetzes vom 1. 12. 1936 über die Hitler-Jugend versuchten Dienststellen der Partei und der Gemeinden, die Jugendlichen zum Beitritt in die HJ zu zwingen.

deutsche Heldentum kennen. Auch meinte er, ein guter Hitler-Junge sei auch ein guter Schüler[195], eine Behauptung, die sich im Einzelfall bestätigen und widerlegen ließe. Etwas skeptischer war in dieser Beziehung der inzwischen in die obere Schulaufsicht Hessens vorgerückte »Alte Kämpfer« Ringshausen, als er im folgenden Frühjahr anordnete, schwächere Schüler dürften nur während der Schulferien ein HJ-Lager beziehen.[196]

Die von der Offenbacher HJ veranstalteten großen Geländespiele nahmen mittlerweile fast den Charakter vormilitärischer Übungen an. Im Oktober 1936 zog man rund zweitausend Jugendliche zusammen zu einer Geländeübung unter dem Motto »Der Ring um Offenbach wird gesprengt«. Aus den Gemarkungen von Heusenstamm, Hausen, Lämmerspiel und Steinheim rückten die HJ-Kolonnen zum Sturm auf die Kreisstadt vor, wobei Angreifer und Verteidiger im Verhältnis 2 zu 1 einander gegenüberstanden.[197] Im folgenden Jahr führte die HJ ein Großgeländespiel im Dreieichgebiet durch, an dem sich tausend Pimpfe beteiligt haben sollen. Sie waren in Massenquartieren untergebracht; für ihre Verpflegung sorgten die Ortsbewohner. Die Gemeinde Urberach war dazu bestimmt, die Sieger der Übung zu ehren.[198]

In den ersten Jahren nach 1933 übte die HJ mit Lagerfeuerromantik und Geländespiel, Aufmärschen und Liedern, die vielfach aus dem Liedgut der bündischen Jugend stammten, eine gewisse Anziehungskraft auf viele Jugendliche aus. Das änderte sich langsam aber sicher, nachdem die gesetzliche Verpflichtung zur Mitgliedschaft bestand. Äußerlich mochte die in einem Zeltlager kampierende Horde noch selbständig erscheinen, in Wirklichkeit war auch sie an die Kette der Partei gelegt. Pedantisch und mißtrauisch wie die NS-Leute waren, reglementierten sie ihre Jugendbewegung. Das Antreten zum Dienst wurde Pflicht und genau kontrolliert, gegebenenfalls mit Hilfe der Polizei erzwungen. »Jugendliche können durch die zuständige Ortspolizeibehörde angehalten werden, den Pflichten nachzukommen, die ihnen aufgrund dieser Verordnung auferlegt worden sind«, bestimmte die Durchführungsverordnung zum Gesetz über die Hitler-Jugend. Gleichzeitig bedrohte sie mit Gefängnis oder Geldstrafe diejenigen, die »böswillig einen Jugendlichen vom Dienst« in der HJ abhielten oder dies auch nur versuchten.[199] An die Stelle der früher üblichen Kluft mit ihren Eigenheiten trat die verordnete Uniform: Braunhemd im Sommer, schwarze Keilhose und schwarze Bluse im Winter beispielsweise beim Jungvolk, dazu Koppel, Schulterriemen, Halstuch und Lederknoten. In den regelmäßig mittwochs und samstags (beim Jungvolk) oder sonntags (bei der HJ) stattfindenden Dienststunden mußten sich die Jungendlichen mit den von der Partei verordneten Themen wie Rassenkunde, Geschichte der NS-Bewegung oder Kolonien beschäftigen. Sport und Spiel verschwanden mehr und mehr; vormilitärischer Drill, Gleichschritt und Marschübungen traten an die Stelle. Manche Jugendliche reagierten aggressiv. Beschwerden über fehlende Ordnung und Disziplinlosigkeit trafen ein. In Sprendlingen beschwerte sich die Ortsgruppenleitung beim Stammführer des Jungvolks wegen Beschädigungen, die die Pimpfe in einem von der Gemeinde zur Verfügung gestellten Raum angerichtet hatten.[200] In Dreieichenhain war es der Bürgermeister, der dem Scharführer der örtlichen HJ einen geharnischten Brief schrieb und ihm mitteilte, wegen des »skandalösen Verhaltens« und der mutwilligen Zerstörungen beim HJ-Dienst sehe er sich »veranlaßt, den Turnsaal sowie das ganze Schulgebäude für die hiesige Hitler-Jugend, die dem Namen des Führers bestimmt keine Ehre« mache, zu sperren.[201]

Eine gewisse Möglichkeit, dem vormilitärischen Drill des HJ-Dienstes sich zu entziehen, gab es für Jugendliche, die in die Sondereinheiten der Hitler-Jugend eintreten konnten. Neben der allgemeinen HJ bestanden nämlich noch Gruppen der Reiter-HJ, der Flieger-HJ, der Motor-HJ, der Nachrichten-HJ und der Marine-HJ. Dort konnte man bis zu einem gewissen Grad persönliche Neigungen mit dem Dienst verbinden. Nach den Vorstellungen der Partei sollten diese Formationen einer spezialisierten vormilitärischen Ausbildung dienen, doch wurden sie von der Wehrmacht nicht allzu ernst genommen.

Auch aus ihrer Sicht Erfreuliches konnten die Nationalsozialisten des Kreises von ihrer Jugendorganisation berichten. Sie waren begeistert von der Begeisterung, mit der Götzenhainer Jugendliche im Mai 1935 den Reichsjugendführer Baldur von Schirach begrüßten, als er vom Jungvolk-Lager Urberach kommend mit seiner Autokolonne südlich von Götzenhain vorbeifuhr. Die Schilderung des Vorganges im »Langener Wochenblatt« ist ein beredtes Beispiel naiv-primitiver Propaganda jener Jahre:[202)]

»...Sie alle waren voller Begeisterung und vor lauter Freude und Erregung brachen Heilstürme über ihn los. Die Jungens und Mädels drückten ihm die Hand und waren ganz außer Fassung, hier an diesem Sonntag abend den Führer der Deutschen Jugend begrüßen zu dürfen. Er fragte die Führerin des BDM, "wo seid ihr her?" Da sagten alle wie aus einem Munde: »Aus Götzenhain«. Seine Antwort war daraufhin: "So seid ihr Götzenhainer". Ein Leuchten kam aus seinen Augen, und die Jugend, die hier versammelt war, konnte ihr Glück nicht fassen, daß sie ihrem Führer solche Freude bereitete. Es ertönte immer der Ruf: "Ich will auch dem Reichsjugendführer die Hand geben." Jeder durfte es auch, und immer leuchteten freudig die Augen Baldurs...«

Stolz waren die NS-Leute, als man 1938 in Seligenstadt eine HJ-Führerschule eröffnete, auf der in zweiwöchigen Schulungskursen jeweils zwanzig junge Leute als Führernachwuchs für den Offenbacher Jungbann 287 herangebildet werden sollten.[203)] Eine Auszeichnung bedeutete es für Mitglieder der Hitler-Jugend, wenn sie von der Führung ausgewählt wurden und zum Reichsparteitag in Nürnberg fahren konnten, wo sie als Fahnenabordnung ihren Heimatkreis repräsentieren durften.[204)] Für künftige höchst bedeutsame Aufgaben ausersehen waren Jugendliche, die Adolf-Hitler-Schulen besuchen durften. In einem strengen Ausleseverfahren versuchte man, die Geeignetsten zu finden. Als im Oktober 1938 der Kreisleiter eine Vormusterung der in Frage kommenden Jungen vornahm, bezeichnete er die 18 als würdig befundenen Pimpfe als »den Stolz eines jeden Jungbannes«.[205)]

Bei dem »Bund deutsche Mädel« war die gesamte Situation naturgemäß etwas anders als bei der männlichen Jugend. Im Vordergrund des BDM-Dienstes stand die Vorbereitung für die spätere Rolle als Hausfrau und Mutter. Um die Mädchen darauf vorzubereiten, fanden Kurse in Handarbeit, Säuglingspflege und Hauswirtschaft statt. Rassenkunde war nach NS-Meinung für die Mädchen unentbehrlich. Am jugendgemäßesten war noch das Einüben von Volkstänzen und der Gesang. Neben den alten Volksweisen und den Liedern der früheren Jugendbewegung nahmen freilich auch NS- und Soldatenlieder dabei einen breiten Raum ein. Wanderfahrten und Lageraufenthalte fanden in einem viel geringerem Ausmaß als bei den Jungen statt. Im Jahr 1938 unternahmen an die hundert Mädchen aus dem Unterbann Offenbach des BDM eine Wanderung an die Mosel.[206)]

Die Verdrängung der Katholischen Jugend

Während die evangelischen Jugendbünde bis spätestens 1934 aufgelöst oder in die Hitler-Jugend überführt waren, verschaffte das zwischen dem Deutschen Reich und dem Vatikan geschlossens Konkordat der Katholischen Jugend für einige Jahre noch begrenzte Möglichkeiten für ihre Tätigkeit. Auf die Dauer waren die Nationalsozialisten jedoch nicht gewillt, neben der HJ noch andere Jugendorganisationen zu dulden. Sie verstärkten daher die Angriffe auf die bestehenden katholischen Jugendgruppen und versuchten insbesondere deren Führer durch Nachstellungen einzuschüchtern. Hans Hölzer aus Neu-Isenburg, damals Jungscharführer des Bezirks Offenbach, wurde nach den von ihm auf überörtlicher Ebene durchgeführten Veranstaltungen stets zur Gestapo Offenbach zur Vernehmung bestellt. Nur dem Umstand, daß dort ein Bekannter seines Vaters als Kriminalbeamter tätig war, verdankte er es, daß er nach den nächtlichen Verhören und einigen »Puffern« wieder frei kam. Der Führer der katholischen Sturmschar (14- bis 18jährige) wurde dagegen ein halbes Jahr in Haft behalten.[207] Überfälle von HJ-Leuten auf Angehörige der Katholischen Jugend waren keine Seltenheit. Einen Offenbacher Jugendführer fesselten sie im Lämmerspieler Wald an einen Baum. Er verblieb eine ganze Nacht in seiner mißlichen Lage, bis ihn am nächsten Morgen Waldarbeiter entdeckten und befreiten.[208] In Urberach schlugen 1934 NS-Leute eine Gruppe katholischer Jugendlicher auseinander, die SA verhaftete einen Mann, der den Buben beistehen wollte.[209]

Um die Katholische Jugend am Auftreten in der Öffentlichkeit zu hindern, erließ das Staatspolizeiamt in Darmstadt im Jahre 1935 eine Verfügung, die den konfessionellen Jugendverbänden das Tragen von Uniformen, Bundestracht, uniformähnlichen Kleidungsstücken sowie jede sonstige einheitliche Kleidung ebenso wie das Tragen von Abzeichen verbot. Untersagt wurden auch Aufmärsche, Wandern und Zelten. Banner und Wimpel durften nur noch bei kirchlichen Anlässen gezeigt werden. Außerdem wurde »jegliche Ausübung und Anleitung zu Sport und Wehrsport aller Art« verboten.[210] Damit war das Ende der »Deutschen Jugendkraft« (DJK) gekommen, die auch in manchen Orten des Kreises Offenbach ansehnliche Gruppen katholischer Jugendlicher zu Sport und Spiel vereint hatte.

Zeitschriften der Katholischen Jugend wurden immer wieder beschlagnahmt, schließlich ganz verboten. Unsicher wurden die Heimwege der Buben und Mädchen nach den Gruppenstunden. In Neu-Isenburg begleiteten deshalb 1935 die Gruppenleiter sie auf dem Rückweg zur elterlichen Wohnung, um sie vor Überfällen der HJ zu schützen.[211] Auch in Seligenstadt überfielen Hitler-Jungen wiederholt Jungschar-Buben auf dem Heimweg. Dabei kam es mehrmals zu Schlägereien.[212] In Bieber war ein Schaukasten der HJ von Unbekannten beschmiert worden. Draufhin griff ein HJ-Trupp den Präses des »Katholischen Jungmänner-Vereins« vor seinem Elternhaus auf, zerrte ihn unter Bedrohungen und sprechchorartigen Schmähungen »Hier ist der Schänder der HJ« durch die Straßen, bis endlich das aus Offenbach herbeigerufene Überfallkommando eingriff, aber nicht die Randalierer der HJ, sondern den katholischen Jungmann in vorübergehende Schutzhaft nahm.[213]

Auf die Dauer waren die katholischen Jugendgruppen dem Druck des NS-

Staates nicht gewachsen. Nachdem Himmler als stellvertretender Leiter der Geheimen Staatspolizei im Juli 1935 ein Verbot jeder nicht rein religiösen Betätigung der katholischen Jugendverbände ausgesprochen hatte, waren diese gezwungen, sich auf den religiös-kirchlichen Bereich zurückzuziehen. Da Wanderfahrten und Ausflüge von nun an nicht mehr möglich waren, gab man sie als Wallfahrten aus, die die NS-Behörden schlecht verbieten konnten, wenn sie ihnen auch ein Dorn im Auge waren. Zu Hunderten beteiligten sich Schüler und Jugendliche aus dem Kreis Offenbach an solchen Wallfahrten nach Marienthal im Rheingau, nach Dieburg, Gernsheim, Maria-Buchen bei Lohr und anderen Orten. Als Transportmittel dienten Omnibusse, umgerüstete Lastkraftwagen, aber auch Sonderzüge der Reichsbahn. Einen Teil der Buben kleidete man mit Meßdienerröckchen, um so den religiösen Charakter der Fahrt hervorzuheben.[214]

Nachdem von 1939 an die Katholische Jugend auch in kirchlichen Räumen keine Aktivitäten mehr entfalten durfte, luden die Geistlichen die Jugendlichen zu »religiösen Vorträgen« oder ähnlich benannten Veranstaltungen ein, in denen frühere Jugendarbeit in etwas veränderter Form, freilich auch mit zahlenmäßig geringerer Beteiligung, fortgesetzt wurde. Hans Hölzer erinnert sich:[215]

»Wenn wirklich mal einer gekommen ist und hat nachgesehen, was wir machen, dann haben wir eben dagesessen und aus der Bibel vorgelesen. Wenn er dann draußen war, dann ging es wieder anders...«

Außer für Neu-Isenburg gibt es auch Zeugnisse dafür, daß in Seligenstadt, Bieber, Lämmerspiel, Hausen und Hainhausen die Jugendarbeit trotz Verbotes fortgesetzt wurde. Waren alle anderen Möglichkeiten erschöpft, so versammelten Kapläne oder Pfarrer die Meßdiener um sich. Die offizielle Lesart war, diese sollten für den Altardienst ausgebildet werden. Waren sie unbeobachtet, dann hielten sie Gruppenstunden wie in früheren Jahren.

»Ein Volk, ein Reich, ein Führer« – und eine Liste:
»Wahlen« und Volksabstimmungen 1936 und 1938

1936

Am 7. März 1936 waren deutsche Truppen in die gemäß dem Versailler Vertrag entmilitarisierte Zone des Rheinlandes eingerückt, gleichzeitig hatte Hitler wegen des zwischen Frankreich und der Sowjetunion abgeschlossenen Bündnisvertrages den Locarno-Pakt gekündigt. Der Völkerbund verurteilte zwar den Vertragsbruch, zu weitergehenden Maßnahmen militärischer Art, die das Deutsche Reich bei dem damals niedrigen Stand seiner Rüstungen in schwere Bedrängnis hätten bringen können, konnten sich die Großmächte jedoch nicht aufraffen.

EINMARSCH DER DEUTSCHEN WEHRMACHT
Der Kreis Offenbach gehörte zu der nach den Bestimmungen des Versailler Vertrages entmilitarisierten Zone auf dem rechten Rheinufer. Unter Mißachtung dieses Vertrages gab Hitler im März 1936 den Befehl zur militärischen Besetzung des Rheinlandes. Das Bild zeigt die deutschen Soldaten beim Durchzug auf der Frankfurter Straße in Neu-Isenburg am 15. Juni 1936.

Hitler sah in diesem Verhalten einen großartigen Erfolg seiner Politik. Dem deutschen Volk aber wollte er die Gelegenheit geben, die »feierliche Zustimmung erteilen zu können« und schrieb Neuwahlen zum Reichstag für den 29. März 1936 aus.[216)]

Drei Wochen lang führten die Nationalsozialisten einen Wahlkampf ohne Gegner. Hitler selbst sprach in elf deutschen Städten, am 15. März auch in der Frankfurter Festhalle. Dabei stellte er an die Zuhörer pathetisch formulierte Fragen wie:[217)]

»Deutsches Volk, willst du, daß zwischen uns und Frankreich
nun endlich das Kriegsbeil begraben wird und Friede und Ver-
ständigung eintritt? Willst du das, dann sage Ja.«

Ein tausendfaches, überzeugtes »Ja« kam als Antwort von der Masse. Wie anders hätte sie auch auf eine solche Frage reagieren können? Hitler täuschte eine Friedenspolitik vor. Die Zustimmung des Volkes zum Frieden mit den Nachbarn gab er dann als Einverständnis mit seiner Regierung aus. In den Propagandarummel spannte die Partei nicht nur ihre Gliederungen, sondern auch die Ver-

STIMMZETTEL 1936
Wahlplakat der NSDAP mit abgebildetem Einheits-Stimmzettel (1936)

bände und Vereine ein. So forderten die Vorstände der Seligenstädter Sportvereine ihre Mitglieder auf, sich an der zwei Tage vor der Wahl stattfindenden Großkundgebung mit Gauleiter Sprenger als Redner »restlos« zu beteiligen. Für den Wahltag gaben sie die Anweisung:[218]

»Es ist Pflicht jedes wahlberechtigten Mitgliedes, am Sonntag zu wählen und dem Führer seine Stimme zu geben. Wir wählen gemeinsam um 10 Uhr vormittags. Zusammenkunft auf dem Schulhof!«

Laut Stimmzettel wurde am 29. März der »Reichstag für Freiheit und Frieden« gewählt. Wählbar war nur die Liste der NSDAP, die auch im Wahlkreis Hessen Hitler, Heß, Frick, Göring und Goebbels als Spitzenkandidaten präsentierte. Im Gegensatz zu 1934, als noch rund 11 Prozent Nein-Stimmen gezählt wurden, wies dieses Mal das veröffentlichte Wahlergebnis eine verdächtige Einheitlichkeit im Reich aus: 99 Prozent Wahlbeteiligung, 98,8 Prozent Stimmen für Hitler und die Liste der NSDAP. Daß ein Reichstag gewählt wurde, stand in der Propaganda und im Bewußtsein der Wähler ganz im Hintergrund. Dem Regime ging es in erster Linie darum, die Übereinstimmung von Volk und Führer zu beweisen. Folgerichtig veröffentlichten die »Offenbacher Nachrichten« die Einzelwahlergebnisse aus dem Kreis nur unter den zwei Rubriken »Für den Führer« und »Gegen den Führer«. In den Gemeinden gab es weit weniger ablehnende Stimmen als 1934. Offenbar waren die Wähler von der politischen Wirkungslosigkeit und dem damit verbundenen Risiko einer solchen Stimmabgabe überzeugt. Zudem waren die Ortsgruppenleitungen und Wahlvorstände angewiesen, auch leere und durchgestrichene Stimmzettel als »Stimmen für den Führer« zu werten.[219] Manche Bürger, die ihre Ablehnung dennoch deutlich bekunden wollten, legten daher ein weißes Blatt anstelle des amtlichen Stimmzettels in den Umschlag, um dadurch zu vermeiden, daß ihre Stimme als »Ja« gewertet würde.[220]

Gemessen an den angeblich 98,8 Prozent Zustimmung im Reich konnten die NS-Leute mit dem Ergebnis im Kreis Offenbach nicht so recht zufrieden sein, denn hier hatten insgesamt 4,5 Prozent der Wähler ihr Nichteinverständnis in einer Form deutlich gemacht, die sogar die Wahlvorstände anerkennen mußten. Die Mehrzahl der insgesamt 5 753 ablehnenden Stimmen, nämlich 3 428, kam aus der Stadt Offenbach. Deren 5,9 Prozent Nein-Stimmen wurden im damaligen »Landkreis« noch übertroffen in Hainstadt (6,3 %), Groß-Steinheim (6,7 %) und Bieber (8,6 %). Die im Verhältnis eigentlich doch recht wenigen »Stimmen gegen den Führer« irritierten die NS-Leute. Sie wollten vorsorgen, daß sich so etwas nicht wiederhole. Das Kreisschulamt fragte bei den Bürgermeistereien vertraulich an, welche Lehrpersonen der Wahl ohne triftigen Grund ferngeblieben seien. An den Lehrern lag es freilich nicht, sie waren alle »ihrer Wahlpflicht nachgekommen«.[221] Ende des Jahres drohte der politisierende Preußenprinz und Parteigenosse August Wilhelm bei einer Rede in Langen ein scharfes Vorgehen gegen die »Gestrigen« an, die das Werk des Führers sabotierten.[222] Bieber aber als die Gemeinde mit dem höchsten Anteil an Nein-Stimmen im Kreis versuchte man durch die Eingemeindung nach Offenbach zu disziplinieren.

1938

In ähnlicher Weise wie 1936 verfuhr Hitler zwei Jahre später nach dem Anschluß Österreichs an das Reich. Er ließ wiederum einen neuen Reichstag wählen und machte es durch die Formulierung der vorgelegten Frage dem Wähler unmöglich, zwar für die Vereinigung Österreichs mit dem Reich, jedoch gegen die Liste der NSDAP zu stimmen. Beide Dinge hatten nichts miteinander zu tun, waren aber in der einen Fragestellung verbunden:[223]

»»*Bist du mit der am 13. März vollzogenen Wiedervereinigung Österreichs mit dem Deutschen Reich einverstanden und stimmst du für die Liste unseres Führers Adolf Hitler?*«

> **Volksabstimmung und Großdeutscher Reichstag**
>
> Stimmzettel
>
> Bist Du mit der am 13. März 1938 vollzogenen
>
> **Wiedervereinigung Österreichs mit dem Deutschen Reich**
>
> einverstanden und stimmst Du für die Liste unseres Führers
>
> **Adolf Hitler?**
>
> Ja   Nein

»WIEDERVEINIGUNG«
Gegen eine Wiedervereinigung Österreichs mit dem Reich hatten die wenigsten Deutschen (und Österreicher) etwas einzuwenden. Mit der Zustimmung votierten sie aber auch gleichzeitig für die »Liste des Führers«.

Der erste Teil der Frage hätte in einer freien und geheimen Abstimmung eine überwältigende Mehrheit gefunden, war doch Großdeutschland keine Erfindung der Nationalsozialisten, sondern bereits in dem Frankfurter Parlament von 1848 wie in der Weimarer Nationalversammlung von 1919 das erklärte Ziel überzeugter deutscher Demokraten aus allen Landesteilen. Aus dieser Überlieferung heraus muß man auch verstehen, daß selbst Leute wie der ehemalige sozialistische Kanzler und nachmalige österreichische Bundespräsident Renner und der Wiener Kardinal Innitzer die Bürger aufforderten, mit Ja zu stimmen. Die Nationalsozialisten machten freilich aus dieser Zustimmung zu einem staatspolitischen Vorgang in ihrer Propaganda eine Zustimmung zu ihrem Regime und ihrer Politik.

Wieder setzten sie alle Mittel der Massenbeeinflussung in Bewegung. Rundfunk und Presse priesen einhellig gleichgeschaltet die Großtaten des Führers; Aufmärsche und Kundgebungen sorgten für die nötige Begeisterung. Betriebsversammlungen mit Gemeinschaftsempfang von Hitlers Wahlreden, Platzkonzerte, Gesangsdarbietungen und Umzüge prägten auch das Bild in den Gemeinden des Kreises Offenbach. 700 SA-, SS- und NSKK- Leute kamen von Offenbach aus in einer »wohlgelungenen und aufrüttelnden Propagandafahrt« durch die Orte. Flugzeuge warfen über dem Kreisgebiet Wahlflugblätter ab, die eine Karte Großdeutschlands und ein großes »Ja« zeigten.

Das Wahlergebnis am 10. April 1938 war nach dem Trommelfeuer auf die nationalen Gefühle der Wähler und der Art, wie die »Wahl« durchgeführt wurde, keine Überraschung mehr: 99,08 Prozent hatten im Reich angeblich mit »Ja« gestimmt. Im Vergleich dazu hatte der Kreis Offenbach mit 2 875 Nein-Stimmen (= 2,2 %) geradezu »schlecht« gewählt. Die Einzelergebnisse sind ohne Belang. Nur ein Kuriosum sei vermeldet: Zeppelinheim, die jüngste Gemeinde des Kreises, konnte bereits um 8.45 Uhr das Wahllokal schließen. Schon zu diesem Zeitpunkt hatten alle 233 Wahlberechtigten hundertprozentig mit »Ja« gestimmt.[224]

In Klein-Welzheim, wo man neun Nein-Stimmen gezählt hatte, entwickelte die Obrigkeit einen schwarzen Humor. Sie schickte ein paar Tage nach der Wahl den Ortsdiener durchs Dorf und ließ ihn ausschellen:

»Die Nein-Wähler sollen sich auf dem Rathaus melden. Sie bekommen Freikarten nach Moskau.«

Am Ostermontag zitierte der Pfarrer diese Ausrufung wörtlich in seiner Predigt und sagte unter Bezug auf Gottlosigkeiten im eignen Land: »Ihr braucht wahrhaftig keine Leute nach Moskau zu schicken. Wir haben Moskau genug in Deutschland.« Natürlich wurde er deshalb denunziert, es »regnete« nur so Anzeigen gegen ihn, meinte er später. Die Gestapo verhörte ihn, doch seine Äußerung blieb ohne Folgen. Der Oberstaatsanwalt teilte ihm im Juli mit, »die Strafsache sei unter die anläßlich der Schaffung Großdeutschlands erlassene Amnestie gefallen.«[225]

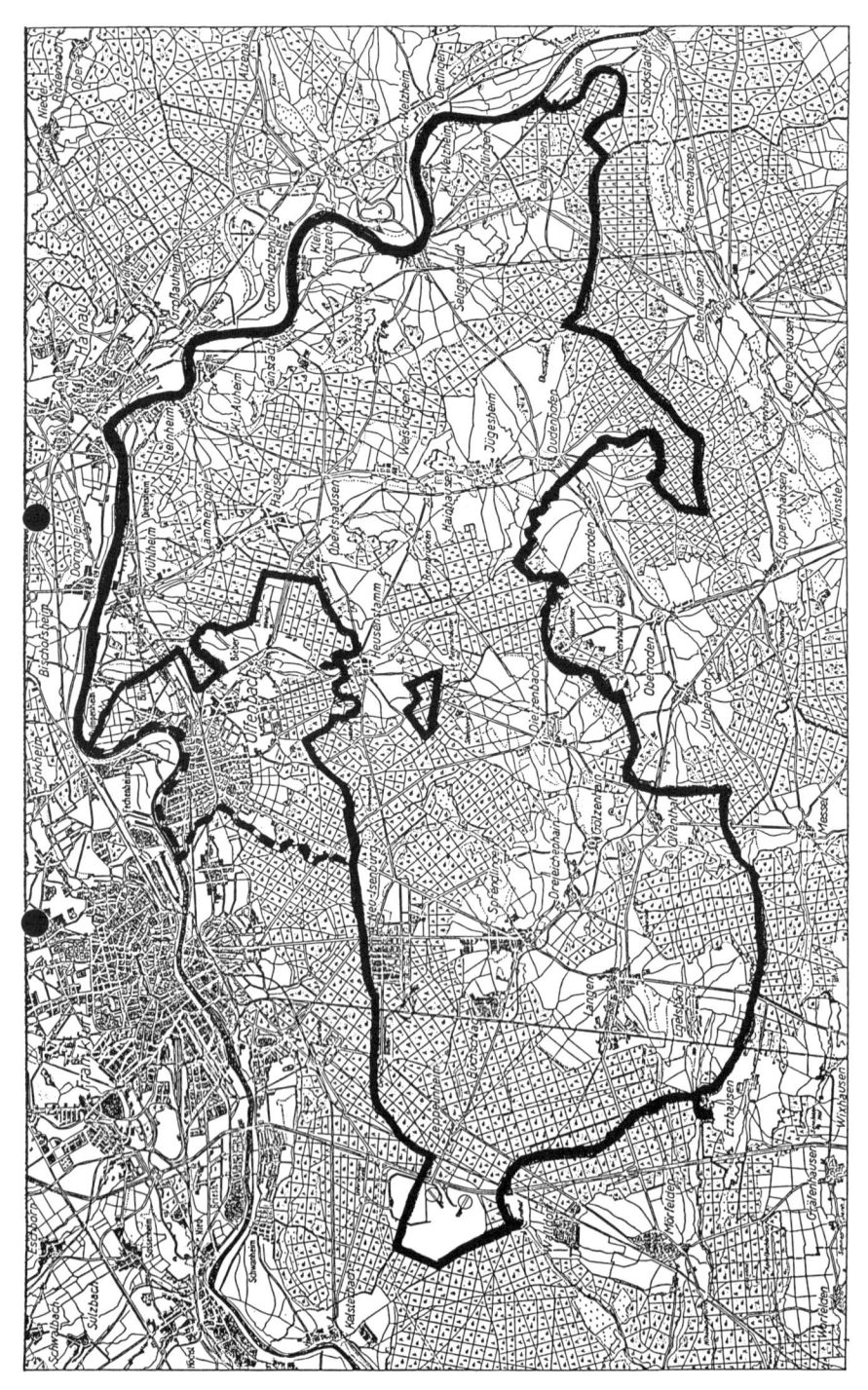

LANDKREIS UND STADTKREIS OFFENBACH NACH DER GEBIETSREFORM 1938

Viertes Kapitel
Im Zweiten Weltkrieg

Kriegsausbruch

Am Freitag, dem 1.September 1939, erfuhren die Menschen im Kreis Offenbach wie überall im Deutschen Reich aus den Frühnachrichten im Radio, eine Reihe von unerträglichen Grenzverletzungen beweise, daß Polen nicht länger gewillt sei, die Reichsgrenze zu achten. »Um diesem wahnwitzigen Treiben ein Ende zu bereiten,« bleibe dem Führer »kein anderes Mittel, als von jetzt ab Gewalt gegen Gewalt zu setzen.« Die Wehrmacht werde »den Kampf um die Ehre und die Lebensrechte des deutschen Volkes mit harter Entschlossenheit führen.«[1] Die Menschen, die diese Nachrichten hörten, wußten was sie bedeuteten; Krieg, auch wenn dieses Wort in diesen ersten Septembertagen von Rundfunk und Presse peinlich vermieden wurde. Obwohl er alle Macht im Staat besaß und Kritik nicht geübt werden durfte, glaubte Hitler offensichtlich auf die Stimmung im deutschen Volke, die weit von jeder Kriegsbegeisterung entfernt war, Rücksicht nehmen zu müssen und den Beginn der Kampfhandlungen als Abwehr feindlicher Übergriffe darstellen zu müssen. So gipfelte denn auch seine Rede vor dem Deutschen Reichstag am Morgen des 1. September in jenen berüchtigten Sätzen:

> *»Polen hat nun heute nacht zum erstenmal auf unserem eigenen*
> *Territorium auch durch reguläre Soldaten geschossen. Seit 5.45*
> *Uhr wird jetzt zurückgeschossen!«*

Auch die »Offenbacher Zeitung«, die die Bevölkerung des Kreises am Abend des 1. September 1939 in Händen hielt, vermied – offenbar auf Anweisung – das Wort »Krieg«. Unter der Überschrift »In historischer Stunde« berichtete sie über die Reichstagssitzung am Vormittag, druckte die Tagesbefehle an die drei Wehrmachtsteile und Hitlers Proklamation an die Wehrmacht ab, meldete die staatsstreichähnlich erfolgte Wiedervereinigung Danzigs mit dem Reich und gab mit dem ersten Bericht des Oberkommandos der Wehrmacht bekannt, »Truppen des deutschen Heeres sind heute früh über alle deutschpolnischen Grenzen zum Gegenangriff angetreten.« Weitere Meldungen wie die von der in Frankreich für den folgenden Tag angeordneten Mobilmachung deuteten dem aufmerksamen Leser an, daß aus dem deutsch-polnischen Konflikt schon bald ein Weltkrieg entstehen könne. Beruhigend erschien dagegen die Meldung aus Moskau, der Ober-

Nr. 204 Einzelpreis 10 R.-Pfg. Freitag, den 1. September 1939 167. Jahrgang

Offenbacher Zeitung

Bezugspreis: Monatlich 1.95 RM, wöchentl. 45 Rpf. Zustellgebühr in Offenbach durch die Zeitungsträgerin 27 Rpf. monatlich. Für Abholer aus unseren Offenbacher Abholestellen 43 Rpf. wöchentlich. Postbezug: 2.25 RM monatlich zuzüglich Bestellgeld. Erscheint täglich außer Sonn- u. Feiertags. Nichterscheinen einzelner Nummern infolge höherer Gewalt usw. berechtigt nicht zur Kürzung des Bezugspreises.

General-Anzeiger für Stadt und Kreis Offenbach — Offenbacher General-Anzeiger
Gegründet 1773 * Beilagen: „Feierabend", „Für die Frau" und „Sport-Echo der OZ."
Fernsprecher: Sammelnummer 80111. — Postscheckkonto: Frankfurt a. M. 9675. — Drahtanschr.: Offenbacher Zeitung Offenbachmain.
Verlag: Offenbacher Zeitung Verlags-G.m.b.H.; Rotationsdruck: Seiboldsche Buchdruckerei, Offenbach a. M.
Für Rückgabe unverlangter Schriftstücke keine Verbindlichkeit. — Einsendungen ohne Rückporto werden nicht zurückgeschickt.

Anzeigenpreise: Die 22 mm breite Millimeter-Zeile im Anzeigenteil 6 Rpf., im Textteil (77 Millimeter breit) 45 Rpf. Anzeigenpreisliste Nr. 6. Nachlaßstaffel C. Erfüllungsort: Offenbach a. M. Für Erscheinen der Anzeigen an bestimmten Tagen u. Plätzen wird keine Verbindlichkeit übernommen. Im Falle höherer Gewalt usw. erlischt jede Verpflichtung auf Erfüllung der Aufträge u. Leistung von Schadenersatz.

In historischer Stunde

Der Führer sprach vor den Männern des Deutschen Reichstags – Tiefes Vertrauen in ernster, stolzer Stunde

DNB. Berlin, 1. September.

Der Sitzungssaal des Reichstages bietet an diesem Tage, an dem das ganze deutsche Volk von dieser Stelle die bedeutsamen Erklärungen des Führers erwartet, das Bild ganz großer entscheidungsreicher Stunden. Fast vollzählig sind die Abgeordneten des Großdeutschen Reichstages versammelt, schon lange, bevor die Stunde des Sitzungsbeginnes herannaht. In lebhafter Unterhaltung stehen die Männer des Deutschen Reichstages in kleinen Gruppen beieinander, der Ernst und die Bedeutung dieser Stunde ist von ihren Gesichtern abzulesen, man vernimmt ihn aus ihren Worten, die man gelegentlich auffängt. Im Sitzungssaal herrscht wie immer die Uniform vor, diesmal sieht man aber ganz besonders viel Feldgrau, eine große Anzahl von Abgeordneten trägt schon das Ehrenkleid des deutschen Soldaten, andere wieder sind schon zu den Waffen eingezogen und müssen dieser historischen Sitzung fernbleiben.

Eine erwartungsvolle Spannung liegt über dem Hause, das schon lange vor dem Beginn der Sitzung bis auf den letzten Platz besetzt ist. In der Diplomatenloge finden sich zahlreiche Vertreter der in Berlin beglaubigten Mächte ein. Nach und nach füllen sich auch die Ministerbänke. Alle Reichsminister sind bei dieser denkwürdigen Sitzung zugegen. Wie immer präsidiert auch an diesem Tage Generalfeldmarschall Göring dem Deutschen Reichstag.

In der ersten Reihe sitzt der Stellvertreter des Führers, Reichsminister Rudolf Heß, neben ihm der Reichsminister des Auswärtigen, von Ribbentrop, Großadmiral Dr. h. c. Raeder, Reichsminister Dr. Goebbels, Reichsminister Frick und der Reichsprotektor Freiherr von Neurath. Besondere Aufmerksamkeit widmen die Abgeordneten den Befehlshabern der einzelnen Wehrmachtsteile, deren Haltung Sicherheit, Ruhe und Zuversicht ausströmen. — Der Sitzungssaal bietet wie in allen früheren entscheidungsreichen Stunden, wo über das Schicksal der deutschen Nation entschieden wurde, ein wundervolles Bild der Geschlossenheit und der Disziplin. Millionen von Deutschen warten in dieser Stunde auf das Wort. Hier sind sie mit ihren Gedanken, hier sind sie mit ihren Herzen und harren des Wortes, das der Führer in dieser Stunde sprechen wird und das die ungeheure Spannung, die über der Nation liegt, lösen soll. An dieser Stätte aber weilen zu gleicher Zeit im Geiste ungezählte Millionen in aller Welt.

Um 10.07 Uhr betritt der Führer, der die feldgraue Uniform trägt, den Sitzungssaal. Die Abgeordneten und die Tribünenbesucher erheben sich von den Plätzen. Dem Führer folgen der Präsident des Deutschen Reichstages, Generalfeldmarschall Göring, der Stellvertreter des Führers, Rudolf Heß, Reichsminister Dr. Frick, sowie die Adjutanten. Kaum hat der Führer seinen Platz eingenommen, als die bis dahin mühsam zurückgehaltene Begeisterung sich Luft macht. Ein Orkan von Heilrufen und Händeklatschen schlägt dem Führer entgegen, und dieser ungeheure minutenlange Begeisterungssturm, der in solcher Stärke noch niemals erlebt wurde, ist ein neuer Beweis des tiefen Vertrauens des deutschen Volkes in die Entscheidung seines Führers, insbesondere in dieser ernsten und stolzen Stunde.

Göring eröffnet die historische Sitzung.

Reichstagspräsident Göring eröffnet die Sitzung mit einer kurzen Ansprache.

„Die Reichstagssitzung ist eröffnet. Meine Herren Abgeordneten! Ich habe Sie erst heute morgen um 3 Uhr einberufen können. Dank der Organisation, der Flugzeuge, Bereitstellung von Kraftwagen, ist es gelungen, einen großen Teil der Abgeordneten rechtzeitig heranzubringen. Ueber 100 Abgeordnete sind heute nicht unter uns, weil sie dort stehen, wo heute der deutsche Mann am besten seine Haltung dokumentieren wird: Als Soldaten der deutschen Wehrmacht. Sie werden dort ihre Pflicht tun, wie sie der gesamte Reichstag tun wird.

Das Wort hat jetzt unser Führer."

Der Führer spricht.

Als der Führer nach den kurzen Einführungsworten des Reichstagspräsidenten Hermann Göring die Rednertribüne betrat, schlug ihm der Beifall stürmisch entgegen.

Die verantwortungsbewußten Darlegungen des Führers werden von dem Hause mit einer Spannung verfolgt, wie sie nicht stärker denkbar ist. Die Abgeordneten hängen an den Lippen des Führers, der eingangs die deutsch-polnischen Probleme aufzeigt und vor allen Dingen in schonungsloser Offenheit die Entwicklung der letzten Wochen und Monate darstellt. Als der Führer erklärt, daß das Diktat von Versailles für Deutschland niemals Gesetz sein könne, umbrandet ihn zum ersten Male der Beifallssturm der Abgeordneten. Immer heftiger äußert sich die Zustimmung des Hauses, als der Führer von den Schritten Kenntnis gibt, die er zur friedlichen Lösung der deutsch-polnischen Spannung unternommen hat.

Ein Sturm der Entrüstung erhebt sich im Hause, als der Führer erklärt, daß es keine Großmacht gibt, die auf die Dauer solchen Zuständen, wie sie in der letzten Zeit an den deutschen Ostgrenzen geherrscht haben, zusehen würde. Nicht zu überbieten ist die beifällige Zustimmung, die sich erhebt, als der Führer erklärt, daß das deutsche Volk wie auch das deutsche Staatsoberhaupt es sich nicht bieten lassen können, vergeblich zwei Tage auf eine Antwort der polnischen Regierung zu warten. Ungeheuer ist bei den Abgeordneten der Eindruck, den der Führer mit dem Hinweis auf die deutschen Rüstungen hervorruft, an die das deutsche Volk in sechsjähriger rastloser, opferbereiter Arbeit 90 Milliarden gewendet hat.

Aus diesen Worten erfährt die deutsche Nation, wie umfassend der Führer und seine Regierung für die Sicherheit der Nation gesorgt haben. Hingerissen folgt das Haus den Sätzen des Führers, in denen er auf das persönliche Beispiel hinweist, das er selbst zu allen Zeiten — im Kriege wie im Frieden — der Nation gegeben hat und das er als erster Soldat in jeder weiteren Stunde dem deutschen Volk zu geben gewillt ist. Ergreifend die Sätze, in denen er von seinem unerschütterlichen Willen spricht, bis zum letzten Atemzuge diesem seinem Volke zu dienen.

Hier gibt es keinen Mann und keine Frau in Deutschland, die sich nicht bedingungslos dem Führer zur Verfügung gestellt hätten, gelobt hätten, mit Gut und Blut sich dem Ziele zu weihen, das er in dieser Stunde allen vorangestellt hat. So ist der Appell des Führers an die Opferbereitschaft der gesamten Nation auf einen fruchtbaren Boden gefallen. Wenn es je notwendig gewesen wäre, diese Stunde schweißt achtzig Millionen in einem einzigen Block zusammen, der jeder Not und jeder Gefahr trotzen wird, komme, was da wolle, der niemals einem Feinde weichen wird und ein Ergebnis wie das des 9. November 1918 für alle Zeiten unmöglich machen wird. Die stürmischen Huldigungen, die die Abgeordneten am Schluß seiner Rede dem Führer entgegenbrachten, waren Ausdruck der Stimmung, die am heutigen Tage das ganze deutsche Volk erfüllt: Es ist die Stimmung der Zuversicht, des Mutes und der Entschlossenheit.

Der Wortlaut der Rede des Führers lag bei Redaktionsschluß noch nicht vor.

Tagesbefehle an die Wehrmacht

DNB Berlin, 1. September.

Die Oberbefehlshaber der drei Wehrmachtsteile haben folgende Tagesbefehle erlassen:

Tagesbefehl an das Heer

Soldaten!

Die Stunde der Bewährung ist gekommen. Nachdem alle anderen Mittel erschöpft sind, müssen die Waffen entscheiden. Im Bewußtsein unserer gerechten Sache ziehen wir in den Kampf für ein klares Ziel: Die dauerhafte Sicherung deutschen Volkstums und deutschen Lebensraumes gegen fremde Uebergriffe und Machtansprüche.

Als Träger der stolzen Ueberlieferung der alten Armee wird das junge nationalsozialistische Heer das ihm geschenkte Vertrauen rechtfertigen. Unter dem Oberbefehl des Führers wollen wir kämpfen und siegen. Wir bauen auf die Entschlossenheit und Einigkeit des deutschen Volkes. Wir wissen um die Stärke und Kraft der deutschen Wehrbereitschaft. Wir glauben an den Führer.

Vorwärts, mit Gott für Deutschland!

Der Oberbefehlshaber des Heeres:
von Brauchitsch, Generaloberst.

1. September 1939.

Tagesbefehl an die Luftwaffe

Soldaten der Luftwaffe!

Kameraden!

Wochen und Monate habt Ihr mit geballten Fäusten und zusammengebissenen Zähnen die unerhörten und unglaublichen Provokationen erlebt, die ein dem Wahnsinn des Versailler Diktats entsprungenes Staatsgebilde dem Großdeutschen Reich zu bieten wagte. Das Maß ist voll! Nicht länger mehr kann das deutsche Volk dem verbrecherischen Treiben zusehen, dem schon Hunderte und Tausende unserer Volksgenossen in den ehemaligen deutschen Ostprovinzen zum Opfer fielen. Jedes weitere Zögern wäre jetzt gleichbedeutend mit der Aufgabe der heiligen Lebensrechte der deutschen Nation. Kameraden! Der Führer hat gerufen! Eure große Stunde ist da. Die Luftwaffe — jahrelang wirksamstes Instrument der Friedenspolitik des Führers — hat nun zu beweisen, daß sie in dem entscheidenden Augenblick zur Erfüllung ihrer gewaltigen Aufgaben zur Stelle ist. Grenzenlos ist das Vertrauen des Führers und des deutschen Volkes zu Euch. Als Euer Oberbefehlshaber bin ich stolz und glücklich darüber, denn ich weiß mit felsenfester Gewißheit, daß jeder einzelne unter Euch sich dieses Vertrauens in jeder Weise würdig zeigen wird. Flieger! In blitzschnellem Zupacken werdet Ihr den Feind vernichten, wo er sich zum Kampfe stellt oder in der Auflösung zurückflutet. Ihr werdet jeden Widerstand zermürben und zerbrechen mit letztem opferfreudigem Einsatz.

Männer der Bodenorganisation! Ihr werdet freudig und gewissenhaft den Einsatz und die Sicherheit Eurer Kameraden in der Luft vorbereiten und gewährleisten.

Flakartilleristen! Ihr werdet jeden Angreifer herunterholen. Jeder Schuß aus Euren Geschützen wird dem Leben Eurer Frauen, Mütter und Kinder, wird dem ganzen deutschen Volke die Sicherheit verbürgen.

Funker! Ihr seid die Träger des raschen und reibungslosen Zusammenwirkens in unserer Waffe. Ihr gebt unserer Waffe die Möglichkeit, den eigenen, alles überrennenden Angriff voranzutragen und den feindlichen Gegenstoß rechtzeitig abzufangen und zum Scheitern zu bringen.

Kameraden! Jedem von Euch blicke ich jetzt ins Auge und verpflichte jeden von Euch, alles zu geben für Volk und Vaterland. An Eurer Spitze unser geliebter Führer, hinter Euch die ganze im Nationalsozialismus geeinte deutsche Nation.

Da gibt es für uns nur eine Lösung: Sieg!

1. September 1939.

Hermann Göring, Generalfeldmarschall.

Tagesbefehl an die Kriegsmarine

Der Ruf des Führers ist an uns ergangen. Die Stunde der Entscheidung findet uns bereit, einzustehen für Ehre, Recht und Freiheit unseres Vaterlandes. Eingedenk unserer ruhmreichen Tradition werden wir den Kampf führen in unerschütterlichem Vertrauen auf unseren Führer und in festem Glauben an die Größe unseres Volkes und Reiches!

Es lebe der Führer!

Raeder, Großadmiral, Dr. h. c.

1. September 1939.

Die Wehrmacht hat den aktiven Schutz des Reiches übernommen

Gegenangriff über alle deutsch-polnischen Grenzen. Auch die Luftwaffe eingesetzt. — Die Kriegsmarine schützt die Ostsee.

DNB. Berlin, 1. September.

Das Oberkommando der Wehrmacht gibt bekannt:

Auf Befehl des Führers und Obersten Befehlshabers hat die Wehrmacht den aktiven Schutz des Reiches übernommen. In Erfüllung ihres Auftrages, der polnischen Gewalt Einhalt zu gebieten, sind Truppen des deutschen Heeres heute früh über alle deutsch-polnischen Grenzen zum Gegenangriff angetreten. Gleichzeitig sind Geschwader der Luftwaffe zum Niederkämpfen militärischer Ziele in Polen gestartet. Die Kriegsmarine hat den Schutz der Ostsee übernommen.

Heute 18 Uhr Parlamentssitzung in London

Berlin, 1. September.

Wie amtlich bekanntgegeben wird, wird das Parlament heute um 18 Uhr zusammentreten.

Schamloses Verhalten polnischer Polizisten

Kattowitz, 1. September.

Nach den bereits gestern gemeldeten schweren Uebergriffen der polnischen Polizei gegen Volksdeutsche in Warschau, Lodz und Kattowitz wird jetzt bekannt, daß die polnische Polizei, anscheinend auf höhere Anweisung hin, in den Bezirken Teschen und Posen ähnlich verfährt. Mit der lächerlichen Behauptung, man sei einer Terrororganisation, die Polen revolutionieren wolle, auf die Spur gekommen, ging man zu einer großen Razzia gegen alle Volksdeutschen über. Die Zahl der Verhafteten geht in die Hunderte.

Die Volksdeutschen wurden mitten in der Nacht aus den Betten gejagt und auf den Straßen und Höfen zusammengetrieben. Die Wohnungen wurden demoliert, wobei man sich an den gefundenen Spirituosen gütlich tat. Wie schamlos die polnischen Polizisten bei dieser Aktion vorgingen, erhellt daraus, daß man die Leibesvisitationen der Frauen nicht durch Frauen vornehmen ließ, sondern den Polizisten selbst überließ. Ein betrunkener polnischer Polizist rühmte sich in einem Teschener Wirtshaus, daß die polnische Polizei bei dieser Leibesvisitation auf ihre Kosten gekommen sei, und daß er in seinem Leben noch nie einen solchen Spaß erlebt habe.

Paris ordnet für morgen die Mobilmachung an

DNB. Paris, 1. September.

Die französische Regierung hat heute die Mobilmachung für den 2. September angeordnet.

„England allein trägt die Schuld"

Italien nagelt die furchtbare Verantwortung Londons fest. — Riesige Schlagzeilen der römischen Presse.

DNB. Rom, 1. September.

„Die Stunde der Entscheidung und der höchsten Verantwortung hat geschlagen. — Die deutschen Vorschläge an Polen nageln Englands furchtbare Verantwortung fest. — Englands Doppelspiel. — Polnische Freischärler und polnische Truppen überschreiten die deutsche Grenze." So lauten die riesigen Schlagzeilen der römischen Morgenblätter, die die 16 Punkte, in denen Deutschland „in so maßvoller Weise seine gerechten Ansprüche dargelegt" habe, in größter Aufmachung veröffentlichen und sich in schärfster Weise gegen England wenden, dessen Haltung, wie betont wird, einzig und allein an der heutigen Entwicklung die Schuld trägt.

„Messaggero" erklärt, es sei eigentlich unglaublich, daß die deutschen Vorschläge, deren Verfasser die Demokratien hätten sein können, da sie ja den im demokratischen Lager so viel gepriesenen Prinzipien des Rechtes und der Selbstbestimmung der Völker entsprächen, nicht angenommen worden seien. Die Haltung Englands scheine jedenfalls auf Motive zurückzugehen, die geradezu Ekel erregen. Denn ein Wort Englands hätte genügt, um den ungerechtfertigten polnischen Starrsinn zu brechen und die Entwicklung der Dinge aufzuhalten. Daß England dieses Wort nicht gesprochen habe, beweise Europa und der Welt, welch ungeheure Verantwortung es auf sich geladen habe.

„Popolo di Roma" zieht eine Parallele zur Haltung Englands von 1914 und betont, sein Spiel sei heute noch zweideutiger als damals. England sei daran, ein Verbrechen zu begehen, für das es sich vor der Geschichte werde verantworten müssen. Europa werde seinen Richtspruch auf Grund der konkreten Tatsachen erfüllen, und zwar der Ablehnung der deutschen Vorschläge durch Polen und der zynischen Ratschläge Englands, das Polen empfohlen habe, auf seinem verhängnisvollen Widerstand zu beharren.

Letzter Arbeitstag der 7. Reichstagung der Auslandsdeutschen in Graz. Der letzte Arbeitstag der 7. Reichstagung brachte am Vormittag eine Arbeitstagung aller Paßämter der DAF.-AO. In einer Großversammlung am Nachmittag sprach Dr. Hecht vom rassenpolitischen Amt der NSDAP. über Rassegedanken in der Kolonialfrage. Gauleiter Bohle schloß die Versammlung mit dem begeistert aufgenommenen Appell, auch für die Zukunft, die vielleicht große Anstrengungen fordern werde, treu wie bisher auf dem Posten auszuharren und weiter zu arbeiten. Die Arbeitstagung fand am Abend ihren Abschluß in einem großen Schlußappell auf dem Adolf-Hitler-Platz, bei dem Gauleiter Bohle und Gauleiter Uiberreither nochmals das Wort ergriffen.

ste Sowjet habe den am 24. August 1939 abgeschlossenen deutsch-russischen Nichtangriffs- und Konsultattionspakt einstimmig ratifiziert. Politisch denkende Leute hatten freilich die eine Woche zuvor bekanntgegebene Nachricht von einer Verständigung zwischen der nationalsozialistischen Reichsregierung und der kommunistischen Sowjetregierung richtig als eine diplomatische Kriegsvorbereitung Hitlers ausgelegt, während eingefleischte Nationalsozialisten nur im blinden Glauben an die Richtigkeit aller von ihrem Führer getroffenen Maßnahmen mit Widerstreben zur Kenntnis nahmen, daß die bisher verteufelten Bolschewisten nicht mehr als Feinde anzusehen waren.

Wenn auch viele Menschen bis zuletzt hofften, der Konflikt mit Polen könne ähnlich wie im Vorjahr die Sudetenkrise doch noch friedlich beigelegt werden, traf sie der Kriegsausbruch nicht als Überraschung. Neben den Berichten über Greueltaten in Polen, wie man sie ähnlich vor einem Jahr aus der Tschechoslowakei gelesen hatte, brachte die Presse seit Tagen großaufgemachte Berichte über angebliche Angriffsvorbereitungen der Polen. Schon am 25. August überschrieb die »Offenbacher Zeitung« ihre Frontseite in großen Lettern: »Polens Armee will marschieren«. Weitere Überschriften »Polens Presse hetzt zum Angriffskrieg«, »Drohender Angriff auf Danzig«, »Überall Kriegsvorbereitungen« (in Polen) sollten offensichtlich die Leser darauf vorbereiten, daß militärische Kampfhandlungen zu erwarten seien.[2] Am 26. August hatte die Reichsregierung Maßnahmen angeordnet, welche deutlich als wirtschaftliche Kriegsvorbereitungen zu erkennen waren. Sie betrafen die Einführung der Lebensmittelkarten und die Rationierung wichtiger Rohstoffe. Die Bevölkerung wurde von dieser Umstellung ziemlich überrascht und mußte sie als Vorbereitung zu Schlimmerem empfinden. Wer in Urlaub war, reiste überstürzt ab; vor den wenigen Tankstellen, die noch über geringe Benzinvorräte verfügen durften, bildeten sich lange Autoschlangen. In der »Offenbacher Zeitung« aber waren Ausführungen des Reichsorganisationsleiters Dr. Ley zu lesen, denenzufolge das Volk das Kartensystem aus dem Ersten Weltkrieg zwar in wenig guter Erinnerung, seine Neueinführung jedoch als »die erste fürsorgliche Maßnahme für die Sicherung der Volksernährung« in Ruhe und mit Vernunft aufgenommen habe, ein Beweis dafür, daß es seinen Führer richtig verstehe. Und: »Komme was kommen mag, wir kapitulieren niemals!«[3] In der Tat waren die Rationen für den »Normalverbraucher« damals noch so bemessen, daß man damit auskommen konnte: 2 400 Gramm Brot, 500 Gramm Fleisch, 80 Gramm Butter, 125 Gramm Margarine, 65 Gramm Schmalz, 62 Gramm Käse, 250 Gramm Zucker und 100 Gramm Marmelade je Woche.[4]

Größere Betroffenheit als die Einführung von Lebensmittelkarten und Bezugsscheinen löste die heimlich betriebene Mobilmachung bei der Bevölkerung aus. Während die Zeitung die polnische Mobilmachung groß meldete und von »erschütternden und herzzerreißenden Szenen« berichtete, die sich bei der dortigen Bevölkerung abspielten,[5] gab es keinerlei Hinweise auf die vergleichbaren

Links: »IN HISTORISCHER STUNDE«
Durch die abends zugestellte »Offenbacher Zeitung« erfuhren die Kreisbewohner Einzelheiten über den Kriegsausbruch am 1. September 1939. Das Wort »Krieg« durfte jedoch nicht verwendet werden.

Vorbereitungen in Deutschland. Hier erhielten über Nacht viele Reservisten der Jahrgänge, die seit Wiedereinführung der allgemeinen Wehrpflicht 1935 gedient hatten, ihre Gestellungsbefehle. Außerdem wurden auch Angehörige älterer Jahrgänge, die schon im Ersten Weltkrieg gekämpft hatten, nun bereits um die 40 Jahre alt und meist Familienväter waren, überraschend einberufen. Sie alle fügten sich in das Unvermeidliche, oft erfüllt von düsteren Erwartungen oder Vorahnungen. Eine Dienstverweigerung lag außerhalb aller Vorstellungsmöglichkeiten, sie war als Fahnenflucht mit dem Tode bedroht. So herrschte bei der Bevölkerung im Kreis Offenbach wie auch andernorts keineswegs Hochstimmung oder Kriegsbegeisterung. Zu lebendig war zudem den meisten Erwachsenen noch die Erinnerung an den erst gut zwei Jahrzehnte zuvor beendeten Ersten Weltkrieg mit seinen schweren Verlusten und schlimmen Folgen. Nur die Schuljugend empfand in Unverständnis der Situation die Begleitumstände bei Kriegsausbruch erfreulich, fiel doch ab 1. September der Unterricht vorläufig aus. Allein auch sie hatte sich zu früh gefreut, denn zum Ausgleich für die ausgefallenen Schultage gab es anschließend keine Herbstferien.

In vielen Kirchen des Kreises fanden in jenen kritischen Tagen gutbesuchte Bittgottesdienste statt, in denen um die Erhaltung des Friedens gebetet wurde. Voller Inbrunst sangen die Gläubigen das uralte Lied:

»*Frieden gib uns gnädiglich, Herr, Gott, zu unsern Zeiten, denn es ist kein anderer, der für uns könnte streiten, als du o Gott und Vater.*«

Den Nationalsozialisten mögen bei dem erklärten Kriegswillen ihres obersten Führers diese Gottesdienste wenig gefallen haben, allein man ließ bei der bestehenden Besorgnis im Volk die Kirche gewähren.

Zahlreiche Familien warteten fortan täglich auf den Briefträger in der Hoffnung, eine Nachricht von dem zur Wehrmacht einberufenen Ehemann, Sohn, Vater oder Bruder zu erhalten. Diejenigen, die längere Zeit ohne Lebenszeichen blieben und daher in verständlicher Sorge waren, versuchten die »Offenbacher Nachrichten« mit recht eigenartiger Begründung zu beruhigen:[6]

»»*Wenn jemand keine Nachricht erhalten hat, so ist das keinesfalls Anlaß zu einer Beunruhigung, sondern vielmehr nur als gutes Zeichen zu werten. Die Post ist dann gewiß unterwegs und wird in absehbarer Zeit eintreffen.*«

Schon bald aber waren in den Zeitungen die ersten Todesanzeigen von gefallenen Soldaten zu lesen.

Auswirkungen des Krieges auf die Bevölkerung

Der Ausbruch des Krieges im September 1939 veränderte das Leben der Bevölkerung in vielfältiger Weise. Am einschneidendsten betraf dies zunächst die zur Wehrmacht einberufenen Männer und ihre Familien. Schon bald aber ergingen auch Dienstverpflichtungen für andere Organisationen, deren Tätigkeit für die Wehrmacht, die Rüstung oder den kriegführenden Staat ganz allgemein wichtig war. Die Bautrupps der Organisation Todt, das Technische Hilfswerk, der Sicherheits- und Hilfsdienst, die Feuerschutzpolizei, die Rüstungsbetriebe und viele andere Einrichtungen brauchten zahlreiches Personal, das nur durch zwangsweise Verpflichtung beschafft werden konnte. Zunehmend mehr Menschen in Deutschland mußten daher im Verlauf des Krieges ihren angestammten Arbeitsplatz aufgeben und in neue Dienst- oder Arbeitsverhältnisse eintreten. Häufig war der Wechsel mit einer Entfernung aus der Familie oder doch wenigstens mit einer zeitraubenden und unbequemen täglichen Anfahrt verbunden.

Das neueingeführte Lebensmittelkarten- und Bezugscheinsystem betraf alle Einwohner als Verbraucher und erschwerte überdies den Händlern, Geschäftsleuten und Gastwirten wegen der bürokratischen Abrechnung die Arbeit. Landwirte und sonstige Erzeuger von Agrarprodukten waren streng verpflichtet, ihre Erzeugnisse bei den Sammelstellen abzuliefern. Lediglich einen Teil, der die sonstigen Zuteilungen an die »Normalverbraucher« leicht überstieg, durften sie als »Selbstversorger« für sich verwenden. Als Anfang September auch die Gastwirte verpflichtet wurden, für die verabreichte Speise Marken zu verlangen, verkündete die Presse dies wie eine Erfolgsmeldung: »Keine Schwarzesserei in Gaststätten mehr!« Außerdem ordneten die Behörden an, daß die Wirte fortan montags und freitags keine Fleischspeisen mehr anbieten durften.[7]

Die Verordnungen vom 26. August 1939 enthielten auch Verbrauchsregelungen für Hausbrandkohle. Schon bald belehrte die Presse die Bevölkerung, wie man Brennstoffe sowie Strom und Gas sparen könne. Unter der Überschrift »Wir rufen zum Kampf gegen die Kohlenfresserei« forderten die »Offenbacher Nachrichten« die Menschen in Stadt und Kreis auf, den Verbrauch von Brennmaterial zu drosseln. Später erfand man die propagandistische Figur des »Kohlenklau«, eines schwarzen Halunken, der unnötigerweise Brennstoffe vergeudete, also »klaute«, und dem es das Handwerk zu legen galt.

Am 3. September 1939, dem Tag als die britische und die französische Kriegserklärung in Berlin einging, erfuhren die Zeitungsleser im Kreis Offenbach durch eine Verlautbarung des Wirtschaftsamtes, wie fortan der Verbrauch von Seife geregelt war.[8] Vom gleichen Amt erhielten die Leute auf Antrag Bezugsscheine für Schuhe und Fahrräder. Es begann die Zeit eines doppelten Schlangestehens. Zuerst mußten die Bewerber stundenlang auf den Wirtschaftsämtern warten, bis sie an der Reihe waren. Hatten sie ihren Berechtigungsschein erhalten, dann mußten sie einen Laden suchen, in dem die Ware vorhanden war. Dadurch wurde das Leben vieler von einem Hasten und Eilen nach den begehrten Waren gekennzeichnet. Gedränge, Geschiebe, Ungeduld und auch Unmut fehlten nicht bei dem Schlangestehen. So berichtete die Bürgermeisterei Sprendlingen am 29. September 1939 dem Kreisleiter:[9]

»…. daß bei der gestrigen Ausgabe der Anträge für Bezugsscheine der Andrang noch viel stärker war wie bisher. Um drei Uhr sollte die Ausgabe beginnen, schon um halb drei war der Vorplatz im Rathaus, die Eingänge und Treppen von einer dichten Menschenmasse, mindestens 250 Personen, darunter 90% Frauen, dicht besetzt. Es war ein Gedränge und Geschiebe, daß die Polizei machtlos dagegen war. Ohne Rücksicht auf alte Frauen und Gebrechliche, auf werdende Mütter und kleine Kinder, wurde gedrängt und geschoben. Daß weiter keine Unfälle passiert sind, ist mir heute noch ein Rätsel. Alles gute Zureden war zwecklos, die Leute waren nicht zur Vernunft zu bringen…. Ich bin der Ansicht, daß durch die Einführung der Bezugsscheine viel mehr gekauft wird, wie dringend nötig ist und wie in normalen Zeiten.«

Wohl eingedenk von Hitlers Worten in seiner Reichstagsrede vom 1. September (»Ich bin verantwortlich für die Stimmung im deutschen Volk. Sie sind verantwortlich für die Stimmung in den Gauen, Ihren Kreisen! Keiner hat das Recht, diese Verantwortung abzutreten.«) versuchte der Sprendlinger Ortsgruppenleiter in einer Stellungnahme zu diesem Bericht, sich jeder Verantwortung für die geschilderten Vorgänge zu entziehen:[10]

»Ich habe bei den hiesigen Geschäftsleuten festgestellt, daß nicht Angstkäufe getätigt werden, sondern daß lediglich der Winterbedarf gedeckt wird. Mein Einfluß, der Einfluß meiner politischen Leiter sowie aller Angehörigen der Gliederungen kann auf die Bevölkerung nicht so stark sein, daß sie statt Wintergarderobe gute Worte annimmt.«

Im ersten Kriegswinter gab es trotz aller Zuteilungsbeschränkungen empfindliche Lücken in der Kohleversorgung, weil die Flüsse vereist und die Reichsbahn überlastet waren. Die Gemeinden versuchten zu improvisieren. Götzenhain zum Beispiel ließ mit einem Lastzug Kohlen aus Darmstadt abholen, eine ansehnliche Menge Briketts wurde auf der Landstraße von Köln in die Gemeinde geschafft. Die Gemeindeverwaltung beschlagnahmte die Hälfte einer Kokslieferung, die für einen Privaten bestimmt war. Eine Kohlenkommission wachte darüber, daß niemand Kohle in seinem Keller hortete.[11]

Der private Autoverkehr kam mit Kriegsbeginn fast völlig zum Erliegen. Bald durften nur noch solche Fahrzeuge unterwegs sein, die mit einem roten Winkel auf dem amtlichen Kennzeichen versehen waren. Das Landratsamt erteilte die Fahrerlaubnis nur, wenn ein öffentliches Interesse vorlag. Damit auch jeder wußte, wie ernst es dem Regime mit der Durchsetzung seiner Maßnahmen war, wurden die Zeitungsleser informiert, daß die Justizbehörden die Rechtspflege neu geordnet hatten. Teil der neuen Ordnung war die Erweiterung der Schnellverfahren und die Vereinfachung der Gerichtsbarkeit. Wenige Tage später lautete eine Überschrift in den »Offenbacher Nachrichten«: »Wucherern und Schiebern droht der Strick.«[12] Das konnte jeder verstehen.

Die Bedürfnisse des Krieges bildeten bei zahlreichen weiteren Maßnahmen den Hintergrund. Sofort erhoben die Finanzämter einen Zuschlag auf Bier und Tabakwaren. Ebenso erhöhte sich die Einkommensteuer um einen Kriegszuschlag. Den Beamten wurde mitgeteilt, daß bis auf weiteres keiner mehr in den Ruhestand treten könne.[13] Die Leiter der Ortsgruppen ließen die Leute wissen, die Zeit erfordere eine große Zahl von ausgebildeten Kräften für den Sanitätsdienst. Frauen und Mädchen sollten sich daher für die Aufgabe melden. Erfahrene Kräfte sollten die Neulinge in Schnellkursen von sieben Doppelstunden in kurzer Zeit ausbilden.

Schwierig gestaltete sich die Arbeit in der Landwirtschaft. Jüngere Bauern waren zur Wehrmacht einberufen, aber auch die Pferde wurden gemustert und zu einem Teil vom Militär requiriert. So mußten sich die Landwirte gegenseitig aushelfen. An mancher Deichsel zogen Pferd und Kuh einträchtig nebeneinander. Ochsen- und Kuhgespanne gehörten zum alltäglichen Bild der Dörfer des Kreises Offenbach. Bei der Ernte ersetzten ältere Schüler aus den Städten die fehlenden Arbeitskräfte. In Götzenhain lobte man besonders die Jungen der Horst-Wessel-Oberschule, der früheren Oberrealschule, in Offenbach, die mit ihrem Lehrer Dr. August Blum dort eingesetzt waren.[14] Auch zum Sammeln von Heilkräutern, wobei Brombeer und Huflattichblätter besonders begehrt waren, schickte man Schulklassen aufs Feld und in den Wald. Später mußten sie die erstmals in Deutschland auftretenden Kartoffelkäfer und ihre Larven lesen. Ebenso machte man das Sammeln von Knochen und Altmetallen zu einer Aufgabe der Schulkinder. An Gehorsam gewohnt taten sie es, wobei der durch solche Aktivitäten eintretende Unterrichtsausfall eine zusätzliche Motivation für sie bildete.

Öffentliche Tanzlustbarkeiten wurden mit Kriegsbeginn verboten, strenge Bestrafung allen Zuwiderhandelnden angedroht.[15] In den folgenden zwei Jahren wurde das Verbot mehrfach gelockert, solange an den Fronten keine größeren Kampfhandlungen stattfanden. Auch die Kerb mit ihren traditionellen Veranstaltungen konnte während des Krieges in den Gemeinden des Kreises nicht mehr stattfinden. Als Kirchweihfest im engeren Sinne war sie auf die Gotteshäuser und die Familien begrenzt. Die Kinos blieben weiter geöffnet. Die Sportvereine setzten ihre Tätigkeit zunächst in gewohnter Weise fort, bis sie mit wachsender Kriegsdauer wegen Abwesenheit ihrer Aktiven den Betrieb nach und nach einstellen mußten. Ähnlich verhielt es sich mit den Gesangvereinen. Ihre Vertreter glaubten auf einer Tagung der Kreissängerschaft Anfang Oktober 1939 sogar feststellen zu können, daß im deutschen Lied eine Kraft wurzele und den Sängern daher jetzt große Aufgaben zufielen.[16] Die Partei selbst, HJ, BDM und »Kraft durch Freude« versuchten, in der ersten Kriegszeit die Partei- und Volksgenossen zu unterhalten und dabei gleichzeitig ideologisch zu beeinflussen. Kinderreiche Frauen, die jetzt zunehmend um ihre Söhne bangen mußten, wurden durch die Verleihung des Mutterkreuzes geehrt. Nach Zeitungsmeldungen im Oktober 1939 betraf dies allein in Dreieichenhain 47 und in Hausen sogar 86 Mütter.[17]

Luftschutzmaßnahmen

Als im Jahre 1932 die Behörden auf Anordnung des damaligen hessischen Innenministers Wilhelm Leuschner in der Kreisstadt eine Abteilung »Ziviler Luftschutz« gründeten und sich ein Arbeitsausschuß mit Vertretern der Verwaltung, der Polizei, der Feuerwehr, des Roten Kreuzes und der Ärzte bildete, begleiteten dies die Nationalsozialisten in ihrer Presse mit recht gehässigen Bemerkungen.[18] Nach der Machtergreifung änderten sie sehr schnell ihre Meinung. In den größeren Gemeinden des Kreises veranstalteten sie Versammlungen, so im Oktober in Neu-Isenburg und im Dezember 1933 in Seligenstadt, auf denen sie für die Zwecke des Luftschutzes warben.[19] Sie ließen es jedoch nicht bei einzelnen Vorträgen bewenden, sondern schufen als feste Organisation den Reichsluftschutzbund (RLB), der die Bevölkerung mit den Gefahren und Abwehrmöglichkeiten eines modernen Luftkrieges vertraut machen sollte. Die Verbandsfunktionäre unterrichteten die Leute, wie man richtig verdunkelt, wie man eine Feuerspritze bedient, wie man mit einer Feuerpatsche umgeht, wie man Kellerräume sicher ausbaut, wie man sich bei einem Gasangriff verhält und übten mit ihnen das Gelernte, wobei sich kaum jemand der Verpflichtung zur Teilnahme zu entziehen wagte. Zugleich benutzten die Nationalsozialisten den Reichsluftschutzbund als ein Instrument zur ideologischen und psychologischen Kriegsvorbereitung. Da der RLB auf den Schutz der Bevölkerung ausgerichtet zu sein schien, sahen viele Bürger in ihm eine Organisation, die nur wenig mit den sonstigen Lehren der NSDAP zu tun hatte und traten ihm als Mitglieder bei, indem sie hofften, Pressionen zum Eintritt in andere Gliederungen der NSDAP auf diese Weise entgehen zu können. Der RLB entwickelte sich so zu einer Massenorganisation, die freilich von der NSDAP beherrscht und gelenkt wurde. Schon im Jahre 1937 zählte man allein in der Ortsgruppe Bieber 2 112 Mitglieder, von denen 130 als Luftschutzwarte besonders verpflichtet wurden.[20] Im gleichen Jahr gehörte die Veröffentlichung von Dienstplänen des RLB in der Presse schon zu den Selbstverständlichkeiten.[21]

Aus den Planspielen wurde am 3. September 1939 Ernst. Der Eintritt Großbritanniens und Frankreichs in den Krieg ließ Führung und Volk in Deutschland rätseln, ob die Westmächte nicht sogleich zur Unterstützung ihres polnischen Verbündeten ihre Luftwaffen einsetzen würden. Besondere Bedeutung erhielten jetzt die vorbereiteten Luftschutzmaßnahmen. Hermann Göring, der oberste Chef der deutschen Luftwaffe, wußte Rat. Er wandte sich in einem Aufruf an die Bevölkerung mit dem Motto: »Wahrt vor allem Besonnenheit.« Damit allein war es jetzt freilich nicht mehr getan. Die Leute wurden aufgefordert zu prüfen, ob die Selbstschutzgeräte in Ordnung seien. Die Presse belehrte die Bevölkerung, wie zu verdunkeln war. So konnte man im Kreis Offenbach unter der Überschrift »So wird richtig verdunkelt« lesen:[22]

»Man verdunkele nicht erst bei einbrechender Dunkelheit sondern schon früher. Lieber zu früh als zu spät muß die Parole sein.«...
»Aus keinem Fenster und keinem Haus ... darf ein Lichtschein auf die Straße fallen. Auch alle Fahrzeuge müssen die Scheinwerfer abblenden. (...) Die gesamte Straßenbeleuchtung ist

LUFTSCHUTZÜBUNG
Wie man Brände mühelos löschen kann, zeigten Leute des RLB 1937 den herbeizitierten Angehörigen des Luftschutzbundes auf dem Wilhelmsplatz in Offenbach. Die erworbenen Kenntnisse ließen sich bei den ersten Streuwürfen alliierter Bomber einige Jahre später noch recht gut anwenden; nicht mehr aber, als 1943 die Großangriffe einsetzten.

gelöscht. (...) Die Haftung der Behörden bei etwaigen Unfällen ist ausdrücklich ausgeschlossen...«

Das Ergebnis war, daß in manchen Abendstunden und in den Nächten eine babylonische Finsternis herrschte. Immer wieder brüllten besorgte Menschen, die irgendwo einen Lichtschein gesehen hatten, »Licht aus!«, da sie fürchteten, feindliche Bomber könnten dadurch ein Angriffsziel entdecken.

Überzogene Reaktion der deutschen Flugzeugabwehr (Flak) im Raum Offenbach hätte am 24. September 1939 beinahe schlimme Folgen gehabt, wie einem Bericht an die Gauleitung der NSDAP in Frankfurt zu entnehmen ist:[23]

»Am Sonntag Abend 19.45 Uhr wurde festgestellt, daß die im Stadtbereich Frankfurt-Offenbach aufgestellten Scheinwerfer ein Flugzeug mit grünen und roten Positionslampen in ihre Lichtkegel nahmen. Kurz darauf erfolgte auch Beschießung durch die Flak. Die bei dem Beschuß herabfallenden Sprengstücke wurden in der Gemeinde Lämmerspiel gefunden. In der Ortsgruppe Hausen ist ein nicht krepiertes Flakgeschoß in östlicher Richtung auf sumpfigen Untergrund an der Rodau eingeschlagen und hat einen Trichter von ca. 1/2m Durchmesser ausgeworfen. Inzwischen habe ich erfahren, daß es sich bei dem Flugzeug nicht um ein feindliches Flugzeug gehandelt hat, sondern um ein deutsches Flugzeug, das aber wohlbehalten auf dem Flugplatz in Langendiebach gelandet ist.«

So waren die ersten Kanonen, die man im Zweiten Weltkrieg im Kreis Offenbach zu hören bekam, aus Versehen abgefeuert worden. Der ganze Vorgang erregte Aufsehen. Herabgefallene Flaksplitter waren begehrte Fundobjekte und wurden von den Buben als wertvolle Tauschgegenstände gehandelt. Noch aber griffen keine britischen Flugzeuge das Rhein-Main-Gebiet an, und die ersten, die dann hier aufkreuzten, warfen lediglich Propagandaflugblätter ab.

»Rückwanderer« von der Saar im Kreisgebiet

Einen ersten Vorgeschmack von den mit dem Zweiten Weltkrieg verbundenen Bevölkerungsverschiebungen erhielten die Menschen im Kreis Offenbach bereits im Herbst 1939. Schon im März jenes Jahres hatten die politischen und militärischen Spitzen des Reiches für etwaige kriegerische Auseinandersetzungen entlang des Westwalles Pläne erarbeiten lassen, um die Bevölkerung aus den Gebieten zu evakuieren, die möglicherweise Schauplatz von Kämpfen werden konnten. Der Mobilmachungsbeauftragte des Gaues Hessen-Nassau wandte sich in einem zur »Geheimen Reichssache« erklärten Schreiben an die Kreisleiter des Rhein-Main-Gebietes. Auch bei der Offenbacher Kreisleitung ging ein solches Schreiben ein, in dem es hieß:[24]

»Im Falle eines Krieges ist das Gebiet vor, in und rückwärts der westlichen Befestigungszone, das zum unmittelbaren Kampfgebiet werden kann, von der Bevölkerung freizumachen. Die Rückführung soll in größter Ordnung und ohne die Truppenbewegungen zu stören aus dem Freimachungsgebiet erfolgen. Mit der Vorbereitung und Durchführung dieser Aufgabe wurden nach den Anweisungen der Wehrmacht die Partei und der Staat beauftragt. Die Partei hat in diesem Falle die Betreuung und Verpflegung der zurückzuführenden Bevölkerung. Ihr Kreis gehört zum Sammelgebiet.«

Im September 1939 mußte die deutsche Bevölkerung des grenznahen Gebietes im Westen ihre Heimat verlassen, war doch ein französischer Angriff zugunsten der bedrängten Polen zu erwarten. In jenen ersten Kriegstagen war ja nicht vorauszusehen, daß die Franzosen ruhig in den Bunkern ihrer Maginot-Linie verbleiben würden, obwohl ihnen nur relativ schwache deutsche Kräfte gegenüber lagen. In den acht Monaten bis zum deutschen Angriff im Mai 1940 kam es an der Westfront nur zu geringer Gefechtstätigkeit mit gelegentlichen kleineren Späh- und Stoßtruppunternehmen. »Drôle de guerre« nannten die Franzosen diesen gemütlichen »Sitzkrieg«, in dem das Feldtheater die betriebsamste Abteilung beim Großen Hauptquartier bildete.[25]

Die Evakuierung der deutschen Zivilbevölkerung in das Innere des Reiches lief indes nach Plan. Eine der Zwischenstationen war der Kreis Offenbach. Langen mußte täglich etwa tausend Durchwanderer aufnehmen; hundert von ihnen fanden in der Stadt eine neue Heimat.[26] Für Götzenhain waren 500 »Rückwanderer« angekündigt, von denen aber nur 80 in der Nacht zum 4. September eintrafen; sie wurden in Privatquartieren untergebracht.[27] Die Gemeinde Nieder-Roden war von dem zuständigen Kreisleiter schon im Juni aufgefordert worden, Vorsorge zu treffen, damit 2 400 Personen in dem damals nur 2 115 Einwohner zählenden Dorf für zehn Tage untergebracht und verköstigt werden könnten. In großen Omnibussen trafen die Saarländer dann Anfang September in Nieder-Roden ein. Sie wurden anfangs privat, zuletzt – es waren etwa 800 Menschen – in Massenquartieren beherbergt. Nach etwa einer Woche brachte ein Sonderzug sie weiter in das Reichsinnere.[28]

Die ersten Kriegsjahre

Nach dem schnellen Sieg im Westen und der Kapitulation Frankreichs am 22. Juni 1940 konnten die evakuierten Saarländer und Pfälzer wieder in ihre Heimat zurückkehren. Im Kreis Offenbach und überall im Reich wehten die Siegesfahnen und läuteten eine Woche lang die Glocken, wie Hitler anläßlich des »glorreichsten Sieges aller Zeiten« es befohlen hatte.[29] Noch konnte niemand sich vorstellen, daß man schon im folgenden Jahr diese Glocken von den Türmen holen würde, um ihr Metall zu Kanonen einzuschmelzen. Im Sommer 1940 glaubten die meisten Menschen an ein baldiges Ende des Krieges, galt es doch nur noch, die bei Dünkirchen und Narvik vom Festland vertriebenen Engländer zum Nachgeben zu zwingen. Sollten sie sich hartnäckig zeigen, so mußten deutsche Flugzeuge und U-Boote den Widerstand der Inselbewohner brechen. Die Luftschlacht um England begann; daß sie nicht zu dem erhofften Ergebnis führte, vertuschte eine raffinierte Propaganda. Aggressive Lieder wie das im Rundfunk immer wieder gespielte »Bomben auf Engeland« sollten für die entsprechende Stimmung bei der Bevölkerung sorgen. Die Wochenschau in den Kinos zeigte Bilder des brennenden London und des zerstörten Coventry. Die wenigen Einflüge britischer Flugzeuge berührten dagegen das Rhein-Main-Gebiet kaum. Man befand sich zwar im Krieg, spürte aber seine Auswirkungen in der Zeit vom Sommer 1940 bis zum Sommer 1941 nur in einem geringen Ausmaß.

Die Zeitungen jener Monate sind angefüllt von ausführlichen Berichten über den See- und Luftkrieg gegen England, bringen jedoch nur erstaunlich wenige lokale Meldungen. Unpolitische Artikel überwiegen, Sportberichte nehmen hingegen einen verhältnismäßig breiten Raum ein. Umfangreich ist auch der Anzeigenteil, wobei Angebote ziemlich selten sind; private An- und Verkäufe überwiegen. Ins Auge fallen die recht großen Anzeigen der Lichtspieltheater. Ende Januar 1941 standen in den Offenbacher Kinos, die auch viele meist jugendliche Besucher aus dem »Landkreis« anlockten, nebeneinander zur Auswahl:[30] »Die Geierwally«, »Der Postmeister«, »Rosen aus Tirol«, »Ein Walzer für Dich«, »Herz geht vor Anker« und – aber ebenfalls unpolitisch gemeint – »Alles Schwindel«. Wochenschau und Beiprogramm waren freilich ganz im nationalsozialistischen Sinne gestaltet. Das gleiche galt für »Volksgemeinschaftsabende«, zu denen KdF, HJ oder andere Parteigliederungen per Zeitungsanzeige einluden. Daneben finden sich in jenen Wochen noch Zeitungsanzeigen, die ganz zivile Konzert- und sogar Tanzveranstaltungen ankündigten.

Völlig unvorbereitet traf die Bevölkerung die Nachricht von dem deutschen Angriff auf die Sowjetunion am 22. Juni 1941, nachdem die offizielle Propaganda zwei Jahre lang die seit Abschluß des Hitler-Stalin-Paktes angeblich bestehenden guten Beziehungen zu diesem Staat nachdrücklich betont hatte. Nun waren über Nacht die Bolschewisten, die vermeintlich unter dem zersetzenden Einfluß des Weltjudentums standen, zum Hauptfeind des Reiches geworden. Sondermeldungen des Rundfunks über den deutschen Vormarsch und die siegreichen Kesselschlachten jenes Sommers konnten bei den Menschen in der Heimat indessen keine Begeisterung entfachen, zu groß waren nämlich die Sorgen vieler Familien um das Schicksal ihrer im Felde stehenden Angehörigen. Todesanzeigen von

Landkreis Offenbach

Mühlheim.

Die K.d.F.-Veranstaltung am Sonntag im Saalbau Glock brachte einen „Bunten Melodienreigen". Die Ausführenden waren Meistersolisten im grauen Rock. Musik, Soli und Gesangsvorträge ernteten reichen Beifall. — Reichsbahninspektor Thorn und Reichsbahnsekretär Heuzeroth wurden nach Hanau versetzt. Reichsbahn-Inspektor Georg Kreuter wurde von Hanau nach Mühlheim versetzt; außerdem kam der a. p. Inspektor Heinrich Hagemann von Oberroden nach hier. Der Hilfsweichenwärter K. Braun wurde zum Weichenwärter ernannt. (PA.)

Mühlheim-Dietesheim.

Am Sonntag fand die Aufnahme der Jungen in das Deutsche Jungvolk statt. Hierzu war die gesamte Führerschaft des Fähnleins 17/287 angetreten. Die Meldestelle war ausgeschmückt. Der Fähnleinführer Mohnsam sprach über die Aufgabe des Jungvolkes in der HJ. Die Dienststunden für das Jungvolk finden jeden Montag von 19.30 bis 21.30 Uhr statt. — In diesen Tagen fand in dem Kindergarten eine wohlgelungene Feier statt, bei der auch die Eltern der Kinder zugegen waren.

Schüler der 8. Schulklasse haben unter Leitung von Lehrer Böck das Admiralschiff „Santa Maria" (Kolumbus) und den Zerstörer „Lebrecht Maas" (1:300) gebaut. Die Modelle sind im Fenster des Schuhhauses Hofmann ausgestellt. — Seit längerer Zeit hält sich hier im Main ein Schwanenpaar auf. Die Tiere werden von Liebhabern regelmäßig gefüttert. — Heinrich Ritter, Steinheimer Straße 5, begeht am 28. Februar seinen 70. Geburtstag. Wir gratulieren! — Im überfüllten Gasthaus „Zum Schwanen" fand der erste Dorfgemeinschaftsabend statt. Eine große Anzahl Kameraden, die zur Zeit auf Urlaub sind, darunter Ortsgruppenleiter Stegmüller, waren zugegen. Die Feier kann als wohlgelungen bezeichnet werden. (PA.)

Rumpenheim.

Das von den beiden Gesangvereinen am Sonntag im „Deutschen Hof" veranstaltete WHW.-Konzert war ein großer Erfolg. P. Göhringer eröffnete die Veranstaltung mit Hinweis auf ihren guten Zweck. Nach dem gemeinsam von beiden Vereinen gesungenen Chor „Deutscher Maienruf" trugen die Chöre der „Heiterkeit" (Leitung E. Reinhardt-Bürgel) und der „Eintracht" (Leitung W. Remle-Rumpenheim) gut ausgewählte Volkslieder fein vor. Frl. Resi Schuhmacher (Bürgel) sang rein und schön „Horch, horch" und das „Wiegenlied" von Franz Schubert, sowie eine hübsche Zugabe. Die Schüler H. Habicht und O. Kaiser erfreuten mit Handharmonika-Vorträgen. Am Klavier begleitete E. Reinhardt. Alle Darbietungen fanden dankbare Aufnahme.

Heusenstamm.

Frau Wwe. Margaretha Hüther, Schillerstraße, begeht bei guter Gesundheit am 26. Februar ihren 75. Geburtstag. Wir gratulieren! — Alle Soldaten der Gemeinde erhalten durch die Partei wieder Feldpostpäckchen. — Die Höhe der Einlagen der Kinder, die allwöchentlich für die Schulsparkasse getätigt werden, beweisen, daß der Sparsinn der Jugend sehr gut ist. — Die Mitgliederwerbung für die NSV. hatte bisher große Erfolge. (PA.)

Frühjahrs-Kreiskriegertagung 1941
in Sprendlingen und Seligenstadt

Die große Frühjahrstagung der 54 Kriegerkameradschaften umfassenden Kreisverbandes Offenbach im NS.-Reichskriegerbund, wird mit Rücksicht auf die augenblicklichen Verkehrsverhältnisse in zwei großen Zusammenkünften durchgeführt. Jeweils unter Leitung von Kreiskriegerführer, Hauptmann d. R. Muhl, kommen die Kameradschaftsführer, deren engere Mitarbeiter, sowie die Schieß- und Propagandawarte der Kameradschaften in den östlichen Kreisorten am Sonntag, den 30. März in Sprendlingen und die der westlichen Plätze des Kreises am Sonntag, den 6. April, voraussichtlich in Seligenstadt, zusammen. Der Kreiskriegerführer und seine Sachbearbeiter werden über die Aufgaben im Kriegsjahr 1941 eingehend berichten.

Trauerfeier für Dr. Linkenheld

Wir berichteten vom Tode des Chefarztes Obermedizinalrates Dr. Linkenheld, der als Stadtarzt in Wilhelmshaven starb. 27 Jahre lang wirkte er an der Nordsee. Die Stadt widmete ihm eine würdige Trauerfeier. Wie der „Wilhelmshavener Kurier" berichtet, nahmen an ihr Kreisleiter Meyer, Oberbürgermeister Dr Müller und Admiral Densch teil. Das Städtische Quartett umrahmte die Trauerfeier durch Musik. Dr. Müller würdigte den Verstorbenen als den vortrefflichen Arzt und Helfer der Menschheit. „Dr. Linkenheld hatte es nicht nur zu großer Meisterschaft in der ärztlichen Kunst gebracht, ihn zeichnete in besonderem Maße auch gütiges Wesen, der Geist der Hilfsbereitschaft und der selbstlosen Aufopferung für seine Kranken aus", sagte der Oberbürgermeister. Für die Kameraden des Toten sprach Dr. Rogg, der Dr. Linkenheld als guten Kameraden und vorbildlichen Arzt schilderte. Für die Partei widmete Ortsgruppenleiter Schnitker dem Verstorbenen einen ehrenden Nachruf.

Seligenstadt.

Am Sonntagvormittag fand im „Römischen Kaiser" ein Schulungsappell der Parteigenossen, Walter und Warte der Gliederungen statt. Pg. Eggert sprach. Der Redner hatte starken Beifall. — Der Gesangverein „Gesellschaft der Freunde" hielt im Gasthaus „Zur Mainlust" seine Jahresversammlung ab. Vereinsführer Bayer gab zunächst einen Ueberblick über das abgelaufene Geschäftsjahr. Obwohl 47 Mitglieder zur Wehrmacht eingerückt sind, wird die Pflege des Liedes weiter betrieben. Regelmäßig jeden Samstagabend finden in Verbindung mit dem Gesangverein „Germania" Gesangsproben statt. Der Vorstand bleibt im Amt. (PA.)

LOKALNACHRICHTEN 1941
Während neben dem politischen Teil auch Sport und Unterhaltung in der »Offenbacher Zeitung« in den ersten Kriegsjahren einen verhältnismäßig breiten Raum einnahmen, war die lokale Berichterstattung recht dürftig. Nur selten brachte sie so viele Meldungen wie hier am 25. Februar 1941.

gefallenen Soldaten gehörten nun zum täglichen Bild der Zeitung, wobei die von der Partei propagierte Phrase vom Heldentod für »Führer, Volk und Vaterland« von zahlreichen Trauerfamilien nicht verwendet wurde. Eine andere Formulierung zu gebrauchen galt bei kritischen Lesern als eine Form des leisen Protestes gegen das abverlangte Blutopfer in einem als sinnlos angesehenen Krieg. Freilich waren die Anzeigengeber nicht frei in der Gestaltung des aufgegebenen Textes. Die im Kreis Offenbach am stärksten verbreitete Zeitung, die »Offenbacher Zeitung« war seit 1941 mit dem NS-Parteiblatt »Offenbach-Nachrichten« unter Beibehaltung ihres alten Namens vereinigt und erschien fortan als »Amtliche Tageszeitung der NSDAP Gau Hessen-Nassau – Amtsverkündigungsblatt für Kreis und Stadt Offenbach« bei der Nationalsozialistischen Verlagsgesellschaft m. b. H. Im äußeren Erscheinungsbild änderte sich indessen nur wenig, da die Seibold'sche Druckerei in Offenbach nach wie vor den Druck besorgte. Der Parteiadler im Zeitungskopf deutete allerdings an, daß die neue »Offenbacher Zeitung« völlig auf der Linie der NSDAP lag. Ihren geschäftlichen und privaten Inserenten machte sie deutlich, daß auch bezahlte Anzeigen systemkonform zu erscheinen hatten:[31]

»Wir machen darauf aufmerksam, daß wir Anzeigen, deren Inhalt gegen die bestehenden Bestimmungen verstößt, ohne Benachrichtigung des Auftraggebers nach entsprechender Abänderung nur in der zulässigen Fassung veröffentlichen.«

Sammlungen vieler Art hatten schon in Friedenszeiten der Partei zur Beschaffung von Geldmitteln gedient und sollten bei der Bevölkerung die Solidarisierung mit dem vorgegebenen Zweck fördern. Im Krieg verstärkte man diese Aktionen noch. Parteigenossen, Angehörige der HJ, der SA und der NS-Frauenschaft waren fast ständig bei Haus- oder Straßensammlungen unterwegs. Am bedeutendsten waren dabei die Sammlungen des Winterhilfswerkes, die mit allen Mitteln der Propaganda bis zu dem beliebten Rundfunk-Wunschkonzert unterstützt wurden. Allein im ersten Kriegswinter wurden dafür sechs sogenannte Opfersonntage und sechs Reichsstraßensammlungen durchgeführt. Weitere Opfertage, Tage der Wehrmacht und der Polizei boten Anlässe zu Sammlungen, die Millionenbeträge erbrachten. Im Sommerhalbjahr traten an die Stelle des WHW die Straßen- und Haussammlungen des Kriegshilfswerkes des Roten Kreuzes. Pressionen wurden bei den Sammlungen nicht gescheut. Ohne die verkauften – übrigens teilweise recht ansprechend gestalteten – Abzeichen konnte sich kaum jemand auf der Straße sehen lassen, und bei den Hauslistensammlungen wurde der Beitrag zur Einsicht der NS-Ortsgruppe schriftlich festgehalten.

Hitler benutzte die Eröffnung des Kriegswinterhilfswerkes 1941/42 auf einer »Volkskundgebung« im Berliner Sportpalast am 3. Oktober, um zu verkünden, der Gegner im Osten sei bereits gebrochen und werde sich nie wieder erheben.[32] Am 16. Oktober meldete die »Offenbacher Zeitung« mit großer Schlagzeile »Die äußere Verteidigungslinie von Moskau erreicht«. Neun Tage später brachte sie in ähnlicher Aufmachung die Nachricht von der Eroberung Charkows in der Ukraine. Da durfte die Heimatfront nicht versagen, und zwischen den Berichten über »Freiheitsstrafen für Verdunkelungssünder« und »Der Gau-Varieté-Zug weilte in Offenbach« schob die Zeitungsredaktion in Fettdruck die Aufforderung ein:

»Heute und morgen wird in Stadt und Kreis Offenbach die Straßenschlacht für das Kriegs-Winterhilfswerk geschlagen. Wir alle wollen Mitkämpfer sein!«

Der deutsche Angriff im Osten erreichte sein Ziel nicht, blieb im Schlamm und schließlich in Eis und Schnee stecken. Ohne geeignete Winterausrüstung standen die deutschen Soldaten in klirrender Kälte plötzlich einem mit frischen Divisionen zum Gegenangriff antretenden Gegner gegenüber. Um den dringendsten Bedarf an Winterkleidung zu befriedigen, richtete Hitler am 20. Dezember 1941 einen Appell an das Volk zu einer Wintersachensammlung für den Kampf gegen »einen zahlen- und auch materialmäßig weit überlegenen Feind«,[33] von dem er im Oktober doch schon gesagt hatte, er sei gebrochen. Niemand wagte indessen auf diesen Widerspruch bei dem Führer, der für sich in Anspruch nahm, immer recht zu haben, aufmerksam zu machen. Die Menschen in der Heimat spendeten großzügig – 67 232 686 Stücke wurden abgeliefert[34] – doch nicht für Hitler, der inzwischen zu allem Überfluß auch noch den Vereinigten Staaten von Amerika den Krieg erklärt hatte, sondern, wie sie sagten, »für unsere armen Soldaten in Rußland«. Wer sich ein kritisches Urteil bewahrt hatte, sah mit bangen Erwartungen in die Zukunft.

Kriegsalltag im Dorf

Wie sich die großen Vorgänge in einem kleinen Dorf auswirkten und welche Ereignisse jener Jahre man besonders bemerkenswert fand, zeigt recht anschaulich die von 1939 bis 1943 geführte Götzenhainer Kriegschronik. Zu beachten ist dabei allerdings, daß es sich um eine Art offiziellen Bericht der NSDAP über den Alltag im Dorf während des Krieges handelt, für den Bürgermeister und Ortsgruppenleiter verantwortlich zeichneten, auch wenn ein schreibgewandter Volksgenosse als Schriftleiter diente. Der Text wurde vervielfältigt und im Laufe der Zeit in 16 Schreiben den Götzenhainer Soldaten zugeschickt.[35] In chronologischer Reihenfolge sind im Folgenden einige aufschlußreiche Abschnitte daraus wiedergegeben:

»9. Oktober 1939
  Am Samstag, dem 26. August, wurden 28 Volksgenossen einberufen. Mit diesem Augenblick war der Ernst der Stunde dem ganzen Ort bewußt geworden. Gleichzeitig verließen 25 Pferde ihre Ställe, um vom Militär übernommen zu werden. Vier kamen später zurück.

Einen Tag darauf, am Sonntag, trat das Markensystem in Kraft. Das Landratsamt schickte die Scheine und mittags teilten die Blockleiter die Bezugskarten an die einzelnen Familien aus. Das Partei lokal wurde ins Rathaus verlegt, die dortige Schulklasse geschlossen. (...)

Die Führerrede am 1. September und der Aufruf des zivilen Luftschutzes waren weitere Marksteine der neuen Zeit. Nach den Anordnungen der Durchführungsverordnung wurden zahlreiche Keller als Schutzräume hergerichtet. Streng wurde auf eine totale Verdunkelung geachtet. (...)

Anfang September bezog in der weiteren Umgebung eine Flakabteilung Stellung. Das Läuten (der Kirchenglocken) mußte wegen des empfindlichen Horchgerätes eingestellt werden. Die Frauenschaft übernahm das Kochen für die Soldaten. (...)

Bei der Mütterehrung am 1. Oktober wurden 3 goldene, 8 silberne und 3 bronzene Ehrenkreuze ausgeteilt. Am 3. Oktober besuchte der Kreisleiter die Gemeinde und zeigte sich zufrieden mit dem Geschehenen.

1. November 1939

Am 12. Oktober hatte der Ort Einquartierung und sofort nach dem Abrücken der Truppe am 13. kamen die nächsten Soldaten, die diesmal 8 Tage blieben. So war Zeit genug, daß sich ein herzliches Verhältnis zwischen den Ostmärkern, aus der die Einheit zum größten Teil bestand, und der Bevölkerung entspann. Die Soldaten fühlten sich gut aufgehoben und beherbergt. Sie gaben zum Dank dafür am Freitag, dem 13., ein Wehrmachtskonzert vor den Denkmälern der Gefallenen, und vor allen Dingen stellten sie den Bauern ihre Gespanne und ihre Hilfe beim Einbringen der Kartoffel- und Hackfruchternte zur Verfügung. (...)

Am Sonntag, dem 17., erbrachte die erste Winterhilfssammlung rund neunzig Mark, das sind ungefähr 50% mehr gegenüber dem Vorjahr. Noch deutlicher zeigte der erste Opfersonntag am 22. Oktober, daß die Heimat ihr Scherflein zum Gelingen des uns aufgezwungenen Kampfes und zur Linderung jeder Not beisteuern will. Das Ergebnis betrug 120 Mark. (...)

11. Dezember 1939

Der 12. November stand im Zeichen der 2. Opfersonntags-Sammlung. 122 Mark kamen zusammen, und später noch einmal 11 Mark von denjenigen Volksgenossen, die den Sinn des Opfers nicht recht begriffen hatten und durch den Ortsgruppenleiter persönlich belehrt werden mußten. (...)

Beinahe täglich schreibt der Bürgermeister auch Anträge auf Hausschlachtungen. Um die Weihnachtszeit dürfte manches

Feldpostpaket aus Götzenhain einen fetten Inhalt haben. (...)
Wir haben wieder Einquartierung.... Am 6. 12. hielten zwei Kompanien im überfüllten Saal der »Krone« einen echten Soldatenball ab. Das ganze Dorf war erschienen. (...) Am Nachmittag dieses Tages war der Bürgermeister nach Offenbach gefahren und hatte die Kleiderkarten geholt. Ein schweres Paket, angefüllt mit lauter 100 Punkten. Jetzt sind auf der Bürgermeisterei die Scheren in Tätigkeit, alle schon durch Bezugscheine benutzten Punkte abzuschneiden. (...)
Am 7. 12. abends trat die neugebildete SA-Wehrmannschaft, die alle ungedienten Männer bestimmter Jahrgänge zur vormilitärischen Ausbildung erfaßt, zum ersten Dienst an.

17. Januar 1940
Silvester verlief dem Ernst der Zeit entsprechend ohne alles Lärmen, ohne Raketen und Schüsse ... Pünktlich um ein Uhr setzte dann die Polizeistunde dem Silvestertreiben ein Ziel, und der Ortsdiener Messer sorgte eifrig dafür, daß eine halbe Stunde später der Ort still und ohne Laut ins neue Jahr schlummerte. (...)
Einige junge Männer sind wieder zu den Waffen einberufen worden.

7. Juni 1940
Wir in der Heimat schaffen mit doppeltem Einsatz. Das dürfen wir nicht nur von denen behaupten, die nach wie vor in die großen Industriewerke fahren, wo sie jetzt Eure Waffen schmieden, oder die arbeitsverpflichtet wurden und denen Ihr draußen begegnen könnt, sondern das gilt in besonderer Weise für die Landwirte und Bauern, hinter denen die Frühjahrsbestellung liegt
Vom ersten guten Tag an zogen sie hinaus in die Gemarkung, Frauen, die den Pflug führten, die Halbwüchsigen, die in Friedenszeiten noch brav hinter ihrem Vater hätten bleiben müssen, und Soldaten im hellen Drillichanzug mit den zur Verfügung gestellten Wehrmachtsgespannen. Alles hat über Erwarten schön geklappt.

Oktober 1940
Eine Großkundgebung der NSDAP in der Turnhalle brachte am 15. September den Höhepunkt in die politische Arbeit des Spätsommers. Eigentlich hätte an diesem Tage die Kerb stattfinden müssen, und tatsächlich waren trotz des regnerischen Wetters manche Fremde gekommen. Das übliche Bild fehlte jedoch vollständig. (...)

14. Dezember 1940

Sehr viele Kartoffelfuhren sind nach Isenburg, Frankfurt und Offenbach gerollt. Ein unerwartet reicher Erntesegen wurde so rasch an die Verbraucher in der Stadt abgesetzt. Die Keller im Dorf sind ebenfalls gefüllt. (...)

Da im Winter nicht alle kriegsgefangenen Franzosen, die im Götzenhainer Lager untergebracht sind, von den Bauern benötigt werden, kann die Gemeinde mit ihrer Hilfe die Feldwege in Ordnung bringen, eine Arbeit, die an manchen Stellen dringend geworden war.

25. Februar 1941

Am 22. Dezember feierte HJ und BDM die Weihnacht bei starkem Besuch in einer schönen und stimmungsvollen Form. Am Abend des ersten Feiertages wurden nach der Lockerung des Tanzverbotes in der »Krone« die Tanzbeine geschwungen, wie auch am Silvesterabend. (...)

Am Abend des 25. war unser Dorf wieder der Schauplatz einer stattlichen Großkundgebung der Partei. Der Saal in der »Krone« hatte sich bis auf den letzten Platz gefüllt, als nach den Begrüßungsworten des Ortsgruppenleiters i. V. Pg. P. der Reichsredner und Kreisleiter Pg. Stahn aus Würzburg hinreißend und überzeugend das Thema behandelte, das ja in diesem Jahre über jede Stunde geschrieben steht: Mit unseren Fahnen ist der Sieg.

Die HJ hat einen Fanfarenzug für Götzenhain gegründet, und eine Singgruppe ist zwischen HJ und BDM entstanden.

24. April 1941

Dem Tag der Deutschen Polizei am 16. Februar folgten eine Reihe von weiteren Sammeltagen, die gute Ergebnisse zeigten. Am Opfersonntag vom 9. März lief ein Film vor der Frauenschaft, »Grenzland – Ausland«, der starken Eindruck hervorrief. Die Heldengedenkfeier am 16. März fand unter Mitwirkung des Spielmannszuges der HJ und des Gesangvereins Germania statt. Der Ortsgruppenleiter hielt die Ansprache. Der Bürgermeister und ein Vertreter der NSKOV legten die Kränze nieder. Die Ehrensalve feuerte der Kriegerverein. (...)

Die feierliche Überführung der Pimpfe in die HJ wurde am 30. März nach gemeinsamem Empfang der Rede des Reichsjugendführers durchgeführt. Zugleich fanden die Jungmädel Aufnahme in den BDM.

1. September 1941

Die Sammlungen für das DRK brachten auch in diesem Jahre Ergebnisse, welche als sehr gut zu bezeichnen sind. Zur Zeit wird eine Spinnstoffsammlung durchgeführt, welche eben-

falls an unseren Verhältnissen gemessen gut zu werden verspricht, wenn auch die Schulkinder täglich Spinnstoffe und andere Altmaterialien mit zur Schule nehmen.

14. April 1942
Der Winter war diesmal bei uns besonders hartnäckig. Der Schnee lag von Januar bis Mitte März 60 cm, teilweise höher. Temperaturen bis 28 Grad wurden gemessen.

Oktober 1942
Die gesamte Ernte ist reichlich, ja teilweise überreichlich ausgefallen. Unsere Landwirte schmunzeln einmal und das will viel heißen. Obst gibt es allerdings nicht viel. (...)
Zu unserem großen Schmerz fielen im August und September des Jahres für Führer, Volk und Vaterland die Kameraden Heinz Helden am 23.8.42, Peter Lenhardt am 20.8.42, Philipp Frank am 29.8.42, Johannes Kolb am 4.9.42, Peter Gottschämmer am 11.9.42, insgesamt sind somit seit Kriegsbeginn 7 Kameraden aus unserer Gemeinde gefallen. (...)
Am 16.6.42 sprach vor vollem Saal Pg. W. aus Alzey in einer Großkundgebung über das Thema »Sieg um jeden Preis«. Pg. W. erntete reichen Beifall.

31. August 1943
Wir hatten alle Hände voll zu tun, um die Ernte schnellstens unter Dach zu bringen. Hier trat wieder wie im Vorjahre die Hilfsbereitschaft aller Volksgenossen in Erscheinung. (...) Auch die ausländischen Arbeitskräfte werden tüchtig herangezogen, und man kann sagen, daß sie ganz willig und fleißig sind. (...)
Insgesamt stehen bei der Wehrmacht in unserer Ortsgruppe 160 Kameraden, hiervon 41 Parteigenossen, im Arbeitsdienst stehen 6 Parteigenossen. Die Arbeiten innerhalb der Partei haben sich sehr vermehrt. Die Politischen Leiter und die Parteigenossen erhielten ihre Richtlinien in 9 Appellen der Politischen Leiter und 4 Mitgliederversammlungen. Außerdem nahmen Pol. Leiter an einem an 4 Samstagen stattfindenden Lehrgang sowie an einem Luftschutzlehrgang teil. In zwei Großkundgebungen sprachen Gauredner über die Themen: »Wir werden siegen, weil uns Adolf Hitler führt« und »Totaler Krieg, kürzester Krieg«. Sie ernteten lebhaften Beifall, die Versammlungslokale waren dicht besetzt. (...)
Außerdem wurde die Partei wiederholt zur Unterstützung bei der Durchführung staatlicher Aufgaben herangezogen. Durch die Gründung eines Ortsringes für Propaganda ist die einheitliche Ausrichtung aller Volksgenossen gewährleistet.«

Das Informationsmonopol der NSDAP

Der letztzitierte Satz aus der Götzenhainer Kriegschronik nennt deutlich das Ziel der NS-Propaganda, dem auch die Briefe der Heimatgemeinde an die Soldaten galten: die einheitliche ideologische Ausrichtung aller Bürger. Berichtet wurde im positiven Sinne; Negatives wollte und durfte man nicht mitteilen, es sei denn man wiederholte, was ohnehin offenkundig war, wie etwa die Nennung der Gefallenen aus der Gemeinde. Wie im Großdeutschen Rundfunk und in der vom Reichspropagandaministerium dirigierten Presse beanspruchten die Nationalsozialisten auf Kreis- und Gemeindeebene für sich das Informationsmonopol. Wer es nicht anerkennen wollte, stellte sich für sie außerhalb der Volksgemeinschaft und konnte rasch zum Volksschädling mit allen sich daraus ergebenden Konsequenzen abgestempelt werden.

Hatten die Nationalsozialisten schon in der Vorkriegszeit den freien Fluß der Information eingeschränkt, so legten sie nach Kriegsausbruch den größten Wert darauf, daß sie allein die Bevölkerung mit Nachrichten über das politische und militärische Geschehen versorgten. Noch am ersten Kriegstag wurde das Abhören feindlicher Sender durch die »Verordnung über außerordentliche Rundfunkmaßnahmen« verboten. Wer dem Verbot zuwider handelte, wurde mit schweren Gefängnis- oder Zuchthausstrafen bedroht; bei schweren Verstößen gegen das Verbot der Weiterverbreitung von Nachrichten ausländischer Sender konnte sogar die Todesstrafe verhängt werden. Dennoch schalteten viele Menschen, die nicht nur über einen Volksempfänger, sondern über ein besseres Rundfunkgerät verfügten, ausländische Nachrichtensendungen unter Beachtung entsprechender Vorsichtsmaßnahmen ein. Am häufigsten hörte man dabei die deutschsprachigen Sendungen der BBC von Radio London. Besonders geschätzt bei deutschen Hörern waren die Nachrichtensendungen des neutralen Schweizer Senders Beromünster mit den klugen und ausgewogenen Wochenkommentaren. Weniger gut im Rhein-Main-Gebiet zu empfangen war Radio Moskau. Auch mochten die wenigsten die von unerbittlichem Haß gegen die in Rußland eingedrungenen deutschen Truppen erfüllten Sendungen anhören, die mit dem Spruch »Tod den deutschen Okkupanten!« endeten. Die in Variationen wiederholte Aussage, die Rote Armee werde dafür sorgen, daß die deutschen Soldaten dorthin kämen, wohin sie gehörten, »nämlich drei Fuß unter die Erde«, verschreckte Hörer, deren Sohn oder Bruder an der Ostfront stand und konnte sie nicht zu regelmäßigem Einschalten dieser Rundfunkstation veranlassen.

Die eigentliche Gefahr der Entdeckung lag weniger bei dem Abhören selbst als bei der Versuchung, das Gehörte anderen weiterzuerzählen, denn die Gefahr der Denunziation war groß. Ein Langener Bürger hatte 1940 ausländische Rundfunksendungen abgehört und seine Familienangehörigen aufgefordert, ihm dabei Gesellschaft zu leisten. Seine Frau, mit der er in zerrütteter Ehe lebte, zeigte ihn jedoch an. Das Gericht verhängte eine Zuchthausstrafe von 2 1/2 Jahren. 1943 strebte der Mann die Revision des Urteils an und berief sich auf damalige verminderte geistige Zurechnungsfähigkeit. Die Richter erkannten jedoch seine vorgetragenen Gründe für eine Revision des Urteils aus erster Instanz nicht an.[36)]

Durch Denunziation erfuhr die Neu-Isenburger Polizei, daß eine Beamten-

NSDAP
Gau Hessen-Nassau
Kreis Offenbach am Main
Der Kreisleiter
Auskunft Nr. 508887

_____, den _____ 19____

An den Ortsgruppenleiter Pg. R u e t e

Frist _____ Streng vertraulich!

Politische Auskunft über: Pg. D▇▇▇▇▇▇▇▇▇▇▇▇▇▇

1. jetzt wohnhaft in: Frankfurt a.M. Straße: G▇▇▇▇▇▇strasse seit: 35
   früher wohnhaft in: Buchschlag Straße: ▇▇▇▇▇▇ bis: 27.9.34.
   verzogen nach: ./. Straße: ./. am: ./.
2. geboren am: ▇▇.▇.1897 in: ▇▇▇▇hausen Konf.: evgl. Familienstand: verh.
3. Beruf: Kaufmann in Anstellung bei: ▇▇▇▇A in FRANKFURT a.Main
4. Anzahl der Kinder: zwei arische Abstammung (auch der Ehefrau) nachgewiesen u. wo?: vermutlich
5. Militärverhältnis (Kriegszeit u. jetzt, beschädigt, Auszeichn.): Weltkriegsteiln.Lt.d.R.EKI u.II als Res.Off.b.Wehrmacht
   Arbeitsdienstverhältnis: entfällt
6. Strafen der ordentl. und Parteigerichte: keine
7. Mitglied der NSDAP: ja seit wann: 1.VIII.1932 Nr.: 1201725
   war Mitgl. d. NSDAP von: ./. bis: ____ unter Nr.: ____
   Grund des Ausscheidens: ./.
8. Angehörig. der Gliederung (SA, SS, NSKK, HJ, NS-Frauensch.): SA seit wann: 1933 Format.: 168/Re
9. Mitglied der betreuten Organisationen (DAF, NSV, NSKOV, NSBO, NSHV, NSDStB, NSLB, NS-Ärztebund, NSDDT usw.): unbekannt seit: ____
10. Mitglied (RLB, Teno, FM, Opferring, usw.): unbekannt seit: ____
11. Führerstellung in der NSDAP, einer Gliederung oder Organisation: war während s.Hierseins unterer SA Führer
12. Politische Tätigkeit, Mitgliedschaft in anderen Parteien und Logenangehörigkeit vor der Machtübernahme: trat vor der Machtübernahme in die NSDAP gehörte keiner Loge an
13. Politisches Verhalten nach der Machtübernahme und Einstellung dem heutigen Staat gegenüber: SA-Mann
14. Charakter: korrekter Mensch , ehrlich , ehrgeizig .
15. Leumund: gut
16. Familienverhältnisse: ordentliche
17. Wirtschaftliche Verhältnisse: sehr gut
18. Beteiligung an Spenden für NSV und WHW: gab und sammelte schon vor der Machtüb
19. Sind die Kinder in HJ, JO, BDM, JM?: vermutlich seit: ____
20. Bezug von NS-Schrifttum: unbekannt
21. Ehemann/Ehefrau Mitglied der: NSDAP seit 1932 ,während ihres Hierseins Aktivstin .
22. Politische Zuverlässigkeit: ist zuverlässig
23. Diese Beurteilung bezieht sich auf die Zeit von: 1932 bis: September 1934

Anmerkung: Die Beantwortung hat mit größter Gewissenhaftigkeit zu erfolgen. Weitere Ausführungen sind auf der Rückseite vorzunehmen.

Buchschlag, den 10.9. 19 40

(Dienstsiegel) (Ortsgruppenleiter des Hoheitsträgers)

POLITISCHE AUSKUNFT
Die streng vertraulichen Auskünfte über Volks- und Parteigenossen gingen ohne Wissen der Betroffenen von der Ortsgruppe zur Kreisleitung.

witwe, die von Geburt Holländerin war, vor der Besetzung ihres Heimatlandes durch die Wehrmacht wiederholt von dort ausgestrahlte Nachrichtensendungen abgehört hatte. Das Sondergericht verurteilte sie deshalb und wegen beleidigender Äußerungen über die Wehrmacht, die wohl Inhalt der Sendungen waren, zu einem Jahr und vier Monaten Gefängnis.[37])

GESTEUERTE PRESSE
Vom Propagandaministerium ergingen täglich Weisungen an die Presse, über welche Themen zu berichten sei. Sogar Formulierungen für die Überschriften wurden festgelegt. An die Stelle der Siegesmeldungen in den ersten Kriegsjahren traten ab 1943 zunehmend Durchhalteparolen.

Ein anderer Fall, der sich durch die Bösartigkeit von Hausbewohnern auszeichnete, trug sich ebenfalls in Neu-Isenburg zu. Diese hatten 1943 einen 68jährigen Rentner im Verdacht, er höre zu bestimmten Zeiten Radio London. Um ihn zu überführen, spielten sie die Rolle von Detektiven. Sie beobachteten seinen Elektrozähler und stellten fest, daß täglich um 11 Uhr das Rundfunkgerät eingeschaltet wurde. Anschließend drehten sie so lange an den Knöpfen ihrer Empfangsgeräte, bis sie zur gleichen Zeit Radio London hören konnten. Vor Gericht beteuerten sie, das hätten sie allein aus dem Grund getan, um dem alten Herrn auf die Schliche zu kommen. In ihrem Übereifer gingen sie so weit, daß sie die Sicherung im Zähler des Beargwöhnten herausschraubten, so daß er am Abhören gehindert war. In der Verhandlung erklärte der Beschuldigte, es handele sich um eine Privatsache. Als dann der Angeklagte nicht mehr weg- und verhandlungsfähig war, sorgte das Gericht im Mai 1944 für seine Einweisung in die Nervenheilanstalt Goddelau. Seine Richter beurteilten ihn als bösartig, er habe eine Neigung zu Gewalttätigkeiten, außerdem vernachlässige er die Verdunkelung.[38] Die Verfolgungsmaschine konnte den Mann zwar nicht in die Strafanstalt bringen, doch traf sie ihn außerordentlich empfindlich.

Trotz der verhängten schweren Strafen, über die die Presse aus Gründen der Abschreckung fortwährend berichtete, gab es offensichtlich regelrechte Gruppen, die sich zum Abhören von Auslandssendern heimlich versammelten. In Steinheim gehörte sogar ein Polizist zu denen, die sich mit der mageren und oft entstellten Berichterstattung in den deutschen Medien nicht zufrieden geben wollten. Die Gruppe konnte längere Zeit das Abhören betreiben.[39]

Vor allem in den letzten Kriegsjahren, als die Siegesfanfaren der Sondermeldungen verstummt waren, die täglichen Wehrmachtsberichte die erlittenen Rückschläge nur mit Verzögerung meldeten und die Propagandisten der Partei wider alle Vernunft noch vom Endsieg sprachen, verschafften sich viele Deutsche zusätzliche Informationen durch Abhören ausländischer Sender. Geredet haben freilich nur wenige darüber.

Erste Bomben auf den Kreis Offenbach

Mit dem Beginn des Feldzuges im Westen am 10. Mai 1940 veränderte sich die Luftkriegsführung. Luftangriffe auf gegnerische Städte lösten sogenannte Vergeltungsangriffe aus, wobei sich beide Seiten beschuldigten, den Krieg gegen die Zivilbevölkerung begonnen zu haben. Am Morgen des 15. Mai beschloß das britische Kabinett, dem Bomber Command auch Angriffe östlich des Rheins zu erlauben.[40] Die während der Nacht anfliegenden Maschinen operierten meist einzeln und suchten sich selbst das Ziel aus. Schwierigkeiten bei der Orientierung brachten es mit sich, daß sie wenig gezielt ihre Bomben abwarfen.[41] Dennoch verbreiteten sie gerade durch diese Wahllosigkeit Furcht und Schrecken bei der deutschen Zivilbevölkerung. Anfang Juni 1940 fielen auf Stadt und Kreis Offenbach die ersten Bomben. Während in Offenbach zwei Kinder ums Leben kamen, ging es im Kreis ohne Menschenverluste ab. In einem Stimmungsbericht meldet dazu die Ortsgruppe Egelsbach:[42]

»Egelsbach, den 7. Juni 1940
Die in den Nächten vom 3. zum 4. und vom 5. zum 6. ds. Mts.
durch feindliche Flugzeuge durchgeführten Fliegerangriffe
haben in der Egelsbacher Bevölkerung ziemlich Erregung her-
vorgerufen. Hierzu trugen naturgemäß die aus den benachbar-
ten Städten von Arbeitern nach hier gebrachten alarmierenden
Nachrichten ihr gut Teil bei ...

*In der Nacht vom 5. zum 6. ds. Mts. sind in der Egelsbacher
Gemarkung und hart an deren Grenze nach Süden zu Bomben
eingeschlagen, die, da sie ins Feld fielen, nur geringfügigen
Flurschaden anrichteten. (...) Im übrigen stelle ich fest, daß
gerade auf diese letzten Fliegerangriffe in Egelsbach eine fieberhafte Tätigkeit hinsichtlich der Herstellung von provisorischen Luftschutzkellern einsetzte. Das einzig erfreuliche
Zeichen.«*

Als Folge der schweren deutschen Luftangriffe im Verlauf der »Schlacht um England« 1940/41 flog die Royal Air Force (RAF) verstärkt Angriffe gegen Ziele in Deutschland. Immer wieder heulten nachts die Sirenen und trieben die Menschen in die Luftschutzkeller. Am 18. Juni 1940 warf ein einzelnes britisches Flugzeug Bomben auf Neu-Isenburg, die zwei Todesopfer forderten.[43] Im Mai 1941 trafen erneut britische Bomben Neu-Isenburg und zerstörten einige Häuser im Westen der Stadt.[44] In Sprendlingen beschädigten Bomben in der Nacht vom 12. auf 13. September 1941 einige Häuser. Durch abgeworfene Brandbomben gingen mehrere Scheunen in Flammen auf[45]. Ein Gefühl der Hilflosigkeit und des Ausgeliefertseins verbreitete sich. Da niemand eine Erklärung für die Auswahl der Bombenziele hatte, verfiel man auf Spekulationen, die jeder Grundlage entbehrten. Ein Bericht des Ortsgruppenleiters von Buchschlag vom Juli 1941 zeigt, wie man haltlose Vermutungen mit den schwerer werdenden Angriffen in Verbindung brachte.[46]

*»Um 12 Uhr mitternacht war durch Fliegeralarm in Frankfurt
Luftgefahr ersichtlich. Für Buchschlag gilt Flakfeuer als Fliegeralarm. In der Zeit von kurz nach 1 Uhr bis gegen 2 Uhr
überflogen mehrfach schätzungsweise 20 bis 30 Feindmaschinen
den Ortsbereich. Bombenabwürfe in großer Nähe waren vernehmbar 1.15 Uhr, 1.30 Uhr. Bombeneinschläge waren um 1.50
Uhr auf das Hausgrundstück Ernst Ludwig Allee 5 des Vg.
Eduard Pieper. Drei schwere Bomben fielen links und rückwärts des Hauses. Das Haus stürzte vollkommen in sich zusammen. Schwerverletzt war der Eduard Pieper, der nach fast zweistündiger Arbeit aus dem verschütteten Keller geborgen wurde.
Eine halbe Stunde später wurde seine Tochter Erna Tönges –
geb. 31.7.13 evgl. – bewußtlos geborgen. 12 1/2 Uhr mittags
wurde die Ehefrau durch den eingesetzten Hilfsdienst ... tot
geborgen.
Vertraulich: Was ich jetzt schreibe, mag gänzlich abwegig sein,
ich werde jedoch folgenden Gedanken nicht los, daß dieser
Angriff doch Buchschlag bewußt gegolten hat. Es ist das zweite
Mal, daß dicht südlich Buchschlag Leuchtbomben abgeworfen
wurden und daß Spreng- und Brandbomben einmal dicht vor
der Südspitze Buchschlags fielen, diesmal innerhalb der Südwestspitze auf das Baugrundstück Ernst Ludwig Allee 5. Direkt
gegenüber dieses Hauses ist das Wohnhaus des Geh. Rat Dr.*

med. Alter, den ich häufig in Zusammenhang mit der Miss Murray, der früheren Sekretärin des Vorgenannten erwähnte. Ich habe glaubhaft vertraulich berichtet, daß Murray im Dienste des engl. Secret Service stand und heute noch steht. Sollten diese Angriffe nicht vielleicht doch mit der Murray in Zusammenhang stehen? Sie kann wissen, daß der Geh. Alter in der Kanzlei des Führers einen guten Namen hat. Sie weiß auch sicherlich, daß Alter England schaden wird, wo er kann. Ich möchte empfehlen, die engl. Fliegerangriffe doch einmal nach diesem Gesichtspunkt zu beleuchten ....«

Die Vermutungen des Ortsgruppenleiters waren zweifellos abwegig. Die wenigen feindlichen Flugzeuge waren damals noch nicht in der Lage, ein Einzelziel zu erkennen und wirksam zu bekämpfen. Die größte Gefahr drohte der Bevölkerung durch nicht abgedunkelte Fenster. Mit einiger Wahrscheinlichkeit waren solche auch die Ursache dafür, daß ein Luftangriff in der Nacht vom 20./21. September 1941 die Gemeinde Dietzenbach recht schwer traf. Abgeworfene Phosphorkanister verursachten Großbrände, denen zehn Wohnhäuser und 25 Scheunen zum Opfer fielen. Bei dem Ausmaß des Brandes, dessen Flammenschein weithin im Kreis Offenbach zu sehen war, konnte die örtliche Feuerwehr nur wenig ausrichten. Schließlich waren alle Kräfte der Feuerwehr-Abteilung Offenbach in Dietzenbach im Einsatz.[47)] Als die Bewohner der umliegenden Ortschaften am Tag nach dem Angriff – es war ein Sonntag – sich den Schaden betrach-

IM LUFTSCHUTZKELLER
Luftschutzbunker gab es nur in den Großstädten. In den kleineren Städten und Gemeinden versuchte man, die Kellerräume abzuspießen und dadurch besseren Schutz zu gewinnen.

ten wollten, fanden sie Dietzenbach von Sicherheitskräften weiträumig abgesperrt. Rauch stieg noch auf und ein penetranter Brandgeruch lag in der Luft. Das makabre Wort von Dietzenbach als »Klein-Coventry«machte die Runde.

Das Jahr 1942 brachte eine weitere Verschärfung des Luftkrieges über Deutschland. Die Wucht der britischen Nachtangriffe richtete sich vorwiegend gegen Ziele in Nord- und Westdeutschland. In der Nacht auf den 31. Mai 1942 wurde Köln als erste deutsche Stadt von über tausend Bombern angegriffen und schwer getroffen. Das Rhein-Main-Gebiet kam in jenem Jahr – mit der Ausnahme von Mainz, dessen Altstadt im August in Flammen aufging – noch einmal glimpflich davon. Schlimmeres stand für das nächste Jahr zu befürchten, denn die Amerikaner stationierten ihre 8. Luftflotte mit schweren Bombern in Großbritannien.

Natürlich fehlte es nicht an Abwehrmaßnahmen gegen die feindlichen Luftangriffe. Nachtjäger und Flakartillerie bekämpften die anfliegenden Bomberverbände mit zeitweise nicht geringem Erfolg. Allein bei den geflogenen Bombenangriffen des britischen Royal Bomber Command wurden die Verluste mit 7 985 Maschinen angegeben.[48] Auch im Kreis Offenbach waren Einheiten der deutschen Luftabwehr stationiert. In Neu-Isenburg hatte eine schwere Flakbatterie mit 8,8 cm Kanonen Stellung bezogen. Sie gehörte wie die Batterien auf der Rosenhöhe Offenbach und in Bieber an der Bahn nach Heusenstamm zur großen Flakgruppe Frankfurt. Zwischen Offenbach und Mühlheim fuhr gelegentlich eine schwere Eisenbahnflakbatterie auf. Bisweilen wurden die Batterien verlegt, so daß die Stellungen auch längere Zeit nicht besetzt waren. Scheinwerfer, die je nach Luftlage die feindlichen Flugzeuge nachts erfassen oder den Himmel für die Nachtjäger erleuchten sollten, waren an verschiedenen Orten im Kreisgebiet aufgestellt.

Ein von Spezialisten der deutschen Luftabwehr entwickeltes Verfahren sollte die Bomber von dichtbesiedelten Zentren ablenken, konnte jedoch die benachbarten Gebiete stark gefährden. Die Briten hatten nämlich die Taktik entwickelt, durch vorausfliegende Pfadfinder-Flugzeuge mittels Luftmarkierung (Leuchtbomben an Fallschirmen, sog. »Christbäume) oder Bodenmarkierung (herabfallende, am Boden weiterbrennende Leuchtstäbe) die Angriffsziele zu kennzeichnen. Die Masse der nachfolgenden Bomber brauchte dann nur die weithin sichtbare Markierung anzufliegen und dort ihre verderbliche Last abzuladen. Auf deutscher Seite errichtete man daher in abgelegenen Gebieten in der Nähe der Großstädte Scheinanlagen. Eine solche befand sich auf der damals erst gerodeten Trasse der Autobahn Frankfurt-Würzburg in der Nähe des Forsthauses Gravenbruch. Flakgeschütze konnten von dort aus Leuchtzeichen, wie sie die Engländer bei ihren Angriffen verwendeten, hochschießen; außerdem wurden Pechfässer und Reisig auf der Autobahntrasse elektrisch gezündet. Die so erzielten Beleuchtungseffekte und Brände haben zweifellos die Angreifer irritiert und wesentliche Teile der Bomberverbände abgelenkt, wie die vielen Bombeneinschläge in dem dortigen Waldgebiet beweisen. Mit dem Einsatz der Radargeräte und neuer Pfadfindermethoden wurde die Scheinanlage wertlos.[49] Zur Täuschung der bei Tag angreifenden amerikanischen Bomberverbände konnte sie ohnehin nicht eingesetzt werden.

Totaler Krieg

Im Herbst des Jahres 1942 beherrschte die Deutsche Wehrmacht ein ungeheuer großes Gebiet. Im Westen standen die Verbände am Atlantik zwischen Nordkap und Pyrenäen und erwarteten den von Stalin dringend geforderten Angriff der Alliierten, wozu diese sich jedoch vorläufig nicht zu entschließen vermochten. Im Osten waren deutsche Truppen weit über die Ukraine hinaus bis nach Stalingrad an der Wolga und tief in den Kaukasus vorgestoßen. Und im Süden standen die Truppen des Afrikakorps unter Führung Rommels bei El Alamein dicht vor Alexandria in Ägypten. Schon spekulierte man an Stammtischen, wie lange es noch dauern könnte, bis die Spitzen der deutschen Angriffsverbände sich irgendwo im Mittleren Osten treffen würden oder gar die Verbindung zu den im Fernen Osten siegreich vorstoßenden Japanern aufnehmen könnten. In Wirklichkeit aber konnte über das Kräfteverhältnis der kriegführenden Staaten zueinander kein Zweifel bestehen. Trotz aller militärischer Erfolge des Jahres 1942 kämpfte der Drei-Mächte-Pakt Deutschland-Italien-Japan nicht mehr um den Sieg, sondern gegen die Niederlage.[50] Die verlorenen Schlachten bei den Midway-Inseln, um Stalingrad und in Nordafrika markierten die militärische Wende des Krieges. 1943 befanden sich Deutschland und Japan in der Defensive, das faschistische Italien kapitulierte.

Die nationalsozialistische Führung des Deutschen Reiches wollte nicht eingestehen, daß der Krieg militärisch gesehen aussichtslos geworden war. Im Gegenteil versuchte sie, mit historisch schief begründeten Durchhalteparolen und rigorosen Maßnahmen Einsatzwillen und Widerstandsbereitschaft des Volkes zu motivieren. Nach der Katastrophe der 6. Armee in Stalingrad gab Goebbels in seiner berüchtigten Sportpalastkundgebung vom 18. Februar 1943 den frenetischen Jubel seiner Zuhörer, die er als Repräsentanz der deutschen Nation bezeichnete, als Zustimmung zu dem von ihm proklamierten totalen Krieg aus. »Totaler und radikaler« als man sich überhaupt vorstellen könne solle der Krieg fortan geführt werden unter Einsatz aller verfügbarer Kräfte an der Front und in der Heimat. 14 oder auch 16 Stunden täglich sollten, wenn nötig, gearbeitet werden, Drückeberger und Schieber aber sollten den »Kopf verlieren«.[51]

Unter der Balkenüberschrift »Nun Volk, steh' auf!« (die jeder Leser mit der zweiten Zeile eines bekannten NS-Liedes »Und Sturm brich los!« in Gedanken ergänzen sollte) erfuhren die Menschen in Stadt und Kreis Offenbach am folgenden Tag aus der »Offenbacher Zeitung« auf vier (von insgesamt sechs) Seiten alle Einzelheiten der Berliner Kundgebung. Eingerahmt waren die Zeitungsseiten mit den entsprechenden Parolen:

> *»Unsere Kraft liegt in unserer Disziplin,*
> *Gott ist mit den starken Bataillonen,*
> *Der Bolschewismus muß sterben, damit unsere deutsche Nation lebe,*
> *Der Sieg fordert den höchsten Einsatz.«*

Der tägliche Wehrmachtsbericht konnte in jenen Tagen keine Erfolge mehr vermelden: Schwere Abwehrkämpfe an der gesamten Ostfront vom Kaukasus bis Leningrad. Noch waren zwar die Fronten weit entfernt und das Rhein-Main-

»SIEG UM JEDEN PREIS«!
Nach den Niederlagen deutscher Armeen bei Stalingrad und in Nordafrika rief Goebbels 1943 den »totalen Krieg« aus. Eine Welle von Propaganda-Kundgebungen der NSDAP ging durch das Reich, die den Widerstandswillen der Bevölkerung stärken sollte. Für Stadt und Kreis Offenbach fand die zentrale Veranstaltung wieder einmal auf dem Wilhelmsplatz (Platz der SA) statt.

Gebiet durch Bombenangriffe erst wenig getroffen, doch die Stimmung der Bevölkerung hatte einen Tiefpunkt erreicht. Viele Soldaten der 6. Armee stammten aus unserer Gegend und so herrschte in nicht wenigen Familien quälende Ungewißheit über ihr Schicksal. Mit Recht sorgten sich auch die Angehörigen der anderen Soldaten an der Ostfront. Und selbst in der Etappe gab es nach dem Aufflammen des Partisanenkrieges keine Sicherheit mehr. Bedenklich stimmten auch die Maßnahmen, die jetzt als Folge des totalen Krieges eingeleitet wurden. Die 15- bis 17jährigen Oberschüler der Jahrgänge 1926 und 1927 wurden als Luftwaffenhelfer eingezogen und den Flakbatterien im Raum Frankfurt zugeteilt, damit diese Soldaten für den Fronteinsatz freistellen konnten. Weiterhin bestimmte eine Verordnung, daß alle Männer vom 16. bis 65. Lebensjahr und alle Frauen vom 17. bis zum 45. Lebensjahr sich bei dem zuständigen Arbeitsamt für Aufgaben der Reichsverteidigung zu melden hätten.[52] Keinen Zweifel ließ man, daß die Befolgung der gegebenen Befehle rücksichtslos erzwungen werden würde. Am 27. Februar 1943 erließ Hitler einen Befehl, nach dem ein militärischer Vorgesetzter »Ungehorsame auf der Stelle zu erschießen« und im Falle seines Nicht-Handelns selbst mit der Todesstrafe zu rechnen habe.[53] Neben die Drohungen setzte man nach wie vor auf die Propaganda. Schon am Tag nach der Sportpalast-Kundgebung lud die Kreisleitung Offenbach der NSDAP »alle Volksgenossen« zu Großkundgebungen in den einzelnen Ortsgruppen ein, auf denen »bekannte Reichs-und Gauredner« zum Zeitgeschehen sprechen sollten.[54] Während in der Kreisstadt Redner aus Wilhelmshaven und München auftraten, versuchte in Langen der Offenbacher Kreisleiter, neue Zuversicht zu wecken. Auf einer weiteren Kundgebung in der gleichen Stadt sprach der Landrat des benachbarten Kreises Groß-Gerau.[55] Vordringlich schien es erforderlich, die Nationalsozialisten selbst im Glauben an den »Führer« zu bestärken. So wurden die Amtsleiter der Partei aus dem Kreisgebiet zu einer Versammlung in eine Offenbacher Schule befohlen, wo ihnen der Gaupropagandaleiter Siegesstimmung vermitteln wollte.[56] Auch das östliche Kreisgebiet ging bei den Kundgebungen nicht vergessen. In Seligenstadt, Hainstadt, Klein-Auheim und Steinheim standen sie unter dem Motto »Sieg oder Bolschewismus«.[57]

Die meisten »Volksgenossen« erfuhren freilich nichts oder nicht viel von den auf den Kundgebungen verbreiteten Siegesparolen. Auch in der Tageszeitung interessierte sie der politische Teil in der Regel nur wenig. Wichtiger schienen ihnen die Mitteilungen über Lebensmittelzuteilungen und die Familienanzeigen, die zunehmend Todesnachrichten von gefallenen Soldaten aufwiesen. Notgedrungen zur Kenntnis mußte die Bevölkerung aber die Parolen nehmen, die die NS-Führung jetzt immer häufiger auf Hauswänden und Mauern anbringen ließ. Aufschriften wie »Lieber tot als Sklave«, »Volk ans Gewehr!«, »Sieg oder Sibirien« deprimierten die Menschen freilich mehr, als daß sie den Glauben an den von Hitler verheißenen »Endsieg« bestärkt hätten. An den Gebäuden der Reichsbahn prangte in großen Lettern die Parole »Räder müssen rollen für den Sieg«. So wollte man erklären, warum für die noch verkehrenden Eisenbahnzüge nur Fahrkarten bis zu einer Entfernung von 100 Kilometern verkauft wurden, für weitere Strecken aber eine besondere Genehmigung erforderlich war. Auch die öffentlichen Linienbusse hatten aus Treibstoffmangel schon längst ihren Betrieb eingestellt; ebensowenig standen den Bürgern noch Taxis zur Verfügung.

Durch die vielen Belastungen waren die Menschen in den letzten Kriegsjahren fast nur noch mit ihrem eigenen Schicksal und dem ihrer nächsten Angehörigen beschäftigt. Durchkommen, überleben, erschien den meisten als das Wichtigste. Vermehrte Arbeitsverpflichtungen, erheblicher Zeitaufwand bei der notwendigen Beschaffung von Nahrung, Kleidung und Heizmaterial, Ersatz für dringend benötigte Bedarfsgüter, dazu lange nächtliche Fliegeralarme nahmen die Leute in Anspruch. Freizeit gab es praktisch keine mehr. Das Schicksal von Menschen in der Nachbarschaft oder gar in anderen Gemeinden nahm man zur Kenntnis, doch Anteil nahm man nur noch bedingt, zu groß und vielfältig waren die eigenen Sorgen, Nöte und Ängste.

Zu den Ungereimtheiten jener Zeit gehörte es, daß trotz Verkündung des totalen Krieges manche Dinge einfach weiter liefen. Theater und Kinos spielten. Die gleiche Ausgabe der »Offenbacher Zeitung«, die Goebbels' lange Ausführungen zur veränderten Lage und zum Einsatz aller Kräfte brachte, bietet ein umfangreiches Kinoprogramm, darunter den ersten deutschen Farbfilm »Die goldene Stadt«, der im »National-Theater«, der 1938 geschändeten und dann umgebauten Offenbacher Synagoge, gezeigt wurde. Im gleichen Haus konnten Bewohner von Stadt und Kreis bis 1944 Gastspiele auswärtiger Bühnen als Opern oder Schauspiele erleben. Erst im August 1944 ordnete Goebbels im Rahmen neuer Maßnahmen zur totalen Kriegsführung die Schließung aller deutscher Theater an. Gleichzeitig setzte er die wöchentliche Arbeitszeit im öffentlichen Dienst auf mindestens 60 Stunden herauf.[58]

Erstaunlicherweise ging auch der Sportbetrieb bis zu diesem Zeitpunkt in beachtlichem Umfang weiter. Noch am 2. August 1944 sahen 70 000 Zuschauer im Berliner Olympiastadion den Dresdener SC im Endspiel um die Deutsche Fußballmeisterschaft mit 4 : 0 über den SV Hamburg siegen. Im Kreis Offenbach konnten die Sportvereine in den letzten Kriegsjahren keine Mannschaftssportarten mehr betreiben. Eine Ausnahme bildeten die Jugendmannschaften, jedoch trat dabei mehr und mehr die HJ als Ausrichter bei den Wettkämpfen auf. Daß der Schießsport besondere Förderung erfuhr, war selbstverständlich. Noch im April 1944 fand an vielen Orten im Reich ein »Deutsches Wehrschießen« statt. Dazu waren in Seligenstadt rund tausend Männer auf dem Marktplatz angetreten. Ein Sturmbannführer nutzte die Gelegenheit, um die Siegeszuversicht der Schießfreudigen zu bestärken und führte in seiner Ansprache u. a. aus:[59]

»Ein so grundanständiges Volk wie das deutsche kann das Schicksal nicht der Vernichtung preisgeben. Es müßte keinen Herrgott geben, sollten wir aus dem Kreis der Völker verschwinden. Das deutsche Volk, der Urquell allen Lebens, wird den Sieg davontragen.«

Trotz aller Parolen und großen Worte blieben die Zweifel an einem siegreichen Ausgang des Krieges bestehen. Mit zunehmender Kriegsdauer reichten sie sogar weit in die Kreise der NS-Partei. Als Beispiel für viele möge ein Mann aus Dreieichenhain dienen, der aus nationalsozialistischer Sicht jahrelang nur als vorbildlich bezeichnet werden konnte. Er war 1933 in die SA eingetreten und 1937 in die NSDAP aufgenommen worden. Außerdem war er Mitglied der DAF, der NSV und des RLB. In seiner Heimatgemeinde wirkte er als Blockleiter. Für seine 14 lebenden Kinder hatten Hitler, Göring und Goebbels Ehrenpatenschaften übernommen. Doch 1943 schien das Vertrauen dieses verdienten Parteigenossen in Hitler und seine Führung erschüttert, indem er äußerte:[60]

»Es wäre Zeit, daß der Krieg zu Ende ginge. Sie hätten schon seit zwei Jahren gewußt, daß wir den Krieg nicht mehr gewinnen können. Der Brauchitsch sei weg, das hätte nicht zu sein brauchen, er sei "wittgerennt" aber der Adolf Hitler meine, er könne mit seinem dicken Kopf durch die Wand. Das 'Wittrennen' sei gleichbedeutend mit dem Genickschuß, wie man in Rußland sage. In 1/4 oder 1/2 Jahr hätten wir die Revolution.«

Wegen dieser defaitistischen Äußerungen wurde der Mann zu einer Gefängnisstrafe von acht Monaten verurteilt. Die Partei verstieß ihn aus ihren Reihen. Im Vergleich zu anderen Leuten, die sich weniger verdient aber ähnlich geäußert hatten, war er noch glimpflich davongekommen.

In den Jahren 1944/45 erlebten die Menschen den Krieg tatsächlich »totaler und radikaler« als sie es sich je hatten vorstellen können. Die deutschen Truppen erlitten an allen Fronten schwerste Verluste. Todesnachrichten von gefallenen Soldaten trafen täglich in der Heimat ein. Noch größer war die Zahl der Vermißten. Monate- sogar jahrelang blieben Familien zu Hause ohne Nachricht von ihren Angehörigen, wußten nicht, ob der Ehemann, Vater, Sohn oder Bruder bereits tot war oder in Kriegsgefangenschaft einem ungewissen, oft schlimmen Schicksal entgegenging. Zudem wurde durch feindliche Luftangriffe das Rhein-Main-Gebiet selbst Kriegsschauplatz. Niemand war sicher, ob er selbst oder sein Hab und Gut den nächsten Fliegeralarm überstehen würde. Fast alle Familien waren auseinandergerissen, die Männer von 16 bis 60 Jahren zumeist einberufen, die arbeitsfähigen Frauen dienstverpflichtet, Schulkinder in weniger gefährdete Gebiete evakuiert. Mut- und Hoffnungslosigkeit machte sich breit, denn kaum einer glaubte noch den Sieg- und Durchhalteparolen der Nationalsozialisten. Andererseits wußte man, daß diese in keiner Weise einlenken würden, hatte Hitler doch wiederholt lautstark erklärt, er werde niemals kapitulieren, sondern höre grundsätzlich erst 5 Minuten nach 12 Uhr auf.[61] Zu opponieren oder auch nur Unmut zu äußern, war bereits lebensgefährlich. So sehnten die Menschen das Ende des total gewordenen Krieges herbei, ohne zu wissen, was an schlimmen Ereignissen alles noch eintreten könne. Das Wort »Lieber ein Ende mit Schrecken als ein Schrecken ohne Ende« machte auch im Kreis Offenbach die Runde.

Das Schicksal der Juden
Emigration, Deportation, Tötung

Als Folge der Bedrängungen und des Pogroms der »Reichskristallnacht« im November 1938 verließen viele Juden ihre Wohnsitze in den Gemeinden des Kreises Offenbach. Wer es bewerkstelligen konnte, wanderte aus und mußte dabei den Verzicht auf einen erheblichen Teil seines Vermögens hinnehmen. Die Länder Westeuropas, die USA, Palästina aber auch der Ferne Osten waren die bevorzugten Ziele der Emigranten. Circa zwei Drittel der etwa 500 000 im Reichsgebiet beheimateten Juden konnten sich auf diese Weise retten.[62] Im Kreis Offenbach scheint nach den aus den einzelnen Gemeinden vorliegenden Zahlen der Anteil der Juden, die durch rechtzeitige Auswanderung dem Tod entrinnen konnten, nicht so hoch wie andernorts gewesen zu sein. Nicht alle konnten die für eine Ausreise erforderlichen Geldmittel aufbringen, auch forderten die Aufnahmeländer die Gestellung eines Bürgen.

Die seit 1933 anhaltende Auswanderung erreichte 1939 ihren Höhepunkt. Sie wurde auch durch den Kriegsausbruch nicht beendet, mußte sich aber teilweise neue Wege suchen. So erhielt das Seligenstädter Ehepaar Baer im April 1940 ein Einreisevisum nach den USA. Da England und Frankreich sich im Krieg mit Deutschland befanden, plante man zunächst die Ausreise über Genua, doch die Italiener verhängten eine Sperre für Transitvisa. Nun entschlossen sich die Baers, einen Ausweg über den Osten zu suchen. Nachdem sie vom Landratsamt Offenbach den Ausreisesichtvermerk erhalten hatten, fuhren sie zunächst nach Berlin, wo sie sich ein sowjetisches Durchreisevisum besorgten. Mit der Bahn ging es weiter nach Königsberg; dort bestiegen sie ein russisches Flugzeug, das sie nach mehreren Zwischenlandungen nach Moskau brachte. Nach einer Stadtbesichtigung setzten sie die Reise mit dem Sibirien-Expreß fort. Auf langer Fahrt über Novosibirsk und Irkutsk gelangten sie in das japanisch besetzte Mandschukuo und weiter nach Korea. Ein Schiff brachte sie von dort nach Schimonoseki in Japan. Von Yokohama fuhren sie dann mit dem Dampfer über Honolulu nach San Francisco, wo sie das Glück hatten, daß die amerikanischen Bürgen am Schiff den geforderten Geldbetrag vorweisen konnten. Ohne Quarantäne durften sie daher sogleich in die Vereinigten Staaten einreisen.[63]

Von 80 jüdischen Einwohnern Sprendlingens emigrierten 46, in Langen waren es 30 von 79, in Neu-Isenburg 37 von 64 und in Seligenstadt 46 von 149.[64] Ein großer Teil der Zurückbleibenden verließ die kleineren Gemeinden und zog in größere Städte in der trügerischen Hoffnung, in der Anonymität der Großstadt und im Rahmen der dortigen zahlenmäßig stärkeren jüdischen Gemeinde eher Schutz zu finden. Ein Untertauchen oder eine Identitätsänderung war praktisch unmöglich. Schon seit 1935 mußte in allen Orten eine »Judenkartei« geführt werden, die die jüdischen Einwohner total erfaßte. Jeder Zugang und jeder Wegzug mußte vom jeweiligen Judenvorstand der Polizeibehörde genauestens gemeldet werden.[65]

Aus der Judenkartei der Stadt Langen und den dazugehörigen Veränderungslisten ergibt sich, daß schon Ende 1938 alle Einwohner jüdischen Glaubens ausgewandert oder verzogen waren. Nur zwei jüdische Frauen protestantischer Konfession, die von den Nationalsozialisten als »Rassejuden« angesehen und gleichermaßen verfolgt wurden, lebten noch in der Stadt.[66] Auch in Weiskirchen hatte sich die jüdische Gemeinde bereits Ende 1938 aufgelöst: Dort hatte man 1933 bei der Volkszählung noch 29 »Israeliten« festgestellt. Die Abmeldelisten nennen als Ziel der Abwanderung London (2 Personen), USA (10), Argentinien (6), Amsterdam (1); zehn weitere Personen verzogen nach anderen Orten, meist nach Offenbach und Frankfurt.[67] Ebenso hatten bis 1938 auch die jüdischen Einwohner Urberachs und Dietzenbachs ihrer Gemeinde den Rücken gekehrt.[68] Lokale Parteigrößen meldeten stolz, ihre Stadt oder Gemeinde sei jetzt »judenfrei«.

Die in Deutschland verbliebenen Juden litten von 1938 an zunehmend unter staatlich verordneten Schikanen und Drangsalierungen, die von den meisten örtlich zuständigen Funktionsträgern und ihren Gehilfen willfährig umgesetzt wurden. Noch 1938 wurden für Juden weitere Berufsverbote erlassen, auch wurde ihnen der Besuch von Theatern, Kinos, Konzerten, Badeanstalten u. a. verboten. Jüdische Kinder durften keine öffentlichen Schulen mehr besuchen, die letzten jüdischen Studenten wurden von den Universitäten verwiesen. Ferner untersagte man den Juden das Halten von Brieftauben und zog ihre Führerscheine ein. Das Jahr 1939 brachte die Einschränkung und schließlich die gänzliche Aufhebung des Mieterschutzes für Juden, die man nun zwangsweise in sogenannte Judenhäuser einwies. Das Berufsverbot wurde auf alle Heilberufe ausgedehnt. Alle Gegenstände aus Edelmetallen sowie Edelsteine und Perlen mußten die Juden abliefern. Nach Kriegsbeginn im September verhängte man eine nächtliche Ausgangssperre für Juden. Ihre Rundfunkgeräte mußten sie abgeben. Seit Februar 1940 erhielten Juden keine Kleiderkarten mehr, die spärliche Lebensmittelzuteilung durften sie nur noch zwischen 16 und 17 Uhr einkaufen. Die Telefonanschlüsse wurden ihnen gekündigt. Ab September 1941 hatten alle Juden vom vollendeten 6. Lebensjahr an den Judenstern, einen »handtellergroßen, schwarz ausgezogenen Sechsstern aus gelbem Stoff mit der schwarzen Aufschrift "Jude" ... sichtbar auf der linken Brustseite des Kleidungsstückes fest angenäht« zu tragen.[69] Öffentliche Verkehrsmittel durften von Juden nur noch auf dem Weg zur Arbeitsstelle und schließlich überhaupt nicht mehr benutzt werden. Alle arbeitsrechtlichen Schutzvorschriften wurden für Juden aufgehoben. Auch öffentliche Fernsprecher durften sie nicht mehr benutzen. Im Januar 1942 mußten die Juden im Zusammenhang mit der Sammlung für das Ostheer ihre Pelz- und Wollsachen abliefern. Auch die Haltung von Haustieren wurde ihnen verboten. Hunde und Katzen waren bei der Gestapo abzugeben. Zeitungen, Zeitschriften und Bücher durften von Juden nicht mehr gekauft werden. Ebenso waren alle elektrischen und optischen Geräte sowie Fahrräder, Schreibmaschinen und Schallplatten abzuliefern. Jeglicher Schulunterricht für jüdische Kinder wurde verboten.[70] Der Entzug der Fleisch- und Milchmarken am 19. Oktober 1942 betraf – von ganz wenigen Ausnahmen abgesehen – die bisher im Kreis Offenbach noch lebenden Juden nicht mehr. Sie waren einen Monat zuvor in Sammeltransporten in die Vernichtungslager im Osten deportiert worden.

Die Vernichtung von Millionen Juden geht ohne Zweifel auf Anordnungen Hitlers zurück. In der einschlägigen Literatur und in seinen Biographien sind die möglichen Quellen und die vielfaltigen Äußerungen seines Antisemitismus und Judenhasses eingehend dargestellt. Bereits 1919 forderte er, der sich in Pogromen äußernde gefühlsmäßige Antisemitismus müsse ergänzt werden durch einen Antisemitismus der Vernunft, der zu einer gesetzlichen Bekämpfung der Juden führe, dessen letztes Ziel aber »unverrückbar die Entfernung der Juden überhaupt sein« müsse.[71] In seinem Buch »Mein Kampf« und in seinen vielen Reden wiederholte Hitler in mannigfachen Variationen immer wieder seine Angriffe und Drohungen gegen die Juden. Daß die »Entfernung der Juden« nicht ohne Gewaltanwendung geschehen könnte, war in »Mein Kampf« nachzulesen: »Ein solcher Vorgang ist und bleibt aber ein blutiger.«[72] Von der physischen Vernichtung der europäischen Juden sprach Hitler erstmals öffentlich in seiner Rede zur sechsten Wiederkehr des »Tages der Machtergreifung« am 30. Januar 1939:[73]

»Ich will heute wieder ein Prophet sein: Wenn es dem internationalen Finanzjudentum in und außerhalb Europas gelingen sollte, die Völker noch einmal in einen Weltkrieg zu stürzen, dann wird das Ergebnis nicht die Bolschewisierung der Erde und damit der Sieg des Judentums sein, sondern die Vernichtung der jüdischen Rasse in Europa.«

Nur wenige Zuhörer haben vermutlich die Ernsthaftigkeit dieser Drohung des »Propheten« Hitler in dem Wortschwall seiner zweieinhalbstündigen Reichstagsrede richtig eingeschätzt. Hitler selbst verwies jedoch in seinen zwei und drei Jahre später zum gleichen Anlaß gehaltenen Reden auf diese »Prophezeiung«.[74] Seinen Entschluß zum Angriff auf die Sowjetunion faßte er dann auch unter dem Gesichtspunkt des von ihm schon immer erwarteten antisemitischen Weltkampfes.[75] Auch die NS-Propaganda hatte jetzt ihr rasse-ideologisches Feindbild vom »jüdischen Bolschewismus« zurückerhalten. Schon bald begannen »Einsatzgruppen« der SS in den eroberten Gebieten mit der Erschießung sowjetischer Juden. Nach den Meldungen der »Einsatzgruppen« fielen diesen Aktionen bis November 1942 824 000 Menschen zum Opfer.[76] Stalins Aufruf zum Partisanenkampf hinter der deutschen Front gab Hitler die Möglichkeit, Partisanenbekämpfung und Massentötung von Juden propagandistisch zu vermengen und der Wehrmacht gegenüber psychologisch einleuchtend zu rechtfertigen. Sowjetische Partisanen, Saboteure oder Fallschirmjäger in Zivil und Juden wurden summarisch zusammengefaßt und die Juden als angebliche »Bandenhelfer« im Zuge der »Bandenbekämpfung« in den Zusammenhang des Partisanenkrieges gestellt, mit dem sie nichts zu tun hatten. Wehrmachtsangehörigen, die zufällig Zeugen der Massenerschießungen wurden oder davon hörten, glaubte man so die Vorgänge verständlich zu machen.[77]

Seit Herbst 1941 wurden in die Vernichtungsaktionen auch aus dem Reichsgebiet nach dem Osten abtransportierte Juden miteinbezogen. Schon im Juli 1941 hatte Göring dem SS-Gruppenführer Heydrich als Chef des SD den Auftrag erteilt, »eine Gesamtlösung der Judenfrage« in den von Deutschland beherrschten Teilen Europas vorzubereiten.[78] In der berüchtigten Besprechung führender Leute aus Regierung, Partei und SS am 20. Januar 1942 am Großen Wannsee bei Berlin, an der u. a. Heydrich, Freisler und Eichmann teilnahmen, wurde die Eva-

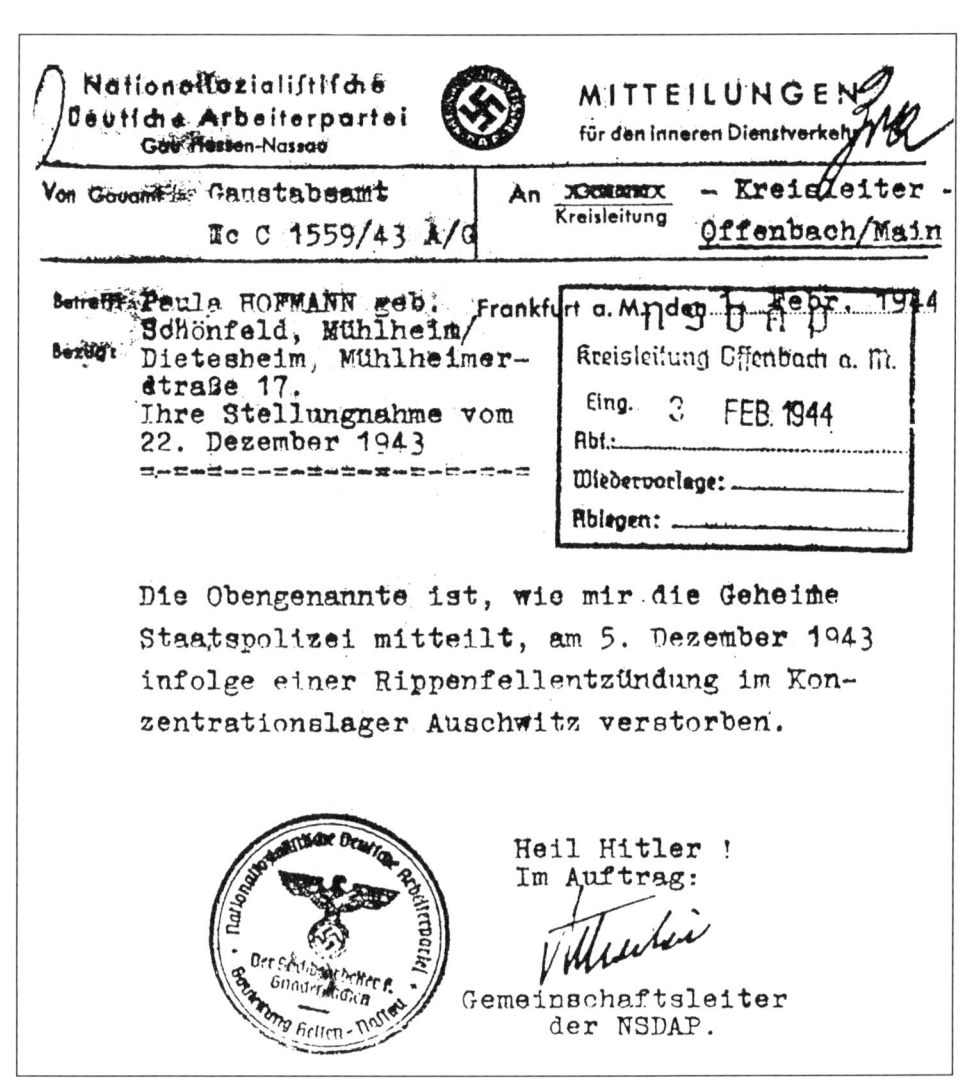

> **Nationalsozialistische Deutsche Arbeiterpartei**
> Gau Hessen-Nassau
>
> **MITTEILUNGEN** für den inneren Dienstverkehr
>
> Von Gauamts- Gaustabsamt
> Tc C 1559/43 A/G
>
> An ~~xxxxxx~~ - Kreisleiter -
> Kreisleitung Offenbach/Main
>
> Betrifft: Paula HOFMANN geb. Schönfeld, Mühlheim/
> Bezug: Dietesheim, Mühlheimerstraße 17.
> Ihre Stellungnahme vom 22. Dezember 1943
>
> Frankfurt a. M. den 1. Febr. 1944
>
> NSDAP
> Kreisleitung Offenbach a. M.
> Eing. 3. FEB. 1944
> Abt.:
> Wiedervorlage:
> Ablegen:
>
> Die Obengenannte ist, wie mir die Geheime Staatspolizei mitteilt, am 5. Dezember 1943 infolge einer Rippenfellentzündung im Konzentrationslager Auschwitz verstorben.
>
> Heil Hitler !
> Im Auftrag:
>
> Gemeinschaftsleiter
> der NSDAP.

TOD IN AUSCHWITZ
Die wahre Todesursache wurde von der Gestapo stets verschleiert

kuierung aller Juden nach dem Osten zum Zweck der »Endlösung«, wie man die Vernichtung verschleiernd nannte, beschlossen. »Im Zuge der praktischen Durchführung der Endlösung wird Europa vom Westen nach Osten durchgekämmt«, legte man im Protokoll die Vorgehensweise fest.[79]

Im September 1942 erreichte die »Durchkämmung« den Kreis Offenbach. Die noch in einigen Dreieich-Orten, Mühlheim, Seligenstadt und vereinzelt in Dörfern lebenden Juden wurden von der Gestapo abgeholt. In Seligenstadt rollten am 11. September 1942 Lastkraftwagen vor die vier »Judenhäuser« der Stadt, um die noch über vierzig dort wohnenden Juden aufzuladen. Die Aktion, die man offiziell als »Wohnsitzverlegung nach Theresienstadt« deklarierte, geschah zu einer Zeit, als die meisten anderen Einwohner sich bei der Arbeit, die Kinder in der Schule befanden. Nur einige Nachbarn und zufällige Passanten nahmen den Vorgang wahr. Eine Frau, die zu bemerken wagte, »Wie kann man das mit Menschen anstellen!«, wurde von einem Gestapobeamten mit den Worten »Halten Sie den Mund, sonst kommen Sie gleich mit« eingeschüchtert.[80] Als in Obertshausen NS-Leute den einzigen in der Gemeinde lebenden Juden Adolf Löw abholen, erklärten sie, der Mann werde nach Frankfurt in ein Judenaltersheim gebracht.[81]

Siegfried Grünebaum, 1926 in Dreieichenhain geboren, war mit seinen Eltern wie so viele Juden aus dem westlichen Kreisgebiet nach Frankfurt verzogen. Von dort wurde er 1941 nach dem Osten deportiert. Als einziger seiner Familie überlebte er und kehrte nach Kriegsende in die Heimat zurück. Den Bericht über seine Erlebnisse bei der Deportation, im Ghetto Minsk und in verschiedenen Konzentrationslagern veröffentlichte er später.[82] Den Abtransport aus Deutschland schilderte Grünebaum in folgender Weise:

> *»Ich erinnere mich noch ganz genau, daß wir zwei Tage vor unserer Evakuierung – erst später erfuhr ich, daß Minsk das Ziel war – eine Karte erhielten, uns zur »Aussiedlung« bereitzuhalten. Es hieß damals, es ginge zu Arbeitsplätzen nach dem Osten. Ich, in meiner kindlichen Naivität, freute mich sogar darüber, endlich auch einmal eine große Reise machen zu können. Am 11. November 1941 kamen um 7 Uhr Gestapobeamte zu uns in die Wohnung. Wir mußten uns fertig machen und marschierten dann in einer fast endlosen Zugkolonne mit vielen anderen zur Großmarkthalle, wo wir erst am Nachmittag eintrafen. Meine Eltern, daran erinnere ich mich noch, waren in furchtbarer Stimmung. Mein Vater hatte in Frankfurt bis zur Deportation als Bäcker gearbeitet; jetzt marschierten wir durch die Straßen Frankfurts, die umsäumt waren von neugierigen Zuschauern, darunter viel Pöbel mit ausgesprochen feindseliger Haltung. Der Gestapochef Holland tobte und schrie jeden an; meinem Bruder riß er den Tornister weg. Wir kamen in den Keller und saßen dort auf unseren Koffern und warteten. Viele Gepäckstücke verschwanden damals. Es war 22 Uhr, als die über tausend Menschen dann in den Zug einsteigen mußten. Wir waren in einem Personenabteil normal untergebracht. Das Coupé wurde abgeschlossen, es war nicht geheizt, wir bekamen auf der ganzen Fahrt nichts zu trinken. Wir fuhren so sechs Tage lang, bis wir des nachts völlig erschöpft in Minsk ankamen.«*

Nachträglich ist immer wieder die Frage nach dem Verhalten der deutschen Bevölkerung angesichts der Deportationen gestellt worden. Um ihr Schweigen und ihre Passivität zu verstehen, muß man sich zunächst die Zeitumstände vergegenwärtigen. Die Deportationen waren kein Tagesgespräch im Kreis. Keine Zeitung und kein Rundfunk (die verbotenen »Feindsender« eingeschlossen) berichteten darüber. So erfuhr man nur gerüchtweise durch Aussagen der zufälligen Zeugen von den Aktionen, wobei jeder, der davon sprach, sich größte Zurückhaltung auferlegen mußte, denn allzu leicht konnten solche Bemerkungen als »Heimtücke« ausgelegt und verfolgt werden. Sicher bestand auch in weiten Kreisen eine gewisse Abgestumpftheit gegenüber dem Schicksal anderer. Zu den Sorgen um die Angehörigen an der Front kamen die kriegsbedingten Lasten im Alltag, kam die zunehmende Bedrohung durch den Luftkrieg. Zudem hörten die Leute äußerstenfalls, die Juden seien in den Osten verbracht worden, wobei man – wenn überhaupt – an Ghettos, Lager oder Zwangsansiedlungen dachte. Zeitweise spekulierte man, gestützt auf gezielte Gerüchte aus Kreisen der Partei, über eine mögliche Verbringung der europäischen Juden auf die Insel Madagaskar.[83] Eine zwangsweise vorgenommene Umsiedlung von Bevölkerungsgruppen ist in Diktaturen nicht außergewöhnlich; man glaubte, sie wie so vieles hinnehmen zu müssen. Unter Zwang, ihre Familie und Heimat verlassen zu müssen, standen Millionen: die zur Wehrmacht einberufenen Soldaten, die dienstverpflichteten Arbeiter und schließlich sogar die Kinder, die man wegen des Bombenkrieges in Lager im Inneren des Reiches verbrachte. Über die Vernichtungslager im Osten legten Partei und SS einen Mantel des Schweigens, den kaum jemand zu lüften vermochte. Von den Vorgängen dort sollte die durch den Krieg schwer belastete deutsche Bevölkerung nichts erfahren. Vor Reichs- und Gauleitern erklärte der verantwortliche SS-Führer Himmler im Oktober 1943 in Posen:[84]

»Man wird vielleicht in ganz später Zeit sich einmal überlegen
können, ob man dem deutschen Volk etwas mehr darüber sagt.
Ich glaube, es ist besser wir – wir insgesamt – haben das für
unser Volk getragen, haben die Verantwortung auf uns genom-
men und nehmen dann das Geheimnis mit in unser Grab.«

Die Verbrechen an Millionen wurden im Namen des deutschen Volkes begangen, das Volk aber wurde in Unwissenheit gehalten. Die Namen von Auschwitz und der anderen Todeslager, erst recht die Vorgänge dort, blieben den Menschen im Kreis Offenbach bis zum Kriegsende weitestgehend verborgen. Nachträglich darüber zu spekulieren, wie sie reagiert hätten, wenn sie davon erfahren hätten, hat keinen Sinn mehr.

Die Auswirkungen der schlimmen Judenverfolgung auf die jüdische Bevölkerung des Kreises Offenbach lassen sich auch heute noch nicht genau angeben. Eingehende Erhebungen und Nachforschungen in einzelnen Gemeinden vermitteln indes doch ein Bild über das Schicksal der Betroffenen:[85] (Vgl. S. 305)

Bei diesen statistischen Angaben muß man sich vergegenwärtigen, daß hinter jeder Zahl ein menschliches Schicksal steht. Über die Leiden und den qualvollen Tod in Konzentrationslagern sind inzwischen von Gefangenen, aber auch von den Tätern zahlreiche Berichte veröffentlicht.[86] Auch die wenigen überlebenden Juden mußten an dem schweren Erleben zeitlebens tragen. Die Emigranten aber verloren Heimat, Freunde und einen guten Teil ihres Vermögens.[87]

Nach den Deportationen des September 1942 lebten im Kreis Offenbach nur noch ganz wenige Menschen jüdischer Abstammung. Sie waren entweder mit

	Sprend-lingen	Langen	Neu-Isenburg*	Seligen-stadt
Gesamtzahl der Erfaßten	80	79	59	149
Emigriert	46	30	37	46
In Deutschland verstorben (z.T. durch Selbsttötung)	6	10	5	5
Schicksal unbekannt (zumeist in andere deutsche Städte verzogen, von dort in KZ oder emigriert)	9	16	1	40
im KZ umgekommen	7	12	8	9
Deportiert, Schicksal unbekannt (zumeist im KZ umgekommen)	12	10	7	48
KZ überlebt und zurückgekehrt		1	1	1

* ohne jüdisches Kinderheim

einem deutschen, also »arischen«, Ehepartner verheiratet oder galten als »Mischlinge«. Auf sie konzentrierte sich nun die Verfolgung der Nationalsozialisten. Für Seligenstadt ist das Schicksal des christlich-jüdischen Ehepaares Thoma eingehend belegt.[88] Der deutschstämmige Mann, von Beruf Kohlenhändler, tat im Krieg als Wachtmeister bei der Wehrmacht Dienst. Ihm unterstellte Unteroffiziere, die offensichtlich stramme Nationalsozialisten waren und entsprechende Informationen erhalten hatten, beklagten sich:

»Wir politische Leiter der NSDAP, die wir vor dem Krieg gegen Judentum und Judenknechte gekämpft haben, können als Unteroffiziere nicht ertragen, von so einem Manne aufgrund unserer Einstellung bekämpft zu werden. Ein solcher Mann kann nie unser Kamerad und Vorgesetzter sein.«

Die Vorgesetzten stellten den Wachtmeister vor die Wahl, sich entweder von seiner Frau scheiden zu lassen und zum Offizier befördert zu werden oder die Wehrmacht zu verlassen. Er entschied sich für letzteres, doch machte man es ihm zu Hause unmöglich, die Kohlenhandlung weiterzuführen. Nach einiger Zeit zwangen zwei Gestapobeamte den Seligenstädter Bahnhofsvorsteher, ein Schriftstück zu unterzeichnen, in dem er Frau Thoma beschuldigte, ihn beleidigt zu haben. Diese wurde daraufhin Mitte April 1943 auf das Amtsgericht in Offenbach bestellt. Ihr Ehemann begleitete sie dorthin, wurde aber nicht zur Verhandlung zugelassen. Ein Beamter teilte ihm lediglich mit, seine Frau sei verhaftet und zwang ihn schließlich nach einem heftigen Wortwechsel unter Bedrohung mit einer Schußwaffe, das Gerichtsgebäude zu verlassen. Frau Thoma wurde in das Darmstädter Gefängnis gebracht, durfte aber keinen Besuch ihrer Familie empfangen. In seiner Verzweiflung verfaßte ihr Ehemann Eingaben an Hitler und Göring, ohne jeden Erfolg. Die Gefangene wurde aus Darmstadt verbracht, ohne daß den Angehörigen Angaben gemacht wurden. Mitte des Jahres traf bei der Familie eine aus dem KZ Auschwitz geschmuggelte Postkarte als Lebenszeichen ein, aus der verschlüsselt das Wort Hunger zu entnehmen war. Im Januar 1944 ließ die Gestapo Darmstadt durch den Seligenstädter Bürgermeister dem Ehemann Thoma mündlich mitteilen:[89]

»Ihre Ehefrau ist am 26.12.1943 im Häftlingskrankenhaus des
Konzentrationslagers Auschwitz verstorben. Die Leiche wurde
auf Staatskosten eingeäschert und die Urne von Amts wegen im
Urnenhain des Krematoriums des Lagers eingeäschert.« (sic!)

In Dietesheim hatten die Nationalsozialisten eine Frau in die Reihen der Deportierten eingeordnet, deren jüdische Abkunft nicht sicher feststand. Verzweifelt suchten die Angehörigen, den Nachweis ihrer arischen Abstammung zu führen. Ein Studienprofessor stellte 1943 in einem Gutachten fest:[90]

»Die israelitische Abstammung scheint nicht nur zweifelhaft,
sondern auch die arische Abstammung direkt bewiesen zu sein.«

Per Einschreiben berichtete der Kreisleiter über die vermutlich arische Abstammung der Frau. Zwei Leute bekundeten, die Frau sei als außereheliches Kind geboren worden. Doch alle Bemühungen blieben ohne Erfolg. Anfang Februar 1944 erhielt die Kreisleitung Offenbach eine Mitteilung der Gestapo, die Frau sei am 5. Dezember 1943 im Konzentrationslager »infolge einer Rippenfellentzündung« verstorben.[91]

Auch nach der Ausplünderung, Verjagung und Vernichtung der im Kreis Offenbach lebenden Juden setzten die Nationalsozialisten ihre rassistische Hetze fort. Gerade in der Zeit, da sie an nahezu allen Fronten Rückschläge hinnehmen mußten, benötigten sie einen dämonisierten Feind, mit dem sie die Volksgenossen schrecken und auf Vordermann halten konnten. Im Mai 1943 richtete der Offenbacher Kreisleiter einen Appell an die Funktionsträger der Partei, über den die Zeitung u. a. berichtete:[92]

»Der Kampf gegen Juda geht weiter…
Ganz besonders ging er (= der Kreisleiter) auf die Judenfrage
ein, die fälschlich manche Volksgenossen als erledigt betrachten.
Dabei wies er klar und überzeugend nach, daß wir uns nach wie
vor mit dem Judenproblem befassen müssen, solange die Juden
in der Weltgeschichte noch ein Wort mitzureden haben.«

Wie besessen die Nationalsozialisten von ihrem Rassewahn und ihrer Judenfeindschaft bis zuletzt waren, beweist ein Schreiben der Offenbacher Kreisleitung vom 6. Januar 1945, zu einem Zeitpunkt also, an dem die feindlichen Truppen die Reichsgrenzen im Osten und Westen bereits überschritten hatten:[93]

»An alle Ortsgruppen der Stadt und des Landkreises Offenbach a. M.
Betr.: Neuorganisation der rassepolitischen Schulung
Das Gauamt für Rassepolitik hat eine Neuorganisation der rassepolitischen Schulung angeordnet. Die Ortsgruppenleiter werden deshalb ersucht, die Parteigenossenschaft ihrer Ortsgruppen einmal eingehend und ernstlich darauf zu mustern, ob nicht die eine oder andere für rassepolitische Schulungsarbeit geeignete Persönlichkeit namhaft gemacht werden kann. Besonders in Frage kommen Erzieher, Beamte und in der Industrie tätige Parteigenossen, wie Techniker, Chemiker, Ingenieure. Jedoch sind Ärzte nicht zu nennen. Selbstverständlich ist auch jeder andere Parteigenosse geeignet, wenn er, wie es auch für die Vorgenannten notwendig ist, folgende Voraussetzungen erfüllt:
1. Weltanschauliche Kompromißlosigkeit,
2. Naturwissenschaftliches (lebenskundliches) Interesse,
3. Eine gewisse rednerische Darstellungsgabe,
4. Möglichkeit und Bereitschaft, an Kurzlehrgängen teilzunehmen.
Es wird den Ortsgruppenleitern dringendst aufgegeben, sich nicht durch die überall bestehenden und bekannten personellen Schwierigkeiten, die auf dem Gebiete der Rassenpolitik noch durch besondere sachliche Anforderungen erhöht werden, verleiten zu lassen, die Angelegenheit kurzerhand mit einer Fehlmeldung abzutun, sondern ihr die größte Aufmerksamkeit zu widmen. Für geeignet gehaltene Parteigenossen sind bis zum 25. Januar 1945 dem Kreisbeauftragten für Rassepolitik zu melden.«

In diese Linie paßte auch ein langer Aufsatz des Propagandaministers Goebbels, den die »Offenbacher Zeitung« unter der Überschrift »Die Urheber des Unglücks der Welt« am 19. Januar 1945 veröffentlichte. Dieser Leitartikel strotzte von heftigen Ausfällen gegen das »internationale Judentum«, das die Völker in einen gnadenlosen Krieg gegen Deutschland, den »ersten gänzlich judenfreien Staat der Welt«, treibe, aber am Ende als »Urheber des Unglücks der Welt unter ihren Trümmern begraben« werde.

Hitler selbst verharrte in seinem Judenhaß bis zum Ende. In seinem am 29.April 1945, dem Tag vor seinem Selbstmord, verfaßten politischen Testament wollte er im Schlußsatz »die Führung der Nation und die Gefolgschaft zur peinlichen Einhaltung der Rassegesetze und zum unbarmherzigen Widerstand gegen den Weltvergifter aller Völker, das internationale Judentum«, verpflichten.[94] Kein Mensch in Deutschland wollte indes mehr von diesem Testament Kenntnis nehmen. Für die Menschen im Kreis Offenbach hatte bereits fünf Wochen zuvor durch den Einmarsch der Amerikaner eine neue Epoche begonnen.

Weitere Opfer nationalsozialistischer Verfolgung

Das 1933 erlassene »Gesetz zur Verhütung erbkranken Nachwuchses«[95], das die Zeugung »lebensunwerten Lebens« verhindern sollte und zur zwangsweisen Sterilisierung von Menschen führte, bei denen man unheilbare Erbkrankheiten (z. B. manisch-depressives Irresein, Fallsucht u. a.) annahm, stieß damals nur bei der Katholischen Kirche auf entschiedenen Widerstand. Den Antrag, eine Sterilisation vorzunehmen, konnten neben dem Betroffenen selbst auch Amtsärzte und Anstaltsleiter stellen. Die Entscheidung lag bei einem »Erbgesundheitsgericht«. Daß dieses Gesetz die Gefahr einer willkürlichen Anwendung in sich barg, liegt auf der Hand. Möglicherweise war dies im Kreiserziehungsheim Mühlheim der Fall, wo an mindestens 15 »Zöglingen« Sterilisationen durchgeführt wurden, ohne daß der Nachweis einer Erbkrankheit tatsächlich erbracht wurde.[96]

Während des Krieges ging man dazu über, erbkranke, unheilbar kranke, pflegebedürftige Menschen im Rahmen eines Euthanasie-Programmes in Nervenheilanstalten wie Eichberg, Hadamar oder Goddelau zu töten. Die Angehörigen erhielten dann meist nur eine lakonische Mitteilung, der Kranke sei verstorben und eingeäschert. Auch aus fast allen Gemeinden des Kreises Offenbach dürften Geisteskranke oder unheilbar Kranke Opfer der nationalsozialistischen Euthanasie (= »schöner Tod«) geworden sein. Allein aus Dietzenbach sind die Namen zweier Getöteter bekannt.[97]

Opfer schwerer Verfolgungen aus religiös-weltanschaulichen Gründen waren auch die Zeugen Jehovas, die sich in der »Ernsten Bibelforscher Vereinigung« zusammengetan hatten. Sie verweigerten den Hitler-Gruß ebenso wie den Wehrdienst und sogar die Teilnahme an den Pflichtkursen des Reichsluftschutzbundes. Wegen ihrer überzeugt pazifistischen Einstellung und ihrer internationalen Verbindungen erregten sie den besonderen Argwohn der Nationalsozialisten. Schon in den Vorkriegsjahren fanden gegen viele Bibelforscher Prozesse statt, die meist zu Freiheitsstrafen führten, wie es beispielsweise 1937 einen Schneider aus Bieber und seine Ehefrau betraf. Nach ihrer Entlassung wurden sie in »Schutzhaft« genommen und in Konzentrationslager verbracht. Die Frau verblieb dort bis 1945; der Mann war zeitweise entlassen. Von Bekannten nach Zuständen und Erlebnissen im KZ gefragt, verweigerte er aus verständlichem Grund jede Aussage. Dennoch mußte er nach Dachau schließlich auch noch mit dem KZ Mauthausen Bekanntschaft machen.[98]

Die beiden Ehepaare Anthes und Gotschämer aus Dreieichenhain wurden als Bibelforscher ebenfalls 1937 verhaftet und in Konzentrationslager verbracht, wo die zwei Männer 1943 ums Leben kamen; die Frauen überlebten die schlimme Zeit bis 1945 im KZ Ravensbrück.[99]

Partei- und Justizterror

Hemmungslose Propaganda sollte erreichen, daß das deutsche Volk in seiner Mehrzahl den Natonalsozialismus unterstützte oder zumindest seine Regierung hinnahm. Zweifler oder gar Widerstrebende mußten dagegen anders angefaßt werden. Wenn sie nicht aus Überzeugung folgten, sollte Angst sie gehorsam machen. Drohungen waren daher stets Teil der NS-Propaganda. Es waren freilich keine leeren Drohungen, und schon gleich nach der Machtergreifung 1933 hatten die Gegner des NS-Regimes zu spüren bekommen, wie hart die Nationalsozialisten zuschlugen. Sie taten dies rücksichtslos aus eigener Machtvollkommenheit etwa durch die Einrichtung von Konzentrationslagern, sie nutzten aber auch ebenso die Machtmittel, die ihnen der Staat durch Polizei und Justiz gab. Gesetze, die die Regierung jederzeit erlassen konnte, boten eine wirksame Handhabe. Das galt insbesondere für das »Heimtückegesetz« von 1934, das ziemlich willkürlich ausgelegt werden konnte:[100]

»Wer öffentlich gehässige, hetzerische oder von niedriger Gesinnung zeugende Äußerungen über leitende Persönlichkeiten des Staates oder der NSDAP, über ihre Anordnungen oder die von ihnen geschaffenen Einrichtungen macht, die geeignet sind, das Vertrauen des Volkes zur politischen Führung zu untergraben, wird mit Gefängnis bestraft.

Den öffentlichen Äußerungen stehen nichtöffentliche böswillige Äußerungen gleich, wenn der Täter damit rechnet oder damit rechnen muß, daß die Äußerung in die Öffentlichkeit dringen werde. (§ 2)«

Bis zuletzt machte man unter Berufung auf dieses Gesetz Leuten, die sich kritisch oder abfällig über Regierung oder Partei äußerten, den Prozeß, wozu in der Kriegszeit der Tatbestand der Wehrkraftzersetzung sich leicht hinzufügen ließ.

Die Funktionäre der NSDAP kannten ihre Gegner, sie überwachten diese genau und immer wieder verhafteten und verschleppten sie Bürger des Kreises. Einzelne, die auffällig wurden oder als Repräsentanten anderer politischer Richtungen galten, bekamen die Wucht der NS-Verfolgung voll zu spüren. Sie lernten die Gefängnisse kennen, litten in den KZs und wurden in den Kriegsjahren in die Strafbataillone der Wehrmacht gesteckt. Auch vor dem Todesurteil aus politischen Gründen schreckten die NS-Richter nicht zurück. Insbesondere im Krieg waren die Nationalsozialisten nicht bereit, auf das Mittel der Abschreckung zu verzichten. Sie brauchten es, um die Bevölkerung bei der Stange zu halten.

Ein typischer Fall für die gnadenlose Härte, mit der die Nationalsozialisten zuschlugen, ist der des Langener Bürgers Walter Rietig.[101] In den Jahren vor der Machtergreifung war er Mitglied von linksgerichteten Gruppen. Seit dem Jahre 1934 arbeitete er bei der Firma Opel in Rüsselsheim. Einer seiner Kollegen denunzierte ihn 1942 wegen Äußerungen, in denen er das Regime kritisiert hatte. Vermutlich mißhandelten ihn die Gestapo-Beamten beim Verhör, so daß er die belastenden Aussagen zugab. Es half ihm wenig, daß er vor dem Haftrichter seine

WILHELM BURK
(1884–1943)

in der Vernehmung gemachten Äußerungen widerrief. Im Oktober 1942 stellten ihn die Nationalsozialisten vor den Volksgerichtshof in Berlin, der ihn wegen »Schwächung der inneren Front des deutschen Volkes durch kommunistische Werbereden« sowie der »landesverräterischen Begünstigung des Feindes in Verbindung mit Vorbereitung zum Hochverrat« zum Tode verurteilte. Alle Gnadengesuche blieben erfolglos. Am Abend des 22. Dezember 1942 wurde Rietig im Strafgefängnis Berlin-Plötzensee hingerichtet. Wenn auch die Motive für die Denunziation Rietigs umstritten sind, so spricht doch vieles für die von anderen Opel-Mitarbeitern geäußerte Vermutung, daß er sterben mußte, weil die NSDAP fürchtete, innerhalb der Opel-Belegschaft breite sich Unzufriedenheit mit dem Regime aus. Als Indiz dafür könnte gelten, daß die Hinrichtung auf einem innerhalb des Werksgeländes angebrachten roten Plakat den Betriebsangehörigen mitgeteilt wurde.

Ein weiterer Langener Bürger, Wilhelm Burk, verlor 1943 im Konzentrationslager Sachsenhausen bei Oranienburg sein Leben.[102] Die Nationalsozialisten machten ihm und anderen 1941 den Prozeß, weil er 1934 als Kommunist bei Widerstandsaktionen mitgewirkt hatte. Das Sondergericht in Kassel verurteilte Burk zu einem Jahr Gefängnis. Nach der Verbüßung der Strafe nahm ihn die Gestapo in Schutzhaft und verbrachte ihn in das Konzentrationslager. Zwar setzte sich sogar die NS-Ortsgruppe Langen für seine Freilassung ein, doch das Gesuch an die Gestapo kam zu spät. Der Häftling war schon im KZ an den Folgen der Zwangsarbeit verstorben.

Voll traf die Härte der nationalsozialistischen Justiz den Dietesheimer Peter Stenger. Vor 1933 gehörte er der KPD an, in der Endphase des Krieges 1944 wurde er zur Wehrmacht eingezogen. Gegenüber seinen Stubenkameraden machte er Äußerungen über den Wahnsinn des Krieges. Denunziation und Untersuchungshaft waren die Folge. Ein Kriegsgericht verurteilte ihn im Dezember 1944 zum Tode. Sein Leben hätte vielleicht gerettet werden können, wenn der Ortsgruppenleiter ein günstiges politisches Gutachten über den Verurteilten geschrieben hätte. Offensichtlich war dies nicht der Fall, so daß Stenger im Februar 1945 in Kassel erschossen wurde.[103]

Die Reihe der Opfer nationalsozialistischer Verfolgung in den Kriegsjahren ist damit noch nicht erschöpft. In einer 1988 erschienenen Veröffentlichung über Verfolgung und Widerstand in Stadt und Landkreis Offenbach werden die Namen weiterer Bürger aus dem Kreis genannt, die in jener Zeit aus poltischen Gründen ums Leben kamen:[104]

Karl Malsi aus Dietzenbach	1943 in Buchenwald
Konrad Jost aus Götzenhain	1943 in Auschwitz
Philipp Jörg aus Klein-Auheim	1944 in Dachau
Gottlob Hägele aus Langen	1945 in einem ungenannten KZ
Hans Fleckenstein aus Dietesheim	1945 in Dachau

In die Reihe gehört auch der SA-Mann Karl Winter aus Mühlheim, der wegen Abhörens ausländischer Rundfunkssender und Kontakten mit sowjetischen Zwangsarbeitern verhaftet und ins KZ verbracht wurde. In Auschwitz ist er 1944 umgekommen.

Beträchtlich ist die Zahl von Menschen aus dem Kreis, die aus politischen Gründen in jenen Jahren festgenommen, mißhandelt, zu Gefängnis oder Zuchthaus verurteilt und in Konzentrationslager eingeliefert wurden.[105] Einige wenige Fälle mögen im Folgenden beispielhaft zeigen, welche geringfügigen Anlässe genügten, um die Verfolgungsmaschinerie in Gang zu setzen und welcher Mittel sie sich bediente, um ihre Ziele, Unterdrückung und Abschreckung, zu erreichen:

In Dietzenbach boten die näheren Umstände einer Beerdigung im Juni 1940 den Nationalsozialisten Anlaß, staatsfeindliche Aktivitäten zu wittern.[106] In der Gemeinde war es üblich, daß Freunde oder Bekannte den Sarg zum Grabe trugen. Als der frühere Vorsitzende des Kommunistischen Jugendverbandes starb, teilten sich nicht, wie es zu erwarten gewesen wäre, vier ehemalige Klassenkameraden des Verstorbenen in die Aufgabe, sondern frühere Parteifreunde brachten den Toten zur letzten Ruhestätte. Da es sich bei dem Verstorbenen um einen allseits beliebten jungen Mann handelte, erwiesen ihm zahlreiche Dietzenbacher die letzte Ehre. Die Nationalsozialisten erblickten in der Beerdigung eine kommunistische Demonstration und schlugen hart zu. Sie verhafteten etwa 18 Personen und verhörten sie in Offenbach. Am härtesten aber traf es die Sargträger. Einem legten die Nationalsozialisten noch zur Last, daß er in der Grabrede seine Sympathien für den ehemaligen kommunistischen Gesinnungsgenossen ausgedrückt hatte. Die Richter verurteilten den Hauptbeschuldigten Philipp Knecht zu zwei Jahren Zuchthaus, Heinrich Weilmünster erhielt 18 Monate Zuchthaus, den anderen wurde je ein Jahr Gefängnis als Strafe auferlegt. Knecht blieb bis 1945 in Haft, Weilmünster kam zunächst in das Straflager Nieder-Roden/Rollwald und wurde von dort zum Strafbataillon der Wehrmacht mit der Maßgabe eingezogen, nach Kriegsende die verhängte Strafe zu Ende zu verbüßen. Er war mit einer Einheit des Strafbataillons 999 auf dem Balkan eingesetzt, lief dort während des Rückzugs 1944 zu albanischen Partisanen über und kehrte 1946 in seine Heimatgemeinde zurück.

Wie gefährlich ein Gespräch selbst unter vier Augen werden konnte, wenn man aus seinem Herzen keine Mördergrube machte, erfuhr der Besitzer eines Verkaufshäuschens in Neu-Isenburg im ersten Kriegswinter. Am Morgen nach dem von Georg Elsner im Bürgerbräukeller in München verübten Sprengstoffattentat, dem Hitler nur durch Zufall entgangen war, verwickelte ein Bekannter den Kioskbesitzer in ein Gespräch über das Ereignis, wobei letzterer auf ihm irgendwie bekanntgewordene Spannungen zwischen Hitler und dem Generalobersten von Brauchitsch zu sprechen kam und Hitler die Bereitschaft unterstellte, bei einem deutschen Angriff im Westen zahlreiche deutsche Soldaten opfern zu wollen. Schließlich äußerte er noch, »Das kann man doch sehen, daß dem Adolf richtig der Mord aus den Augen guckt.« Kein Dritter konnte diese Äußerung hören, doch der Gesprächspartner gab sie weiter, und so wurde wegen eines Vergehens gegen das Heimtückegesetz Anklage erhoben. Das am 6. Dezember 1939 in Offenbach tagende Sondergericht für den Oberlandesgerichtsbezirk Darmstadt sprach den Isenburger schuldig und verurteilte ihn zu einem Jahr und drei Monaten Gefängnis. Wes Geistes Kind die Richter waren, zeigte ihre Urteilsbegründung.[107)]

»Erschwerend mußte die Gemeinheit der Gesinnung ins
Gewicht fallen, die sich darin offenbarte, daß der Angeklagte
fähig war, die Tat gerade an dem Tag zu begehen, da das ganze
deutsche Volk der Vorsehung für die glückliche Errettung des
Führers aus schwerer Gefahr dankte und sich womöglich noch
enger um die geheiligte Person seines Führers schloß.«

Etwas glimpflicher als der Neu-Isenburger kam ein Dietzenbacher Bürger davon, der im Dezember 1939 unter Bezug auf das mißglückte Münchener Attentat geäußert hatte: »Na, was wäre dabei gewesen, wir haben so nichts und haben so nichts.« Das Sondergericht verurteilte ihn deshalb zu neun Monaten Gefängnis.[108)]

Vor dem gleichen Gericht fand im September 1940 die Verhandlung gegen einen Maschinenschlosser aus Langen statt, den man »hetzerischer Äußerungen gegen die Reichsregierung« beschuldigte. An seinem Arbeitsplatz bei den Opel-Werken in Rüsselsheim hatte er mit Kollegen politisch diskutiert und war offensichtlich wegen kritischer Äußerungen denunziert worden. Aber auch seine Ehefrau sagte gegen ihn aus. Bei ihr, mit der er in zerrütteter Ehe lebte, waren dabei offensichtlich persönliche Motive ausschlaggebend. Unter Bezug auf das Heimtückegesetz wurde der Mann wegen seiner nichtöffentlich gemachten »gehässi-

WALTER RIETIG (1906–1942)

PETER STENGER (1903–1945)

gen, hetzerischen und von niedriger Gesinnung zeugenden Äußerungen über die Staatsführung und die von ihr getroffenen Maßnahmen« ebenfalls zu einem Jahr und drei Monaten Gefängnis verurteilt.[109]

Im Jahre 1943, als nach den militärischen Rückschlägen an den Fronten der Zweifel an einem deutschen Sieg in der Bevölkerung um sich griff, sprach ein

Seligenstädter davon, daß Deutschland den Krieg verlieren werde. Ein Denunziant meldete diese Äußerung; der Mann wurde vor Gericht gestellt, das eine Gefängnisstrafe von einem Jahr und sechs Monaten verhängte.[110]

Viele Leute äußerten sich damals kritisch über Maßnahmen der Regierung oder der Partei. Politische Witze, die bald jeder kannte, machten die Runde. Doch immer bestand die Gefahr, daß ein Zuhörer aus Regimetreue, Böswilligkeit oder Wichtigtuerei Anzeige bei der Partei, der Polizei oder der Staatsanwaltschaft erstattete. War erst ein Verfahren in Gang gekommen, so mußte der Beschuldigte mit schwerer Bestrafung wegen einer oft nur unbedachten oder leichtfertigen Bemerkung rechnen.

Besonders hart reagierten die NS-Behörden, wenn ein Beschuldigter früher Mitglied einer anderen politischen Partei gewesen war. Ehemalige Mitglieder der KPD waren stets verdächtig und erfuhren selbst in den zwei Jahren zwischen 1939 und 1941, als der deutsch-sowjetische Freundschaftsvertrag in Geltung war, keine Schonung. Im Februar 1941 wurden acht ehemaligen Kommunisten aus dem Westkreis wegen Aktivitäten, die inzwischen schon sieben Jahre zurücklagen, der Prozeß gemacht und Gefängnisstrafen ausgesprochen. Bei einem der Angeklagten handelte es sich um den schon erwähnten Wilhelm Burk aus Langen, der zwei Jahre später im KZ verstarb.[111]

Am Heiligabend 1943 wurden in Sprendlingen Männer dienstverpflichtet, um über die Weihnachtstage bei Aufräumarbeiten in dem vier Tage zuvor von Bomben schwer getroffenen Neu-Isenburg mitzuwirken. BDM-Mädchen stellten den Betroffenen die Verpflichtungsbescheide zu. Ein ehemaliger KPD-Funktionär verweigerte jedoch die Annahme. Vor der Polizei in Sprendlingen begründete er dies später damit, er sei wegen einer Verletzung aus dem Ersten Weltkrieg schon seit November krank geschrieben gewesen. Wäre er gesund gewesen, so hätte er in Neu-Isenburg mitgeholfen. Diese Einlassung nahm man ihm als ehemaligen Kommunisten nicht ab. Er wurde verhaftet. Der Sprendlinger Bürgermeister meldete dem Landrat in Offenbach:[112]

»Der Vorgenannte hat die ihm durch ein BDM-Mädel zugestellte kurzfristige Notdienstverordnung mit der Bemerkung zurückgewiesen, er habe kein Interesse an der Sache, er würde nicht arbeiten. X war Funktionär der KPD und zeigt sich auch heute noch den Bestrebungen des Nationalsozialismus gegenüber ablehnend. X wurde nach Verständigung der Gestapo nach Darmstadt überführt. Ein Sohn von X ist im Januar d. Js. gefallen, der zweite steht ebenfalls an der Front.«

Nach dem mißglückten Attentat des Grafen Stauffenberg auf Hitler am 20. Juli 1944 wurden auf Befehl Himmlers einen Monat später die ehemaligen Abgeordneten und Stadtverordneten der Linksparteien sowie Leute des Zentrums in einer schlagartig durchgeführten Verhaftungsaktion festgenommen und in Gefängnisse oder Konzentrationslager eingeliefert. Insgesamt dürften etwa fünfzig Menschen aus Stadt und Kreis Offenbach, darunter der spätere Landrat Wilhelm Arnoul aus Neu-Isenburg und der spätere Mühlheimer Bürgermeister Anton Dey, damals verhaftet worden sein. Die meisten von ihnen wurden anschließend etwa zwei Monate, einige aber auch bis zum Kriegsende in Konzentrationslagern, zumeist in Dachau, festgehalten.[113]

Partei- und Justizterror dienten den Nationalsozialisten nicht nur zur Unterdrückung und Abschreckung ihrer wirklichen oder auch nur vermeintlichen Gegner, mit ihrer Hilfe versuchten sie gleichermaßen, die Einhaltung der Flut von gesetzlichen Regelungen und Erlassen durch die Bevölkerung zu erzwingen. Das galt insbesondere für die vielfältigen in Zusammenhang mit der Kriegswirtschaft in Kraft gesetzten Bestimmungen. Wer sich Sondervorteile verschaffen oder dem Arbeitseinsatz entziehen wollte, mußte mit schwerer Bestrafung rechnen. Bei der zunehmenden Verknappung der Lebensmittel und Bedarfsgüter war die Versuchung natürlich groß, die Bestimmungen zu umgehen oder auf unerlaubte Weise sich die begehrten Waren zu verschaffen. Das Regime wachte jedoch höchst aufmerksam darüber, daß sich kein Schwarzer Markt entwickelte, indem es entdeckte Verstöße schwerstens bestrafte.

Ein Mühlheimer Lederwarenfabrikant hatte 1943 im Tausch gegen eine Damentasche vier Paar Damenstrümpfe von einem Kaufmann in Chemnitz erworben. Die Sache wurde bekannt und verfolgt. Mit einer Geldstrafe von 150 Mark kam der Mühlheimer glimpflich davon.[114] Schlechter erging es einem Bauern aus Offenthal, der eine größere Menge Brotgetreide verfüttert hatte. Wegen Verbrechens gegen die Kriegswirtschaftsverordnung schickte ihn das Sondergericht für ein halbes Jahr ins Gefängnis. Außerdem mußte das Urteil – offensichtlich aus Gründen der Abschreckung – einen Monat lang an der Ortstafel in Offenthal ausgehängt werden.[115]

Ein Ehepaar in Mühlheim, das einen Milchhandel betrieb, hatte 1943 die zugeteilte Milchmenge täglich um etwa 6 Liter gestreckt, einen Teil davon an Alte und Gebrechliche sowie Leute mit Kleinkindern weitergegeben, einen anderen Teil aber für sich behalten. Die Richter am Sondergericht hielten ihnen vor, sie hätten einen erheblichen verbrecherischen Willen gezeigt und die örtliche Versorgung spürbar gefährdet. Der Milchhändler als Hauptschuldiger erhielt eine Gefängnisstrafe von einem Jahr, während seine Frau für sechs Monate hinter Gitter mußte.[116]

Metzger und Landwirte gerieten immer wieder in Versuchung, ohne Wissen und Erlaubnis der Ernährungsämter Tiere, insbesondere Schweine zu schlachten und sich so Sonderrationen für den Eigenverbrauch oder als Tauschmittel zu verschaffen. Wenn auch »Schwarzschlachtung« sogar mit dem Tode bestraft werden konnte, wurde in einem heute nicht mehr feststellbaren Ausmaß gegen die Bestimmungen verstoßen. Wie konnte man das Gewicht eines Schlachttieres genau feststellen, wenn dem Wiegemeister ein saftiger Schinken winkte, während er als Normalverbraucher nur 300 Gramm Fleischwaren in der Woche (1942) beziehen konnte? Auch konnte man bei offizieller Genehmigung zur Schlachtung eines Tieres leicht noch ein zweites, gegebenenfalls eine Ziege oder ein Kalb, mitschlachten und so die Fleischmenge vergrößern. Nicht immer ließ sich allerdings verbergen, was sich in dieser Beziehung in Metzgereien oder auf Bauernhöfen abspielte. Das Risiko der Entdeckung und schweren Bestrafung war stets gegeben. Ein Metzger in Froschhausen wurde 1944 wegen Schwarzschlachtung eines Kalbes zu einem Jahr Gefängnis verurteilt. Nachdem er die Hälfte der Strafe abgesessen hatte, stellte er einen Antrag auf Begnadigung.[117]

Sehr scharf reagierten die NS-Behörden, wenn jemand die Verpflichtung zum Arbeiten nicht erfüllte. In einer Art Dauerfehde lagen sie mit einer jungen Frau aus Seligenstadt seit 1941. Nach einem Arbeitsvertragsbruch mußte diese eine Gefängnisstrafe von vier Monaten verbüßen. Zu einer späteren Zeit belegte das Arbeitsamt sie mit einer Ordnungsstrafe von 21 Tagen Erziehungshaft. Als sie dann 1944 eine neue Stelle erst mit einer Verspätung von sechs Wochen antrat, mußte sie eine Gefängnisstrafe von acht Monaten absitzen.[118]

In einem beschleunigten Verfahren verurteilte 1944 ein Gericht einen Einwohner Klein-Krotzenburgs wegen Arbeitsvertragsbruches zu drei Monaten Gefängnis. Um die abschreckende Wirkung des Urteils zu erhöhen, ließ der Richter den Verurteilten gleich nach der Verhandlung zur Strafverbüßung festnehmen.[119]

Besonders der »Deutschen Arbeitsfront« oblag es, für den Arbeitseinsatz zu sorgen und Arbeitsunwillige zur Rechenschaft zu ziehen. Der »Gauehrenrichter« verfolgte vermutete Verstöße in kleinlicher Weise und unterstellte von vornherein den Willen zur Drückebergerei, wie es der Fall einer in Offenbach bei der Firma Heyne beschäftigten jungen Witwe (vermutlich Kriegerwitwe) aus dem Jahr 1944 beweist.[120] Er nahm daran Anstoß, daß ein Arzt die Frau wegen einer Handverletzung arbeitsunfähig geschrieben habe und daß die Frau, wie er selbst beobachtete, über Nacht mit dem Zug weggefahren sei. Daß sie ihre nach außerhalb evakuierten Kinder besuchte, wollte er ihr nicht glauben. Vielmehr sprach er der Frau seine letzte Verwarnung aus und forderte in seinem Bericht, daß in ihrem Falle »mit aller Schärfe durchgegriffen« werde. Er äußerte ferner, er halte die Frau »für eine vollkommen asozial eingestellte Person«. Diese Bezeichnung war eine echte Bedrohung der Frau, denn für Asoziale hielten die Nationalsozialisten das Arbeitslager als angemessenen Aufenthaltsort.

Offensichtlich gab es auch im Kreis Offenbach eine erhebliche Anzahl von Menschen, die mit den Zielen und Methoden der Nationalsozialisten nicht einverstanden waren, die gegen NS-Gesetze und Bestimmungen verstießen, ihren Unmut mehr oder weniger deutlich äußerten. Wurden sie entdeckt, so bedeutete dies Verfolgung und meist schwere Bestrafung. Das Wissen um solche Gefahr ließ viele vorsichtige Bürger, die gleichfalls den Nationalsozialismus ablehnten, noch vorsichtiger und zurückhaltender werden. Offener Widerstand oder ein Aufbegehren gegen das Regime gefährdeten Freiheit und Leben. So begnügte man sich, soweit es ging, mit Passivität, mit einer inneren Distanzierung, mit gelegentlichen Unmutsäußerungen bei wirklich zuverlässigen Freunden. Notfalls machte man auch kleine Konzessionen, bei Sammlungen etwa oder dem für unumgänglich gehaltenen Beitritt zu NS-Organisationen wie DAF, NSV oder RLB, denen man eine gewisse Ferne zur NSDAP unterstellte. Die meisten dem Nationalsozialismus ablehnend oder skeptisch gegenüberstehenden Menschen sahen die Notwendigkeit einer gewisen Anpassung und Zurückhaltung als gegeben an, wenn man die Zeit einigermaßen heil überstehen wollte. Aktiver, wirksamer, organisierter Widerstand gegen das NS-Regime läßt sich während der Kriegsjahre im Kreis Offenbach nicht feststellen. Erst in den allerletzten Tagen des Krieges bildeten sich angesichts des bevorstehenden amerikanischen Einmarsches in einigen Gemeinden Gruppen von Bürgern, die sich unter Gefahr für Leib und Leben für das Schicksal ihrer örtlichen Gemeinschaft einsetzten.

Das Straflager Rollwald

Echte oder auch nur vermeintliche Gegner ihres Regimes verbrachten die Nationalsozialisten unter Umgehung der Gerichte in Konzentrationslager, wo sie recht- und schutzlos der Willkür der Partei- und Bewachungsorgane preisgegeben waren. Daneben gab es eine Vielzahl von Fällen, bei denen Leute aus den verschiedensten Motiven gegen die rigorosen Bestimmungen der NS-Gesetze und -Verordnungen verstoßen hatten. Sie gerieten in die Mühlen einer zumeist willfährigen Justiz. Ordentliche Gerichte wie Sondergerichte hielten sich an das neugestaltete positive Recht und wandten es im Sinne der nationalsozialistischen Staatsführung an. Nur selten zeigten Richter und Staatsanwälte Verständnis für wegen politischer Vergehen Angeklagte. In der Regel traf diese die ganze Härte des Gesetzes mit seinen schweren Strafbestimmungen. Eine Folge davon war, daß Zuchthäuser und Gefängnisse bald überbelegt waren und der Strafvollzug weitere Unterbringungsmöglichkeiten für die Gefangenen brauchte. Im Gebiet des heutigen Kreises Offenbach entstand so 1938 zwischen Nieder- und Ober-Roden das Straflager Rollwald.[121] Seit April jenes Jahres war es in Betrieb, wie ein Rundschreiben des Reichsjustizministeriums an alle Generalstaatsanwälte vom 22. Juni 1938 belegt. Es trug die Unterschrift Roland Freislers, des späteren berüchtigten Vorsitzenden des Volksgerichtshofes.

Bei der Errichtung des Lagers Rollwald spielten Bedürfnisse des Strafvollzugs und ehrgeizige Pläne der lokalen NS-Machthaber, personalisiert in Jakob Sprenger, dem Gauleiter und Reichsstatthalter in Hessen, zusammen. In einem großzügigen Programm sollte eine »Teilnehmergemeinschaft Rodgau«, in der mehrere Gemeinden zusammengeschlossen waren, die Bodenverhältnisse entlang der Rodau und der Gersprenz verbessern, um die landwirtschaftlichen Erträge zu steigern und um Erbbauernhöfe zu gründen. Die NS-Leute wollten die Scholle bereiten, auf der ein neues Bauerntum nach ihren Vorstellungen ansässig werden sollte. Dazu bedurfte es umfangreicher Vorarbeiten. Die Wasserläufe der Region mußten reguliert werden, und die Abwässer aus Frankfurt und Offenbach sollten die Felder berieseln. Um das Vorhaben nicht aus Mangel an Arbeitskräften scheitern zu lassen, kam es zu einer Absprache zwischen dem Reichsstatthalter und der Reichsjustizverwaltung. Letztere erklärte sich bereit, eine beträchtliche Zahl von Strafgefangenen zur Verfügung zu stellen, welche die erforderlichen Arbeiten leisten sollten. Die Nationalsozialisten wollten mit dem Projekt mehrere Zielsetzungen gleichzeitig erreichen. Neben der Verbesserung des Bodens stand das Bestreben, die überfüllten Anstalten des Strafvollzugs zu entlasten. Außerdem glaubten sie, sie könnten die Strafgefangenen durch harte Arbeit im Freien zu nützlichen Gliedern ihrer Volksgemeinschaft erziehen. Erst einige Zeit nach dem Baubeginn des Lagers kam es am 11. März 1939 zu einer Vereinbarung zwischen dem Reichsminister der Justiz und der Teilnehmergemeinschaft Rodgau, in der es u. a. hieß:[122]

»Die Reichsjustizverwaltung stellt der Teilnehmergemeinschaft
Rodgau für die Durchführung von Meliorations- und Sied-
lungsarbeiten im Rodgau bis zu 3 500 Gefangene zur Verfügung.
Die Auswahl dieser Gefangenen bleibt der Reichsjustizverwal-

tung vorbehalten. Eine Gewähr, daß die Zahl von 3 500 Gefangenen erreicht oder dauernd zur Verfügung gestellt wird, kann von der Reichsjustizverwaltung nicht übernommen werden.

Die Arbeitsstellen und die Zahl der an den Arbeitsstellen einzusetzenden Gefangenen werden im Einvernehmen zwischen der Teilnehmergemeinschaft Rodgau oder deren Beauftragten und dem Vorstand des Gefangenenlagers Rodgau bestimmt.«

Gefangene holzten etwa 220 Morgen Kiefernwald ab, andere begannen mit dem Bau des Lagers. Aus vielen Gefängnissen des Reiches kamen Leute, die als Maurer und Bauarbeiter eingesetzt werden konnten. In kurzer Zeit waren 24 Baracken aufgeschlagen, von denen 15 zur Unterbringung der Gefangenen dienten. Bis Ende 1938 zählte das Lager bereits etwa 1 500 Insassen, also ungefähr einhundert je Baracke. Zweistöckige Holzpritschen mit Strohsäcken dienten als Schlafstätte. Weitere Baracken dienten als Küche, Eßräume, Krankenrevier, Bücherei und als Unterkunft der etwa 200 Gefangenenaufseher. Ein Teil des Wachpersonals wohnte in neuerrichteten Steinbauten. Ein zweifacher, sechs Meter hoher Stacheldrahtzaun mit Wachtürmen an den vier Ecken sicherte das Lager, das offiziell unter der Bezeichnung »Rodgau II« als Außenstelle des Strafgefangenenlagers in Dieburg geführt und selbst wiederum Mittelpunkt eines Systems von Nebenlagern (in Mainz, Lich, Eberstadt und Wöllstein) wurde.

Nach der erwähnten Vereinbarung zwischen der Teilnehmergemeinschaft Rodgau und dem Reichsjustizminister vom März 1939 schien — zumindest theoretisch — die Arbeitsbelastung der Gefangenen sich in erträglichen Grenzen zu bewegen:

»Die Beschäftigung der Gefangenen findet nur an Werktagen statt. Die tägliche Arbeitszeit beträgt einschließlich einer Frühstücks- und einer Mittagspause im Sommer ... 9 Stunden, im Winter 8 Stunden. Die Zeit für die Zurücklegung des Weges von der Unterkunft zum Arbeitsplatz und zurück wird auf die Arbeitszeit angerechnet, soweit sie mehr als je 1/2 Stunde beträgt.«

Die Arbeit an den Bachläufen — mit der Gersprenzregulierung hatte man propagandawirksam am Führergeburtstag (20. April) 1938 begonnen[123] — war freilich hart und ungesund, so daß viele Gefangene erkrankten. Schwer bestrafte die Lagerleitung Vergehen wie Fluchtversuch oder Kameradendiebstahl. Die Ertappten mußten in Einzelzellen ihre Strafen absitzen. Im Krieg änderten sich allmählich die Verhältnisse. Die Meliorationsarbeiten im Rodgau wurden praktisch eingestellt und die Gefangenen für Arbeiten in Rüstungsbetrieben oder bei der Reichsbahn verwendet. Bei den Lagerinsassen handelte es sich anfangs überwiegend um Leute, die zu Gefängnisstrafen verurteilt waren, doch mußte von Dezember 1940 bis Februar 1941 auch der wegen »Vorbereitung zum Hochverrat« zu zehn Jahren Zuchthaus verurteilte SPD-Politiker Fritz Erler einen Teil seiner Strafe in Rollwald verbüßen. Nach einem Schreiben des Generalstaatsanwaltes in

STRAFGEFANGENENLAGER ROLLWALD (1941)

Breslau vom 15. Januar 1942 waren die Gefangenenlager Rodgau »zuständig...
für Erstbestrafte mit Strafen bis zu 5 Jahren einschl.«[124] Die Straftatbestände,
deretwegen Gefangene hier eingeliefert wurden, waren sowohl rein krimineller
Art (Diebstahl, Raub, Totschlag, Notzucht, Betrug u. a.) als auch politisch motiviert (Heimtücke, Abhören von Feindsendern, Vorbereitung zum Hochverrat u.
a.). Es war die erklärte Absicht der Nationalsozialisten, ihre politischen Gegner
bei den Kriminellen einzureihen und sie wie Verbrecher zu behandeln.
Zu den Eigenheiten des damaligen bürokratisch geregelten Strafvollzuges
gehörte es, daß bei aller Härte und Ungerechtigkeit die Notwendigkeit einer
gewissen Fürsorge nicht verkannt wurde, wie einem Bericht der Lagerleitung
Rollwald aus dem Jahre 1942 zu entnehmen ist:[125]

*»Die fürsorgerische Betreuung... besteht in der sogenannten
Entlassenen-Fürsorge (Vermittlung von Arbeitsstellen, Besorgung von Arbeitspapieren, Herbeischaffung von Kleidern, die
die Gefangenen irgendwo verwahrt haben). Weiter hat sich die
Fürsorge mit der sogen. Familien-Fürsorge zu befassen, d. h.
Inspruchnahme der NSV und Wohlfahrtsämter für notleidende Familienangehörige. Endlich hat der Fürsorger die Aufgabe, etwa abgerissene Verbindungen zur Familie des Straffälligen, sofern diese für den Gefangenen von Nutzen sein können,
wieder anzuknüpfen.«*

LAGER ROLLWALD
Rückkehr der Gefangenen von der Arbeit (1941)

Zur Routine des Lagers gehörte es, daß die Wäsche der Gefangenen regelmäßig gewechselt wurde. Die Lagerleitung ließ für die zusätzliche Verpflegung der Häftlinge Kartoffeläcker und Gemüsegärten anlegen. Außerdem trug sie Sorge, daß die Arbeitszeiten der Gefangenen auch tatsächlich eingehalten wurden.

Mochte auch mancher Umstand und vor allem die ärztliche Versorgung der Lagerinsassen als unzureichend empfunden worden sein, so gab es doch das Bemühen der Lagerleitung, den erkrankten Gefangenen Hilfe angedeihen zu lassen. Das Lager verfügte über 35 Betten für kranke Häftlinge. Neben dem Lagerarzt kümmerte sich ein französischer Arzt, der in Rollwald inhaftiert war, um die Erkrankten. In schweren Fällen stellte die Lagerleitung den Antrag auf Verlegung in ein Krankenhaus in Darmstadt. Eine solche Aufnahme in ein Hospital bedurfte der Genehmigung durch den Generalstaatsanwalt. Für einen Gefangenen, der durch einen Unfall bleibende Schäden erlitten hatte, leitete die Lagerleitung ein Verfahren ein, um dem Verunglückten zu seinen Rentenansprüchen zu verhelfen.

Fernerhin sorgte der Leiter des Lagers dafür, daß die Gefangenen seelsorgerisch betreut werden konnten. Die Geistlichen der beiden Konfessionen hatten bis zum Ende Zutritt zum Lager. Einen allerdings vergeblichen Schriftwechsel führte der Lagerleiter wegen des Überlassens von gottesdienstlichen Geräten mit dem Reichsstatthalter. Für die Kapelle des Lagers schufen Häftlinge aus Preßpappe einen Flügelaltar.

Eine recht umfangreiche Bücherei, die sogar über 1 800 Bände in französischer und niederländischer Sprache umfaßte, stand unter »erzieherischen Gesichtspunkten« zur Verfügung, wie die Lagerleitung berichtete:[126]

> »Die Gefangenenbücherei mit rd. 7000 Bänden ist allen Ansprüchen gewachsen. Jede Woche kann einem Gefangenen ein Buch zur Verfügung gestellt werden. Die Ausgabe erfolgt durch den Oberlehrer; dabei wird berechtigten Wünschen der Gefangenen, denen ein Verzeichnis der Bücherei zur Verfügung steht, Rechnung getragen. Bei der Auswahl der Bücher für die einzelnen Gefangenen sind in erster Linie erzieherische Gesichtspunkte maßgebend.«

Aus dem gleichen Bericht ist zu entnehmen, daß die Lagerleitung sogar meinte, einen weltanschaulichen Einfluß auf die Gefangenen ausüben zu können:

> »Für jeden Tag des Jahres wird, immer für eine Woche zusammengefaßt, ein Tagesspruch aufgestellt, der morgens vor dem Ausrücken zur Arbeit den angetretenen Gefangenen vom Leiter des Aufsichtsdienstes oder einem älteren Aufsichtsbeamten vorgelesen wird. Der Tagesspruch soll ein Führerwort oder den Ausspruch einer anderen deutschen Führerpersönlichkeit enthalten. Bei der Auswahl wird darauf geachtet, daß es sich um einen kurzen einprägsamen Satz handelt, der erzieherisch wirkt und dabei auf die Zeit und die jeweiligen Umstände Rücksicht nimmt.
>
> An besonderen Gedenktagen, wie Tag der Machtübernahme, Heldengedenktag, Tag der Nationalen Arbeit, Muttertag, Sommersonnenwende, Erntedanktag, Totengedenktag, Weihnachten usw., werden Feierstunden durchgeführt, die jedoch nicht etwa der Unterhaltung dienen, sondern den Zweck haben, die straffälligen Elemente innerlich wachzurütteln, sie zu erheben und zur inneren Besinnung zu führen. Es gilt in diesen Feierstunden ganz besonders den Gefühls- und Willenskräften neuen Ansporn zu geben.
>
> Die starke Wirkung gerade dieser Feierstunden auf die Gefangenen konnte durch vielseitige Beobachtungen festgestellt werden.«

In der gesamten Zeit seines Bestehens unterstand Rollwald der Justizverwaltung. Der Leiter war zunächst ein Oberregierungsrat und zu späterer Zeit ein Justiz-Oberinspektor. Sie waren Leute, die in rechtlichen Kategorien dachten und die die Grundsätze eines korrekten Strafvollzuges beachten wollten. So sind die Härten, denen die Gefangenen ausgesetzt waren, zum Teil durch die kriegsbedingten Einschränkungen verursacht worden. Außerdem galt ein forsches Zupacken als ein Kennzeichen des Strafvollzugs, das unentbehrlich erschien. Der Gefangene sollte durch Leiden seine ihm zudiktierte Schuld abbüßen. Leute, die aus lauterer politischer oder religiöser Gesinnung in ein solches Lager verschleppt wurden, empfanden notwendigerweise dies als eine schreiende Unge-

KARTEIKARTE FRITZ ERLERS
Einen Teil seiner Strafe mußte der spätere Bundestagsabgeordnete im Winter 1940/41 im Gefangenenlager Rollwald verbringen.

rechtigkeit. Dagegen müssen die Anstrengungen der Lagerleitung um einen einigermaßen korrekten Strafvollzug verblassen. Es sollte aber anerkannt werden, daß der Leiter des Lagers, als er von Ausschreitungen im Außenlager Eich erfuhr, folgende Anordnung erließ:[127]

*»1. Jeder Aufsichtsbeamte, der einen Gefangenen mißhandelt
oder Mißhandlungen von Gefangenen durch Beauftragte der
Hess. Landesregierung stillschweigend duldet, wird streng
bestraft.
2. ...
3. Für den Fall, daß sich weitere Übergriffe durch Beauftragte*

der Hess. Landesregierung ereignen, haben die Kommandoführer sofort einzuschreiten ... (ggf.) unverzüglich mit den Gefangenen von der Baustelle abzurücken.«

Aus der Sicht der Lagerinsassen sah manches freilich anders aus. Ein Österreicher, der 1941 als Zeuge Jehovas nach Rollwald verbracht worden war, beschwerte sich über die harte körperliche Arbeit, die miserable Verpflegung und den sadistischen Lagerarzt. Zum Schrecken des Lagers trug es bei, daß Insassen von hier in Vernichtungslager verschickt und andere zu den Strafbataillonen der Wehrmacht eingezogen wurden, wo die Überlebenschancen erfahrungsgemäß nur gering waren. Neben deutschen waren in den Kriegsjahren auch Häftlinge aus besetzten Gebieten in Rollwald untergebracht: Franzosen, Italiener, Holländer, Belgier, Luxemburger, Dänen, Polen, Jugoslawen und Bulgaren. Manche Häftlinge versuchten die Flucht, was bei einigen Schwachpunkten in der Lagersicherung nicht ganz aussichtslos war. Selbst auf die frei herumlaufenden Wachhunde könne man sich nicht verlassen, klagte der Lagervorstand 1942 dem Generalstaatsanwalt, da diese »infolge der Kriegsernährung nicht mehr die erforderliche Wachsamkeit, Schärfe und Angriffslust« hätten.[128] Gefaßte Flüchtlinge aber kamen in den Arrestbau, bezogen Prügel und erhielten nur jeden zweiten oder dritten Tag zu essen.

Das Straflager Rollwald läßt sich nicht mit den von der SS betriebenen Konzentrationslagern oder den Vernichtungslagern im Osten vergleichen, dennoch ist die Bilanz des dort geübten nationalsozialistischen Strafvollzuges schlimm genug. Besonders gegen Ende des Krieges häuften sich die Todesfälle infolge Unterernährung und Mangelerkrankungen. Viele der 1944 eingelieferten Häftlinge waren freilich bei ihrer Ankunft schon vom Tode gezeichnet. Nach den Unterlagen des örtlichen Standesamtes sind in der Zeit des Bestehens des Lagers Rollwald 156 tote Gefangene in Nieder-Roden beigesetzt worden, die meisten auf dem gegen Kriegsende angelegten Lagerfriedhof.

Als am 26. März 1945 amerikanische Truppen Nieder-Roden besetzten, nahm die Leitung des Straflagers Rollwald nicht Reißaus. Sie blieb am Ort und übergab das Lager den anrückenden Amerikanern. Alle Gefangenen kamen frei. Das Wachpersonal wurde mißhandelt und geschlagen. Die Lagerleitung hatte sich zwar in den zurückliegenden Jahren um Korrektheit bemüht, aber dabei nicht verhindern können, daß Rollwald ein Glied in der Kette der Zwangslager war, wie sie für die NS-Zeit typisch waren.

»Fremdarbeiter« als Zwangsarbeiter

In der Zeit vor dem Zweiten Weltkrieg hatten die Nationalsozialisten nur wenig Gelegenheit, ihre wirren Theorien vom deutschen Herrenmenschentum gegenüber den anderen europäischen Völkern zu praktizieren. Durch weitgehende Beschränkungen des Reise- und Devisenverkehrs gab es für die Volksgenossen auch kaum die Möglichkeit, die Richtigkeit solcher Ideologien im Ausland selbst zu überprüfen. Zu zahlreichen Begegnungen mit Angehörigen fremder Völker kam es dagegen während des Krieges. Die deutschen Soldaten lernten bei ihrem Vormarsch Land und Leute in weiten Teilen Europas und in Nordafrika kennen. Die Menschen in der Heimat aber kamen schon bald in Berührung mit ausländischen Kriegsgefangenen und Arbeitern, mit denen sie in vielen Betrieben zusammen arbeiteten. Sie machten sich dabei ihr eigenes Bild von den Fremden, das zumeist dem, das die NS-Leute gezeichnet hatten, nicht entsprach. Diese aber glaubten, den Wirkungen ihrer eigenen Propaganda entgegentreten zu müssen, indem sie 1942 damit rechneten, Deutsche würden sich weigern, mit denen zusammenzuarbeiten, die der »systematischen Menschen- und Sittenverrohung des Bolschewismus« zum Opfer gefallen seien. Die Gauleitung Hessen-Nassau teilte den nachgeordneten Parteidienststellen deshalb mit, es sei »unbedingt erforderlich, dem Volke das Verständnis der Notwendigkeit dieses Einsatzes zu bringen, aber auch für das richtige Verhältnis unserer arbeitenden Volksgenossen zu diesen Zivilarbeitern und -arbeiterinnen aus dem Osten zu sorgen.«[129] In der Praxis freilich gestaltete sich das Verhältnis der deutschen Volksgenossen zu den Ausländern, die unfreiwillig mit ihnen leben und leiden mußten, häufig etwas anders als die von der Idee des Herrenmenschentums besessenen Nationalsozialisten es erwarteten und forderten.

Erstmals beschäftigten sich die Ortsgruppenleiter des Kreises mit der Ausländerfrage im April 1940. Das Protokoll vermerkt jedoch lediglich, daß sie über die »Polenbehandlung« berieten; mit welchem Ergebnis ist nicht erkennbar.[130] Polen waren die ersten Ausländer, die in größerer Zahl ins Reichsgebiet kamen. Nach dem siegreichen Westfeldzug folgten im Sommer 1940 Franzosen, Belgier und Holländer. Als die Nachfrage der Industrie und der Landwirtschaft nach Arbeitskräften durch den Einsatz von Kriegsgefangenen nicht mehr gedeckt werden konnte, holte man Zivilisten aus den besetzten Gebieten zum Arbeitseinsatz ins Reichsgebiet. Wie auch sonst üblich, versuchten dies die Nationalsozialisten mit zwei Methoden: Werbung und Zwang. Tatsächlich gelang es ihnen zunächst, durch geschickte Anwerbung eine erhebliche Zahl von Leuten zur Arbeit im Reich zu gewinnen. Ein in Frankreich von der deutschen Propaganda veröffentlichter Brief eines französischen Arbeiters vom 29. Oktober 1942 zeigt, wie man die Franzosen dazu bringen wollte, sich freiwillig nach Deutschland zu melden:[131]

»Ich schicke Euch diesen Brief, um Euch mitzuteilen, daß wir gut angekommen sind. Wir haben hier ein gutes Leben, besser als in Frankreich, denn wir erhalten Zuteilungen an Lebensmitteln und Tabak. Die Firma ist sehr gut, denn wir haben eine sehr gute Kameradschaft zwischen Deutschen und Franzosen.«

Konnten die Nationalsozialisten mit ihren bauernfängerischen Methoden nicht genügend Freiwillige rekrutieren, so griffen sie zur Gewalt. In Kinos, Cafés und in Bahnhöfen veranstalteten sie Razzien und verschleppten die Festgenommenen nach Deutschland.

Die NS-Leute erwarteten von den Kriegsgefangenen und den Dienstverpflichteten, daß sie sich den Anordnungen der deutschen Behörden fügten. In der Regel brachten sie die »Fremdarbeiter«, wie die offizielle Bezeichnung für sie lautete, in Barackenlagern unter. Waren solche nicht vorhanden, dann schufen die Behörden Quartiere in Turnhallen und in Sälen von Gasthäusern. Auch Fabriksräume und leerstehende Lager dienten als Unterkünfte. In Heusenstamm wohnte zum Beispiel eine größere Anzahl von französischen Kriegsgefangenen in den Räumlichkeiten einer Dreherei.[132] In Götzenhain, wo die ersten 22 Kriegsgefangenen im Herbst 1940 eintrafen, richteten die Behörden ein Wohnhaus als Lager ein, »getrennt von der Bevölkerung, die den Abstand wahrt, den die Würde fordert«.[133] Gemeinschaftsküchen sorgten für die Verpflegung, die bei zunehmender Verknappung der Lebensmittel kaum ausreichend war.

Recht erträglich erging es in der Regel den Ausländern, die in der Landwirtschaft eingesetzt waren. Üblicherweise waren sie in Räumen untergebracht, in denen auch das Gesinde zu wohnen pflegte. Daß sie ihre Mahlzeiten gemeinsam am Tisch mit den deutschen Bauersleuten einnahmen, stellte keine Ausnahme dar. Diese Einstellung der bäuerlichen Bevölkerung hob sich wohltuend ab von der der NS-Amtsträger. Als der Kreisleiter einen Hof im mittleren Kreisgebiet besichtigte, erschien ihm die Unterbringung der dort arbeitenden Polen und Franzosen viel zu gut und er forderte ungehalten primitivere Unterkünfte für sie. Der Bauer aber wollte und konnte diesem Ansinnen nicht ensprechen.

Ob die Art, wie der Götzenhainer Bürgermeister Kriegsgefangene für Landwirte seines Dorfes anforderte, Rückschlüsse auf seine Einstellung gegenüber den Franzosen zuläßt oder ob er einfach Probleme bei der Formulierung hatte, sei dahingestellt:[134]

»Für die Landwirtschaft in der Gemeinde Götzenhain werden noch 10 Stück franz. Kriegsgefangene benötigt. Ich bitte, mir Landwirte zuteilen zu wollen, die selbständig unter einem alten Mann arbeiten können. Wir haben hier Betriebe, bei denen der Betriebsführer zum Heeresdienst eingezogen wurde und nur noch der alte Vater den Betrieb weiterführt. Um baldige Überweisung derselben, damit dieselben bei der Kartoffelernte eingesetzt werden können, wird gebeten.

Der Bürgermeister«

Ähnlich wie die deutschen Arbeitskräfte hatten die Fremdarbeiter bei Bedarf Überstunden zu leisten und auch der freie Sonntag war keine Selbstverständlichkeit. Die Entlohnung war dürftig, zumal die Kosten für Verpflegung und Unterbringung abgezogen wurden. Mit dem verbleibenden Geld konnten sie kaum etwas anfangen, denn Lebensmittel, Kleidung und Tabakwaren waren rationiert.

Je länger der Krieg dauerte, desto größer wurde der Bedarf an ausländischen Arbeitskräften. Wegen der Einberufung der meisten deutschen Männer zur Wehrmacht konnten viele Firmen ihren Betrieb nur noch mit Hilfe der Ausländer aufrecht erhalten. An die 6 Millionen sollen zur Arbeitsleistung im Reichsgebiet verpflichtet oder gezwungen worden sein.[135] Naturgemäß war der Einsatz der Fremdarbeiter in den Industriebetrieben abhängig von der erforderlichen

Qualifikation und daher recht unterschiedlich. Von 1127 insgesamt in neun Neu-Isenburger Rüstungsbetrieben Beschäftigten waren 235 Ausländer; das entspricht einem Anteil von 21 Prozent. Bei einer Küchenmöbelfabrik in der gleichen Stadt, die damals nur noch Packkisten für die Wehrmacht herstellte, arbeiteten 1943 neben 200 deutschen 100 ausländische Arbeiter.[136] Dabei standen sich in den Firmen nicht einfach deutsche und ausländische Arbeitskräfte gegenüber, denn letztere setzten sich in fast allen Fällen aus Angehörigen verschiedener Nationen zusammen, die sich nur schwer untereinander verständigen konnten. Dieser Umstand erleichterte den deutschen Behörden und Betriebsleitungen Aufsicht und Kontrolle.

Eine andere Methode zur leichteren Beherrschung der Fremdarbeiter war ihre Kennzeichnung. Die Kriegsgefangenen trugen zumeist ihre Militäruniformen ohne Rangabzeichen. So waren die französischen Gefangenen sehr deutlich an ihren braunen Armeejacken oder -mänteln erkennbar. Sowjetische Kriegsgefangene befanden sich in Lagern und hatten üblicherweise keinen Kontakt zur deutschen Bevölkerung. Soweit sie als Hilfswillige bei den im Rhein-Main-Gebiet stationierten deutschen Flakbatterien Dienst taten, trugen sie dunkelgrün gefärbte Uniformen. Zivilarbeiter aus dem Osten aber mußten ähnlich wie die Juden ein diskriminierend gemeintes Abzeichen ihrer Herkunft tragen: Polen ein »P« und Deportierte aus der Sowjetunion ein »Ost«. Erst im April 1944 begannen die Nationalsozialisten unter letzteren zu differenzieren und kündigten eine Mehrzahl von Abzeichen an, die den jeweiligen Träger als Russen, Ruthenen oder Ukrainer ausweisen sollten.[137]

Gleichzeitig gestanden die NS-Behörden den aus dem Osten kommenden Fremdarbeitern geringfügige Verbesserungen zu. Sie sollten wie die anderen ausländischen Arbeitskräfte fortan ein Arbeitsentgelt erhalten, wurden aber zugleich zur Lohnsteuer und Sozialversicherungsabgabe herangezogen. Außerdem hatten sie eine Sozialausgleichsabgabe zu zahlen, die nach offizieller Lesart eine Entschädigung für die vom Deutschen Reich den Angehörigen ihres Volkstums erbrachten Leistungen sein sollte. Außerdem stellte man fest, daß die Verpflichtung zur Arbeit generell für zwei Jahre gelte. Im zweiten Jahr des Arbeitseinsatzes sollte der Fremdarbeiter sogar eine Woche Urlaub erhalten. Wollte er in die Heimat zurückkehren, so mußte er den Nachweis erbringen, daß er dort in einem kriegswichtigen Betrieb arbeiten würde, und außerdem einen Ersatzmann stellen.[138] Angesichts der Kriegslage waren solche Ankündigungen freilich 1944 weitgehend illusorisch.

Um die Kontaktaufnahme mit anderen Angehörigen ihres Volkes zu verhindern, war die Bewegungsfreiheit der ausländischen Arbeiter stark eingeschränkt. Den Polen war es verboten, sich außerhalb der jeweiligen Gemarkungsgrenzen zu bewegen oder Fahrräder zu benutzen.[139] Öffentliche Verkehrsmittel durften nur mit besonderer polizeilicher Erlaubnis benutzt werden. Für die Ostarbeiter galten bezüglich des Ausganges noch strengere Bestimmungen. Den Nationalsozialisten war dabei bewußt, daß man sich mit den für die Produktion dringend benötigten Arbeitern aus den unterworfenen Ländern ein Heer von potentiellen Feinden ins Reich geholt hatte, die man daher streng überwachen mußte. In der Realität ließen sich die Reglementierungen und Verbote jedoch nur schwer durchsetzen, wie die täglich gemachten Erfahrungen, aber auch ein Gestapo-Erlaß aus dem Jahre 1943 beweisen:[140]

»In letzter Zeit mehren sich die Beschwerden..., daß Ostarbeiter und -arbeiterinnen die Kinos und Gastwirtschaften besuchen. Auch konnte wiederholt festgestellt werden, daß diese fremdvölkischen Arbeitskräfte das Kennzeichen »Ost« nicht tragen und die Richtlinien über die Freizeitgestaltung nicht beachten... Im Zuge der letzten Fahndung wurden in einer Gastwirtschaft 18 Ostarbeiter noch um 19 Uhr angetroffen, von denen ein großer Teil das Ostabzeichen nicht trug. In diesem Zusammenhang wurde festgestellt, daß aus verschiedenen Lagern Ostarbeiter bis 22 Uhr in öffentlichen Gasthäusern verweilten. Ferner ist bekannt geworden, daß Ostarbeiter... mit Fahrrädern ihre Kameraden in anderen Ortschaften und Betrieben aufsuchen...«

Wie gegen unbotmäßige Fremdarbeiter vorgegangen werden sollte, zeigt ein Schreiben der Geheimen Staatspolizei an die Landräte in Hessen vom 16. August 1942:[141]

»Bei erstmaligen leichteren Disziplinlosigkeiten am Arbeitsplatz, wie Arbeitsverweigerung, Arbeitsverzögerungen, Arbeitsbummeleien, renitentes Verhalten, Nichttragen des Kennzeichens, Verlassen der Ortsunterkunft ohne ortspolizeiliche Genehmigung, Versuch des verbotenen Umgangs mit Deutschen, Benutzung von Fahrrädern, Besuche von Veranstaltungen, an denen deutsche und andere ausländische Arbeitskräfte teilnehmen, verbotener Postverkehr, Überschreitung des Ausganges in der Freizeit sind je nach Lage der Sache bis zu drei Tagen Erziehungshaft zu verhängen. Anstelle der Schutzhaft von drei Tagen kann auch eine Freiheitsentziehung wirksam sein, die von Sonnabend bis Montag früh dauert oder in einer Lagersperre besteht, die sich auf mehrere Sonntage erstrecken kann. Ferner können anfallende ausländische Arbeiter an Sonntagen zu notwendigen Gemeinarbeiten (Straßenbau und Wasserstraßenregulierungsarbeiten) unter strenger polizeilicher Aufsicht herangezogen werden.«

Eine solche »Erziehungshaft« vom Samstagnachmittag bis zum Montagmorgen verhängte der Offenbacher Landrat im Oktober 1943 über einen 14-jährigen in Sprendlingen eingesetzten Ukrainer, dem man vorwarf, mit seiner Arbeitsleistung stark nachgelassen zu haben; auch habe er sich geweigert, an einem Samstag bei den Erntearbeiten zu helfen. Die relativ milde »Erziehungsmaßnahme« erschien dem Landrat »notwendig und angemessen«, um dem Jungen »das Ungehörige seines Benehmens vor Augen zu führen«.[142]

Bei Verstößen gegen die allgemein bestehende Rechtsordnung bestraften die Gerichte die Ausländer ähnlich hart wie deutsche Angeklagte. Bei zwei französischen Zivilarbeitern, die bei Dunkelheit Wäsche in Neu-Isenburg aus einem umzäunten Gartengelände gestohlen hatten, sah das Sondergericht wegen der Ausnutzung der Verdunkelung ein Verbrechen im Sinne der Volksschädlingsverordnung und erkannte auf Strafen von 24 bzw. 18 Monaten Zuchthaus.[143] Andere Franzosen, die ebenfalls in Neu-Isenburg, französischsprachige Sendungen der BBC London über mehrere Monate abgehört und sich darüber unterhalten hatten, verurteilte das Sondergericht zu 15 Monaten Zuchthaus bzw. 10 Monaten Gefängnis. Ein dritter Angeklagter wurde freigesprochen.[144]

Unnachsichtig reagierten die NS-Behörden, wenn sie von intimen Beziehungen zwischen Ausländern und deutschen Frauen erfuhren. Aus der Sicht ihres Herrenmenschentums war dies ein schweres Vergehen gegen die Reinheit des deutschen Blutes. Ein Italiener, der nach der Kapitulation seines Landes als Militärinternierter in Deutschland lebte, hatte ein Verhältnis mit einer verheirateten Frau aus Seligenstadt. Als diese ihm durch ihren Jungen Nahrungsmittel schickte, kam die Sache heraus und beiden wurde im November 1944 der Prozeß gemacht. Die Richter des Sondergerichtes warfen der Frau vor, sie habe das Opfer ihres vermißten Ehemannes herabgewürdigt und verurteilten sie zu einer Gefängnisstrafe von 10 Monaten. Als sich ihr Strafantritt verzögert hatte, forderte der Staatsanwalt noch im Februar 1945 den Vollzug der Strafe. Dem Italiener bescheinigte ein Feldurteil vom Oktober 1944, er habe durch sein Verhältnis mit der Seligenstädterin die Würde des deutschen Volkes verletzt. Der 23-jährige erhielt deshalb eine Strafe von drei Jahren Gefängnis.[145]

Bei dieser Affäre handelte es sich offensichtlich um keinen Einzelfall, denn ein Bericht des Oberstaatsanwaltes beim Sondergericht in Darmstadt vom Januar 1944 stellte fest:[146]

»Eine verhältnismäßig hohe Zahl deutscher Frauen kam wegen verbotenen Umgangs mit Kriegsgefangenen zur Anzeige, der größte Teil von ihnen wegen Geschlechtsverkehrs mit Kriegsgefangenen.«

Umgekehrt verhaftete die Gestapo einen Bauern aus Langen, weil dieser eine bei ihm zur Arbeit eingesetzte polnische Frau sexuell belästigt hatte. Er blieb für längere Zeit in »Schutzhaft«.[147]

Trotz aller NS-Propaganda bewahrten viele Deutsche gegenüber den ausländischen Gefangenen und Deportierten ihre unverdorbene Art und waren bereit, Hilfsbedürftige zu unterstützen, besonders dann, wenn sie auf Gedeih und Verderb mit ihnen verbunden waren. Wenn auch die Theorien der Nationalsozialisten nicht korrigiert wurden, die Mehrheit der Menschen verhielt sich ganz anders, als es das Regime von ihnen erwartete. Verbote konnten wenig ausrichten, da die Funktionäre und mögliche Denunzianten nur schwer zwischen notwendigen Kontakten und privaten Gesprächen unterscheiden konnten. Außerdem konnte das Regime durch seine Polizei nicht sämtliche Lebensäußerungen überwachen. Daneben gab es eine Grauzone, in der die Grenzen zwischen erlaubt und unerlaubt verschwammen. So boten in den letzten Kriegsjahren Ostarbeiter in ihren wenigen Freistunden immer wieder ihre Dienste an, um Holz zu zerkleinern oder um andere Dienste in Haus und Hof zu verrichten. Die Behörden konnten sich dem kaum widersetzen, da eben Mangel an Arbeitskräften an allen Ecken und Enden herrschte. Die Fremdarbeiter waren ungeheuer arbeitswillig, wenn ihnen für den Tag oder die Stunden ihrer Leistungen ein Essen geboten wurde. An Geld waren sie weit weniger interessiert. Selbstverständlich unterhielt man sich untereinander, soweit es die sprachlichen Barrieren zuließen, auch über politische Fragen. So kam es zu einer Fülle von Kontakten, die der offiziellen Kontrolle entzogen waren.

Die zahlreichen Deutschen, die im Betrieb täglich und häufig auch eng mit den Ausländern zusammenarbeiteten, entdeckten in diesen zwangsläufig früher oder später menschliche Qualitäten, welche das NS-Regime ihnen absprechen wollte. Die deutschen Arbeiter mußten sich bei bestimmten Arbeitsabläufen auf ihren ausländischen Nebenmann verlassen und erlebten ihn dabei als zuverlässigen Kollegen, der ihnen ebenbürtig, bisweilen sogar überlegen war. Manche Vorkommnisse, wie etwa die beherzte Tat eines französischen Kriegsgefangen, der einen deutschen Jungen in einem Löschwasserbecken vor dem Ertrinken rettete, bestärkten viele Bürger in ihrer positiven Einstellung gegenüber den fremden Arbeitern.

Eine andere Frage ist es, ob die belegten Zeichen der Menschlichkeit genügten, um das insgesamt düstere Bild, das die gefangenen und deportierten Ausländer von dem nationalsozialistischen Deutschland erhielten und das sie nach Kriegsende in ihre Heimat mitnahmen, etwas aufzuhellen.

Schwierigkeiten ergaben sich auch bei dem Versuch einer seelsorgerischen Betreuung der Ausländer, die wegen deren Konfession insbesondere Sache der Katholischen Kirche war. Die NS-Behörden aber wollten nicht zulassen, daß Fremdvölkische oder besiegte Feinde gemeinsam mit Deutschen Gottesdienst feierten. Daher sorgte die Kreisleitung dafür, daß die Pfarrer im Kreis von einem Wehrmachtserlaß Kenntnis erhielten, der die Abhaltung von Gottesdiensten bei Kriegsgefangenen durch deutsche Geistliche untersagte:[148]

»Die gottesdienstlichen Handlungen bei den Kriegsgefangenen sind grundsätzlich nur durch in Kriegsgefangenschaft geratene und freiwillig verbliebene Geistliche der Feindmächte auszuüben. Deutschen Geistlichen, auch Wehrmachtsgeistlichen, ist die Vornahme gottesdienstlicher Handlungen jeder Art bei Kriegsgefangenen verboten.«

Eine Ausnahme sollte nur bei Beerdigungen gestattet sein, wenn ein kriegsgefangener Geistlicher nicht zu erreichen war.

Priester, die ihrem christlichen Auftrag, allen Menschen die Tröstungen des Glaubens zu bringen, nicht untreu werden wollten, konnten sich mit dieser Regelung nicht zufrieden geben. Sie versuchten, sie zu umgehen, aber auch durch Verhandlungen sie zu lockern. So feierte der Pfarrer in Klein-Krotzenburg im September 1940 zweimal die Messe mit französichen Kriegsgefangenen. Als die Behörden davon erfuhren, verboten sie ihm dies ausdrücklich.[149] In Sprendlingen nahmen 1943 französische Kriegsgefangene und Polen am feierlichen Osterhochamt teil. Denunzianten zeigten den Pfarrer bei der Gestapo an. Er wurde deshalb vorgeladen und verhört.[150] Zu einer Regelung der Gottesdienste für Polen kam es dann 1943 und 1944. In Gemeinden, wo eine größere Anzahl lebte, war es dem Ortspfarrer gestattet, einmal monatlich einen besonderen Gottesdienst für sie zu halten. Pfarrer, Ministranten und polnische Kriegsgefangene oder Deportierte trafen sich sonntags in einem besonderen Raum. Latein war ja damals noch weltweit die Sprache der Liturgie in der Katholischen Kirche, und so erlebten die Ausländer die Meßfeier in der Fremde so wie sie sie von ihrer Heimat gewohnt waren. Ein Kirchenlied in polnischer Sprache beendete den Gottesdienst.[151]

Schwieriger war es für Geistliche, in bewachte Lager zu gelangen. Doch auch dies war nicht ganz unmöglich. Der Offenbacher Pfarrer Ludwig Wissel, der während des Krieges in Mühlheim als Kaplan tätig war, hat darüber anschaulich berichtet.[152] Mit Hilfe eines ehemaligen Schulkameraden, der als SA-Mann Dienst tat, erlangte er Zutritt zu den Lagern in Rumpenheim und Waldheim, wo Italiener und Polen untergebracht waren. Dort durfte er monatlich einmal Gottesdienst halten. Dagegen blieb ihm das von SS bewachte Russenlager in Mühlheim versperrt.

Als der Kaplan eines Tages verständigt wurde, daß ein Pole im Lager todkrank lag, wollte er ihm die Sterbesakramente spenden. Mit den Worten: »Es ist eines Deutschen unwürdig, zu einem verreckten Polacken zu gehen«, wies man ihn zunächst ab. Da aber Fliegeralarm ausgelöst wurde, konnte er dann doch von den Wachen unbemerkt zu dem Sterbenden vordringen, ihn versehen und mit ihm beten. Nach der Entwarnung entdeckten die SA-Wachen den Kaplan. Sie drohten, ihn ins KZ zu schaffen und künftig Gottesdienste für die Gefangenen nicht mehr zuzulassen.

Glaubensstärke in einer Zeit der Unterdrückung
Katholiken im Zweiten Weltkrieg

In vielfältiger Weise hatten die Nationalsozialisten in den ersten Jahren ihrer Herrschaft versucht, gegen die Katholische Kirche vorzugehen und ihren Einfluß in der Bevölkerung zu verringern. Mit ihren Erfolgen waren sie indessen im Kreis Offenbach, wie ein Bericht der NS-Kreisleitung vom Juni 1939 zeigt, wenig zufrieden:[153]

»Es ist wieder eine seltene Aktivität der politisierenden katholischen Kirche feststellbar, die ihren Niederschlag einerseits in der Verfestigung des angestrebten Führungsanspruchs und auf der anderen Seite in der geradezu auffallenden Bemutterung der Jugend findet... Die nationalsozialistische Bevölkerung versteht es nicht, daß im siebenten Jahr nach der Machtübernahme die Kirche noch in der Lage ist, sich in einer Form propagandistisch zu zeigen, wie es wieder bei der letzten Fronleichnamsprozession der Fall gewesen ist. Die Erbitterung über diese Demonstration der katholischen Aktion ist umso verständlicher,

*als auch heute noch an diesem Propagandazug sich sowohl
Erzieher als Beamte ohne jeden Lohnausfall beteiligen können.«*

Besonders gestört fühlten sich die NS-Leute also durch die nach außen dringenden Äußerungen kirchlichen Lebens. Prozessionen waren für sie »Demonstrationen« und »Propagandazüge«, auf die nach ihrer Meinung nur ihre Partei mit ihren Formationen einen Anspruch hatte. In der Tat hatten sie mit ihrer Auffassung weitgehend recht, in den Prozessionen eine Ausdrucksweise verdeckter Distanzierung zum Nationalsozialismus zu erblicken, denn wer teilnahm, bekannte sich damit zu der in Opposition stehenden Kirche und wußte, daß der Umzug hinter Kreuz und Kirchenfahnen mit Singen und Beten die »Nazis« ärgerte. Selten aber war die Beteiligung an Prozessionen und Wallfahrten so stark wie in jenen Jahren. In Weiskirchen beispielsweise gingen damals 80 Prozent der Bevölkerung – das waren ziemlich alle Katholiken der Gemeinde – mit der Fronleichnamsprozession.[154]

Nach Ausbruch des Krieges fanden die NS-Behörden in der veränderten Situation willkommene Vorwände, um die ihnen so verhaßten Prozessionen zu verbieten. Am 22. Mai 1940 teilte das Landratsamt dem Weiskircher Pfarrer mit,[155]

*»feindliche Flieger haben in letzter Zeit in den westlichen
Gebieten des Reiches wiederholt Bomben auf Menschenansammlungen auf öffentlichen Straßen geworfen. Ich empfehle
daher dringend, die von Ihnen für die nächste Zeit geplanten
Prozessionen und Bittgänge abzusagen. Sollten Sie dieser
Empfehlung nicht nachkommen wollen, dann nehme ich hiermit
die von mir erteilten Genehmigungen ausdrücklich zurück.«*

Zwei Tage später erging vom Landratsamt ein Kettenfernspruch an alle Bürgermeistereien des Kreises, der besagte, Prozessionen seien als Menschenansammlungen zu betrachten, denen Gefahr durch feindliche Bombenangriffe drohe und die daher zu untersagen seien. Für ihre eigenen Aufmärsche und Kundgebungen unter freiem Himmel sahen die Nationalsozialisten freilich keine Gefahr. Sie durften weiter stattfinden. Noch 1943, als feindliche Luftangriffe bereits erhebliche Opfer unter der Zivilbevölkerung gefordert hatten, versammelten sie Tausende von Menschen aus Stadt und Kreis zu einer Großkundgebung auf dem Offenbacher »Platz der SA« (Wilhelmsplatz),[156] und noch im September jenes Jahres strömten zahlreiche Zuschauer zu Fußballspielen und Steherrennen ins Frankfurter Waldstadion.

Fronleichnam wurde zu einem gewöhnlichen Werktag; nur am darauffolgenden Sonntag durfte in den nächsten Jahren innerhalb der Kirche des Festes gedacht werden. In ähnlicher Weise erklärte die Regierung aus produktionstechnischen Gründen auch das Fest Christi Himmelfahrt zu einem Arbeitstag. Die in katholischen Orten an diesem Tag üblichen Flurprozessionen waren ja jetzt ohnehin verboten.

So wie Prozessionen und Wallfahrten eindrucksvolle Demonstrationen katholischer Religiosität darstellten, kündete das Geläut der Kirchenglocken laut vernehmlich für alle von Begebenheiten kirchlichen Lebens in der Gemeinde, von

Taufen, Todesfällen, Gottesdiensten bis zum Angelus. Den Nationalsozialisten war das Läuten jedoch ein Greuel. Angebliche Erfordernisse der Luftverteidigung mußten im Dezember 1940 dazu herhalten, um für den gesamten Kreis Offenbach erhebliche Einschränkungen des Läutens anzuordnen. Nur noch einmal am Tag durfte zum Gottesdienst geläutet werden; während und für eine bestimmte Zeit nach Fliegeralarmen sowie während der gesamten Zeit der Verdunkelung mußten die Glocken schweigen; auch bei Taufen und Trauungen durften sie nicht mehr erklingen; die Läutezeit wurde auf drei Minuten begrenzt.[157]

Im folgenden Jahr ließ die Regierung die Glocken von den Kirchtürmen des Kreises holen. Nur die jeweils kleinste Glocke durfte in der Regel hängen bleiben. Die anderen wurden eingeschmolzen oder landeten auf großen Lagerplätzen, wo sie teilweise den Krieg überstanden und nach 1945 wieder zurückgeholt werden konnten.

Während der Kriegsjahre versuchten die Nationalsozialisten unentwegt, den katholisch-kirchlichen Einfluß auf weite Teile der Bevölkerung zurückzudrängen, indem sie Beschränkungen verschiedenster Art verfügten, um das Wirken der Kirche auf den eigentlichen Kirchenraum zu begrenzen. Von einem frontalen Angriff sahen sie vorläufig aus kriegsbedingten Rücksichten ab. Die große Abrechnung mit der Kirche sollte nach dem Endsieg erfolgen. Dennoch waren die vielen Einschränkungen, die man der Kirche mit fadenscheinigen Begründungen auferlegte, für diese höchst schmerzlich, trafen sie – im Gegensatz zu der Aktion gegen die Glocken – doch auch wesentliche Bereiche, wie etwa Jugendarbeit und Religionsunterricht, und damit die Weitergabe des Glaubens an die nachwachsende Generation. Religionsunterricht durch die Pfarrer in den Schulen war nicht mehr möglich. Religionsstunden in kirchlichen Räumen, den die Geistlichen erteilten, konnte nur noch nachmittags auf freiwilliger Grundlage stattfinden. Der Besuch war erfreulich gut. Abendliche Zusammenkünfte der Jugend mußten als religiöse Vorträge ausgewiesen werden und wurden immer wieder ausspioniert. Den Seligenstädter Kaplan verhörten die NS-Behörden im November 1943 wegen seiner Arbeit mit Jugendgruppen stundenlang und verurteilten ihn zu einer Geldstrafe in Höhe von 1000 Mark.[158]

Auch für die Jugendlichen blieb das Bekenntnis zur Kirche oder gar die Mitarbeit nicht ohne Folgen. Bei vielen Bewerbungen gab die Beurteilung durch die NSDAP den Ausschlag. Die erforderliche politische Zuverlässigkeit wollte man aktiven Katholiken nicht bestätigen. Der folgende Bericht über einen jungen Seligenstädter beweist, wie intensiv die Überwachung sogar bei Minderjährigen ausgeübt wurde:[159]

»*Seligenstadt, den 15.9.1942*

K. H. gehört zwar der Hitler-Jugend Flieger HJ an, hat aber diese Zugehörigkeit nur als Mittel zum Zweck benutzt. Bis in die jüngste Zeit pflegte er ein freundschaftliches Verhältnis mit einem katholischen Kaplan. Er gehörte einem Zirkel von 5 – 6 Jungen der Flieger-HJ an, die mit dem obengenannten Kaplan

Nationalsozialistische Deutsche Arbeiterpartei
Gauleitung Hessen-Nassau

Gaugeschäftsstelle: Frankfurt a.M., Gutleutstraße 8–12
„Adolf Hitler-Haus"
Fernspr. 30381 / Postscheckkonto: 53003 Frankfurt a.M.

Kreis Offenbach am Main
Ortsgruppe Sprendlingen
Sprechstunden: Di. u. Do. v. 20-22, Sam. v. 18-20 Uhr
Bankkonto: Sprendlinger Gewerbebank

Fernsprecher 377
Postscheckkonto: 76030
Frankfurt a.M.

Kampf-Zeitung des Kreises:
„Offenbacher Nachrichten"
Geschäftsstelle: Waldstraße 6 / Fernspr. 85241

Sprendlingen, den 19.4. 43.
(Kr. Offenbach)

Strasse der S.A. 47

An die

Gauleitung der N.S.D.A.P.

Bet. Personal

Frankfurt a.M.
===============

Betr. Beurteilung über
Alfred F███████, Sprendlingen, Kr. Offenbach.

    Nach sorgfältig angestellten Ermittlungen über den Alfred F███████ ergibt sich folgendes Bild:

    Die Familie F███████ ist gut katholisch und bekannt als eifrige Kirchengänger. Der Sohn Alfred gehört zwar der H.J. an, besucht aber ebenfalls regelmässig die Kirche und ist damit kirchlich gebunden.

    Es ist hier zu erwähnen, dass der hiesige katholische Pfarrer ein besonders strenger Verfechter des katholischen Machtgedankens ist, der seinen grossen Einfluss auf seine Gemeinde, also auch auf die Familie F███████, bestimmt in dieser Richtung geltend macht.

    Es ist anzunehmen, dass der Junge sein ganzes Tun und Lassen nach den erhaltenen katholischen Leitsätzen ausrichten und das ihm eingeflösste Gedankengut der Kirche auf seine Umgebung ausströmen wird.

    Unter diesem Gesichtspunkt kann man es m.E. nicht bejahen, dass der zu ergreifende Beruf durch den Genannten im nationalsozialistischen Sinne ausgeübt werden wird.

Heil Hitler !

N. Roth
Ortsgruppenleiter
m.d.W.d.G.b.

Höflichkeitsformeln fallen bei allen parteiamtlichen Schreiben weg.

»ALS AKTIVER KATHOLIK FÜR DEN ÖFFENTLICHEN DIENST NICHT GEEIGNET«
In ungezählten Beurteilungen gewährte oder verdarb die NSDAP jungen Leuten den Zugang zu dem gewünschten Beruf

fast tägliche Zusammenkünfte hatten. Sie unternahmen Spaziergänge, trafen sich im katholischen Pfarrhaus und wurden verschiedentlich beobachtet, wie sie mit dem Kaplan noch ganz spät abends in die Kirche gingen. Erst die Versetzung des Kaplans machte diesem Treiben ein Ende. Als kürzlich der Bischof von Mainz hier war, ist er mit diesem und seinem Gefolge in der 2. Wagenklasse von Seligenstadt nach Babenhausen gefahren. Dies ist sicher zum Schutze beim Umsteigen erfolgt. Am 29.5. wurde uns gemeldet, daß er beim Schmücken des Pfarrhauses behilflich war, um den Bischof, der am kommenden Sonntag wieder zum Besuch anwesend war, würdig empfangen zu können. Seine weltanschauliche Einstellung ergibt sich aus dem oben Angeführten.«

Ein überzeugter junger Katholik konnte nach nationalsozialistischer Auffassung kein guter Beamter werden. Die Beurteilung durch seinen Ortsgruppenleiter versperrte deshalb einem Jugendlichen aus Sprendlingen den Eintritt in den mittleren Dienst der Stadt Frankfurt:[160]

»*Sprendlingen, den 19.4.1943*

Betr.: Beurteilung über D. F., Sprendlingen, Kreis Offenbach.
Nach sorgfältig angestellten Ermittlungen über den D. F. ergibt sich folgendes Bild:
Die Familie F. ist gut katholisch und bekannt als eifrige Kirchgänger. Der Sohn D. gehört zwar der HJ an, besucht aber ebenfalls regelmäßig die Kirche und ist damit kirchlich gebunden. Es ist hier zu erwähnen, daß der hiesige katholische Pfarrer ein besonders strenger Verfechter des katholischen Machtgedankens ist, der seinen großen Einfluß auf seine Gemeinde, also auch auf die Familie F., bestimmt in dieser Richtung geltend macht. Es ist anzunehmen, daß der Junge sein ganzes Tun und Lassen nach den erhaltenen katholischen Leitsätzen ausrichten und das ihm eingeflößte Gedankengut auf seine Umgebung ausströmen wird. Unter diesem Gesichtspunkt kann man es m. E. nicht bejahen, daß der zu ergreifende Beruf durch den Genannten im nationalsozialistischen Sinne ausgeübt werden wird.
Heil Hitler!
Ortsgruppenleiter«

Der einzelne Katholik konnte damals ungeschoren davonkommen, wenn er sich zurückhielt, in der Öffentlichkeit schwieg und keinen Beruf ausübte, der ihn vom Staat oder der Partei abhängig machte. War letzteres der Fall, so lief er Gefahr, daß seine Vorgesetzten ihn unter Druck setzten, seine kirchlichen Bindungen aufzugeben. Als ein höherer SS-Führer erfuhr, daß der Sohn eines Ortsgruppenleiters im mittleren Kreisgebiet noch den katholischen Religionsunterricht besuchte, erzwang er die sofortige Abmeldung.[161]

Selbst eifrige Mitarbeit in NS-Organisationen konnte praktizierende Katholiken nicht von dem Verdacht der Unzuverlässigkeit befreien, wie die Beurteilung einer Lehrerin durch die NSDAP beweist:[162]

»Die Volksgenossin R. ist sehr gut katholisch. Sie besucht täglich den Gottesdienst. Ihre weltanschauliche Einstellung ergibt sich hieraus. Zum anderen ist sie sehr eifrig in der NS-Frauenschaft, der sie als Mitglied schon einige Jahre angehört, tätig.«

«Einer Volksgenossin, die nur die Kirche kennt, können wir die Zuverlässigkeit nicht aussprechen«, heißt es an anderer Stelle.[163] Der Seligenstädter Ortsgruppenleiter wußte es durch seinen Bericht zu verhindern, daß einem profilierten Prozessionsteilnehmer das Kriegsverdienstkreuz verliehen wurde.[164]

»Er trägt jetzt noch bei jeder Prozession die kirchliche Fahne mit Frack und Zylinder. Wir können nicht annehmen, daß er seine schwarze Farbe abgelegt hat. U. E. kann er nicht auf dem Boden der NS-Weltanschauung stehen. Wir halten ihn nicht für würdig für die Verleihung der hohen Auszeichnung.«

Das Sammlungsgesetz benutzten die Nationalsozialisten, um insbesondere kirchliche Aktivitäten caritativer Art zu unterbinden, denn in ihrem totalitären Machtanspruch wollten sie keiner anderen Institution das Sammeln von Geldern oder Gaben zugunsten Notleidender gestatten. Die Gestapo verhörte daher den Seligenstädter Pfarrer, weil er an den Kirchentüren für eine Caritassammlung geworben hatte.[165] Im Krieg verbot man das Versenden von Geschenkpäckchen an die Soldaten durch die Kirche. Der Pfarrer von Hainstadt wurde mit einer Geldstrafe von 300 Mark belegt, weil er eine Flaschensammlung zugunsten der Soldaten an der Ostfront durchgeführt hatte. Dem gleichen Pfarrer beschlagnahmte die Polizei das Geld, das er zur Anschaffung eines Meßkelches hatte sammeln lassen. Mit dem Gelde, das der Polizei entgangen war, konnte dennoch ein neuer Kelch gekauft werden.[166]

Selbst bei den Allerjüngsten fürchteten die Nationalsozialisten den kirchlichen Einfluß. Für die Kinder im Vorschulalter bestanden in den katholischen Gemeinden seit Jahrzehnten gut besuchte »Kinderschulen«, die von Ordensschwestern geleitet wurden. Im Sommer 1941 traf bei den Gemeinden eine Verfügung des Landrates ein, derzufolge alle konfessionellen Kindergärten bis Ende Juli auf die NSV zu übertragen seien. Dazu bemerkte der Weiskircher Bürgermeister in einem Bericht zur politischen Lage:[167]

»Nach der Übernahme des Kindergartens durch die NSV wurde festgestellt, daß die noch kirchlich stark gebundenen Kreise ihre Kinder fernhalten, während auf der anderen Seite auch wieder Kinder neu hinzugekommen sind. Nur herrscht bei der Bevölkerung die Auffassung, daß der Kindergarten früher von einer Person geleitet wurde und jetzt vier Personen dazu benötigt werden.«

Angebliche Versorgungsschwierigkeiten dienten auch dazu, den noch vorhandenen, vollkommen unpolitisch gewordenen Rest katholischer Presse zu beseitigen, indem man ihr die Papierzuteilung verweigerte. Das Mainzer »Martinusblatt«, das viele katholische Haushalte im Kreis abonniert hatten, mußte daher 1941 sein Erscheinen einstellen.

Kruzifixe als Symbole christlichen Glaubens befanden sich 1933 in den Schulsälen des Kreises. Sie wurden damals zunächst durch Bilder von Hindenburg und Hitler eingerahmt, schließlich entfernt. Der Zeitpunkt der Entfernung war abhängig vom Eifer der lokalen NS-Behörden, der Lehrer und der Schulleiter. Mit am längsten dürften die Kreuze in der Klein-Krotzenburger Schule hängengeblieben sein. Erst am 21. Mai 1942 nahm der zu einer Visitation dorthin gekommene Schulrat Anstoß und ordnete an, sie in allen Klassen abzunehmen.[168]

So wie Bischöfe in Hirtenbriefen und öffentlichen Predigten – in der Wortwahl vorsichtig, aber dennoch deutlich – Maßnahmen der Partei und der Regierung kritisierten und beispielsweise auf die Unvereinbarkeit der Euthanasie oder einer Verfolgung aus rassischen Gründen mit den Lehren des Christentums hinwiesen,[169] gab es auch im Kreis Offenbach Geistliche, die zu ihren Gläubigen offen sprachen und predigten. Sie taten dies mit einem ziemlichen Risiko, denn während das NS-Regime sich wegen ihrer Popularität bei Kirchenfürsten wie Kardinal Faulhaber oder Graf von Galen zurückhielt, ging es gegen Dorfpfarrer und junge Kapläne rücksichtslos vor. Spitzel der Gestapo überwachten Predigten und machten sich dabei Notizen, die für mögliche Anklagen verwertbar waren. Bei der noch vorhandenen Überschaubarkeit der Gemeinden fielen sie freilich den Geistlichen leicht auf, die dann entsprechend reagieren konnten. So predigte in Mühlheim der damalige Kaplan Wissel in der Frühmesse über den Christenverfolger Nero in einer Weise, daß jeder Zuhörer verstehen konnte, welcher zeitgenössische Tyrann damit gemeint war. Anschließend warnte ihn jemand telefonisch, diese Predigt nicht zu wiederholen; sie bringe ihn ins KZ. Der Kaplan hatte später am Morgen noch einen Gottesdienst in dem benachbarten Rumpenheim zu halten. Dort war er gerade dabei, seine Nero-Predigt zu wiederholen, als drei ihm unbekannte Männer, offensichtlich die von der Gestapo geschickten Spitzel, die Kirche betraten. Mitten in seinem Satz brach er die Predigt mit einem lauten »Amen« ab, verließ die Kanzel und begann mit der Messe. Wütend schlugen die drei Fremden die Kirchentür zu und verschwanden.[170]

Hart gingen die Nationalsozialisten gegen den jungen Kaplan Hans Brantzen vor. Schon auf seinen ersten Stellen in Mainz und Bürgel hatten sie die Predigten des 1938 geweihten Geistlichen genau überwacht. Das setzte sich 1941 in Heusenstamm fort, wo Brantzen bei voller Kirche zahlreiche Jugendpredigten hielt. Die Gestapo durchsuchte das Heusenstammer Pfarrhaus und verhaftete den Kaplan. In Darmstadt wurde er tagelang verhört. »Entweder dominiert in der Jugendarbeit der HJ-Führer oder der Kaplan. Beide nebeneinander sind bei uns nicht möglich,« erklärten ihm die NS-Leute ihren Standpunkt. Nach langem Verhör gab Brantzen schließlich schriftlich die Erklärung ab:[171]

»Als katholischer Priester kann ich mich mit der Ideologie des Nationalsozialismus nicht identifizieren.«

Von Darmstadt aus verbrachten die Nationalsozialisten Ende 1941 den Kaplan in das Konzentrationslager Dachau, wo damals etwa eintausend Geistliche gefangen gehalten wurden. Erst Ende März 1945 kam er dort frei. Zu den in Dachau gefangenen Priestern gehörte auch Paul Ludwig Urban, der schon während seiner Kaplanszeit in Neu-Isenburg zweimal verhaftet worden war. Wegen »Schwächung der inneren Front« hatte man ihn 1940 in Gernsheim verhaftet, ebenfalls in Darmstadt verhört und dann nach Dachau eingeliefert.[172]

Aloys Paul Grafenberger war seit 1934 Pfarrer in Hainhausen und Rembrücken. Schon bald geriet er mit den Nationalsozialisten in Konflikt. Wegen deren Angriffe auf die Katholische Kirche weigerte er sich, Spenden für das NS-Winterhilfswerk zu geben und wurde deshalb zum Kreisleiter zitiert, der ihm mit »Folgen« drohte. Grafenbergers Predigten wurden ständig überwacht. 1942 fanden die NS-Behörden Anlaß, gegen den Pfarrer vorzugehen. Über die Vorgänge berichtete dieser nach 1945 an die Diözesanbehörde in Mainz:[173]

> »Als im März 1942 eine große Zahl meiner Jungmänner vor der
> Einberufung zum Arbeits- und Kriegsdienst stand, hielt ich es
> für angebracht, ihnen in der Predigt noch ein Abschiedswort zu
> sagen. Ich wollte sie noch einmal auf die schweren geistigen und
> weltanschaulichen Kämpfe vorbereiten, die ihrer harrten. Ich
> knüpfte an das Schriftchen »Deutsch auch im Glauben« an, das
> damals in großen Massen (650 000) durch die NSDAP und die
> NSV... unter der HJ und unter den Soldaten verbreitet wurde.
> U. a. beleuchtete ich in meinem Abschiedswort ein Kapitel, das
> in wüster Weise unser heiligstes Altarsakrament verächtlich
> machte... Ich erinnerte meine Zuhörer an die Millionen katholischer deutscher Männer, die im Kriege ihre Gesundheit und
> ihr Leben einsetzten, denen andererseits aber auch das heiligste
> Sakrament heiligstes Vermächtnis Christi sei. Ferner wies ich
> auf Männer hin, deren nationales Heldentum auch von den
> Nationalsozialisten nicht bestritten werden konnte: Graf Spee,
> Schlageter und Mölders. In Bezug auf Oberst Mölders schien
> mir der damals weit verbreitete »Möldersbrief«, der zunächst
> auch von unserem Klerus für echt gehalten wurde, ein gutes
> Beweisstück zu sein. Ich zitierte darum die entsprechenden
> Stellen.«

Die Predigt war Anlaß, Grafenberger zu der Gestapo vorzuladen. Da er bei den Verhören nicht mitteilte, von wem er den gefälschten Möldersbrief erhalten hatte, wurde er am 22. Mai 1942 verhaftet und in das Amtsgerichtsgefängnis in Offenbach verbracht. Dort überreichte ihm Anfang Oktober des gleichen Jahres ein Beamter den von der Geheimen Staatspolizei Berlin ausgestellten Schutzhaftbefehl:[174]

> »Aloys Paul Grafenberger, geboren am 1. September 1901 in
> Wiesbaden, wird in Schutzhaft genommen.
> Gründe: Er gefährdet nach dem Ergebnis der staatspolizeili-

chen Feststellungen durch sein Verhalten den Bestand und die Sicherheit des Volkes und des Staates, indem er als Verbreiter des gefälschten »Möldersbriefes« erwarten läßt, er werde sich bei Freilassung weiterhin zum Schaden des Reiches betätigen.
I.V. Müller«

Pfarrer Grafenberger wurde anschließend ebenfalls in das KZ Dachau verbracht, wo er erst zu Ende des Krieges frei kam.

Zu dem damals berühmtesten deutschen Jagdflieger Oberst Werner Mölders, Sieger in 101 Luftkämpfen, bleibt nachzutragen, daß dieser als erster Offizier die höchste Tapferkeitsauszeichnung, das Ritterkreuz mit Eichenlaub und Schwertern und Brillanten erhalten hatte. Nur wenige Tage nach dem ominösen Tod des Generalluftzeugmeisters Udet kam auch Mölders im November 1941 beim Absturz eines Kurierflugzeuges ums Leben und erhielt wie Udet ein Staatsbegräbnis. Die Nachricht vom Tod der beiden populären Flieger führte zu zahlreichen Spekulationen. In katholischen Kreisen zirkulierte bald der sogenannte »Möldersbrief«, der als angeblich letzte Äußerung des überzeugt katholischen Obersten Kritik am nationalsozialistischen Regime übte. Bei dem auch im deutschen Offizierskorps stark verbreiteten Brief handelte es sich jedoch um eine geschickte Fälschung des britischen Geheimdienstes. Die Gestapo nahm in diesem Zusammenhang zahlreiche Verhöre und Verhaftungen vor.[175]

Die Verhaftung des Pfarrers Grafenberger und seine Einlieferung ins Konzentrationslager dienten sicher auch dem Zweck, seine Amtsbrüder in der Umgebung abzuschrecken und sie zur Zurückhaltung zu veranlassen. Diese agierten entsprechend vorsichtig, ließen sich aber in ihrer ablehnenden Haltung gegen den Nationalsozialismus nicht beirren. »Es kann davon ausgegangen werden, daß es in der Stadt und dem Kreis Offenbach keinen katholischen Geistlichen gegeben hat, der in irgendeiner Weise mit den Nazis einverstanden gewesen wäre.«[176]

Die Nationalsozialisten vermochten zwar durch ihre Maßnahmen das kirchliche Leben der Pfarreien im Kreis Offenbach in seinem äußeren Rahmen einzuschränken, letzten Endes erreichten sie nur das Gegenteil ihrer Absicht. Der schon lange währende Prozeß der Entchristlichung wurde aufgehalten, ein Vorgang, dessen Wirkungen noch weit über die NS-Zeit hinausreichten. Wenn auch die Pfarrgemeinden keine offizielle Oppositionsrolle übernehmen konnten, so war doch ihre Existenz und das seelsorgerische Wirken ein Orientierungspunkt für die Menschen, die der NS-Propaganda nicht oder nicht mehr vertrauten. Besonders in der Endphase des Krieges, als Leid und Not gewaltig zunahmen, gewann die Kirche für das Leben vieler ungeheuer an Bedeutung. Da die NS-Phrasen vom bevorstehenden Endsieg und dem heroischen Kampf für Führer, Volk und Vaterland nicht mehr überzeugen konnten, bedeutete für die Leidtragenden die Hinwendung zum Heilsangebot der Kirche oft den einzigen Weg, der sie vor Verzweiflung bewahrte. Im Requiem und Seelenamt für die zahlreichen gefallenen und in fremder Erde bestatteten Soldaten feierte man nicht nur das Meßopfer für deren Seelenheil, eine große Zahl von Freunden, Nachbarn und Ortseinwohnern bekundeten durch ihre Anwesenheit ihre Anteilnahme an dem Leid der Angehörigen.

Wohl verzichtete die Katholische Kirche darauf, unmittelbaren Einfluß auf das politische Geschehen auszuüben, doch stellte sie den Haßparolen der Nationalsozialisten stets die christliche Lehre vom barmherzigen Gott und der Verpflichtung zur Nächstenliebe, die keinen Menschen ausschloß, gegenüber. Sie konnte so ihre Existenz und ihre Identität während der NS-Zeit voll bewahren, obgleich ihre Glieder von Benachteiligung und Verfolgung nicht verschont blieben. Den Nationalsozialisten erging es wie schon vielen Gegnern der Kirche: sie sorgten dafür, daß sie innerlich stark und gefestigt blieb.

Jahre der Rückbesinnung
Protestanten im Zweiten Weltkrieg

Die Situation in den evangelischen Gemeinden des Kreises Offenbach zu Beginn des Zweiten Weltkrieges wurde weitgehend bestimmt durch die Haltung des jeweiligen Pfarrers. Deutschchristlich orientierte Gemeinden standen neben den anderen, die der Bekennenden Kirche verpflichtet waren. Spaltungen, Verdächtigungen und Auseinandersetzungen konnten dabei nicht ausbleiben. In Neu-Isenburg bekämpften sich gar zwei Pfarrer, die sich beide zu den Deutschen Christen bekannten. Der eine, der 1939 zur Wehrmacht einberufen worden war, beklagte sich bitter während eines Heimaturlaubes, sein Nachfolger zerstöre sein »Aufbauwerk«. Dieser umgekehrt beteuerte seine Treue zur nationalsozialistischen Bewegung, der er seit 1929 angehört und für die er jahrelang gekämpft habe. In der verworrenen Situation wandte sich der erstgenannte Pfarrer, der als Kompanieführer Dienst tat, ausgerechnet an die Kreisleitung der NSDAP mit dem Verlangen, den Streit zu seinen Gunsten zu entscheiden. Die hielt sich ausnahmsweise in diesem schwierigen Fall nicht für zuständig und reichte die Akten dem Landeskirchenamt weiter. Dort glaubte man, die demnächst aus dem Kirchendienst scheidende Pfarrgehilfin träfe ein »großer Teil der Schuld an den Streitereien«.[177] Die geistlichen Streithähne sind übrigens beide später im Krieg ums Leben gekommen.

In ruhigeres Fahrwasser geriet die evangelische Gemeinde in Neu-Isenburg erst, als die Kirchenleitung einen aus Oberhessen von der NSDAP ausgewiesenen Pfarrvikar berief. Er konzentrierte sich auf die wesentlichen Bereiche christlicher Seelsorge, so daß die Gemeindeglieder, die durch die Ereignisse der Kriegsjahre für Glaubensfragen weit zugänglicher geworden waren, neue religiöse Impulse empfingen. Die Zahl der Kirchenaustritte ging zurück, die Zahl der Gottesdienstbesucher nahm dagegen wieder zu.[178]

Für die Bekennende Kirche begannen keineswegs goldene Zeiten, nachdem der unmittelbare Angriff der Nationalsozialisten gegen sie zunächst unterblieb. Ähnlich wie bei der Katholischen Kirche überwachten die NS-Leute alle ihre Aktivitäten. Es ist schwierig, das Wirken der Anhänger der Bekennenden Kirche darzustellen, denn aus berechtigter Furcht vor dem Zugriff der NS-Behörden vollzog es sich weitgehend im Verborgenen.[179] Wer sich für die Bekennende Kirche einsetzte, mußte mit Benachteiligungen rechnen. Unannehmbar war es für die Nationalsozialisten, daß sich Parteimitglieder zu dem in Opposition stehenden Teil der Evangelischen Kirche bekannten, wie ein Bericht des Buchschlager Ortsgruppenleiters an die Kreisleitung in Offenbach belegt:[180]

> *Buchschlag den 25. März 1941*
> *NSDAP Ortsgruppe Buchschlag*
>
> *An die*
> *NSDAP-Kreisleitung*
> *Vertraulich*
> *Betr.: Beigeordneter Feucht, Zeppelinheim*
> *Wilhelm Feucht, Pg., geb. 25.10 1885 versieht derzeit die Ämter des Bürgermeisters und des Standesbeamten in der Gemeinde Zeppelinheim. Ich bin darauf aufmerksam gemacht worden, daß Feucht sonntäglich nicht nur an dem Bekenntnis-Kirchendienst in der Gemeinde Buchschlag, sondern auch noch an Betstunden im Hause des Herrn Lembeck/Kirchweg zusammen mit seiner Frau teilnimmt.*
> *Die konfessionelle Bindung Feuchts ist fraglos über die Maßen stark geworden; sein Privatumgang mit dem Bekenntniskirchler Lembeck... und seine Überzeugung von der Richtigkeit der Bekennenden Kirche müssen ihn naturgemäß in innere Konflikte bringen, die ihn zwingen, nach der einen oder anderen Richtung unehrlich zu sein. Naheliegend ist es, daß er innerlich zumindest mit der NSDAP und ihrer Lehre in derartige Gegensätze gekommen oder getrieben ist, daß er meines Erachtens untragbar für die Partei und die ausübende Tätigkeit als stellv. Bürgermeister und Standesbeamter geworden ist. Ich kann es jedenfalls nicht stillschweigend hinnehmen, daß zwischen Parteigenossen und Bekenntniskirchlern meiner Ortsgruppe überhaupt Kontakte bestehen.*
>
> *Heil Hitler*
> *Ortsgruppenleiter«*

Mit welchen Schwierigkeiten Pfarrer der Bekennenden Kirche zu kämpfen hatten, beschrieb der spätere Propst Ernst zur Nieden in seinen Lebenserinnerungen.[181] Als Pfarrer an der Offenbacher Markusgemeinde war er während des Krieges zugleich mit der Vertretung in der Pfarrei Dietzenbach beauftragt, da der dortige Pfarrer zur Wehrmacht einberufen war. Entgegen allen Erwartungen gelang es zur Nieden, die Gemeinde so zu aktivieren, daß an den Sonntagen, an denen er nicht nach Dietzenbach kommen konnte, gut besuchte Lesegottesdienste von den Kirchenvorstehern gehalten wurden. Besondere Hindernisse bei der Seelsorge legte der Bürgermeister dem Pfarrer in den Weg. Bei dem schweren Phosphorangriff der britischen Luftwaffe auf das Dorf war im September 1941 eine Frau mit ihrem Sohn ums Leben gekommen:[182]

»Die Mutter beerdigte ich am Donnerstag, der Sohn, der später gestorben war, sollte am Sonntag beerdigt werden. Der Bürgermeister erklärte: "Ohne Pfarrer. Wir werden 1000 Mann HJ und SA hier versammeln. Der Pfarrer soll nur verschwinden, der kann warten, bis wir fertig sind, hinterher kann er machen, was ihm beliebt."
Aber es ist kaum zu glauben, diese Gemeinde ertrotzte, daß ich die Beerdigung halten durfte. Tatsächlich war ich von nahezu 1000 Uniformierten umgeben, die von überall her herbeigekommen waren. So hart trafen mich ihre Blicke, daß ich das Gefühl hatte, ich würde im Rücken mit kaltem Wasser übergossen werden, während das namenlose Elend der Familie mir von vorne heiß auf die Brust zukam ...«

Nach weiteren Zusammenstößen zwischen Pfarrer und Bürgermeister waren die Nationalsozialisten entschlossen, den ihnen unbequemen Mann der Bekennenden Kirche durch eine Art Fememord zu beseitigen. Zur Nieden berichtete darüber:[183]

»Als ich nach einigen Tagen abends wieder nach Dietzenbach kam, stand ein Junge an der Tür des Pfarrhauses und sagte zu mir: "Herr Pfarrer, mein Vater bittet Sie einmal, im Dunkeln zu uns zu kommen, aber so schnell wie möglich."
Ich ging gleich mit dem Jungen zurück zu seinem Vater, der in Zivil Kaufmann, jetzt Hilfspolizist war und mir berichtete: "Herr Pfarrer, vor zwei Stunden sind Sie in diesem Raum zum Tode verurteilt worden und zwar vom Bürgermeister und vom Polizeipräsidenten in Offenbach. Der Bürgermeister klagte sie an wegen Ihres Verhaltens am Sonntag, aber der Präsident sagte: 'Da können Sie gar nichts machen, wenn Sie den Gottesdienst gestört haben, sind Sie auch im Dritten Reich selbst straffällig. Aber Sie können sich trösten, ich habe den Kerl auch auf dem Strich und spreche hiermit sein Todesurteil aus.' 'Ja, aber wie wollen Sie das ausführen,' fragte der Bürgermeister. 'Das kann ich Ihnen sagen. Ich habe Beamte, wenn ich dreimal auf die Klingel drücke, dann wissen sie, es soll einer herauskommen, der bereit ist, einen anderen umzulegen. In der vorigen Woche kam der Kaplan von Bieber mit einem amerikanischen Gefangenen, der nachts von seinem Flugzeug abgesprungen war. Der Ami ging ins katholische Pfarrhaus, wahrscheinlich weil er meinte, dort Hilfe zu bekommen. Ich fragte den Kaplan, ob er ihm wenigstens ein kräftiges Frühstück verpaßt habe; nein, das habe ich nicht. – Er habe ihn doch aber sicher über Nacht gelassen. – Nein, meinte der Pfarrer, er sei ja ausgebombt. Damit hat der Kerl sich das Leben gerettet, sonst wäre er gleich mit erschossen worden. Ich drückte zweimal auf den Knopf, zwei Beamte kamen heraus, nahmen den Amerikaner unter den Arm,

gingen oben in den Wald und legten ihn um. Genauso mache ich das mit dem Pfarrer zur Nieden. Wenn er wieder einmal eine Beerdigung hat, das ist ja meistens um drei Uhr, rufen Sie mich an. Fährt er mit seinem Fahrrad um halb drei nach Dietzenbach ab, werde ich zwei Beamte hinter ihm herschicken, die ihn im Wald umlegen. Da erfährt kein Mensch, wie das passiert ist'".«

Zur Nieden mußte wissen, daß die Drohung ernst gemeint war, denn die Ermordung dreier amerikanischer Luftwaffensoldaten durch Polizeibeamte spielte sich Ende Februar 1945 unweit seiner Wohnung zwischen Bieber und Offenbach ab.[184)] Die nächsten Fahrten nach Dietzenbach legte er deshalb mit der Eisenbahn zurück und hielt sich dabei stets in der Nähe einiger Arbeiter. So war er nicht durch Meuchelmord bedroht, sondern durch Tiefflieger, die in den letzten Wochen vor dem Einmarsch der Amerikaner eine dauernde Gefahr für Reisende bildeten.

Im Leben einer protestantischen Gemeinde ist zweifellos die Konfirmation der Jugendlichen ein Höhepunkt im Jahresablauf. Vorbereitungen, Prüfungen und Predigten anläßlich dieses Ereignisses vermitteln einen guten Einblick in die Situation der Gemeinden. Die erhaltenen Berichte und die Aussagen von damaligen Konfirmanden zeigen die Entzweiung, die in der Evangelischen Kirche eingetreten war. Einer der beiden erwähnten deutsch-christlich eingestellten Pfarrer in Neu-Isenburg berichtete nicht ohne Stolz, daß er bei der Konfirmation in Götzenhain »die Kinder über alle modernen Fragen wie Führer, Volk, Rasse, Blut und Boden, Sterilisation« prüfte,[185)] ohne freilich den biblischen Bezug solcher Fragestellung darzutun. Pfarrer Gebhardt, der Vorkämpfer der Deutschen Christen im Kreis zu Beginn der NS-Herrschaft, traktierte seine Konfirmanden des Jahrganges 1943 mit den Kämpfen um Stalingrad und deren Bedeutung. Ein anderer Pfarrer im Kreis sprach in seiner Konfirmationspredigt im gleichen Jahr auch über Stalingrad, allerdings in einem anderen Sinn, denn er wußte zu berichten, daß deutsche Soldaten dort unter extremen Bedingungen Bibellesungen und Gebete fortsetzten, bis das Kampfgeschehen sie daran hinderte.[186)] Etwa zur gleichen Zeit verhinderten in Dreieichenhain Ortsgruppenleiter und HJ-Führer eine Zusammenkunft der Konfirmanden, indem sie in den Gemeindesaal eindrangen und die jungen Leute vertrieben. Der durch auswärtige Geschäfte aufgehaltene und erst etwas später eingetroffene Pfarrer beschwerte sich wegen dieses Hausfriedensbruches beim Landrat des Kreises Offenbach, mit welchem Ergebnis ist nicht bekannt.[187)]

Zieht man für die protestantische Kirche im Kreis die Bilanz für die Jahre der NS-Herrschaft, so ist das Ergebnis so zwiespältig, wie es das Verhalten der Pfarrer und der führenden Gemeindemitglieder in jener Zeit war. Wo man den Glauben unverfälscht bewahrte, konnte sich auch das Vertrauen der Gläubigen erhalten, sie in den Notjahren sogar noch fester an die Kirche binden. Andernorts hatte das Verhalten von Pfarrern das Regime befestigt und viele Gemeindemitglieder verführt. Ein Vertrauensverlust zu späterer Zeit war die unausweichliche Folge. Hatten Pfarrer zu Anfang — aus welchen Motiven auch immer — die

Parole »Rin in die Partei« ausgegeben, so lautete die Antwort nach einiger Zeit »Raus aus der Kirche«. Beiden Losungen sind viele gefolgt, wenn es auch möglich war, daß Menschen ihren Austritt aus der Kirche erklärten, weil deren Verstrickung mit dem Dritten Reich ihnen zu stark erschien. Lag die Zahl der in den drei Amtsgerichtsbezirken des Kreises (Offenbach, Langen, Seligenstadt) aus der Evangelischen Kirche Ausgetretenen im Jahre 1936 noch bei 238, so schnellte sie zwei Jahre später auf 1611 hoch; während des Krieges fiel sie dann wieder ab, belief sich 1942 aber immerhin noch auf 679 Personen.[188] Diese Zahlen verweisen auf beachtliche Einbrüche der Nationalsozialisten in die Reihen des Kirchenvolkes, auch wenn die Evangelische Kirche dadurch noch keinen bedrohlichen Aderlaß hinnehmen mußte.

Nationalsozialismus als Religionsersatz

Die Nationalsozialisten bekämpften zwar die christlichen Kirchen, dennoch konnten auch sie nicht übersehen, daß eine religiöse Bindung, wie immer sie geartet sein mochte, für die Mehrzahl der Menschen ein Bedürfnis war. Durchaus als Schimpf gedacht war ihre Bezeichnung »gottlos« für Marxisten, die sich vom Christentum gelöst hatten; für ihre eigenen Anhänger, die den gleichen Schritt getan hatten, beanspruchten sie das Prädikat »gottgläubig«, wiewohl keiner genau wußte, was darunter zu verstehen war. Im Durchschnitt des Deutschen Reiches gehörten zur Gruppe der »Gottgläubigen« einem Rundschreiben des Reichsleiters Bormann aus dem Jahr 1941 zufolge immerhin 3 1/2% der Bevölkerung, wobei die Großstädte über dem Durchschnittswert lagen.[189] Im Kreis Offenbach erreichte die Zahl der »Gottgläublgen« mit 4,7% in Neu-Isenburg einen verhältnismäßig hohen Anteil.[190]

Die Nationalsozialisten meinten, im Kampf die Erfüllung ihres Lebens finden zu können. Daher verstanden sie sich primär als eine politisch kämpfende Gruppe und hatten als solche wenig Verständnis für Glaubensäußerungen, die sich in Ritus und Gebet kundtaten. Trotzdem kamen sie nicht daran vorbei, ihren gottgläubigen Anhängern wenigstens ansatzweise Ersatzformen anzubieten, denn zu stark waren auch diese an lebensbegleitende religiöse Zeremonien gewohnt. Die großen Aufmärsche und Kundgebungen der NSDAP wiesen nicht selten pseudoreligiösen Charakter auf, bei denen Elemente christlichen Gottesdienstes durchschimmerten. An die Stelle des christlichen Glaubensbekenntnisses traten Treuegelöbnisse für den Führer und die Partei. In besonderen Schulungsabenden erfuhren die Parteigenossen mehr über die als Ersatzreligion dienende Weltanschauung, deren Eckpfeiler aus dem Rassegedanken, dem Grundsatz der Wehrhaftigkeit, dem Führerprinzip und der Religiosität bestehen sollten.[191] Es brauchte freilich einige Zelt, bis Teile der Bevölkerung wenigstens vereinzelt NS-Ersatzriten annahmen. So vollzog in Götzenhain 1941 der NS-Kreisschulungsleiter die erste NS-Namensgebung an Kindern. Derselbe Amtswalter hielt ein halbes Jahr später auch die Festrede bei der ersten »nationalsozialistischen Ehefeier« in der Gemeinde.[192]

Besonders das Weihnachtsfest war den Nationalsozialisten ein Dorn im Auge. Sie suchten nach Möglichkeiten, das Fest seines christlichen Inhaltes zu entkleiden, indem sie auf das germanische Julfest mit seinem Sonnen- und Lichtmythos zurückgriffen. Statt der altüberkommenen Weihnachtslieder lernten die Kinder in der Schule das »Jullied«: »Lichtgeburt aus Weltenschoß, heilige Zeit, geheimnisgroß, weckt zu neuem Werden ...« und das Lied vom »Sonnenkind«: »Oh Sonnenkind wir grüßen dich mit Lautenklang und froh Gesang...« Das schönste und volkstümlichste deutsche Weihnachtslied »Stille Nacht, heilige Nacht« sollte ersetzt werden durch das Lied von der hohen Nacht der klaren Sterne:

»Hohe Nacht der klaren Sterne,
die wie weite Brücken steh'n
über einer tiefen Ferne,
drüber unsre Herzen geh'n.

Hohe Nacht mit großen Feuern,
die auf allen Bergen sind,
heut muß sich die Erd erneuern
wie ein junggeboren Kind.

Mütter, euch sind alle Feuer,
all Sterne aufgestellt.
Mütter, tief in euren Herzen
schlägt das Herz der weiten Welt.«

Für die Durchführung der stark propagierten »Julfeiern« entwickelten die NS-Progandisten besondere Richtlinien. Sie forderten für die Feierstunde eine »klare nationalsozialistische Deutung«, in die sich keine »Gefühlsverkitschung und Sentimentalitäten« einschleichen dürften, denn die Gedankenführung müsse »männlich klar und weltanschaulich eindeutig« sein. Die musikalische Gestaltung sollte weitgehend von Singgruppen der HJ und des BDM übernommen werden. Der Redner schließlich müsse imstande sein, »einen Redetext auch gut lesen zu können«; eine gut gelesene Feierrede sei nämlich besser als eine »freie aber dem Charakter der Feier sprachlich und gedanklich nicht genügende Rede«. Das Gelingen der Veranstaltung werde aber besonders davon abhängen, daß sie »ohne jede Pause und Unterbrechung aufgebaut« sei.[193]

Wie das von den Nationalsozialisten sonst so gern in Anspruch genommene »gesunde Volksempfinden« auf Julfeiern reagieren konnte, erfuhr Pfarrer zur Nieden an einem Heiligabend im Krieg, als er das als Lazarett benutzte Städtische Krankenhaus Offenbach besuchte. Dort hatte die Partei gerade eine solche Feier abgehalten. An deren Ende stimmten sämtliche Soldaten anstelle der angekündigten germanischen Weihelieder »Stille Nacht, heilige Nacht« an, worauf die Parteigenossen betroffen den Saal verließen.[194]

Da überzeugte, »gottgläubige« Nationalsozialisten nach ihrem Tod ein christliches Begräbnis ablehnten, mußten sie neue Formen entwickeln. Schwierig gestaltete sich insbesondere die Abfassung der Trauerrede, denn sie stand nach dem Wegfall der kirchlichen Gebete und Zeremonien im Mittelpunkt. Das Schulungsamt der Kreisleitung Offenbach empfahl daher zu Beginn des Jahres 1941 dem Redner, die folgenden Gedanken der Trauerversammlung vorzutragen:[195]

»Lieber Parteigenosse N. N.! – Der Ewige hat dich zum letzten großen Appell aufgerufen, zu dem wir alle früher oder später einmal antreten werden. Uns gottgläubigen Nationalsozialisten ist der Tod nicht der grausame und erbarmungslose Zerstörer und Vernichter, sondern er ist unser Freund Hein, der nach ewigem, göttlichen Gesetz unser Leben zum sinnvollen Abschluß bringt, auch wenn wir Menschen diesen Sinn nicht immer und nicht gleich erkennen. Was nach dem Tode kommt, fürchten wir so wenig wie ihn selbst; denn wir wissen nichts um das Geheimnis unseres Daseins vor diesem Leben, warum sollte uns das Geheimnis unseres künftigen Schicksals bedrücken! Alles das, was unserem Leben einzig und allein Sinn gab: Gott, seine Schöpfung und darin vor allem unser Volk, sie waren vor uns und bleiben nach uns.
Es kommt auch nicht darauf an, wann und in welcher Gestalt der Tod an uns herantritt, sondern nur darauf, wie wir ihm entgegentreten; und das hängt allein davon ab, wie wir unser Leben gestaltet haben: Ob wir es im Einklang mit dem göttlichen Naturgesetz sinnvoll lebten, oder ob wir diese heilige, natürliche Ordnung mißachteten und unser Leben, diese reiche Gottesgabe sinnlos vergeudeten.
Uns ist die Erde kein Ort der Verbannung, sondern das Diesseits bedeutet uns die Möglichkeit der vollen Erfüllung des höheren Sinns unseres persönlichen Daseins. Diesen Sinn und damit den Willen des Ewigen erfüllen wir, wenn wir die Lehren seiner Schöpfung befolgen. Diese lehrt uns als höchste Erkenntnis, daß wir einzelnen Menschen nicht Selbstzweck, sondern nur Werkzeuge zur Erreichung eines höchsten Zwecks sind: zur Erhaltung und Mehrung unseres Volks, und unser ganzes Dasein soll diesem Gottesdienst geweiht sein.
Daher ist uns der Tod eines Menschen nichts Entscheidendes; entscheidend ist die Art des Lebens, das dieser Tod beschließt. Nur durch unsere Taten erlangen wir sterblichen Einzelmenschen Anteil an der Ewigkeit unseres Volkes und damit Gottes. Schon die Weisheit unserer nordischen Ahnen lehrt uns:
"Besitz stirbt, Sippen sterben, du selbst stirbst wie sie.
Eins weiß ich, das ewig lebt: des Toten Tatenruhm"
Du, lieber Parteigenosse NN, hast die Aufgabe, die dir die Vorsehung für dein Leben stellte, getreulich erfüllt:
(es folgt eine kurze Würdigung des Verstorbenen:
a) Pflichterfüllung gegen Volk: Ahnenkette, Familie, Beruf
b) Pflichterfüllung gegen Führer, Dienst in der Bewegung
c) Pflichterfüllung gegen Reich: Krieg, Ehrenämter usw.)

*Nun wurdest du von deinem irdischen Posten abgelöst; aber die
Idee, der du dientest, für die du kämpftest, deren Fackelträger
du warst, ist ewig; sie darf nicht sterben!
"Die Fackel geht von Hand zu Hand;
wenn einem sie der Tod entwand,
nimmt sie der nächste wieder auf;
der flammende Stafettenlauf – geht weiter."«*

In dieser Totenrede vermißt man jeden persönlichen Trost ob des Schmerzes der Angehörigen. Es geht eigentlich gar nicht um den Verstorbenen, das Hauptanliegen ist vielmehr die Verpflichtung der Lebenden auf die NS-Kampfgemeinschaft. Der NS-Staat hatte sich zu einer Ersatzkirche entwickelt, deren Forderungen der Mensch auch in schweren Stunden nicht vergessen darf.

Man mag den Einwand erheben, die Nationalsozialisten hätten in den wenigen Jahren ihrer Herrschaft keine eigenen kultischen Formen entwickeln können. Entscheidend ist jedoch, daß sie stets Aktivisten waren und sein wollten. Daher war ihnen der Zugang zu einem vertieften Nachdenken oder gar zu einer Meditation versperrt, wie sie durch die Anleitung für die Weihnachtsfeier geradezu ausgeschlossen wurde. Mochte es auch menschenverachtend sein, alles, was einem Aufbruch zu irgendeinem neuen Unternehmen hinderlich war, war ihnen lästig. Darüber können auch die immer wieder zelebrierten Heldengedenkfeiern nicht hinwegtäuschen. Die Toten wurden nicht um ihrer selbst willen geehrt, sie waren lediglich das Mittel, um die Lebenden auf den Nationalsozialismus und seine Ideologie neu zu verpflichten.

Dezentralisierung des Landratsamtes
Die Kreisverwaltung im Krieg

Obwohl die Aufgaben der Verwaltung in den Kriegsjahren durch die Bewirtschaftung der Lebensmittel und zahlreicher anderer Güter erheblich wuchsen, fehlte zumeist an der Spitze der Kreisverwaltung der Landrat. Nach dem endgültigen Weggang von Dr. Koch (1939) setzten die Nationalsozialisten den erfahrenen Verwaltungsbeamten Wilhelm Köhler als Landrat ein. Er war zuvor Referent für Hochschulfragen im hessischen Kultusministerium in Darmstadt gewesen, war aber in Auseinandersetzungen mit dem Gauleiter Sprenger geraten. Nach Zwischenstationen in den Landratsämtern in Heppenheim und in Alzey kam er nach Offenbach. Doch schon nach einer Woche Tätigkeit als Landrat wurde er zur Wehrmacht einberufen. Den Soldaten beförderten die Nationalsozialisten zum Regierungspräsidenten in Bromberg, obwohl er dieses Amt niemals antrat.

ZERSTÖRTES LANDRATSAMT
Durch eine schwere britische Sprengbombe wurde das Landratsamt Offenbach am 20. Dezember 1943 zerstört.

Die eigentliche Leitung der Kreisverwaltung lag in den Kriegsjahren in den Händen von Regierungsrat Eibach, der von zwei Dezernenten, Dr. Rindfuß und Uebel, unterstützt wurde. In dem Landratsamt hatten sich mittlerweile die Formen des Nationalsozialismus durchgesetzt. Innerhalb der Verwaltung war der staatliche Zweig weit stärker vertreten als der kommunale. Als Gruß war »Guten Tag« nicht mehr möglich, der Hitlergruß war obligatorisch. Zahlreiche Beamte hatten zwölf oder mehr Jahre Militärdienst aufzuweisen, jüngere Mitarbeiter nahmen hohe Ränge in der HJ ein. Viele von ihnen schwärmten von einer großen Karriere im NS-Staat. In der Telefonzentrale saß ein absolut zuverlässiger Nationalsozialist, der jedes Gespräch mithören konnte. Auch die Kreisverwaltung führte eine Judenkartei, in der die Todesmeldungen aus den Vernichtungslagern eingetragen wurden. Der für die Juden zuständige Beamte war außerordentlich zynisch. Wenn ihn seine jüdischen Besucher verließen, wünschte er ihnen »Alles Gute«. Dennoch konnten sich offensichtlich einige Beamte gegen die Überwältigung durch den Nationalsozialismus wehren. So arbeitete im Sozialbereich als Aushilfsdezernent Paul Rodemann, der nach dem Krieg zu den ersten Redakteuren der »Frankfurter Rundschau« gehörte. Der Regierungsrat Uebel wurde der erste Landrat des Kreises Offenbach in der Nachkriegszeit.

Ende 1943 zerstörten Bomben das Landratsamt in Offenbach. Die Kreisverwaltung siedelte deshalb nach Obertshausen um, wo die einzelnen Ämter in verschiedenen Lederwarenfirmen untergebracht wurden, die ihren Betrieb eingestellt hatten. Einige Dienststellen waren auf weitere Gemeinden im Kreisgebiet verteilt. Damals besonders wichtige Ämter, wie das Ernährungs- und Wirtschaftsamt, hatten Sitze in Klein-Auheim, Steinheim und Heusenstamm. Wollten die

ZEITUNGSMELDUNGEN AUS DEM KREIS UND FÜR DEN KREIS (1944)

Bürger wissen, wo die für sie wichtigen Amtsstellen sich befanden, so mußten sie sich erst an ihre Bürgermeister mit der Bitte um Information wenden.[196] Aus der Not versuchten die Nationalsozialisten eine Tugend zu machen, indem sie im Juli 1944 die Kreisverwaltung dezentralisierten. Der Schwerpunkt der Verwaltung sollte fortan bei den Gemeinden liegen, der Landrat freilich seine Führungsaufgaben behalten und zugleich Leiter der Kommunalaufsichtsbehörde bleiben.[197]

Alle diese Änderungen wirkten sich zweifellos zugunsten der Volksgenossen aus, erklärte die »Offenbacher Zeitung« ihren Lesern im Kreisgebiet. Die Aufteilung der Kreisverwaltung führte jedoch schon bald zu Schwierigkeiten, so daß der Gauleiter im November 1944 anordnete, das Landratsamt aus führungsmäßigen und verkehrstechnischen Gründen in die Stadt Offenbach zurückzuverlegen.[198] Der Befehl ließ sich aber nicht mehr in die Tat umsetzen, denn die in Offenbach für die Kreisverwaltung ausgewiesenen Schulräume waren bereits durch andere Ämter belegt, für die es wegen der Kriegszerstörungen keine andere Unterkunft mehr gab.

Schließlich erhielt der Landkreis Offenbach im September 1944 wieder einen Landrat. Aus Ludwigshafen wurde der wegen einer schweren Verwundung aus der Wehrmacht ausgeschiedene Hans König hierher beordert. Schon bald nach seiner Ankunft mußte er sich ins Krankenhaus begeben, wo die Ärzte ihm ein Bein amputierten. Vermutlich konnte König in der Zeit seiner Amtstätigkeit gar nicht alle Städte und Gemeinden des Kreises kennenlernen. Bei seinem Amtsantritt teilte er nämlich den Bürgermeistern mit, er könne sie wegen Treibstoffknappheit nicht aufsuchen, und bat sie, gelegentlich bei ihm in Obertshausen vorzusprechen[199]. Seine nur wenige Monate bis Kriegsende während Amtszeit hinterließ kaum Spuren in der Verwaltung. Nach dem Krieg war König dann noch für viele Jahre in Oberhessen als Rechtsanwalt und Notar tätig.[200]

Jugend und Schule im Krieg
Zwischen Gleichschritt und Unbotmäßigkeit

»Von der Jugend hängt die Zukunft des deutschen Volkes ab«, mit diesem Satz leitete die Reichsregierung 1936 das Gesetz über die Hitler-Jugend ein. Es sollte die an Entbehrungen und Verlusten schwerste Zukunft werden, die je eine deutsche Führung der jungen Generation bereitete. Die Jungen, die zur Zeit der Machtergreifung die Schulbänke drückten oder eine Lehre machten, gehörten zu den Jahrgängen, die Hitlers Krieg am schlimmsten traf. Doch auch die noch Jüngeren kamen nicht ungeschoren durch die NS-Zeit. Das Regime griff zur Überwindung mancher Schwierigkeiten und Engpässe auf Schulkinder und Jugendliche zurück, wobei Schule oder Hitler-Jugend den organisatorischen Rahmen lieferten.

Die HJ verformte sich während der Kriegszeit zu einem recht starren Apparat, die bei ihren Angehörigen nur noch wenig Begeisterung wecken konnte. Hilfsdienste verschiedenster Art und Hinführung zum Wehr- und Kriegsdienst standen im Vordergrund, jugendliche Unbekümmertheit und jungenhafter Leichtsinn blieben dagegen auf der Strecke. Als Sammler für WHW und NSV traten Jugendliche zunehmend an die Stelle von Erwachsenen. Altmaterial – Papier, Knochen, Spinnstoffe, Metall – mußte in Haushalten abgeholt oder mit zur Schule gebracht werden, wo der Klassenlehrer mit einem ausgeklügelten Punktesystem überwachen mußte, daß jeder Schüler sein Monatssoll ablieferte. Schulklassen durften sich nicht mehr an Wandertagen erfreuen; sie mußten stattdessen Heilkräuter sammeln oder Kartoffelkäfer suchen. Für den Nachmittag bestellte sie der Biologielehrer, um Seidenraupen zu betreuen oder im Schulgarten Gemüse zu pflanzen. Die Mädchen, die damals in ihrer großen Mehrzahl nach der 8. Klasse aus der Schule entlassen wurden, hatten als Vierzehnjährige bei kinderreichen Familien oder auf Bauernhöfen ein »Pflichtjahr« abzuleisten. Die Schülerinnen der Oberschulen zog man nachmittags und in der sonstigen schulfreien Zeit zu ähnlichen Arbeitsleistungen heran. Manche Mädchen taten anstelle der einberufenen Männer Dienst als Schaffnerinnen in den dicht besetzten Straßenbahnen der Städte.

Im Februar 1943 zog man die Oberschüler der Jahrgänge 1926 und 1927 zu den Luftwaffenhelfern ein. Die älteren von ihnen wurden im Januar 1944 von den Schülern des Jahrganges 1928 abgelöst. Später wurden auch gleichaltrige Lehrlinge einberufen. Die Jungen ersetzten an den Geschützen, Meßabteilungen und Scheinwerfern Soldaten, die nun zur Front abgestellt werden konnten. Die Schüler aus dem Kreis Offenbach waren bei verschiedenen Batterien im Großraum Frankfurt, so in Neu-Isenburg, Niederrad, Goldstein, Offenbach, Sulzbach und Bonames, eingesetzt. Lehrer erteilten in den Flakstellungen in eingeschränktem Umfang weiterhin Unterricht, den freilich oft genug Feuerbereitschaften und Alarme jäh unterbrachen. In ihrem Selbstverständis fühlten sich die Schüler als junge Wehrmachtsangehörige. Das entsprach auch der Realität in den Batterien, denn für sie galten die militärischen Vorschriften; ihre Tätigkeit entsprach voll der der Flaksoldaten. Hatten sie einmal in der Woche Ausgang oder Nachturlaub, so sollten sie am linken Ärmel ihrer fliegerblauen Uniform eine HJ-Hakenkreuzbinde tragen, die sie jedoch in der Regel nach der Abmeldung außerhalb der Stellung wieder entfernten. Die kritische Distanz der meisten Luftwaffenhelfer zur HJ, der sie parteiamtlich zugerechnet wurden, vergrößerte sich

LUFTWAFFENHELFER
Schüler aus Stadt und Kreis Offenbach als Luftwaffenhelfer der 4. schweren Flakbatterie 681 in der Stellung Sulzbach am Taunus mit ihrem Deutsch- und Lateinlehrer Dr. F. Grünewald (1944)

durch den Umstand, daß die höheren HJ-Führer keinen Dienst bei der Flak zu tun brauchten, sondern daheim die Schule weiter besuchen durften.[201]

Andere Jugendliche ließ die Partei im Löschwesen ausbilden und setzte sie als Jugendfeuerwehrleute in besonderen Luftschutzbereitschaften ein. Sie sollten Brände bekämpfen, Verschüttete bergen und Hausrat aus bombengeschädigten Häusern holen.[202] Wieder andere Jugendliche zog man zu Nachtbrandwachen in den Schulen heran oder teilte sie dem Sicherheits- und Hilfsdienst (SHD) zu tageweiser Dienstleistung zu.

Bis in die letzte Zeit ihrer Herrschaft waren die Nationalsozialisten bestrebt, den Anschein einer intakten Jugendorganisation zu erhalten. Die marschierenden Kolonnen uniformierter Buben und Mädchen gehörten fast bis zum Kriegsende zum Straßenbild. Regelmäßige Dienststunden waren an der Tagesordnung. Bei den Durchhalteappellen, mit denen die Parteigenossen sich selber Mut machen und den erschütterten Glauben an den Endsieg festigen wollten, wirkte die HJ mit Spielmanns- und Fanfarenzügen mit. Massenveranstaltungen sollten auch die Jugendlichen mitten im Krieg von den militärischen Rückschlägen ablenken und für den Nationalsozialismus begeistern. Im Sommer 1943 veranstaltete die HJ-Führung des »Bannes« Offenbach ein großes Sportfest auf dem Bieberer Berg, an dem die »Jungstämme« des Kreisgebietes und die »Fähnlein« der Stadt Offenbach mit insgesamt 2 500 Jugendlichen teilnahmen. Unter anderem zeigte dabei eine Einheit der Reiter-HJ mit fünf Pferden ihr Können.[203] Zu Pfingsten des gleichen Jahres traf sich die Führerschaft der HJ aus den Kreisen Offenbach und Hanau zu einem Zeltlager im Burghof von Dreieichenhain. Gleichzeitig trafen sich an anderen Plätzen Einheiten des BDM zum Singwettstreit.[204]

Immer wieder verpflichtete die HJ die Jugendlichen auf die Person ihres Führers Adolf Hitler. 1943 hießen die Grundthemen des Gelöbnisses für die Jungen:[205]

»Sei des deutschen Soldaten würdig. —
Auch unsere Arbeit dient dem deutschen Volk. —
Führer, wir gehören Dir.«

Für die Mädchen formulierte man:

»Mädel, sei gesund an Leib und Seele. —
Wir Mädel dienen der Gemeinschaft. —
Führer, wir gehören Dir. —«

Zum letzten Mal brachten die Nationalsozialisten die Führerschaft von HJ und BDM im Kreis Offenbach am 4. Februar 1945 in der Bismarckschule zu Bürgel zusammen. Die etwa 200 jungen Hitler-Gefolgsleute hatten beträchtliche Schwierigkeiten bei der Anreise zu überwinden. Die aus dem westlichen Kreisgebiet fuhren von Neu-Isenburg aus mit einem Sonderwagen der Straßenbahn über Frankfurt nach Bürgel, während es den Seligenstädtern gelungen war, einen Lastkraftwagen zu mobilisieren. Eine erhaltene Aktennotiz gewährt Einblick in diesen Appell der HJ-Führer des Kreises:[206]

HJ MIT FANFARENZUG
Zu den Durchhalte-Kundgebungen der NSDAP 1943 hatten auch die Hitler-Jungen anzutreten.

»Die HJ-Führerschaft war bis auf einige Stamm- und Gefolgschaftsführer sehr jung...
Beim BDM... fehlen aber gerade in den katholischen Ortsgruppen ältere Führerinnen, die eine saubere Mädelarbeit aufrechterhalten...
Die Feier war vom Bannorchester würdig umrahmt. Der Gesang der Führerschaft war in Ordnung und bewies eine sichtbare (!) Geschlossenheit...
Bis 3/4 2 Uhr wurden ohne Pausen Fragen der HJ-Volkssturmarbeit besprochen, vor allem die Aufstellung der Aufgebote und ihre Ausbildung in den Lagern Offenbach, Hausen und Weiskirchen. In Weiskirchen wird eine Scharfschützenkompanie ausgebildet.«

Die letzten Sätze verdeutlichen, worin das Hauptziel der HJ bestand: in der Vorbereitung auf den Waffendienst, der jetzt bei dem Näherrücken der Front ganz konkrete Formen annahm. Doch auch schon in den Jahren zuvor waren die Untergliederungen der HJ so gestaltet, daß sie Zubringerdienste für die einzelnen Waffengattungen der Wehrmacht leisten konnten. Im Kreisgebiet bestanden neben der sogenannten Stamm-HJ, die allgemein auf das Heer vorbereitete, Einheiten der Marine-HJ, der Flieger-HJ, der Nachrichten-HJ, der Motor-HJ und der Reiter-HJ. Besonders zuverlässige Hitler-Jungen bildeten den HJ-Streifendienst, der Kontrollfunktionen ausübte und aus dessen Reihen Nachwuchs für die Waffen-SS und die Polizei kommen sollte. Die Motor-HJ veranstaltete wiederholt Manöver im Kreis Offenbach, an denen sich im Mai 1943 138 Jugendliche aus Neu-Isenburg und Heusenstamm beteiligten. Stolz berichtete die »Offenbacher Zeitung« darüber:[207]

»Die Motor-HJ stellt den Nachwuchs für Panzertruppen, motorisierte Aufklärungsabteilungen und Kraftradschützen, und die Männer dieser Waffengattung müssen beizeiten lernen, sich selbständig in großräumigen Gebieten nach der Karte zu bewegen.«

Ein Schönheitsfehler war es allerdings, daß man das ganze Manöver aus Mangel an Kraftfahrzeugen und Treibstoffen mit Fahrrädern durchführte.
Der Vorbereitung auf den Kriegsdienst dienten auch die Wehrertüchtigungslager, die 1943 mit einem entsprechenden Aufwand an Propaganda eingerichtet wurden. Die NS-Redner verwiesen dabei auf die Tatsache, daß Wehrertüchtigung ohnehin wesentlicher Teil nationalsozialistischer Jugenderziehung sei. Eine erhebliche Anzahl von Vierzehn- bis Sechzehnjährigen aus dem Kreis Offenbach wurde in den nächsten Monaten nach Spa in Belgien beordert, wo ein solches Lager eingerichtet war. Fußdienst, Schießausbildung und Geländekunde bildeten die grundlegenden Bestandteile des meist sechswöchigen Lageraufenthaltes, der ausschließlich der vormilitärischen Ausbildung diente.
Als im Herbst 1944 die alliierten Truppen sich rasch der Reichsgrenze näherten, kommandierte die HJ-Führung an die tausend Jugendliche aus Stadt und Kreis Offenbach an den Westwall. Sonderzüge brachten sie ins Saarland, wo sie in der Nähe von Merzig in einem geräumten, gänzlich unmöblierten ehemaligen Lazarett kampierten. Nur mit Schaufeln ausgerüstet, sollten sie Panzergräben in steinigem Gelände ausheben und Verbindungsgänge zwischen den Bunkern graben. Ein letztes Aufgebot von vierzehnjährigen Jungen stellte die HJ des Kreises im Frühjahr 1945 zusammen. An der Bergstraße in Südhessen sollten sie Verteidigungsstellungen ausheben. Das Unternehmen endete in einem heillosen Durcheinander, als bei Zellhausen Tiefflieger den Zug angriffen. Die Buben liefen auseinander und schlugen sich auf eigene Faust zu ihren Elternhäusern durch.

Keineswegs alle Jugendlichen reihten sich widerspruchslos in die HJ ein und gehorchten ihren Führern, wie es die NS-Propaganda gern darstellte. Zusammenstöße waren nicht selten. Die Ortsgruppenleiter des Kreises mußten sich deshalb im April 1940 mit dem Problem beschäftigen. »Durchgreifen« erschien ihnen als die richtige Lösung, und so wiesen sie den HJ-Streifendienst an, »hart und bestimmt« aufzutreten.[208] Nicht überall hatte er damit Erfolg, wie ein Bericht des HJ-Bann-Führers an die Kreisleitung belegt:[209]

»Anläßlich einer Streife, die der Gefolgschaftsführer mit einigen Kameraden und der Gendarmerie durchführte, um festzustellen, wie viele Jugendliche sich abends ohne Begleitung Erwachsener

in den Lokalen herumtreiben, mußte er in Offenthal unangenehme Dinge feststellen. Es war notwendig, eine ganze Reihe Jugendlicher durch die Polizei aus der Wirtschaft holen und bestrafen bezw. verwarnen zu lassen. Der Ortsgruppenleiter von Offenthal befand sich ebenfalls in der Wirtschaft. Er erklärte dem Gefolgschaftsführer, daß er dem Streifendienst nichts garantieren könne und sie damit rechnen müßten, mit blutigen Köpfen heimgehen zu müssen...«

Viele Jugendliche besuchten die Dienststunden der HJ nur unregelmäßig, manche mieden sie völlig. Die Versäumnisse wurden schließlich so zahlreich, daß sich die HJ-Führung genötigt sah, ein System zu entwickeln, um die Unwilligen in den Dienst zu zwingen. Nach viermaligem Fehlen im Dienst meldete die örtliche HJ den Säumigen dem Landratsamt. In einem eigens dafür geschaffenen Vordruck bestellte der Landrat ihn und seine Eltern auf die Bürgermeisterei, wo der Bürgermeister sie über die »Ehrenpflicht« belehrte, ein Protokoll darüber anfertigte und anschließend dem Landrat über das Ergebnis der Aussprache und die Familienverhältnisse berichtete.[210]

Andere Vorkommnisse während der Kriegsjahre überschritten die bloße Unbotmäßigkeit. In Mühlheim brachen Unbekannte – vermutlich Jugendliche – wiederholt das Jungvolkheim auf, rissen die Schrank- und Schreibtischtüren auf und verstreuten die Akten.[211] In Sprendlingen zerstörten »Pimpfe« des dortigen Fähnleins einen Teil der von der Wehrmacht ausgeliehenen Bauausrüstung für die Nachrichten-Ausbildung.[212]

Gelegentlich bezogen HJ-Führer sogar Prügel. In Mühlheim trafen diese einen Jungenschaftsführer, dem ein zufällig vorbeikommender SA-Mann zu Hilfe eilen mußte.[213] In der gleichen Stadt lauerten 1944 Jugendliche nach dem Dienst ihren Führern auf dem Heimweg auf und schlugen sie. Vermutlich hatten sie keine besonderen politischen Motive; sie hatten einfach die ständige Bevormundung durch die HJ satt.[214]

Das NS-Regime verabschiedete sich von der Jugend des Offenbacher Gebietes in einer für es bezeichnenden Weise. Am 22. März 1945, als die US-Armee schon den Rhein bei Oppenheim überschritten hatte, richtete der »Nationalsozialistische Gaudienst Hessen-Nassau« ein Schreiben an die einzelnen Ortsgruppen, in welchem er dazu aufforderte, die Jugendlichen, die sich ihrer Verpflichtung zum Stellungsbau entzögen, der Gauleitung zu melden. Diese Jugendlichen und ihre Eltern würden dem Standgericht überantwortet.[215] Dazu kam es glücklicherweise nicht mehr, denn die Panzerspitzen der Amerikaner hatten bis dahin bereits den Kreis Offenbach erreicht. Daß die Drohung mit dem Standgericht auch für Jugendliche ernst gemeint war, zeigten in schauriger Weise die in jenen Tagen zwischen Mannheim und der Bergstraße an den Oberleitungsmasten der Straßenbahn gehängten jungen Luftwaffenhelfer.

Terror in »Quelle Siegfried«
Die Zeit der schweren Luftangriffe

Wie im gesamten Jahr 1942 blieb auch 1943 der Frankfurter Raum von schweren Luftangriffen zunächst verschont. Während andere Großstädte in Nord- und Westdeutschland wie Lübeck, Hamburg, Köln, Essen und Mainz bereits schwere Schäden davon getragen hatten, ging das Leben in der Mainmetropole, von den allgemeinen kriegsbedingten Einschränkungen abgesehen, seinen normalen Gang weiter. Noch übte die Stadt eine gewisse Anziehungskraft auf die Bewohner des Umlandes aus, die Schwierigkeiten bei der Anfahrt gerne auf sich nahmen, um Aufführungen im Opern- und Schauspielhaus oder auch im Schumann-Theater zu besuchen oder Sportveranstaltungen im Waldstadion zu sehen oder in den Läden der Großstadt etwas zu erstehen, was in kleineren Gemeinden längst nicht mehr zu haben war. Den kritisch denkenden Zeitgenossen war jedoch bewußt, daß auch Frankfurt nicht von schweren Bombenangriffen verschont bleiben würde und daß auch die kleineren Städte und Dörfer in seiner Umgebung Schaden nehmen würden, denn Kreis- oder Gemeindegrenzen

BOMBENSCHÄDEN
Bei den schweren Fliegerangriffen auf Frankfurt und Offenbach wurden auch immer wieder Städte und Gemeinden im Kreis getroffen. Die größten Schäden und Verluste an Menschen hatte Neu-Isenburg zu beklagen. Hier ein Bild der zerstörten Häuser in der Frankfurter Straße/Einmündung Offenbacher Straße.

nahmen die alliierten Bombenschützen nicht zur Kenntnis. Sie befanden sich über Feindesland, und ihre Bomben sollten nicht nur kriegswichtige Anlagen, sondern auch die Wohngebiete und damit die Moral der Bevölkerung treffen.

In der Nacht vom 10. zum 11. April 1943 flog erstmals ein großer Kampfverband der britischen Royal Air Force (RAF) mit über 500 Flugzeugen das hiesige Gebiet an. Doch unbekannte Umstände verhinderten, daß die Bomber geschlossen angriffen. Der Angriff, den zahlreiche Leuchtbomben einleiteten, zerflatterte. In Frankfurt und Offenbach gab es einige Tote und Gebäudeschäden. Offensichtlich hatte auch die von der deutschen Luftabwehr in den Wäldern zwischen Neu-Isenburg, Heusenstamm und Offenbach betriebene Scheinanlage die Angreifer verwirrt. Noch tagelang mußte die Feuerwehr Brände in den angrenzenden Waldbezirken löschen, die durch niedergegangene Brandbomben und Phosphor ausgelöst wurden. In den benachbarten Gemeinden Neu-Isenburg, Sprendlingen und Langen verursachten die Bomben Sachschäden, in Bieber tötete ein Volltreffer vier Menschen in einem Haus.[216]

Der erste Angriff, der Frankfurt und Offenbach voll traf, erfolgte am 4. Oktober 1943. Mittags bombardierten erstmals auch amerikanische Kampfflugzeuge den Norden Frankfurts. In der folgenden Nacht griffen etwa 400 britische Maschinen an und zerstörten weite Teile der beiden Städte. Bei dem klaren Wetter war der schreckliche Feuerschein bis weit in den Kreis Offenbach hinein zu sehen. Dicke Rauchschwaden trieben nicht nur den Brandgeruch, sondern auch Massen von verkohltem Papier über das Land. Im Kreis waren keine größeren Schäden entstanden, doch Entsetzen erfaßte die Menschen, als sie Einzelheiten aus Frankfurt erfuhren: 4000 Spreng- und eine viertel Million Brandbomben hatten 529 Personen getötet; ein Volltreffer auf ein Kinderkrankenhaus kostete allein 90 Kindern und 14 Schwestern das Leben.[217] Viele Pendler aus dem Kreis fanden ihre Arbeitsstätte zerstört, als sie nach Tagen wieder in die Stadt gelangen konnten. Tausende von Obdachlosen – allein in Offenbach waren es etwa dreitausend – mußten sich eine neue Bleibe suchen. Sie fanden sie in erheblicher Zahl auch in den Gemeinden des Kreises. Wo es erforderlich war, nahm die Partei Zwangseinweisungen vor, wenn Häuser nach ihrer Meinung unterbelegt waren.

Mit den Luftangriffen vom Oktober 1943 hatte der Krieg das Land am Untermain erreicht, nichts war mehr wie vorher. Die Menschen spürten die dauernde Bedrohung aus der Luft, ihre Stimmung wurde ängstlich und pessimistisch, auch wenn die Partei Durchhalteparolen ausgab und von Vergeltung an England für die erlittenen Schäden sprach. Und die nächsten Angriffe ließen nicht lange auf sich warten. In der Nacht vom 25. zum 26. November flog ein mittelstarker britischer Kampfverband das Rhein-Main-Gebiet an und warf dort seine Bomben weit verstreut mit den Schwerpunkten Frankfurt und Offenbach ab. In Mühlheim gab es zwei Tote. In Weiskirchen brannten mehrere Scheunen. Brandbomben trafen das Dach der dortigen katholischen Kirche. Pfarrer und Nachbarn konnten zu den Brandherden nicht vordringen, die hohen Feuerwehrleitern aber waren bei den brennenden Scheunen eingesetzt. So brannte die Kirche vollständig aus.[218] Lakonisch meldete der Wehrmachtsbericht am Mittag des 26. November:

BEHELFSHEIM
Viele ausgebombte Bürger wollten oder mußten in ihrer Gemeinde bleiben. In den Gärten und am Stadtrand entstanden provisorische Unterkünfte, die man aus dem wenigen verbliebenen Material zusammenzimmerte.

»Britische Bomberverbände führten in der vergangenen Nacht einen Terrorangriff gegen Frankfurt a. M. und Offenbach. Auch auf andere Orte im Rhein-Main-Gebiet wurden Bomben geworfen.«

Wenige Tage vor Weihnachten, in der Nacht vom 20. auf den 21. Dezember 1943, griff die RAF erneut mit etwa 600 Flugzeugen an. Schon um halb acht Uhr abends standen die unheilverkündenden Kaskaden, die »Christbäume« des Luftterrors, über unserem Gebiet; Leuchtbomben machten die Nacht hell. Zunächst glaubte man noch an einen Scheinangriff, da aus Mannheim Bombenabwürfe gemeldet wurden, doch dann nahm der Bomberstrom von Süden her Kurs auf Frankfurt. Möglicherweise veranlaßte das Sperrfeuer der deutschen Flak oder aber die Scheinanlage im Wald bei Gravenbruch einen Teil der Flugzeuge, ihre tödliche Last noch vor Erreichen des eigentlichen Zieles abzuladen. So wurde Neu-Isenburg schwer getroffen. 20 Luftminen, 60 Spreng- und 30 000 Brandbomben, dazu noch Phosphorbehälter, das ergaben später die Feststellungen des Luftschutzbundes, gingen auf die Hugenottenstadt hernieder. 45 Menschen kamen hier ums Leben.[219] Auch in Sprendlingen fanden vier Menschen den Tod. Schwere Schäden und Verluste entstanden in Frankfurt und Offenbach.

SCHEINANLAGE HEUSENSTAMM
Britische Luftaufnahme der Scheinanlage Frankfurt 8 (Heusenstamm), deren Aktivitäten am Abend des
20. Dezember 1943 zu einer Verlagerung des Angriffsschwerpunktes von Frankfurt nach Süden und
Osten (Neu-Isenburg/Offenbach) führten. Die damals erst abgeholzte Trasse der Autobahn
Frankfurt–Würzburg verläuft auf dem Bild von rechts oben nach links unten.

Eine Luftmine traf das Landratsamt in der Geleitsstraße am Dreieichring und richtete schwerste Zerstörungen an. Das Gebäude war nicht mehr zu benutzen. Wie viele andere ausgebombte Menschen und Firmen der Stadt mußte nun die Behörde des Landratsamtes Offenbach Ausweichquartiere im Kreis beziehen. Auch die Stadtverwaltung Offenbach verlor übrigens in jener Nacht ihre Amtsräume, das damals als Rathaus benutzte Büsing-Palais wurde von Bomben getroffen und brannte aus.

Am 29. Januar 1944 starteten etwa 400 schwere Bomber der 8. US-Luftflotte von ihren Flugplätzen in England aus zu einem Tagesangriff auf das Rhein-Main-Gebiet. Obwohl die deutsche Jagdabwehr 550 Flugzeuge zur Abwehr einsetzte und in schweren Luftkämpfen 44 amerikanische Flugzeuge (bei 36 eigenen Verlusten) abschoß, gelang es den Amerikanern, bis zu ihrem Ziel vorzudringen. Eine geschlossene Wolkendecke nahm dort jede Bodensicht, so daß die Bombenabwürfe mit Instrumenteneinsatz erfolgten. Neben Frankfurt, wo fast 1 000 Menschen ums Leben kamen, wurden wieder Orte der Umgebung getroffen. In Neu-Isenburg trafen die Bomben den Westen der Stadt und die Siedlung Buchenbusch; 25 Tote waren zu beklagen.[220] Bomben gingen auch auf die Stellung der Isenburger schweren Flakbatterie nieder. Unter den Gefallenen befanden sich junge Luftwaffenhelfer aus dem Kreis Offenbach. Andere Bombenabwürfe, die an jenem Tag Menschenleben forderten, trafen Sprendlingen und Bieber. Wie bei fast allen Angriffen fiel eine erhebliche Anzahl der Bomben auf freies Feld oder in den Wald.

Das traf ebenfalls nur sechs Tage später zu, als erneut 400 amerikanische Bomber das Frankfurter Gebiet angriffen, während ein schwerer Schneesturm tobte. Dennoch gab es in der Stadt schwere Verluste, allein im Werk der Fa. Hartmann & Braun waren es 166 Tote. Im Kreis Offenbach entstanden Schäden in Mühlheim, eine Frau kam dabei ums Leben.

Die schwersten Luftangriffe gegen den Raum Frankfurt/Offenbach richteten die alliierten Bomberflotten im März 1944. An den Abenden des 18. und 22. März waren es die Briten, am Mittag des 20. und 24. März die Amerikaner, deren Flugzeuge ihre todbringenden Lasten abluden. Mehr als 1 800 Tote und 180 000 Obdachlose waren die schlimme Bilanz für Frankfurt, dessen Innenstadt durch den Feuersturm des 22. März gänzlich vernichtet wurde. In Offenbach verzeichnete man 193 Tote und über 25 000 Obdachlose. Das stadtnahe Neu-Isenburg war ebenfalls erneut schwer betroffen. 15 Menschen kamen hier bei dem Angriff am Abend des 18. März ums Leben. Gebäudeschäden entstanden in Sprendlingen. Im übrigen kamen die Gemeinden des Kreises in diesen Tagen glimpflich davon. Die Zerstörung der Großstädte wirkte sich freilich in mancher Beziehung aus. Die Verkehrsverbindungen waren zunächst unterbrochen, dann erschwert; die Fabrikation der ausgebombten Fabriken wurde in vielen Fällen in andere Gegenden verlagert, so daß die dort beschäftigten Arbeiter umziehen oder längere Anfahrtswege in Kauf nehmen mußten; Tausende von Obdachlosen suchten Unterkünfte in den Gemeinden des Umlandes. Allein in Nieder-Roden, das zu Kriegsbeginn nur etwas über 2 000 Einwohner zählte, hatte man bis Mai 1944 452 Fliegergeschädigte aufgenommen und erwartete noch 200 weitere für die nächste Zeit.[221]

In den Sommermonaten des Jahres 1944 blieb das Rhein-Main-Gebiet zunächst von schweren Angriffen verschont, denn die alliierte Bomberflotte war vorwiegend zur Unterstützung der Invasionsarmee und gegen Ziele im Innern des Reiches eingesetzt. Das änderte sich im späten Sommer. Die Zahl der öffentlichen Luftwarnungen und Fliegeralarme – 581 zählte man allein 1944 im Offenbacher Gebiet – nahm sprunghaft zu. Die Menschen lebten in beständiger Furcht, denn inzwischen hatten sie erfahren, welche schlimmen Auswirkungen sich ergeben konnten. Gespannt hörte man die im Rundfunk stündlich durchgegebenen Meldungen zur Luftlage; und wenn jetzt die Reichssender ihr Programm unterbrachen, war es nicht mehr, um einen deutschen Waffenerfolg als Sondermeldung bekanntzugeben, sondern es handelte sich um die Durchsage, daß irgendwo feindliche Kampfverbände im Anflug auf das Reichsgebiet sich befänden. Näherten sich die Verbände dem Rhein-Main-Gebiet, so schaltete man auf den Drahtfunk um, damit man Genaueres erfahren konnte. Zunehmend stellten die Leute auch die Flaksender ein, die Luftlagenachrichten in verschlüsselter Form durchgaben. Irgendwie hatte man sich in den meisten Haushalten eine Karte besorgt und die ursprünglich einmal geheime Einteilung nach Planquadraten darauf eingetragen. Einflüge auf der »waagrechten Otto- und Paula-Linie« mit Kurs Südost waren für unser Gebiet erfahrungsgemäß ziemlich gefährlich. Hatten sie das Quadrat PQ (»Paula-Quelle«), den Raum Koblenz, erreicht, so galt es, sich fertigzumachen, um Luftschutzkeller oder Bunker aufzusuchen. Kampfverbände in »Quelle-Richard« (= Wiesbaden) und »Richard-Richard« (= Mainz) mit Kurs Ost bedeuteten für das Offenbacher Gebiet höchste Gefahr. Bombenabwürfe meldete der Sender ebenfalls. »Terror in Quelle-Siegfried« bedeutete, daß irgendwo im Frankfurter Raum Bomben gefallen waren. Auch der weitaus größte Teil des Kreises Offenbach – genau genommen das Gebiet nördlich des 50. Breitenkreises – gehörte zu dem Planquadrat QS.

Nachdem die RAF am 11. September 1944 mit einem schweren Angriff Darmstadt zerstört hatte, flog am 25. des Monats ein amerikanischer Kampfverband gegen Frankfurt/Offenbach. Dabei wurden auch wieder Orte in der Nachbarschaft, so Mühlheim und Sprendlingen, in Mitleidenschaft gezogen.

Am 11. Dezember 1944 drangen nicht weniger als 1476 viermotorige Bomber in das westliche Reichsgebiet ein. Ein Teilverband hatte den Auftrag, den Frankfurter Verschiebebahnhof anzugreifen. Ein großer Teil der abgeworfenen Bomben ging allerdings auf Orte der Umgebung nieder. Ob das schlechte Wetter mit tiefhängenden Wolken und Schneeschauern oder die Unfähigkeit des Zielmarkierers[222)] dafür verantwortlich waren, läßt sich nicht mehr feststellen. Bombenteppiche trafen Mühlheim (11 Tote), Dietesheim (12 Tote), Steinheim (4 Tote), Klein-Auheim (7 Tote), Heusenstamm (3 Tote) und Bieber (44 Tote); dazu gab es noch eine erhebliche Anzahl von Verletzten.[223)] Allein in Mühlheim und Dietesheim wurden 135 Häuser zerstört. Sachschäden meldeten ferner Neu-Isenburg, Seligenstadt, Hainstadt und Obertshausen. Einige Gemeinden hatten Glück, daß die Bombenteppiche das bebaute Gebiet knapp verfehlten. In Heusenstamm schlugen die meisten Bomben dicht hinter dem Schloß in die Wiesen ein. In den Angaben der US Air Force erschien der Angriff dagegen als ein voller militärischer Erfolg:[224)]

»Am 11. Dezember 1944, etwa um 11.18 – 11.36 Uhr, wurden 948,8 Tonnen Sprengbomben von 320 Bombern der 1. Division aus einer Höhe von 24 000 – 27 000 Fuß auf den Frankfurter Verschiebebahnhof abgeworfen.«

Ein militärisches Ziel im Kreis Offenbach war zweifellos der Flugplatz bei Zellhausen. Dieser war 1938 von der Luftwaffe angelegt worden und diente insbesondere in der Zeit des Frankreichfeldzuges als ein wichtiger Stützpunkt für

TRAURIGE KINDHEIT
IM BEHELFSHEIM
(1944/45)

Angriffsflüge nach dem Westen. Der Feldflughafen erlangte neue Bedeutung, als 1944 nach der Invasion die Front wieder näher rückte. Nur besaßen jetzt die Alliierten die Luftüberlegenheit, und die deutschen Flugplätze wurden ein bevorzugtes Ziel ihrer Angriffe. Nachdem in wiederholten Aktionen Jagdbomber mit ihren Bordwaffen schon einigen Schaden auf dem Zellhäuser Luftwaffenstützpunkt angerichtet hatten, flogen am Mittag des 24. Dezember 1944 viermotorige amerikanische Kampfverbände bei klarem Winterwetter an. Der an der Spitze fliegende Zielmarkierer setzte das Rauchzeichen, die nachfolgenden Maschinen öffneten ihre Bombenschächte, und die Zellhäuser Gemarkung wurde von Bombenteppichen eingedeckt, die überwiegend die Wiesen nördlich des Dorfes trafen. Etwa vierzig Bomben fielen in bebautes Gebiet und kosteten neun Einwohnern das Leben: Kriegsweihnacht 1944 in Zellhausen.[225]

Am 17. Februar 1945 war der Frankfurter Verschiebebahnhof wiederum Angriffsziel. Ein Verband »Fliegender Festungen« (B 17) mit etwa 70 Maschinen lud seinen Bombenteppich über Offenbach ab und tötete dabei 25 Menschen. Weiter östlich schlugen zahlreiche Bomben am Main entlang von Bürgel über Rumpenheim bis nach Mühlheim ein, wo zwei Todesopfer zu beklagen waren.

Um die Mittagszeit des 22. Februar 1945 flog ein viermotoriges amerikanisches Kampfflugzeug vom Typ »Liberator« mit Westkurs über den Norden des Kreises Offenbach. Offensichtlich bereits angeschlagen, geriet es bei Mühlheim in gutliegendes Abwehrfeuer der deutschen Flak. Als die Maschine brannte, stieg die zehnköpfige Besatzung aus und sprang mit dem Fallschirm ab. Sieben Amerikaner landeten in der Mühlheimer Gemarkung, wo Sergeant Garcia seinen erlittenen Verletzungen erlag. Die übrigen wurden festgenommen und von der Polizei gegen einige aufgehetzte oder aufgebrachte Einwohner, die sich an ihnen vergreifen wollten, in Schutz genommen. Als eine Wehrmachtseinheit sie übernahm, befanden sie sich in Sicherheit. Die sich anschließende kurze Zeit der Kriegsgefangenschaft haben sie gut überstanden. Tragisch endete der Absprung der drei übrigen Besatzungsmitglieder, die ihr Fallschirm in die Gemarkung Offenbach-Bieber trug. Zwar wurden sie hier von keinen Einwohnern bedroht, und auf der Polizeidienststelle, wohin man Lieutenant Duke als ersten brachte, erhielt dieser zu trinken und man gestattete ihm zu rauchen. Doch dann traf der Offenbacher Polizeidirektor ein (derselbe, der ein paar Tage später in Dietzenbach den Pfarrer zur Nieden zum Tode verurteilen wollte). Wie die Diskussion zwischen ihm, seinem Adjutanten und den Revierbeamten verlief, blieb ungeklärt. Zu verschiedenen Zeiten hörte man dann abends in Bieber Schüsse fallen: Auf dem Weg nach Offenbach erschossen die begleitenden Polizeibeamten alle drei gefangenen Amerikaner, Lieutenant Duke am Heusenstammer Weg, Lieutenant Monroe beim Felsenkeller an der Bieberer Straße und Sergeant Frazer am Waldrand hinter dem »Kickers-Sportplatz«.[226]

Trafen die schweren Bombenangriffe der alliierten Luftflotten vorwiegend die großen Städte, so litt die Bevölkerung auf dem Land, seitdem als Folge der Invasion Flugplätze auf dem Festland zur Verfügung standen, zunehmend unter den Angriffen tieffliegender Jagdbomber («Jabos»). Sie zielten mit Bomben und Bordwaffen insbesondere auf Verkehrsanlagen, schossen aber oft auf alles, was sich am Boden bewegte. Schon im September 1944 traf die Splitterbombe eines Tiefliegers einen 15-jährigen Jungen aus Jügesheim, der seiner Großmutter in Weiskirchen in der Nähe des Bahnhofes mit Kühen den Acker pflügte, tödlich.[227]

Am 26. November 1944 griffen Jabos den Bahnhof Ober-Roden an, zerstörten mit Bomben die dortige Bahnhofsgaststätte und töteten dabei das Gastwirtsehepaar und zwei französische Arbeiter.[228] Tags darauf beschossen Tiefflieger den Eisenbahnzug Dieburg-Offenbach bei Nieder-Roden. Der Lokomotivführer kam dabei ums Leben.[229]

Über den Verlauf eines Tieffliegerangriffes auf Heusenstamm berichtete damals die Sachbearbeiterin des RLB:[230]

»Am Mittag des 29. Januar, kurz nach 16.00 Uhr, ... brausten
plötzlich mit großer Geschwindigkeit und in geringer Höhe
8 feindliche Flugzeuge über Heusenstamm, zogen eine Schleife
und fingen an, mit Bordwaffen zu schießen; zu gleicher Zeit fie-

len Bomben, es sind 10 Trichter gezählt worden. Um diese Zeit, es lag hoher Schnee, tummelten sich viele Kinder vor dem Gemeindegelände im Freien mit Ski und Schlitten. Der Angriff kam so überraschend, daß niemand mehr in die Häuser flüchten konnte. Eine Gruppe Kinder auf dem Schulhof war sogar der Meinung, es seien deutsche Flugzeuge und winkte mit ihren Mützen nach oben; natürlich wurden sie sofort beschossen. Es ist zum Glück nichts passiert, die Kinder konnten in den LS-Keller des Schulgebäudes flüchten.

Im freien Gelände haben sich die Kinder so gut sie konnten gesichert, indem sie sich im Schnee wälzten, also gewissermaßen unsichtbar machten, oder in Löcher oder Erdvertiefungen sprangen. Leider konnte sich ein Junge nicht sofort in Sicherheit bringen, weil er durch seine Ski an den Füßen behindert war. Er wollte sie noch abschnallen, und so traf ihn in gebückter Haltung das Geschoß. Als man sich nach einigen Minuten nach ihm umsah, war der Junge schon tot ...«

»ST. PETER IN KETTEN«
Die durch Brandbomben am 26. November 1943 zerstörte Pfarrkirche Weiskirchen

Die Verfasserin fügte ihrem Bericht hinzu, der Angriff habe in erster Linie dem Reichsbahnaufstellwerk und dem Bahnhof Heusenstamm gegolten. Im übrigen hatten an jenem Tag die Sirenen »öffentliche Luftwarnung« gegeben. Dieser Zustand bestand üblicherweise über viele Stunden am Tag, so daß die Bevölkerung ihn nicht mehr so ernst nahm und nur bei »Fliegeralarm«, den der Heulton beim Nahen der Bomberverbände verkündete, die Schutzräume aufsuchte.

Am 28. Februar 1945 wurde in Langen ein aus Frankfurt kommender Personenzug angegriffen und dabei neun Menschen getötet, 38 verletzt.[231] In den letzten Kriegstagen waren die Jagdbomber fast ununterbrochen im Einsatz. Wer mit der Bahn fuhr oder sich auf offener Straße oder freiem Feld bewegte, riskierte sein Leben. Am 18. März beschossen Tiefflieger kurz vor dem Bahnhof Nieder-Roden den aus Offenbach kommenden Abendzug. Sechs Zugfahrer, darunter zwei Soldaten, die sich freuten, ihren Heimaturlaub antreten zu können, starben sogleich, zehn weitere Schwerverletzte erlagen ihren Verwundungen in der zum Notlazarett verwandelten Schule.[232] Auch in Ober-Roden wurden am gleichen Tag der Bahnhof und die angrenzenden Straßen angegriffen; drei Personen fanden dabei den Tod.[233] Ebenfalls drei Tote gab es zwei Tage später in Dietesheim.[234]

In Heusenstamm fiel ein junges Mädchen kurz vor dem Eingang zum rettenden Erdbunker einem Tiefangriff zum Opfer. Am 25. März, dem Tag vor dem Einmarsch der Amerikaner, fuhr ein Omnibus mit Arbeiterinnen aus der Munitionsfabrik Münster durch die gleiche Gemeinde in Richtung Obertshausen, als Jabos ihn angriffen. Die Mädchen suchten in den Straßengräben Deckung, vier von ihnen wurden jedoch tödlich getroffen.[235]

Der Volkssturm als letztes Aufgebot: *»Volk ans Gewehr!«*

> *»Ich befehle:*
> *1. Es ist in den Gauen des Großdeutschen Reiches aus allen waffenfähigen Männern im Alter von 16 bis 60 Jahren der deutsche Volkssturm zu bilden. Er wird den Heimatboden mit allen Waffen und Mitteln verteidigen, soweit sie dafür geeignet erscheinen...«*

Dies waren die Kernsätze eines »Führererlasses« vom 25. September 1944, der am 18. Oktober, dem Jahrestag der Völkerschlacht bei Leipzig, mit großem Propagandaaufwand bekanntgegeben wurde.[236] Nachdem feindliche Armeen im Westen und im Osten die Grenzen des Reiches überschritten hatten, sollten wie Anno 1813 Veteranen und Halbwüchsige helfen, die Heimat zu verteidigen, wobei es Hitler und seine Leute wenig störte, daß der Vergleich mit den Freiheitskriegen nicht zutraf.

Aufstellung und Führung des Volkssturmes sollten in den einzelnen Reichsgauen die Gauleiter übernehmen. Auf der unteren Ebene war der Kreisleiter zuständig, der die Bataillonsführer bestimmte, denen wiederum die Kompanie- und Zugführer unterstanden.[237] Radikal verschieden von dem bei der Proklamation geübten Aufwand und den riesigen ausufernden Plänen der Parteidienststellen, war die Realität vor Ort. Bis auf einige »Unabkömmliche« waren längst alle kriegs- und garnisonsverwendungsfähigen Männer zur Wehrmacht einberufen, für den Volkssturm stand daher nur ein kleines Kontingent meist älterer, oft schwacher oder gesundheitlich angegriffener Leute zur Verfügung, die nun

KRIEGSOPFER
In den letzten Kriegsjahren waren die Todesanzeigen gefallener Soldaten und durch Bombenangriffe getöteter Zivilisten besonders zahlreich. Kaum eine Familie mochte die von der NSDAP propagierte Phrase vom Tod für »Führer, Volk und Vaterland« verwenden. Hier die Anzeigen in der »Offenbacher Zeitung« am 19. Januar 1945.

neben ihrer beruflichen Tätigkeit an einem halben Tag der Woche, meist am Sonntagmorgen, im Eiltempo militärisch geschult werden sollten. Doch fehlte es dazu fast an allem. Eine Armbinde über der Zivilkleidung mußte in den meisten Fällen genügen, um ihren Träger internationalem Recht entsprechend als soldatischen Kämpfer auszuweisen. Waffen waren nur vereinzelt vorhanden und reichten kaum für Demonstrationszwecke. Die für eine moderne Kriegsführung erforderlichen Fahrzeuge fehlten völlig. Wegen der bestehenden Transportschwierigkeiten konnte man die lokalen Einheiten nicht zu größeren Übungen zusammenziehen. Militärischer Drill, so hatte man versprochen, sollte beim Volkssturm nicht aufkommen, doch manche unbelehrbaren Nationalsozialisten, die als Unterführer mit ihrer Einheit durch die Straßen marschierten, fühlten sich aber wohl an ihre »Kampfzeit« erinnert. Es klang wie eine Mischung aus Spott und Verblendung, wenn das letzte Aufgebot das alte NS-Lied anstimmen mußte:

»Es zittern die morschen Knochen
der Welt vor dem großen Krieg.
Wir haben den Schrecken gebrochen,
für uns gibt es kein Zurück.
Wir werden weiter marschieren,
wenn alles in Scherben fällt,
denn heute gehört uns Deutschland
und morgen die ganze Welt.«

Dabei sang man den letzten Teil des Refrains in dieser zwar üblichen, doch gewollten Verfälschung des ursprünglichen Textes.[238] Genau so passend schien für den Volkssturm das NS-Kampflied »Siehst du im Osten das Morgenrot«, das mit dem treffenden Ruf »Volk ans Gewehr!« endete. Den meisten zum Üben und Marschieren gezwungenen Volksgenossen war es freilich nicht zum Singen zumute, doch konnten sie sich dem Dienst nicht entziehen. In aller Frühe waren sie am Sonntag, dem 12. November, auf Hitler vereidigt worden und mußten fortan bei Dienstverweigerung oder Flucht mit schwerster Bestrafung rechnen.

Der militärische Wert des Volkssturms war gering. Zum Bau von Panzersperren und zum Schanzen konnte man die Männer noch einsetzen. Vor einer möglichen Feindberührung lösten sich jedoch die Einheiten — zumindest im Rhein-Main-Gebiet — rasch auf. Auch waren längst nicht alle Volkssturmführer fanatische Nationalsozialisten. Manche besaßen als erfahrene Frontsoldaten des Ersten Weltkrieges einen Blick für die Ausweglosigkeit der Situation. In Heusenstamm entließ man am Tag vor dem Einmarsch der Amerikaner die Volkssturmmänner mit dem Befehl, daheim ihre Fahrräder in Ordnung zu bringen, damit man beweglich sei. Das wurde verstanden. Bevor ein neuer Befehl zum Abrücken erging, waren die Amerikaner einmarschiert.[239]

Das Ende der NS-Herrschaft:
Weiße Fahnen an allen Häusern

Anfang März 1945 hatte sich die militärische Lage an der mittleren Westfront für die deutsche Wehrmacht dramatisch verschlechtert. Die Amerikaner eroberten Köln und Bonn und bildeten am 7. März, nachdem ihnen die Eisenbahnbrücke bei Remagen unzerstört in die Hände gefallen war, einen Brückenkopf auf dem rechten Rheinufer. Um eine Ausweitung zu verhindern, waren dort in den nächsten Tagen starke deutsche Kräfte gebunden. Mitte des Monats drang die 3. amerikanische Armee unter General Patton daher westlich von Koblenz rasch über die untere Mosel nach Südosten vor und versperrte damit den deutschen Truppen an der Saar den Rückzug zum Rhein. Im Osten abgeschnitten, im Westen von starken gegnerischen Kräften angegriffen, lösten sich die 1. und 7. deutsche Armee, die zur Verteidigung von Saar und Pfalz eingesetzt waren, weitgehend auf. Tausende von deutschen Soldaten gingen in Gefangenschaft. Als die Amerikaner nach einigen Tagen den Rhein zwischen Mainz und Worms erreicht hatten, standen ihnen auf dem anderen Ufer nur noch ganz schwache Kräfte der beiden deutschen Armeen gegenüber. General Patton erkannte die Gunst der Stunde. Am Abend des 22. März 1945 überquerten zwei US-Bataillone ohne Artillerie- und Luftwaffenvorbereitung in Sturmbooten den Rhein bei Oppenheim. Die wenigen und überraschten deutschen Truppen leisteten nur geringen Widerstand. Noch in der Nacht folgten vier weitere amerikanische Infanteriebataillone. Pioniere errichteten zwei Pontonbrücken, über die bald die Panzer der 4. und 6. US-Panzerdivision in den rasch ausgeweiteten Brückenkopf rollten.[240]

Generalfeldmarschall Kesselring als Oberbefehlshaber West versuchte, mit den verbliebenen Kräften und rasch zusammengetrommelten Verstärkungen gegen den Brückenkopf vorzugehen. Am Abend des 23. März (Freitag) brach der von Groß-Gerau und Griesheim aus vorgetragene deutsche Gegenangriff zusammen. Zu stark war die zahlen- und materialmäßige Überlegenheit der Amerikaner, die zudem die uneingeschränkte Luftherrschaft besaßen. Dennoch unternahm die deutsche Luftwaffe in 62 Einsätzen den vergeblichen Versuch, die Rheinbrücken zu zerstören. Auch die damals modernsten Flugzeuge der Welt, Düsenjäger vom Typ Me 262 und Düsenbomber Ar 234, die zum Einsatz kamen, hatten keinen Erfolg, denn der Gegner hatte die Flußübergangsstelle völlig eingenebelt und dazu noch eine dichte Flak-Abwehr aufgebaut.

Nach dem Scheitern des deutschen Gegenangriffes konnten die amerikanischen Einheiten schnell nach Osten vorstoßen. Schon am Samstag, dem 24. März, erreichten ihre Panzerspitzen Groß-Gerau und Gräfenhausen sowie südlich an Darmstadt vorbei den Raum Dieburg-Umstadt. In der Bevölkerung des Kreises Offenbach herrschte durch diese Ereignisse begreiflicherweise höchste Erregung. Gerüchte und zutreffende Informationen schwirrten durcheinander und waren nicht mehr voneinander zu unterscheiden. Zurückgehende, abgerissen und erschöpft aussehende deutsche Soldaten berichteten von den Kämpfen. Die Leute verpflegten sie, drängten sie aber auch gleichzeitig zum Weiterziehen, da man fürchtete, in die militärischen Aktionen einbezogen zu werden. Gelegentlich versorgte man sie auch mit Zivilkleidern und gewährte ihnen Unterschlupf. Angst

OPFER DER SS IN MÜHL-
HEIM AM 26. MÄRZ 1945

Wendelin Kadner (1901–1945)

Wilhelm Karl Glock (1904–1945)

Engelhard Beetz (1907–1945)

Richard Müller (1919–1945)

und Ungewißheit plagte die Menschen. Sie fürchteten Tiefflieger, die in diesen Tagen fast dauernd in der Luft waren; sie fürchteten einen verheerenden Bombenangriff, wie er erst fünf Tage vorher die Stadt Hanau getroffen hatte, zumal Massen von Flugblättern niedergegangen waren, in denen der alliierte Oberbefehlshaber General Eisenhower drohte, die Städte Frankfurt und Offenbach würden »von jetzt ab einem erbarmungslosen Bombardement ausgesetzt«, eine Nachricht, die auch der britische Rundfunk, den viele jetzt ungeniert hörten, eindringlich wiederholte. Und nicht zuletzt fürchtete man um Leben, Gesundheit und Wohnung bei den möglicherweise bevorstehenden Kämpfen zwischen deutschen und amerikanischen Truppen.

Die Verlautbarungen der deutschen Behörden steigerten Furcht und Panik. Hatte der Gauleiter und Reichsstatthalter am 23. März noch bekanntgeben lassen, »kein arbeitsfähiger Mann oder Frau darf die Stadt verlassen« und Zuwiderhandelnden als verbrecherischen Fahnenflüchtigen mit schwerster Bestrafung gedroht, so gab er am folgenden Abend in direktem Widerspruch zu dieser Anordnung den Räumungsbefehl für alle Einwohner Frankfurts, Offenbachs und anderer Städte des Rhein-Main-Gebietes: »Kein deutscher Mann und keine deutsche Frau darf in die Hände des Feindes fallen.«[241] Niemand wußte mehr so recht, was er tun sollte und wie ernst er die Befehle der NS-Behörden, etwa die Einberufung des Volkssturms, noch nehmen mußte.

In manchen Bereichen ging das zivile Leben bis zuletzt seinen gewohnten Gang. Noch am 22. März, als die Amerikaner bei Oppenheim über den Rhein setzten, fand in Offenbach die mündliche Abiturprüfung für Schüler aus Stadt und Kreis statt, die man nur wegen der Tiefflieger auf bereits 7 Uhr morgens anberaumt hatte. In den Kirchen hielten die Geistlichen ihre Gottesdienste in der üblichen Weise, und die Ladengeschäfte verkauften, wenn nicht gerade Fliegeralarm war, was es an kärglicher Lebensmittelzuteilung gegen Marken noch gab. Die Gasversorgung war zwar bereits seit Februar unterbrochen, doch Wasser und elektrischer Strom, letzterer in eingeschränktem Maße, wurden weiter geliefert. Wer wollte, konnte an jenem 24. März nachmittags im Radio den deutschen Wehrmachtbericht hören und dabei erfahren:

»Unter Einsatz von Schwimmpanzern konnten die Amerikaner bei Oppenheim den Rhein überschreiten und einen kleinen Brückenkopf bilden.«

Im Kreis Offenbach wußte man allerdings an diesem Tag, daß der Brückenkopf erheblich ausgeweitet war und irgendwie schon bis an die Kreisgrenze reichte. Nur, wo die Amerikaner genau standen, das wußte niemand. Sogar die Wochenendausgabe der »Offenbacher Zeitung« wurde noch gedruckt und vielfach auch zugestellt. »Besatzung von Mainz im tapferen Verteidigungskampf« lautete die Hauptüberschrift auf der ersten Seite, unter der von deutschen Gegenangriffen berichtet wurde. Nur ganz weit unten in einem vom Chefredakteur verfaßten Durchhalteartikel konnten die Leser erfahren, daß die US-Armee den Rhein überquert habe und es jetzt gelte, »ruhige Nerven zu behalten«. Höchster Einsatz werde gefordert. »Wer sich in diesen kritischen Stunden aus der deutschen Volksgemeinschaft ausschließt, verfällt dem Standgericht. Feiglinge und Verräter kann nur die ganze Härte des Gesetzes treffen.« Daß dies keine leere Drohung war, hatten die Leser spätestens zwei Tage zuvor zur Kenntnis nehmen müssen, als die »Offenbacher Zeitung« in Fettdruck von der öffentlichen Hinrichtung dreier Volksgenossen wegen »Feigheit« in Mainz-Hechtsheim berichtete. Ansonsten unterschied sich die letzte Ausgabe der »Amtlichen Tageszeitung der NSDAP, Gau Hessen-Nassau, Amtsverkündigungsblatt für Kreis und Stadt Offenbach« in ihren im NS-Stil verfaßten Artikeln nicht wesentlich von früheren Ausgaben. Sie enthielt auch völlig unpolitische Beiträge («Warum gähnen wir?«), Familienanzeigen mit Todesanzeigen der Gefallenen. Doch auch in jenen Tagen gab es Optimisten, die ihr Leben weiter planten: Drei Paare gaben ihre Verlobung bekannt und ein »Fräulein von 50 Jahren aus guter Familie« mit Vermögen suchte einen netten Herrn zwecks Heirat. Ein Inserent hatte indessen erkannt, was man in Zukunft brauchte: »Anfangsunterricht in Englisch gesucht«.

An Palmsonntag, dem 25. März 1945, herrschte strahlendes Frühlingswetter. Die Amerikaner setzten ihren Vormarsch fort. Südlich des Kreises Offenbach stieß ihre 4. Panzerdivision aus dem Raum Dieburg-Umstadt über Groß-Ostheim bis zum Main vor. Bei Aschaffenburg nahm sie die Nilkheimer Eisenbahnbrücke, die noch nicht gesprengt war, in Besitz und bildete einen Brückenkopf auf dem rechten Ufer. Andere Einheiten dieser Division drangen über Babenhausen und Seligenstadt nach Norden vor. Etwa um 16 Uhr erreichten sie die Klein-Auheimer Mainbrücke, deren Eisenbahnteil zerstört war. Die dem Fahrzeugverkehr dienende Hälfte war durch die Sprengung beschädigt, doch noch passierbar. Panzerinfanteristen gelang es, hier den Fluß zu überschreiten und auf der Hanauer Seite einen weiteren rechtsmainischen Brückenkopf zu bilden, den sie auch gegen deutsche Gegenangriffe behaupten konnten, nachdem amerikanische Pioniere eine Behelfsbrücke errichtet hatten und damit Verstärkungen eintreffen konnten. Die Auheimer Mainbrücke war nämlich inzwischen nicht mehr benutzbar.

Durch diesen schnellen Vorstoß aus Richtung Süden waren die Orte am Main im Osten des Kreises Offenbach am Abend des Palmsonntag bereits fest in amerikanischem Besitz, während der Vormarsch im Westen sich langsamer vollzog. Dort war Egelsbach am gleichen Tag von Einheiten der 6. US-Panzerdivision eingenommen worden. Bei Bayerseich versuchte eine HJ-Gruppe den Vormarsch mit Panzerfäusten aufzuhalten; ein amerikanischer Soldat wurde dabei getötet,

PANZERSPERRE
Die an vielen Stellen rasch errichteten Panzersperren konnten den Vormarsch der US-Armee nicht aufhalten. Hier Zivilisten beim Abbau der Sperre in der Frankfurter Straße/Ecke Friedens-Allee in Neu-Isenburg am 26. März 1945.

mehrere verwundet.²⁴²⁾ Am frühen Abend kam es in Langen zu einzelnen Gefechten. Die Stadt beherbergte damals in verschiedenen Gebäuden mehr als eintausend verwundete oder erkrankte deutsche Soldaten und Kriegsgefangene. Der Chefarzt des Lazaretts verhandelte deshalb, unterstützt durch Stadtinspektor Umbach, mit dem befehlshabenden Wehrmachtsoffizier wegen einer kampflosen Übergabe der Stadt. Dazu ist es dem Anschein nach dann doch nicht gekommen.²⁴³⁾ Vor Sprendlingen und Ober-Roden machten die US-Truppen in der Nacht dann halt.

Am Montag, dem 26. März, setzten die Amerikaner von Süden her ihren Vormarsch in den Kreis Offenbach weiter fort. Während die NS-Leute Hals über Kopf die Flucht ergriffen hatten, taten sich in mehreren Gemeinden beherzte Männer zusammen, um eine kampflose Übergabe vorzubereiten. Sie wollten sinnlose Opfer und Zerstörungen vermeiden. Das war nicht ganz ungefährlich, denn immer wieder tauchten versprengte Gruppen der deutschen Wehrmacht auf, die Widerstand leisten wollten. Dazu kamen einzelne SS-Leute, die alle zur Aufgabe des Widerstandes bereiten Leute mit der Waffe bedrohten. In Mühlheim ist es dabei zu einem schlimmen Zwischenfall gekommen. Die deutschen Truppen, die Polizei und auch die örtlichen NS-Machthaber hatten die Stadt verlassen. Von den Häusern und vom Kirchturm wehten wie überall im Kreis weiße Fahnen. Einige Männer aus verschiedenen politischen Richtungen hatten sich inzwischen auf der Polizeistation versammelt, um zu überlegen, welche Sicherheitsvorkehrungen getroffen und wie Mühlheim, ohne weitren Schaden zu nehmen, den Amerikanern übergeben werden könnte, als plötzlich mehrere SS-Leute gegen 16 Uhr in den Raum stürmten und das Feuer auf die Anwesenden eröffneten. Vier von ihnen (Engelhard Beetz, Wilhelm Glock, Wendelin Kadner und Richard Müller) wurden tödlich getroffen, ein weiterer (Wilhelm Wießmann) schwer verwundet. Nach dem Verbrechen zogen sich die SS-Leute schnell über den Main nach Dörnigheim zurück.²⁴⁴⁾

In den meisten Gemeinden vollzog sich der Einmarsch der Amerikaner ohne Widerstand und ohne größere Zwischenfälle. Die vom Volkssturm aufgebauten Panzersperren wurden rasch noch vorher oder auf amerikanischen Befehl abgeräumt. Nicht überall ging es jedoch ohne Blutvergießen ab. In Heusenstamm war am Vormittag ein Trupp junger deutscher Soldaten unter Führung eines Oberleutnants eingetroffen und wollte sich zur Verteidigung mit Panzerfäusten im Schulhaus einrichten. Dem katholischen Pfarrer gelang es in Zusammenarbeit mit dem noch amtierenden NS-Ortsgruppenleiter, die Soldaten zum Abzug in Richtung Bieber zu bewegen, nachdem man ihnen noch ein kräftiges Frühstück verabreicht hatte. Am Nachmittag rückten dann die Truppen der 6. US-Panzerdivision und der 90. Infanteriedivision ein:²⁴⁵⁾

»Die Panzerwagen durchfuhren den Ort ... ziemlich rasch. Die Infanteristen näherten sich von der Waldesruhe herkommend dem südwestlichen und südlichen Ortsrand, indem sie in Schützenlinien ausgeschwärmt über das offene Feld vordrangen. Mann hinter Mann, stets die gegenüberliegende Häuserfront sichernd, durchkämmten die ersten Fronttruppen die Straßen

des Ortes und die Häuser nach etwa sich versteckt haltenden deutschen Soldaten und nach verborgenen Waffen. Mancher Heusenstammer Einwohner spürte wohl einen Gewehrlauf im Rücken und wurde so unmißverständlich aufgefordert, sich in den Keller oder auf den Dachboden seines Hauses zu begeben, um einer gründlichen Durchsuchung der Wohnräume nicht im Wege zu sein ...«

Als die US-Truppen schon fast ganz Heusenstamm in Besitz genommen hatten, eröffnete am östlichen Ortsrand an der Straße nach Rembrücken deutsche Soldaten das Feuer auf sie. Die Amerikaner schossen aus allen Rohren auf das Widerstandsnest und zwangen die kleine deutsche Einheit zur Kapitulation. Acht

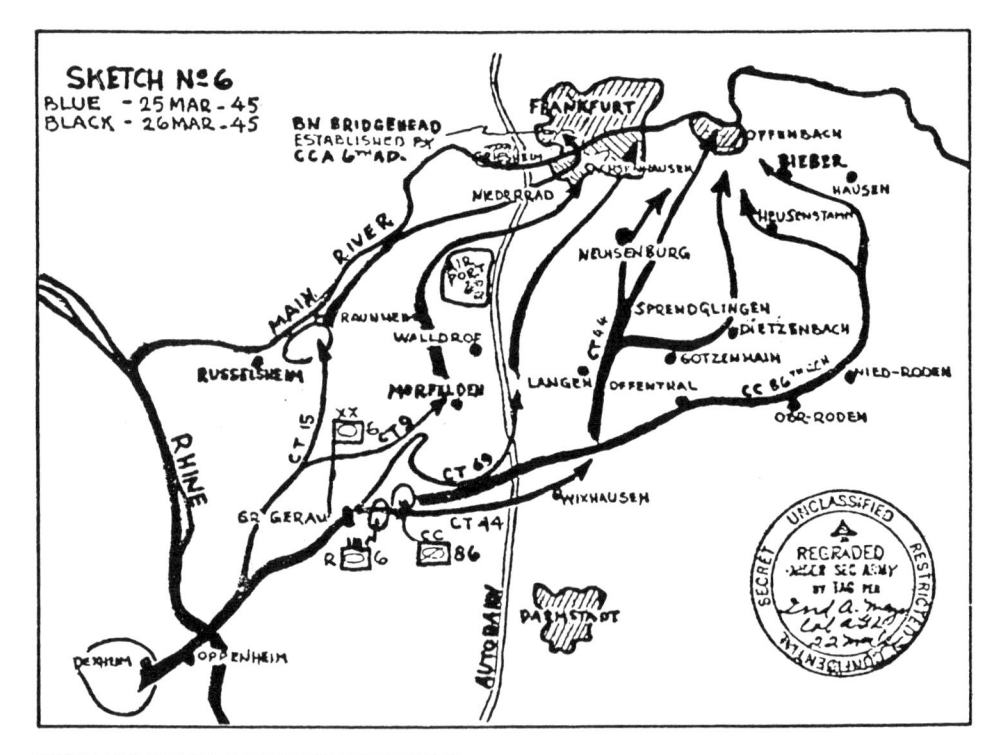

VORMARSCH DER 6. US-PANZERDIVISION
Einheiten dieser Division besetzten am 26. März 1945 weite Teile des westlichen und mittleren Kreisgebietes. Bereits am Vortag hatten Verbände der 4. US-Panzerdivision in raschem Vorstoß von Süden aus dem Raum Babenhausen, die Orte am Main erobert. Skizze aus dem Kriegstagebuch der 6. US-Panzerdivision.

gefallene deutsche Soldaten waren das traurige Ergebnis dieses sinnlosen Gefechts.[246] Auch in Dietzenbach war in der Nähe des Friedhofes ein deutscher Soldat ums Leben gekommen.[247]

In vielen Gemeinden stand die deutsche Bevölkerung in großer Zahl am Straßenrand, als die langen Kolonnen amerikanischer Panzer und Fahrzeuge einzogen. Einige der Zuschauer winkten den Einrückenden zu oder wagten auch einen Zuruf. Die Amerikaner reagierten kaum darauf, sie schauten wachsam in die Gegend, ohne feindselig zu wirken. Sie hatten wohl auch kein Verständnis für die Deutschen, die jetzt mit freudiger Erleichterung ihren Einzug erlebten. Nach den schlimmen Erlebnissen der letzten Jahre sahen viele Deutsche in den US-Soldaten ihre Befreier aus Not, Krieg und Unterdrückung. Die aber hatten etwas andere Empfindungen. Sie waren ausgezogen, um Deutschland zu besiegen, nicht um es zu befreien.

Die Besetzung des Kreises Offenbach aus amerikanischer Sicht ist im nüchterne Kampfbericht des Hauptquartiers der 6. US-Panzerdivision festgehalten:[248]

»26. März 1945: Die Kampfeinheit (Hanson) setzte ihren Angriff in Verbindung mit Abteilungen des 359. Infanterie-Regimentes in nordöstlicher Richtung fort, um Langen einzunehmen. Die Einheit nahm dann Sprendlingen ein und traf dann auf schweres Artilleriefeuer aus den Wäldern im Norden. Die Einheit teilte sich in zwei Säulen, deren eine (Roth) entlang der Landstraße Sprendlingen – Neu-Isenburg, die andere (Tillman) in Richtung Offenbach angriff. Eine Aufklärungsabteilung stieß von Langen nach Osten vor, umging Widerstand bei Götzenhain, gelangte nach Dietzenbach und schwenkte über Heusenstamm in die Hauptangriffsrichtung ein. Die Kampfeinheit schloß schnell nach Offenbach auf und nahm die Stadt gegen leichten Widerstand ein; der Main wurde um 15.30 Uhr erreicht. Die 86. motorisierte Kampfeinheit (Brindle) gelangte in einer raschen Umgehungsbewegung nach Osten und stieß über Ober-Roden und Jügesheim von Südosten her nach Offenbach vor. Nach Erreichen des Mains erkundete sie geeignete Routen und Stellen für einen Flußübergang.«

Im deutschen Wehrmachtsbericht konnte man am folgenden Tag über die Eroberung des Gebietes am unteren Main durch die US-Truppen folgendes vernehmen:

»Aus dem Raum südlich Frankfurt schiebt sich stärkerer Feind gegen den unteren Main vor. Offenbach ging nach schweren Straßenkämpfen verloren. Auch im Südteil Frankfurts wird gekämpft. Über Aschaffenburg stieß eine bewegliche Kampfgruppe weiter nach Osten vor.«

Nur wenige Menschen im Kreis Offenbach werden freilich noch Interesse für den Wehrmachtsbericht aufgebracht haben. Für sie persönlich war der Krieg, die Bedrohung, die Herrschaft der Nationalsozialisten zu Ende. Es blieb die Sorge um Angehörige, die noch an der Front standen, vermißt oder in Gefangenschaft geraten waren, die irgendwo im Reichsinneren oder in dem von der Roten Armee eroberten Gebiet lebten, um deren Schicksal man nichts wußte. Es blieben die Wunden, die der Krieg und die NS-Herrschaft in vielerlei Weise geschlagen hat-

Offenbacher Zeitung

Verlag, Schriftleitung, Anzeigen-Annahme und Zeitungsausgabe: Offenbach am Main, Frankfurter Straße 36. Fernruf soll 11 Telegramm-Anschrift: „Zeitung Offenbachmain". Für die Aufnahme von Anzeigen an bestimmten Tagen und bestimmter Stelle wird keine Gewähr übernommen. Postscheck-Konto: Amt Frankfurt am Main Nr. 11 355

Bezugspreis monatl. RM. 1,96, wöchentl 45 Rpf, zuzügl Trägerlohn 27 rpf monatl. Abholstelle in Offenbach a. M. 48 Rpf wöchentl Postbezug RM 1.96 monatl (einschließl. 21 Rpf Postzeitungsgebühr), zuzügl. 36 Rpf Bestellungen beim Verlag bei den Annahmestellen und bei jedem Postamt. — Erscheint werktäglich vormittags

AMTLICHE TAGESZEITUNG DER NSDAP. GAU HESSEN-NASSAU
AMTSVERKÜNDIGUNGSBLATT FÜR KREIS UND STADT OFFENBACH

Sonnabend/Sonntag, 24./25. März 1945 / Nr. 71 — Einzelpreis 10 Rpf.

Besatzung von Mainz im tapferen Verteidigungskampf

Deutsche Gegenangriffe in den Schwerpunkträumen des Westens · Größere Bodengewinne des Feindes verhindert

(Eigener militärischer Kommentar)

DNB. Berlin, 23. März. Die Schwerpunkträume an der Westfront führten den Feind von Süden in eigener Gegenwirkung. Unsere Truppen verhinderten im mittelrheinischen Brückenkopf ins Gewicht fallende feindliche Geländegewinne und verlangsamten die Bewegungen der nordamerikanischen Angriffsgruppen in der Pfalz.

Während es am Niederrhein außer Artillerieduellen und vergeblichen feindlichen Aufklärungsvorstößen im allgemeinen ruhig blieb, drängten die Nordamerikaner aus ihren Brückenkopf Remagen weiter nach Norden, Nordosten und Süden. Da ihre Angriffe in Richtung auf Siegburg am Südrand der Stadt zusammenbrachen, verlagerten sie im Verlauf des Tages das Schwergewicht mehr und mehr nach Nordosten, in den Raum beiderseits der Autobahn und drängten gegen die Siegschleife. Nach geringem Fortschritten lief sich der Angriff am Südufer des Flusses im Bahngelände westlich Honnef und in den Hügeln bei Sövén fest. Der kleine Einbruch zog sofort eigene heftige Gegenangriffe auf sich. Unsere Truppen führten den Feind von Süden und die Südflanke bei Sövén zurück und kämpften sich westlich Honnef weiter vor. Die Nordamerikaner versuchten darauf bei Sövén und Eudenbach durch neue Angriffe ihrerseits unseren vorgedrungenen Kräften in die Flanke zu fallen. Die Stöße brachen aber erfolglos zusammen.

An der Ostseite des Remagener Brückenkopfes zwischen der Wied bei Datzenroth und Leutesdorf am Rhein weiter fort und schob sich, wenn auch durch fortgesetzte Gegenstöße immer wieder aufgehalten, schrittweise auf Neuwied vor. Die Nord-

amerikaner haben somit, obwohl sie ihre Materialmassen nur stärksten Wirkung brachten, in Linien, nur geringfügig nach Norden und Süden vorverlegen können. Der Brückenkopf, der bei Eudenbach eine größte Tiefe von 12 Kilometer aufweist, besitzt jetzt zwischen der Siegmündung und dem Raum gegenüber Andernach eine Breite von rund 40 Kilometer. Der beabsichtigte Durchbruch durch die Rheinufer gelegene Bergkette in Ebene zwischen Rhein und Bergischem Land ermöglichen sollte, scheiterte jedoch wiederum am Widerstand unserer Grenadiere, Panzerschützen und Volkssturmmänner.

Im Süden der Westfront konnte der Feind in Fortsetzung seiner Angriffe zwar ebenfalls noch Boden gewinnen, doch waren auch hier seine Fortschritte infolge unseres sich verstiefenden Widerstandes geringer als an den Vortagen. Schwere Kämpfe tobten in Mainz. Die nach heftiger Artillerievorbereitung und Luftangriffen mit schweren Kalibern konzentriert angreifenden Nordamerikaner drangen trotz verbissenen Gegenwehr der Besatzung von Nordwesten, bis zum Hauptbahnhof und zur Stadtmitte vor. An der Zitadelle, am Fichteplatz und an der alten Kommandantur hielten die Verteidiger, meist im Nahkampf, den ganzen Tag über ihre Stützpunkte. Immer wieder stellten Ostzierstoßtrupps die Verbindung zu den einzelnen

Kampfgruppen her, so daß trotz des schweren feindlichen Drucks die einheitliche Führung des Widerstandes gewahrt blieb. In den Abendstunden schloß sich die Besatzung im Bereich des Gefechtsstandes des Kampfkommandanten enger zusammen.

Die zwischen Mainz und Frankenthal bis an das Rheinufer herangekommenen Nordamerikaner beschossen unsere Stellungen auf dem Ostufer und versuchten an der zerstörten Autobahnbrücke bei Frankenthal erfolglos, den Fluß zu überschreiten. Der aus der Gegend von Frankenthal nach Süden in Richtung auf Ludwigshafen angreifende Feind wurde bei Oppau und Oggersheim abgeschlagen. Auch die Versuche der Nordamerikaner, von Westen und Süden her an Ludwigshafen heranzukommen, brachen in schweren Kämpfen an der Linie Oppau–Limburgerhof und an der Bahnlinie Limburgerhof–Neustadt zusammen. Einen Sperriegel, der sich nach Süden bis Landau und von dort nach Westen bis in den Raum Annweiler verlängert, griff der Feind an verschiedenen Punkten stark an. Örtliche Einbrüche wurden durch unvergleichliche Gegenstöße beseitigt oder abgeriegelt, wobei zwischen Neustadt und Landau 25 feindliche Panzer, in Landau und durch unsere schwere Panzerjägerabteilung 653, zerschossen liegen blieben.

Mordparolen gegen deutsche Frauen und Kinder

Aufhetzung anglo-amerikanischer Soldaten – „Rottet das deutsche Volk aus!"

DNB. Stockholm, 23. März. Niemand ist mehr im Zweifel darüber, daß die Hadausbrüche unserer Feinde — gleichgültig ob es sich um die sowjetischen Mordbestien oder um die anglo-amerikanischen Kriegsverbrecher handelt, die die Ausrottung des deutschen Volkes weiter verfolgen. Schon jetzt wird in den besetzten deutschen Gebieten die Vernichtungspraxis in grausamster Weise demonstriert. Wie systematisch die anglo-amerikanischen Truppen für den Mordhandwerk erzogen

das deutsche Volk zeigt mit seiner unbeugsamen Kampfentschlossenheit, daß es auch mit solchen „Soldaten" fertig werden wird. An diesen Offenbarungen der bestialischen Gesinnung wird sich zünden und im Kampf um unser Leben werden wir zum äußersten Widerstand bereit sein.

Arbeitsbücher aushändigen

NSG. Frankfurt, 23 März. Das Gauarbeitsamt Rhein-Main gibt bekannt:

In frontnahen oder frontbedrohten Gebieten haben die Betriebsführer ihren inländischen Gefolgschaftsmitgliedern die Arbeitsbücher auszuhändigen. Soweit ausländische Arbeitskräfte ge-

Reitpeitschenregime am Niederrhein

Der Ruf der Heimat
Von Gustav Staebe

In der vergangenen Woche sind die linksrheinischen Kreise unseres Gaues von amerikanischen Truppen besetzt worden. Ueber den Strom, um den sich die älteste deutsche Geschichte rankt, schießt die Artillerie, und die Garben der Maschinengewehre bestreichen die Straßen am Fuße der romantischen und malerischen Hänge. Wie viele Beziehungen und Erinnerungen verbinden uns mit den Städten und Landschaften drüben, durch die feindlichen Panzer rollen oder die jetzt Zeugen des Ereignisses auf dem anderen Ufer sind! Noch überwiegt das schmerzliche Empfinden, das diese Nachrichten in jedem aufgerührt haben, und peinigt das viele unter dem Eindruck der Begleitumstände dieser Entwicklung, unter dem Eindruck der in greifbare Nähe gerückten Front. Die Sprache der Artillerie erschüttert die Luft, Die Terrorangriffe sind noch mehr gesteigert worden. Ueber den Städten stehen die schwarzen Rauchpilze, Jagdbomber kreisen von morgens bis nachts über den Trümmern und Landstraßen. Atmosphäre der Front, so wie sie der Soldat in den vergangenen Jahren an den anderen Kriegsschauplätzen erlebte. Fünfeinhalb Jahre konnte diese leidvolle Belastung der Tapferkeit der deutschen Soldaten unserer Bevölkerung erspart werden. Was das bedeutet, wird jeder ermessen, der in diesen Tagen die Ruhe vergleichen findet. Je realistischer wir uns deshalb ein Bild von den vielfältigen Belastungen machen, desto klarer erkennen wir die Pflicht, aus der uns unser Gewissen nicht entlassen kann. Indem wir uns immer wieder die Frage stellen, was die urteilslose Soldateska aus dem fernen Amerika veranlaßt, unsere blühende Heimat zu zerstören und unsere sozialen Einrichtungen ins Chaos zu stürzen, indem wir diesen Tatsachen ins Auge schauen, mobilisieren wir um Höchstmaß von Widerstandswillen,

ten. Es blieb aber auch ein ungeheurer Optimismus, mit dem die Menschen in den Frühlingstagen 1945 in die Zukunft blickten. Nach den schlimmen Jahren des Nationalsozialismus mit seiner Willkür, Verfolgung und Unterdrückung, nach Krieg, Not und Zusammenbruch konnte es nun, in der »Stunde Null«, nur noch aufwärts gehen. Doch dies ist eine andere Geschichte.

LINKS: DIE LETZTE »OFFENBACHER ZEITUNG« (24./25. MÄRZ 1945)
Aus ihrer Zeitung konnten die Leser im Kreis Offenbach nicht erfahren, daß die amerikanischen Truppen am Samstag, 24. März 1945 bereits dicht vor der Kreisgrenze standen.

ZERSTÖRUNG in NEU-ISENBURG

Anmerkungen

Bei der in Klammer gesetzten Zahl vor dem Verfassernamen handelt es sich um die laufende Nummer des Literaturverzeichnisses, unter welcher der volle Titel des zitierten Werkes zu finden ist.

Anmerkungen zur Einleitung

1) (66) Kreis Offenbach 1927, Geleitwort, S. 7
2) (46) Hessen in Wort und Zahl 1936, S. 219 ff
3) Diese und die folgenden Angaben über die Wirtschaftlichen Verhältnisse im Kreis nach: Gewerberat Arndt,
   Die gewerblichen Verhältnisse in den Landgemeinden des Kreises Offenbach a. M.
   In:(66) Kreis Offenbach 1927, S. 78 ff.
4) (76) Malsi, Strukturuntersuchung OF, S. 115
5) (76) Malsi, Strukturuntersuchung OF, S. 118
   Zu den Folgen des Portefeuillerstreiks von 1924 und der Haltung der Ledergewerkschaft vgl. (33) Galm, Rebell, S. 52 ff. und Otto Schlander, Der Portefeuiller-Streik 1924 (In: Alt-Offenbach, NF Heft 20, 1989).
6) (46) Hessen in Wort und Zahl 1936, S. 30
7) Ebenda, S. 23
8) Ebenda, S. 96, und (45) Gemeindestatistik 1935, S. 93
9) (45) Gemeindestatistik 1935, S. 92 f.
10) (46) Hessen in Wort und Zahl 1936, S. 125 ff.
11) (45) Gemeindestatistik 1935, S. 6 f. und Mitteilungen des Hessischen Landestatistischen Amtes Nr. 1 / 1940, S. 115
12) (46) Hessen in Wort und Zahl 1936, S. 332
13) (44) Statistisches Handbuch 1929, S. 95 ff., und (46) Hessen in Wort und Zahl 1936, S. 314 f.
14) (40) Goetheschule Neu-Isenburg, S. 51
15) (46) Hessen in Wort und Zahl 1936, S. 211
16) (38) Glück, IHK Offenbach, S. 63.
    Die Handelskammer-Gesetze wurden erlassen am 17.11.1871 und am 6.8.1902.
17) (46) Hessen in Wort und Zahl 1936, S. 53
18) Die hessischen Landtagswahlen seit 1820 und die Reichstagswahlen seit 1871 sind behandelt bei (70) Kurt, Wahlen, S. 11–88.
19) O. A. vom 18. 11. 1929
20) (88) Nahrgang, Atlas OF, XII, 10/49

Anmerkungen zum ersten Kapitel

1) O.A. vom 30.1.1921
2) (8) Bopp, Kampfjahre
3) O.A. vom 31.1.1923
4) (8) Bopp, Kampfjahre, S. 5
5) O.N. vom 23.2.1935
6) (70) Kurt, Wahlen, S. 65 ff.
7) Wahlergebnis der NSDAP in den deutschen Wahlkreisen 1924-1933 bei: A. Milatz, Das Ende der Parteien im Spiegel der Wahlen. (79) Matthias/Morsey, Parteien 1933, S. 782
8) (62) Klemm, Polizeiliches Einschreiten, S. 88
9) (8) Bopp, Kampfjahre, S. 7
10) O.N. von 1.7.1935
11) O.A. vom 19.5.1926, zitiert bei (8) Bopp, Kampfjahre, S. 11
12) (8) Bopp, Kampfjahre, S. 11
13) (26) Fest, Hitler, S. 343
14) O.N. vom 24.2.1934
15) (8) Bopp, Kampfjahre, S. 12
16) Ebenda, S. 13
17) Zu dem Auftreten des Dr. Alfred Dang gegen die Nationalsozialisten in verschiedenen südhessischen Orten: (64) Knöpp, Hessen, S. 734
18) (64) Knöpp, Hessen, S. 735 und S. 757, nennt aufgrund von Akten der Reichsleitung im Bundesarchiv Koblenz 1927 als Jahr für die Einrichtung der Gauleitung in Offenbach. (8) Bopp, Kampfjahre, S. 16, gibt dagegen 1929 an.
19) (8) Bopp, Kampfjahre, S. 16
20) Ebenda, S. 1
21) (64) Knöpp, Hessen, S. 735
22) (8) Bopp, Kampfjahre, S. 32 ff.
23) Geschichte der NSDAP-Ortsgruppe Neu-Isenburg, verfaßt vom Presseamtsleiter der Ortsgruppe 1936,
abgedruckt bei: (100) Rebentisch, Neu-Isenburg, S. 41 ff.
24) (29) Fogel, Langen, 61
25) (99) Rebentisch, Dreieich, S. 289
26) Parteigeschichte der NSDAP, Ortsgruppe Mühlheim a. M. (Meldung des Ortsgruppenleiters an die Kreisleitung in Offenbach vom 20.12.1940), abgedruckt bei: (68) Krug, Manuskripte Mühlheim, S. 186 ff.
27) Geschichte der NSDAP-Ortsgruppe Neu-Isenburg, bei: (100) Rebentisch, Neu-Isenburg, S. 41 ff.
28) Ebenda
29) Denkschrift der hessischen Industrie- und Handelskammer, 1933; abgedruckt bei: (43) Hennig, Hakenkreuz, S. 52
30) D. Rebentisch, Von der Splittergruppe zur Massenpartei (Zur Frühgeschichte des Nationalsozialismus in Frankfurt).
In: (43) Hennig, Hakenkreuz, S. 287

31) (99) Rebentisch, Dreieich, S. 289.
    Zu den Reichstagswahlen 1930: (70) Kurt, Wahlen, S. 74 ff.
32) Frankfurter Zeitung vom 15.9.1931, zitiert bei: (51) Hillgruber, Auflösung, S. 13
33) (8) Bopp, Kampfjahre, S. 31
34) O.N. vom 28.12.1937
35) Schreiben von W. S. an die Kreisleitung Offenbach vom 23.6.1937; StA DA N1/10078
36) (8) Bopp, Kampfjahre, Anhang S. 3
37) StA DA N1/3584
38) Parteigeschichte der NSDAP, Ortsgruppe Mühlheim a. M.; abgedruckt bei: (68) Krug, Manuskripte Mühlheim, S. 186
39) (29) Fogel, Langen, S. 61
40) Meldung der Ortsgruppe Sprendlingen vom 3.12.1931; StA DA N1/3819
41) (29) Fogel, Langen, S. 62, und (190) Rebentisch, Neu-Isenburg, S. 21
42) Rundschreiben der NS-Kreisleitung 8/32 vom 28.1.1932; StA DA N1/3819
43) (8) Bopp, Kampfjahre, S. 4. Zur Geschichte der Offenbacher SA vgl. (60) Kirchner, Flamme, S. 209 f. (nach Bericht der O. N. vom 16.6.1933)
44) Geschichte der NSDAP-Ortsgruppe Neu-Isenburg;
    abgedruckt bei: (100) Rebentisch, Neu-Isenburg, S. 41 ff.
45) Beschaffenheitsbericht der NSDAP-Ortsgruppe Sprendlingen vom November 1931; StA DA N1/3819
46) (29) Fogel, Langen, S. 65
47) (84) Moos, SA in Hessen, auch abgedruckt bei H. Pingel, Die Machtergreifung der NSDAP in Darmstadt. In: (43) Hennig, Hakenkreuz, S. 353
48) Hermann J. Bach, Die Entwicklung der nationalsozialistischen Bewegung in Hessen, besonders im Odenwald. In: (43) Hennig, Hakenkreuz, S. 357 ff.
49) (8) Bopp, Kampfjahre, S. 21, 33, 39 und 49
50) Neu-Isenburger Anzeigeblatt vom 5.5.1931; abgedruckt bei:
    (100) Rebentisch, Neu-Isenburg, S. 30 f.
51) (8) Bopp, Kampfjahre, Anhang S. 1 ff.
52) (25) Fest, Hitler, S. 403
53) Vgl. hierzu (8) Bopp, Kampfjahre, S. 28, und den Propagandabericht im Neu-Isenburger Anzeiger vom 5.5.1931,
    abgedruckt bei: (100) Rebentisch, Neu-Isenburg, S. 30 f.
54) (8), Bopp, Kampfjahre, S. 38
55) Ebenda
56) Ebenda S. 39
57) Bericht des Polizeiamtes Neu-Isenburg vom 20.2.1931 an das Hessische Polizeiamt Darmstadt;
    abgedruckt bei: (100) Rebentisch, Neu-Isenburg, S. 27 ff.
58) O.A. vom 1. 7. 1931
59) (84) Moos, SA in Hessen, S. 38; abgedruckt bei; (29) Fogel, Langen, S. 72
60) Geschichte der NSDAP-Ortsgruppe Neu-Isenburg;
    abgedruckt bei: (100) Rebentisch, Neu-Isenburg, S. 41 ff.
61) (29) Fogel, Langen, S. 72
62) O.A. vom 3.7.1931

63) O.A. vom 7.7. und 31.8.1931
64) O.A. vom 18.8.1931
65) Ebenda
66) O.A. vom 19.8.1931
67) (64) Knöpp, Hessen, S. 736 und 758
68) StA DA N1/3819
69) O.A. vom 4.9.1931
70) O.A. vom 2.9.1931
71) Monatsbericht der NS-Ortsgruppe Sprendlingen vom September 1931; StA DA N1/3832
72) O.A. vom 14.11.1931
73) O.A. vom 26. und 27.10.1931
74) O.A. vom 4.7.1931
75) (8) Bopp, Kampfjahre, S. 48
76) Geschichte der NSDAP-Ortsgruppe Neu-Isenburg; abgedruckt bei: (100) Rebentisch, Neu-Isenburg, S. 41 ff
77) (64) Knöpp, Hessen, S. 737
78) Zur Überbewertung der Harzburger Front und Hitlers Unterredungen mit Hindenburg 1932 vgl. (26) Fest, Hitler, S.419ff.
79) (70) Kurt, Wahlen, S. 47 ff. und 57 ff.
80) Zu Heinrich Galm vgl. insbesondere seine 1980 von Werner Fuchs und Bernd Klemm zusammengestellten politischen Erinnerungen in: (33) Galm, Ich war halt immer ein Rebell.
Ferner: Hermann Bösch, Politische Parteien und Gruppen in Offenbach am Main 1860-1960 (Offenbacher Geschichtsblätter Nr. 23; 1973) und (70) Kurt, Wahlen, S. 73 f.
81) (33) Galm, Rebell, S. 10 f. und S. 78
82) Ebenda S. 12
83) Ebenda S. 116
84) O.A. vom 13.11.1931
85) O.A. vom 12.10.1931
86) (33) Galm, Rebell, S. 156
87) O.A. vom 14.9.1931
88) O.A. vom 31.10.1931
89) O.A. vom 12.10.1931
90) O.A. vom 4.1.1932
91) Neu-Isenburger Anzeiger vom 17.1.1930; abgedruckt bei: (100) Rebentisch, Neu-Isenburg, S. 23
92) (29) Fogel, Langen, S. 69
93) O.A. vom 19.1.1933
94) (29) Fogel, Langen, S. 71, nach »Langener Wochenblatt« vom 11.4.1930
95) (29) Fogel, Langen, S. 71
96) (33) Galm, Rebell, S. 118
97) O.A. vom 10.3.1932
98) O.A. vom 26.5.1932
99) O.A. vom 19.4.1932
100) O.A. vom 16.4.1932

101) O.A. vom 2.9.1931
102) O.A. vom 4.7. und 6.7.1932
103) O.A. vom 15.11.1932
104) O.A. vom 6.4.1932
105) (62) Klemm, Polizeiliches Einschreiten, S. 88
106) O.A. vom 28.5.1932
107) O.A. vom 8.1.1932
108) O.A. vom 28.1.1932
109) O.A. vom 9.2.1932
110) O.A. vom 22.1., 1.2. und 10.2.1932
111) Die NS-Zeitung »Offenbacher Nachrichten« benutzte fast durchgehend die Bezeichnungen »Blecherne Front« oder »Blechfront«. Belege finden sich auch bei (60) Kirchner, Flamme.
112) (62) Klemm, Polizeiliches Einschreiten, S. 86
113) (60) Kirchner, Flamme, S. 67, nach O.Z. vom 4.11.1932
114) Neu-Isenburger Anzeigeblatt vom 4.3.1932; abgedruckt bei: (100) Rebentisch, Neu-Isenburg, S. 33 ff.
115) O.A. vom 1.3.1932
116) O.A. vom 23.3.1932
117) O.A. vom 17.3.1932
118) O.A. vom 23.5.1932
119) StA DA N1/3819
120) Mitgliederstand der NS-Ortsgruppe Sprendlingen vom 10.2.1932, zu der der Stützpunkt Götzenhain gehörte. StA DA N1/3819
121) Vgl. hierzu; (100) Rebentisch, Neu-Isenburg, S. 21; (99) Rebentisch, Dreieich, S. 302 ff.; und (29) Fogel, Langen, S. 61 f.
122) Über die Ergebnisse der neueren Mitglieder- und Wählerforschung sowie die Kontroverse um das Wählerpotential der NSDAP veröffentlichte Jürgen W. Falter einen aufschlußreichen Beitrag in der FAZ vom 19.3.1986. Ihm zufolge trug die NSDAP mehr als jede andere politische Partei der Weimarer Republik den Charakter einer Volkspartei und könne daher als »erste moderne Integrationspartei der deutschen Geschichte« bezeichnet werden.
123) O.N. vom 25.8.1932
124) O.N. vom 1.6.1943
125) O.A. vom 30.9.1932 und O.N. vom 26.8., 1.10., 6.10. und 9.10.1932
126) (8) Bopp, Kampfjahre, S. 61
127) Ebenda, S. 61 f.
128) Anordnung der NS-Gauleitung Hessen vom 13.7.1932; StA DA N1/3819
129) (8) Bopp, Kampfjahre, S. 32 und 42 f.
130) M. Loiperdinger, Das Blutnest vom Boxheimer Hof (mit Text der Dokumente); in: (43) Hennig, Hakenkreuz, S. 433-468
131) (8) Bopp, Kampfjahre, S. 49
132) Rede Groeners am 29.11.1931 auszugsweise abgedruckt bei M. Loiperdinger, Das Blutnest vom Boxheimer Hof; in: (43) Hennig, Hakenkreuz, S. 441
133) Rede Brünings vom 8.12.1931 ebenda, S. 443 und 446. Die Auswirkungen der Boxheimer Affäre auf die Reichspolitik und die geheimen Verhandlun-

gen zwischen NSDAP und Zentrum wegen einer Regierungsneubildung in Hessen schildert (13 a) Brüning in seinen »Memoiren 1918-34«, S. 463 ff.

134) Offener Brief Hitlers an Brüning vom 16.12.1931 bei M. Loiperdinger, Das Blutnest vom Boxheimer Hof; in: (43) Hennig, Hakenkreuz, S. 446
135) Ebenda, S. 447, sowie (26) Fest, Hitler, S. 433.
(13 a) Brüning, Memoiren, S. 464, zufolge waren die in die Boxheimer Affäre verwickelten NS-Führer durch die Parteileitung von jeder parteiamtlichen Funktion vorläufig suspendiert.
136) »Vorwärts« vom 27.11.1931, zitiert bei M. Loiperdinger; in: (43) Hennig, Hakenkreuz, S. 441
137) (8) Bopp, Kampfjahre, S. 53
138) Ebenda, S. 54
139) Ebenda, S. 62
140) Ebenda, S. 63 und O.N. vom 9.10.1932
141) (114) Sedlatschek, Klein-Krotzenburg, S. 53
142) Karte zur Abgrenzung der Pfarreien und Dekanate im Jahr 1930 bei (88) Nahrgang, Atlas OF, VI 10/70
143) Vgl. »Äußerungen des kirchlichen Lebens im Bistum Mainz« in:
(44) Statistisches Handbuch 1929, S. 95, und
(46) Hessen in Wort und Zahl 1936, S. 335 f.
144) (22) Duchhardt-Bösken, Ordinariat Mainz, Dokumentation
145) (86) H. Müller, Kirche und Nationalsozialismus, S. 13 ff.
146) (8) Bopp, Kampfjahre, Anhang S. 5., und O.N. vom 16.7.1932
147) O.N. vom 19.7.1932
148) O.A. vom 9.3.1932
149) O.Z. vom 17.10.1932 und (113) Schumacher, Katholische Gemeinde, S. 46
150) Zur Lage der protestantischen Kirche um das Jahr 1930 vgl. (27) Flechsenhaar, Bekenntnis
151) Schreiben an die NS-Kreisleitung Offenbach vom 19. 3. 1932; StA DA N1/3819
152) StA DA N1/3834
153) O.A. vom 12.4.1932
154) O.A. vom 8.7.1932
155) O.A. vom 5.8.1932
156) Die Zeitungsmeldungen über die Vorfälle ab 16.6.1932 sind aufgelistet in (60) Kirchner, Flamme, S. 12 ff.
157) (8) Bopp, Kampfjahre, S. 54, und O.A. vom 1.2.1932
158) O.A. vom 27.6.1932
159) O.A. vom 29.1.1932
160) O.A. vom 23.5.1932
161) O.A. vom 14.12.1932
162) O.N. vom 25.6.1932
163) O.A. vom 18.8.1931
164) SA-Wochenbericht vom 1.9.1932; StA DA N1/3802
165) SA-Wochenbericht vom 20.10.1932; StA DA N1/3802
166) O.A. vom 9.8.1932

167) O.A. vom 10.12.1932
168) O.A. vom 9.12.1932
169) O.A. vom 16.3.1932
170) O.A. vom 8.7.1932
171) O.A. vom 29.11.1932
172) O.A. vom 11.11.1932
173) O.A. vom 24.10.1931
174) O.A. vom 20.8.1932
175) O.A. vom 14.12.1932
176) Bericht der Gemeinde Dietzenbach an das Kreisamt in Offenbach; Stadtarchiv Dietzenbach II/250/1
177) (119) Stampfer, Die ersten 14 Jahre, S. 613
178) O.A. vom 3.4.1932
179) Neu-Isenburger Anzeigeblatt vom 4.3.1932; abgedruckt bei: (100) Rebentisch, Neu-Isenburg, S. 33 f.
179a) (8) Bopp, Kampfjahre, Anhang S. 8 f.
180) (21) Domarus, Hitler, S. 105 ff.
181) O.A. vom 17.6.1932
182) O.N. vom 17.6.1932 sowie O.A. vom 17. und 18.6.1932
183) StA DA N1/10094
184) O.N. vom 17.6.1932
185) (8) Bopp, Kampfjahre, Anhang S. 8
186) (29) Fogel, Langen, S. 73 ff.
187) Ergebnisse der Landtagswahl vom 19.6.1932 in den Gemeinden des Kreises Offenbach in der O.Z. vom 20.6.1932
188) (51) Hillgruber, Auflösung, S. 40 und 44
189) (105) Schmid, Frankfurt 1930-33, S. 141
190) O.A. vom 11.7.1932 sowie O.N. vom 12. und 13.7.1932
191) (21) Domarus, Hitler, S. 120
192) (60) Kirchner, Flamme, S. 35, nach O.A. und O.Z vom 30.7.1932
193) (46) Hessen in Wort und Zahl 1936, S. 62. Der Arbeitsamtsbezirk Offenbach umfaßte Stadt und Kreis ohne die Gemeinden im Westen.
194) O.A. vom 24.6.1932
195) Nach der Aussage eines 1929 geborenen Bürgers aus dem Kreis Offenbach hatte sich sein Vater als ehemaliger Kommunist der SA angeschlossen. Als Arbeitsloser bezog er für den Unterhalt seiner vierköpfigen Familie wöchentlich 15 Mark. Die Nationalsozialisten verschafften ihm eine Arbeitsstelle.
196) (70) Kurt, Wahlen, S. 79 ff.
197) (21) Domarus, Hitler, S. 136, und
(119) Stampfer, Die ersten 14 Jahre, S. 647
198) (8) Bopp, Kampfjahre, S. 59
199) O.A. vom 5.8.1932
200) O.A. vom 4.10. und 5.11.1932
201) O.A. vom 11.10.1932
202) StA DA N1/3803

203) Wahlergebnisse der Reichstagswahl vom 7.11.1932 in den Gemeinden des Kreises Offenbach im O. A. vom 7.11.1932
204) O.A. vom 13.12.1932 und O.N. vom 14.12.1932
205) (99) Rebentisch, Dreieich, S. 35 f.
206) (21) Domarus, Hitler, S. 164
207) (51) Hillgruber, Auflösung, S. 49
208) O.A. vom 29.10.1932
209) O.A. vom 28.10.1932
210) O.N. vom 24. und 25.12.1932 sowie (60) Kirchner, Flamme, S. 83

Anmerkungen zum zweiten Kapitel

1) Zahl der Arbeitslosen im Reich am 31.1.1933: 6 014 000 und
   am 1.7.1933: 4 857 000
   (123) Tormin, 1933-34, S. 30
   Im Kreis Offenbach, in dem der Anteil der Arbeiter bei den Beschäftigten sich auf 60,5% belief, waren bei der Volkszählung am 16.6.1933 noch 43,7% der Beschäftigten überhaupt und 48,1% der Arbeiter erwerbslos. Zum gleichen Zeitpunkt waren in Mühlheim 704 männliche Arbeiter beschäftigt, 929 dagegen arbeitslos. In Seligenstadt (499:598) und in Sprendlingen (938:1015) überwog ebenfalls die Zahl der arbeitslosen männlichen Arbeiter die der beschäftigten. (46) Hessen in Wort und Zahl 1936, S. 42 ff.
2) (105) Schmid, Frankfurt 1930-33, S. 162
3) Chronologische Auflistung von Zwischenfällen bei (105) Schmid, Frankfurt 1930-33, und (60) Kirchner, Flamme
4) Noch am 27.1.1933 erklärte Hindenburg vor Generälen: »Sie werden mir doch nicht zutrauen, meine Herren, daß ich diesen österreichischen Gefreiten zum Reichskanzler berufe.« (51) Hillgruber, Auflösung, S. 61. Bei anderen Gelegenheiten bezeichnete Hindenburg Hitler als »böhmischen Gefreiten«.
5) O.A. und O.Z. vom 31.1.1933
6) O.A. vom 2.2.1933
7) (33) Galm, Rebell, S. 118
8) O.A. vom 1.2.1933
9) (60) Kirchner, Flamme, S. 89 ff. bietet eine chronologische Zusammenstellung überwiegend aus der Stadt Offenbach.
10) Aufstellung der Pendlerzahlen aus den Gemeinden des Kreises Offenbach in: (46) Hessen in Wort und Zahl 1936, S. 53
11) (81) Mirkes, Mühlheim, S. 33 f.
12) (29) Fogel, Langen, S. 85
13) (6) Binder, Epoche der Entscheidungen, S. 153

14) (21) Domarus, Hitler, S. 194
15) »Mein Kampf«, zitiert nach (6) Binder, Epoche der Entscheidungen, S. 220
16) (21) Domarus, Hitler, S. 207
17) Rede am 16.10.1932 in Königsberg; (21) Domarus, Hitler, S.140
18) (119) Stampfer, Die ersten 14 Jahre, S. 670
19) (33) Galm, Rebell, S. 115
20) O.A. vom 13.2.1933
21) (33) Galm, Rebell, S. 119
22) O.A. und O.Z. vom 16.2.1933
23) O.A. und O.Z. vom 22.3.1933
24) O.Z. vom 16.2.1933 und O.N. vom 17.2.1933
25) (105) Schmid, Frankfurt 1930-33, S. 168 f.
26) Langener Wochenblatt vom 7.2.1933;
    abgedruckt bei: (29) Fogel, Langen, S. 81
27) O.A. vom 14.2.1933 und 22.2.1933. Die Zeitungsberichte sind auch abgedruckt bei: (99) Rebentisch, Dreieich, S. 98 f.
28) O.N. vom 19.2.1933 und O.A. vom 20.2.1933
29) (87) G. Müller, Machtübernahme Dieburg, S. 424 f.
30) Text der Notverordnung vom 28.2.1933 u.a. bei: (53) Hofer, Nationalsozialismus, S. 53
31) (60) Kirchner, Flamme, S. 110
32) O.Z. vom 4.3.1933
33) O.A. und O.Z. vom 4.3.1933
34) »Mein Kampf«, zitiert nach (53) Hofer, Nationalsozialismus, S. 20
35) Die Fraktion der CDU/CSU verfügte im Deutschen Bundestag 1976-80 über 242 der 497 Mandate (= 48,7%) und bildete die Opposition.
36) O.N. vom 7.3.1933; zitiert bei: (60) Kirchner, Flamme, S.121
37) O.N. vom 9.3.1933
38) Geschichte der NSDAP- Ortsgruppe Neu-Isenburg, verfaßt vom Presseamtsleiter der Ortsgruppe 1936;
    abgedruckt bei: (100) Rebentisch, Neu-Isenburg, S. 62 ff.
39) (64) Knöpp, Hessen, S. 739
40) Ebenda und (100) Rebentisch, Neu-Isenburg, S. 51 f.
41) Hessisches Regierungsblatt 1933, Nr. 5, S. 27
42) (100) Rebentisch, Neu-Isenburg, S. 58-66, bietet eine ausführliche Dokumentation der dortigen Vorgänge im März 1933.
43) O.N. vom 17.3.1933
44) (81) Mirkes, Mühlheim, S. 18
45) O.N. vom 10.3.1933
46) O.N. vom 17.3. und 5.4.1933
47) Schreiben der Ortsgruppe Sprendlingen der NSDAP vom 22.3.1933; StA DA N1/3819
48) Schreiben der Ortsgruppe Sprendlingen der NSDAP vom 4.4.1933; StA DA N1/3819
49) Schreiben des Kreisamtes Offenbach an die Bürgermeisterei Sprendlingen vom 7.4.1933; abgedruckt bei: (99) Rebentisch, Dreieich, S. 100

50) Schreiben der Ortsgruppe Sprendlingen der NSDAP vom 1.7.1933;
    StA DA N1/3819
51) Text des Gesetzes vom 31.3.1933 bei: (12) Brodersen, Gesetze, S. 41 ff.
52) Schreiben des Kreisamtes Offenbach an die Bürgermeistereien des Kreises
    vom 7.4.1933; abgedruckt bei: (99) Rebentisch, Dreieich, S. 101 f.
53) (29) Fogel, Langen, S. 52
54) Ebenda, S. 94
55) (100) Rebentisch, Neu-Isenburg, S. 73
56) O.N. vom 10.5.1933
57) Erlaß des Hessischen Ministers des Innern vom 27.6.1933 an die Provinzial-
    direktoren, Kreisämter und Bürgermeistereien;
    abgedruckt bei: (99) Rebentisch, Dreieich, S. 103
58) O.N. vom 22.6.1933
59) O.N. vom 25.5.1933
60) (99) Rebentisch, Dreieich, S. 104
61) Text des Gesetzes vom 7.4.1933 bei: (12) Brodersen, Gesetze, S. 29 ff.
62) Kopie des handschriftlichen Protokolls vom 15.6.1933 bei:
    (19) Dietzenbach, Nazifiziert, S. 77 ff.
63) Ebenda, S. 198
64) O.N. vom 29.3.1933
65) Schreiben des Bürgermeisters von Heusenstamm 1934 an die Kreisleitung
    der NSDAP; Stadtarchiv Heusenstamm
66) O.N. vom 14.3.1933
67) O.Z. vom 30.9.1931
68) Schreiben des Kreisamtes Offenbach vom 5.8.1932;
    Stadtarchiv Dietzenbach, II, 73,3
69) O.A. vom 6.4.1932
70) O.N. vom 22.6.1933
71) O.N. vom 15.7.1933
72) O.H. vom 17.6.1933
73) Schreiben des Kreisamtes Offenbach vom 14.12.1933;
    Stadtarchiv Dietzenbach
74) O.N. vom 26.2.1934
75) O.Z. vom 22.3.1933
76) O.N. vom 24. und 25.3.1933
77) Ein Deutungsmuster, das die Ursachen der Gewaltakzeptanz bei einem
    Offenbacher »Alten Kämpfer« aus der Zustimmung zum Bewegungscha-
    rakter der NSDAP herleitet, findet sich bei: Eike Hennig/Bernd Klemm,
    Offenbach – war das röteste Nest der Frankfurter Umgebung. In: (43)
    Hennig, Hakenkreuz, S. 312 f.
78) Text des Gesetzes vom 1. 12. 1933 bei: (53) Hofer, Nationalsozialismus, S. 61 f.
79) 3 Rundschreiben des Staatskommissars für das Polizeiwesen in Hessen vom
    6., 10. und 12.4.1933; abgedruckt bei: (100) Rebentisch, Neu-Isenburg, S. 78
80) (29) Fogel, Langen, S. 87, weitere Aussagen über Mißhandlungen bei:
    (99) Rebentisch, Dreieich, S. 210 ff. und
    (100) Rebentisch, Neu-Isenburg, S. 60 ff.

81) Akten des Landgerichtes Darmstadt aus dem Jahr 1947; StA DA H 13/ 960
82) (81) Mirkes, Mühlheim, S. 45
83) (100) Rebentisch, Neu-Isenburg, S. 79 f.
84) (84) Moos, SA in Hessen; zitiert bei: M. Loiperdinger, Das Blutnest vom Boxheimer Hof. In: (43) Hennig, Hakenkreuz, S. 467 f.
85) Ebenda, S. 449
86) (60) Kirchner, Flamme, S. 119
87) Ebenda, S. 203 ff.
88) (100) Rebentisch, Neu-Isenburg, S. 85 f.
89) O.N. vom 3.2.1934
90) O.N. vom 1.6., 4.6., 15.6., 21.6., 1.7., 21.9. und 1.10.1933. Eine Aufstellung aller Verfolgten aus Stadt und Kreis Offenbach findet sich bei: (82) Mirkes, Zeugnisse, S. 180 ff.
91) Mitteilung der Pressestelle der Hessischen Staatsregierung; O.Z. vom 2.5.1933
92) Paul Grünewald, Das KZ Osthofen. In: (43) Hennig, Hakenkreuz, S. 490-505
93) (33) Galm, Rebell S. 122
94) Ebenda, S. 121
95) Rundschreiben der NS-Kreisleitung vom 26.6.1934; StA DA N1/3707
96) StA DA N1/3834
97) Eidesstattliche Erklärung vom 21.6.1946; StA DA H 13/908
98) (99) Rebentisch, Dreieich, S. 223.
Zu Übertritten von Sozialisten und Kommunisten zur NSDAP vgl. auch (33) Galm, Rebell, S. 136
99) O.A. vom 19.4.1932
100) (81) Mirkes, Mühlheim, S. 45
101) O.N. vom 19.3., 23.3. und 24.3.1933
102) O.N. vom 28.5.1933
103) O.N. vom 19.6., 20.6. und 18.8.1933
104) O.N. vom 15.7. und 12.9.1933
105) O.N. vom 3.9.1933
106) Schreiben der NS-Ortsgruppe Sprendlingen vom 10.11.1933; StA DA N1/3819.
Zur Aufnahmepraxis der NSDAP vgl. (99) Rebentisch, Dreieich, S. 287 ff. Ebenda, S. 302 ff., finden sich aufschlußreiche berufsstatistische Erhebungen über die NSDAP und ihre Gliederungen im Dreieichgebiet.
107) Boykottaufruf der Reichsleitung der NSDAP im Langener Wochenblatt vom 31.3.1933; Kopie bei: (29) Fogel, Langen, S. 186
108) (105) Schmid, Frankfurt 1930-33, S. 178
109) O.N. vom 1.4.1933
110) Langener Wochenblatt vom 31.3.1933; abgedruckt bei: (29) Fogel, Langen, S. 187
111) Geschichte der NSDAP-Ortsgruppe Neu-Isenburg; abgedruckt bei: (100) Rebentisch, Neu-Isenburg, S. 65
112) So Ziffer 7 des Boykottaufrufs; vgl. Anm. 107

113) (105) Schmid, Frankfurt 1930-33, S. 180
114) O.N. vom 1.4.1933 und O.A. vom 2.4.1933
Zu den Vorgängen in Offenbach: (126) Werner, Juden in Offenbach, S. 81
115) (29) Fogel, Langen, S. 188
116) (99) Rebentisch, Dreieich, S. 239
117) (100) Rebentisch, Neu-Isenburg, S. 269
118) (45) Gemeindestatistik 1935, S. 100. Differenzen zwischen den Angaben der Volkszählung vom 16.6.1933 und den später erstellten »Judenlisten« ergeben sich auch daraus, daß bei der Volkszählung die Angehörigen der jüdischen Glaubensgemeinschaft (»Israeliten«) gezählt wurden, bei den »Judenlisten« dagegen alle Einwohner jüdischer Abstammung (»Rassejuden« ohne Rücksicht auf die Religionszugehörigkeit erfaßt wurden.
119) O.N. vom 23.4.1933
120) In der Stadt Offenbach erfolgte der Beschluß mit Zustimmung von SPD und Zentrum am 23.5.1933 (O.Z. vom 24.5.1933), in Mühlheim waren zum Zeitpunkt der Beschlußfassung (26.5.1933) die SPD-Gemeindevertreter bereits ausgeschieden ((81) Mirkes, Mühlheim, S. 97), in Langen gab es am 17.5.1933 nur Vertreter der NSDAP ((29) Fogel, Langen, S. 94 f)
121) Die Mitteilung der Reichspressestelle der NSDAP vom 28.4.1933 ist abgedruckt bei: (21) Domarus, Hitler, S. 257
122) (39) Goebbels, Kaiserhof, S. 299 (Notiz zum 17.4.1933)
123) Kopie des Rundschreibens in: (19) Dietzenbach, Nazifiziert, S. 104 f.
124) Francois-Ponçet, Botschafter in Berlin, S. 115 f.
Wortlaut der Hitler-Rede vom 1. Mai 1933 bei (21) Domarus, Hitler, S. 259 ff.
125) (105) Schmid, Frankfurt 1930-33, S. 186 f.
126) Berichte der verschiedenen Zeitungen zum 1. Mai 1933 bei: (60) Kirchner, Flamme, S. 172 ff.
127) Mitteilung der Pressestelle der hessischen Staatsregierung; O.Z. vom 2.5.1933
128) (33) Galm, Rebell, S. 124
129) Mühlheimer Bote vom 2.5.1933;
zitiert nach: (81) Mirkes, Mühlheim, S. 24
130) Auszug aus der evangelischen Kirchenchronik Dreieichenhain 1933; abgedruckt bei (99) Rebentisch, Dreieich, S.115 ff
131) (60) Kirchner, Flamme, S. 176
132) O.N. vom 25.4., 2., 3., 4.5.1933
133) (33) Galm, Rebell, S. 125, und (60) Kirchner, Flamme, S. 181
134) Völkischer Beobachter vom 4.5.1933;
abgedruckt bei: (21) Domarus, Hitler, S. 264
135) (33) Galm, Rebell, S. 127, und (60) Kirchner, Flamme, S. 186 f.
136) Völkischer Beobachter vom 11.5.1933;
abgedruckt bei: (21) Domarus, Hitler, S. 266
137) Verordnung des Führers über die Deutsche Arbeitsfront vom 24.10.1934; abgedruckt bei: (16) Conze, Nationalsozialismus, Teil I, S. 67 f.
138) Neu-Isenburger Anzeiger vom 9.5.1933; abgedruckt bei: (100) Rebentisch, Neu-Isenburg, S. 74

139) Langener Wochenblatt vom 9.6.1933; abgedruckt bei: (99) Rebentisch, Dreieich, S. 100 f.
140) O.N. vom 14.7.1933
141) O.N. vom 12.5.1933 und O.Z. vom 15.5.1933
142) (81) Mirkes, Mühlheim, S. 24 und 37
143) Zu dem Verlauf der Aktion auf dem Frankfurter Römerberg: (105) Schmid, Frankfurt 1930-33, S. 191
144) Die Berichte der Offenbacher Zeitungen über die Bücherverbrennung sind zusammengestellt bei: (60) Kirchner, Flamme, S. 193 ff.
145) Bericht der »Braunen Front«, Mitteilungsblatt der NSDAP Neu-Isenburg, vom 1.7.1933; abgedruckt bei: (100) Rebentisch, Neu-Isenburg, S. 87
146) Zu Gauleiter Jakob Sprenger vgl. man den Artikel von Dieter Rebentisch in der FAZ vom 20.8.1983: Der Machthunger des Gauleiters in Frankfurt war unstillbar.
Zum Sprenger-Besuch in Offenbach: O.N. vom 23., 24. und 26.5.1933.
Die Anzeige im Langener Wochenblatt vom 23.5. und der Bericht in der gleichen Zeitung vom 26.5.1933 sind abgedruckt bei: (29) Fogel, Langen, S. 102 f.
147) O.N. vom 24.6.1933
148) O.N. vom 1.7.1933
149) O.N. vom 2.10.1933
150) Festprogramm des hessischen Bauerntages in Langen 1933; abgedruckt bei: (29) Vogel, Langen S. 152 f
151) Mitteilung der Reichspropagandastelle Hessen vom 14.11.1933; Stadtarchiv Dietzenbach II 72/7
152) RGBl. 1933 I. S. 153 ff. und S. 173
153) Schreiben des Kreisamtes Offenbach vom 5.8.1933; abgedruckt bei: (99) Rebentisch, Dreieich, S. 105
154) Schreiben des Amtsgerichts Langen an den Gesangverein »Bergquartett« vom 9.12.1933, abgedruckt in: (19) Dietzenbach, Nazifiziert, S. 224
155) Schreiben des Staatskommissars für das Polizeiwesen in Hessen; abgedruckt bei: (100) Rebentisch, Neu-Isenburg, S. 70 f.
156) Schreiben des Kreisamtes Offenbach vom 23.5.1933; abgedruckt bei: (100) Rebentisch, Neu-Isenburg, S. 110
157) (100) Rebentisch, Neu-Isenburg, S. 71
158) (125) Weilmünster, Aus eigener Kraft, S. 33 ff.
159) Schreiben der für Polizeifragen zuständiger Ministerialabteilung im Hessischen Staatsministerium vom 22.11.1933; abgedruckt in: (19) Dietzenbach, Nazifiziert, S. 222
160) Schreiben des NS-Stützpunktleiters an die Bürgermeisterei Dietzenbach vom 6.9.1933 und Schreiben der Bürgermeisterei an Sportklub, Turngemeinde und Turngesellschaft Dietzenbach; beide abgedruckt in: (19) Dietzenbach, Nazifiziert, S. 220 f.
161) Mein Kampf, zitiert nach (53) Hofer, Nationalsozialismus, S. 35 f.
162) Grundlegend und umfassend nach wie vor: (79) Matthias/Morsey, Das Ende der Parteien 1933
163) O.Z. vom 3.5., 10.5. und 11.5.1933

164) (100) Rebentisch, Neu-Isenburg, S. 56
165) Amtliche Begründung zum Verbot der SPD; (53) Hofer, Nationalsozialismus, S. 59
166) (79) Matthias/Morsey, Ende der Parteien, S. 439
167) (100) Rebentisch, Neu-Isenburg, S. 55
168) RGBl. 1933, Tl. I, S. 479
169) Ansprache Hitlers am 6.7.1933; (21) Domarus, Hitler, S. 286 f.
170) O.N. vom 18.6.1933 und Sondergerichtsakten Darmstadt; StA DA G 27/91
171) StA DA N 1/3584
172) (81) Mirkes, Mühlheim, S. 25, 36, 38 und 61
173) Sondergerichtsakten Darmstadt; StA DA G 27/67
174) O.N. vom 15.3.1933
175) O.N. vom 29.7. und 22.8.1933; ebenso (99) Rebentisch, Dreieich, S. 217 ff.
176) (99) Rebentisch, Dreieich, S. 223
177) O.N. vom 3.8.1933
178) O.N. vom 17.6.1933
179) Akten des Sondergerichts Darmstadt; StA DA G 27/1 43
180) (125) Weilmünster, Aus eigener Kraft, S. 100
181) (81) Mirkes, Mühlheim, S. 90 ff.
182) O.N. vom 11.3.1933
183) O.N. vom 8.4.1933
184) O.N. vom 28.5.1933
185) O.N. vom 1.6., 20.7., 3.8., 5.8. und 9.8.1933
186) O.N. vom 26.7.1933
187) O.N. vom 21.4.1933
188) Akten des Sondergerichts Darmstadt; StA DA G 27/28
189) O.N. vom 3.6.1933
190) Akten des Sondergerichts Darmstadt; StA DA G 27/338
191) Ebenda G 27/22
192) O.N. vom 5.2.1934
193) O.N. vom 8.4.1933 und (81) Mirkes, Mühlheim, S. 35 f.
194) O.N. vom 1.9., 2.9. und 5.9.1933
195) Urteil des Sondergerichts Darmstadt vom 19.8.1933; abgedruckt bei: (99) Rebentisch, Dreieich, S. 217 ff.
196) (29) Fogel, Langen, S. 120
197) (33) Galm, Rebell, S. 135 f.
198) Hierzu besonders: (128) Wippermann, Das Leben in Frankfurt zur NS-Zeit, Band IV der Widerstand, S. 13 ff. (Kapitel 1 : Was ist Widerstand? Probleme und Aufgaben der Widerstandsforschung im überregionalen und regionalen Bereich)
199) StA DA N1/3590
200) O.N. vom 26.7., 4.10. und 15.10.1933
201) O.N. vom 23.7.1933
202) O.N. vom 2.6., 22.6. und 21.9.1933
203) O.N. vom 9.7.1933
204) O.N. vom 6.1.1934
205) O.N. vom 2.6., 7.5. und 20.6.1933

206) (64) Knöpp, Hessen, S. 757
207) O.N. vom 5.6.1932 und 29.8.1932
208) O.A. vom 8.9.1932
209) (20) Dokumentation Kirchenkampf, Bd. 1, S. 25
210) Hessisches Regierungsbuch 1933, S. 127 ff.
211) Schreiben des NS-Ortsgruppenleiters von Sprendlingen vom 4.4.1933; StA DA N1/3819
212) Schreiben der Ortsgruppe Sprendlingen vom 24.4.1933; StA DA N1/3819
213) (46) Hessen in Wort und Zahl 1936, S. 314 f.
214) So Hitler am Ende seiner Rede vor 50 000 Hitler-Jungen am 14.9.1935 in Nürnberg. In: Die Reden Hitlers am Parteitag der Freiheit 1935 (München 1935), S. 59
215) (53) Hofer, Nationalsozialismus, S. 88
216) O.N. vom 1.4.1933
217) O.N. vom 11.6.1933
218) O.N. vom 6.7.1933
219) O.N. vom 9.8.1933
220) O.N. vom 5.12.1933
221) O.N. vom 14.12.1933
222) O.N. vom 7.5.1933
223) Langener Wochenblatt vom 12.5.1933; abgedruckt bei: (99) Rebentisch, Dreieich, S. 188 f.
224) Langener Wochenblatt vom 30.6.1933; abgedruckt ebenda, S. 189
225) (20) Dokumentation Kirchenkampf, II. Bd., S. 20
226) O.N. vom 27.1.1934
227) Kirchenchronik der Burgkirche Dreieichenhain 1934; abgedruckt bei: (99) Rebentisch, Dreieich, S. 190 f.
228) (20) Dokumentation Kirchenkampf, II. Bd., S. 16
229) (94) Pfliegler, Geschichte der Kirche, S. 466 f.
230) Martinus-Blatt vom 14.1.1934
231) Die Regierungserklärung vom 23.3.1933 ist abgedruckt bei: (21) Domarus, Hitler, S. 229-237
232) Martinus-Blatt vom 7.5.1933
233) Martinus-Blatt vom 14.5.1933
234) Martinus-Blatt vom 21.5.1933
235) (79) Matthias/Morsey, Ende der Parteien, S. 406
236) Martinus-Blatt vom 6.8.1933
237) Instruktion betr. seelsorglichem Verhaltens zu den Anhängern des Nationalsozialismus vom 29.3. 1933; in: Kirchliches Amtsblatt für die Diözese Mainz 1933, Nr. 3, S. 20
238) Martinus-Blatt vom 17.8. und 10.12.1933
239) O.N. vom 6.5.1933
240) DDA MZ, Abt. 52/54, S. 324
241) O.N. vom 1.7.1933
242) Erklärung vom 25.4.1933; in: (20) Dokumentation Kirchenkampf, I. Bd., S. 33

243) Langener Wochenblatt vom 30.5.1933;
abgedruckt bei: (99) Rebentisch, Dreieich, S. 180 f.
244) Neu-Isenburger Anzeigeblatt vom 8.5.1934;
abgedruckt bei: (100) Rebentisch, Neu-Isenburg, S. 160 f.
245) Schreiben des ev. Pfarrers an den NS-Ortsgruppenleiter in Sprendlingen, Mai 1933; abgedruckt bei: (99) Rebentisch, Dreieich, S. 179 f.
246) O.N. vom 12.5.1933
247) (20) Dokumentation Kirchenkampf, I. Bd., S. 51
248) Mündliche Mitteilung von Dekan i.R.F. Eckert, Offenbach
249) O.N. vom 20.6.1933
250) Langener Wochenblatt vom 8.8.1933; abgedruckt bei: (99) Rebentisch, Dreieich, S. 182
251) (20) Dokumentation Kirchenkampf, III. Bd., S. 30
252) O.N. vom 25.2., 19.3. und 24.3.1933
253) Neu-Isenburger Anzeigeblatt vom 31.1.1936;
abgedruckt bei: (100) Rebentisch, Neu-Isenburg, S. 166
254) O.N. vom 19.7.1933
255) O.N. vom 21.7.1933
256) StA DA N1/3834
257) Neu-Isenburger Anzeigeblatt vom 4.8.1933;
abgedruckt bei: (100) Rebentisch, Neu-Isenburg, S. 158
258) O.N. vom 23.8.1933
259) O.N. vom 18.8.1933
260) O.N. vom 10.2.1934
261) RGBl. 1933 I, S. 479; zitiert bei: (10) Bracher, Machtergreifung, S. 350
262) RGBl. 1933 I, S. 729; zitiert ebenda, S. 352
263) RGBl. 1933 I, S. 748; zitiert ebenda, S. 353
264) (123) Tormin, 1933-34, S. 27
265) Ebenda. Auch (14) Bullock, Hitler, S. 322, äußert sich nicht skeptisch zu dem Wahlergebnis, sondern erklärt es aus dem Ressentiment der Deutschen gegen die Friedensbedingungen von Versailles.
266) (70) Kurt, Wahlen, S. 90 ff.

Anmerkungen zum dritten Kapitel

1) Zum sog. »Röhm-Putsch« vgl. man die Darstellung bei (26) Fest, Hitler, S. 619-660 und die Dokumentation bei (21) Domarus, Hitler, S. 392 ff.
2) Zu den Opfern der Röhm-Affäre vgl. (26) Fest, Hitler, S. 638 und (21) Domarus, Hitler, S. 409
3) RGBl. 1934, S. 529
4) StA DA G27/324 und O.N. vom 7.7.1934

5) (26) Fest, Hitler, S. 409
6) (21) Domarus, Hitler, S. 429
7) Wahlergebnisse nach O.N. vom 30.8.1934
8) (70) Kurt, Wahlen, S. 92 ff.
9) (21) Domarus, Hitler, S. 444 und (26) Fest, Hitler, S. 655
10) (82) Mirkes, Zeugnisse, S. 51 f.
11) StA DA N1/3707
12) DDA MZ 52/54, S. 240
13) O.N. vom 24.5.1934
14) DDA MZ 52/54, S. 243 f.
15) O.N. vom 24.5.1934
16) DDA MZ 52/54, S. 245
17) Ebenda, S. 253-257
18) Ebenda, S. 312-315
19) O.N. vom 3.10.1934
20) Martinus-Blatt vom 1.7. und 5.8.1934
21) DDA MZ 52/54, S. 231
22) Ebenda, Bericht des Pfarramtes Urberach vom 16.11.1946
23) Aussage des Pfarrers P.L. Urban 1977, mitgeteilt bei (100) Rebentisch, Neu-Isenburg, S. 168
24) Ebenda, S. 169
25) Lagebericht vom 13.1.1936, abgedruckt bei (99) Rebentisch, Dreieich, S. 193 ff.
26) (65) Koch, Klein-Krotzenburg, S. 71 f.
27) Abgedruckt bei: (100) Rebentisch, Neu-Isenburg, S. 174 ff.
28) Das von dem Schüler Hermann Bremser 1935-41 geführte Tagebuch dokumentiert die Schwierigkeiten des Zeitschriftenvertriebs. Abgedruckt bei: (100) Rebentisch, Neu-Isenburg, S. 179 ff.
29) DDA MZ S52/54, S. 307
30) O.N. vom 7.7.1934
31) Pfarrer E. Winkelmann im Evangelischen Gemeindeblatt für Offenbach in: (20) Dokumentation Kirchenkampf, II. Bd., S. 55
32) Schreiben der Gauleitung Hessen-Nassau an die Kreisleiter und Ortsgruppenleiter vom 15.11.1934; StA DA N1/6060
33) (20) Dokumentation Kirchenkampf, II. Bd., S. 54
34) (82) Mirkes, Zeugnisse, S. 60 f.
35) (20) Dokumentation Kirchenkampf, II Bd., S. 477
36) Ebenda, S. 483
37) Ebenda, S. 467 und S. 503
38) (27) Flechsenhaar, Bekenntnis, S. 7
39) (20) Dokumentation Kirchenkampf, II. Bd., S. 486
40) Ebenda, S. 220
41) Flugblatt im Privatbesitz von Dekan i. R. Fr. Eckert, Offenbach a. M.
42) Freundliche Mitteilung von Dekan i. R. Fr. Eckert, Offenbach a. M.
43) Abgedruckt bei (100) Rebentisch, Neu-Isenburg, S. 176 f.
44) Schreiben der Gestapo, Staatspolizeileitstelle Darmstadt, vom 20.2.1937; StA DA N1/5744

45) (82) Mirkes, Zeugnisse, S. 37
46) Ebenda
47) (29) Fogel, Langen, S. 123
48) Abgedruckt bei (82) Mirkes, Zeugnisse, S. 142 f.
49) (29) Fogel, Langen, S. 124
50) (82) Mirkes, Zeugnisse, S. 176, S. 174, S. 173
51) (29) Fogel, Langen, S. 124 ff.
52) (82) Mirkes, Zeugnisse, S. 39
53) (73) Leuschner, Ober-Roden, S. 430 f.; (82) Mirkes, Zeugnisse, S. 30 f.; (29) Fogel, Langen, S. 132
54) Akten des Sondergerichts Darmstadt; StA DA G27/442
55) Ebenda G27/438
56) Ebenda G27/442
57) Ebenda
58) Eingehende Darstellungen und Dokumentationen über die Judenverfolgung in Gemeinden des Kreises Offenbach finden sich bei: (118) Spahn, Seligenstädter Juden, S. 135-183; (81) Mirkes, Mühlheim, S. 110-119; (100) Rebentisch, Neu-Isenburg, S. 229-288; (99) Rebentisch, Dreieich, S. 235-285; (29) Fogel, Langen, S. 179-224
59) Rundschreiben des Hessischen Staatspolizeiamtes Darmstadt vom 21.12.1934, abgedruckt bei: (100) Rebentisch, Neu-Isenburg, S. 245
60) Schreiben der NSDAP-Kreispropagandaleitung vom 11.12.1934; StA DA N1/3707
61) O.N. vom 23.9.1934
62) O.N. vom 4.1., 5.1. und 6.2.1934
63) O.N. vom 21.1.1934
64) (118) Spahn, Seligenstädter Juden, S. 138
65) StA DA N1/10053
66) Beschluß des NS-Parteigerichts Offenbach-Land-West vom 14.12.1937, StA DA N1/3645
67) Strafbescheid des Kreisdirektors in Offenbach vom 19.9.1935; abgedruckt bei: (99) Rebentisch, Dreieich, S. 274
68) Beschluß des NS-Parteigerichts vom 23.5.1935; abgedruckt bei: (99) Rebentisch, Dreieich, S. 270 f.
69) (99) Rebentisch, Dreieich, S. 269-276
70) Aussage des Jungen gegenüber seinen Klassenkameraden (Erinnerung des Verfassers K.)
71) (99) Rebentisch, Dreieich, S. 269
72) (29) Fogel, Langen, S. 188 f.
73) StA DA H13/335
74) (59) Kindel, Jüdische Gemeinde Dietzenbach, S. 35
75) (29) Fogel, Langen, S. 191 ff.
76) StA DA N1/10 083
77) StA DA N1/10 088
78) StA DA N1/10 093
79) StA DA N1/10 074
Zu dem Vorgang vgl. auch (81) Mirkes, Mühlheim, S. 113

80) StA DA N1/10 105
 81) Schreiben der Bürgermeisterei Heusenstamm vom 8.10. 1938; Stadtarchiv Heusenstamm
 82) StA DA N1/10 065
82a) »Judenkartei« der Gemeinde Sprendlingen; abgedruckt bei: (99) Rebentisch, Dreieich, S. 253-258
 83) Text der Nürnberger Gesetze bei: (53) Hofer, Nationalsozialismus, S. 284
 84) (53) Hofer, Nationalsozialismus, S. 271
 85) StA DA N1/10 085
 86) Ebenda
 87) Stadtarchiv Heusenstamm
 88) Abgedruckt bei: (29) Fogel, Langen, S. 191
 89) StA DA N1/10 092
 90) (53) Hofer, Nationalsozialismus, S. 271
 91) Ebenda
 92) (122) Thamer, Verführung, S. 390
 93) (29) Fogel, Langen, S. 198
 94) StA DA N1/3586
 95) (29) Fogel, Langen, S. 199
 96) (29) Fogel, Langen, S. 195 f. und S. 201 f.
 97) Schreiben des Ortsgruppenleiters und Schreiben der »Alten Kämpfer« Egelsbach vom 6.10.1938 an die Kreisleitung Offenbach; StA DA N1/3645
 98) StA DA N1/335
 99) (21) Domarus, Hitler, S. 970 ff. und
     (126) Werner, Juden in Offenbach, S. 98
100) Als Quellen für das Geschehen vom November 1938 dienten vor allem die Gerichtsakten jener Prozesse, in denen in den Nachkriegsjahren die Täter zur Verantwortung gezogen wurden. Insbesondere wurden Akten des Staatsarchivs Darmstadt unter folgenden Nummern benutzt: H13/335, 930, 941, 957, 942, 967 und 964. Außerdem finden sich Schilderungen und Dokumentationen bei (126) Werner, Juden in Offenbach, S. 98-113; (118) Spahn, Seligenstädter Juden, S. 140-143; (100) Rebentisch, Neu- Isenburg, S. 239 f. und S. 258-266; (99) Rebentisch, Dreieich, S. 250 f. und S 281 f.; (29) Fogel, Langen, S. 202-210; (81) Mirkes, Mühlheim, S. 114 f. Anläßlich des Gedenktages 50 Jahre nach dem Pogrom erschienen in der Presse zahlreiche Artikel, die die damaligen Ereignisse teilweise recht aufschlußreich behandeln. Sie sind von dem Presse- und Informationsamt des Kreises Offenbach in einem Pressespiegel für die Zeit vom 22.10. bis 11.11.1988 wiedergegeben
101) (126) Werner, Juden in Offenbach, S. 108 und
     (81) Mirkes, Mühlhelm, S. 114
102) (29) Fogel, Langen, S. 214, und (99) Rebentisch, Dreieich, S. 254
103) (118) Spahn, Seligenstädter Juden, S. 141
104) Verordnungen bei: (53) Hofer, Nationalsozialismus, S. 294
105) Vgl. Verzeichnis der jüdischen Einwohner der Gemeinde Langen, abgedruckt bei: (29) Fogel, Langen, S. 219 ff. und S. 210
106) (100) Rebentisch, Neu-Isenburg, S. 240
107) Mitteilungen des Hessischen Landesstatistischen Amtes Nr. 1/1940, S. 115

108) (100) Rebentisch, Neu-Isenburg, S. 233 ff.
109) (47) Heubach, Jüdischer Frauenbund S. 72, 75 und 76
110) (100) Rebentisch, Neu-Isenburg, S. 234 ff., 261, 265 f. und 284
111) (122) Thamer, Verführung, S. 392
112) Ebenda, S. 394 und 397
113) StA DA N1/10 045. Vgl dazu auch: (100) Rebentisch, Neu-Isenburg, S. 238 und S. 272 ff.
114) Ebenda
115) Ebenda
116) (29) Fogel, Langen, S. 210
117) (99) Rebentisch, Dreieich S. 281
118) (59) Kindel, Jüdische Gemeinde Dietzenbach, S. 31 f.
119) StA DA N1/10 093; vgl. dazu auch die Dokumentation bei: (99) Rebentisch, Dreieich, S. 283 ff.
120) StA WI 483/3223
121) O.N. vom 23.8.1934
122) O.N. vom 8.10.1934
123) O.N. vom 27.11.1934
124) (81) Mirkes, Mühlheim, S. 46
125) O.N. vom 30.9.1933 und 1.12.1934
126) O.N. vom 5.1.1934
127) (81) Mirkes, Mühlheim, S. 46
128) O.N. vom 8.3.1934
129) O.N. vom 28.1., 7.2. und 7.3.1934
130) O.N. vom 19.1.1934
131) O.N. vom 6.1. und 7.1.1934
132) O.N. vom 8.12.1933
133) O.N. vom 29.6.1937
134) O.N. vom 1.7.1935
135) O.N. vom 23.1.1934
136) O.N. vom 19.12.1933, 11.10.1933, 23.11.1935 und 20.1.1934
137) StA DA N1/3584
138) StA DA N1/3586
139) StA DA N1/3584
140) Ebenda
141) Monatsbericht der NS-Kreisleitung vom Juni 1939, Blatt 7 StA WI 483/11 218
142) StA DA N1/3584
143) StA DA N1/3815
144) Zahlreiche Beispiele für solche Anträge finden im Staatsarchiv Darmstadt: N1 3586 und 5384
145) Zahlreiche Beurteilungsbögen der NS-Kreisleitung finden sich im Staatsarchiv Darmstadt, insbesondere unter N1/3585
146) (105) Schmid, Frankfurt 1930-33, S. 203 f.
147) (21) Domarus, Hitler, S. 302
140) Dokumentation zu den Problemen der Arbeitsbeschaffung in Sprendlingen 1933/34 bei: (99) Rebentisch, Dreieich, S. 135-140

149) O.N. vom 22.3.1934
150) StA DA N1/3832
151) Ebenda
152) StA DA N1/3819
153) (99) Rebentisch, Dreieich, S. 141 f.
154) StA DA N1/3707
155) StA DA N1/3585
156) O.N. vom 10. und 15.11.1933
157) O.N. vom 5.12.1933
158) O.N. vom 3.11. und 10.11.1933
159) O.N. vom 24.2.1935
160) O.N. vom 5.11.1933
161) O.N. vom 20.1.1934 und 10.11.1933
162) Vom Verfasser K. gehört
163) »Langener Wochenblatt« vom 6.3.1934; abgedruckt bei: (29) Fogel, Langen, S. 166
163a) (100) Rebentisch, Neu-Isenburg, S. 119
164) »Langener Wochenblatt« vom 20.3.1934; abgedruckt bei: (29) Fogel, Langen, S. 165
165) Abgedruckt ebenda S. 164
166) StA DA N1/3586
167) StA DA N1/3585
168) O.N. vom 25.11.1934
169) StA DA N1/6066
170) StA DA N1/3815
171) Erste Anweisung zur Ausführung der Deutschen Gemeindeordnung; Runderlaß des Reichs- und Preußischen Ministers des Inneren vom 22.3.1935
172) Deutsche Gemeindeordnung vom 30.1.1935, RGBl. 1, S. 49
174) O.N. vom 25.1.1936 und 26.4.1936
175) O.Z. vom 13.7.1938
176) O.N. vom 14.12.1934
177) O.N. vom 2.9.1939
178) O.N. vom 15.1.1938
179) O.N. vom 15.1.1938
180) O.N. vom 27.4.1936
181) O.N. vom 13.1. und 16.1.1938
182) O.Z. vom 28.7.1938
183) (70) Kurt, Wahlen, S. 95, und vom gleichen Verfasser: Die Eingemeindung Biebers nach Offenbach, in Alt Offenbach NF.19 (1988)
184) (37) Giese, Schulgeschichte, S. 280
185) Ebenda
186) Ebenda, S. 284
187) Rundschreiben der Hessischen Landesregierung vom 28.8.1935; abgedruckt bei: (100) Rebentisch, Neu-Isenburg, S. 112 f.
188) Kirchliches Amtsblatt der Diözese Mainz 1935, S. 47
189) RGBl. 1936, I., Nr. 113; abgedruckt bei: (53) Hofer, Nationalsozialismus, S. 45 f.

190) (29) Fogel, Langen, S. 173
191) »Neu-Isenburger Anzeigeblatt« vom 11.1.1936; abgedruckt bei: (100) Rebentisch, Neu-Isenburg, S. 114
192) (81) Mirkes, Mühlheim, S. 47
193) O.N. vom 24.2.1935
194) O.N. vom 8.8.1934
195) O.N. vom 20/21.7.1934
196) O.N. vom 24.2.1935
197) O.N. vom 19.10.1936
198) O.N. vom 17.6.1937
199) Durchführungsverordnung zum Gesetz über die Hitler-Jugend vom 1.12.1936; zitiert bei: (81) Mirkes, Mühlheim, S. 47
200) Schreiben der Ortsgruppenleitung Sprendlingen vom 28.3. und 15.5.1934; abgedruckt bei: (99) Rebentisch, Dreieich, S. 162
201) Schreiben des Bürgermeisters von Dreieichenhain vom 9.4.1937; abgedruckt bei (99) Rebentisch, Dreieich, S. 162 f.
202) »Langener Wochenblatt« vom 28.5.1935: abgedruckt bei (99) Rebentisch, Dreieich, S. 163 f.
203) O.N. vom 16.3.1938
204) O.N. vom 18.8.1938
205) O.N. vom 22.10.1938
206) O.N. vom 11.7.1938
207) Aussage Hans Hölzers, abgedruckt bei (100) Rebentisch, Neu-Isenburg, S. 169 ff.
208) Dies widerfuhr dem Paten des Verfassers K.
209) Bericht des Pfarramtes Urberach vom 26.3.1947, DDA MZ 52/54
210) Kirchliches Amtsblatt für die Diözese Mainz, 1935, S. 73 f.
211) (100) Rebentisch, Neu-Isenburg, S. 179
212) DDA MZ 52/54, S. 325
213) (72) Kurt, St. Nikolaus, S. 20
214) (100) Rebentisch, Neu-Isenburg, S. 170
215) Ebenda
216) (21) Domarus, Hitler, S. 597
217) Ebenda, S. 607
218) M. Spahn, Gleichschaltung und Zusammenschluß der Seligenstädter Turn- und Sportvereine im NS-Staat vor 50 Jahren. In: Informationen aus dem kulturellen Geschehen des Kreises Offenbach, Heft 9 (1985), S. 18
219) (21) Domarus, Hitler, S. 617
220) Aussage von damals so handelnden Wählern
221) Rundschreiben des Kreisschulamtes Offenbach vom 22.5.1936; abgedruckt bei: (99) Rebentisch, Dreieich, S. 162
222) O.N. vom 24.11.1936
223) (21) Domarus, Hitler, S. 850
224) Zu den Reichstagswahlen 1936 und 1938: (70) Kurt, Wahlen, S. 95 f.
225) DDA MZ 52/54, S. 306

Anmerkungen zum vierten Kapitel

1) Proklamation Hitlers an die Deutsche Wehrmacht, am 1.9.1939 ab 5.40 Uhr über den Rundfunk verbreitet. (21) Domarus, Hitler, S. 1307; O.Z. vom 1.9.1939.
   Der deutsche Angriff auf Polen begann tatsächlich um 4.45 Uhr; in seiner Reichstagsrede nannte Hitler fälschlich 5.45 Uhr als Beginn des Angriffs.
2) Einzelheiten über den Ablauf des 25.8.1939 bei: (21) Domarus, Hitler, S. 1254-1263
3) O.Z. vom 31.8.1939
4) O.N. vom 25.9.1939
5) O.Z. vom 25.8.1939
6) O.N. vom 17.9.1939
7) O.N. vom 3.9. und 6.9.1939
8) O.N. vom 3.9.1939
9) Bericht der Bürgermeisterei Sprendlingen an den Kreisleiter in Offenbach vom 29.9.1939; abgedruckt bei: (99) Rebentisch, Dreieich, S. 334
10) Stellungnahme des Ortsgruppenleiters in Sprendlingen vom 10.10.1939 zu dem Bericht der Bürgermeisterei vom 29.9.1939; abgedruckt bei: (99) Rebentisch, Dreieich, S. 334 f.
11) Götzenhainer Kriegschronik 1939-43, Eintragung vom 18.2.1940; abgedruckt bei: (99) Rebentisch, Dreieich, S. 350
12) O.N. vom 13.9. und 19.9.1939
13) O.N. vom 6.9., 7.9. und 12.9.1939
14) O.N. vom 22.9.1939 und Götzenhainer Kriegschronik 1939-43, Eintragung vom 9.10.1939; abgedruckt bei: (99) Rebentisch, Dreieich, S. 344 ff.
15) O.N. vom 6.9.1939
16) O.N. vom 2.10.1939
17) O.N. vom 4.10.1939
18) O.N. vom 23.6.1932
19) O.N. vom 10.10.1933
20) O.N. vom 15.5.1937
21) Vgl. z.B. O.N. vom 3.5.1937
22) O.N. vom 5.9.1939 und »Neu-Isenburger Anzeigeblatt« vom 2.9.1939
23) StA DA N1/3809
24) Schreiben vom 6.3.1939, StA DA N1/3809
25) (15) Cartier, Zweiter Weltkrieg, Bd. 1., S. 32 ff.
26) (29) Fogel, Langen, S. 229
27) Götzenhainer Kriegschronik, Eintragung vom 9.10.1939; abgedruckt bei: (99) Rebentisch, Dreieich, S. 345
28) (96) Rathert, Nieder-Roden, S. 285 und S. 288
29) Proklamation Hitlers an das deutsche Volk vom 24.6.1940; abgedruckt bei: (21) Domarus, Hitler, S. 1533
30) Vgl. O.Z. vom Freitag, 31.1.1941
31) O.Z. vom 31.1.1941
32) O.Z. vom 4.10.1941 und (21) Domarus, Hitler, S. 1763
33) (21) Domarus, Hitler, S. 1815

34) (120) Stadtmüller, Maingebiet, S. 47
35) Götzenhainer Kriegschronik; abgedruckt bei: (99) Rebentisch, Dreieich, S. 344-359
36) O.Z. vom 4./5.12. 1943 und (29) Fogel, Langen, S. 115
37) Akten des Sondergerichts Darmstadt; StA DA G27/790
38) Akten des Sondergerichts Darmstadt; StA DA G27/1277
39) Gerichtsakten Darmstadt; StA DA, H13/908
40) (69) Kurowsky, Luftkrieg, S. 89
41) Zu den Luftangriffen auf das Rhein-Main-Gebiet vgl. insbesondere (74) Lux, Luftangriffe, und (106) Schmid, Feuersturm
42) StA DA N1/3809
43) (100) Rebentisch, Neu-Isenburg, S. 294
44) Ebenda
45) (99) Rebentisch, Dreieich, S. 370
46) StA DA N1/10 108
47) (74) Lux, Luftangriffe. 43
48) (69) Kurowsky, Luftkrieg, S. 387 f.
49) (74) Lux, Luftangriffe, S. 48 und S. 132
50) (15) Cartier, Zweiter Weltkrieg, 1. Bd., S. 490
51) Vollständiger Text der Goebbels'schen Sportpalastrede mit den 10 Fragen an die Zuhörer in der O.Z. vom 19.2.1943
52) (21) Domarus, Hitler, S. 1975
53) Ebenda, S. 1993
54) O.Z. vom 19.2.1943
55) O.Z. vom 18.2. und 24.2.1943
56) O.Z. vom 8.3.1943
57) O.Z. vom 9.4.1943
58) O.Z. vom 25.8.1944
59) O.Z. vom 15.4.1944
60) Aus der einstweiligen Verfügung der Kreisleitung Offenbach vom 17.5.1944; StA DA N1/3590
61) Reden am 8.11.1942 und 8.11.1943 in München.
O.Z. vom 9.11.1942 und (21) Domarus Hitler, S. 1935, bzw. O.Z. vom 9.11.1943 und (21) Domarus, Hitler, S. 2056
62) (99) Rebentisch, Dreieich, S. 253
63) Robert Baer, Mein Reisebericht über die Auswanderung; abgedruckt bei: (118) Spahn, Seligenstädter Juden, S. 172 ff.
64) Zahlen nach den bei (99) Rebentisch, Dreieich, S. 253 ff., (29) Fogel, Langen, S. 219 ff., (100) Rebentisch, Neu-Isenburg, S. 250 ff. und (118) Spahn, Seligenstädter Juden, S. 154 ff. abgedruckten Listen der jüdischen Einwohner
65) (118) Spahn, Seligenstädter Juden, S. 154
66) (29) Fogel, Langen, S. 215, Anm. 1
67) (4) Arnsberg, Jüdische Gemeinden, S. 357 f.
68) Ebenda S. 317 und (59) Kindel, Jüdische Gemeinde Dietzenbach, S. 33
69) Polizeiverordnung vom 1.9.1941; abgedruckt bei: (53) Hofer, Nationalsozialismus, S. 297

70) (128) Wippermann, Frankfurt zur NS-Zeit, Bd. 1, S. 266 ff.
71) A. Hitler, Brief vom 16.9.1919, zitiert bei: (52) Hillgruber, Zerstörung Europas, S. 313 f.
72) A. Hitler, Mein Kampf, zitiert bei: (52) Hillgruber, Zerstörung Europas, S. 315 f.
73) (21) Domarus, Hitler, S. 1058
74) Reden am 30.1.1941 und 30.1.1942; (21) Domarus, Hitler, S. 1663 und S. 1829
75) (52) Hillgruber, Zerstörung Europas, S. 318
76) Ebenda S. 322 ff.
77) Ebenda S. 324
78) Schreiben Görings an Heydrich vom 31.7.1942; abgedruckt bei: (53) Hofer, Nationalsozialismus, S. 296 f.
79) Wannsee-Konferenzprotokoll; abgedruckt bei: (53) Hofer, Nationalsozialismus, S. 303 ff.
Zur »Endlösung« vgl. insbesondere Gerald Reitlinger, Die Endlösung. Hitlers Versuch der Ausrottung der Juden Europas 1939-45, Berlin 1979
80) (118) Spahn, Seligenstädter Juden, S. 154
81) Aussage von Reinhold Paul, zitiert in der O.P. vom 21.12.1988
82) FAZ vom 7.3.1964; auszugsweise abgedruckt bei: (99) Rebentisch, Dreieich, S. 259 ff.
83) (126) Werner, Juden in Offenbach, Bd. 1, S. 132 mit Anm. 681
84) (52) Hillgruber, Zerstörung Europas, S. 332
85) Vgl. Anmerkung 64
86) Berichte von Gefangenen und des Auschwitz-Kommandanten z. B. bei: (53) Hofer, Nationalsozialismus, S. 300 ff.
87) Für den Bereich der Stadt Offenbach sind Deportation und Schicksal im KZ eingehend dargestellt und dokumentiert bei: (126) Werner, Juden in Offenbach, Bd. 1, S. 114 ff.
88) (118) Spahn, Seligenstädter Juden, S. 149 ff.
89) Kopie des Gestapo-Schreibens vom 11.1.1944 an den Bürgermeister in Seligenstadt; abgedruckt bei: (118) Spahn, Seligenstädter Juden, S. 169
90) StA DA N1/10 060
91) Kopie des Schreibens vom 1.2.1944 an die Kreisleitung Offenbach; abgedruckt bei: (81) Mirkes, Mühlheim, S. 119
92) O.Z. vom 22./23.5.1943
93) Rundschreiben der NSDAP-Kreisleitung Offenbach Nr. 2/45 vom 6.1.1945; StA DA Nl/3825
94) (21) Domarus, Hitler, S. 2239
95) RGBl. 1933, I, Nr. 86; auszugsweise wiedergegeben bei: (55) Jäger, Nationalsozialismus, S. 12
96) (82) Mirkes, Zeugnisse, S. 73
97) Ebenda S. 106 und (125) Weilmünster, Aus eigener Kraft, S. 106
98) (82) Mirkes, Zeugnisse, S. 66 ff. und Erinnerung des Verfassers K.
99) (82) Mirkes, Zeugnisse, S. 69 und S. 195
100) RGBl. 1934, I, Nr. 137; zitiert bei (29) Fogel, Langen, S. 112

101) Ausführliche Darstellung des Falles Rietig bei (29) Fogel, Langen, S. 129 ff.
102) (29) Fogel, Langen, S. 126 f.
103) (81) Mirkes, Mühlheim, S. 136 ff.
104) (82) Mirkes, Zeugnisse, S. 173 ff.
105) Auflistung aller »Widerständler und Verfolgter« in Stadt und Kreis Offenbach bei (82) Mirkes, Zeugnisse, S. 178 ff.
106) (125) Weilmünster, Aus eigener Kraft, S. 111 ff.
107) Akten des Sondergerichts Darmstadt; StA DA G 27/764
108) Akten des Sondergerichtes Darmstadt; StA DA G27/844
109) (29) Fogel, Langen, S. 112
110) Akten des Sondergerichtes Darmstadt; StA DA 27/1206
111) (29) Fogel, Langen, S. 126 f.
112) Schreiben des Bürgermeisters in Sprendlingen vom 8.12.1943 an den Landrat in Offenbach; abgedruckt bei: (99) Rebentisch, Dreieich, S. 229
113) (82) Mirkes, Zeugnisse, S. 41
114) O.Z. vom 26/27.6.1943
115) (99) Rebentisch, Dreieich, S. 362
116) Akten des Sondergerichtes Darmstadt; StA DA G27/1125
117) StA DA N1/10053
118) O.Z. vom 17.1.1944
119) O.Z. vom 19/20.2.1944
120) StA DA N1/8585
121) Als Basis für den Bericht über das Lager Rollwald diente eine im Auftrag der Stadt Rodgau erarbeitete Dokumentation und der in Maschinenschrift vorgelegte erste Zwischenbericht von Heinz Sierian (1981), einem Mitarbeiter der Arbeitsgruppe, mit dem Titel, Die Geschichte des Lagers Rollwald Nieder-Roden, Krs Dieburg. Außerdem wurde herangezogen das Kapitel »Strafgefangenenlager Rollwald« in (96) Rathert, Nieder-Roden, S. 272 ff.
122) StA DA G21/2400/19
123) StA DA G21/2400/17
124) Kopie des Schreibens abgedruckt bei: (96) Rathert, Nieder-Roden, S. 277
125) Bericht über Personalstand und Belegung der Gefangenenlager Rodgau vom 14.5.1942; StA DA G21/2400/17 S. 9
126) Ebenda
127) StA DA G24/1285
128) Bericht des Vorstandes der Gefangenenlager Rodgau vom 27.11.1942 an den Generalstaatsanwalt in Darmstadt; StA DA G21/2400/20
129) Aus den »Mitteilungen des Gauringes für NS-Propaganda und Volksaufklärung«. Gauleitung Hessen-Nassau, 1. Jg. Folge 5/6; abgedruckt bei: (99) Rebentisch, Dreieich, S. 30 ff.
130) StA DA N1/3814
131) (3) Amouroux, L'Occupation, S. 45
132) H. Kämmerer, Vor 20 Jahren, in: (49) Heusenstammer Chronik, S. 45
133) Götzenhainer Kriegschronik 1939-43; abgedruckt bei: (99) Rebentisch, Dreieich, S. 353

134) (99) Rebentisch, Dreieich, S. 360
135) (24) Erdmann, Weltkriege, in: Gebhardts Handbuch der deutschen Geschichte, 4. Bd., S. 204
136) Zahlen nach Akten der Schutzpolizei und der NS-Kreisleitung Offenbach; abgedruckt bei (100) Rebentisch, Neu-Isenburg, S. 305 f.
137) O.Z. vom 14.4.1944
138) Ebenda
139) Rundschreiben der NS-Kreisleitung Offenbach; StA DA N1/3815
140) Erlaß der Gestapo Darmstadt vom 6.1.1943; StA DA N1/5744. Vgl. auch (100) Rebentisch, Neu-Isenburg, S. 307
141) Schreiben der Gestapo vom 16.8.1942 an die Landräte in Hessen; StA DA N1/5744
142) Verfügung des Landrates in Offenbach vom 13.10.1943; abgedruckt bei: (99) Rebentisch, Dreieich, S. 361
143) Akten des Sondergerichtes Darmstadt; StA DA G27/1036 und O.Z. vom 12.4.1943
144) Akten des Sondergerichts Darmstadt, StA DA G27/1260
145) Akten des Sondergerichts Darmstadt; StA DA G27/1429
146) StA DA G24/1530
147) (29) Fogel, Langen, S. 227
148) Rundschreiben der NS-Kreisleitung vom 4.8.1941; StA DA N1/3815
149) DDA MZ 52/54, S. 305
150) DDA MZ 52/54, S. 280
151) Erinnerung des Verfassers S.
152) (81) Mirkes, Mühlheim, S. 128 f.
153) Bericht der NS-Kreisleitung Offenbach; StA WI 483/11218
154) (124) Trageser, Weiskirchen, S. 156
155) Ebenda
156) Ein Bild der Offenbacher Großkundgebung von 1943 findet sich bei (99) Rebentisch, Dreieich. Fälschlicherweise ist dort der Marktplatz als Versammlungsort angegeben.
157) Geheime Verfügung des Landrates des Kreises Offenbach vom 11.12.1940; abgedruckt bei: (100) Rebentisch, Neu-Isenburg, S. 186 f.
158) DDA MZ 52/54, S. 323
159) StA DA N1/3859
160) StA DA N1/3586
161) Erinnerung des Verfassers K. an einen Vorgang in seiner Schulklasse
162) StA DA N1/3859
163) Ebenda
164) Ebenda
165) DDA MZ 52/54, S 322
166) Ebenda, S. 241
167) (124) Trageser, Weiskirchen, S. 154
168) (114) Sedlatschek, Klein-Krotzenburg, S. 68
169) Beispiele dafür bei: (53) Hofer, Nationalsozialismus, S. 158, 163 und 166
170) Darstellung des Pfarrers L. Wissel bei: (82) Mirkes, Zeugnisse, S. 54 f.
171) (82) Mirkes, Zeugnisse, S. 46

172) (100) Rebentisch, Neu-Isenburg, S. 168
173) DDA MZ 52/54, S. 228
174) (82) Mirkes, Zeugnisse, S. 48 f.
175) (21) Domarus, Hitler, S. 1783
176) (82) Mirkes, Zeugnisse, S. 43
177) Der Briefwechsel ist abgedruckt bei: (100) Rebentisch, Neu-Isenburg, S. 183 ff.
178) Ebenda, S. 155 und 187 ff.
179) (27) Flechsenhaar, Bekenntnis, S. 11
180) StA DA N1/3584
181) (89) zur Nieden, Pfarrer
182) Ebenda, S. 32 f.
183) Ebenda, S. 33
184) (71) Kurt, Bieber, S. 152 f. und (74) Lux, Luftangriffe, S. 117 ff.
185) Schreiben an die NS-Kreisleitung Offenbach vom 11.1.1940; abgedruckt bei: (100) Rebentisch, Neu-Isenburg, S.185
186) Aussagen von Personen des Konfirmandenjahrganges 1943
187) Schreiben an den Landrat des Kreises Offenbach vom 24.3.1943; abgedruckt bei: (99) Rebentisch, Dreieich, S. 192 f.
188) StA WI 483/10113
189) Ebenda
190) Mitteilungen des Hessischen Landesstatistischen Amtes Nr. 3 (1941)
191) O.N. vom 3.3.1935
192) Götzenhainer Kriegschronik 1939-43; abgedruckt bei: (99) Rebentisch, Dreieich, S. 354 und 356
193) StA DA N1/3815
194) (89) zur Nieden, Pfarrer, S. 30
195) Schreiben des Schulungsamtes der NS-Kreisleitung Offenbach vom 1.1.1942; StA DA N1/3815
196) O.Z. vom 18.1.1944
197) O.Z. vom 21.6.1944
198) StA DA G24/3825
199) Schreiben des Landrats vom 19.9.1944, Stadtarchiv Heusenstamm
200) Auskunft von Angehörigen der Familie König
201) Zu dem Einsatz der Luftwaffenhelfer aus Stadt und Kreis Offenbach vgl.: A. Kurt, »Rosenhöhe schießt.« in: Alt-Offenbach N. F. Heft 6, 1982
202) O.Z. vom 19.8.1943
203) O.Z. vom 5.7.1943
204) O.Z. vom 10.6.1943, 3. und 4.7.1943
205) O.Z. vom 15.3.1944
206) Aktennotiz zur Tagung der Bannführerschaft der HJ vom 4.2.1945; StA DA N1/3815
207) O.Z. vom 22./23.5.1943
208) Protokoll vom 27.4.1940; StA DA N1/3814
209) Bericht des HJ-Bannführers an die Kreisleitung Offenbach vom 14.11.1940; abgedruckt bei: (99) Rebentisch, Dreieich, S. 164

210) Formular betr. Jugenddienstpflicht der HJ und Durchführung dieser Pflicht; Stadtarchiv Heusenstamm
211) Schreiben des Mühlheimer Fähnleinführers vom 9.11.1941 an den Bürgermeister in Mühlheim; wiedergegeben bei: (81) Mirkes, Mühlheim, S. 49
212) (99) Rebentisch, Dreieich, S. 165
213) (81) Mirkes, Mühlheim, S. 48
214) Aussage eines der damals Überfallenen
215) Schreiben des »NS Gaudienstes Hessen-Nassau« vom 22.3.1943; StA WI 483/6920
216) Die Darstellung der Luftangriffe beruht insbesondere auf (74) Lux, Luftangriffe, und (106) Schmid, Feuersturm, sowie auf Erinnerungen der Verfasser. Die Angaben zu Schäden in den Kreisgemeinden sind in der Regel den jeweiligen Ortschroniken bzw. Dokumentationen zur NS-Zeit entnommen.
217) (105) Schmid, Frankfurt 1930-33, S. 49
218) (124) Trageser, Weiskirchen, S. 157
219) (100) Rebentisch, Neu-Isenburg, S. 295 und 313 ff.
220) Ebenda, S. 296
221) (96) Rathert, Nieder-Roden, S. 289
222) So die Meinung von James Kidd (USA), eines am Angriff beteiligten amerikanischen Air-Force Angehörigen gegenüber dem Verfasser K. (1953)
223) (74) Lux, Luftangriffe, S. 107 ff.
224) Zitiert bei (74) Lux, Luftangriffe, S. 106
225) (104) Schilling, Zellhausen, S. 343
226) Erinnerungen der Verfasser; Gespräch mit D. Eselgroth, einem der über Mühlheim abgesprungenen US-Flieger, am 23.5.1973; (74) Lux, Luftangriffe, S. 118 ff. und S. 154, sowie (81) Mirkes, Mühlheim, S. 134 f.
Der Offenbacher Polizeidirektor und sein Adjutant wurden von einem amerikanischen Gericht wegen der Erschießungen zum Tode verurteilt und 1948 in Landsberg hingerichtet.
227) (124) Trageser, Weiskirchen, S. 157
228) (73) Leuschner, Ober-Roden, S. 445
229) (96) Rathert, Nieder-Roden, S. 289
230) Schreiben vom 20.2.1945; Privatarchiv E. Lux, Offenbach am Main
231) (29) Fogel, Langen, S. 230
232) (96) Rathert, Nieder-Roden, S. 290
233) (73) Leuschner, Ober-Roden, S. 445
234) (81) Mirkes, Mühlheim, S. 136
235) (49) Heusenstammer Chronik, Ergänzungsheft 1., S. 36 f.
236) (120) Stadtmüller, Maingebiet, S. 100 f.
237) Gliederungsplan für den Volkssturm des Gaues Hessen-Nassau; StA WI 483/10458
238) Eigentlich lautete der Text: »denn heute hört uns Deutschland und morgen die halbe Welt.«
239) H. Kämmerer, Vor 20 Jahren. In: (49) Heusenstammer Chronik, Ergänzungsheft 1., S. 36

240) Als wichtigste Quellen für die Darstellung dieses Abschnittes über die Ereignisse im März 1945 dienten:
(15) Cartier, Zweiter Weltkrieg, Bd 2, S. 975 ff.
(120) Stadtmüller, Maingebiet, S. 307 ff.
Headquarters 6th Armored Division, After Action Report; (Nachlaß Karl Nahrgang)
Movement of Third US Army Divisions, 23-31 March 1945 (Karte); (Nachlaß Karl Nahrgang)
241) (106) Schmid, Feuersturm, S. 212
242) Schreiben des Gemeindevorstandes der Gemeinde Egelsbach vom 4.3.1960; Nachlaß Karl Nahrgang
243) (29) Fogel, Langen, S. 231 f.
244) (81) Mirkes, Mühlheim, S. 228 und J. M. Spahn, Mühlheim nach der Stunde Null. In: (68) Krug, Manuskripte, S. 191 f.
245) H. Kämmerer, Vor 20 Jahren. In: (49) Heusenstammer Chronik, Ergänzungsheft 1., S. 38 f.
246) Ebenda, S. 40
247) (57) Junkert, Besatzungsmacht, S. 2 f.
248) Headquarters 6th Armored Division, After Action Report (Nachlaß Karl Nahrgang)

Literatur

1.) Adamitz, Horst und Meehte, Klaus Peter:
Langen
wie es kaum noch jemand kennt und manche nicht mehr kennen wollen
Langen 1984

2.) Adamitz, Horst und Schild, Karl:
Nazis in Langen
Terror und Widerstand
Langen 1983

3.) Amouroux, Henri:
La vie des Francais sous L'Occupation
Tome II, 1967

4.) Arnsberg, Paul:
Die jüdischen Gemeinden in Hessen
Zwei Bände und ein Bildband
Frankfurt am Main 1971 – 1973

5.) Betzendörfer, Eduard:
Geschichte der Stadt Langen
Langen 1961

6.) Binder, Gerhart:
Epoche der Entscheidungen
Stuttgart 1960

7.) Boberach, Heinz:
Berichte des SD und der Gestapo über Kirchen und Kirchenvolk in Deutschland
Mainz 1971

8.) Bopp, Heinrich:
Parteigeschichte der Kampfjahre in Offenbach
(Verfaßt im Auftrag des Kreisleiters 1941)
Unveröffentlichtes Manuskript (Maschinenschrift)

9.) Bracher, Karl Dietrich:
Die Auflösung der Weimarer Republik
Villingen, 1971

10.) Bracher, Karl Dietrich, Sauer, Wolfgang und Schulz, Gerhard:
Die nationalsozialistische Machtergreifung
Köln und Opladen 1960

11.) Bracher, Karl Dietrich:
Zeit der Ideologien
Eine Geschichte des politischen Denkens im 20. Jahrhundert
Stuttgart 1982

12.) Brodersen, U. (Hrsg.):
Gesetze des NS-Staates
Dokumente eines Unrechtssystems
Paderborn^2, 1982

13.) Broszat, Martin:
Die Machtergreifung
Der Aufstieg der NSDAP und die Zerstörung der Weimarer Republik
München^2, 1987

13a.) Brüning, Heinrich:
Memoiren 1918-1934
Stuttgart 1970

14.) Bullock, Allan:
Hitler
Düsseldorf 1959

15.) Cartier, Raymond:
Der Zweite Weltkrieg
(Übersetzung aus dem Französischen) 2 Bde.
München (o. J.)

16.) Conze, W. (Hrsg.):
Der Nationalsozialismus
Stuttgart 1959

17.) Dahrendorf, Ralf:
Gesellschaft und Demokratie in Deutschland
München 1965

18.) Der Landkreis Dieburg
Landschaft, Geschichte, Kunst, Verwaltung, Wirtschaft
Zum 125jährigen Jubiläum hrsg. v. d. Kreissparkasse Dieburg
Groß-Umstadt 1960

19.) Magistrat der Stadt Dietzenbach (Hrsg.):
Ein Dorf wird nazifiziert
- Ein Beitrag zur Heimatgeschichte -
(Maschinenschriftl. vervielfältigt)

20.) Dokumentation zum Kirchenkampf in Hessen und Nassau
Bearb. und hrsg. von M. Hofmann, H. F. Lenz, P. G. Schäfer, J. Stoll und G. Flechsenhaar.
In: Jahrbuch der Hess. Kirchengesch. Vereinigung 1974 ff.

21.) Domarus, Max:
Hitler
Reden und Proklamationen 1932-1945, 2 Bände
Würzburg 1973

22.) Duchhardt-Bösken, Sigrid (Hrsg.):
Das Bischöfliche Ordinariat Mainz und der Nationalsozialismus bis 1933
Eine Dokumentation
o.O., 1983

23.) Eilers, Rolf:
Die nationalsozialistische Schulpolitik
Köln – Opladen 1963

24.) Erdmann, Karl Dietrich:
Die Zeit der Weltkriege
In: Gebhardts Handbuch der deutschen Geschichte,
Bd 4, hrsg. von Herbert Grundmann
Stuttgart 1959

25.) Fest, Joachim:
Das Gesicht des Dritten Reiches
Profile einer totalitären Herrschaft
München/Zürich[8], 1986

26.) Fest, Joachim:
Hitler – Eine Biographie
Frankfurt a. M./Berlin/Wien[9], 1977

27.) Flechsenhaar, Günther:
Bekenntnis und Bekennen im Dritten Reich
(Ereignisse, Erinnerungen und Erfahrungen)
Referat bei der Jahresversammlung des Ev. Bundes in Köddingen
(Oberhessen)
Ungedrucktes Manuskript – Maschinenschrift, 1984

28.) Flessau, K.-I.:
Schule der Diktatur
Lehrpläne und Schulbücher des Nationalsozialismus
Frankfurt am Main 1979

29.) Fogel, Heidi:
Eine Stadt zwischen Demokratie und Diktatur
Dokumentation zur Geschichte Langens von 1918-1945
Langen 1983

30.) François-Poncet, André:
Als Botschafter in Berlin 1931-1938
Mainz 1947

31.) Frauenholz, Roman:
Die Liebfrauenheide
Ein Wallfahrtsort im Wechsel der Zeiten
Klein-Krotzenburg 1980

32.) Funnekötter, Bernhild und Ehrenfort, Hans-Jürgen:
Neu-Isenburg zwischen Anpassung und Widerstand
Unterrichtseinheit: Verfolgung der Juden
(Maschinenschrift)

33.) Galm, Heinrich:
Ich war halt immer ein Rebell
Offenbach 1980

34.) Gamm, Hans-Jochen, S.:
Der braune Kult
Das Dritte Reich und seine Ersatzreligion
Ein Beitrag zur politischen Bildung
Hamburg 1962

35.) Geiger, Theodor:
Die soziale Schichtung des deutschen Volkes
Soziographischer Versuch auf statistischer Grundlage
Stuttgart 1932

36.) Geißler, Adam:
Dudenhofen zwischen Gestern und Morgen
- Chronik -
hrsg. von der Gemeinde Dudenhofen, 1971

37.) Giese, Gerhardt (Hrsg.):
Quellen zur deutschen Schulgeschichte
Göttingen/Berlin/Frankfurt am Main 1961

38.) Glück, Kurt und Görlich, Hermann:
150 Jahre Industrie- und Handelskammer Offenbach am Main
1821-1971
Offenbach a. M. 1971

39.) Goebbels, Joseph:
Vom Kaiserhof zur Reichskanzlei
München 1934

40.) Goetheschule Neu-Isenburg (Hrsg.):
90 Jahre Gymnasium in Neu-Isenburg
Neu-Isenburg 1986

41.) Graml, Hermann:
Der 9. November 1938
Reichskristallnacht
Bonn[6], 1958

42.) Grunberger, Richard:
Das zwölfjährige Reich
Deutscher Alltag unter Hitler
Wien-München-Zürich 1972

43.) Hennig, Eike (Hrsg.):
Hessen unterm Hakenkreuz
Studien zur Durchsetzung der NSDAP in Hessen
Frankfurt am Main 1983

44.) Hessisches Landesstatistisches Amt (Hrsg.):
Statistisches Handbuch für den Volksstaat Hessen
4. Ausgabe
Darmstadt 1929

45.) Hessisches Landesstatistisches Amt (Hrsg.):
Hessische Gemeindestatistik
Darmstadt 1935

46.) Hessisches Landesstatistisches Amt (Hrsg.):
Hessen in Wort und Zahl
Darmstadt 1936

47.) Heubach, Helga:
Das Heim des Jüdischen Frauenbundes in Neu-Isenburg
1907 bis 1942
Neu-Isenburg 1986

48.) Heimatverein Heusenstamm (Hrsg.):
750 Jahre Heusenstamm
Geschichte und Entwicklung einer jungen Stadt
Heusenstamm 1961

49.) Heimatverein Heusenstamm (Hrsg.):
Heusenstammer Chronik
Ergänzungshefte zum Jubiläumsbuch 750 Jahre Heusenstamm
Heft 1, 1961-1964

50.) Hildebrand, K.:
Das Dritte Reich
In: Oldenbourg, Grundriß der Geschichte, Bd. 17
München und Wien 1979

51.) Hillgruber, Andreas:
Die Auflösung der Weimarer Republik
Hannover^4 1960

52.) Hillgruber, Andreas:
Die Zerstörung Europas
Beiträge zur Weltkriegsepoche 1914 bis 1945
Berlin 1988

53.) Hofer, Walter (Hrsg.):
Der Nationalsozialismus
Dokumente 1933-1945
Frankfurt am Main 1957

54.) Hoffmann, Peter:
Widerstand gegen Hitler
Probleme des Umsturzes
München 1979

55.) Jäger, Wolfgang
Ziele und Praxis des Nationalsozialismus
Hannover 1961

56.) Jasper, Gotthard (Hrsg.):
Von Weimar zu Hitler 1930-1933
Köln und Berlin 1968

57.) Junkert, G.:
Frei von Naziherrschaft und Krieg – aber unter Besatzungsmacht
Dietzenbach – März bis August 1945
Dietzenbach 1986

58.) Kahl, Heinz:
Zwischen Einst und Jetzt
Obertshausen im Wandel der Zeiten
hrsg. von der Gemeinde Obertshausen, 1964

59.) Kindel, Detlev:
Die jüdische Gemeinde Dietzenbach
Beiträge zur Heimatgeschichte
Magistrat der Stadt Dietzenbach
1986

60.) Kirchner, Rolf und Schweitzer, Harry:
Die Flamme verzehre das Gift
Offenbach 1932/1933 im Spiegel der Tageszeitungen
Offenbach 1983

61.) Klein-Auheim
Beiträge zur Geschichte der Gemeinde und Pfarrei
hrsg. vom Pfarrgemeinderat der Pfarrei Klein-Auheim
Mainz 1969

62. Klemm, Bernd (Hrsg.):
»durch polizeiliches Einschreiten wurde dem Unfug ein Ende gemacht«
Geheime Berichte der politischen Polizei Hessen über Linke und Rechte in Offenbach 1923-1930
Offenbach 1982

63.) Klönne, Arno:
Jugend im Dritten Reich
Die Hitler-Jugend und ihre Gegner
Düsseldorf und Köln 1982

64.) Knöpp, Friedrich:
Der Volksstaat Hessen
In: Das Werden Hessens, hrsg. von Walter Heinemeyer,
S. 697-763
Marburg 1986

65.) Koch, Josef
Zum 225. Weihetag der Pfarrkirche St. Nikolaus Klein-Krotzenburg
Hainburg-Klein-Krotzenburg 1980

66.) Kreisverwaltung Offenbach (Hrsg.):
Der Kreis Offenbach in Wort und Bild
Düsseldorf 1927

67.) Kropat, Wolf-Arno:
Die hessischen Juden im Alltag der NS-Diktatur 1933-1939
In: 900 Jahre Geschichte der Juden in Hessen.
Beiträge zum politischen, wirtschaftlichen und kulturellen Leben
(hrsg. v. d. Kommission für die Geschichte der Juden in Hessen)
Wiesbaden 1983

68.) Krug, Richard (Hrsg.)
Manuskripte, Fragmente, Dokumente zur Geschichte der Stadt Mühlheim
Mühlheim 1987

69.) Kurowsky, Franz:
Der Luftkrieg über Deutschland
Düsseldorf und Wien 1984

70.) Kurt, Alfred:
Wahlen und Wähler im Wahlkreis Offenbach
Offenbacher Geschichtsblätter Nr. 16
Offenbach 1966

71.) Kurt, Alfred:
Bieber – Achttausend Jahre Geschichte
Offenbacher Geschichtsblätter Nr. 30
Offenbach 1980

72.) Kurt, Alfred:
Der Neubau der Kirche St. Nikolaus Bieber im Jahre 1936
Offenbach 1986

73.) Leuschner, Jörg und Schallmayer, Egon:
1200 Jahre Ober-Roden in der Rödermark
Chronik 786-1986
Rödermark 1986

74.) Lux, Eugen:
Die Luftangriffe auf Offenbach a. M.
1939-1945
Offenbacher Geschichtsblätter Nr. 21
Offenbach 1971

75.) Lux, Eugen:
Studie zur Darstellung des Luftkrieges 1939-1945 in Bezug auf
die Stadt Offenbach (Main)
Manuskript (Maschinenschrift)

76.) Malsi, Margit:
Strukturuntersuchung Landkreis Offenbach
(Herausgegeben vom Kreisausschuß des Landkreises Offenbach)
Offenbach 1958

77.) Gemeinde Mainflingen (Hrsg.)
1200 Jahre Mainflingen
Festschrift zur 1200-Jahrfeier 1975

78.) Mason, Timothy U.:
Sozialpolitik im Dritten Reich
Arbeiterklasse und Volksgemeinschaft
Opladen², 1978

79.) Matthias, Erich und Morsey, Rudolf:
Das Ende der Parteien 1933
Düsseldorf 1960

80.) Meier, Kurt:
Die Deutschen Christen
Das Bild einer Glaubensbewegung im Kirchenkampf des Dritten Reiches
Göttingen 1964

81.) Mirkes, Adolf, Schild, Karl und Schneider, Hans C.:
Mühlheim unter den Nazis 1933-1945
Frankfurt am Main 1983

82.) Mirkes, Adolf und Schild, Karl:
Zeugnisse: Offenbach 1933-1945
Verfolgung und Widerstand in Stadt und Landkreis Offenbach,
Köln 1988

83.) Mommsen, Hans, Petzina, Dietmar und Weisbrod, Bernd:
Industrielles System und politische Entwicklung in der Weimarer Republik
Düsseldorf 1974

84.) Moos, Ludwig:
Geschichte der SA in Hessen
Groß-Gerau 1934

85.) Mosse, George L.:
Der nationalsozialistische Alltag
So lebte man unter Hitler
Königstein/Ts 1979

86.) Müller, Hans:
Katholische Kirche und Nationalsozialismus
Dokumente von 1930-1935
München 1963

87.) Müller, Gabriele:
Die Machtübernahme 1933 im Landkreis Dieburg
Archiv für hessische Geschichte 1980

88.) Nahrgang, Karl:
Stadt- und Landkreis Offenbach a. M.
Atlas für Siedlungskunde, Verkehr, Verwaltung, Wirtschaft und Kultur
Frankfurt a. M. 1953/63

89.) zur Nieden, Ernst:
Und das erlebte ein Pfarrer
Wiesbaden 1973
(Unveröffentlichtes Manuskript – Maschinenschrift)

90.) Nolte, Ernst:
Theorien über den Faschismus
1967

91.) Nolte, Ernst
Der europäische Bürgerkrieg 1917-1945
Nationalsozialismus und Bolschewismus
Frankfurt am Main und Berlin 1987

92.) Peukert, D. und Reulecke, J. (Hrsg.):
Die Reihen fast geschlossen
Beiträge zur Geschichte des Alltags unterm Nationalsozialismus
Wuppertal 1981

93.) Piper, Ernst Reinhard (Hrsg.):
Historikerstreit
Dokumentation der Kontroverse um die Einzigartigkeit der nationalsozialistischen Judenvernichtung
München 1987

94.) Pfliegler, M. (Hrsg.):
Dokumente zur Geschichte der Kirche
Innsbruck, Wien, München 1938

95.) Pingel-Rollmann, Heinrich:
Widerstand und Verfolgung in Darmstadt und der Provinz Starkenburg
1933-1945
Darmstadt und Marburg 1985

96.) Rathert, Gisela u. a.:
Nieder-Roden
Heimatbuch
Rodgau 1985

97.) Rauschning, Hermann:
Gespräche mit Hitler
Vierter unveränderter Neudruck
Zürich/Wien/New York 1940

98.) Rebentisch, Dieter:
Nationalsozialistische Revolution, Parteiherrschaft und totaler Krieg in Hessen (1933-1945)
In: Schultz, Uwe (Hrsg.)
Die Geschichte Hessens
Stuttgart 1983

99.) Rebentisch, Dieter u. a. (Hrsg.):
Dreieich zwischen Parteipolitik und »Volksgemeinschaft«
Fünf Gemeinden in Dokumenten aus der Weimarer Republik und der NS-Zeit
Frankfurt am Main 1984

100.) Rebentisch, Dieter und Raab, Angelika:
Neu-Isenburg zwischen Anpassung und Widerstand
Dokumente über Lebensbedingungen und politisches Verhalten 1932-45
Neu-Isenburg 1978

101.) Reichmann, E. G.:
Die Flucht in den Haß
Die Ursachen der deutschen Judenkatastrophe
Frankfurt am Main, o. J.

102.) Reitlinger, Gerald:
Die Endlösung
Hitlers Versuch der Ausrottung der Juden Europas
1939-1945
Berlin 1979

103.) Ruppel, Hans-Georg und Groß, Birgit (Bearb.):
Hessische Abgeordnete 1820-1933
(Darmstädter Archivschriften 5)
Darmstadt 1980

104.) Schilling, Helena Maria:
Zellhausen im Wandel der Zeiten
Ein Heimatbuch
1980

105.) Schmid, Armin und Renate:
Frankfurt in stürmischer Zeit
1930-1933
Stuttgart 1987

106.) Schmid, Armin:
Frankfurt im Feuersturm
Frankfurt am Main 1965

107.) Schön, E.:
Die Entstehung des Nationalsozialismus in Hessen
(Mannheimer sozialwissenschaftliche Studien 79)
1972

108.) Schoenbaum, David:
Die braune Revolution
Eine Sozialgeschichte des Dritten Reiches
Köln-Berlin 1968

109.) Scholder, Klaus:
Die Kirchen und das Dritte Reich
Frankfurt 1977

110.) Schopp, Josef:
Chronik der Gemeinde Klein-Welzheim
772-1972
Offenbach 1971

111.) Schulze, Hagen:
Weimar
Deutschland 1917-1933
Berlin 1982

112.) Schultz, Uwe (Hrs.):
Die Geschichte Hessens
Stuttgart 1983

113.) Schumacher, Nicolaus:
Geschichte der katholischen Gemeinde in Offenbach am Main
Offenbacher Geschichtsblätter Nr. 5
Offenbach 1954

114.) Sedlatschek, Gerhard:
800 Jahre Klein-Krotzenburg
1175-1975
Klein-Krotzenburg 1975

115.) Shirer, William L.:
The Rise and Fall of the Third Reich
London 1960

116.) Sierian, Heinz:
Die Geschichte des Lagers Rollwald Nieder-Roden
Unveröffentlichtes Manuskript (Maschinenschrift)
1981

117.) Sontheimer, Kurt:
Antidemokratisches Denken in der Weimarer Republik
München 1962

118.) Spahn, Marcellin P.:
Zur Geschichte der Seligenstädter Juden
Aus Dokumenten und Berichten
Seligenstadt 1986

119.) Stampfer, Friedrich:
Die ersten 14 Jahre der Deutschen Republik
Offenbach am Main 1947

120.) Stadtmüller, Alois:
Maingebiet und Spessart im Zweiten Weltkrieg
Aschaffenburg 1982

121.) Steitz, Heinrich:
Geschichte der Evangelischen Kirche Hessen-Nassau
Teil 4: Volkskirche, Nationalkirche, Bekenntniskirche
Marburg 1971

122.) Thamer, Hans-Ulrich
Verführung und Gewalt
Deutschland 1933-1945
Berlin 1986

123.) Tormin, Walter:
Die Jahre 1933-1934
Hannover[3], 1960

124.) Trageser, Helmut:
Geschichte und Geschichten
Heimatbuch – 700 Jahre Weiskirchen
Weiskirchen 1986

125.) Weilmünster, Heinrich, Weilmünster, Lina und Beck, Margret:
Aus eigener Kraft
Beiträge zur Geschichte der Arbeiter-, Sport- und Kulturbewegung in Dietzenbach
o. O., o. J.

126.) Werner, Klaus:
Zur Geschichte der Juden in Offenbach m Main
Band 1: Unter der Herrschaft des Nationalsozialismus
Band 2: Von den Anfängen bis zum Ende der Weimarer Republik
Offenbach a. M. 1988-90

127.) Wimmer, Richard:
Heusenstammer Kalender
Heusenstamm 1979

128.) Wippermann, Wolfgang:
Das Leben in Frankfurt zur NS-Zeit, 4 Bände
Frankfurt am Main 1986

129.) Zipfel, Friedrich:
Kirchenkampf in Deutschland 1933-1945
Berlin 1965

130.) Zitelmann, Rainer:
Adolf Hitler
Eine politische Biographie
1989

131.) Heimatgeschichtlicher Wegweiser zu den Stätten des Widerstandes und der Verfolgung 1933-1945
Band 1 Hessen
(Hrsg. vom Studienkreis zur Erforschung und Vermittlung der Geschichte des Widerstandes 1933-1945 und dem Präsidium der Vereinigung der Verfolgten des Naziregimes – Bund der Antifaschisten)
o.O., 1983

132.) Nationalsozialismus in Hessen.
Eine Bibliographie der Literatur nach 1945.
Zusammengestellt von Rolf Engelke und Horst Steffens.
Wiesbaden 1983

Abkürzungen

ADGB	Allgemeiner Deutscher Gewerkschaftsbund
BDM	Bund Deutscher Mädel
BVP	Bayerische Volkspartei
DAF	Deutsche Arbeitsfront
DDA MZ	Dom- und Diözesanarchiv Mainz
DDP	Deutsche Demokratische Partei
DJ	Deutsches Jungvolk
DJK	Deutsche Jugendkraft
DNVP	Deutschnationale Volkspartei
DRK	Deutsches Rotes Kreuz
DVP	Deutsche Volkspartei
Gestapo	Geheime Staatspolizei
HJ	Hitler-Jugend
KdF	Kraft durch Freude
KPD	Kommunistische Partei Deutschlands
KPO	Kommunistische Partei – Opposition
KZ	Konzentrationslager
MdL	Mitglied des (hessischen) Landtages
MdR	Mitglied des Deutschen Reichstages
NS	Nationalsozialistisch
NSBO	Nationalsozialistische Betriebszellen-Organisation
NSDAP	Nationalsozialistische Deutsche Arbeiterpartei
NS-HAGO	Nationalsozialistische Handwerks-, Handels- und Gewerbe-Organisation
NSKK	Nationalsozialistisches Kraftfahrer-Korps
NSKOV	Nationalsozialistische Kriegsopfer-Versorgung
NSLB	Nationalsozialistischer Lehrer-Bund
NSV	Nationalsozialistische Volkswohlfahrt
O.A.	Offenbacher Abendblatt
O.N.	Offenbacher Nachrichten
O.Z.	Offenbacher Zeitung
O.P.	Offenbach Post
Pg.	Parteigenosse
RAD	Reichsarbeitsdienst
RAF	Royal Air-Force
RGBl	Reichsgesetzblatt
RLB	Reichsluftschutzbund
RM	Reichsmark

SA	Sturmabteilung
SAJ	Sozialistische Arbeiter-Jugend
SAP	Sozialistische Arbeiter-Partei
SHD	Sicherheits- und Hilfsdienst
SPD	Sozialdemokratische Partei Deutschlands
SS	Schutzstaffel
StA DA	Hessisches Staatsarchiv Darmstadt
StA OF	Stadtarchiv Offenbach
StA WI	Hessisches Hauptstaatsarchiv Wiesbaden
USAAF	United States Army Air-Force
USPD	Unabhängige Sozialdemokratische Partei Deutschlands
VDA	Verein für Deutschtum im Ausland
Vg.	Volksgenosse
WHW	Winterhilfswerk